企业会计准则

主要业务与会计处理实务

经济业务分析 + 会计分录编制 + 会计处理案例

（2021年版）

企业会计准则编审委员会　编著

人民邮电出版社

北京

图书在版编目（CIP）数据

企业会计准则主要业务与会计处理实务：经济业务分析+会计分录编制+会计处理案例：2021年版 / 企业会计准则编审委员会编著. -- 北京：人民邮电出版社，2021.2
 ISBN 978-7-115-55689-9

Ⅰ．①企… Ⅱ．①企… Ⅲ．①企业－会计制度－案例－中国 Ⅳ．①F279.23

中国版本图书馆CIP数据核字(2020)第260063号

内 容 提 要

为了帮助会计工作者在处理每一笔具体的经济业务、每一个具体的经济事项时，能够严格依据企业会计准则的要求，做出准确、合理、规范的会计处理，本书以具体会计准则为单位，将每一项具体会计准则所涉及的相关业务进行了详细的列示。本书针对具体的经济业务与事项，按照业务概述、会计处理（或事项处理）、案例解析3个维度，进行了全面、深入、从理论到实操的"全景式"讲解。本书体例清晰，讲解到位，内容翔实，是帮助会计工作者学习企业会计准则的一部实用图书。

本书可以作为会计实务的培训用书，供会计工作者学习企业会计准则；也可以作为专业读物，供相关人士学习现行的企业会计准则；还可以作为一本案头常备的工具书，供会计工作者针对具体会计业务进行速查速用，从而提高会计工作的效率与质量。

◆ 编　著　企业会计准则编审委员会
责任编辑　李士振
责任印制　周昇亮

◆ 人民邮电出版社出版发行　北京市丰台区成寿寺路 11 号
邮编　100164　电子邮件　315@ptpress.com.cn
网址　https://www.ptpress.com.cn
北京天宇星印刷厂印刷

◆ 开本：787×1092　1/16
印张：41.25　　　　　　　2021 年 2 月第 1 版
字数：977 千字　　　　　　2021 年 2 月北京第 1 次印刷

定价：129.80 元

读者服务热线：(010)81055296　印装质量热线：(010)81055316
反盗版热线：(010)81055315
广告经营许可证：京东市监广登字 20170147 号

PREFACE 前言

一、编写本书的目的

《企业会计准则》是进行日常会计核算工作的根本依据,企业会计准则的执行,最终必须落实到对每一笔经济业务、每一个经济事项的会计处理上。

我们竭尽所能编写本书的目的,在于帮助每一位会计工作者面对具体的经济业务或经济事项时,能够严格依据企业会计准则的要求,做出准确、合理、规范的会计处理。

二、本书的主要内容

每个企业都会有不断变化的经济业务,而不同行业的企业又有各自的特殊性。《企业会计准则》的出台,使各行各业的会计工作者在进行会计核算时有了一个共同遵循的标准,在同一标准的基础上开展工作。因此,《企业会计准则》是会计工作者从事会计工作的规则和指南。

本书以企业会计准则为出发点,详细介绍了现行的 41 项具体准则,将每一项具体会计准则所涉及的相关业务进行了详细的列示。本书针对具体的经济业务与事项,按照业务概述、会计处理(或事项处理)、案例解析 3 个维度,进行了全面、深入、从理论到实操的"全景式"讲解。

三、本书的主要特点

特点 1:注重实务,重点突出。

目前企业会计准则类图书较多,但大多集中于基本内容的讲解。本书独辟蹊径,专注于经济业务与经济事项的会计处理,能有效地解决会计工作者在实务操作中的难点问题,和同类书具有明显的区别。

特点 2:与时俱进,更新依据。

企业会计准则是一个动态体系,随着社会经济的发展和业务的延伸,企业会计准则也在不断地更新。这就需要我们不断地了解新事物、学习新规定、掌握新方法。本书在对会计科目和业务进行描述、解释时，以新的企业会计准则和解释规定为核心。财政部于2017年修订新增了7项企业会计准则，发布了4项准则解释；2018年颁布了7项企业会计准则的应用指南；2018年、2019年修订了《企业会计准则第21号——租赁》《企业会计准则第7号——非货币性资产交换》《企业会计准则第12号——债务重组》3项具体企业会计准则。可以说，吃透41项具体企业会计准则，就打通了企业会计准则体系的"任督二脉"，解决了会计实务中的疑难杂症。

特点3：讲解深入，全面覆盖。

本书将企业会计准则所涉及的各种经济业务和经济事项的会计处理进行了列举，包括总计160余个会计科目的核算方法、200多种经济业务的处理案例，为会计专业学生和各个行业的会计工作者提供了一份内容翔实、知识全面的专业参考资料。

特点4：案例翔实，生动丰富。

本书在准确地解读企业会计准则并有效地解释准则中的重难点之外，还在相应的准则后引入丰富的、切合实际的案例，让初学者从实务角度更好地理解和学习会计准则的内在联系和操作方法，深刻领悟准则在具体实践中的应用。

特点5：深入分析，准确生动。

在很多情况下，会计人员只是被动地了解企业会计准则的规定，很难理解其实质要求，也很难做到灵活应用，也就是"知其然，不知其所以然"。本书以"实务应用"为己任，对每项具体会计准则进行了深度分析，案例中不仅阐述了要怎么做，更说明了为什么要这么做，帮助会计人员读透准则，准确应用。

四、本书能带给读者什么

1. 准确学习现行的企业会计准则

本书严格按照新企业会计准则的要求编写而成，采用了新的会计业务处理方法，充分反映了会计理论与会计实务改革发展的新成果，确保读者能够学习新的会计知识，更新知识储备。

2. 系统、深入地掌握经济业务与事项的会计处理

本书系统、深入地讲解了企业会计准则的41项具体准则，并针对具体的经济业务与事项，按照业务概述、会计处理（或事项处理）、案例解析3个维度，进行了全面、深入、从理论到实操的"全景式"讲解。

3. 深刻理解企业会计准则的实务应用

本书引入了大量实务案例详解，针对在实施企业会计准则过程中出现的各种实际问题，依据企业会计准则及相关配套文件的具体要求，对实际问题进行了专业解答。

编者

CONTENTS 目录

第1章 存货
1.1 存货的概念与确认条件 ... 1
1.2 存货的初始计量 ... 2
1.2.1 业务概述 ... 2
1.2.2 会计处理 ... 2
1.2.3 案例解析 ... 4
1.3 发出存货的计量方法 ... 5
1.3.1 发出存货的计量方法概述 ... 5
1.3.2 案例解析 ... 6
1.4 存货成本的结转 ... 7
1.4.1 业务概述 ... 7
1.4.2 会计处理 ... 7
1.5 周转材料的会计处理 ... 8
1.5.1 业务概述 ... 8
1.5.2 会计处理 ... 9
1.5.3 案例解析 ... 9
1.6 存货的期末计量 ... 10
1.6.1 业务概述 ... 10
1.6.2 会计处理 ... 11
1.6.3 案例解析 ... 13
1.7 存货的清查 ... 15
1.7.1 业务概述 ... 15
1.7.2 会计处理 ... 15
1.7.3 案例解析 ... 16

第2章 长期股权投资
2.1 同一控制下控股合并形成的长期股权投资的相关会计处理 ... 17
2.1.1 业务概述 ... 17
2.1.2 会计处理 ... 18
2.1.3 案例解析 ... 18
2.2 非同一控制下控股合并形成长期股权投资的相关会计处理 ... 19
2.2.1 业务概述 ... 19
2.2.2 会计处理 ... 20
2.2.3 案例解析 ... 20
2.3 除企业合并形成的长期股权投资以外，其他方式取得的长期股权投资的相关会计处理 ... 21
2.3.1 业务概述 ... 21
2.3.2 会计处理 ... 21
2.3.3 案例解析 ... 22
2.4 长期股权投资成本法的相关会计处理 ... 22
2.4.1 业务概述 ... 22
2.4.2 会计处理 ... 22
2.4.3 案例解析 ... 22
2.5 长期股权投资权益法的相关会计处理 ... 23
2.5.1 业务概述 ... 23
2.5.2 会计处理 ... 23
2.5.3 案例解析 ... 24
2.6 长期股权投资核算方法转换的相关会计处理 ... 28
2.6.1 业务概述 ... 28
2.6.2 会计处理 ... 29
2.6.3 案例解析 ... 30
2.7 长期股权投资减值和处置相关会计处理 ... 33

2.7.1 业务概述 ······ 33
2.7.2 会计处理 ······ 34
2.7.3 案例解析 ······ 34

第3章 投资性房地产

3.1 取得投资性房地产时的会计处理 ······ 35
3.1.1 业务概述 ······ 35
3.1.2 会计处理 ······ 35
3.1.3 案例解析 ······ 36

3.2 投资性房地产后续计量的会计处理 ····· 36
3.2.1 业务概述 ······ 36
3.2.2 会计处理 ······ 37
3.2.3 案例解析 ······ 38

3.3 投资性房地产后续计量模式变更时的会计处理 ······ 38
3.3.1 业务概述 ······ 38
3.3.2 会计处理 ······ 38
3.3.3 案例解析 ······ 39

3.4 投资性房地产转换时的会计处理 ······ 39
3.4.1 业务概述 ······ 39
3.4.2 会计处理 ······ 40
3.4.3 案例解析 ······ 42

3.5 处置投资性房地产时的会计处理 ······ 43
3.5.1 业务概述 ······ 43
3.5.2 会计处理 ······ 44
3.5.3 案例解析 ······ 44

第4章 固定资产

4.1 固定资产的初始计量 ······ 46
4.1.1 业务概述 ······ 46
4.1.2 会计处理 ······ 48
4.1.3 案例解析 ······ 49

4.2 固定资产的后续计量 ······ 51
4.2.1 业务概述 ······ 51
4.2.2 会计处理 ······ 52
4.2.3 案例解析 ······ 52

4.3 特殊行业的会计处理 ······ 53
4.3.1 业务概述 ······ 53
4.3.2 会计处理 ······ 54

4.3.3 案例解析 ······ 54

4.4 固定资产的处置 ······ 54
4.4.1 业务概述 ······ 54
4.4.2 会计处理 ······ 55
4.4.3 案例解析 ······ 56

4.5 固定资产的盘点 ······ 56
4.5.1 业务概述 ······ 56
4.5.2 会计处理 ······ 57
4.5.3 案例解析 ······ 57

第5章 生物资产

5.1 生产性生物资产 ······ 59
5.1.1 生产性生物资产的初始计量 ······ 59
5.1.2 生产性生物资产的后续支出 ······ 61
5.1.3 生产性生物资产的后续计量 ······ 62
5.1.4 生产性生物资产的收获与处置 ······ 64

5.2 消耗性生物资产 ······ 68
5.2.1 消耗性生物资产的初始计量 ······ 68
5.2.2 消耗性生物资产的后续支出 ······ 70
5.2.3 消耗性生物资产的后续计量 ······ 71
5.2.4 消耗性生物资产的收获与处置 ······ 72

5.3 公益性生物资产 ······ 75
5.3.1 公益性生物资产的初始计量 ······ 75
5.3.2 公益性生物资产的后续支出 ······ 76
5.3.3 公益性生物资产的后续计量 ······ 77
5.3.4 公益性生物资产的处置 ······ 77

第6章 无形资产

6.1 取得无形资产的会计处理 ······ 79
6.1.1 业务概述 ······ 79
6.1.2 会计处理 ······ 80
6.1.3 案例解析 ······ 81

6.2 内部研究开发无形资产的会计处理 ···· 82
6.2.1 业务概述 ······ 82
6.2.2 会计处理 ······ 83
6.2.3 案例解析 ······ 84

6.3 无形资产后续计量的会计处理 ······ 84
6.3.1 业务概述 ······ 84
6.3.2 会计处理 ······ 84

6.3.3 案例解析 ……………………………… 85
6.4 处置无形资产的会计处理 …………… 85
　6.4.1 业务概述 ……………………………… 85
　6.4.2 会计处理 ……………………………… 86
　6.4.3 案例解析 ……………………………… 86

第7章　非货币性资产交换

7.1 非货币性资产交换的概念 …………… 89
　7.1.1 非货币性资产的概念 ………………… 89
　7.1.2 非货币性资产交换的概念 …………… 89
　7.1.3 非货币性资产交换的认定 …………… 89
7.2 非货币性资产交换的确认和计量 …… 90
　7.2.1 非货币性资产交换的确认原则 ……… 90
　7.2.2 非货币性资产交换的计量原则 ……… 90
7.3 非货币性资产交换的会计处理 ……… 91
　7.3.1 换出资产为存货时的会计处理 ……… 91
　7.3.2 换出资产为固定资产、无形资产时的会计处理 …………………………… 93
　7.3.3 换出资产为长期股权投资、金融资产时的会计处理 ……………………… 95
　7.3.4 换出资产为投资性房地产时的会计处理 …………………………………… 97
7.4 涉及多项非货币性资产交换的会计处理 ……………………………………… 99
　7.4.1 业务概述 ……………………………… 99
　7.4.2 会计处理 ……………………………… 100
　7.4.3 案例解析 ……………………………… 101

第8章　资产减值

8.1 资产减值概述 ………………………… 103
　8.1.1 资产减值相关定义 …………………… 103
　8.1.2 资产减值的范围 ……………………… 103
　8.1.3 资产减值的迹象与测试 ……………… 103
8.2 资产可收回金额的计量 ……………… 104
　8.2.1 业务概述 ……………………………… 104
　8.2.2 会计处理 ……………………………… 105
　8.2.3 案例解析 ……………………………… 105
8.3 资产减值损失的确认与计量 ………… 108
　8.3.1 业务概述 ……………………………… 108
8.3.2 会计处理 ……………………………… 108
8.3.3 案例解析 ……………………………… 108
8.4 资产组的认定及减值的会计处理 …… 109
　8.4.1 资产组的认定 ………………………… 109
　8.4.2 资产组减值的会计处理 ……………… 110
　8.4.3 总部资产减值的会计处理 …………… 112
8.5 商誉减值测试及其会计处理 ………… 115
　8.5.1 业务概述 ……………………………… 115
　8.5.2 会计处理 ……………………………… 115
　8.5.3 案例解析 ……………………………… 116

第9章　职工薪酬

9.1 短期薪酬的计量 ……………………… 118
　9.1.1 货币性短期薪酬的会计处理 ………… 118
　9.1.2 带薪缺勤的会计处理 ………………… 120
　9.1.3 短期利润分享计划 …………………… 122
　9.1.4 非货币性福利 ………………………… 123
9.2 离职后福利的计量 …………………… 127
　9.2.1 业务概述 ……………………………… 127
　9.2.2 会计处理 ……………………………… 127
　9.2.3 案例解析 ……………………………… 128
9.3 辞退福利的计量 ……………………… 129
　9.3.1 业务概述 ……………………………… 129
　9.3.2 会计处理 ……………………………… 130
　9.3.3 案例解析 ……………………………… 130
9.4 其他长期职工福利的计量 …………… 131
　9.4.1 业务概述 ……………………………… 131
　9.4.2 会计处理 ……………………………… 131
　9.4.3 案例解析 ……………………………… 132

第10章　企业年金基金

10.1 企业年金基金缴费的会计处理 …… 135
　10.1.1 业务概述 …………………………… 135
　10.1.2 会计处理 …………………………… 136
　10.1.3 案例解析 …………………………… 136
10.2 企业年金基金投资运营的会计处理 … 137
　10.2.1 初始取得投资时的会计处理 ……… 137
　10.2.2 持有投资期间的会计处理 ………… 138
　10.2.3 估值日的会计处理 ………………… 139

10.2.4 处置投资的会计处理 ……………… 140
10.3 企业年金基金收入的会计处理 …… 142
    10.3.1 业务概述 …………………………… 142
    10.3.2 会计处理 …………………………… 142
    10.3.3 案例解析 …………………………… 143
10.4 企业年金基金费用的会计处理 …… 144
    10.4.1 业务概述 …………………………… 144
    10.4.2 会计处理 …………………………… 146
    10.4.3 案例解析 …………………………… 147
10.5 企业年金基金给付环节的会计处理 … 148
    10.5.1 业务概述 …………………………… 148
    10.5.2 会计处理 …………………………… 148
    10.5.3 案例解析 …………………………… 149
10.6 企业年金基金净资产、净收益的会计处理 …………………………… 149
    10.6.1 业务概述 …………………………… 149
    10.6.2 会计处理 …………………………… 149
    10.6.3 案例解析 …………………………… 150

第 11 章 股份支付

11.1 以权益结算的股份支付相关会计处理 …………………………… 151
    11.1.1 业务概述 …………………………… 151
    11.1.2 会计处理 …………………………… 151
    11.1.3 案例解析 …………………………… 152
11.2 以现金结算的股份支付相关会计处理 …………………………… 153
    11.2.1 业务概述 …………………………… 153
    11.2.2 会计处理 …………………………… 153
    11.2.3 案例解析 …………………………… 154
11.3 可行权条件的种类、处理和修改 …… 155
    11.3.1 业务概述 …………………………… 155
    11.3.2 会计处理 …………………………… 156
    11.3.3 案例解析 …………………………… 157
11.4 股份支付的会计处理 …………………… 158
    11.4.1 业务概述 …………………………… 158
    11.4.2 会计处理 …………………………… 159
    11.4.3 案例解析 …………………………… 160

11.5 回购股份进行职工期权激励的会计处理 …………………………… 162
    11.5.1 业务概述 …………………………… 162
    11.5.2 会计处理 …………………………… 163
    11.5.3 案例解析 …………………………… 163
11.6 限制性股票的相关会计处理 ………… 164
    11.6.1 业务概述 …………………………… 164
    11.6.2 会计处理 …………………………… 166
    11.6.3 案例解析 …………………………… 168
11.7 集团股份支付的会计处理 …………… 170
    11.7.1 业务概述 …………………………… 170
    11.7.2 会计处理 …………………………… 171
    11.7.3 案例解析 …………………………… 172

第 12 章 债务重组

12.1 债务人以资产清偿债务 ……………… 176
    12.1.1 业务概述 …………………………… 176
    12.1.2 会计处理 …………………………… 177
    12.1.3 案例解析 …………………………… 179
12.2 债务人将债务转为权益工具 ………… 180
    12.2.1 业务概述 …………………………… 180
    12.2.2 会计处理 …………………………… 181
    12.2.3 案例解析 …………………………… 181
12.3 修改其他条款 ………………………… 182
    12.3.1 业务概述 …………………………… 182
    12.3.2 会计处理 …………………………… 183
    12.3.3 案例解析 …………………………… 183
12.4 组合方式 ……………………………… 184
    12.4.1 业务概述 …………………………… 184
    12.4.2 会计处理 …………………………… 184
    12.4.3 案例解析 …………………………… 185
12.5 债务重组的披露 ……………………… 188

第 13 章 或有事项

13.1 或有事项的确认和计量 ……………… 190
    13.1.1 业务概述 …………………………… 190
    13.1.2 会计处理 …………………………… 190
    13.1.3 案例解析 …………………………… 191
13.2 未决诉讼或未决仲裁的处理 ………… 193

13.2.1 业务概述 ················193
13.2.2 会计处理 ················193
13.2.3 案例解析 ················193
13.3 债务担保的处理 ············194
13.3.1 业务概述 ················194
13.3.2 会计处理 ················195
13.3.3 案例解析 ················195
13.4 产品质量保证的处理 ········196
13.4.1 业务概述 ················196
13.4.2 会计处理 ················197
13.4.3 案例解析 ················197
13.5 待执行合同变为亏损合同的处理 ····198
13.5.1 业务概述 ················198
13.5.2 会计处理 ················198
13.5.3 案例解析 ················199
13.6 重组义务的处理 ············199
13.6.1 业务概述 ················199
13.6.2 会计处理 ················200
13.6.3 案例解析 ················200
13.7 或有事项的列报 ············201
13.7.1 预计负债的列报 ··········201
13.7.2 或有负债披露 ············201
13.7.3 或有资产披露 ············201

第14章 收入

14.1 销售商品收入相关业务的会计处理 ···202
14.1.1 一般销售商品收入的会计处理 ···202
14.1.2 具有融资性质的销售商品的会计处理 ···············216
14.2 特定交易的相关业务的会计处理 ····219
14.2.1 附有销售退回条款的销售的会计处理 ···············219
14.2.2 委托代销方式的销售的会计处理 ···221
14.2.3 附有客户额外购买选择权的销售的会计处理 ············225
14.2.4 售后回购的会计处理 ·······226

第15章 政府补助

15.1 与资产相关的政府补助 ······231

15.1.1 业务概述 ················231
15.1.2 会计处理 ················231
15.1.3 案例解析 ················232
15.2 与收益相关的政府补助 ······235
15.2.1 业务概述 ················235
15.2.2 会计处理 ················236
15.2.3 案例解析 ················236
15.3 政府补助的退回 ············238
15.3.1 业务概述 ················238
15.3.2 会计处理 ················238
15.3.3 案例解析 ················239
15.4 关于特定业务的会计处理 ····239
15.4.1 综合性项目政府补助的会计处理 ···239
15.4.2 政策性优惠贷款贴息的会计处理 ···240
15.5 关于政府补助的列报 ········244

第16章 借款费用

16.1 借款费用的计量 ············245
16.1.1 业务概述 ················245
16.1.2 会计处理 ················246
16.1.3 案例解析 ················246
16.2 外币专门借款汇兑差额资本化金额的确定 ·······················250
16.2.1 业务概述 ················250
16.2.2 会计处理 ················250
16.2.3 案例解析 ················250

第17章 所得税

17.1 与资产计税基础有关的业务事项处理 ·······················252
17.1.1 业务概述 ················252
17.1.2 会计处理 ················252
17.1.3 案例解析 ················255
17.2 与负债计税基础有关的业务事项处理 ·······················258
17.2.1 业务概述 ················258
17.2.2 会计处理 ················258
17.2.3 案例解析 ················259
17.3 暂时性差异 ················261

- 17.3.1 业务概述 ······················· 261
- 17.3.2 会计处理 ······················· 261
- 17.3.3 案例解析 ······················· 262
- 17.4 与递延所得税负债及递延所得税资产有关的业务事项处理 ············· 263
  - 17.4.1 业务概述 ······················· 263
  - 17.4.2 会计处理 ······················· 263
  - 17.4.3 案例解析 ······················· 266
- 17.5 与所得税费用有关的业务事项处理 ··· 269
  - 17.5.1 业务概述 ······················· 269
  - 17.5.2 会计处理 ······················· 269
  - 17.5.3 案例解析 ······················· 270

第18章 外币折算

- 18.1 外币交易的初始确认 ··············· 274
  - 18.1.1 业务概述 ······················· 274
  - 18.1.2 会计处理 ······················· 274
  - 18.1.3 案例解析 ······················· 275
- 18.2 期末调整或结算 ··················· 275
  - 18.2.1 业务概述 ······················· 275
  - 18.2.2 会计处理 ······················· 277
  - 18.2.3 案例解析 ······················· 277
- 18.3 外币财务报表折算 ················· 280
  - 18.3.1 业务概述 ······················· 280
  - 18.3.2 会计处理 ······················· 281
  - 18.3.3 案例解析 ······················· 282
- 18.4 境外经营的处置 ··················· 284
- 18.5 外币折算的披露 ··················· 284

第19章 企业合并

- 19.1 同一控制下的企业控股合并 ········· 285
  - 19.1.1 业务概述 ······················· 285
  - 19.1.2 会计处理 ······················· 285
  - 19.1.3 案例解析 ······················· 286
- 19.2 同一控制下的吸收合并 ············· 294
  - 19.2.1 业务概述 ······················· 294
  - 19.2.2 会计处理 ······················· 295
  - 19.2.3 案例解析 ······················· 295
- 19.3 合并方为进行企业合并发生的有关费用的处理 ························· 296
  - 19.3.1 业务概述 ······················· 296
  - 19.3.2 会计处理 ······················· 296
  - 19.3.3 案例解析 ······················· 297
- 19.4 非同一控制下的控股合并 ··········· 298
  - 19.4.1 业务概述 ······················· 298
  - 19.4.2 会计处理 ······················· 298
  - 19.4.3 案例解析 ······················· 299
- 19.5 非同一控制下的吸收合并 ··········· 301
  - 19.5.1 业务概述 ······················· 301
  - 19.5.2 会计处理 ······················· 302
  - 19.5.3 案例解析 ······················· 302
- 19.6 同一控制下企业合并涉及的或有对价 ···························· 303
  - 19.6.1 业务概述 ······················· 303
  - 19.6.2 会计处理 ······················· 303
  - 19.6.3 案例解析 ······················· 303
- 19.7 非同一控制下企业合并涉及的或有对价 ···························· 304
  - 19.7.1 业务概述 ······················· 304
  - 19.7.2 会计处理 ······················· 304
  - 19.7.3 案例解析 ······················· 305
- 19.8 反向购买 ························· 308
  - 19.8.1 业务概述 ······················· 308
  - 19.8.2 会计处理 ······················· 308
  - 19.8.3 案例解析 ······················· 310
- 19.9 购买子公司少数股权的处理 ········· 313
  - 19.9.1 业务概述 ······················· 313
  - 19.9.2 会计处理 ······················· 313
  - 19.9.3 案例解析 ······················· 313

第20章 租赁

- 20.1 承租人的会计处理 ················· 315
  - 20.1.1 与承租人初始计量相关的会计处理 ···························· 315
  - 20.1.2 与承租人后续计量相关的会计处理 ···························· 316

20.1.3 租赁变更的相关会计处理……319
20.2 出租人的会计处理…… 321
20.2.1 融资租赁的会计处理…… 321
20.2.2 经营租赁的会计处理…… 327
20.3 特殊租赁业务相关的会计处理…… 329
20.3.1 转租赁的会计处理…… 329
20.3.2 生产商或经销商出租人的融资租赁会计处理……330
20.3.3 售后租回交易的会计处理……333
20.4 列报和披露……337
20.4.1 承租人的列报和披露……337
20.4.2 出租人的列报和披露……340

第21章 金融工具确认和计量

21.1 金融资产和金融负债的确认与终止…… 342
21.1.1 与金融资产和金融负债确认相关的事项说明……342
21.1.2 与金融资产和金融负债终止确认相关的事项说明……345
21.2 金融资产和金融负债的分类…… 346
21.2.1 与金融资产分类相关的事项说明……346
21.2.2 与金融负债分类相关的事项说明……348
21.2.3 与嵌入衍生工具相关的事项说明……351
21.2.4 与金融工具重分类相关的会计处理……352
21.3 取得金融资产和金融负债的后续计量…… 355
21.3.1 取得金融资产和金融负债时的相关会计处理……355
21.3.2 金融资产后续计量的相关会计处理……356
21.3.3 金融负债后续计量的相关会计处理……365
21.3.4 金融工具减值的相关会计处理……370

第22章 金融资产转移

22.1 金融资产转移与终止确认…… 376
22.1.1 金融资产终止确认相关概念及一般原则……376

22.1.2 金融资产终止确认的判断流程……376
22.2 金融资产转移的确认和计量…… 387
22.2.1 满足终止确认条件的金融资产转移的会计处理……387
22.2.2 继续确认被转移金融资产的会计处理……389
22.2.3 继续涉入被转移金融资产的会计处理……390
22.3 衔接规定……391

第23章 套期会计

23.1 公允价值套期相关业务会计处理…… 392
23.1.1 业务概述……392
23.1.2 会计处理……393
23.1.3 案例解析……393
23.2 现金流量套期相关业务会计处理…… 394
23.2.1 业务概述……394
23.2.2 会计处理……395
23.2.3 案例解析……396
23.3 境外经营净投资套期会计相关业务会计处理…… 397
23.3.1 业务概述……397
23.3.2 会计处理……397
23.3.3 案例解析……398

第24章 原保险合同

24.1 原保险合同收入…… 399
24.1.1 业务概述……399
24.1.2 会计处理……400
24.1.3 案例解析……400
24.2 原保险合同提前解除……401
24.2.1 业务概述……401
24.2.2 会计处理……402
24.2.3 案例解析……402
24.3 原保险合同准备金…… 402
24.3.1 业务概述……402
24.3.2 会计处理……403
24.3.3 案例解析……403
24.4 保险责任准备金充足性测试……404

24.4.1 业务概述 ………… 404
24.4.2 会计处理 ………… 405
24.4.3 案例解析 ………… 405
24.5 原保险合同成本 ………… 405
24.5.1 业务概述 ………… 405
24.5.2 会计处理 ………… 406
24.5.3 案例解析 ………… 406
24.6 列报 ………… 407
24.6.1 资产负债表列示项目 ………… 407
24.6.2 利润表列示项目 ………… 407
24.6.3 附注中披露项目 ………… 408

第25章 再保险合同
25.1 分出业务相关会计处理 ………… 409
25.1.1 业务概述 ………… 409
25.1.2 会计处理 ………… 409
25.1.3 案例解析 ………… 410
25.2 分入业务相关会计处理 ………… 411
25.2.1 业务概述 ………… 411
25.2.2 会计处理 ………… 412
25.2.3 案例解析 ………… 412

第26章 会计政策、会计估计变更和差错更正
26.1 会计政策变更及其会计处理 ………… 415
26.1.1 追溯调整法 ………… 415
26.1.2 未来适用法 ………… 417
26.2 会计估计变更及其会计处理 ………… 418
26.2.1 业务概述 ………… 418
26.2.2 会计处理 ………… 419
26.2.3 案例解析 ………… 419
26.3 前期差错更正及其会计处理 ………… 420
26.3.1 业务概述 ………… 420
26.3.2 会计处理 ………… 420
26.3.3 案例解析 ………… 421

第27章 石油天然气开采
27.1 矿区权益相关业务会计处理 ………… 422
27.1.1 业务概述 ………… 422
27.1.2 会计处理 ………… 422
27.1.3 案例解析 ………… 425
27.2 油气勘探相关业务会计处理 ………… 426
27.2.1 业务概述 ………… 426
27.2.2 会计处理 ………… 426
27.2.3 案例解析 ………… 428

第28章 资产负债表日后事项
28.1 资产负债表日后调整事项 ………… 431
28.1.1 业务概述 ………… 431
28.1.2 会计处理 ………… 432
28.1.3 案例解析 ………… 433
28.2 资产负债表日后非调整事项 ………… 437
28.2.1 业务概述 ………… 437
28.2.2 会计处理 ………… 438
28.2.3 案例解析 ………… 438

第29章 财务报表列报
29.1 财务报表列报的基本要求 ………… 439
29.2 资产负债表列报相关的业务处理 ………… 440
29.2.1 业务概述 ………… 440
29.2.2 会计处理 ………… 440
29.2.3 案例解析 ………… 445
29.3 利润表列报相关的业务处理 ………… 448
29.3.1 业务概述 ………… 448
29.3.2 会计处理 ………… 448
29.3.3 案例解析 ………… 451
29.4 所有者权益变动表列报相关的业务处理 ………… 453
29.4.1 业务概述 ………… 453
29.4.2 会计处理 ………… 453
29.4.3 案例解析 ………… 455
29.5 附注列报相关的业务处理 ………… 458
29.5.1 业务概述 ………… 458
29.5.2 会计处理 ………… 458

第30章 现金流量表
30.1 现金流量表的内容及编制方法 ………… 460
30.2 现金流量表的编制 ………… 460

30.2.1 经营活动产生的现金流量有关项目的编制 ……460
30.2.2 投资活动产生的现金流量有关项目的编制 ……463
30.2.3 筹资活动产生的现金流量有关项目的编制 ……467
30.2.4 汇率变动对现金及现金等价物的影响 ……469
30.3 现金流量表附注 ……470
30.3.1 业务概述 ……470
30.3.2 会计处理 ……470
30.3.3 案例解析 ……473

第31章 中期财务报告
31.1 中期财务报告概述 ……480
31.1.1 中期财务报告的定义 ……480
31.1.2 中期财务报告的构成 ……480
31.2 确认和计量 ……480
31.2.1 确认和计量的基本原则 ……480
31.2.2 季节性、周期性或者偶然性取得的收入的确认和计量 ……481
31.2.3 会计年度中不均匀发生的费用的确认与计量 ……482
31.3 中期合并财务报表和母公司财务报表 ……483
31.3.1 业务概述 ……483
31.3.2 事项处理 ……483
31.3.3 案例解析 ……483
31.4 比较财务报表 ……484
31.4.1 比较财务报表概述 ……484
31.4.2 编制比较财务报表注意事项 ……484
31.5 中期财务报告附注 ……485
31.5.1 中期财务报告附注编制的基本要求 ……485
31.5.2 中期财务报告附注至少应当包括的内容 ……486
31.6 中期会计政策变更的处理 ……486

第32章 合并财务报表
32.1 合并财务报表基础 ……488
32.1.1 合并财务报表的编制原则 ……488
32.1.2 合并财务报表的构成 ……488
32.1.3 编制合并财务报表的前期准备事项 ……489
32.1.4 合并财务报表的编制程序 ……490
32.2 合并日财务报表的编制 ……491
32.2.1 同一控制下取得子公司合并日合并财务报表的编制 ……491
32.2.2 非同一控制下取得子公司购买日合并财务报表的编制 ……495
32.3 购买日后合并财务报表的编制 ……501
32.3.1 合并资产负债表 ……501
32.3.2 合并利润表 ……519
32.3.3 合并现金流量表 ……521
32.3.4 合并所有者权益变动表 ……523
32.4 特殊交易的会计处理 ……526
32.4.1 追加投资的会计处理 ……526
32.4.2 因子公司的少数股东增资而稀释母公司拥有的股权比例 ……527

第33章 每股收益
33.1 与基本每股收益有关的事项处理 ……528
33.1.1 业务概述 ……528
33.1.2 事项处理 ……528
33.1.3 案例解析 ……529
33.2 与稀释每股收益有关的事项处理 ……529
33.2.1 业务概述 ……529
33.2.2 事项处理 ……529
33.2.3 案例解析 ……532
33.3 计算每股收益时应考虑的其他调整因素 ……535
33.3.1 计算每股收益时应考虑的其他调整因素概述 ……535
33.3.2 案例解析 ……535

第 34 章　分部报告

34.1 经营分部 ································ 537
34.1.1 业务概述 ···························· 537
34.1.2 事项处理 ···························· 537
34.1.3 案例解析 ···························· 537
34.2 报告分部的确认 ···················· 538
34.2.1 业务概述 ···························· 538
34.2.2 事项处理 ···························· 539
34.2.3 案例解析 ···························· 540
34.3 分部信息的披露 ···················· 541
34.3.1 业务概述 ···························· 541
34.3.2 事项处理 ···························· 541
34.3.3 案例解析 ···························· 543

第 35 章　关联方披露

35.1 关联方关系的认定 ················ 545
35.1.1 业务概述 ···························· 545
35.1.2 事项处理 ···························· 545
35.2 关联方交易的认定 ················ 548
35.2.1 业务概述 ···························· 548
35.2.2 事项处理 ···························· 548
35.3 关联方披露 ···························· 549
35.3.1 业务概述 ···························· 549
35.3.2 事项处理 ···························· 549
35.3.3 案例解析 ···························· 550

第 36 章　金融工具列报

36.1 金融工具区分 ························ 553
36.1.1 金融负债和权益工具 ········ 553
36.1.2 特殊金融工具 ···················· 555
36.1.3 收益和库存股 ···················· 557
36.2 金融资产与金融负债的抵销 ···· 558
36.2.1 业务概述 ···························· 558
36.2.2 会计处理 ···························· 558
36.3 金融工具对财务状况和经营成果影响的列报 ·············· 560
36.3.1 一般性规定 ························ 560
36.3.2 资产负债表中的列示及相关披露 ··· 561
36.3.3 利润表中的列示及相关披露 ········ 565
36.3.4 套期会计相关披露 ············ 566
36.3.5 公允价值披露 ···················· 571
36.4 与金融工具相关的风险披露 ······· 572
36.4.1 定性和定量信息 ················ 572
36.4.2 信用风险披露 ···················· 573
36.4.3 流动性风险披露 ················ 576
36.4.4 市场风险披露 ···················· 577
36.5 金融资产转移的披露 ············ 578
36.5.1 业务概述 ···························· 578
36.5.2 会计处理 ···························· 578
36.6 衔接规定 ································ 581

第 37 章　首次执行企业会计准则

37.1 与确认和计量有关的事项说明 ··· 582
37.1.1 业务概述 ···························· 582
37.1.2 事项处理 ···························· 582
37.1.3 案例解析 ···························· 586
37.2 与列报有关的事项处理 ········ 587
37.2.1 业务概述 ···························· 587
37.2.2 事项说明 ···························· 588

第 38 章　公允价值计量

38.1 公允价值计量的基本要求 ···· 589
38.1.1 与相关资产或负债相关的事项说明 ·············· 589
38.1.2 与有序交易相关的事项说明 ········ 590
38.1.3 与主要市场或最有利市场有关的事项说明 ····· 591
38.1.4 与市场参与者有关的事项说明 ····· 593
38.2 公允价值计量要求 ················ 594
38.2.1 与公允价值初始计量相关的事项说明 ············ 594
38.2.2 与估值技术相关的事项说明 ········ 595
38.2.3 与输入值相关的事项说明 ········ 599
38.2.4 与公允价值层次相关的事项说明 ··· 600
38.3 公允价值计量的具体应用 ···· 602
38.3.1 与非金融资产的公允价值计量相关的事项说明 ·············· 602

38.3.2 与负债和企业自身权益工具的公允价值计量相关的事项说明 …………… 604
38.3.3 与市场风险或信用风险可抵销的金融资产和金融负债的公允价值计量相关的事项说明 …………… 606

38.4 公允价值披露 …………… 607
38.4.1 业务概述 …………… 607
38.4.2 事项处理 …………… 607

第39章 合营安排

39.1 合营安排概念及认定 …………… 609
39.1.1 相关概念 …………… 609
39.1.2 合营安排认定 …………… 609
39.1.3 合营安排分类 …………… 609

39.2 共同经营的会计处理 …………… 610
39.2.1 业务概述 …………… 610
39.2.2 会计处理 …………… 611
39.2.3 案例解析 …………… 611

39.3 合营企业参与方的会计处理 …………… 612
39.3.1 业务概述 …………… 612
39.3.2 会计处理 …………… 613

第40章 在其他主体中权益的披露

40.1 重大判断和假设披露 …………… 614
40.1.1 对其他主体实施控制、共同控制或重大影响的主体 …………… 614
40.1.2 投资性主体 …………… 615

40.2 权益披露 …………… 616
40.2.1 子公司 …………… 616
40.2.2 合营安排、联营企业 …………… 618
40.2.3 未纳入合并财务报表范围的结构化主体 …………… 620

40.3 衔接规定 …………… 621

第41章 持有待售的非流动资产、处置组和终止经营

41.1 划分为持有待售类别时的会计处理 …… 622
41.1.1 业务概述 …………… 622
41.1.2 会计处理 …………… 623
41.1.3 案例解析 …………… 623

41.2 划分为持有待售类别后的会计处理 …… 631
41.2.1 持有待售非流动资产的后续会计处理 …………… 631
41.2.2 持有待售处置组的后续会计处理 …… 632

41.3 不再继续划分为持有待售类别时的相关会计处理 …………… 634
41.3.1 业务概述 …………… 634
41.3.2 会计处理 …………… 634

41.4 终止确认时的相关会计处理 …………… 635
41.4.1 业务概述 …………… 635
41.4.2 会计处理 …………… 635
41.4.3 案例解析 …………… 636

41.5 终止经营 …………… 637
41.5.1 终止经营的定义 …………… 637
41.5.2 终止经营的列报 …………… 639

第 1 章
存货

存货,是指企业在日常活动中持有以备出售的产成品或商品、处在生产过程中的在产品、在生产过程或提供劳务过程中耗用的材料和物料等。

1.1 存货的概念与确认条件

企业的存货通常包括以下内容。

(1)原材料。其是指企业在生产过程中经加工改变其形态或性质并构成产品主要实体的各种原料及主要材料、辅助材料、外购半成品(外购件)、修理用备件(备品备件)、包装材料、燃料等。为建造固定资产等各项工程而储备的各种材料,虽然同属于材料,但是,由于用于建造固定资产等各项工程不符合存货的定义,因此不能作为企业的存货进行核算。

(2)在产品。其是指企业正在制造尚未完工的产品,包括正在各个生产工序加工的产品和已加工完毕但尚未检验或已检验但尚未办理入库手续的产品。

(3)半成品。其是指经过一定生产过程并已检验合格交付半成品仓库保管,但尚未制造完工成为产成品,仍需进一步加工的中间产品。

(4)产成品。其是指工业企业已经完成全部生产过程并验收入库,可以按照合同规定的条件送交订货单位,或者可以作为商品对外销售的产品。企业接受外来原材料加工制造的代制品和为外单位加工修理的代修品,制造和修理完成验收入库后,应视同企业的产成品。

(5)商品。其是指商品流通企业外购或委托加工完成验收入库用于销售的各种商品。

(6)周转材料。其是指企业能够多次使用但不符合固定资产定义的材料,如为了包装本企业商品而储备的各种包装物,各种工具、管理用具、玻璃器皿、劳动保护用品以及在经营过程中周转使用的容器等低值易耗品,建造承包商的钢模板、木模板、脚手架等其他周转材料。但是,周转材料符合固定资产定义的,应当作为固定资产处理。

存货必须在符合定义的前提下,同时满足下列两个条件,才能予以确认:

(1)与该存货有关的经济利益很可能流入企业;

(2)该存货的成本能够可靠地计量。

【例 1-1】下列各项中,企业应作为存货核算的有(   )。

A. 购入周转使用的包装物

B. 委托其他单位代销的商品

C. 为自建生产线购入的材料

D. 接受外来原材料加工制造的代制品

【答案】ABD

分析:选项 C,应作为"工程物资"核算,不属于存货。

1.2 存货的初始计量

1.2.1 业务概述

企业取得存货应当按照成本进行计量。存货成本包括采购成本、加工成本和使存货达到目前场所和状态所发生的其他成本三个组成部分。企业取得存货主要是通过外购和加工两个途径。

存货初始计量的会计处理，如表 1-1 所示。

表 1-1 存货初始计量的会计处理

经济业务		会计处理
取得存货的方式	外购取得存货	借：库存商品/原材料 　　应交税费——应交增值税（进项税额） 贷：银行存款
	加工取得存货	借：库存商品/原材料 贷：原材料/应付职工薪酬/生产成本
	投资者投入存货	借：库存商品/原材料 贷：股本 　　资本公积——股本溢价
	通过非货币性资产交换、债务重组、企业合并等方式取得存货	分别按照《企业会计准则第 7 号——非货币性资产交换》《企业会计准则第 12 号——债务重组》《企业会计准则第 20 号——企业合并》等的规定处理
	财产清查盘盈存货	借：库存商品/原材料 贷：待处理财产损溢——待处理流动资产损益 再按管理权限报经批准后： 借：待处理财产损溢——待处理流动资产损益 贷：管理费用
	通过提供劳务取得存货	借：库存商品/原材料 贷：应付职工薪酬等

1.2.2 会计处理

（一）外购取得存货

企业外购的存货主要包括原材料和商品。外购存货的成本即存货的采购成本，指企业存货从采购到入库前所发生的全部支出，包括购买价款、相关税费、运输费、装卸费、保险费以及其他可归属于存货采购成本的费用。

商品流通企业在采购商品过程中发生的运输费、装卸费、保险费以及其他可归属于存货采购成本的费用等进货费用，应计入所购商品成本。在实务中，企业也可以将发生的运输费、装卸费、保险费以及其他可归属于存货采购成本的费用等进货费用先进行归集，期末，按照所购商品的存销情况进行分摊。对于已销售商品的进货费用，计入主营业务成本；对于未售商品的进货费用，计入期末存货成本。商品流通企业采购商品的进货费用金额较小的，可以在发生时直接计入当期销售费用。

（二）加工取得存货

企业通过进一步加工取得的存货，主要包括产成品、在产品、半成品等，其成本由采购成本、加工成本构成。某些存货的成本还包括使存货达到目前场所和状态所发生的其他成本，如可直接认定的产品设计费用等。通过进一步加工取得的存货的成本中，采购成本是由所使用或消耗的原材料的采购成本转移而来的，因此，计量通过进一步加工取得的存货的成本，重点是要确定存货的加工成本。

存货加工成本由直接人工和制造费用构成，其实质是企业在进一步加工存货的过程中追加发生的生产成本，因此，不包括直接由材料存货转移来的价值。其中，直接人工是指企业在生产产品过程中，直接从事产品生产的工人的职工薪酬。直接人工和间接人工的划分依据通常是生产工人是否与所生产的产品直接相关（即可否直接确定其服务的产品对象）。制造费用是指企业为生产产品和提供劳务而发生的各项间接费用。制造费用是一项间接生产成本，包括企业生产部门（如生产车间）管理人员的职工薪酬、折旧费、办公费、水电费、机物料消耗、劳动保护费、车间固定资产的修理费用、季节性和修理期间的停工损失等。

（三）其他方式取得存货

企业取得存货的其他方式主要包括接受投资者投资，非货币性资产交换、债务重组、企业合并，以及存货盘盈等。

（1）投资者投入存货的成本。投资者投入存货的成本，应当按照投资合同或协议约定的价值确定，但合同或协议约定价值不公允的除外。在投资合同或协议约定价值不公允的情况下，按照该项存货的公允价值作为其入账价值。

（2）通过非货币性资产交换、债务重组、企业合并等方式取得的存货的成本。企业通过非货币性资产交换、债务重组、企业合并等方式取得的存货，其成本应当分别按照《企业会计准则第7号——非货币性资产交换》《企业会计准则第12号——债务重组》《企业会计准则第20号——企业合并》等的规定确定。但是，其后续计量和披露应当执行《企业会计准则第1号——存货》的规定。

（3）盘盈存货的成本。盘盈的存货应按其重置成本作为入账价值，并通过"待处理财产损溢"科目进行会计处理，按管理权限报经批准后，冲减当期管理费用。

（四）通过提供劳务取得存货

通过提供劳务取得的存货，其成本按从事劳务提供人员的直接人工和其他直接费用以及可归属于该存货的间接费用确定。

在确定存货成本的过程中，下列费用不应当计入存货成本，而应当在其发生时计入当期损益。

（1）非正常消耗的直接材料、直接人工及制造费用，应计入当期损益，不得计入存货成本。例如，企业超定额的废品损失以及因自然灾害而发生的直接材料、直接人工及制造费用，由于这些费用的发生无助于使该存货达到目前场所和状态，不应计入存货成本，而应计入当期损益。

（2）仓储费用，指企业在采购入库后发生的储存费用，应计入当期损益。但是，在生产过程中为达到下一个生产阶段所必需的仓储费用则应计入存货成本。例如，某种酒类产品生产企业为使生产的酒达到规定的产品质量标准而必须发生的仓储费用，就应计入酒的成本，而不是计入当期损益。

（3）不能归属于使存货达到目前场所和状态的其他支出，不符合存货的定义和确认条件，应在发生时计入当期损益，不得计入存货成本。

（4）企业采购用于广告营销活动的特定商品，向客户预付货款未取得商品时，应作为预付账款进行会计处理，待取得相关商品时计入当期损益（销售费用）。企业取得广告营销性质的服务比照该原则进行处理。

1.2.3 案例解析

【例1-2】2×18年12月31日，甲公司向A公司订购的印有甲公司标志、为促销宣传准备的一批风扇到货并收到相关购货发票，50万元货款已经支付。该风扇将按计划于2×19年1月向客户及潜在客户派发，不考虑相关税费及其他因素。

下列关于甲公司2×18年对订购风扇所发生支出的会计处理中，正确的是（　　）。

A. 确认为库存商品　　　　　　　　B. 确认为当期管理费用
C. 确认为当期销售成本　　　　　　D. 确认为当期销售费用

【答案】D

分析：企业采购用于广告营销活动的特定商品，向客户预付货款未取得商品时，应作为预付账款进行会计处理，待取得相关商品时计入当期损益（销售费用）。

【例1-3】丙工业企业为增值税一般纳税人。本月购进原材料200千克，货款为6 000元，增值税为780元；发生的保险费为350元，入库前的挑选整理费用为130元；验收入库时发现数量短缺10%，经查属于运输途中合理损耗。丙工业企业该批原材料的实际单位成本为每千克（　　）元。

A. 32.40　　　　B. 33.33　　　　C. 35.28　　　　D. 36.00

【答案】D

分析：购入原材料的实际总成本 = 6 000+350+130 = 6 480（元）
实际入库数量 = 200×（1-10%）= 180（千克）
所以丙工业企业该批原材料的实际单位成本 = 6 480÷180 = 36（元/千克）。

【例1-4】甲公司为制造企业，其在日常经营活动中发生的下列费用或损失，应当计入存货成本的是（　　）。

A. 仓库保管人员的工资
B. 季节性停工期间发生的制造费用
C. 未使用管理用固定资产计提的折旧
D. 采购运输过程中因自然灾害发生的损失

【答案】B

分析：仓库保管人员的工资计入管理费用，不影响存货成本；制造费用是一项间接生产成本，影响存货成本，选项 B 正确；未使用管理用固定资产计提的折旧计入管理费用，不影响存货成本；采购运输过程中因自然灾害发生的损失计入营业外支出，不影响存货成本。

【例1-5】20×9年1月1日，A、B、C三方共同投资设立了甲有限责任公司（以下简称"甲公司"），A 以其生产的产品作为投资（甲公司作为原材料管理和核算），该批产品的公允价值是 5 000 000 元，甲公司取得增值税专用发票上注明的不含税价款为 5 000 000 元，增值税为 650 000 元，假定甲公司的实收资本总额为 10 000 000 元，A 在甲公司享有的份额为 35%，甲公司为增值税一般纳税人，适用的增值税税率为 13%，甲公司采用实际成本法核算存货。

分析：甲公司的相关会计处理如下。
A 在甲公司享有的实收资本金额 =10 000 000×35%=3 500 000（元）
A 在甲公司投资的资本溢价 =5 000 000+650 000−3 500 000=2 150 000（元）

借：原材料	5 000 000
应交税费——应交增值税（进项税额）	650 000
贷：实收资本——A	3 500 000
资本公积——资本溢价	2 150 000

1.3　发出存货的计量方法

1.3.1　发出存货的计量方法概述

企业应当采用先进先出法、移动加权平均法、月末一次加权平均法或者个别计价法确定发出存货的实际成本。对于性质和用途相似的存货，应当采用相同的成本计算方法确定发出存货的成本。对于不能替代使用的存货、为特定项目专门购入或制造的存货以及提供的劳务，通常采用个别计价法确定发出存货的成本。对于已售存货，应当将其成本结转为当期损益，相应的存货跌价准备也应当予以结转。

（一）先进先出法

先进先出法是以先购入的存货应先发出（销售或耗用）这样一种存货实物流转假设为前提，对发出存货进行计价。采用这种方法，先购入的存货成本在后购入的存货成本之前转出，据此确定发出存货和期末存货的成本。

先进先出法下可以随时结转存货发出成本，但较烦琐。如果存货收发业务较多，且存货单价不稳定时，其工作量较大。在物价持续上升时，期末存货成本接近于市价，而发出成本偏低，会高估企业当期利润和库存存货价值；物价下降时，则会低估企业当期利润和库存存货价值。

（二）移动加权平均法

移动加权平均法，是指以每次进货的成本加上原有库存存货的成本，除以每次进货数量与原有库存存货的数量之和，据以计算加权平均单位成本，作为在下次进货前计算各次发出存货成本的依据。计算公式如下：

本次发出存货的成本＝本次发出存货数量 × 本次发货前的存货单位成本

本月月末库存存货成本＝月末库存存货的数量 × 本月月末存货单位成本

采用移动加权平均法能够使企业管理层及时了解存货成本的结存情况，计算出的平均单位成本及发出和结存的存货成本比较客观。但是，由于每次收货都要计算一次平均单位成本，计算工作量较大，对收发货较频繁的企业不适用。

（三）月末一次加权平均法

月末一次加权平均法，是指以当月全部进货数量加上月初存货数量作为权数，去除当月全部进货成本加上月初存货成本，计算出存货的月末加权平均单位成本，以此为基础计算当月发出存货的成本和期末存货的成本的一种方法。

其中：

当月各批进货的总成本＝当月各批进货的实际单位成本 × 当月各批进货的数量

本月发出存货的成本＝本月发出存货的数量 × 存货单位成本

本月月末库存存货成本＝月末库存存货的数量 × 存货单位成本

采用月末一次加权平均法只在月末一次计算加权平均单价，有利于简化成本计算工作。但由于平时不用在账上记录发出和结存存货的单价及金额，不利于存货成本的日常管理与控制。

（四）个别计价法

个别计价法，注重所发出存货具体项目的实物流转与成本流转之间的联系，逐一辨认各批发出存货和期末存货所属的购进批别或生产批别，分别按其购入或生产时所确定的单位成本计算各批发出存货和期末存货的成本。

个别计价法下的成本计算准确、符合实际情况，但在存货收发频繁情况下，其发出成本分辨的工作量较大。个别计价法适用于一般不能替代使用的存货、为特定项目专门购入或制造的存货以及提供的劳务，如珠宝、名画等贵重物品。

1.3.2 案例解析

【例1-6】某企业4月1日存货结存数量为200件，单价为4元/件；4月2日发出存货150件；4月5日购进存货200件，单价为4.4元/件；4月7日发出存货100件。在对发出存货采用移动加权平均法的情况下，4月7日结存存货的实际成本为（　　）元。

A.648　　　　　　B.432　　　　　　C.1 080　　　　　　D.1 032

【答案】A

分析：4月5日购进存货后单位成本＝（50×4+200×4.4）÷（50+200）=4.32（元/件）；4月7日结存存货的成本＝（200-150+200-100）×4.32=648（元）。

【例1-7】某企业甲材料10月的收发数额如下：

（1）期初余额100件，单价为10元/件；

（2）4月10日收入50件，单价为11元/件；

（3）4月12日领用60件；

（4）4月20日收入80件，单价为8元/件；

（5）4月26日领用120件。

要求：采用月末一次加权平均法计算该月发出甲材料的单价及本月领用该材料的成本。（保留小数点后两位）

分析：发出单价＝（100×10+50×11+80×8）÷（100+50+80）=9.52（元/件）

本月领用材料的成本＝（60+120）×9.52=1 713.60（元）

1.4 存货成本的结转

1.4.1 业务概述

企业销售存货，应当将已售存货的成本结转为当期损益，计入营业成本。即企业在确认存货销售收入的当期，应当将已经销售存货的成本结转为当期营业成本。

存货成本结转的会计处理，如表1-2所示。

表1-2 存货成本结转的会计处理

经济业务		会计处理
原材料/库存商品成本的结转	企业销售原材料	借：银行存款 　贷：其他业务收入 　　　应交税费——应交增值税（销项税额） 借：其他业务成本 　贷：原材料 　　　存货跌价准备
	企业销售库存商品	借：银行存款 　贷：主营业务收入 　　　应交税费——应交增值税（销项税额） 借：其他业务成本 　贷：库存商品 　　　存货跌价准备

1.4.2 会计处理

存货为商品、产成品的，企业应采用先进先出法、移动加权平均法、月末一次加权平均法和个别计价法确定已销售商品的实际成本。存货为非商品存货的，如材料等，企业应将已出售的材料的实际成本予以结转，计入当期其他业务成本。这里所讲的材料销售不构成企业的主营业务。如果材料销售构成了企业的主营业务，则该材料为企业的商品存货，而不是非商品存货。

对已售存货计提了存货跌价准备的,还应结转已计提的存货跌价准备,冲减当期主营业务成本或其他业务成本,实际上是按已售产成品或商品的账面价值结转主营业务成本或其他业务成本。企业按存货类别计提存货跌价准备的,也应按比例结转相应的存货跌价准备。企业因非货币性资产交换、债务重组等转出的存货成本,分别参见《企业会计准则第 7 号——非货币性资产交换》《企业会计准则第 12 号——债务重组》准则进行处理。

1.5 周转材料的会计处理

1.5.1 业务概述

"周转材料"科目核算企业周转材料的计划成本或实际成本。周转材料包括包装物、低值易耗品,如企业(建造承包商)的钢模板、木模板、脚手架等。企业的包装物、低值易耗品,也可以单独设置"包装物""低值易耗品"科目进行核算。

周转材料的会计处理,如表 1–3 所示。

表 1–3 周转材料的会计处理

经济业务		会计处理
取得周转材料	外购取得的周转材料	借:周转材料 　　应交税费——应交增值税(进项税额) 贷:银行存款
	加工取得的周转材料	借:周转材料 贷:原材料 / 应付职工薪酬 / 生产成本
周转材料的摊销	采用一次摊销法的	(1)领用时 借:管理费用 / 生产成本 / 销售费用 / 工程施工等 　　贷:周转材料 (2)报废时 借:原材料等 　　贷:管理费用 / 生产成本 / 销售费用 / 工程施工等
	采用其他摊销法的	(1)领用时 借:周转材料——在用 　　贷:周转材料——在库 (2)摊销时 借:管理费用 / 生产成本 / 销售费用 / 工程施工等 　　贷:周转材料——摊销 (3)报废时应补提摊销额 借:管理费用 / 生产成本 / 销售费用 / 工程施工等 　　贷:周转材料——摊销 同时,按报废周转材料的残料价值 借:原材料 　　贷:管理费用 / 生产成本 / 销售费用 / 工程施工等 并转销全部已提摊销额 借:周转材料——摊销 　　贷:周转材料——在用

1.5.2 会计处理

"周转材料"科目可按周转材料的种类,分别按"在库""在用""摊销"进行明细核算。企业应当采用一次摊销法或者五五摊销法对低值易耗品和包装物进行摊销,并将摊销额计入相关资产的成本或者当期损益。

(1)企业购入、自制、委托外单位加工完成并已验收入库的周转材料等,比照"原材料"科目的相关规定进行处理。

(2)采用一次摊销法的,领用时应按其账面价值,借记"管理费用""生产成本""销售费用""工程施工"等科目,贷记本科目。

周转材料报废时,应按报废周转材料的残料价值,借记"原材料"等科目,贷记"管理费用""生产成本""销售费用""工程施工"等科目。

(3)采用其他摊销法的,领用时应按其账面价值,借记本科目(在用),贷记本科目(在库);摊销时应按摊销额,借记"管理费用""生产成本""销售费用""工程施工"等科目,贷记本科目(摊销)。

周转材料报废时应补提摊销额,借记"管理费用""生产成本""销售费用""工程施工"等科目,贷记本科目(摊销);同时,按报废周转材料的残料价值,借记"原材料"等科目,贷记"管理费用""生产成本""销售费用""工程施工"等科目;并转销全部已提摊销额,借记本科目(摊销),贷记本科目(在用)。

(4)周转材料采用计划成本进行日常核算的,领用或发出周转材料时,还应同时结转应分摊的成本差异。

本科目期末借方余额,反映企业在库周转材料的计划成本或实际成本以及在用周转材料的摊余价值。

1.5.3 案例解析

【例1-8】20×9年4月7日,甲企业购进一批周转材料,价值30 000元,增值税税率为13%,企业按实际成本计价,货款未支付,材料已验收入库。

分析:相关会计处理如下。

借:周转材料   30 000
   应交税费——应交增值税(进项税额)   3 900
 贷:应付账款   33 900

【例1-9】某企业采用一次摊销法核算周转材料。20×9年3月8日,该企业领用一批低值易耗品,用于生产A产品,价值20 000元。

分析:相关会计处理如下。

借:生产成本——A产品   20 000
 贷:周转材料   20 000

3月12日,企业报废一批周转材料,该批周转材料的残料价值为2 000元。

分析：相关会计处理如下。

借：原材料　　　　　　　　　　　　　　　　　　　　　　　2 000
　　贷：生产成本　　　　　　　　　　　　　　　　　　　　　　2 000

【例1-10】增值税一般纳税人丙公司于20×9年6月购入台灯4台，每台价值300元，增值税税率为13%，取得增值税普通发票，当月领用。假设两年后台灯报废变卖，收到现金113元，甲公司按照实际成本核算周转材料并采用五五摊销法进行摊销。请做出上述业务的会计分录。

分析：相关会计处理如下。

（1）购入并已验收入库。

借：周转材料——台灯（在库）　　　　　　　　　　　　　　1 200
　　贷：库存现金　　　　　　　　　　　　　　　　　　　　　　1 200

（2）领用并按摊销。

借：周转材料——台灯（在用）　　　　　　　　　　　　　　1 200
　　贷：周转材料——台灯（在库）　　　　　　　　　　　　　　1 200

同时摊销一半价值。

借：管理费用　　　　　　　　　　　　　　　　　　　　　　600
　　贷：周转材料——台灯（摊销）　　　　　　　　　　　　　　600

（3）报废时，摊销剩余价值。

借：管理费用　　　　　　　　　　　　　　　　　　　　　　600
　　贷：周转材料——台灯（摊销）　　　　　　　　　　　　　　600

同时，转销全部已提摊销额。

借：周转材料——台灯（摊销）　　　　　　　　　　　　　　1 200
　　贷：周转材料——台灯（在用）　　　　　　　　　　　　　　1 200

确认处置收到的现金。

借：库存现金　　　　　　　　　　　　　　　　　　　　　　113
　　贷：管理费用　　　　　　　　　　　　　　　　　　　　　　100
　　　　应交税费——应交增值税（销项税额）　　　　　　　　　　13

1.6 存货的期末计量

1.6.1 业务概述

资产负债表日，存货应当按照成本与可变现净值孰低计量。当存货成本低于可变现净值时，存货按成本计量；当存货成本高于可变现净值时，存货按可变现净值计量，同时按照成本高于可变现净值的差额计提存货跌价准备，计入当期损益。

存货期末计量的会计处理，如表1-4所示。

表 1-4 存货期末计量的会计处理

经济业务		会计处理
期末存货的计量	当存货成本高于可变现净值时	借：资产减值损失 　贷：存货跌价准备
	当符合存货跌价准备转回的条件时	借：存货跌价准备 　贷：资产减值损失

1.6.2　会计处理

采用成本与可变现净值孰低计量，主要是为了使存货符合资产的定义，且符合谨慎性原则的要求。当存货的可变现净值下跌至成本以下时，表明该存货会给企业带来的未来经济利益低于其账面成本，因而应将这部分损失从资产价值中扣除，计入当期损益。否则，存货的可变现净值低于成本时，如果仍然以其成本计量，就会出现虚计资产的现象。

（一）存货的可变现净值

可变现净值，是指在日常活动中，存货的估计售价减去至完工时估计将要发生的成本、估计的销售费用以及相关税费后的金额。

1. 可变现净值的基本特征

（1）确定存货可变现净值的前提是企业在进行正常的生产经营活动。如果企业不是在进行正常的生产经营活动，如企业处于清算过程，那么不能按照存货准则的规定确定存货的可变现净值。

（2）可变现净值为存货的预计未来净现金流入，而不是简单地等于存货的售价或合同价。企业预计的销售存货现金流量，并不完全等于存货的可变现净值。存货在销售过程中可能发生的销售费用和相关税费，以及为达到预定可销售状态可能发生的加工成本等相关支出，构成现金流入的抵减项目。企业预计的销售存货现金流量，扣除这些抵减项目后，才能确定为存货的可变现净值。

（3）不同存货可变现净值的构成不同。产成品、商品和用于出售的材料等可直接用于出售的商品存货，在正常生产经营过程中，应当以该存货的估计售价减去估计的销售费用和相关税费后的金额，确定其可变现净值。

需要经过加工的材料存货，在正常生产经营过程中，应当以所生产的产成品的估计售价减去至完工时估计将要发生的成本、估计的销售费用和相关税费后的金额，确定其可变现净值。

2. 确定存货的可变现净值时应考虑的因素

企业在确定存货的可变现净值时，应当以取得的确凿证据为基础，并且考虑持有存货的目的、资产负债表日后事项的影响等因素。

（1）确定存货的可变现净值应当以取得的确凿证据为基础。确定存货的可变现净值必须建立在取得确凿证据的基础上。这里所讲的"确凿证据"是指对确定存货的可变现净值和成本有直接影响的客观证明。

存货成本的确凿证据。存货的采购成本、加工成本和其他成本及以其他方式取得存货的成本，应当以取得的外来原始凭证、生产成本账簿记录等作为确凿证据。

存货可变现净值的确凿证据。存货可变现净值的确凿证据，是指对确定存货的可变现净值有直接影响的确凿证明，如产成品或商品的市场销售价格、与产成品或商品相同或类似商品的市场销售价格、销货方提供的有关资料和生产成本资料等。

（2）确定存货的可变现净值应当考虑持有存货的目的。由于企业持有存货的目的不同，确定存货可变现净值的计算方法也不同。例如，用于出售的存货和用于继续加工的存货，其可变现净值的计算就不相同。因此，企业在确定存货的可变现净值时，应考虑持有存货的目的。按持有货的目的，通常可以将存货分为：持有以备出售的存货，如商品、产成品，其又可分为有合同约定的存货和没有合同约定的存货；将在生产过程或提供劳务过程中耗用的存货，如材料等。

（3）确定存货的可变现净值应当考虑资产负债表日后事项等的影响。确定存货的可变现净值时，应当以资产负债表日取得最可靠的证据估计的售价为基础并考虑持有存货的目的，在资产负债表日至财务报告批准报出日之间存货售价发生波动的，如有确凿证据表明其对资产负债表日存货已经存在的情况提供了新的或进一步的证据，则在确定存货可变现净值时应当予以考虑，否则，不应予以考虑。

（二）存货估计售价的确定

对于企业持有的各类存货，在确定其可变现净值时，最关键的问题是确定估计售价。企业应当区别如下情况确定存货的估计售价。

（1）为执行销售合同或者劳务合同而持有的存货，通常应当以产成品或商品的合同价格作为其可变现净值的计算基础。如果企业与购买方签订了销售合同（或劳务合同，下同），并且销售合同中约定的标的物的订购数量等于企业持有存货的数量，在这种情况下，在确定与该项销售合同直接相关存货的可变现净值时，应当以销售合同价格作为其可变现净值的计算基础。也就是说，如果企业就其产成品或商品签订了销售合同，则该批产成品或商品的可变现净值应当以合同价格作为计算基础；如果销售合同所规定的标的物还没有生产出来，但企业持有专门用于该标的物生产的原材料，其可变现净值也应当以合同价格作为计算基础。

（2）如果企业持有存货的数量多于销售合同中约定的标的物的订购数量，超出部分存货的可变现净值应当以产成品或商品的一般销售价格（即市场销售价格）作为计算基础。

（3）如果企业持有存货的数量少于销售合同中约定的标的物的订购数量，实际持有与该销售合同相关的存货应以销售合同所规定的价格作为可变现净值的计算基础。如果该合同为亏损合同，还应同时按照《企业会计准则第13号——或有事项》的规定处理。

（4）没有销售合同约定的存货（不包括用于出售的材料），其可变现净值应当以产成品或商品一般销售价格（即市场销售价格）作为计算基础。

（5）用于出售的材料等，通常以市场价格作为其可变现净值的计算基础。这里的市场价格是指材料等的市场销售价格。如果用于出售的材料存在销售合同约定，应按合同价格作为其可变现净值的计算基础。

（三）材料存货的期末计量

材料存货的期末价值应当以所生产的产成品的可变现净值与成本的比较为基础加以确定。

（1）对于为生产而持有的材料等，如果用其生产的产成品的可变现净值预计高于成本，则该材料仍然应当按照成本计量。这里的"材料"指原材料、在产品、委托加工材料等。"可变现净值高于成本"中的成本是指产成品的生产成本。

（2）如果材料价格的下降表明产成品的可变现净值低于成本，则该材料应当按可变现净值计量，并按其差额计提存货跌价准备。

（四）计提存货跌价准备的方法

（1）企业通常应当按照单个存货项目计提存货跌价准备。企业在计提存货跌价准备时通常应当以单个存货项目为基础。在企业采用计算机信息系统进行会计处理的情况下，完全有可能做到按单个存货项目计提存货跌价准备。在这种方式下，企业应当将每个存货项目的成本与其可变现净值逐一进行比较，按较低者计量存货，并且按成本高于可变现净值的差额，计提存货跌价准备。这就要求企业应当根据管理要求和存货的特点，明确规定存货项目的确定标准。例如，规定将某一型号和规格的材料作为一个存货项目、将某一品牌和规格的商品作为一个存货项目等。

（2）对于数量繁多、单价较低的存货，可以按照存货类别计提存货跌价准备。如果某一类存货的数量繁多并且单价较低，企业可以按存货类别计量该类存货的成本与可变现净值，即将该类存货成本的总额与可变现净值的总额进行比较，每个存货类别均取较低者确定存货期末价值。

1.6.3 案例解析

【例1-11】20×8年年末，乙公司库存A原材料的账面余额为200万元，数量为10吨。该原材料全部用于生产按照合同约定向乙公司销售的10件B产品。

合同约定：甲公司应于20×9年5月1日前向乙公司发出10件B产品，每件售价为30万元（不含增值税）。

将A原材料加工成B产品尚需发生加工成本110万元，预计销售每件B产品尚需发生相关税费0.5万元。

20×8年年末，市场上A原材料每吨售价为18万元，预计销售每吨A原材料尚需发生相关税费0.2万元。

20×8年年初，A原材料未计提存货跌价准备。

不考虑其他因素，甲公司20×8年12月31日对A原材料应计提的存货跌价准备是（　　）万元。

A.5　　　　　　B.10　　　　　　C.20　　　　　　D.15

【答案】D

分析：B产品的可变现净值=（30-0.5）×10=295（万元），B产品的成本=200+110=310（万元），B产品发生减值，故A原材料发生减值；A原材料的可变现净值=（30-0.5）

×10-110=185（万元）；甲公司20×8年12月31日对A原材料应计提的存货跌价准备=200-185=15（万元）。

【例1-12】甲公司2×19年年末持有乙原材料100件，成本为每件5.3万元，每件乙原材料可加工为一件丙产品，加工过程中需发生的费用为每件0.8万元，销售过程中估计需发生运输费用为每件0.2万元。2×19年12月31日，乙原材料的市场价格为每件5.1万元，丙产品的市场价格为每件6万元，乙原材料持有期间未计提跌价准备，不考虑其他因素，甲公司2×19年末对原材料应计提的存货跌价准备是（　　）万元。

A.0　　　　　　B.10　　　　　　C.30　　　　　　D.20

【答案】C

分析：每件丙产品的可变现净值=6-0.2=5.8（万元），每件丙产品的成本=5.3+0.8=6.1（万元），乙原材料专门生产的产品发生了减值，因此表明乙原材料应按其可变现净值计量。每件乙原材料的可变现净值=6-0.8-0.2=5（万元），每件乙原材料的成本为5.3万元，因此乙原材料应该计提的减值金额=（5.3-5）×100=30（万元）。

【例1-13】20×8年12月31日，甲公司A型机器的账面成本为500万元，但由于A型机器的市场价格下跌，预计可变现净值为400万元，请做出该机器计提减值准备的会计处理。

分析：相关会计处理如下。

借：资产减值损失——存货减值损失　　　　　　　　　　1 000 000
　　贷：存货跌价准备　　　　　　　　　　　　　　　　　　　1 000 000

假定：

（1）20×9年6月30日，A型机器的账面成本仍为500万元，但由于A型机器市场价格有所上升，使得A型机器的预计可变现净值变为475万元。请做出相关会计处理。

20×9年6月30日，由于A型机器市场价格上升，A型机器的可变现净值有所恢复，应计提的存货跌价准备为25（500-475）万元，则当期应冲减已计提的存货跌价准备75（100-25）万元，且小于已计提的存货跌价准备（100万元），因此，应转回的存货跌价准备为75万元。

会计分录如下。

借：存货跌价准备　　　　　　　　　　　　　　　　　　750 000
　　贷：资产减值损失——存货减值损失　　　　　　　　　　　750 000

（2）20×9年12月31日，A型机器的账面成本仍为500万元，由于A型机器的市场价格进一步上升，预计A型机器的可变现净值为555万元。

20×9年12月31日，A型机器的可变现净值又有所恢复，应冲减存货跌价准备为55（500-555）万元，但是对A型机器已计提的存货跌价准备的余额为25万元，因此，当期应转回的存货跌价准备为25万元而不是55万元（即以将对A型机器已计提的存货跌价准备余额冲减至零为限）。

会计分录如下。

　　　　借：存货跌价准备　　　　　　　　　　　　　　　　　　　　　　250 000
　　　　　　贷：资产减值损失——存货减值损失　　　　　　　　　　　　250 000

1.7　存货的清查

1.7.1　业务概述

　　存货清查，是指通过对存货的实地盘点，确定存货的实有数量，并与账面结存数核对，从而确定存货实存数与账面结存数是否相符的一种专门方法。

　　存货清查的会计处理，如表1-5所示。

表1-5　存货清查的会计处理

经济业务		会计处理
存货的清查	企业发生存货盘盈时	（1）发生盘盈时 借：原材料／库存商品 　　贷：待处理财产损溢 （2）按管理权限报经批准后 借：待处理财产损溢 　　贷：管理费用
	企业发生存货盘亏或毁损	（1）发生盘亏或毁损时 借：待处理财产损溢 　　贷：原材料／库存商品 （2）按管理权限报经批准后 ①属于计量收发差错和管理不善等原因 借：管理费用 　　其他应收款 　　银行存款 　　贷：待处理财产损溢 ②属于自然灾害等非常原因 借：营业外支出 　　其他应收款 　　银行存款 　　贷：待处理财产损溢

1.7.2　会计处理

　　由于存货种类繁多、收发频繁，在日常收发过程中可能发生计量错误、计算错误、自然损耗，还可能发生损坏变质以及贪污、盗窃等情况，造成账实不符，形成存货的盘盈、盘亏。对于存货的盘盈、盘亏，应填写存货盘点报告，及时查明原因，按照规定程序报批处理。

　　为反映和监督企业在财产清查中查明的各种存货的盘盈、盘亏和毁损情况，企业应当设置"待处理财产损溢"科目，借方登记存货的盘亏金额、毁损金额及盘盈的转销金额，贷方登记存货的盘盈金额及盘亏的转销金额。企业清查的各种存货损益，应在期末结账前处理完毕，期末处理后，"待处理财产损溢"科目应无余额。

企业发生存货盘盈时，应借记"原材料""库存商品"等科目，贷记"待处理财产损溢"科目；在按管理权限报经批准后，借记"待处理财产损溢"科目，贷记"管理费用"科目。

存货发生的盘亏或毁损，应作为待处理财产损溢进行核算。按管理权限报经批准后，根据造成存货盘亏或毁损的原因，分以下两种情况进行处理。

（1）属于计量收发差错和管理不善等原因造成的存货盘亏或毁损，应先扣除残料价值、可以收回的保险赔偿和过失人赔偿，将净损失计入管理费用。

（2）属于自然灾害等非常原因造成的存货盘亏或毁损，应先扣除处置收入（如残料价值）、可以收回的保险赔偿和过失人赔偿，将净损失计入营业外支出。

因非正常原因导致的存货盘亏或毁损，按规定不能抵扣的增值税进项税额应当予以转出。

1.7.3 案例解析

【例 1–14】甲公司在财产清查中发现毁损 B 材料 150 千克，实际单位成本为 100 元 / 千克。经查属于材料保管员的过失造成的，按规定由其个人赔偿 10 000 元，残料已办理入库手续，价值 1 000 元。假定不考虑相关税费。

分析：甲公司应编制如下会计分录。

（1）批准处理前。

借：待处理财产损溢　　　　　　　　　　　　　　　　15 000
　　贷：原材料　　　　　　　　　　　　　　　　　　　　　15 000

（2）批准处理后。

① 由过失人赔款部分。

借：其他应收款　　　　　　　　　　　　　　　　　10 000
　　贷：待处理财产损溢　　　　　　　　　　　　　　　　10 000

② 残料入库。

借：原材料　　　　　　　　　　　　　　　　　　　1 000
　　贷：待处理财产损溢　　　　　　　　　　　　　　　　1 000

③ 材料毁损净损失。

借：管理费用　　　　　　　　　　　　　　　　　　4 000
　　贷：待处理财产损溢　　　　　　　　　　　　　　　　4 000

第 2 章
长期股权投资

企业会计准则中所称的长期股权投资，是指投资方对被投资单位实施控制、施加重大影响的权益性投资，以及对其合营企业的权益性投资。

股权投资，又称权益性投资，是指通过付出现金或非现金资产等取得被投资单位的股份或股权，享有一定比例的权益份额代表的资产。投资企业取得被投资单位的股权，相应地享有被投资单位净资产有关份额，通过被投资单位分得现金股利或利润以及待被投资单位增值后出售等获利。

股权投资基于投资合同、协议等约定，会形成投资方的金融资产，而对被投资单位，其所接受的来自投资方的出资会形成所有者权益，因此，按照《企业会计准则第 22 号——金融工具确认和计量》的界定，股权投资一方面形成投资方的金融资产，另一方面形成被投资单位的权益工具，原则上属于金融工具。在大的范畴属于金融工具的情况下，根据投资方在投资后对被投资单位能够施加影响的程度，企业会计准则将股权投资区分为应当按照金融工具确认和计量准则进行核算和应当按照长期股权投资准则进行核算两种情况。

其中，属于长期股权投资准则规范的股权投资，是根据投资方在获取投资以后，能够对被投资单位施加影响的程度来划分的，而不是根据持有投资的期限长短。会计意义的长期股权投资包括投资方持有的对联营企业、合营企业以及子公司的投资。

2.1 同一控制下控股合并形成的长期股权投资的相关会计处理

2.1.1 业务概述

同一控制下的企业合并，是指参与合并的企业在合并前后均受同一方或相同的多方最终控制且该控制并非暂时性的。

同一控制下企业合并的会计处理，如表 2-1 所示。

表 2-1 同一控制下企业合并的会计处理

经济业务	会计处理
合并方以支付现金、转让非现金资产或承担债务方式作为合并对价	借：长期股权投资 　　应收股利 　　资本公积——资本溢价或股本溢价 　　盈余公积 　　利润分配——未分配利润 　贷：银行存款等 　　资本公积——资本溢价或股本溢价

（续表）

经济业务	会计处理
合并方以发行权益性证券作为合并对价	借：长期股权投资 　　应收股利 　　资本公积——资本溢价或股本溢价 　　盈余公积 　　利润分配——未分配利润 　贷：股本 　　资本公积——资本溢价或股本溢价

2.1.2 会计处理

　　同一控制下控股合并形成的长期股权投资，合并方以支付现金、转让非现金资产或承担债务方式作为合并对价的，应在合并日按企业合并成本（不含应自被投资单位收取的现金股利或利润），借记"长期股权投资"科目，按享有被投资单位已宣告但尚未发放的现金股利或利润，借记"应收股利"科目，按支付合并对价的账面价值，贷记有关资产或负债科目，按其差额，调整资本公积，资本公积不足冲减的，调整留存收益。合并方以发行权益性证券作为合并对价的，应在合并日按照发行的权益性证券的公允价值，借记"长期股权投资"科目，按照发行的权益性证券的面值总额，贷记"股本"科目，按其差额，调整资本公积，资本公积不足冲减的，调整留存收益。

2.1.3 案例解析

　　【例2-1】甲公司于2×20年4月1日自其母公司（P公司）取得B公司100%股权并能够对B公司实施控制。该项交易中，以2×19年12月31日为评估基准日，B公司全部股权经评估确定的价值为15亿元，其个别财务报表中净资产账面价值为6.4亿元。以P公司最初从独立第三方取得B公司时点确定的B公司有关资产、负债价值为基础，考虑B公司后续有关交易或事项的影响，2×20年4月1日，B公司净资产价值为9.2亿元。甲公司用以支付购买B公司股权的对价为其账面持有的一项土地使用权，成本为7亿元，已摊销1.5亿元，评估价值为10亿元，同时该项交易中甲公司另支付现金5亿元。当日，甲公司账面所有者权益项目构成为：股本6亿元，资本公积3.6亿元，盈余公积2.4亿元，未分配利润8亿元。

　　问题：甲公司应如何确认对B公司长期股权投资的成本及其会计处理？

　　分析：本例中甲公司对B公司的合并属于同一控制下企业合并。按照企业会计准则规定，该类合并中投资方应当按照合并取得应享有被合并方账面净资产的份额确认对被合并方的长期股权投资。该长期股权投资与所支付对价账面价值之间的差额应当调整资本公积，资本公积余额不足的，应当依次调整盈余公积和未分配利润。

　　对B公司长期股权投资为9.2亿元，甲公司应进行的会计处理如下。（单位：亿元）

　借：长期股权投资　　　　　　　　　　　　　　　　　　　9.2
　　　累计摊销　　　　　　　　　　　　　　　　　　　　　1.5
　　　资本公积　　　　　　　　　　　　　　　　　　　　　1.3

贷：无形资产	7
银行存款	5

本例中应当注意以下问题。

一是甲公司取得对 B 公司长期股权投资的成本，应以所取得 B 公司账面净资产的份额确认。该账面净资产并非是 B 公司个别财务报表中体现的 6.4 亿元，而应以 B 公司有关资产、负债在最终控制方 P 公司的账面价值 9.2 亿元为基础确定。

二是在确认长期股权投资时，对于合并方为取得该项投资支付的对价，原则上应以账面价值结转，无论其公允价值与账面价值是否相同，均不确认损益。取得长期股权投资的入账价值与所支付对价账面价值之间的差额应当全部调整所有者权益。本例中因甲公司资本公积的余额足够，相关差额均调整了资本公积。根据同一控制下企业合并作为企业集团内资产和权益整合的处理理念，该类交易确认时不应当产生损益。

三是如果本例中在确认甲公司对 B 公司长期股权投资时，因该长期股权投资按照会计准则规定确定的初始投资成本与支付对价账面价值之间的差额冲减资本公积（资本溢价）时，资本公积（资本溢价）的余额不足的，应当按照比例相应冲减甲公司的盈余公积和未分配利润。

2.2　非同一控制下控股合并形成长期股权投资的相关会计处理

2.2.1　业务概述

非同一控制下的企业合并，是指参与合并各方在合并前后不受同一方或相同的多方最终控制的合并交易，即同一控制下企业合并以外的其他企业合并。

非同一控制下企业合并的会计处理，如表 2-2 所示。

表 2-2　非同一控制下企业合并的会计处理

经济业务	会计处理
合并方以支付现金、转让非现金资产或承担债务方式作为合并对价	借：长期股权投资 　　应收股利 　　资产处置损益 　　投资收益 贷：固定资产等 　　资产处置损益 　　投资收益
合并方以发行权益性证券作为合并对价	借：长期股权投资 　　管理费用 贷：股本 　　资本公积——资本溢价或股本溢价 　　银行存款

2.2.2 会计处理

非同一控制下控股合并形成的长期股权投资，合并方以支付现金、转让非现金资产或承担债务方式作为合并对价的，应在购买日按企业合并成本（不含应自被投资单位收取的现金股利或利润），借记"长期股权投资"科目，按享有被投资单位已宣告但尚未发放的现金股利或利润，借记"应收股利"科目，按支付合并对价的账面价值，贷记有关资产或负债科目，按其差额，贷记"资产处置损益""投资收益"等科目，或借记"资产处置损益""投资收益"等科目。购买方以发行权益性证券作为合并对价的，应在购买日按照发行的权益性证券的公允价值，借记"长期股权投资"科目，按照发行的权益性证券的面值总额，贷记"股本"科目，按其差额，贷记"资本公积——资本溢价或股本溢价"科目。企业发生的直接相关费用，应借记"管理费用"科目，贷记"银行存款"等科目。

2.2.3 案例解析

【例2-2】A公司于2×18年3月31日取得B公司70%的股权。为核实B公司的资产价值，A公司聘请专业资产评估机构对B公司的资产进行评估，支付评估费用300万元。合并中，A公司支付的有关资产在购买日的账面价值与公允价值如表2-3所示。

表2-3　A公司支付的有关资产在购买日的账面价值与公允价值

2×18年3月31日　　　　　　　　　　　　　　　　　　　　　　单位：万元

项目	账面价值	公允价值
土地使用权（自用）	6 000	9 600
专利技术	2 400	3 000
银行存款	2 400	2 400
合计	10 800	15 000

假定合并前A公司与B公司不存在任何关联方关系，A公司用作合并对价的土地使用权和专利技术原价为9 600万元，至控股合并发生时已累计摊销1 200万元。

分析：本例中因A公司与B公司在合并前不存在任何关联方关系，所以该合并应作为非同一控制下的控股合并处理。

A公司对于形成控股合并的对B公司的长期股权投资，应按确定的企业合并成本作为其初始投资成本。A公司应进行如下会计处理。

借：长期股权投资　　　　　　　　　　　　　　　　　　150 000 000
　　管理费用　　　　　　　　　　　　　　　　　　　　　3 000 000
　　累计摊销　　　　　　　　　　　　　　　　　　　　 12 000 000
　贷：无形资产　　　　　　　　　　　　　　　　　　　 96 000 000
　　　银行存款　　　　　　　　　　　　　　　　　　　 27 000 000
　　　营业外收入　　　　　　　　　　　　　　　　　　 42 000 000

2.3 除企业合并形成的长期股权投资以外，其他方式取得的长期股权投资的相关会计处理

2.3.1 业务概述

除企业合并形成的长期股权投资以外，其他方式取得的长期股权投资，如以支付现金取得、以发行权益性证券取得、通过非货币性资产交换取得等，其初始投资成本应按照规定确定。

其他方式取得的长期股权投资的会计处理，如表 2-4 所示。

表 2-4 其他方式取得的长期股权投资的会计处理

经济业务	会计处理
以支付现金取得的长期股权投资	借：长期股权投资 　贷：银行存款
以发行权益性证券取得的长期股权投资	借：长期股权投资 　贷：股本 　　　资本公积——股本溢价
通过非货币性资产交换取得的长期股权投资	借：长期股权投资 　贷：固定资产清理等
通过债务重组取得的长期股权投资	借：长期股权投资 　　投资收益 　贷：应收账款

2.3.2 会计处理

除企业合并形成的长期股权投资以外，其他方式取得的长期股权投资，应当按照下列规定确定其初始投资成本。

以支付现金取得的长期股权投资，应当按照实际支付的购买价款作为初始投资成本。初始投资成本包括与取得长期股权投资直接相关的费用、税金及其他必要支出。其会计处理为借记"长期股权投资"科目，贷记"银行存款"科目。

以发行权益性证券取得的长期股权投资，应当按照发行权益性证券的公允价值作为初始投资成本。与发行权益性证券直接相关的费用，应当按照《企业会计准则第 37 号——金融工具列报》的有关规定确定。其会计处理为借记"长期股权投资"科目，贷记"股本""资本公积——股本溢价"科目。

通过非货币性资产交换取得的长期股权投资，其初始投资成本应当按照《企业会计准则第 7 号——非货币性资产交换》的有关规定确定。其会计处理为借记"长期股权投资"科目，贷记"固定资产清理"等科目。

通过债务重组取得的长期股权投资，其初始投资成本应当按照《企业会计准则第 12 号——债务重组》的有关规定确定。其会计处理为借记"长期股权投资"科目、"投资收益"等科目，贷记"应收账款"科目。

2.3.3 案例解析

【例 2-3】20×6 年 3 月 5 日，A 公司通过增发 9 000 万股本公司普通股（每股面值 1 元）取得 B 公司 20% 的股权，该 9 000 万股股份的公允价值为 15 600 万元。为增发该部分股份，A 公司以银行存款向证券承销机构等支付了 600 万元的佣金和手续费。假定 A 公司取得该部分股权后，能够对 B 公司的财务和生产经营决策施加重大影响。

分析：A 公司应当以所发行股份的公允价值作为取得长期股权投资的成本，会计处理如下。

借：长期股权投资　　　　　　　　　　　　　　　　　　　　156 000 000
　　贷：股本　　　　　　　　　　　　　　　　　　　　　　　90 000 000
　　　　资本公积——股本溢价　　　　　　　　　　　　　　　66 000 000

发行权益性证券过程中支付的佣金和手续费，应冲减权益性证券的溢价发行收入，会计处理如下。

借：资本公积——股本溢价　　　　　　　　　　　　　　　　　6 000 000
　　贷：银行存款　　　　　　　　　　　　　　　　　　　　　　6 000 000

2.4 长期股权投资成本法的相关会计处理

2.4.1 业务概述

按照长期股权投资准则核算的权益性投资中，应当采用成本法核算的是以下两类：一是投资企业能够对投资单位实施控制的长期股权投资；二是对被投资单位不具有共同控制或重大影响，且在活跃市场中没有报价、公允价值不能可靠计量的长期股权投资。

长期股权投资成本法的相关会计处理，如表 2-5 所示。

表 2-5　长期股权投资成本法会计处理

经济业务	会计处理
按照初始投资成本计价	借：长期股权投资 　　贷：银行存款
被投资单位宣告分派现金股利或利润	借：应收股利 　　贷：投资收益

2.4.2 会计处理

采用成本法时，按照初始投资成本计价，借记"长期股权投资"科目，贷记"银行存款"科目；被投资单位宣告分派现金股利或利润时，借记"应收股利"科目，贷记"投资收益"科目。

2.4.3 案例解析

【例 2-4】2×18 年 6 月 20 日，甲公司以银行存款 1 500 万元购入乙公司 80% 的股权。

甲公司取得该部分股权后，能够有权力主导乙公司的相关活动并获得可变回报。2×18年9月30日，乙公司宣告分派现金股利，甲公司按照其持有比例确定可分回20万元。

分析：甲公司对乙公司长期股权投资应进行的会计处理如下。

借：长期股权投资　　　　　　　　　　　　　　　　　　　　　15 000 000
　　贷：银行存款　　　　　　　　　　　　　　　　　　　　　　15 000 000
借：应收股利　　　　　　　　　　　　　　　　　　　　　　　　　 200 000
　　贷：投资收益　　　　　　　　　　　　　　　　　　　　　　　 200 000

2.5 长期股权投资权益法的相关会计处理

2.5.1 业务概述

长期股权投资准则规定，应当采用权益法核算的长期股权投资包括两类：一是对合营企业的投资；二是对联营企业的投资。

长期股权投资权益法的会计处理，如表2-6所示。

表2-6　长期股权投资权益法的会计处理

经济业务	会计处理
初始投资成本大于投资时应享有被投资单位可辨认净资产公允价值份额	不调整长期股权投资的初始投资成本
初始投资成本小于投资时应享有被投资单位可辨认净资产公允价值份额	借：长期股权投资——投资成本 　　贷：银行存款 借：长期股权投资——投资成本 　　贷：营业外收入
投资方确认被投资单位发生的净损益	借：长期股权投资——损益调整 　　贷：投资收益
投资方确认被投资单位发生的其他综合收益	借：长期股权投资——其他综合收益 　　贷：其他综合收益
取得现金股利或利润	借：应收股利 　　贷：长期股权投资——损益调整
顺流交易	借：长期股权投资——损益调整 　　贷：投资收益
逆流交易	借：长期股权投资——损益调整 　　贷：投资收益
被投资单位所有者权益的其他变动	借：长期股权投资——其他权益变动 　　贷：资本公积——其他资本公积

2.5.2 会计处理

权益法下，长期股权投资的初始投资成本大于投资时应享有被投资单位可辨认净资产公允价值份额的，不调整长期股权投资的初始投资成本；长期股权投资的初始投资成本小于投资时应享有被投资单位可辨认净资产公允价值份额的，借记"长期股权投资——投资成本"科目，贷记"银行存款""营业外收入"等科目。投资方取得长期股权投资后，应当按照应享有或应分担的被投资单位实现的净损益和其他综合收益的份额，借记"长期股权投资——损益调整""长期股权投资——其他综合收益"科目，贷记"投资收益""其他综合收益"科目。

取得现金股利或利润时，借记"应收股利"科目，贷记"长期股权投资——损益调整"科目。投资方计算确认应享有或应分担被投资单位的净损益时，与联营企业、合营企业之间发生的未实现内部交易损益按照应享有的比例计算归属于投资方的部分，应当予以抵销，按抵销后的金额借记"长期股权投资——损益调整"科目，贷记"投资收益"科目。

按照被投资单位所有者权益的其他变动，借记"长期股权投资——其他权益变动"科目，贷记"资本公积——其他资本公积"科目。

投资方确认被投资单位发生的净亏损，应当以长期股权投资的账面价值以及其他实质上构成对被投资单位净投资的长期权益减记至零为限，投资方负有承担额外损失义务的除外。被投资单位以后实现净利润的，投资方在其收益分享额弥补未确认的亏损分担额后，恢复确认收益分享额。

2.5.3 案例解析

【例 2-5】A 企业于 2×18 年 1 月取得 B 公司 30% 的股权，以银行存款支付价款 9 000 万元。取得投资时被投资单位净资产账面价值为 22 500 万元（假定被投资单位各项可辨认资产、负债的公允价值与其账面价值相同）。

分析：在 B 公司的生产经营决策过程中，所有股东均按持股比例行使表决权。A 企业在取得 B 公司的股权后，派人参与了 B 公司的生产经营决策。因能够对 B 公司施加重大影响，A 企业对该投资应当采用权益法核算。取得投资时，A 企业应进行以下会计处理。

借：长期股权投资——投资成本　　　　　　　　　　　90 000 000
　　贷：银行存款　　　　　　　　　　　　　　　　　90 000 000

长期股权投资的初始投资成本 9 000 万元大于取得投资时应享有被投资单位可辨认净资产公允价值的份额 6 750（22 500×30%）万元，两者之间的差额不调整长期股权投资的账面价值。

如果本例中取得投资时被投资单位可辨认净资产的公允价值为 36 000 万元，A 企业按持股比例 30% 计算确定应享有 10 800 万元，则初始投资成本与应享有被投资单位可辨认净资产公允价值份额之间的差额 1 800 万元应计入取得投资当期的营业外收入。A 企业的会计处理如下。

借：长期股权投资——投资成本　　　　　　　　　　　90 000 000
　　贷：银行存款　　　　　　　　　　　　　　　　　90 000 000
借：长期股权投资——投资成本　　　　　　　　　　　18 000 000
　　贷：营业外收入　　　　　　　　　　　　　　　　18 000 000

【例2-6】甲公司于2×18年1月10日购入乙公司30%的股份，购买价款为3 300万元，并自取得投资之日起派人参与乙公司的财务和生产经营决策。取得投资当日，乙公司可辨认净资产公允价值为9 000万元，除表2-7所列项目外，乙公司其他资产、负债的公允价值与账面价值相同。

假定乙公司于2×18年实现净利润900万元，其中，在甲公司取得投资时的账面存货有80%对外出售。甲公司与乙公司的会计年度及采用的会计政策相同。固定资产、无形资产均按年限平均法（直线法）提取折旧或摊销，预计净残值均为0。假定甲、乙公司间未发生任何内部交易。请做出上述业务的会计分录。

表2-7 乙公司公允价值与账面价值不同的项目

2×18年1月10日　　　　　　　　　　　　　　金额单位：万元
时间单位：年

项目	账面原价	已提折旧或摊销	公允价值	乙公司预计使用年限	甲公司取得投资后剩余使用年限
存货	750		1 050		
固定资产	1 800	360	2 400	20	16
无形资产	1 050	210	1 200	10	8
合计	3 600	570	4 650		

分析：甲公司在确定其应享有的投资收益时，应在乙公司实现净利润的基础上，根据取得投资时乙公司有关资产的账面价值与其公允价值差额的影响进行调整（假定不考虑所得税影响），相关计算如下。

存货账面价值与公允价值的差额应调减的利润=（1 050-750）×80%=240（万元）

固定资产公允价值与账面价值的差额应调增的折旧额=2 400÷16-1 800÷20=60（万元）

无形资产公允价值与账面价值的差额应调增的摊销额=1 200÷8-1 050÷10=45（万元）

调整后的净利润=900-240-60-45=555（万元）

甲公司应享有的份额=555×30%=166.50（万元）

甲公司确认投资收益的会计处理如下。

借：长期股权投资——损益调整　　　　　　　　　　　　　1 665 000
　　贷：投资收益　　　　　　　　　　　　　　　　　　　　　　　1 665 000

【例2-7】甲企业持有乙公司20%有表决权股份，能够对乙公司的财务和生产经营决策施加重大影响。2×18年，甲企业将其账面价值为600万元的商品以1 000万元的价格出售给乙公司。至2×18年资产负债表日，该批商品尚未对外部第三方出售。假定甲企业取得该项投资时，乙公司各项可辨认资产、负债的公允价值与其账面价值相同，两者在以前期间未发生过内部交易。乙公司2×18年净利润为2 000万元。假定不考虑所得税因素。

分析：甲企业在该项交易中实现利润400万元，其中的80（400×20%）万元是针对本企业持有的对联营企业的权益份额，在采用权益法计算确认投资损益时应予抵销。甲企业应当进行的会计处理如下。

借：长期股权投资——损益调整　　[(20 000 000-4 000 000)×20%] 3 200 000
　　　贷：投资收益　　　　　　　　　　　　　　　　　　　　　　　　3 200 000

甲企业如需编制合并财务报表，在合并财务报表中对该未实现内部交易损益应在个别报表已确认投资损益的基础上进行以下调整。

借：营业收入　　　　　　　　　　　　　　　　　(10 000 000×20%) 2 000 000
　　　贷：营业成本　　　　　　　　　　　　　　　　(6 000 000×20%) 1 200 000
　　　　　投资收益　　　　　　　　　　　　　　　　　　　　　　　　　　800 000

【例2-8】甲企业于2×18年1月取得乙公司20%有表决权股份，能够对乙公司施加重大影响。假定甲企业取得该项投资时，乙公司各项可辨认资产、负债的公允价值与其账面价值相同。2×18年8月，乙公司将其成本为600万元的某商品以1 000万元的价格出售给甲企业，甲企业将取得的商品作为存货。至2×18年资产负债表日，甲企业仍未对外出售该存货。乙公司2×18年实现净利润为3 200万元。假定不考虑所得税因素。

分析：甲企业在按照权益法确认应享有乙公司2×18年净损益时，应进行以下会计处理。

借：长期股权投资——损益调整　　[(32 000 000-4 000 000)×20%] 5 600 000
　　　贷：投资收益　　　　　　　　　　　　　　　　　　　　　　　　5 600 000

进行上述处理后，如果投资企业有子公司，需要编制合并财务报表的，在合并财务报表中，因该未实现内部交易损益体现在投资企业持有存货的账面价值当中，应在合并财务报表中进行以下调整。

借：长期股权投资——损益调整　　[(10 000 000-6 000 000)×20%] 800 000
　　　贷：存货　　　　　　　　　　　　　　　　　　　　　　　　　　　800 000

假定在2×19年，甲企业将该商品以1 000万元的价格向外部独立第三方出售，因该部分内部交易损益已经实现，甲企业在确认应享有乙公司2×19年净损益时，应考虑将原未确认的该部分内部交易损益计入投资损益，即应在考虑其他因素计算确定的投资损益基础上调增80万元。

【例2-9】甲公司、乙公司和丙公司共同出资设立丁公司，注册资本为5 000万元，甲公司持有丁公司注册资本的38%，乙公司和丙公司各持有丁公司注册资本的31%，丁公司为甲、乙、丙公司的合营企业。甲公司以其固定资产（机器）出资，该机器的原价为1 600万元，累计折旧为400万元，公允价值为1 900万元，未计提减值；乙公司和丙公司以现金出资，各投资1 550万元。假定甲公司需要编制合并财务报表，投出资产交易具有商业实质且与投出资产所有权相关的重大风险和报酬发生了转移。不考虑所得税影响。

分析：甲公司的会计处理如下。

甲公司在个别财务报表中，对丁公司的长期股权投资成本为1 900万元，投出机器的账面价值与其公允价值之间的差额为700（1 900-1 200）万元，确认损益（利得）。其会计处理如下。

借：长期股权投资——丁公司（投资成本）	19 000 000	
贷：固定资产清理		19 000 000
借：固定资产清理	12 000 000	
累计折旧	4 000 000	
贷：固定资产		16 000 000
借：固定资产清理	7 000 000	
贷：资产处置损益		7 000 000

甲公司在合并财务报表中，对于上述投资所产生的利得，仅能够确认归属于乙、丙公司的利得部分，需要抵销归属于甲公司的利得部分 266（700×38%）万元。在合并财务报表中做如下抵销分录。

借：资产处置损益	2 660 000	
贷：长期股权投资——丁公司		2 660 000

【例 2-10】甲企业持有乙企业 40% 的股权，能够对乙企业施加重大影响。2×17 年 12 月 31 日，该项长期股权投资的账面价值为 6 000 万元。乙企业 2×18 年由于一项主营业务市场条件发生变化，当年度亏损 9 000 万元。假定甲企业在取得该投资时，乙企业各项可辨认资产、负债的公允价值与其账面价值相等，双方所采用的会计政策及会计期间也相同。则甲企业当年度应确认的投资损失为 3 600 万元。确认上述投资损失后，长期股权投资的账面价值变为 2 400 万元。

分析：如果乙企业当年度的亏损额为 18 000 万元，则甲企业按其持股比例确认应分担的损失为 7 200 万元，但长期股权投资的账面价值仅为 6 000 万元，如果没有其他实质上构成对被投资单位净投资的长期权益项目，则甲企业应确认的投资损失仅为 6 000 万元，超额损失在账外进行备查登记；在确认了 6 000 万元的投资损失，长期股权投资的账面价值减记至零以后，如果甲企业账上仍有应收乙企业的长期应收款 2 400 万元，该款项从目前情况看，没有明确的清偿计划（并非产生于商品购销等日常活动），则在长期应收款的账面价值大于 1 200 万元的情况下，应以长期应收款的账面价值为限进一步确认投资损失 1 200 万元。甲企业应进行的会计处理如下。

借：投资收益	60 000 000	
贷：长期股权投资——损益调整		60 000 000
借：投资收益	12 000 000	
贷：长期应收款		12 000 000

【例 2-11】甲公司持有乙公司 25% 的股份，并能对乙公司施加重大影响。当期，乙公司将作为存货的房地产转换为以公允价值模式计量的投资性房地产，转换日公允价值大于账面价值 1 500 万元，计入了其他综合收益。假定不考虑其他因素。

分析：甲公司当期按照权益法核算应确认的其他综合收益的会计处理如下。

按权益法核算甲公司应确认的其他综合收益 =1 500×25%=375（万元）

借：长期股权投资——其他综合收益		3 750 000
贷：其他综合收益		3 750 000

【例2-12】 A企业持有B企业30%的股份，能够对B企业施加重大影响。B企业为上市公司，当期B企业的母公司向B企业捐赠1 000万元，该捐赠实质上属于资本性投入，B企业将其计入资本公积（股本溢价）。假定不考虑其他因素。

分析：A企业应按权益法做如下会计处理。

A企业确认应享有被投资单位所有者权益的其他变动=1 000×30%=300（万元）

借：长期股权投资——其他权益变动		3 000 000
贷：资本公积——其他资本公积		3 000 000

2.6 长期股权投资核算方法转换的相关会计处理

2.6.1 业务概述

长期股权投资在持有期间，因各方面情况的变化，可能导致其核算需要由一种方法转换为另外一种方法，或者某些情况下因出售股权等原因对被投资单位丧失了控制、共同控制或重大影响时，会由长期股权投资转为金融资产核算。

长期股权投资核算方法转换的会计处理，如表2-8所示。

表2-8　长期股权投资核算方法转换的会计处理

经济业务	会计处理	
成本法转换为权益法	确认部分股权处置收益	借：银行存款等 　　贷：长期股权投资 　　　　投资收益
	对剩余股权改按权益法	借：长期股权投资 　　贷：盈余公积 　　　　未分配利润 　　　　其他综合收益
公允价值计量或权益法转换为成本法	借：长期股权投资 　　贷：交易性金融资产等 　　　　银行存款等	
公允价值计量转为权益法	借：长期股权投资——投资成本 　　贷：交易性金融资产等 　　　　银行存款等	
权益法转公允价值计量的金融资产	确认有关股权投资的处置损益	借：银行存款等 　　贷：长期股权投资 　　　　投资收益
	剩余股权投资转为公允价值计量的金融资产	借：交易性金融资产等 　　贷：长期股权投资 　　　　投资收益

(续表)

经济业务		会计处理
成本法转公允价值计量的金融资产	出售股权	借：银行存款等 　贷：长期股权投资 　　　投资收益
	剩余股权投资转为公允价值计量的金融资产	借：交易性金融资产等 　贷：长期股权投资 　　　投资收益

2.6.2 会计处理

1. 成本法转换为权益法

因处置投资导致对被投资单位的影响能力下降，由控制转为具有重大影响，或是与其他投资方一起实施共同控制的情况下，在投资企业的个别财务报表中，首先应按处置投资的比例结转应终止确认的长期股权投资成本，借记"银行存款"科目，贷记"长期股权投资""投资收益"科目。在此基础上，对剩余的长期股权投资改按权益法核算，借记"长期股权投资"科目，贷记"盈余公积""未分配利润""其他综合收益"科目。

2. 公允价值计量或权益法转换为成本法

因追加投资原因导致原持有的分类为以公允价值计量且其变动计入当期损益的金融资产，或非交易性权益工具投资分类为以公允价值计量且其变动计入其他综合收益的金融资产，以及对联营企业或合营企业的投资转变为对子公司投资的，长期股权投资账面价值的调整应当按照本章关于对子公司投资初始计量的相关规定处理，借记"长期股权投资"科目，贷记"交易性金融资产""银行存款"等科目。

3. 公允价值计量转为权益法

投资企业对原持有的被投资单位的股权不具有控制、共同控制或重大影响，按照金融工具确认和计量准则进行会计处理的，因追加投资等原因导致持股比例增加，使其能够对被投资单位实施共同控制或重大影响而转按权益法核算的，借记"长期股权投资——投资成本"科目，贷记"交易性金融资产""银行存款"等科目。

4. 权益法转公允价值计量的金融资产

投资企业原持有的被投资单位的股权对其具有共同控制或重大影响，因部分处置等原因导致持股比例下降，不能再对被投资单位实施共同控制或重大影响的，应于失去共同控制或重大影响时，改按金融工具确认和计量准则的规定对剩余股权进行会计处理。首先，确认有关股权投资的处置损益，借记"银行存款"科目，贷记"长期股权投资""投资收益"科目。对于剩余股权投资转为公允价值计量的金融资产，借记"交易性金融资产"科目，贷记"长期股权投资""投资收益"科目。

5. 成本法转公允价值计量的金融资产

投资企业原持有被投资单位的股权使得其能够对被投资单位实施控制，其后因部分处置等原因导致持股比例下降,不能再对被投资单位实施控制,同时对被投资单位亦不具有共同控制能力或重大影响的,应将剩余股权改按金融工具确认和计量准则的规定进行会计处理,并于丧失控制权日将剩余股权按公允价值重新计量,公允价值与其账面价值的差额计入当期损益。出售股权时借记"银行存款"等科目,贷记"长期股权投资""投资收益"等科目,剩余股权投资转为以公允价值计量的金融资产时,借记"交易性金融资产"等科目,贷记"长期股权投资""投资收益"等科目。

2.6.3 案例解析

【例2-13】2×17年1月1日,甲公司支付600万元取得乙公司100%的股权,投资当时乙公司可辨认净资产的公允价值为500万元,商誉100万元。2×17年1月1日至2×18年12月31日,乙公司的净资产增加了75万元,其中按购买日公允价值计算实现的净利润50万元,持有的非交易性权益工具投资以公允价值计量且其变动计入其他综合收益的金融资产的公允价值升值25万元。

2×19年1月8日,甲公司转让乙公司60%的股权,收取现金480万元存入银行,转让后甲公司对乙公司的持股比例为40%,能对其施加重大影响。2×19年1月8日,即甲公司丧失对乙公司的控制权日,乙公司剩余40%股权的公允价值为320万元。假定甲、乙公司提取盈余公积的比例均为10%。假定乙公司未分配现金股利,并不考虑其他因素。甲公司在其个别和合并财务报表中的处理分别如下。

(1)甲公司个别财务报表的处理。

① 确认部分股权处置收益。

借:银行存款　　　　　　　　　　　　　　　　　　　　　　4 800 000
　　贷:长期股权投资　　　　　　　　　　　(6 000 000×60%)3 600 000
　　　　投资收益　　　　　　　　　　　　　　　　　　　　　1 200 000

② 对剩余股权改按权益法核算。

借:长期股权投资　　　　　　　　　　　　　　　　　　　　　300 000
　　贷:盈余公积　　　　　　　　　　　　(500 000×40%×10%)20 000
　　　　未分配利润　　　　　　　　　　　(500 000×40%×90%)180 000
　　　　其他综合收益　　　　　　　　　　　(250 000×40%)100 000

经上述调整后,在个别财务报表中,剩余股权的账面价值为270万元(600×40%+30)。

(2)甲公司合并财务报表的处理。合并财务报表中应确认的投资收益为125万元[(480+320)-675]。由于个别财务报表中已经确认了120万元的投资收益,在合并财务报表中作如下调整。

① 对剩余股权按丧失控制权日的公允价值重新计量的调整。

借:长期股权投资　　　　　　　　　　　　　　　　　　　　　3 200 000
　　贷:长期股权投资　　　　　　　　　　　(6 750 000×40%)2 700 000
　　　　投资收益　　　　　　　　　　　　　　　　　　　　　　500 000

② 对个别财务报表中的部分处置收益的归属期间进行调整。

借：投资收益 （750 000×60%）450 000
  贷：盈余公积 （500 000×60%×10%）30 000
    利润分配——未分配利润 （500 000×60%×90%）270 000
    其他综合收益 （250 000×60%）150 000

③ 由于与子公司股权投资相关的其他综合收益为其持有的非交易性权益工具投资的累计公允价值变动，在子公司终止确认时该其他综合收益应转入留存收益。

借：其他综合收益 250 000
  贷：盈余公积 （250 000×10%）25 000
    利润分配——未分配利润 （250 000×90%）225 000

【例2-14】甲公司于2×15年2月取得乙公司10%股权，对乙公司不具有控制、共同控制和重大影响，甲公司将其分类为以公允计量且其变动计入其他综合收益的非交易性权益工具投资的金融资产，投资成本为900万元。

2×16年3月1日，甲公司又以1 800万元取得乙公司12%的股权，当日乙公司可辨认净资产公允价值总额为12 000万元。取得该部分股权后，按照乙公司章程规定，甲公司能够派人参与乙公司的财务和生产经营决策，对该项长期股权投资转为采用权益法核算。假定甲公司在取得对乙公司10%的股权后，双方未发生任何内部交易，未派发现金股利或利润。除所实现净利润外，未发生其他所有者权益变动事项。2×16年3月1日，甲公司对乙公司投资原10%股权的公允价值为1 300万元，原计入其他综合收益的累计公允价值变动收益为400万元。

本例中，2×16年3月1日，甲公司对乙公司投资原10%股权的公允价值为1 300万元，因追加投资改按权益法核算，原计入其他综合收益的累计公允价值变动收益400万元转入留存收益。

甲公司对乙公司股权增持后，持股比例改为22%，初始投资成本为3 100万元（1 300+1 800），应享有乙公司可辨认净资产公允价值份额为2 640万元（12 000×22%），前者大于后者460万元，不调整长期股权投资的账面价值。

甲公司对上述交易的会计处理如下。

借：长期股权投资——投资成本 31 000 000
  贷：银行存款 18 000 000
    其他权益工具投资 13 000 000
借：其他综合收益 4 000 000
  贷：盈余公积 （4 000 000×10%）400 000
    利润分配——未分配利润 （4 000 000×90%）3 600 000

【例2-15】甲公司持有乙公司30%的有表决权股份，能够对乙公司施加重大影响，对该股权投资采用权益法核算。2×18年10月，甲公司将该项投资中的50%对外出售，取得价款1 800万元。相关股权划转手续于当日完成。甲公司持有乙公司剩余15%股权，无法再对乙公司施加重大影响，转为以公允价值计量且其变动计入其他综合收益的非交易性权益工具投资的金融资产核算。股权出售日，剩余股权的公允价值为1 800万元。

出售该股权时，长期股权投资的账面价值为3 200万元，其中投资成本2 600万元，损益调整为300万元，因被投资单位的非交易性权益工具投资以公允价值计量且其变动计入其他综合收益的金融资产的累计公允价值变动享有部分为200万元，除净损益、其他综合收益和利润分配外的其他所有者权益变动为100万元。不考虑相关税费等其他因素影响。甲公司的会计处理如下。

（1）确认有关股权投资的处置损益。

借：银行存款　　　　　　　　　　　　　　　　　　　　18 000 000
　　贷：长期股权投资　　　　　　　　　　　　　　　　16 000 000
　　　　投资收益　　　　　　　　　　　　　　　　　　 2 000 000

（2）因与对乙公司投资相关的其他综合收益为被投资公司持有额非交易性权益工具投资的公允价值变动，由于终止采用权益法核算，将原确认的相关其他综合收益全部转入留存收益。

借：其他综合收益　　　　　　　　　　　　　　　　　　 2 000 000
　　贷：盈余公积　　　　　　　　　　　（2 000 000×10%） 200 000
　　　　利润分配——未分配利润　　　　（2 000 000×90%）1 800 000

（3）由于终止采用权益法核算，将原计入资本公积额其他所有者权益变动全部转入当期损益。

借：资本公积——其他资本公积　　　　　　　　　　　　 1 000 000
　　贷：投资收益　　　　　　　　　　　　　　　　　　 1 000 000

（4）剩余股权投资转为以公允价值计量且其变动计入其他综合收益的金融资产，当日公允价值为1 800万元，账面价值为1 600万元，两者差异计入当期投资收益。

借：其他权益工具投资　　　　　　　　　　　　　　　　18 000 000
　　贷：长期股权投资　　　　　　　　　　　　　　　　16 000 000
　　　　投资收益　　　　　　　　　　　　　　　　　　 2 000 000

【例2-16】甲公司持有乙公司60%股权并能控制乙公司，投资成本为1 200万元，按成本法核算。2×18年5月12日，甲公司出售所持乙公司股权的90%给给关联方，所得价款为1 800万元，剩余6%股权于丧失控制权日的公允价值为200万元，甲公司将其分类为以公允价值计量且其变动计入当期损益的金融资产。假定不考虑其他因素，甲公司于丧失控制权日的会计处理如下。

（1）出售股权。

借：银行存款　　　　　　　　　　　　　　　　　　　　18 000 000
　　贷：长期股权投资　　　　　　　　　　　　　　　　10 800 000
　　　　投资收益　　　　　　　　　　　　　　　　　　 7 200 000

（2）剩余股权的处理。
借：交易性金融资产　　　　　　　　　　　　　　　　　2 000 000
　　贷：长期股权投资　　　　　　　　　　　　　　　　　　　　1 200 000
　　　　投资收益　　　　　　　　　　　　　　　　　　　　　　　　800 000

【例2-17】甲公司持有乙公司60%股权并能控制乙公司，投资成本为1 200万元，按成本法核算。2×18年5月12日，甲公司出售所持乙公司股权的90%给非关联方，所得价款为1 800万元，剩余6%股权于丧失控制权日的公允价值为200万元，甲公司将其分类为以公允价值计量且其变动计入当期损益的金融资产。

分析：假定不考虑其他因素，甲公司于丧失控制权日的会计处理如下。

（1）出售股权。
借：银行存款　　　　　　　　　　　　　　　　　　　　18 000 000
　　贷：长期股权投资　　　　　　　　　　　　　　　　　　　　10 800 000
　　　　投资收益　　　　　　　　　　　　　　　　　　　　　　　7 200 000

（2）剩余股权的处理。
借：交易性金融资产　　　　　　　　　　　　　　　　　2 000 000
　　贷：长期股权投资　　　　　　　　　　　　　　　　　　　　1 200 000
　　　　投资收益　　　　　　　　　　　　　　　　　　　　　　　　800 000

2.7　长期股权投资减值和处置相关会计处理

2.7.1　业务概述

投资方应当关注长期股权投资的账面价值是否大于享有被投资单位所有者权益账面价值的份额等类似情况。出现类似情况时，投资方应当按照《企业会计准则第8号——资产减值》对长期股权投资进行减值测试，可收回金额低于长期股权投资账面价值的，应当计提减值准备。

处置长期股权投资，其账面价值与实际取得价款之间的差额，应当计入当期损益。

长期股权投资减值和处置的会计处理，如表2-9所示。

表2-9　长期股权投资减值和处置的会计处理

经济业务	会计处理
计提减值准备	借：资产减值损失 　　贷：长期股权投资减值准备
处置	借：银行存款 　　贷：长期股权投资 　　　　投资收益

2.7.2 会计处理

计提长期股权投资减值准备时，应借记"资产减值损失"科目，贷记"长期股权投资减值准备"科目。

处置长期股权投资时，借记"银行存款"科目，贷记"长期股权投资""投资收益"科目。

2.7.3 案例解析

【例 2-18】 新龙公司对大成公司的股权投资按成本法核算。

分析：相关会计处理如下。

（1）2×17 年 1 月新龙公司以银行存款 100 000 元购入大成公司股票，作为长期股权投资。投资时，新龙公司编制如下会计分录。

借：长期股权投资——大成公司	100 000
贷：银行存款	100 000

（2）考虑到大成公司在 2×18 年度发生严重亏损，其股票市价已低于账面价值的情况，至 2×18 年 12 月 31 日，预计新龙公司对大成公司投资的可收回金额为 70 000 元，则新龙公司应计提长期股权投资减值准备 30 000 元。新龙公司应编制如下会计分录。

借：资产减值损失	30 000
贷：长期股权投资减值准备	30 000

【例 2-19】 A 企业原持有 B 企业 40% 的股权权，2×18 年 12 月 20 日，A 企业决定出售 10% 的 B 企业股权，出售时 A 企业账面上对 B 企业长期股权投资的构成为：投资成本 1 800 万元，损益调整 480 万元，可转入损益的其他综合收益 100 万元，其他权益变动 200 万元。出售取得价款 705 万元。

分析：相关会计处理如下。

（1）A 企业确认处置损益的会计处理如下。

借：银行存款	7 050 000
贷：长期股权投资	
[（18 000 000+4 800 000+1 000 000+2 000 000）÷40%×10%]	6 450 000
投资收益	600 000

（2）除应将实际取得价款与出售长期股权投资的账面价值进行结转，确认出售损益外，还应将原计入其他综合收益或资本公积的部分按比例转入当期损益。

借：资本公积——其他资本公积	500 000
其他综合收益	250 000
贷：投资收益	750 000

第3章
投资性房地产

投资性房地产，是指为赚取租金或资本增值，或两者兼有而持有的房地产。投资性房地产应当能够单独计量和出售。投资性房地产一般包括：已出租的土地使用权、持有并准备增值后转让的土地使用权、已出租的建筑物。

下列各项不属于投资性房地产：自用房地产，即为生产商品、提供劳务或者经营管理而持有的房地产；作为存货的房地产。

3.1 取得投资性房地产时的会计处理

3.1.1 业务概述

外购的投资性房地产，按照取得时的实际成本进行初始计量。自行建造的投资性房地产，其成本由建造该项资产达到预定可使用状态前发生的必要支出构成。

取得投资性房地产时的会计处理，如表3-1所示。

表3-1 取得投资性房地产时的会计处理

经济业务	会计处理
取得时的初始计量	借：投资性房地产 　　贷：银行存款/库存现金等

3.1.2 会计处理

投资性房地产的范围包括：已出租的土地使用权、持有并准备增值后转让的土地使用权、已出租的建筑物。

1. 初始计量

投资性房地产只有在符合定义的前提下，同时满足下列条件的，才能予以确认。

（1）与该投资性房地产有关的经济利益很可能流入企业；

（2）该投资性房地产的成本能够可靠地计量。投资性房地产应当按照成本进行初始计量。

外购的土地使用权和建筑物，按照取得时的实际成本进行初始计量。取得时的实际成本包括购买价款、相关税费和可直接归属于该资产的其他支出。

如采用公允价值模式计量，需要在"投资性房地产"科目下设置"成本"和"公允价值变动"两个明细科目，其中，"投资性房地产——成本"科目反映外购的土地使用权和建筑物发生的实际成本。

自行建造的投资性房地产，其成本由建造该项资产达到预定可使用状态前发生的必要支出构成，包括土地开发费、建筑成本、安装成本、应予以资本化的借款费用、支付的其他费用和分摊的间接费用等。建造过程中发生的非正常性损失,直接计入当期损益,不计入建造成本。

2. 后续支出

与投资性房地产有关的后续支出,分为资本化支出与费用化支出。满足投资性房地产确认条件的,为资本化支出,应当计入投资性房地产成本。企业对某项投资性房地产进行改扩建等再开发且将来仍作为投资性房地产的,在再开发期间应继续将其作为投资性房地产,再开发期间不计提折旧或摊销。与投资性房地产有关的后续支出,不满足投资性房地产确认条件的,为费用化支出,应当在发生时计入当期损益。例如,企业对投资性房地产进行日常维护发生的一些支出。企业在发生投资性房地产费用化的后续支出时,借记"其他业务成本"等科目,贷记"银行存款"等科目。

3.1.3 案例解析

【例3-1】20×8年3月,甲企业与乙企业的一项厂房经营租赁合同即将到期。为了提高厂房的租金收入,甲企业决定在租赁期满后对厂房进行改扩建,并与丙企业签订了经营租赁合同,约定自改扩建完工时将厂房出租给丙企业。3月15日,与乙企业的租赁合同到期,厂房随即进入改扩建工程。11月10日,厂房改扩建工程完工,共发生支出150万元,假设均用银行存款支付,即日起按照租赁合同出租给丙企业。3月15日,厂房账面余额为1 200万元,其中成本为1 000万元,累计公允价值变动为200万元。假设甲企业采用公允价值模式计量,不考虑相关税费。

分析:甲企业的会计处理如下。

(1)20×8年3月15日,投资性房地产转入改扩建工程。

借:投资性房地产——厂房(在建) 12 000 000
　　贷:投资性房地产——成本 10 000 000
　　　　　　　　　　——公允价值变动 2 000 000

(2)20×8年3月15日—11月10日。

借:投资性房地产——厂房(在建) 1 500 000
　　贷:银行存款 1 500 000

(3)20×8年11月10日,改扩建工程完工。

借:投资性房地产——成本 13 500 000
　　贷:投资性房地产——厂房(在建) 13 500 000

3.2 投资性房地产后续计量的会计处理

3.2.1 业务概述

投资性房地产的后续计量可以采用成本模式和公允价值模式,为了核算投资性房地产价值的增减变动情况,企业应设置"投资性房地产"科目。采用公允价值模式计量的投资性房地产，还应当分别设置"成本"和"公允价值变动"两个明细科目。

投资性房地产后续计量的会计处理，如表 3-2 所示。

表 3-2　投资性房地产后续计量的会计处理

经济业务	会计处理
成本模式下的后续计量	（1）按期（月）计提折旧或摊销时 借：其他业务成本 　　贷：投资性房地产累计折旧（摊销） （2）取得租金收入 借：银行存款 　　贷：其他业务收入 （3）存在减值迹象的 借：资产减值损失 　　贷：投资性房地产减值准备
公允价值模式下的后续计量	公允价值变动 借：投资性房地产——公允价值变动 　　贷：公允价值变动损益 或做相反的会计分录

3.2.2　会计处理

1. 采用成本模式进行后续计量的投资性房地产

采用成本模式进行后续计量的投资性房地产，应当按照《企业会计准则第 4 号——固定资产》或《企业会计准则第 6 号——无形资产》的有关规定，按期（月）计提折旧或摊销，借记"其他业务成本"等科目，贷记"投资性房地产累计折旧（摊销）"科目。取得的租金收入，借记"银行存款"等科目，贷记"其他业务收入"等科目。

投资性房地产存在减值迹象的，还应当适用资产减值的有关规定。经减值测试后确定发生减值的，应当计提减值准备，借记"资产减值损失"科目，贷记"投资性房地产减值准备"科目。如果已经计提减值准备的投资性房地产的价值又得以恢复，不得转回已计提的减值准备。

2. 采用公允价值模式进行后续计量的投资性房地产

采用公允价值模式进行后续计量的投资性房地产，应当同时满足下列条件。

（1）投资性房地产所在地有活跃的房地产交易市场。所在地，通常指投资性房地产所在的城市。对于大中型城市，应当为投资性房地产所在的城区。

（2）企业能够从活跃的房地产交易市场上取得同类或类似房地产的市场价格及其他相关信息，从而对投资性房地产的公允价值作出合理的估计。

投资性房地产采用公允价值模式进行后续计量的，不计提折旧或摊销，应当以资产负债表日的公允价值计量。资产负债表日，投资性房地产的公允价值高于其账面余额的差额，借记"投资性房地产——公允价值变动"科目，贷记"公允价值变动损益"科目；公允价值低于其账面余额的差额，应做相反的会计分录。

3.2.3 案例解析

【例3-2】甲公司为从事房地产开发的企业。20×8年10月1日,甲公司与乙公司签订租赁协议,约定将甲公司当日开发完成的一栋精装修的写字楼自当日起以经营租赁的方式出租给乙公司使用,租赁期为10年。该写字楼的造价为9 000万元。20×8年12月31日,该写字楼的公允价值为9 200万元。假设甲公司采用公允价值模式计量。

甲公司的会计处理如下。

(1) 20×8年10月1日,甲公司开发完成写字楼并出租。

借:投资性房地产——成本　　　　　　　　　　　　　　　　　90 000 000
　　贷:开发成本　　　　　　　　　　　　　　　　　　　　　　　90 000 000

(2) 20×8年12月31日,按照公允价值调整其账面价值,公允价值与原账面价值之间的差额计入当期损益。

借:投资性房地产——公允价值变动　　　　　　　　　　　　　2 000 000
　　贷:公允价值变动损益　　　　　　　　　　　　　　　　　　　2 000 000

3.3 投资性房地产后续计量模式变更时的会计处理

3.3.1 业务概述

为保证会计信息的可比性,企业对投资性房地产的计量模式一经确定,不得随意变更。只有在房地产市场比较成熟、能够满足采用公允价值模式条件的情况下,才允许企业将投资性房地产从成本模式计量变更为公允价值模式计量。

成本模式转为公允价值模式的会计处理,如表3-3所示。

表3-3　成本模式转为公允价值模式的会计处理

经济业务	会计处理	
成本模式转为公允价值模式	借:投资性房地产(变更日公允价值) 　　投资性房地产累计折旧(摊销)(原已计提的折旧或摊销) 　　投资性房地产减值准备	变更日账面价值
	贷:投资性房地产(变更日账面余额) 　　盈余公积(或借方) 　　利润分配——未分配利润(或借方)	调整留存收益
	【提示】涉及所得税影响的,调整递延所得税负债(或递延所得税资产),对应留存收益	

3.3.2 会计处理

成本模式转为公允价值模式的,应当作为会计政策变更处理,并按计量模式变更时公允价值与账面价值的差额调整期初留存收益。已采用公允价值模式计量的投资性房地产,不得从公允价值模式转为成本模式。

3.3.3 案例解析

【例 3-3】 2×17 年,甲企业将一栋写字楼对外出租,采用成本模式进行后续计量。2×19 年 2 月 1 日,假设甲企业持有的投资性房地产满足采用公允价值模式进行后续计量的条件,甲企业决定采用公允价值模式对该写字楼进行后续计量。2×19 年 2 月 1 日,该写字楼的原价为 9 000 万元,已计提折旧 270 万元,账面价值为 8 730 万元,公允价值为 9 500 万元。甲企业按净利润的 10% 计提盈余公积。假定除上述对外出租的写字楼外,甲企业无其他的投资性房地产。

分析:甲企业的会计处理如下。

借:投资性房地产——成本   95 000 000
    投资性房地产累计折旧   2 700 000
  贷:投资性房地产   90 000 000
    利润分配——未分配利润   6 930 000
    盈余公积   770 000

3.4 投资性房地产转换时的会计处理

3.4.1 业务概述

投资性房地产的转换,是因房地产用途发生改变而对房地产进行的重新分类,包括投资性房地产转换为非投资性房地产以及非投资性房地产转换为投资性房地产。

投资性房地产转换时的会计处理,如表 3-4 所示。

表 3-4 投资性房地产转换时的会计处理

经济业务		会计处理

投资性房地产转换为非投资性房地产	成本模式	1. 投资性房地产→自用房地产(原值转原值、折旧转折旧、摊销转摊销、减值转减值、不产生损益)
		借:固定资产/无形资产等
		    投资性房地产累计折旧(摊销)
		    投资性房地产减值准备
		  贷:投资性房地产
		    累计折旧(摊销)
		    固定资产/无形资产减值准备
		2. 投资性房地产→存货
		借:开发产品(该项房地产在转换日账面价值)
		    投资性房地产累计折旧(摊销)
		    投资性房地产减值准备
		  贷:投资性房地产

(续表)

经济业务		会计处理
投资性房地产转换为非投资性房地产	公允价值模式	1. 投资性房地产→自用房地产 借：固定资产/无形资产 　　贷：投资性房地产——成本 　　　　　　　　　　——公允价值变动（或借记） 　　　　公允价值变动损益（或借记） 2. 投资性房地产→存货 借：开发产品（该项房地产在转换日公允价值） 　　贷：投资性房地产——成本 　　　　　　　　　　——公允价值变动（或借记） 　　　　公允价值变动损益（或借记）
非投资性房地产转换为投资性房地产	成本模式	1. 存货→投资性房地产 借：投资性房地产 　　存货跌价准备 　　贷：开发产品（该项房地产在转换日账面余额） 2. 自用房地产→投资性房地产 借：投资性房地产 　　累计折旧（摊销） 　　固定资产/无形资产减值准备 　　贷：固定资产/无形资产 　　　　投资性房地产累计折旧（摊销） 　　　　投资性房地产减值准备
	公允价值模式	1. 存货→投资性房地产 借：投资性房地产——成本 　　存货跌价准备 　　公允价值变动损益（转换日公允价值<账面价值） 　　贷：开发产品 　　　　其他综合收益（转换日公允价值>账面价值） 2. 自用房地产→投资房地产 借：投资性房地产——成本 　　累计折旧（摊销） 　　固定资产/无形资产减值准备 　　公允价值变动损益（转换日公允价值<账面价值） 　　贷：固定资产/无形资产等 　　　　其他综合收益（转换日公允价值>账面价值）

3.4.2 会计处理

　　企业必须有确凿证据表明房地产用途发生改变，才能将投资性房地产转换为非投资性房地产或者将非投资性房地产转换为投资性房地产。这里的确凿证据包括两个方面：一是企业董事会或类似机构应当就改变房地产用途形成正式的书面决议；二是房地产因用途改变而发生实际状态上的改变，如从自用状态改为出租状态。房地产转换形式主要包括以下 5 种。

　　（1）投资性房地产开始自用，相应地由投资性房地产转换为固定资产或无形资产。投资性房地产开始自用是指企业将原来用于赚取租金或资本增值的房地产改为用于生产商品、提供劳务或者经营管理。例如，企业将出租的厂房收回，并用于生产本企业的产品。又如，从事房地产开发的企业将出租的开发产品收回，作为企业的固定资产使用。

（2）作为存货的房地产，改为出租，通常指房地产开发企业将其持有的开发产品以经营租赁的方式出租，相应地由存货转换为投资性房地产。

（3）自用土地使用权停止自用，用于赚取租金或资本增值，相应地由无形资产转换为投资性房地产。

（4）自用建筑物停止自用，改为出租，相应地由固定资产转换为投资性房地产。

（5）房地产企业将用于经营出租的房地产重新开发用于对外销售，从投资性房地产转为存货。

1.投资性房地产转换为非投资性房地产

（1）采用成本模式进行后续计量的投资性房地产转换为自用房地产。企业将原本用于赚取租金或资本增值的房地产改用于生产商品、提供劳务或者经营管理，余额、累计折旧或摊销、减值准备等，分别转入"固定资产""累计折旧""累计摊销""固定资产减值准备""无形资产减值准备"等科目。按投资性房地产的账面余额，借记"固定资产"或"无形资产"科目，贷记"投资性房地产"科目；按已计提的折旧或摊销，借记"投资性房地产累计折旧（摊销）"科目，贷记"累计折旧"或"累计摊销"科目；原已计提减值准备的，借记"投资性房地产减值准备"科目，贷记"固定资产减值准备"或"无形资产减值准备"科目。

采用成本模式进行后续计量的投资性房地产转换为存货。房地产开发企业将用于经营出租的房地产重新开发用于对外销售的，从投资性房地产转换为存货。企业将投资性房地产转换为存货时，应当按照该项房地产在转换日的账面价值，借记"开发产品"科目，按照已计提的折旧或摊销，借记"投资性房地产累计折旧（摊销）"科目，原已计提减值准备的，借记"投资性房地产减值准备"科目，按其账面余额，贷记"投资性房地产"科目。

（2）采用公允价值模式进行后续计量的投资性房地产转为自用房地产。企业将采用公允价值模式计量的投资性房地产转换为自用房地产时，应当以其在转换当日的公允价值作为自用房地产的账面价值，公允价值与原账面价值的差额计入当期损益。转换日，按该项投资性房地产的公允价值，借记"固定资产"或"无形资产"科目，按该项投资性房地产的成本，贷记"投资性房地产——成本"科目；按该项投资性房地产的累计公允价值变动，贷记或借记"投资性房地产——公允价值变动"科目；按其差额，贷记或借记"公允价值变动损益"科目。

采用公允价值模式进行后续计量的投资性房地产转换为存货。企业将采用公允价值模式计量的投资性房地产转换为存货时，应当以其在转换当日的公允价值作为存货的账面价值，公允价值与原账面价值的差额计入当期损益。转换日，按该项投资性房地产的公允价值，借记"开发产品"等科目，按该项投资性房地产的成本，贷记"投资性房地产——成本"科目；按该项投资性房地产的累计公允价值变动，贷记或借记"投资性房地产——公允价值变动"科目；按其差额，贷记或借记"公允价值变动损益"科目。

2. 非投资性房地产转换为投资性房地产

（1）作为存货的房地产转换为采用成本模式进行后续计量的投资性房地产。企业将作为存货的房地产转换为采用成本模式计量的投资性房地产，应当按该项存货在转换日的账面价值，借记"投资性房地产"科目，原已计提跌价准备的，借记"存货跌价准备"科目，按其账面余额，贷记"开发产品"等科目。

自用房地产转换为采用成本模式进行后续计量的投资性房地产。企业将自用土地使用权或建筑物转换为以成本模式计量的投资性房地产时，应当按该项建筑物或土地使用权在转换日的原价、累计折旧、减值准备等，分别转入"投资性房地产""投资性房地产累计折旧（摊销）""投资性房地产减值准备"科目。按其账面余额，借记"投资性房地产"科目，贷记"固定资产"或"无形资产"科目；按已计提的折旧或摊销，借记"累计折旧"或"累计摊销"科目，贷记"投资性房地产累计折旧（摊销）"科目；原已计提减值准备的，借记"固定资产减值准备"或"无形资产减值准备"科目，贷记"投资性房地产减值准备"科目。

（2）作为存货的房地产转换为采用公允价值模式进行后续计量的投资性房地产。企业将作为存货的房地产转换为采用公允价值模式计量的投资性房地产，应当按该项房地产在转换日的公允价值入账，借记"投资性房地产——成本"科目，原已计提跌价准备的，借记"存货跌价准备"科目；按其账面余额，贷记"开发产品"等科目。同时，转换日的公允价值小于账面价值的，按其差额，借记"公允价值变动损益"科目；转换日的公允价值大于账面价值的，按其差额，贷记"其他综合收益"科目。当该项投资性房地产处置时，因转换计入其他综合收益的部分应转入当期损益。

自用房地产转换为采用公允价值模式进行后续计量的投资性房地产。企业将自用房地产转换为采用公允价值模式计量的投资性房地产，应当按该项土地使用权或建筑物在转换日的公允价值，借记"投资性房地产——成本"科目，按已计提的累计摊销或累计折旧，借记"累计摊销"或"累计折旧"科目；原已计提减值准备的，借记"固定资产减值准备"或"无形资产减值准备"科目；按其账面余额，贷记"固定资产"或"无形资产"科目。同时，转换日的公允价值小于账面价值的，按其差额，借记"公允价值变动损益"科目；转换日的公允价值大于账面价值的，按其差额，贷记"其他综合收益"科目。当该项投资性房地产处置时，因转换计入其他综合收益的部分应转入当期损益。

3.4.3 案例解析

【例3-4】20×8年8月1日，甲企业将出租在外的厂房收回，开始用于本企业生产商品。该项房地产账面价值为3 765万元，其中，原价为5 000万元，累计已计提折旧1 235万元。假设甲企业采用成本模式计量。

分析：甲企业的会计处理如下。

借：固定资产	50 000 000	
投资性房地产累计折旧	12 350 000	
贷：投资性房地产		50 000 000
累计折旧		12 350 000

【例3-5】 20×8年10月15日，甲企业因租赁期满，将出租的写字楼收回，开始作为办公楼用于本企业的行政管理。20×8年10月15日，该写字楼的公允价值为4 800万元。该项房地产在转换前采用公允价值模式计量，原账面价值为4 750万元，其中，成本为4 500万元，公允价值变动为增值250万元。

分析：甲企业的会计处理如下。

借：固定资产	48 000 000	
贷：投资性房地产——成本		45 000 000
——公允价值变动		2 500 000
公允价值变动损益		500 000

【例3-6】 甲房地产开发企业将其开发的部分写字楼以经营租赁的方式用于对外出租。20×8年10月15日，因租赁期满，甲企业将出租的写字楼收回，并作出书面决议，将该写字楼重新开发用于对外销售，即由投资性房地产转换为存货，当日的公允价值为5 800万元。该项房地产在转换前采用公允价值模式计量，原账面价值为5 600万元，其中，成本为5 000万元，公允价值增值为600万元。

分析：甲企业的会计处理如下。

借：开发产品	58 000 000	
贷：投资性房地产——成本		50 000 000
——公允价值变动		6 000 000
公允价值变动损益		2 000 000

3.5 处置投资性房地产时的会计处理

3.5.1 业务概述

投资性房地产进行处置时，分为采用成本模式进行后续计量和采用公允价值模式进行后续计量两种情况，分情况进行会计处理。

处置投资性房地产时的会计处理，如表3-5所示。

表 3-5　处置投资性房地产时的会计处理

经济业务	会计处理
成本模式	借：银行存款 　　其他业务成本 　　投资性房地产累计折旧（摊销） 　　投资性房地产减值准备 　贷：其他业务收入 　　　应交税费——应交增值税（销项税额） 　　　投资性房地产
公允价值模式	借：银行存款 　　其他业务成本 　贷：其他业务收入 　　　应交税费——应交增值税（销项税额） 　　　投资性房地产——成本 　　　　　　　　——公允价值变动（或借记）

3.5.2　会计处理

1. 采用成本模式计量的投资性房地产的处置

处置采用成本模式进行后续计量的投资性房地产时，应当按实际收到的金额，借记"银行存款"等科目，贷记"其他业务收入""应交税费——应交增值税（销项税额）"科目；按该项投资性房地产的账面价值，借记"其他业务成本"科目，按其账面余额，贷记"投资性房地产"科目；按照已计提的折旧或摊销，借记"投资性房地产累计折旧（摊销）"科目，原已计提减值准备的，借记"投资性房地产减值准备"科目。

2. 采用公允价值模式计量的投资性房地产的处置

处置采用公允价值模式计量的投资性房地产，应当按实际收到的金额，借记"银行存款"等科目，贷记"其他业务收入""应交税费——应交增值税（销项税额）"科目；按该项投资性房地产的账面余额，借记"其他业务成本"科目，按其成本，贷记"投资性房地产——成本"科目；按其累计公允价值变动，贷记或借记"投资性房地产——公允价值变动"科目。同时结转投资性房地产累计公允价值变动。若存在原转换日计入其他综合收益的金额，也一并结转。

3.5.3　案例解析

【例 3-7】甲企业为一家房地产开发企业，20×7 年 3 月 10 日，甲企业与乙企业签订了租赁协议，将其开发的一栋写字楼出租给乙企业使用，租赁期开始日为 20×7 年 4 月 15 日。20×7 年 4 月 15 日，该写字楼的账面余额为 45 000 万元，公允价值为 47 000 万元。20×7 年 12 月 31 日，该项投资性房地产的公允价值为 48 000 万元。20×8 年 6 月租赁期届满，甲企业收回该项投资性房地产，并以 55 000 万元出售，出售款项已收讫。甲企业采用公允价值模式计量该投资性房地产，不考虑相关税费。

分析：甲企业的会计处理如下。

（1）20×7年4月15日，存货转换为投资性房地产。

借：投资性房地产——成本	470 000 000
贷：开发产品	450 000 000
其他综合收益	20 000 000

（2）20×7年12月31日，公允价值变动。

借：投资性房地产——公允价值变动	10 000 000
贷：公允价值变动损益	10 000 000

（3）20×8年6月，出售投资性房地产。

借：银行存款	550 000 000
公允价值变动损益	10 000 000
其他综合收益	20 000 000
其他业务成本	450 000 000
贷：投资性房地产——成本	470 000 000
——公允价值变动	10 000 000
其他业务收入	550 000 000

第 4 章
固定资产

固定资产，是指同时具有下列特征的有形资产：为生产商品、提供劳务、出租或经营管理而持有的；使用寿命超过一个会计年度。

4.1 固定资产的初始计量

4.1.1 业务概述

固定资产的取得主要包括外购、自建、接受捐赠等方式，在取得固定资产时，应当按照成本进行初始计量。

固定资产初始计量的会计处理，如表 4-1 所示。

表 4-1 固定资产初始计量的会计处理

经济业务		会计处理
外购固定资产	不需要安装	借：固定资产 　　应交税费——应交增值税（进项税额） 贷：银行存款/应付账款等
	需要安装	（1）支付固定资产价款、增值税、运输费 借：在建工程 　　应交税费——应交增值税（进项税额） 贷：银行存款 （2）领用本公司原材料、支付安装工人工资等费用 借：在建工程 贷：原材料 　　应付职工薪酬 （3）固定资产安装完毕达到预定可使用状态 借：固定资产 贷：在建工程
	分期付款方式支付价款	（1）第一期 借：在建工程（折现金额） 　　未确认融资费用（总付款额与入账金额之差） 贷：长期应付款 （2）以后期 借：在建工程 贷：未确认融资费用 借：长期应付款 贷：银行存款 （3）固定资产达到预定可使用状态后 借：财务费用 贷：未确认融资费用 借：长期应付款 贷：银行存款

（续表）

经济业务		会计处理
自行建造固定资产	自营方式建造固定资产	（1）建造时 借：在建工程 　　应交税费——应交增值税（进项税） 　　贷：银行存款 （2）固定资产达到预期使用状态时 借：固定资产 　　贷：在建工程
	出包方式建造固定资产	1. 预付工程款时 借：在建工程——建筑工程 　　　　　　——安装工程 　　　　　　——待摊支出 　　贷：银行存款 　　　　应付职工薪酬 2. 工程达到预定可使用状态时 借：固定资产 　　贷：在建工程
其他方式取得固定资产	融资租赁取得	1. 租赁开始日 借：固定资产（不需安装）/在建工程（需安装） 　　未确认融资费用 　　贷：长期应付款（合同约定租赁付款额） 　　　　银行存款等（初始直接费用等） 2. 未确认融资费用的分摊 借：财务费用 　　贷：未确认融资费用（期初应付本金的摊余成本乘以实际利率） 3. 支付租金 借：长期应付款 　　贷：银行存款 4. 履约成本（承租人特有，履约成本发生时通常应直接计入当期损益） 借：制造费用/管理费用 　　贷：银行存款 5. 未确认融资费用的分摊 借：财务费用 　　贷：未确认融资费用（期初应付本金的摊余成本乘以实际利率）
	接受捐赠取得	借：固定资产（不需安装）/在建工程（需安装） 　　贷：营业外收入——接受捐赠利得 　　　　银行存款等（应支付的相关税费、运输费等）
	盘盈取得	参见"4.5 固定资产的盘点"

4.1.2 会计处理

1. 外购固定资产

企业外购固定资产的成本包括购买价款、相关税费、使固定资产达到预定可使用状态前发生的运输费、装卸费、安装费等。外购固定资产支付的增值税可以抵扣增值税进项税额，借记"应交税费——应交增值税（进项税额）"科目，贷记"银行存款"等科目。其具体会计处理分为以下3种情况。

（1）购入不需安装的固定资产。购入不需要安装的固定资产验收合格时，按照确定的固定资产成本，借记"固定资产"科目，贷记"应付账款""银行存款"等科目。

（2）购入需要安装的固定资产。购入需要安装的固定资产，在安装完毕交付使用前通过"在建工程"科目核算，安装完毕交付使用时再转入"固定资产"科目。

（3）以分期付款方式取得需要安装的固定资产。以分期付款方式取得需要安装的固定资产，按照资产的折现金额借记"在建工程"科目，按总付款额贷记"长期应付款"科目，二者之差借记"未确认融资费用"科目。在固定资产达到预定可使用状态后，融资费用记入"财务费用"科目。

2. 自行建造固定资产

（1）以自营方式建造固定资产。资产交付使用前，按照在建工程成本，借记"在建工程"科目，贷记"银行存款"等科目。已交付使用但尚未办理竣工决算手续的固定资产，按照估计价值入账，待办理竣工决算后再按照实际成本调整原来的暂估价值。

（2）以出包方式建造固定资产。企业以出包方式将工程项目外包给承包商，由承包商组织工程项目施工。在出包情况下，企业与承包商之间通过"在建工程"科目核算工程款，按照工程进度结算，借记"在建工程——建筑工程""在建工程——安装工程"等科目，贷记"银行存款""应付职工薪酬"等科目。当工程达到预定可使用状态时，借记"固定资产"科目，贷记"在建工程"科目。

3. 其他方式取得固定资产

（1）融资租赁取得的固定资产，其成本按照租赁协议或者合同确定的租赁价款、相关税费以及固定资产交付使用前所发生的可归属于该项资产的运输费、途中保险费、安装调试费等确定。

融资租入的固定资产，按照确定的成本，借记"固定资产"科目（不需安装）或"在建工程"科目（需安装），按照租赁协议或者合同确定的租赁付款额，贷记"长期应付款"科目，按照支付的运输费、途中保险费、安装调试费等金额，贷记"银行存款"等科目；按其差额，借记"未确认融资费用"科目。

定期支付租金时，按照实际支付金额，借记"长期应付款"科目，贷记"银行存款"等科目。如果支付的租金中包含履约成本，按履约成本，借记"制造费用""管理费用"等科目，贷记"银行存款"科目。每期采用实际利率法分摊未确认融资费用时，按当期应分摊的未确认融资费用金额，借记"财务费用"科目，贷记"未确认融资费用"科目。

（2）接受捐赠的固定资产，按照确定的固定资产成本，借记"固定资产"科目（不需安装）或"在建工程"科目（需安装），按照发生的相关税费、运输费等，贷记"银行存款"等科目，按照其差额，贷记"营业外收入"科目。

（3）盘盈取得的固定资产。作为前期差错处理，在按管理权限报经批准处理前，应先通过"以前年度损益调整"科目核算，具体参见"4.5 固定资产的盘点"。

4.1.3 案例解析

【例 4-1】甲公司购入一台不需要安装即可投入使用的设备，取得的增值税专用发票上注明的设备价款为 30 000 元，增值税税额为 3 900 元，另支付运输费 300 元，包装费 400 元，款项以银行存款支付。假设甲公司属于增值税一般纳税人，增值税进项税额不纳入固定资产成本核算。

分析：相关会计处理如下。

（1）计算固定资产成本。

固定资产成本 =30 000+300+400=30 700（元）

（2）编制购入固定资产的会计分录。

借：固定资产	30 700
应交税费——应交增值税（进项税额）	3 900
贷：银行存款	34 600

【例 4-2】2×19 年 2 月 1 日，甲公司购入一台需要安装的生产用机器设备，增值税税率为 13%，取得的增值税专用发票上注明的设备价款为 50 万元，增值税进项税额为 65 000 元，支付的运输费为 2 500 元，相应增值税税率为 9%，增值税进项税额为 225 元，款项已通过银行支付。安装设备时，领用本公司原材料一批，价值 3 万元，购进该批原材料时支付的增值税进项税额为 3 900 元。支付安装工人的工资为 4 900 元。假定不考虑其他相关税费。

分析：甲公司会计处理如下。

（1）支付设备价款、增值税、运输费。

借：在建工程	502 500
应交税费——应交增值税（进项税额）	65 225
贷：银行存款	567 725

（2）领用本公司原材料、支付安装工人工资。

借：在建工程	34 900
贷：原材料	30 000
应付职工薪酬	4 900

（3）设备安装完毕达到预定可使用状态。

借：固定资产　　　　　　　　　　（502 500+34 900）	537 400
贷：在建工程	537 400

【例 4-3】2×17 年 1 月 1 日，甲公司与乙公同签订一项购货合同，甲公司从乙公司购入需要安装的特大型设备。合同约定，甲公司采用分期付款方式支付价款。该设备价款共计

900万元（不考虑增值税），在2×17年至2×21年的5年内每半年支付90万元，款项以银行存款支付，每年的付款日期分别为当年6月30日和12月31日。2×17年1月1日，设备如期运抵甲公司并开始安装。2×17年12月31日，设备达到预定可使用状态，发生安装费39 853 060元，已用银行存款付讫。假定甲公司适用的半年折现率为10%（P/A，10%，10）=6.144 6。

分析：甲公司的相关会计处理如下。

（1）2×17年1月1日。

借：在建工程　　　　　　　　　　　　　　　（900 000×6.144 6）5 530 140
　　未确认融资费用　　　　　　　　　　　　　　　　　　　　　3 469 860
　　贷：长期应付款　　　　　　　　　　　　　　　　　　　　　9 000 000

（2）2×17年6月30日。

借：在建工程　　　　　　　　　　　　　　　（5 530 140×10%）553 014
　　贷：未确认融资费用　　　　　　　　　　　　　　　　　　　　553 014
借：长期应付款　　　　　　　　　　　　　　　　　　　　　　　　900 000
　　贷：银行存款　　　　　　　　　　　　　　　　　　　　　　　900 000

（3）2×17年12月31日。

借：在建工程　　　　　　　　　　　　　　　　　　　　　　　518 315.40
　　贷：未确认融资费用　　　　　　　　　　　　　　　　　　518 315.40
借：长期应付款　　　　　　　　　　　　　　　　　　　　　　　　900 000
　　贷：银行存款　　　　　　　　　　　　　　　　　　　　　　　900 000
借：在建工程　　　　　　　　　　　　　　　　　　　　　　　398 530.60
　　贷：银行存款　　　　　　　　　　　　　　　　　　　　　398 530.60
借：固定资产　　　　　　　　　　　　　　　　　　　　　　　7 000 000
　　贷：在建工程　　　　　　　　　　　　　　　　　　　　　7 000 000

（固定资产成本=5 530 140+553 014+518 315.40+398 530.60=7 000 000）

（4）2×18年1月1日至2×21年12月31日，该设备已经达到预定可使用状态，未确认融资费用的分摊额不再符合资本化条件，应计入当期损益。

2×18年6月30日。

借：财务费用　　　　　　　　　　　　　　　　　　　　　　　480 146.94
　　贷：未确认融资费用　　　　　　　　　　　　　　　　　　480 146.94
借：长期应付款　　　　　　　　　　　　　　　　　　　　　　　　900 000
　　贷：银行存款　　　　　　　　　　　　　　　　　　　　　　　900 000

以后期间的账务处理与2×18年6月30日相同，此处略。

【例4-4】 甲公司将一幢厂房的建造工程出包由丙公司承建，按合理估计的发包工程进度和合同规定向丙公司结算进度款600 000元，工程完工后，收到丙公司有关工程结算单据，补付工程款400 000元，工程完工并达到预定可使用状态。

分析：甲公司应编制如下会计分录。

（1）按合理估计的发包工程进度和合同规定向丙公司结算进度款。

借：在建工程　　　　　　　　　　　　　　　　　　　　　600 000
　　贷：银行存款　　　　　　　　　　　　　　　　　　　　　600 000

（2）补付工程款。

借：在建工程　　　　　　　　　　　　　　　　　　　　　400 000
　　贷：银行存款　　　　　　　　　　　　　　　　　　　　　400 000

（3）工程完工并达到预定可使用状态。

借：固定资产　　　　　　　　　　　　　　　　　　　　1 000 000
　　贷：在建工程　　　　　　　　　　　　　　　　　　　　1 000 000

4.2 固定资产的后续计量

4.2.1 业务概述

固定资产后续计量包括固定资产折旧和固定资产后续支出的处理，固定资产后续支出包括资本化支出和费用化支出。

固定资产后续计量的会计处理，如表4-2所示。

表4-2　固定资产后续计量的会计处理

经济业务		会计处理
固定资产后续支出	资本化	（1）将固定资产转入在建工程 借：在建工程 　　累计折旧 　　贷：固定资产 （2）支付更新改造款 借：在建工程 　　贷：银行存款 （3）工程完工后转入固定资产 借：固定资产 　　贷：在建工程
	费用化	借：管理费用 　　贷：银行存款等
固定资产折旧		借：制造费用（生产车间使用的固定资产计提折旧） 　　管理费用（企业管理部门使用的固定资产、未使用的固定资产计提折旧） 　　销售费用（企业专设销售部门使用的固定资产计提折旧） 　　其他业务成本（企业出租固定资产计提折旧） 　　研发支出（企业研发无形资产时使用固定资产计提折旧） 　　在建工程（在建工程中使用固定资产计提折旧） 　　贷：累计折旧

4.2.2 会计处理

1. 固定资产后续支出

（1）资本化支出。通常情况下，将固定资产转入改建、扩建时，按照固定资产的账面价值，借记"在建工程"科目，按照固定资产已计提折旧，借记"累计折旧"科目，按照固定资产的账面余额，贷记"固定资产"科目。对于支付的更新改造款，借记"在建工程"科目，贷记"银行存款"科目；固定资产改建、扩建等完成交付使用时，按照在建工程成本，借记"固定资产"科目，贷记"在建工程"科目。

（2）费用化支出。企业发生如零部件日常轻微修理等费用化支出时，借记"管理费用"科目，贷记"银行存款"科目。

2. 固定资产折旧费用

生产车间使用的固定资产计提的折旧费用记入"制造费用"科目；企业管理部门使用的固定资产、未使用的固定资产计提的折旧费用记入"管理费用"科目；企业专设销售部门使用的固定资产计提的折旧费用记入"销售费用"科目；企业出租固定资产计提的折旧费用记入"其他业务成本"科目；企业研发无形资产时使用固定资产计提的折旧费用记入"研发支出"科目；在建工程中使用固定资产计提的折旧费用记入"在建工程"科目，贷记"累计折旧"科目。

4.2.3 案例解析

【例4-5】某公司对其所属的码头仓库进行更新改造，该仓库资产原值为1 000万元，累计折旧为600万元，共花费改造资金300万元，款项通过银行存款支付。

分析：相关会计处理如下。

（1）将仓库转入在建工程。

借：在建工程　　　　　　　　　　　　　　　　4 000 000
　　累计折旧　　　　　　　　　　　　　　　　6 000 000
　　贷：固定资产　　　　　　　　　　　　　　　　10 000 000

（2）支付更新改造款。

借：在建工程　　　　　　　　　　　　　　　　3 000 000
　　贷：银行存款　　　　　　　　　　　　　　　　3 000 000

（3）工程完工后转入固定资产。

借：固定资产　　　　　　　　　　　　　　　　7 000 000
　　贷：在建工程　　　　　　　　　　　　　　　　7 000 000

【例4-6】乙公司2×07年6月固定资产计提折旧的情况如下：一车间厂房计提折旧3 800 000元，机器设备计提折旧4 500 000元；管理部门房屋建筑物计提折旧6 500 000元，运输工具计提折旧2 400 000元；销售部门房屋建筑物计提折旧3 200 000元，运输工具计提折旧2 630 000元。当月新购置机器设备一台，价值为540 000元，预计使用寿命为10年，该企业同类设备计提折旧采用年限平均法。

分析：本例中，新购置的机器设备本月不计提折旧，本月计提的折旧费用中，车间使用的固定资产计提的折旧费用计入制造费用，管理部门使用的固定资产计提的折旧费用计入管理费用，销售部门使用的固定资产计提的折旧费用计入销售费用。乙公司应编制如下会计分录。

借：制造费用——一车间　　　　　　　　　　　　　　　　8 300 000
　　管理费用　　　　　　　　　　　　　　　　　　　　　8 900 000
　　销售费用　　　　　　　　　　　　　　　　　　　　　5 830 000
　贷：累计折旧　　　　　　　　　　　　　　　　　　　　23 030 000

4.3 特殊行业的会计处理

4.3.1 业务概述

对于特殊行业的特定固定资产，确定其初始成本时，还应考虑弃置费用。弃置费用通常是指根据国家法律和行政法规、国际公约等规定，企业承担的环境保护和生态恢复等义务所确定的支出，如核电站核设施等的弃置和恢复环境义务所确定的支出。

特殊行业的会计处理，如表4-3所示。

表4-3　特殊行业的会计处理

经济业务	会计处理		
高危行业企业按照国家规定提取的安全生产费	提取时	借：生产成本（或当期损益） 　贷：专项储备	
	使用时	属于费用化支出	借：专项储备 　贷：银行存款
		形成固定资产的	借：在建工程 　　应交税费——应交增值税（进项税额） 　贷：银行存款 　　应付职工薪酬 借：固定资产 　贷：在建工程 转入"固定资产"之后将固定资产一次性计提完折旧 借：专项储备 　贷：累计折旧
存在弃置费用的固定资产	（1）确认固定资产 借：固定资产 　贷：在建工程 　　预计负债 （2）以后期 借：财务费用 　贷：预计负债		

4.3.2 会计处理

高危行业企业按照国家规定提取的安全生产费，应当计入相关产品的成本或当期损益，同时记入"专项储备"科目。企业使用提取的安全生产费形成固定资产的，应当通过"在建工程"科目归集所发生的支出，待安全项目完工达到预定可使用状态时确认为固定资产；同时，按照形成固定资产的成本冲减专项储备，并确认相同金额的累计折旧。该固定资产在以后期间不再计提折旧。

弃置费用的金额与其现值差异通常较大，需要考虑货币的时间价值，应当按照现值计算确定应计入固定资产成本的金额和相应的预计负债。在固定资产使用寿命内按照预计负债的摊余成本和实际利率计算确定的利息费用应当在发生时计入财务费用。

4.3.3 案例解析

【例4-7】 乙公司经国家批准于2×20年1月1日建造完成核电站核反应堆并交付使用，建造成本为2 500 000万元，预计使用寿命40年。根据法律规定，该核反应堆将会对生态环境产生一定的影响，企业应在该项设施使用期满后将其拆除，并对造成的污染进行整治，预计发生弃置费用250 000万元。假定适用的折现率为10%，核反应堆属于特殊行业的特定固定资产，确定其成本时应考虑弃置费用。

分析：（1）2×20年1月1日，弃置费用的现值 =250 000×（P/F，10%，40）=250 000×0.022 1=5 525（万元），固定资产的成本 2 500 000+5 525=2 505 525（万元），相关会计处理如下。

  借：固定资产——××核反应堆   25 055 250 000
    贷：在建工程——××核反应堆   25 000 000 000
      预计负债——××核反应堆——弃置费用 55 250 000

（2）计算第1年应负担的利息费用 =55 250 000×10%=5 525 00（元）

  借：财务费用   5 525 000
    贷：预计负债——××核反应堆——弃置费用 5 525 000

以后各年度，企业应当按照实际利率法计算确定每年财务费用，账务处理略。

4.4 固定资产的处置

4.4.1 业务概述

固定资产的处置要按照规定报经批准，在处置时要考虑发生的清理费用和相关税费，以及收到的残料变价收入，同时结转固定资产净损益。

固定资产处置的会计处理，如表4-4所示。

表 4-4　固定资产处置的会计处理

经济业务	会计处理
固定资产转入清理	借：固定资产清理 　　累计折旧 　　固定资产减值准备 　贷：固定资产
发生清理费用和相关税费	借：固定资产清理 　贷：银行存款 　　　应交税费
出售收入和残料	借：银行存款 　　原材料等 　贷：固定资产清理 　　　应交税费——应交增值税
保险赔偿的处理	借：其他应收款/银行存款 　贷：固定资产清理
清理净损益的处理	（1）固定资产清理完成后的净收益或净损失，属于正常出售、转让所产生的利得或损失 借：资产处置损益（或贷记） 　贷：固定资产清理（或借记） （2）固定资产清理完成后的净收益或净损失，属于已丧失使用功能正常报废所产生的利得或损失 借：营业外支出——非流动资产报废（或贷记） 　贷：固定资产清理（或借记） （3）固定资产清理完成后的净收益或净损失，属于自然灾害等非正常原因造成的 借：营业外支出——非常损失（或贷记） 　贷：固定资产清理（或借记）

4.4.2　会计处理

按照规定报经批准处置固定资产，应当经过以下几个步骤：

第一，固定资产转入清理。固定资产转入清理时，按固定资产账面价值，借记"固定资产清理"科目，按已计提的累计折旧，借记"累计折旧"科目，按已计提的减值准备，借记"固定资产减值准备"科目，按固定资产账面余额，贷记"固定资产"科目。

第二，发生的清理费用。固定资产清理过程中发生的有关费用以及应支付的相关税费，借记"固定资产清理"科目，贷记"银行存款""应交税费"等科目。

第三，出售收入和残料等的处理。企业收回出售固定资产的价款、残料价值和变价收入等，应冲减清理支出。按实际收到的出售价款以及残料变价收入等，借记"银行存款""原材料"等科目，贷记"固定资产清理""应交税费——应交增值税"等科目。

第四，保险赔偿的处理。企业计算或收到的应由保险公司或过失人赔偿的损失，应冲减清理支出，借记"其他应收款""银行存款"等科目，贷记"固定资产清理"科目。

第五，清理净损益的处理。固定资产清理完成后的净收益或净损失，属于正常出售、转让所产生的利得或损失，借记或贷记"资产处置损益"科目，贷记或借记"固定资产清理"

科目；属于已丧失使用功能正常报废所产生的利得或损失，借记或贷记"营业外支出——非流动资产报废"科目，贷记或借记"固定资产清理"科目；属于自然灾害等非正常原因造成的，借记或贷记"营业外支出——非常损失"科目，贷记或借记"固定资产清理"科目。

4.4.3 案例解析

【例4-8】乙公司有一台设备，因使用期满经批准报废。该设备原价为 186 400 元。累计已计提折旧 177 080 元、减值准备 2 300 元。在清理过程中，以银行存款支付清理费用 4 000 元，收到残料变价收入 5 400 元，应支付相关税费 270 元。

分析：乙公司应编制如下会计分录。

（1）固定资产转入清理。

借：固定资产清理　　　　　　　　　　　　　　　　　7 020
　　累计折旧　　　　　　　　　　　　　　　　　　 177 080
　　固定资产减值准备　　　　　　　　　　　　　　　 2 300
　　　贷：固定资产　　　　　　　　　　　　　　　 186 400

（2）发生清理费用和相关税费。

借：固定资产清理　　　　　　　　　　　　　　　　　4 270
　　　贷：银行存款　　　　　　　　　　　　　　　　4 000
　　　　　应交税费　　　　　　　　　　　　　　　　　270

（3）收到残料变价收入。

借：银行存款　　　　　　　　　　　　　　　　　　　5 400
　　　贷：固定资产清理　　　　　　　　　　　　　　5 400

（4）结转固定资产净损益。

借：营业外支出——非流动资产报废　　　　　　　　　5 890
　　　贷：固定资产清理　　　　　　　　　　　　　　5 890

4.5 固定资产的盘点

4.5.1 业务概述

单位应当定期对固定资产进行清查盘点，每年至少盘点一次。对于发生的固定资产盘盈、盘亏或毁损、报废，应当先记入"以前年度损益调整"科目、"待处理财产损溢"科目，按照规定报经批准后及时进行后续会计处理。

固定资产盘点的会计处理，如表4-5所示。

表 4-5 固定资产盘点的会计处理

经济业务	会计处理		
固定资产盘盈	（1）确认盘盈的固定资产 　　借：固定资产 　　　　贷：以前年度损益调整 （2）调整所得税 　　借：以前年度损益调整 　　　　贷：应交税费——应交所得税 （3）结转以前年度损益调整 　　借：以前年度损益调整 　　　　贷：利润分配——未分配利润		
固定资产盘亏	报经批准前	借：待处理财产损溢——待处理固定资产损溢 　　累计折旧 　　固定资产减值准备 　　贷：固定资产	
	报经批准后	可收回的保险赔偿或过失人赔偿	借：其他应收款 　　贷：待处理财产损溢——待处理固定资产损溢
		无责任人	借：营业外支出——盘亏损失 　　贷：待处理财产损溢——待处理固定资产损溢

4.5.2 会计处理

（1）盘盈的固定资产，其成本按照有关凭据注明的金额确定；没有相关凭据但按照规定经过资产评估的，其成本按照评估价值确定；没有相关凭据也未经过评估的，其成本按照重置成本确定。如无法采用上述方法确定盘盈固定资产成本的，按照名义金额（人民币1元）入账。盘盈的固定资产，按照确定的入账成本，借记"固定资产"科目，贷记"以前年度损益调整"科目。

（2）盘亏、毁损或报废的固定资产，按照待处理固定资产的账面价值，借记"待处理财产损溢"科目，按照已计提折旧，借记"累计折旧"科目，按已计提的减值准备，借记"固定资产减值准备"科目，按照固定资产的账面余额，贷记"固定资产"科目。按管理权限报经批准后处理时，按可收回的保险赔偿或过失人赔偿，借记"其他应收款"科目，按应计入营业外支出的金额，借记"营业外支出——盘亏损失"科目，贷记"待处理财产损溢"科目。

4.5.3 案例解析

【例4-9】2×09年1月20日丁公司在财产清查过程中，发现2×08年12月购入的一台设备尚未入账，重置成本为30 000元（假定与其计税基础不存在差异），该盘盈固定资产作为前期差错进行处理。假定丁公司按净利润的10%计提法定盈余公积，不考虑相关税费的影响。

分析：丁公司应编制如下会计分录。

（1）盘盈固定资产。

借：固定资产　　　　　　　　　　　　　　　　　　　　　30 000
　　贷：以前年度损益调整　　　　　　　　　　　　　　　　　30 000

（2）结转留存收益。

借：以前年度损益调整　　　　　　　　　　　　　　　　　30 000
　　贷：盈余公积——法定盈余公积　　　　　　　　　　　　　3 000
　　　　利润分配——未分配利润　　　　　　　　　　　　　 27 000

【例4-10】 乙公司进行财产清查时发现短缺一台笔记本电脑，原价为10 000元，已计提折旧7 000元。

分析：乙公司应编制如下会计分录。

（1）盘亏固定资产。

借：待处理财产损溢　　　　　　　　　　　　　　　　　　3 000
　　累计折旧　　　　　　　　　　　　　　　　　　　　　　7 000
　　贷：固定资产　　　　　　　　　　　　　　　　　　　　10 000

（2）报经批准转销。

借：营业外支出——盘亏损失　　　　　　　　　　　　　　3 000
　　贷：待处理财产损溢　　　　　　　　　　　　　　　　　 3 000

第 5 章 生物资产

生物资产，是指有生命的动物和植物。生物资产分为消耗性生物资产、生产性生物资产和公益性生物资产。

消耗性生物资产，是指为出售而持有的或在将来收获为农产品的生物资产，包括生长中的大田作物、蔬菜、用材林以及存栏待售的牲畜等。

生产性生物资产，是指为产出农产品、提供劳务或出租等目的而持有的生物资产，包括经济林、薪炭林、产畜和役畜等。

公益性生物资产，是指以防护、环境保护为主要目的的生物资产，包括防风固沙林、水土保持林和水源涵养林等。

5.1 生产性生物资产

5.1.1 生产性生物资产的初始计量

（一）业务概述

生产性生物资产包括经济林、薪炭林、产畜和役畜等。对生产性生物资产进行初始计量时，按其取得途径的不同进行会计处理。

生产性生物资产初始计量的会计处理，如表 5-1 所示。

表 5-1　生产性生物资产初始计量的会计处理

经济业务	会计处理
外购的生产性生物资产	借：生产性生物资产 　　贷：银行存款 / 应付账款 / 应付票据
自行营造的林木类生产性生物资产、自行繁殖的产畜和役畜在达到预定生产经营目的前发生的必要支出	借：生产性生物资产——未成熟生产性生物资产 　　贷：银行存款 / 原材料 / 应付职工薪酬 / 累计折旧
取得天然起源的生产性生物资产（按名义金额）	借：生产性生物资产 　　贷：营业外收入

（二）会计处理

"生产性生物资产"科目核算企业（农业）持有的生产性生物资产的原价。

"生产性生物资产"科目应当分"未成熟生产性生物资产"和"成熟生产性生物资产"，以及生产性生物资产的种类、群别、所属部门等进行明细核算。

生产性生物资产发生减值的，应在"生产性生物资产"科目设置"减值准备"明细科目进行核算，也可以单独设置"生产性生物资产减值准备"科目进行核算。

"生产性生物资产"科目期末借方余额,反映企业生产性生物资产的价值。

生产性生物资产初始计量的主要会计处理如下。

(1)外购的生产性生物资产的成本包括购买价款、相关税费、运输费、保险费以及可直接归属于购买该资产的其他支出。其中,可直接归属于购买该资产的其他支出包括场地整理费、装卸费、栽植费、专业人员服务费等。

外购的生产性生物资产,按应计入生产性生物资产成本的金额,借记"生产性生物资产"科目,贷记"银行存款""应付账款""应付票据"等科目。

(2)自行营造的林木类生产性生物资产的成本,包括达到预定生产经营目的前发生的造林费、抚育费、营林设施费、良种试验费、调查设计费和应分摊的间接费用等必要支出;自行繁殖的产畜和役畜的成本,包括达到预定生产经营目的(成龄)前发生的饲料费、人工费和应分摊的间接费用等必要支出。

自行营造的林木类生产性生物资产、自行繁殖的产畜和役畜,应按达到预定生产经营目的前发生的必要支出,借记"生产性生物资产"科目(未成熟生产性生物资产),贷记"银行存款"等科目。

(3)取得天然林等天然起源的生产性生物资产,仅在企业有确凿证据表明能够拥有或者控制该生物资产时,才能予以确认。天然起源的生产性生物资产,应按名义金额,借记"生产性生物资产"科目,贷记"营业外收入"科目。

(三)案例解析

【例5-1】2×19年2月,甲农业企业从市场上一次性购买了6头种牛、15头种猪和600头猪苗,单价分别为4 000元/头、1 400元/头和250元/头,支付的价款共计195 000元。此外,发生的运输费为4 500元,保险费为3 000元,装卸费为2 250元,款项全部以银行存款支付。

分析:相关会计处理及有关计算如下。

(1)确定应分摊的运输费、保险费和装卸费。

分摊比例=(4 500+3 000+2 250)÷195 000=5%

因此,6头种牛应分摊:6×4 000×5%=1 200(元)

15头种猪应分摊:15×1 400×5%=1 050(元)

600头猪苗应分摊:600×250×5%=7 500(元)

(2)确定种牛、种猪和猪苗的入账价值。

6头种牛的入账价值:6×4 000+1 200=25 200(元)

15头种猪的入账价值:15×1 400+1 050=22 050(元)

600头猪苗的入账价值:600×250+7 500=157 500(元)

甲农业企业的会计处理如下。

借:生产性生物资产——种牛	25 200
——种猪	22 050
消耗性生物资产——猪苗	157 500
贷:银行存款	204 750

【例5-2】甲企业2×19年年初自行营造苹果树。当年发生种苗费180 000元，平整土地所需机械作业费（为分摊的机械折旧）20 000元，当年的肥料费为90 000元，农药费为10 000元，人工费为80 000元，管护费为50 000元。

分析：甲企业的会计处理如下。

借：生产性生物资产——生长期生物资产　　　　　　　　　430 000
　　贷：原材料——种苗　　　　　　　　　　　　　　　　　180 000
　　　　　　　——化肥　　　　　　　　　　　　　　　　　 90 000
　　　　　　　——农药　　　　　　　　　　　　　　　　　 10 000
　　　　应付职工薪酬　　　　　　　　　　　　　　　　　　 80 000
　　　　累计折旧　　　　　　　　　　　　　　　　　　　　 20 000
　　　　银行存款　　　　　　　　　　　　　　　　　　　　 50 000

【例5-3】2×19年3月甲农场取得天然起源的橡胶树200 000平方米。按名义金额1元确认该资产。

分析：会计处理如下。

借：生产性生物资产　　　　　　　　　　　　　　　　　　　　　1
　　贷：营业外收入　　　　　　　　　　　　　　　　　　　　　1

5.1.2　生产性生物资产的后续支出

（一）业务概述

生产性生物资产在郁闭或达到预定生产经营目的后，为了维护或提高其使用效能，需要对其进行管护、饲养等。在林木类生物资产的生长过程中，为了使其更好地生长，往往需要进行择伐、间伐或抚育更新性质采伐。

生产性生物资产后续支出的会计处理，如表5-2所示。

表5-2　生产性生物资产后续支出的会计处理

经济业务	会计处理
生产性生物资产在郁闭或达到预定生产经营目的前发生的管护费用等后续支出	借：生产性生物资产 　　贷：银行存款等
择伐、间伐或抚育更新性质采伐而补植林木类生产性生物资产发生的后续支出	借：生产性生物资产 　　贷：银行存款/应付职工薪酬/原材料/累计折旧
生产性生物资产在郁闭或达到预定生产经营目的后发生的管护费用等后续支出	借：管理费用 　　贷：银行存款/应付职工薪酬/原材料/累计折旧

（二）会计处理

（1）生产性生物资产在郁闭或达到预定生产经营目的之前，经过培植或饲养，其价值能够继续增加，因此饲养、管护费用应资本化计入生产性生物资产成本，借记"生产性生物资产"科目，贷记"银行存款"等科目。

（2）在林木类生物资产的生长过程中，为了使其更好地生长，往往需要进行择伐、间伐或抚育更新性质采伐（这些采伐并不影响林木的郁闭状态），并且在采伐之后进行相应的补植。上述情况下发生的后续支出，应当予以资本化，计入林木类生物资产的成本。借记"生产性生物资产"科目，贷记"库存现金""银行存款""其他应付款"等科目。

（3）生产性生物资产在郁闭或达到预定生产经营目的后，为了维护或提高其使用效能，需要对其进行管护、饲养等，所发生的这类后续支出应当予以费用化，计入当期损益。借记"管理费用"科目，贷记"银行存款"等科目。

（三）案例解析

【例 5-4】 沿用【例 5-2】，果树 3 年后挂果，自 2×20 年起，年抚育发生化肥费用 70 000 元，农药费 10 000 元，人工费 15 000 元，管护费 20 000 元。

分析：2×20 年、2×21 年会计处理如下。

借：生产性生物资产——生长期生物资产　　　　　　　　115 000
　　贷：原材料——化肥　　　　　　　　　　　　　　　　70 000
　　　　　　——农药　　　　　　　　　　　　　　　　10 000
　　　　应付职工薪酬　　　　　　　　　　　　　　　　15 000
　　　　银行存款　　　　　　　　　　　　　　　　　　20 000

5.1.3　生产性生物资产的后续计量

（一）业务概述

采用成本模式计量的生产性生物资产需要计提折旧，发生减值的还应当计提生产性生物资产减值准备。采用公允价值模式计量的生产性生物资产应当按照其公允价值减去出售费用后的净额计量，各期公允价值变动计入当期损益。

生产性生物资产后续计量的会计处理，如表 5-3 所示。

表 5-3　生产性生物资产后续计量的会计处理

经济业务	会计处理
生产性生物资产计提折旧	借：农业生产成本/管理费用 　　贷：生产性生物资产累计折旧
生产性生物资产计提减值准备	借：资产减值损失 　　贷：生产性生物资产减值准备
生产性生物资产减值因素已消失	生产性生物资产减值准备不得转回

（二）会计处理

1. 采用成本模式计量生产性生物资产

在我国，处于不同生长阶段的各类生产性生物资产的公允价值一般难以取得，因此，生物资产准则规定通常应当采用历史成本对生物资产进行后续计量，但有确凿证据表明其公允价值能够持续可靠取得的除外。

（1）成熟的生产性生物资产计提折旧。

企业应当按期对达到预定生产经营目的的生产性生物资产计提折旧，并根据受益对象分别计入将收获的农产品成本、劳务成本、出租费用等。对成熟生产性生物资产按期计提折旧时，借记"农业生产成本""管理费用"等科目，贷记"生产性生物资产累计折旧"科目。

（2）生产性生物资产减值。

生物资产准则规定，企业至少应当于每年年度终了对生产性生物资产进行检查，有确凿证据表明上述生物资产发生减值的，应当计提生产性生物资产减值准备。企业首先应当注意生产性生物资产是否有发生减值的迹象，在此基础上计算确定生产性生物资产的可收回金额。生产性生物资产的可收回金额低于其成本或账面价值时，企业应当按照可收回金额低于账面价值的差额，计提生产性生物资产减值准备，借记"资产减值损失"科目，贷记"生产性生物资产减值准备"科目。根据《企业会计准则第8号——资产减值》的规定，生产性生物资产减值准备一经计提，不得转回。

2. 采用公允价值模式计量生产性生物资产

在公允价值模式下，企业不再对生产性生物资产计提折旧、跌价准备或减值准备，应当按照生产性生物资产的公允价值减去出售费用后的净额计量，各期公允价值变动计入当期损益。一般情况下，企业对生物资产的计量模式一经确定，不得随意变更。

（三）案例解析

【例5-5】 沿用【例5-4】，该苹果树成长期为2年。即开始挂果至稳产成熟期需要2年时间。成长期年抚育发生化肥费47 000元，农药费10 000元，人工费10 000元，管护费10 000元。该苹果树从挂果时起，预期经济收费经济寿命为12年。假定该苹果树采用成本模式计量，采用年限平均法计提折旧，假定该苹果树期满无残值。2×22年会计处理如下。

分析：相关会计处理如下。

2×22年该苹果树开始挂果，即达到预期经营目的，其成本为660 000元（430 000+115 000+115 000）。

借：生产性生物资产——成长期生物资产   660 000
  贷：生产性生物资产——生长期生物资产   660 000

2×22年年折旧额=660 000÷12=55 000（元），其会计处理如下。

借：农业生产成本   55 000
  贷：生产性生物资产累计折旧   55 000

2×22年有关支出予以资本化，作为生产性生物资产增值成本处理，其会计处理如下。

借：生产性生物资产——成长期生物资产   77 000
  贷：原材料——化肥   47 000
     ——农药   10 000
  应付职工薪酬   10 000
  银行存款   10 000

2×23年会计处理：年初成长期生物资产成本=660 000+77 000=737 000（元），其会计处理如下。

2×23年年折旧额=(737 000-55 000)÷(12-1)=62 000（元）

借：农业生产成本　　　　　　　　　　　　　　　　　　62 000
　　贷：生产性生物资产累计折旧　　　　　　　　　　　　62 000

2×23年有关支出予以资本化，作为生产性生物资产增值成本处理：会计分录同2×22年。

【例5-6】 2×20年8月，甲企业的橡胶园曾遭受过一次台风袭击，12月31日甲企业对橡胶园进行检查时认为可能发生减值。该橡胶园公允价值减去处置费用后的净额为1 200 000元，尚可使用5年，预计在未来5年内产生的现金净流量分别为400 000元、360 000元、320 000元、250 000元和200 000元（其中2×25年的现金流量已经考虑使用寿命结束时进行处置的现金净流量）。在考虑有关风险的基础上，甲企业决定采用5%的折现率。该橡胶园2×20年12月31日的账面价值为500 000元，以前年度没有计提减值准备。

甲企业生物资产未来现金流量现值计算如表5-4所示。

表5-4　甲企业生物资产未来现金流量现值计算

年度	预计未来现金流量（元）	折现率（%）	折现系数	现值（元）
2×21年	400 000	5	0.952 4	380 960
2×22年	360 000	5	0.907 0	326 520
2×23年	320 000	5	0.863 8	276 416
2×24年	250 000	5	0.822 7	205 675
2×25年	200 000	5	0.783 5	156 700
合计				1 346 271

分析：未来现金流量现值1 346 271元＞销售净价1 200 000元，因此该橡胶园的可收回金额为1 346 271元，应计提的减值准备=1 500 000-1 345 271=154 729（元）。甲企业的会计处理如下。

借：资产减值损失——生产性生物资产（橡胶）　　　　154 729
　　贷：生产性生物资产减值准备——橡胶　　　　　　　154 729

5.1.4　生产性生物资产的收获与处置

（一）业务概述

生物性生物资产收获农产品过程中发生的直接材料、直接人工等直接费用，直接计入相关成本核算对象。生产性生物资产盘亏或死亡、毁损时，应当将处置收入扣除其账面价值和相关税费后的余额先记入"待处理财产损溢"科目。

生产性生物资产收获与处置的会计处理，如表5-5所示。

表 5-5　生产性生物资产收获与处置的会计处理

经济业务	会计处理
生物性生物资产收获农产品	借：农业生产成本——农产品 　　贷：原材料/应付职工薪酬/银行存款等 次产品收获过程中发生的间接费用： 借：农业生产成本——共同费用 　　贷：库存现金/银行贷款/原材料等 期末分配成本： 借：农业生产成本——农产品 　　贷：农业生产成本——共同费用
处置生产性生物资产	借：银行存款/应收账款 　　生产性生物资产累计折旧 　　生产性生物资产减值准备 　　营业外支出——处置非流动资产损失（借方） 　贷：生产性生物资产 　　营业外收入——处置非流动资产损失利得（贷方）
生产性生物资产盘亏或死亡、毁损	借：待处理财产损溢 　　生产性生物资产累计折旧 　贷：生产性生物资产 借：其他应收款 　　管理费用 　　营业外支出 　　银行存款 　贷：待处理财产损溢
育肥畜转为产畜或役畜	借：生产性生物资产 　　消耗性生物资产跌价准备 　贷：消耗性生物资产
产畜或役畜淘汰转为育肥畜	借：消耗性生物资产 　　生产性生物资产累计折旧 　　生产性生物资产减值准备 　贷：生产性生物资产

（二）会计处理

1. 生物性生物资产收获农产品

农产品收获过程中发生的直接材料、直接人工等直接费用，直接计入相关成本核算对象，借记"农业生产成本——农产品"科目，贷记"库存现金""银行存款""原材料""应付职工薪酬""生产性生物资产累计折旧"等科目。农产品收获过程中发生的间接费用，如材料费、人工费、生产性生物资产的折旧费等应分摊的共同费用，应当在生产成本归集，借记"农业生产成本——共同费用"科目，贷记"库存现金""银行存款""原材料""应付职工薪酬""生产性生物资产累计折旧"等科目；在会计期末按一定的分配标准，分配计入有关的成本核算对象，借记"农业生产成本——农产品"科目，贷记"农业生产成本——共同费用"科目。

2. 处置生产性生物资产

出售生产性生物资产时，应按实际收到的金额，借记"银行存款"等科目，按已计提的累计折旧，借记"生产性生物资产累计折旧"科目，按其账面余额，贷记"生产性生物资产"科目，按其差额，借记"营业外支出——处置非流动资产损失"科目或贷记"营业外收入——处置非流动资产利得"科目。已计提减值准备的，还应同时结转已计提的减值准备。

3. 生产性生物资产盘亏或死亡、毁损

生产性生物资产盘亏或死亡、毁损时，应当将处置收入扣除其账面价值和相关税费后的余额先记入"待处理财产损溢"科目，待查明原因后，根据企业的管理权限，经股东（大）会、董事会、经理（场长）会议或类似机构批准后，在期末结账前处理完毕。生物资产因盘亏或死亡、毁损造成的损失，在减去过失人或者保险公司等的赔款和残余价值之后，计入当期管理费用；属于自然灾害等非常损失的，计入营业外支出。

4. 生产性生物资产的转换

育肥畜转为产畜或役畜时，应按其账面余额，借记"生产性生物资产"科目，贷记"消耗性生物资产"科目。已计提跌价准备的，还应同时结转已计提的跌价准备。

产畜或役畜淘汰转为育肥畜时，按转换时的账面价值，借记"消耗性生物资产"科目，按已计提的累计折旧，借记"生产性生物资产累计折旧"科目，按其账面余额，贷记"生产性生物资产"科目。

（三）案例解析

【例 5-7】沿用【例 5-5】，苹果树成熟期后开始挂果，发生年化肥费 20 000 元，农药费 10 000 元，人工费 3 000 元，其他管护费 2 000 元。该苹果树 2×24 年进入成熟期，其账面成本为 814 000（660 000+77 000+77 000）元。

分析：2×24 年至 2×33 年（共 10 年）的会计处理如下。

各年折旧额 =（814 000-55 000-62 000）÷10=69 700（元）

借：农业生产成本	69 700
贷：生产性生物资产累计折旧	69 700

苹果树进入成熟期后开始挂果，会计处理如下。

借：农业生产成本	35 000
贷：原材料——化肥	20 000
——农药	10 000
应付职工薪酬	3 000
银行存款	2 000

【例 5-8】甲农场利用温床培育丝瓜、西红柿两种秧苗，温床费用为 3 200 元。其中丝瓜占用温床 40 格，生长期为 30 天；西红柿占用温床 10 格，生长期为 40 天。秧苗育成移至温室栽培后，发生温室费用 15 200 元。其中丝瓜占用温室 1 000 平方米，生长期为 70 天；西红柿占用温室 1 500 平方米，生长期为 80 天。两种蔬菜发生的直接生产费用为 3 000 元，

其中丝瓜1 360元,西红柿1 640元。应负担的间接费用共计4 500元,采用直接费用比例法分配。丝瓜和西红柿两种蔬菜的产量分别为38 000千克和29 000千克。

分析:有关计算如下。

丝瓜应分配的温床费用=3 200÷(40×30+10×40)×40×30=2 400(元)

丝瓜应分配的温室费用=15 200÷(1 000×70+1 500×80)×1 000×70=5 600(元)

丝瓜应分配的间接费用=4 500÷(1 360+1 640)×1 360=2 040(元)

西红柿应分配的温床费用=3 200÷(40×30+10×40)×10×40=800(元)

西红柿应分配的温室费用=15 200÷(1 000×70+1 500×80)×1 500×80=9 600(元)

西红柿应分配的间接费用=4 500÷(1 360+1 640)×1 640=2 460(元)

借:农业生产成本——丝瓜 10 040
　　　　　　　——西红柿 12 860
　贷:生产性生物资产的折旧费 22 900

【例5-9】甲企业于20×7年8月4日丢失3头种牛,账面原值为11 600元,已经计提折旧600元;8月29日经查实,饲养员赵五应赔偿3 000元。

分析:甲企业的会计处理如下。

借:待处理财产损溢 11 000
　生产性生物资产累计折旧 600
　贷:生产性生物资产——种猪 11 600

借:其他应收款——赵五 3 000
　管理费用 8 000
　贷:待处理财产损溢 11 000

【例5-10】2×16年5月,甲企业5头奶牛成熟,开始产奶,奶牛的账面余额为36 000元,2×18年10月,将这5头奶牛作价25 000元出售。甲企业按照3年对奶牛计提折旧。

分析:甲企业应编制如下会计分录。

(1)2×16年5月。

借:生产性生物资产——成熟生产性生物资产 36 000
　贷:生产性生物资产——未成熟生产性生物资产 36 000

(2)2×16年6月至2×18年10月,每月计提折旧。

借:管理费用 1 000
　贷:生产性生物资产累计折旧 1 000

(3)2×18年10月。

借:银行存款 25 000
　生产性生物资产累计折旧 29 000
　贷:生产性生物资产 36 000
　　营业外收入 18 000

【例 5-11】2×19 年 4 月，甲企业自行繁殖的 50 头种猪转为育肥猪，此批种猪的账面原价为 500 000 元，已经计提的累计折旧为 200 000 元，已经计提的资产减值准备为 30 000 元。

分析：甲企业的会计处理如下。

借：消耗性生物资产——育肥猪　　　　　　　　　　　　　　270 000
　　生产性生物资产累计折旧　　　　　　　　　　　　　　　200 000
　　生产性生物资产减值准备　　　　　　　　　　　　　　　 30 000
　　贷：生产性生物资产——成熟生产性生物资产（种猪）　　 500 000

5.2 消耗性生物资产

5.2.1 消耗性生物资产的初始计量

（一）业务概述

消耗性生物资产是指为出售而持有的，或在将来收获为农产品的生物资产，包括生长中的大田作物、蔬菜、用材林以及存栏代售的牲畜等。消耗性生物资产的初始计量按其取得途径的不同进行会计处理。

消耗性生物资产初始计量的会计处理，如表 5-6 所示。

表 5-6　消耗性生物资产初始计量的会计处理

经济业务	会计处理
外购的消耗性生物资产	借：消耗性生物资产 　　贷：银行存款 / 应付账款 / 应付票据
自行栽培或营造的大田作物、蔬菜、林木类消耗性生物资产，自行繁殖的育肥畜、水产养殖的动植物	借：消耗性生物资产 　　贷：银行存款 / 原材料 / 应付职工薪酬 / 累计折旧
取得天然起源的消耗性生物资产（按名义金额）	借：消耗性生物资产 　　贷：营业外收入

（二）会计处理

"消耗性生物资产"科目核算企业（农业）持有的消耗性生物资产的实际成本。消耗性生物资产发生减值的，可以单独设置"消耗性生物资产跌价准备"科目，比照"存货跌价准备"科目进行处理。

"消耗性生物资产"科目可按消耗性生物资产的种类、群别等进行明细核算。

"消耗性生物资产"科目期末借方余额，反映企业消耗性生物资产的实际成本。

消耗性生物资产初始计量的会计处理如下。

（1）外购的消耗性生物资产的成本包括购买价款、相关税费、运输费、保险费以及可直接归属于购买该资产的其他支出。其中，可直接归属于购买该资产的其他支出包括场地整理费、装卸费、栽植费、专业人员服务费等。

外购的消耗性生物资产，按应计入消耗性生物资产成本的金额，借记"消耗性生物资产"科目，贷记"银行存款""应付账款""应付票据"等科目。

（2）对自行繁殖、营造的消耗性生物资产而言，其成本确定的一般原则是按照自行繁殖或营造（即培育）过程中发生的必要支出确定，既包括直接材料、直接人工、其他直接费用，也包括应分摊的间接费用。

自行栽培的大田作物和蔬菜，应按收获前发生的必要支出，借记"消耗性生物资产"科目，贷记"银行存款"等科目。自行营造的林木类消耗性生物资产，应按郁闭前发生的必要支出，借记"消耗性生物资产"科目，贷记"银行存款"等科目。自行繁殖的育肥畜、水产养殖的动植物，应按出售前发生的必要支出，借记"消耗性生物资产"科目，贷记"银行存款"等科目。

（3）天然林等天然起源的消耗性生物资产，仅在企业有确凿证据表明能够拥有或者控制该生物资产时，才能予以确认。取得天然起源的消耗性生物资产，应按名义金额，借记"消耗性生物资产"科目，贷记"营业外收入"科目。

（三）案例解析

【例5-12】 2×19年3月，某养猪场外购了一批育肥畜1 500头，以满足节日市场供应，支付对方总价款800 000元，其他各种相关费用50 000元，假设均以银行存款支付。

分析：该养猪场应编制如下会计分录。

借：消耗性生物资产　　　　　　　　　　　　　　　　　850 000
　　贷：银行存款　　　　　　　　　　　　　　　　　　　　850 000

【例5-13】 甲企业2×19年3月使用一台拖拉机翻耕土地100万平方米用于小麦和玉米的种植，其中60万平方米种植玉米、40万平方米种植小麦。该拖拉机原值为60 300元，预计净残值为300元，按照工作量法计提折旧，预计可以翻耕土地6 000万平方米。

分析：甲企业的有关计算及会计处理如下。

应当计提的拖拉机折旧=（60 300-300）÷6 000×100=1 000（元）
玉米应当分配的机械作业费=1 000÷（60+40）×60=600（元）
小麦应当分配的机械作业费=1 000÷（60+40）×40=400（元）

借：消耗性生物资产——玉米　　　　　　　　　　　　　　600
　　　　　　　　　　——小麦　　　　　　　　　　　　　　400
　　贷：累计折旧　　　　　　　　　　　　　　　　　　　1 000

【例5-14】 2×19年5月甲农场取得天然起源的杨树林20万平方米。按名义金额1元确认资产。

分析：甲农场应编制如下会计分录。

借：消耗性生物资产　　　　　　　　　　　　　　　　　　　1
　　贷：营业外收入　　　　　　　　　　　　　　　　　　　　1

5.2.2 消耗性生物资产的后续支出

（一）业务概述

消耗性生物资产在郁闭或达到预定生产经营目的后，为了维护或提高其使用效能，需要对其进行管护、饲养等。在林木类生物资产的生长过程中，为了使其更好地生长，往往需要进行择伐、间伐或抚育更新性质采伐。

消耗性生物资产后续支出的会计处理，如表5-7所示。

表5-7 消耗性生物资产后续支出的会计处理

经济业务	会计处理
消耗性生物资产在郁闭或达到预定生产经营目的前发生的管护费用等后续支出	借：消耗性生物资产 　　贷：银行存款等
择伐、间伐或抚育更新性质采伐而补植林木类消耗性生物资产发生的后续支出	借：消耗性生物资产 　　贷：银行存款/应付职工薪酬/原材料/累计折旧
消耗性生物资产在郁闭或达到预定生产经营目的后发生的管护费用等后续支出	借：管理费用 　　贷：银行存款/应付职工薪酬/原材料/累计折旧

（二）会计处理

（1）消耗性生物资产在郁闭或达到预定生产经营目的之前，经过培植或饲养，其价值能够继续增加，因此饲养、管护费用应资本化计入消耗性生物资产成本，借记"消耗性生物资产"科目，贷记"银行存款"等科目。

（2）在林木类生物资产的生长过程中，为了使其更好地生长，往往需要进行择伐、间伐或抚育更新性质采伐（这些采伐并不影响林木的郁闭状态），并且在采伐之后进行相应的补植。上述情况下发生的后续支出，应当予以资本化，计入林木类消耗性生物资产的成本。借记"消耗性生物资产"科目，贷记"库存现金""银行存款""其他应付款"等科目。

（3）消耗性生物资产在郁闭或达到预定生产经营目的后，为了维护或提高其使用效能，需要对其进行管护、饲养等，所发生的这类后续支出应当予以费用化，计入当期损益。借记"管理费用"科目，贷记"银行存款"等科目。

（三）案例解析

【例5-15】2×19年5月，甲林业有限责任公司对乙林班用材林择伐基地进行更新造林，应支付临时人员工资15 000元，领用材料20 000元。

分析：甲林业有限责任公司的会计处理如下。

借：消耗性生物资产——用材林　　　　　　　　　　　　　　　35 000
　　贷：应付职工薪酬　　　　　　　　　　　　　　　　　　　　15 000
　　　　原材料　　　　　　　　　　　　　　　　　　　　　　　20 000

【例5-16】甲林业有限责任公司下属的乙林班用材林择伐基地统一组织培植管护一片森林，2×19年3月，发生森林管护费用共计40 000元，其中人员工资20 000元，尚未支付，发生肥料费 16 000 元，管护设备折旧费 4 000 元。管护总面积为 5 000 万平方米，其中作为用材林的杨树林共计 4 000 万平方米，已郁闭的占 75%，其余的尚未郁闭；作为水土保持林的马尾松共计 1 000 万平方米，全部已郁闭。假定管护费用按照森林面积比例进行分配。

分析：甲林业有限责任公司的有关计算及会计处理如下。

未郁闭杨树林应分配共同费用的比例 =4 000×（1−75%）÷5 000=0.2

已郁闭杨树林应分配共同费用的比例 =4 000×75%÷5 000=0.6

已郁闭马尾松应分配共同费用的比例 =1 000÷5 000=0.2

未郁闭杨树林应分配的共同费用 =40 000×0.2=8 000（元）

已郁闭杨树林成应分配的共同费用 =40 000×0.6=24 000（元）

已郁闭马尾松应分配的共同费用 =40 000×0.2=8 000（元）

借：消耗性生物资产——用材林（杨树）　　　　　　　8 000
　　　管理费用　　　　　　　　　　　　　　　　　　32 000
　　贷：应付职工薪酬　　　　　　　　　　　　　　　20 000
　　　　原材料　　　　　　　　　　　　　　　　　　16 000
　　　　累计折旧　　　　　　　　　　　　　　　　　 4 000

5.2.3　消耗性生物资产的后续计量

（一）业务概述

采用成本模式计量的消耗性生物资产需要计提折旧，发生减值的还应当计提消耗性生物资产跌价准备。采用公允价值模式计量的消耗性生物资产应当按照其公允价值减去出售费用后的净额计量，各期公允价值变动计入当期损益。

消耗性生物资产后续计量的会计处理，如表 5-8 所示。

表 5-8　消耗性生物资产后续计量的会计处理

经济业务	会计处理
消耗性生物资产计提减值	借：资产减值损失 　　贷：消耗性生物资产跌价准备
消耗性生物资产减值因素已消失	借：消耗性生物资产跌价准备 　　贷：资产减值损失

（二）会计处理

1. 采用成本模式计量消耗性生物资产

在我国，处于不同生长阶段的各类消耗性生物资产的公允价值一般难以取得，因此，生物资产准则规定通常应当采用历史成本对生物资产进行后续计量，但有确凿证据表明其公允价值能够持续可靠取得的除外。

（1）消耗性生物资产计提减值。

生物资产准则规定，企业至少应当于每年年度终了对消耗性生物资产进行检查，有确凿证据表明消耗性生物资产发生减值的，应当计提消耗性生物资产跌价准备。企业首先应当注意消耗性生物资产是否有发生减值的迹象,在此基础上计算确定消耗性生物资产的可变现净值。消耗性生物资产的可变现净值低于其成本或账面价值时,企业应当按照可变现净值低于账面价值的差额,计提消耗性生物资产跌价准备,借记"资产减值损失"科目,贷记"消耗性生物资产跌价准备"科目。

(2)消耗性生物资产减值因素已消失。

消耗性生物资产减值的影响因素已经消失的,减记金额应当予以恢复,并在原已计提的跌价准备金额内转回,转回的金额计入生产性生物资产减值准备,一经计提,不得转回。前述转回时,借记"消耗性生物资产跌价准备"科目,贷记"消耗性生物资产跌价准备"科目。

2. 采用公允价值模式计量消耗性生物资产

在公允价值模式下,企业不再对消耗性生物资产计提跌价准备,应当按照消耗性生物资产的公允价值减去出售费用后的净额计量,各期公允价值变动计入当期损益。一般情况下,企业对消耗性生物资产的计量模式一经确定,不得随意变更。

(三)案例解析

【例5-17】甲农业企业种植玉米150万平方米,已发生成本330 000元,采用成本模式计量。2×19年7月遭受冰雹,致使玉米严重受灾,期末玉米的可变现净值估计为300 000元。

分析:甲农业企业的会计处理如下。

借:资产减值损失——消耗性生物资产(玉米)　　　　　　　　30 000
　　贷:消耗性生物资产跌价准备——玉米　　　　　　　　　　　　30 000

5.2.4 消耗性生物资产的收获与处置

(一)业务概述

从消耗性生物资产上收获农产品后,消耗性生物资产自身完全转为农产品而不复存在。消耗性生物资产盘亏或死亡、毁损时,应当将处置收入扣除其账面价值和相关税费后的余额先记入"待处理财产损溢"科目。

消耗性生物资产收获与处置的会计处理,如表5-9所示。

表5-9　消耗性生物资产收获与处置的会计处理

经济业务	会计处理
从消耗性生物资产上收获农产品	借:农产品 　　消耗性生物资产跌价准备 贷:消耗性生物资产
消耗性生物资产盘亏或死亡、毁损	借:待处理财产损溢 　　贷:消耗性生物资产 借:管理费用/营业外支出(非常损失) 　　贷:待处理财产损溢

(续表)

经济业务	会计处理
出售消耗性生物资产	借：银行存款/应收账款/应收票据 　　贷：主营业务收入 　　　　应交税费——应交增值税（销项税额） 借：主营业务支出 　　贷：消耗性生物资产
产畜或役畜淘汰转为育肥畜	借：消耗性生物资产 　　生产性生物资产累计折旧 　　生产性生物资产减值准备 　　贷：生产性生物资产
育肥畜转为产畜或役畜	借：生产性生物资产 　　消耗性生物资产跌价准备 　　贷：消耗性生物资产

（二）会计处理

（1）从消耗性生物资产上收获农产品。

从消耗性生物资产上收获农产品后，消耗性生物资产自身完全转为农产品而不复存在，如肉猪宰杀后的猪肉、收获后的蔬菜、用材林采伐后的木材等，企业应当将收获时点消耗性生物资产的账面价值结转为农产品的成本。借记"农产品"科目，贷记"消耗性生物资产"科目，已计提跌价准备的，还应同时结转跌价准备，借记"消耗性生物资产跌价准备"科目；对于不通过入库直接销售的鲜活产品等，按实际成本，借记"主营业务成本"科目。

（2）消耗性生物资产盘亏或死亡、毁损。

消耗性生物资产盘亏或死亡、毁损时，应当将处置收入扣除其账面价值和相关税费后的余额先记入"待处理财产损溢"科目，待查明原因后，根据企业的管理权限，经股东（大）会、董事会、经理（场长）会议或类似机构批准后，在期末结账前处理完毕。消耗性生物资产因盘亏或死亡、毁损造成的损失，在减去过失人或者保险公司等的赔款和残余价值之后，计入当期管理费用；属于自然灾害等非常损失的，计入营业外支出。

（3）出售消耗性生物资产。

出售消耗性生物资产时，企业应按实际收到的金额，借记"银行存款"等科目，贷记"主营业务收入"等科目；应按其账面余额，借记"主营业务成本"等科目，贷记"消耗性生物资产"等科目，已计提跌价准备的，还应同时结转跌价准备。

（4）消耗性生物资产的转换。

产畜或役畜淘汰转为育肥畜的，按转换时的账面价值，借记"消耗性生物资产"科目，按已计提的累计折旧，借记"生产性生物资产累计折旧"科目，按其账面余额，贷记"生产性生物资产"科目。已计提减值准备的，还应同时结转减值准备。

育肥畜转为产畜或役畜的，应按其账面余额，借记"生产性生物资产"科目，贷记"消耗性生物资产"科目。已计提跌价准备的，还应同时结转跌价准备。

（三）案例解析

【例5-18】 甲种植企业2×19年6月入库小麦20吨，成本为12 000元。

分析：甲种植企业的会计处理如下。

借：农产品——小麦　　　　　　　　　　　　　　　　　　　　　12 000
　　贷：消耗性生物资产——小麦　　　　　　　　　　　　　　　　　　12 000

【例5-19】 甲畜牧养殖企业2×19年5月末养殖的肉猪账面余额为24 000元，共计40头；6月6日花费7 000元新购入一批肉猪养殖，共计10头，以银行存款支付；6月30日屠宰并出售肉猪20头，以库存现金支付临时工屠宰费用100元，出售取得价款16 000元，收到现金；6月共发生饲养费用500元（其中，应付专职饲养员工资300元，饲料200元）。甲畜牧养殖企业采用移动加权平均法结转成本。不考虑相关税费。

分析：甲畜牧养殖企业的会计处理如下。

平均单位成本＝（24 000+7 000+500）÷（40+10）=630（元／头）

出售猪肉的成本 =630×20=12 600（元）

借：消耗性生物资产——肉猪　　　　　　　　　　　　　　　　　7 000
　　贷：银行存款　　　　　　　　　　　　　　　　　　　　　　　7 000
借：消耗性生物资产——肉猪　　　　　　　　　　　　　　　　　　500
　　贷：应付职工薪酬　　　　　　　　　　　　　　　　　　　　　　300
　　　　原材料　　　　　　　　　　　　　　　　　　　　　　　　　200
借：农产品——猪肉　　　　　　　　　　　　　　　　　　　　　12 700
　　贷：消耗性生物资产　　　　　　　　　　　　　　　　　　　　12 600
　　　　库存现金　　　　　　　　　　　　　　　　　　　　　　　　100
借：库存现金　　　　　　　　　　　　　　　　　　　　　　　　16 000
　　贷：主营业务收入　　　　　　　　　　　　　　　　　　　　　16 000
借：主营业务成本　　　　　　　　　　　　　　　　　　　　　　12 700
　　贷：农产品——猪肉　　　　　　　　　　　　　　　　　　　　12 700

【例5-20】 甲畜牧养殖企业于2×19年3月将育成的40头仔猪出售给乙食品加工厂，价款总额为20 000元，货款尚未收到。出售时仔猪的账面余额为12 000元，未计提跌价准备。不考虑相关税费。

分析：甲畜牧养殖企业的会计处理如下。

借：应收账款——乙食品加工厂　　　　　　　　　　　　　　　　20 000
　　贷：主营业务收入　　　　　　　　　　　　　　　　　　　　　20 000
借：主营业务成本　　　　　　　　　　　　　　　　　　　　　　12 000
　　贷：消耗性生物资产——育肥猪　　　　　　　　　　　　　　　12 000

【例5-21】 2×19年9月，甲林业有限责任公司根据所属区域的林业发展规划相关政策调整，将以马尾松为主的800万平方米防风固沙林，全部转为以采脂为目的的商林，该马尾松的账面价值为 2 000 000 元。其中，已经具备采脂条件的为 600 万平方米，账面价值为 1 600 000 元，其余的尚不具备采脂条件。2×19 年 11 月，甲林业有限责任公司根据国家政策规定，将乙林班 100 万平方米作为防风固沙林的杨树转为作为造纸原料的商品林，该杨树账面余额为 180 000 元。

分析：甲林业有限责任公司的会计处理如下。

（1）2×19 年 9 月。

借：生产性生物资产——成熟生产性生物资产（马尾松）　　　1 600 000
　　生产性生物资产——未成熟生产性生物资产（马尾松）　　　400 000
　　贷：公益性生物资产——防风固沙林（马尾松）　　　　　　　　　2 000 000

（2）2×19 年 11 月。

借：消耗性生物资产——造纸原料林（杨树）　　　180 000
　　贷：公益性生物资产——防风固沙林（杨树）　　　　　180 000

5.3　公益性生物资产

5.3.1　公益性生物资产的初始计量

（一）业务概述

公益性生物资产，是指以防护、环境保护为主要目的的生物资产，包括防风固沙林、水土保持林和水源涵养林等。公益性生物资产的初始计量按其取得途径的不同进行会计处理。

公益性生物资产初始计量的会计处理，如表 5-10 所示。

表 5-10　公益性生物资产初始计量的会计处理

经济业务	会计处理
外购的公益性生物资产	借：公益性生物资产 　　贷：银行存款/应付账款/应付票据
自行营造的公益性生物资产在郁闭前发生的必要支出	借：公益性生物资产 　　贷：银行存款/原材料/应付职工薪酬/累计折旧
取得天然起源的公益性生物资产（按名义金额）	借：公益性生物资产 　　贷：营业外收入

（二）会计处理

"公益性生物资产"科目核算企业（农业）持有的公益性生物资产的实际成本。

"公益性生物资产"科目可按公益性生物资产的种类或项目进行明细核算。

"公益性生物资产"科目期末借方余额，反映企业公益性生物资产的原价。

公益性生物资产初始计量的会计处理如下。

（1）外购的公益性生物资产的成本包括购买价款、相关税费、运输费、保险费以及可直接归属于购买该资产的其他支出。其中，可直接归属于购买该资产的其他支出包括场地整理费、装卸费、栽植费、专业人员服务费等。企业外购的公益性生物资产，按应计入公益性生物资产成本的金额,借记"公益性生物资产"科目,贷记"银行存款"等科目。

(2)对自行营造的公益性生物资产而言,其成本确定的一般原则是按照郁闭前发生的造林费、抚育费、森林保护费、营林设施费、良种试验费、调查设计费和应分摊的间接费用等必要支出确定。

自行营造的公益性生物资产,应按郁闭前发生的必要支出,借记"公益性生物资产"科目,贷记"银行存款"等科目。

(3)天然林等天然起源的公益性生物资产,仅在企业有确凿证据表明能够拥有或者控制该生物资产时,才能予以确认。取得天然起源的公益性生物资产,应按名义金额,借记"公益性生物资产"科目,贷记"营业外收入"科目。

(三)案例解析

【例5-22】2×19年5月甲公司根据国家政策规定,将自行营造的20万平方米杨树作为防风固沙林,达到郁闭前,发生造林费50 000元、人员工资30 000元、计提福利费4 200元、农药费800元、抚育化肥费1 000元、机械作用费14 000元,用银行存款支付管护费10 000元。

分析:甲公司的会计处理如下。

借:公益性生物资产　　　　　　　　　　　　　　　　110 000
　　贷:原材料——种苗　　　　　　　　　　　　　　　　50 000
　　　　　　——化肥　　　　　　　　　　　　　　　　　1 000
　　　　　　——农药　　　　　　　　　　　　　　　　　　800
　　　　应付职工薪酬——工资　　　　　　　　　　　　30 000
　　　　　　　　　　——福利费　　　　　　　　　　　　4 200
　　　　累计折旧　　　　　　　　　　　　　　　　　　14 000
　　　　银行存款　　　　　　　　　　　　　　　　　　10 000

【例5-23】2×19年4月,甲农场取得天然起源的草场20万平方米。按名义金额1元确认其价值。

分析:甲农场的会计处理如下。

借:公益性生物资产　　　　　　　　　　　　　　　　　　　1
　　贷:营业外收入　　　　　　　　　　　　　　　　　　　　1

5.3.2　公益性生物资产的后续支出

(一)业务概述

公益性生物资产在郁闭或达到预定生产经营目的后,为了维护或提高其使用效能,需要对其进行管护、饲养等。在林木类生物资产的生长过程中,为了使其更好地生长,往往需要进行择伐、间伐或抚育更新性质采伐。

公益性生物资产后续支出的会计处理，如表 5-11 所示。

表 5-11 公益性生物资产后续支出的会计处理

经济业务	会计处理
公益性生物资产在郁闭或达到预定生产经营目的前发生的管护费用等后续支出	借：公益性生物资产 　　贷：银行存款等
择伐、间阀或抚育更新性质采伐而补植林木类公益性生物资产发生的后续支出	借：公益性生物资产 　　贷：银行存款/应付职工薪酬/原材料/累计折旧
公益性生物资产在郁闭或达到预定生产经营目的后发生的管护费用等后续支出	借：管理费用 　　贷：银行存款/应付职工薪酬/原材料/累计折旧

（二）会计处理

（1）公益性生物资产在郁闭或达到预定生产经营目的之前，经过培植或饲养，其价值能够继续增加，因此饲养、管护费用应资本化计入公益性生物资产成本，借记"公益性生物资产"科目，贷记"银行存款"等科目。

（2）在林木类生物资产的生长过程中，为了使其更好地生长，往往需要进行择伐、间伐或抚育更新性质采伐（这些采伐并不影响林木的郁闭状态），并且在采伐之后进行相应的补植。上述情况下发生的后续支出，应当予以资本化，计入林木类公益性生物资产的成本。借记"公益性生物资产"科目，贷记"库存现金""银行存款""其他应付款"等科目。

（3）公益性生物资产在郁闭或达到预定生产经营目的后，为了维护或提高其使用效能，需要对其进行管护、饲养等，所发生的这类后续支出应当予以费用化，计入当期损益。借记"管理费用"科目，贷记"银行存款"等科目。

5.3.3 公益性生物资产的后续计量

（1）采用成本模式计量公益性生物资产。

在我国，处于不同生长阶段的各类公益性生物资产的公允价值一般难以取得，因此，生物资产准则规定通常应当采用历史成本对生物资产进行后续计量，但有确凿证据表明其公允价值能够持续可靠取得的除外。

（2）采用公允价值模式计量公益性生物资产。

在公允价值模式下，企业不再对公益性生物资产计提跌价准备，应当按照公益性生物资产的公允价值减去出售费用后的净额计量，各期公允价值变动计入当期损益。一般情况下，企业对公益性生物资产的计量模式一经确定，不得随意变更。

5.3.4 公益性生物资产的处置

（一）业务概述

公益性生物资产盘亏或死亡、毁损时，应当将处置收入扣除其账面价值和相关税费后的余额先记入"待处理财产损溢"科目，待查明原因后再转入相应科目。

公益性生物资产处置的会计处理，如表 5-12 所示。

表 5-12 公益性生物资产处置的会计处理

经济业务	会计处理
公益性生物资产盘亏或死亡、毁损	借：待处理财产损溢 　　贷：公益性生物资产 借：其他应收款 　　管理费用 　　营业外支出 　　银行存款 　　贷：待处理财产损溢
消耗性生物资产、生产性生物资产转为公益性生物资产	借：公益性生物资产 　　生产性生物资产累计折旧 　　生产性生物资产减值准备/消耗性生物资产跌价准备 　　贷：消耗性生物资产/生产性生物资产

（二）会计处理

（1）公益性生物资产盘亏或死亡、毁损。

公益性生物资产盘亏或死亡、毁损时，应当将处置收入扣除其账面价值和相关税费后的余额先记入"待处理财产损溢"科目，待查明原因后，根据企业的管理权限，经股东（大）会、董事会、经理（场长）会议或类似机构批准后，在期末结账前处理完毕。公益性生物资产因盘亏或死亡、毁损造成的损失，在减去过失人或者保险公司等的赔款和残余价值之后，计入当期管理费用；属于自然灾害等非常损失的，计入营业外支出。

（2）公益性生物资产的转换。

消耗性生物资产、生产性生物资产转为公益性生物资产的，应按其账面余额或账面价值，借记"公益性生物资产"科目，按已计提的生产性生物资产累计折旧，借记"生产性生物资产累计折旧"科目，按其账面余额，贷记"消耗性生物资产""生产性生物资产"等科目。已计提跌价准备或减值准备的，还应同时结转跌价准备或减值准备。

（三）案例解析

【例 5-24】2×19 年 7 月，出于保护区域生态环境的目的，甲林业有限责任公司的 12 万平方米造纸原料林（杨树）被划为防风固沙林，仍由公司负责管理，该林的账面余额为 80 000 元，已经计提的跌价准备为 5 000 元。

分析：甲林业有限责任公司的会计处理如下。

借：公益性生物资产——防风固沙林（杨树）　　　　　　　　75 000
　　消耗性生物资产跌价准备　　　　　　　　　　　　　　　 5 000
　　贷：消耗性生物资产——造纸原料林（杨树）　　　　　　80 000

第 6 章
无形资产

无形资产,是指企业拥有或者控制的没有实物形态的可辨认非货币性资产。无形资产具有以下特征。

(1)由企业拥有或者控制并能为其带来未来经济利益的资源。

(2)无形资产不具有实物形态。

(3)无形资产具有可辨认性。

(4)无形资产属于非货币性资产。

无形资产通常包括专利权、非专利技术、商标权、著作权、特许权、土地使用权等。

6.1 取得无形资产的会计处理

6.1.1 业务概述

无形资产通常是按实际成本计量,即以取得无形资产并使之达到预定用途而发生的全部支出,作为无形资产的成本。对于从不同来源取得的无形资产,其初始成本的构成也不尽相同。

取得无形资产的会计处理,如表 6-1 所示。

表 6-1 取得无形资产的会计处理

经济业务	会计处理
外购的无形资产	借:无形资产 　　贷:银行存款/库存现金等
投入者投入的无形资产	借:管理费用 　　贷:实收资本(或股本) 　　　　银行存款
通过非货币性资产交换取得的无形资产	借:无形资产 　　应交税费——应交增值税(进项税额) 　　贷:主营业务收入等 　　　　资产处置损益(换出无形资产账面价值与公允价值之间的差额,或借方) 　　　　应交税费——应交增值税(销项税额) 　　　　银行存款等
通过债务重组取得的无形资产	借:应付账款 　　累计摊销 　　资产处置损益 　　贷:无形资产 　　　　营业外收入

（续表）

经济业务	会计处理
通过政府补助取得的无形资产	借：无形资产 　　贷：递延收益

6.1.2 会计处理

无形资产应当在符合定义的前提下，同时满足以下两个确认条件时，才能予以确认。一是与该资产有关的经济利益很可能流入企业；二是该无形资产的成本能够可靠地计量。

1. 外购的无形资产

外购的无形资产，其成本包括购买价款、相关税费以及直接归属于使该项资产达到预定用途所发生的其他支出。其中，直接归属于使该项资产达到预定用途所发生的其他支出包括使无形资产达到预定用途所发生的专业服务费用、测试无形资产是否能够正常发挥作用的费用等。其会计处理为：借记"无形资产"科目，贷记"银行存款""库存现金"等科目。

外购的无形资产，应按其取得成本进行初始计量；如果购入的无形资产超过正常信用条件延期支付价款，实质上具有融资性质的，应按所取得无形资产购买价款的现值计量其成本，现值与应付价款之间的差额作为未确认的融资费用，在付款期间内按照实际利率法确认为利息费用。

2. 投资者投入的无形资产

投资者投入的无形资产，应当按照投资合同或协议约定的价值确定无形资产的取得成本。如果投资合同或协议约定价值不公允的，应按无形资产的公允价值作为无形资产初始成本入账。其会计处理为：借记"无形资产"科目，贷记"实收资本（或股本）""银行存款"等科目。

3. 通过非货币性资产交换取得的无形资产

企业通过非货币性资产交换取得的无形资产，包括以投资、存货、固定资产或无形资产换入的无形资产等。非货币性资产交换具有商业实质且公允价值能够可靠计量的，在发生补价的情况下，支付补价方应当以换出资产的公允价值加上支付的补价（即换入无形资产的公允价值）和应支付的相关税费，作为换入无形资产的成本；收到补价方，应当以换入无形资产的公允价值（或换出资产的公允价值减去补价）和应支付的相关税费，作为换入无形资产的成本。

4. 通过债务重组取得的无形资产

通过债务重组取得的无形资产，是指企业作为债权人取得的债务人用于偿还债务的非现金资产，且企业作为无形资产管理的资产。通过债务重组取得的无形资产的成本，应当按照公允价值计量。

5. 通过政府补助取得的无形资产

通过政府补助取得的无形资产的成本，应当按照公允价值计量；公允价值不能可靠取得的，按照名义金额计量。

6.1.3 案例解析

【例6-1】20×5年1月8日,甲公司从乙公司购买一项商标权,由于甲公司资金周转比较紧张,经与乙公司协商采用分期付款方式支付款项。合同规定,该项商标权总计1 000万元,每年末付款200万元,5年付清。假定银行同期贷款年利率为5%。为了简化核算,假定不考虑其他有关税费(已知5年期5%利率的年金现值系数为4.329 5)。甲公司未确认的融资费用如表6-2所示。

表6-2 甲公司未确认的融资费用

金额单位:万元

年份	融资余额	利率	本年利息 融资余额×利率	付款	还本 付款-本年利息	未确认融资费用 上年余额-本年利息
0	865.90					134.10
1	709.19	0.05	43.30	200.00	156.70	90.80
2	544.65	0.05	35.46	200.00	164.54	55.34
3	371.88	0.05	27.23	100.00	172.77	28.11
4	190.48	0.05	18.59	200.00	181.41	9.52
5	0.00	0.05	9.52	200.00	190.48	0.00
合计			134.10	1 000.00	865.90	

分析:甲公司的相关计算及会计处理如下。

无形资产现值 =1 000×20%×4.329 5=865.9(万元)

未确认的融资费用 =1 000-865.9=134.1(万元)

借:无形资产——商标权 8 659 000
　　未确认融资费用 1 341 000
　　贷:长期应付款 10 000 000

(1)20×5年年底付款。

借:长期应付款 2 000 000
　　贷:银行存款 2 000 000
借:财务费用 433 000
　　贷:未确认融资费用 433 000

(2)20×6年年底付款。

借:长期应付款 2 000 000
　　贷:银行存款 2 000 000
借:财务费用 354 600
　　贷:未确认融资费用 354 600

(3) 20×7年年底付款。

借：长期应付款	2 000 000
贷：银行存款	2 000 000
借：财务费用	272 300
贷：未确认融资费用	272 300

(4) 20×8年年底付款。

借：长期应付款	2 000 000
贷：银行存款	2 000 000
借：财务费用	185 900
贷：未确认融资费用	185 900

(5) 20×9年年底付款。

借：长期应付款	2 000 000
贷：银行存款	2 000 000
借：财务费用	95 200
贷：未确认融资费用	95 200

【例6-2】因乙公司创立的商标已有较好的声誉，甲公司预计使用乙公司商标后可使其未来利润增长30%。为此，甲公司与乙公司协议商定，乙公司以其商标权投资于甲公司，双方协议价格（等于公允价值）为500万元，甲公司另以银行存款支付相关税费2万元，款项已通过银行转账支付。

分析：该商标权的初始计量，应当以取得时的成本为基础。取得时的成本为投资协议约定的价格500万元，加上支付的相关税费2万元。

甲公司接受乙公司作为投资的商标权的成本=500+2=502（万元）

甲公司的会计处理如下。

借：无形资产——商标权	5 020 000
贷：实收资本（或股本）	5 000 000
银行存款	20 000

6.2 内部研究开发无形资产的会计处理

6.2.1 业务概述

对于企业自行进行的研究开发项目，应当区分研究阶段与开发阶段两个部分分别进行核算。在实务工作中，具体划分研究阶段与开发阶段，以及是否符合资本化的条件，应当根据企业的实际情况以及相关信息予以判断。

研究阶段与开发阶段的会计处理，如表6-3所示。

表 6-3 研究阶段与开发阶段的会计处理

经济业务	会计处理
研究阶段	借：研发支出——费用化支出 　　贷：原材料/银行存款/应付职工薪酬等
开发阶段	（1）不满足资本化条件的 借：研发支出——费用化支出 　　贷：原材料/银行存款/应付职工薪酬等 （2）满足资本化条件的 借：研发支出——资本化支出 　　贷：原材料/银行存款/应付职工薪酬等 （3）研究开发项目达到预定用途形成无形资产的 借：无形资产 　　贷：研发支出——资本化支出

6.2.2 会计处理

研究是指为获取并理解新的科学或技术知识等进行的独创性的有计划调研，其特点在于计划性和探索性。开发是指在进行商业性生产或使用前，将研究成果或其他知识应用于某项计划或设计，以生产出新的或具有实质性改进的材料、装置、产品等。开发阶段的特点在于具有针对性且形成成果的可能性较大。研究阶段与开发阶段的不同点，如表 6-4 所示。

表 6-4 研究阶段与开发阶段的不同点

不同点	具体内容
目标不同	研究阶段一般目标不具体、不具有针对性；而开发阶段多是针对具体目标、产品、工艺等
对象不同	研究阶段一般很难具体化到特定项目上；而开发阶段往往形成对象化的成果
风险不同	研究阶段的成功概率很难判断，一般成功率很低，风险比较大；而开发阶段的成功率较高、风险相对较小
结果不同	研究阶段的结果多是研究报告等基础性成果；而开发阶段的结果则多是具体的新技术、新产品等

企业内部研究和开发无形资产，其在研究阶段的支出全部费用化，计入当期损益（管理费用）；开发阶段的支出符合资本化条件的予以资本化，不符合资本化条件的计入当期损益（管理费用）。如果确实无法区分研究阶段的支出和开发阶段的支出，应将其所发生的研发支出全部费用化，计入当期损益。

（1）企业自行开发无形资产发生的研发支出，不满足资本化条件的，借记"研发支出——费用化支出"科目，满足资本化条件的，借记"研发支出——资本化支出"科目，贷记"原材料""银行存款""应付职工薪酬"等科目。

（2）企业以其他方式取得的正在进行中的研究开发项目，应按确定的金额，借记"研发支出——资本化支出"科目，贷记"银行存款"等科目。以后发生的研发支出，应当比照上述第一条原则进行处理。

（3）研究开发项目达到预定用途形成无形资产的，应按"研发支出——资本化支出"科目的余额，借记"无形资产"科目，贷记"研发支出——资本化支出"科目。

6.2.3 案例解析

【**例 6-3**】20×7 年 1 月 1 日，甲公司经董事会批准研发某项新产品专利技术，该公司董事会认为，研发该项目具有可靠的技术和财务等资源的支持，并且一旦研发成功将降低该公司生产产品的生产成本。该公司在研究开发过程中发生材料费 5 000 万元、人工工资 1 000 万元，以及其他费用 4 000 万元，总计 10 000 万元，其中，符合资本化条件的支出为 6 000 万元。20×7 年 12 月 31 日，该专利技术已经达到预定用途。

分析：甲公司的会计处理如下。

（1）发生研发支出。

借：研发支出——费用化支出	40 000 000
——资本化支出	60 000 000
贷：原材料	50 000 000
应付职工薪酬	10 000 000
银行存款	40 000 000

（2）20×7 年 12 月 31 日，该专利技术已经达到预定用途。

借：管理费用	40 000 000
无形资产	60 000 000
贷：研发支出——费用化支出	40 000 000
——资本化支出	60 000 000

6.3 无形资产后续计量的会计处理

6.3.1 业务概述

无形资产初始确认和计量后，在其后使用该项无形资产期间内应以成本减去累计摊销额和累计减值损失后的余额计量。

无形资产后续计量的会计处理，如表 6-5 所示。

表 6-5 无形资产后续计量的会计处理

经济业务	会计处理
使用寿命有限的无形资产	在其预计的使用寿命内采用系统合理的方法对应摊销金额进行摊销 借：制造费用/管理费用 贷：累计摊销
使用寿命不确定的无形资产	借：资产减值损失 贷：无形资产减值准备

6.3.2 会计处理

要确定无形资产在使用过程中的累计摊销额，基础是估计其使用寿命，而使用寿命有限的无形资产才需要在估计使用寿命内采用系统合理的方法进行摊销，对于使用寿命不确定的无形资产则不需要摊销。

1. 使用寿命有限的无形资产

使用寿命有限的无形资产，应在其预计的使用寿命内采用系统合理的方法对应摊销金额进行摊销。应摊销金额，是指无形资产的成本扣除残值后的金额。已计提减值准备的无形资产，还应扣除已计提的无形资产减值准备累计金额。使用寿命有限的无形资产，其残值一般应当视为零。其会计处理为：借记"制造费用""管理费用"科目，贷记"累计摊销"科目。

2. 使用寿命不确定的无形资产

根据可获得的相关信息判断，如果无法合理估计某项无形资产的使用寿命的，应将其作为使用寿命不确定的无形资产进行核算。对于使用寿命不确定的无形资产，在持有期间内不需要摊销，但应当在每个会计期间进行减值测试。其减值测试的方法按照资产减值的原则进行处理，如经减值测试表明已发生减值，则需要计提相应的减值准备，会计处理为：借记"资产减值损失"科目，贷记"无形资产减值准备"科目。

6.3.3 案例解析

【例6-4】20×6年1月1日，A公司购入一项市场领先的畅销产品的商标的成本为6 000万元，款项已以银行存款支付，该商标按照法律规定还有5年的使用寿命，但是在保护期届满时，A公司可每10年以较低的手续费申请延期，同时，A公司有充分的证据表明其有能力申请延期。此外，有关的调查表明，根据产品生命周期、市场竞争等方面情况综合判断，该商标将在不确定的期间内为企业带来现金流量。

根据上述情况，该商标可视为使用寿命不确定的无形资产，在持有期间内不需要进行摊销。

20×7年年底，A公司对该商标按照资产减值的原则进行减值测试，经测试表明商标已发生减值。20×7年年底，该商标的公允价值为4 000万元。

分析：A公司的会计处理如下。

（1）20×6年购入商标。

借：无形资产——商标权　　　　　　　　　　　　　　　　　60 000 000
　　贷：银行存款　　　　　　　　　　　　　　　　　　　　　60 000 000

（2）20×7年发生减值。

借：资产减值损失　　　　　　　　　　　（60 000 000-40 000 000）20 000 000
　　贷：无形资产减值准备——商标权　　　　　　　　　　　　20 000 000

6.4 处置无形资产的会计处理

6.4.1 业务概述

无形资产的处置，主要是指无形资产出售、对外出租、对外捐赠，或者是无法为企业带来未来经济利益时，将无形资产终止确认并转销。

处置无形资产的会计处理，如表 6-6 所示。

表 6-6　处置无形资产的会计处理

经济业务	会计处理
出售、转让	借：银行存款 　　累计摊销 　　无形资产减值准备 　贷：无形资产 　　营业外收入
出租	借：银行存款等 　贷：其他业务收入等 借：其他业务成本 　贷：累计摊销
报废	借：累计摊销 　　营业外支出 　贷：无形资产 借：无形资产减值准备 　贷：资产减值损失

6.4.2　会计处理

1. 无形资产的出售

企业出售无形资产，应当将取得的价款与该无形资产账面价值的差额计入当期损益。会计处理为借记"银行存款""无形资产减值准备""累计摊销"等科目，贷记"无形资产"科目，差额记入"营业外收入"或"营业外支出"科目。

2. 无形资产的出租

企业将所拥有的无形资产的使用权让渡给他人，并收取租金，属于与企业日常活动相关的其他经营活动，在满足收入确认条件的情况下，应确认相关的收入及成本，并通过其他业务收支科目进行核算。会计处理为：取得的租金收入，借记"银行存款"等科目，贷记"其他业务收入"等科目；摊销出租无形资产的成本并发生与出租有关的各种费用支出时，借记"其他业务成本"科目，贷记"累计摊销"等科目。

3. 无形资产的报废

如果无形资产预期不能为企业带来未来经济利益，如该无形资产已被其他新技术替代或超过法律保护期，不能再为企业带来经济利益的，则不再符合无形资产的定义，应将其报废并予以转销，其账面价值转作当期损益。转销时，应按已计提的累计摊销，借记"累计摊销"科目；按其账面余额，贷记"无形资产"科目；按其差额，借记"营业外支出"科目。已计提减值准备的，还应同时结转减值准备。

6.4.3　案例解析

【例 6-5】2×17 年 1 月 1 日，甲公司以 1 000 万元的价格购入一项专利权。该专利权的有效期限为 10 年，预计净残值为零，会计上采用直线法进行摊销。假定税法的规定与会计相同。

2×17 年 12 月 31 日，该专利权的公允价值为 1 200 万元。

2×18 年 12 月 31 日，由于市场环境发生变化，该专利权的公允价值下降为 720 万元。

2×19 年 12 月 31 日，公司预计可收回金额为 630 万元。

2×20 年 3 月 20 日，甲公司将该专利权出售，取得银行存款 500 万元。

甲公司适用的所得税税率为 25%，在未来期间能够取得用来抵扣可抵扣暂时性差异的应纳税所得额，不考虑除所得税以外的其他税费。

分析：甲公司的会计处理如下。

（1）2×17 年 1 月 1 日。

借：无形资产　　　　　　　　　　　　　　　　　　　　　　　10 000 000
　　贷：银行存款　　　　　　　　　　　　　　　　　　　　　　10 000 000

（2）20×17 年 12 月 31 日。

年摊销额 =1 000/10=100（万元）

借：管理费用　　　　　　　　　　　　　　　　　　　　　　　1 000 000
　　贷：累计摊销　　　　　　　　　　　　　　　　　　　　　　1 000 000

（3）20×18 年 12 月 31 日。

借：管理费用　　　　　　　　　　　　　　　　　　　　　　　1 000 000
　　贷：累计摊销　　　　　　　　　　　　　　　　　　　　　　1 000 000

借：资产减值损失　　　　　　　　　　　　　　　　　　　　　　800 000
　　贷：无形资产减值准备　　　　　　　　　　　　　　　　　　　800 000

可抵扣暂时性差异 = 计税基础 − 无形资产的账面价值 =800−720=80（元）

借：递延所得税资产　　　　　　　　　　　　　　　　　　　　　200 000
　　贷：所得税费用　　　　　　　　　　　　　　　　　　　　　　200 000

（4）20×19 年 12 月 31 日。

年摊销额 =720÷8=90（万元）

借：管理费用　　　　　　　　　　　　　　　　　　　　　　　900 000
　　贷：累计摊销　　　　　　　　　　　　　　　　　　　　　　900 000

无形资产的账面价值 =720−90=630（万元）

计税基础 =700 万元

可抵扣暂时性差异 =700−630=70（万元）

借：所得税费用　　　　　　　　　　　　　　　　　　　　　　　25 000
　　贷：递延所得税资产　　　　　　　　　　　　　　　　　　　　25 000

（5）2×20 年 3 月 20 日。

年摊销额 =90×3÷12=22.5（万元）

借：管理费用　　　　　　　　　　　　　　　　　　　　　　　225 000
　　贷：累计摊销　　　　　　　　　　　　　　　　　　　　　　225 000

借：累计摊销　　　　　　　　　　　　　　　　　　　3 125 000
　　无形资产减值准备　　　　　　　　　　　　　　　　800 000
　　银行存款　　　　　　　　　　　　　　　　　　　5 000 000
　　营业外支出　　　　　　　　　　　　　　　　　　1 075 000
　　贷：无形资产　　　　　　　　　　　　　　　　　　　1 000 000
借：所得税费用　　　　　　　　　　　　　　　　　　　175 000
　　贷：递延所得税资产　　　　　　　　　　　　　　　　175 000

【例6-6】20×7年1月1日，A企业将一项专利技术出租给B企业使用，该专利技术的账面余额为500万元，摊销期限为10年，出租合同规定，承租方每销售一件用该专利技术生产的产品，必须付给出租方10万元专利技术使用费。假定承租方当年销售该产品10件（不考虑相关税费）。

分析：A企业的会计处理如下。

（1）取得该项专利技术使用费。

借：银行存款　　　　　　　　　　　　　　　　　　　1 000 000
　　贷：其他业务收入　　　　　　　　　　　　　　　　1 000 000

（2）按年对该项专利技术进行摊销。

借：其他业务成本　　　　　　　　　　　　　　　　　　500 000
　　贷：累计摊销　　　　　　　　　　　　　　　　　　　500 000

【例6-7】D企业拥有某项专利权，根据市场调查，用其生产的产品已没有市场，决定应予转销。转销时，该项专利权的账面余额为600万元，摊销期限为10年，采用直线法进行摊销，已累计摊销300万元，假定该项专利权的残值为零，已累计计提的减值准备为160万元，假定不考虑其他相关因素。

分析：D企业的会计处理如下。

借：累计摊销　　　　　　　　　　　　　　　　　　　3 000 000
　　无形资产减值准备　　　　　　　　　　　　　　　1 600 000
　　营业外支出——处置非流动资产损失　　　　　　　1 400 000
　　贷：无形资产——专利权　　　　　　　　　　　　　6 000 000

第7章
非货币性资产交换

7.1 非货币性资产交换的概念

7.1.1 非货币性资产的概念

资产按未来经济利益流入（表现形式是货币金额）是否固定或可确定，分为货币性资产和非货币性资产。

非货币性资产是相对于货币性资产而言的。货币性资产，是指企业持有的货币资金和将以固定或可确定的金额收取的资产，包括现金、银行存款、应收账款和应收票据等。

非货币性资产是指货币性资产以外的资产，包括存货（原材料、包装物、低值易耗品、库存商品、委托加工物资、委托代销商品等）、固定资产、无形资产、长期股权投资、投资性房地产、在建工程、工程物资等。

7.1.2 非货币性资产交换的概念

非货币性资产交换，是指交易双方主要以存货、固定资产、无形资产和长期股权投资等非货币性资产进行的交换，该交换一般不涉及货币性资产，或只涉及少量货币性资产即补价。非货币性资产交换具有如下特征：

第一，非货币性资产交换的交易对象主要是非货币性资产；

第二，非货币性资产交换是以非货币性资产进行交换的行为；

第三，非货币性资产交换一般不涉及货币性资产，但有时也可能涉及少量的货币性资产。

7.1.3 非货币性资产交换的认定

非货币性资产交换一般不涉及货币性资产，或只涉及少量货币性资产即补价。《企业会计准则第7号——非货币性资产交换》应用指南规定，认定涉及少量货币性资产的交换为非货币性资产交换，通常以补价占整个资产交换金额的比例是否低于25%作为参考比例。具体来说：从收到补价的企业来看，收到的补价的公允价值占换出资产公允价值（或占换入资产公允价值和收到的货币性资产之和）的比例低于25%的，视为非货币性资产交换；从支付补价的企业来看，支付的货币性资产占换出资产公允价值与支付的补价的公允价值之和（或占换入资产公允价值）的比例低于25%的，视为非货币性资产交换；如果上述比例高于25%（含25%）的，则视为货币性资产交换，适用《企业会计准则第14号——收入》等相关准则的规定。

7.2 非货币性资产交换的确认和计量

7.2.1 非货币性资产交换的确认原则

企业应当分别按照下列原则对非货币性资产交换中的换入资产进行确认，对换出资产终止确认：对于换入资产，应当在其符合资产定义并满足资产确认条件时予以确认；对于换出资产，应当在其满足资产终止确认条件时终止确认。例如，某企业在非货币性资产交换中的换入资产或换出资产均为固定资产，按照企业会计准则的规定，换入的固定资产应当在与该固定资产有关的经济利益很可能流入企业，且成本能够可靠地计量时确认；换出的固定资产应当以换入企业取得该固定资产控制权时点作为处置时点终止确认。

7.2.2 非货币性资产交换的计量原则

在非货币性资产交换的情况下，不论是一项资产换入一项资产、一项资产换入多项资产、多项资产换入一项资产，还是多项资产换入多项资产，非货币性资产交换准则规定了换入资产成本的计量基础和交换所产生损益的确认原则。

（一）以公允价值为基础计量

非货币性资产交换同时满足下列两个条件的，应当以公允价值和应支付的相关税费作为换入资产的成本，公允价值与换出资产账面价值的差额计入当期损益：

（1）该项交换具有商业实质；

（2）换入资产或换出资产的公允价值能够可靠地计量。

（二）以账面价值为基础计量

不具有商业实质或交换涉及资产的公允价值均不能可靠计量的非货币性资产交换，应当按照换出资产的账面价值和应支付的相关税费，作为换入资产的成本，无论是否支付补价，均不确认损益；收到或支付的补价作为确定换入资产成本的调整因素。

非货币性资产交换具有商业实质，是换入资产能够采用公允价值计量的重要条件之一。在确定资产交换是否具有商业实质时，企业应当重点考虑由于发生了该项资产交换预期使企业未来现金流量发生变动的程度，通过比较换出资产和换入资产预计产生的未来现金流量或其现值，确定非货币性资产交换是否具有商业实质。只有当换出资产和换入资产预计未来现金流量或其现值两者之间的差额较大时，才能表明交易的发生使企业经济状况发生了明显改变，非货币性资产交换因而具有商业实质。

企业发生的非货币性资产交换，满足下列条件之一的，视为具有商业实质：

（1）换入资产的未来现金流量在风险、时间分布或金额方面与换出资产显著不同；

（2）使用换入资产所产生的预计未来现金流量现值与继续使用换出资产所产生的预计未来现金流量现值不同，且其差额与换入资产和换出资产的公允价值相比是重大的。

7.3 非货币性资产交换的会计处理

7.3.1 换出资产为存货时的会计处理

（一）业务概述

1. 以公允价值计量时

换出资产为存货的，以公允价值计量时，应当以换出资产公允价值和应支付的相关税费作为换入资产的成本；以账面价值计量时，应当以换出资产账面价值为基础确定换入资产成本。

换入资产的入账成本＝换出资产公允价值＋相关税费＋支付的补价（或－收到的补价）

交易损益＝换出资产的公允价值－换入资产的账面价值

换出资产为存货的，应当视同销售处理，根据《企业会计准则第14号——收入》的规定确定交易价格，确认销售收入，同时结转销售成本，确认的收入和结转的成本之间的差额在利润表中作为营业利润的构成部分予以列示。

2. 以账面价值计量时

非货币性资产交换不具有商业实质，或者虽然具有商业实质但换入资产和换出资产的公允价值均不能可靠计量的，应当以换出资产账面价值为基础确定换入资产成本，无论是否支付补价，均不确认损益。即：换入资产的入账成本＝换出资产账面价值＋相关税费＋支付的补价（或－收到的补价）。

一般来讲，如果换入资产和换出资产的公允价值都不能可靠计量时，该项非货币性资产交换通常不具有商业实质，因为在这种情况下，很难比较两项资产产生的未来现金流量在时间、风险和金额方面的差异，很难判断两项资产交换后对企业经济状况改变所起的不同效用。因而，此类资产交换通常不具有商业实质。

（二）会计处理

换出资产为存货时的会计处理，如表7-1所示。

表7-1 换出资产为存货时的会计处理

经济业务	会计处理
以公允价值计量时	借：库存商品/在建工程等 　　应交税费——应交增值税（进项税额） 　　银行存款（涉及补价的，或贷记） 　贷：主营业务收入 　　　应交税费——应交增值税（销项税额） 借：税金及附加 　贷：应交税费——应交消费税
以账面价值计量时	借：库存商品/在建工程等 　　存货跌价准备 　　银行存款（涉及补价的，或贷记） 　贷：库存商品等 　　　应交税费——应交消费税

(三) 案例解析

【例7-1】 2×19年9月，A公司以生产经营过程中使用的一台设备交换B打印机公司生产的一批打印机，换入的打印机作为固定资产管理。A、B公司均为增值税一般纳税人，适用的增值税税率为13%。设备的账面原价为150万元，在交换日的累计折旧为45万元，公允价值为90万元。打印机的账面价值为110万元，在交换日的市场价格为90万元，计税价格等于市场价格。B公司换入A公司的设备是生产打印机过程中需要使用的设备。

假设A公司此前没有为该项设备计提资产减值准备，整个交易过程中，除支付运杂费15 000元外，没有发生其他相关税费。假设B公司此前也没有为库存打印机计提存货跌价准备，其在整个交易过程中没有发生除增值税以外的其他税费。

分析：整个资产交换过程没有涉及收付货币性资产，因此该项交换属于非货币性资产交换。对A公司来讲，换入的打印机是经营过程中必需的资产；对B公司来讲，换入的设备是生产打印机过程中必须使用的设备。两项资产交换后对换入企业的特定价值显著不同，两项资产的交换具有商业实质；同时，两项资产的公允价值都能够可靠地计量，符合以公允价值计量的两个条件，因此A公司和B公司均应当以换出资产的公允价值为基础，确定换入资产的成本，并确认产生的损益。

（1）A公司的会计处理如下。

A公司换入资产的增值税进项税额=900 000×13%=117 000（元）

换出设备的增值税销项税额=900 000×13%=117 000（元）

借：固定资产清理　　　　　　　　　　　　　　　　　　　1 050 000
　　累计折旧　　　　　　　　　　　　　　　　　　　　　　450 000
　　贷：固定资产——设备　　　　　　　　　　　　　　　　1 500 000
借：固定资产清理　　　　　　　　　　　　　　　　　　　　15 000
　　贷：银行存款　　　　　　　　　　　　　　　　　　　　15 000
借：固定资产——打印机　　　　　　　　　　　　　　　　　900 000
　　应交税费——应交增值税（进项税额）　　　　　　　　　117 000
　　资产处置损益　　　　　　　　　　　　　　　　　　　　165 000
　　贷：固定资产清理　　　　　　　　　　　　　　　　　　1 065 000
　　　　应交税费——应交增值税（销项税额）　　　　　　　117 000

（2）B公司的会计处理如下。

根据增值税的有关规定，企业以库存商品换入其他资产，视同销售行为发生，应计算增值税销项税额，交纳增值税。

换出打印机的增值税销项税额=900 000×13%=117 000（元）

换入设备的增值税进项税额=900 000×13%=117 000（元）

借：固定资产——设备　　　　　　　　　　　　　　　　　　900 000
　　应交税费——应交增值税（进项税额）　　　　　　　　　117 000
　　贷：主营业务收入　　　　　　　　　　　　　　　　　　900 000
　　　　应交税费——应交增值税（销项税额）　　　　　　　117 000

借：主营业务成本 1 100 000
　　贷：库存商品——打印机 1 100 000

7.3.2 换出资产为固定资产、无形资产时的会计处理

（一）业务概述

换出资产为固定资产、无形资产的，以公允价值计量的，换出资产公允价值和换出资产账面价值的差额，计入资产处置损益。换出资产的公允价值不能够可靠计量，或换入资产和换出资产的公允价值均能够可靠计量但有确凿证据表明换入资产的公允价值更加可靠的，应当在终止确认时，将换入资产的公允价值与换出资产账面价值之间的差额计入当期损益。以账面价值计量时，应当以换出资产账面价值为基础确定换入资产成本。

（二）会计处理

1. 以公允价值计量时

换出资产为固定资产、无形资产的，换出资产公允价值和换出资产账面价值的差额，计入资产处置损益。

在以公允价值为基础确定换入资产成本的情况下，发生补价的，支付补价方和收到补价方应当分情况进行处理。

支付补价方：（1）以换出资产的公允价值为基础计量的，应当以换出资产的公允价值，加上支付补价的公允价值和应支付的相关税费，作为换入资产的成本，换出资产的公允价值与其账面价值之间的差额计入当期损益。（2）有确凿证据表明换入资产的公允价值更加可靠的，即以换入资产的公允价值为基础计量的，应当以换入资产的公允价值和应支付的相关税费作为换入资产的初始计量金额，换入资产的公允价值减去支付补价的公允价值，与换出资产账面价值之间的差额计入当期损益。

收到补价方：（1）以换出资产的公允价值为基础计量的，应当以换出资产的公允价值，减去收到补价的公允价值，加上应支付的相关税费，作为换入资产的成本，换出资产的公允价值与其账面价值之间的差额计入当期损益。（2）有确凿证据表明换入资产的公允价值更加可靠的，即以换入资产的公允价值为基础计量的，应当以换入资产的公允价值和应支付的相关税费作为换入资产的初始计量金额，换入资产的公允价值加上收到补价的公允价值，与换出资产账面价值之间的差额计入当期损益。

在涉及补价的情况下，对于支付补价方而言，作为补价的货币性资产构成换入资产所放弃对价的一部分，对于收到补价方而言，作为补价的货币性资产构成换入资产的一部分。

2. 以账面价值计量时

非货币性资产交换不具有商业实质，或者虽然具有商业实质但换入资产和换出资产的公允价值均不能可靠计量的，应当以换出资产的账面价值和应支付的相关税费作为换入资产的初始计量金额；对于换出资产，终止确认时不确认损益。

换入资产的入账成本＝换出资产账面价值＋相关税费＋支付的补价（或－收到的补价）

对于以账面价值为基础计量的非货币性资产交换，涉及补价的，应当将补价作为确定换入资产初始计量金额的调整因素，分下列情况进行处理。

（1）支付补价方：应当以换出资产的账面价值，加上支付补价的账面价值和应支付的相关税费，作为换入资产的初始计量金额，不确认损益。

（2）收到补价方：应当以换出资产的账面价值，减去收到补价的公允价值，加上应支付的相关税费，作为换入资产的初始计量金额，不确认损益。

换出资产为固定资产、无形资产时的会计处理，如表7-2所示。

表7-2 换出资产为固定资产、无形资产时的会计处理

经济业务	会计处理
以公允价值计量时	借：库存商品/在建工程等 　　应交税费——应交增值税（进项税额） 　　银行存款（涉及补价的，或贷记） 　　无形资产减值准备 　　累计摊销 贷：固定资产清理 　　无形资产 　　应交税费——应交增值税（销项税额） 　　资产处置损益
以账面价值计量时	借：库存商品/在建工程等 　　应交税费——应交增值税（进项税额） 　　银行存款（涉及补价的，或贷记） 　　无形资产减值准备 　　累计摊销 贷：固定资产清理 　　无形资产 　　应交税费——应交增值税（销项税额）

（三）案例解析

【例7-2】 丙公司拥有一台专有设备，该设备账面原价为450万元，已计提折旧330万元，丁公司拥有一项长期股权投资，账面价值为90万元，两项资产均未计提减值准备。丙公司决定以其专有设备交换丁公司的长期股权投资，该专有设备是生产某种产品必需的设备。由于专有设备系当时专门制造，性质特殊，其公允价值不能可靠计量；丁公司拥有的长期股权投资的公允价值也不能可靠计量。经双方商定，丁公司以银行存款支付了20万元补价。假定交易不考虑相关税费。

分析：该项资产交换涉及收付货币性资产，即补价20万元。对丙公司而言，收到的补价20万元除以换出资产账面价值120万元等于16.7%，其小于25%。因此，该项交换属于非货币性资产交换，丁公司的情况也类似。由于两项资产的公允价值均不能可靠计量，因此，丙、丁公司换入资产的成本均应当按照换出资产的账面价值确定。

（1）丙公司的会计处理如下。

借：固定资产清理 1 200 000
　　累计折旧 3 300 000
　　贷：固定资产——专有设备 4 500 000
借：长期股权投资 1 000 000
　　银行存款 200 000
　　贷：固定资产清理 1 200 000

（2）丁公司的会计处理如下。

借：固定资产——专有设备 1 100 000
　　贷：长期股权投资 900 000
　　　　银行存款 200 000

从本例可以看出，尽管丁公司支付了 20 万元补价，但由于整个非货币性资产交换是以账面价值为基础计量的，支付补价方和收到补价方均不确认损益。对丙公司而言，换入资产是长期股权投资和银行存款 20 万元，换出资产专有设备的账面价值为 120（450-330）万元，因此，长期股权投资的成本就是换出设备的账面价值减去货币性资产补价的差额，即 100（120-20）万元；对丁公司而言，换出资产是长期股权投资和银行存款 20 万元，换入资产专有设备的成本等于换出资产的账面价值，即 110（90+20）万元。由此可见，在以账面价值计量的情况下，发生的补价是用来调整换入资产的成本，不涉及确认损益问题。

7.3.3　换出资产为长期股权投资、金融资产时的会计处理

（一）业务概述

换出资产为长期股权投资、金融资产的，以公允价值计量时，换出资产公允价值和换出资产账面价值的差额，计入投资收益。以账面价值计量时，应当以换出资产账面价值为基础确定换入资产成本，无论是否支付补价，均不确认损益。

（二）会计处理

1. 以公允价值计量时

换出资产为长期股权投资的，换出资产公允价值和换出资产账面价值的差额，计入投资收益。

换入资产与换出资产涉及相关税费的，如换出存货视同销售计算的销项税额，换入资产作为存货应当确认的可抵扣增值税进项税额等，按照相关税收规定计算确定。

2. 以账面价值计量时

非货币性资产交换不具有商业实质，或者虽然具有商业实质但换入资产和换出资产的公允价值均不能可靠计量的，应当以换出资产账面价值为基础确定换入资产成本，无论是否支付补价，均不确认损益。即：换入资产的入账成本＝换出资产账面价值＋相关税费＋支付的补价（或－收到的补价）。

换出资产为长期股权投资、金融资产时的会计处理,如表 7-3 所示。

表 7-3　换出资产为长期股权投资、金融资产时的会计处理

经济业务	会计处理
以公允价值计量时	借:库存商品 / 在建工程等 　　应交税费——应交增值税(进项税额) 　　银行存款(涉及补价的,或贷记) 　　长期股权投资减值准备 / 其他债权投资减值准备等 　贷:长期股权投资 / 交易性金融资产 / 其他债权投资等 　　　投资收益 借:其他综合收益 　贷:投资收益
以账面价值计量时	借:库存商品 / 在建工程等 　　银行存款(涉及补价的,或贷记) 　　长期股权投资减值准备 　贷:长期股权投资 / 其他权益工具投资等

(三)案例解析

【例 7-3】20×9 年 5 月,甲公司因经营战略发生较大转变,产品结构发生较大调整,原用于生产产品的专有设备、专利技术等已不符合生产新产品的需要,经与乙公司协商,将其专有设备连同专利技术与乙公司正在建造过程中的一幢建筑物以及对丙公司的长期股权投资进行交换。甲公司换出专有设备的账面原价为 1 200 万元,已提折旧 750 万元;专利技术账面原价为 450 万元,已摊销金额为 270 万元。乙公司在建工程截至交换日的成本为 525 万元,对丙公司的长期股权投资账面余额为 150 万元。由于甲公司持有的专有设备和专利技术市场上已不多见,因此公允价值不能可靠计量。乙公司的在建工程因完工程度难以合理确定,其公允价值不能可靠计量,由于丙公司不是上市公司,乙公司对丙公司长期股权投资的公允价值也不能可靠计量。假定甲、乙公司均未对上述资产计提减值准备,假定不考虑相关税费等因素。

分析:本例不涉及收付货币性资产,属于非货币性资产交换。由于换入资产、换出资产的公允价值均不能可靠计量,甲、乙公司均应当以换出资产账面价值总额作为换入资产的成本,各项换入资产的成本,应当按各项换入资产的账面价值占换入资产账面价值总额的比例分配后确定。

甲公司的会计处理如下。

(1)计算换入资产、换出资产账面价值总额。

换入资产账面价值总额 =525+150=675(万元)

换出资产账面价值总额 =(1 200-750)+(450-270)=630(万元)

(2)确定换入资产总成本。

换入资产总成本 =630(万元)

(3)计算各项换入资产账面价值占换入资产账面价值总额的比例。

在建工程占换入资产账面价值总额的比例 =525÷675=77.8%

长期股权投资占换入资产账面价值总额的比例 =150÷675=22.2%

（4）确定各项换入资产成本。

在建工程成本 =630×77.8%=490.14（万元）

长期股权投资成本 =630×22.2%=139.86（万元）

（5）会计分录如下。

借：固定资产清理	4 500 000
累计折旧	7 500 000
贷：固定资产——专有设备	12 000 000
借：在建工程	4 901 400
长期股权投资	1 398 600
累计摊销	2 700 000
贷：固定资产清理	4 500 000
无形资产——专利技术	4 500 000

乙公司的会计处理如下。

（1）计算换入资产、换出资产账面价值总额。

换入资产账面价值总额 =（1 200−750）+（450−270）=630（万元）

换出资产账面价值总额 =525+150=675（万元）

（2）确定换入资产总成本。

换入资产总成本 =675（万元）

（3）计算各项换入资产账面价值占换入资产账面价值总额的比例。

专有设备占换入资产账面价值总额的比例 =450÷630=71.4%

专利技术占换入资产账面价值总额的比例 =180÷630=28.6%

（4）确定各项换入资产成本。

专有设备成本 =675×71.4%=481.95（万元）

专利技术成本 =675×28.6%=193.05（万元）

（5）会计分录如下。

借：固定资产——专有设备	4 819 500
无形资产——专利技术	1 930 500
贷：在建工程	5 250 000
长期股权投资	1 500 000

7.3.4　换出资产为投资性房地产时的会计处理

（一）业务概述

换出资产为投资性房地产的，以公允价值计量时，按换出资产公允价值或换入资产公允价值确认其他业务收入，按换出资产账面价值结转其他业务成本，二者之间的差额计入当期损益。以账面价值计量时，应当以换出投资性房地产的账面价值为基础确定换入资产成本，无论是否支付补价，均不确认损益。

(二)会计处理

1. 以公允价值计量时

换出资产为投资性房地产的,以公允价值计量时,按换出资产公允价值或换入资产公允价值确认其他业务收入,按换出资产账面价值结转其他业务成本,二者之间的差额计入当期损益。

2. 以账面价值计量时

非货币性资产交换不具有商业实质,或者虽然具有商业实质但换入资产和换出资产的公允价值均不能可靠计量的,应当以换出投资性房地产的账面价值和应支付的相关税费作为换入资产的初始计量金额;对于换出资产,终止确认时不确认损益。

换出资产为投资性房地产时的会计处理,如表 7-4 所示。

表 7-4 换出资产为投资性房地产时的会计处理

经济业务	会计处理
以公允价值计量时	借:库存商品/在建工程等 　　应交税费——应交增值税(进项税额) 　　银行存款(涉及补价的,或贷记) 　贷:其他业务成本等 　　　应交税费——应交增值税(销项税额) 借:银行存款 　贷:其他业务收入 借:其他业务成本 　贷:投资性房地产——成本 　　　　　　　　　——公允价值变动等
以账面价值计量时	借:库存商品/在建工程等 　　银行存款(涉及补价的,或贷记) 　　投资性房地产累计折旧 　　投资性房地产减值准备 　贷:投资性房地产等

(三)案例解析

【例 7-4】甲公司与乙公司经协商,甲公司以拥有的用于经营出租目的的一幢公寓楼与乙公司持有的用于交易目的的股票投资交换。甲公司的公寓楼符合投资性房地产的定义,但甲公司未采用公允价值模式计量。在交换日,该幢公寓楼的账面原价为 9 000 万元,已计提折旧 1 500 万元,未计提减值准备,在交换日的公允价值和计税价格均为 8 000 万元。乙公司持有的用于交易目的的股票投资账面价值为 6 000 万元,乙公司对该股票投资采用公允价值模式计量,在交换日的公允价值为 7 500 万元,由于甲公司急于处理该幢公寓楼,乙公司仅支付了 450 万元给甲公司。乙公司换入公寓楼后仍然继续用于经营出租,并拟采用公允价值模式计量,甲公司换入股票投资后也仍然用于交易。假定该项交易过程中不涉及相关税费。

分析:该项资产交换涉及收付货币性资产,即补价 450 万元。

对甲公司而言,收到的补价 450 万元除以换入资产的公允价值 7 950 万元(换入股票投资公允价值 7 500 万元 + 收到的补价 450 万元）等于 5.7%，其小于 25%，属于非货币性资产交换。

对乙公司而言，支付的补价 450 万元除以换入资产的公允价值 8 000 万元等于 5.6%，其小于 25%，属于非货币性资产交换。

本例属于以投资性房地产换入以公允价值计量且其变动计入当期损益的金融资产。对甲公司而言，换入用于交易目的的股票投资使得企业可以在希望变现时取得现金流量，但风险程度要比收取租金稍大；用于经营出租的公寓楼，可以获得稳定均衡的租金流，但是不能满足企业急需大量现金的需要。因此，用于交易目的的股票投资带来的未来现金流量在时间、风险方面与用于出租的公寓楼带来的租金流有显著区别，可判断两项资产的交换具有商业实质。同时，股票投资和公寓楼的公允价值均能够可靠地计量，因此，甲、乙公司均应当以公允价值为基础确定换入资产的成本，并确认产生的损益。

（1）甲公司的会计处理如下。

借：其他业务成本　　　　　　　　　　　　　　75 000 000
　　投资性房地产累计折旧　　　　　　　　　　15 000 000
　　贷：投资性房地产　　　　　　　　　　　　90 000 000
借：交易性金融资产　　　　　　　　　　　　　75 000 000
　　银行存款　　　　　　　　　　　　　　　　 4 500 000
　　贷：其他业务收入　　　　　　　　　　　　79 500 000

（2）乙公司的会计处理如下。

借：投资性房地产　　　　　　　　　　　　　　80 000 000
　　贷：交易性金融资产　　　　　　　　　　　60 000 000
　　　　银行存款　　　　　　　　　　　　　　 4 500 000
　　　　投资收益　　　　　　　　　　　　　　15 500 000

7.4　涉及多项非货币性资产交换的会计处理

7.4.1　业务概述

企业以一项非货币性资产同时换入另一企业的多项非货币性资产，或同时以多项非货币性资产换入另一企业的一项非货币性资产，或以多项非货币性资产同时换入多项非货币性资产，也可能涉及补价。涉及多项资产的非货币性资产交换，企业无法将换出的某一资产与换入的某一特定资产相对应。

与单项非货币性资产之间的交换一样，涉及多项资产的非货币性资产交换的计量，企业也应当首先判断是否符合以公允价值计量的两个条件，再分情况确定各项换入资产的成本。

7.4.2 会计处理

（一）以公允价值为基础计量的情况

1. 以换出资产的公允价值为基础计量的

（1）对于同时换入的多项资产，由于通常无法将换出资产与换入的某项特定资产相对应，应当按照各项换入资产的公允价值的相对比例（换入资产的公允价值不能够可靠计量的，可以按照换入的金融资产以外的各项资产的原账面价值的相对比例或其他合理的比例），将换出资产公允价值总额（涉及补价的，加上支付补价的公允价值或减去收到补价的公允价值）扣除换入金融资产公允价值后的净额进行分摊，分摊至各项换入资产，以分摊额和应支付的相关税费作为各项换入资产的成本进行初始计量。需要说明的是，如果同时换入的多项非货币性资产中包含金融资产，应当按照《企业会计准则第22号——金融工具确认和计量》的规定进行会计处理，在确定换入的其他多项资产的初始计量金额时，应当将金融资产公允价值从换出资产公允价值总额中扣除。

（2）对于同时换出的多项资产，应当将各项换出资产的公允价值与其账面价值之间的差额，在各项换出资产终止确认时计入当期损益。

2. 以换入资产的公允价值为基础计量的

（1）对于同时换入的多项资产，应当以各项换入资产的公允价值和应支付的相关税费作为各项换入资产的初始计量金额。

（2）对于同时换出的多项资产，由于通常无法将换出资产与换入的某项特定资产相对应，应当按照各项换出资产的公允价值的相对比例（换出资产的公允价值不能够可靠计量的，可以按照各项换出资产的账面价值的相对比例），将换入资产的公允价值总额（涉及补价的，减去支付补价的公允价值或加上收到补价的公允价值）分摊至各项换出资产，分摊额与各项换出资产账面价值之间的差额，在各项换出资产终止确认时计入当期损益。需要说明的是，如果同时换出的多项非货币性资产中包含金融资产，该金融资产应当按照《企业会计准则第22号——金融工具确认和计量》和《企业会计准则第23号——金融资产转移》的规定判断换出的该金融资产是否满足终止确认条件并进行终止确认的会计处理。在确定其他各项换出资产终止确认的相关损益时，终止确认的金融资产公允价值应当从换入资产公允价值总额中扣除。

（二）以账面价值为基础计量的情况

对于以账面价值为基础计量的非货币性资产交换，如涉及换入多项资产或换出多项资产，或者同时换入和换出多项资产的，应当分别对换入的多项资产、换出的多项资产进行会计处理。

（1）对于换入的多项资产，由于通常无法将换出资产与换入的某项特定资产相对应，应当按照各项换入资产的公允价值的相对比例（换入资产的公允价值不能够可靠计量的，也可以按照各项换入资产的原账面价值的相对比例或其他合理的比例），将换出资产的账面价值总额（涉及补价的，加上支付补价的账面价值或减去收到补价的公允价值）分摊至各项换入资产，加上应支付的相关税费，作为各项换入资产的初始计量金额。

（2）对于同时换出的多项资产，各项换出资产终止确认时均不确认损益。

涉及多项非货币性资产交换的入账价值的确认办法，如表 7-5 所示。

表 7-5　涉及多项非货币性资产交换的入账价值的确认办法

经济业务	入账价值的确认
资产交换具有商业实质，且各项换出资产和各项换入资产的公允价值均能够可靠计量	换入资产的总成本 = 换出资产的公允价值总额 各项换入资产的成本 = 该项换入资产的公允价值 ÷ 换入资产公允价值总额 × 换出资产的公允价值总额
资产交换具有商业实质，且换入资产的公允价值能够可靠计量但换出资产的公允价值不能可靠计量	换入资产的总成本 = 换入资产的公允价值总额 各项换入资产的成本 = 该项换入资产的公允价值 ÷ 换入资产公允价值总额 × 换入资产公允价值总额
资产交换具有商业实质，且换出资产的公允价值能够可靠计量但换入资产的公允价值不能可靠计量	换入资产的总成本 = 换出资产的公允价值总额 各项换入资产的成本 = 该项换入资产的原账面价值 ÷ 换入资产原账面价值总额 × 换出资产的公允价值总额
资产交换不具有商业实质，或换入资产和换出资产的公允价值均不能可靠计量	换入资产的总成本 = 换出资产的账面价值总额 各项换入资产的成本 = 该项换入资产的原账面价值 ÷ 换入资产原账面价值总额 × 换出资产的账面价值总额

7.4.3　案例解析

参照本书的例 7-3。

【**例 7-5**】20×9 年 5 月，甲公司因经营战略发生较大转变，产品结构发生较大调整，原生产产品的专有设备、生产产品的专利技术等已不符合生产新产品的需要，经与乙公司协商，将其专用设备连同专利技术与乙公司正在建造过程中的一幢建筑物、及对丙公司的长期股权投资进行交换。甲公司换出专有设备的账面原价为 1 200 万元，已提折旧 750 万元；专利技术账面原价为 450 万元，已摊销金额为 270 万元。乙公司在建工程截止到交换日的成本为 525 万元，对丙公司的长期股权投资账面余额为 150 万元。由于甲公司持有的专有设备和专利技术市场上已不多见，因此公允价值不能可靠计量。乙公司的在建工程因完工程度难以合理确定，其公允价值不能可靠计量，由于乙公司对丙公司长期股权投资的公允价值也不能可靠计量。假定甲、乙公司均未对上述资产计提减值准备，假定不考虑相关税费等因素。

分析：本例不涉及收付货币性资产，属于非货币性资产交换。由于换入资产、换出资产的公允价值均不能可靠计量，甲、乙公司均应当以换出资产账面价值总额作为换入资产的成本，各项换入资产的成本，应当按各项换入资产的账面价值占换入资产账面价值总额的比例分配后确定。

分析：甲公司的会计处理如下。

（1）计算换入资产、换出资产账面价值总额。

换入资产账面价值总额 = 525+150=675（万元）

换出资产账面价值总额 =（1 200-750）+（450-270）=630（万元）

（2）确定换入资产总成本。

换入资产总成本=630（万元）

（3）计算各项换入资产账面价值占换入资产账面价值总额的比例。

在建工程占换入资产账面价值总额的比例=525÷675=77.8%

长期股权投资占换入资产账面价值总额的比例=150÷675=22.2%

（4）确定各项换入资产成本。

在建工程成本=630×77.8%=490.14（万元）

长期股权投资成本=630×22.2%=139.86（万元）

（5）会计分录。

借：固定资产清理		4 500 000
累计折旧		7 500 000
贷：固定资产——专有设备		12 000 000
借：在建工程		4 901 400
长期股权投资		1 398 600
累计摊销		2 700 000
贷：固定资产清理		4 500 000
无形资产——专利技术		4 500 000

乙公司的会计处理如下。

（1）计算换入资产、换出资产账面价值总额。

换入资产账面价值总额=（1 200-750）+（450-270）=630（万元）

换出资产账面价值总额=525+150=675（万元）

（2）确定换入资产总成本。

换入资产总成本=675（万元）

（3）计算各项换入资产账面价值占换入资产账面价值总额的比例。

专有设备占换入资产账面价值总额的比例=450÷630=71.4%

专利技术占换入资产账面价值总额的比例=180÷630=28.6%

（4）确定各项换入资产成本。

专有设备成本=675×71.4%=481.95（万元）

专利技术成本=675×28.6%=193.05（万元）

（5）会计分录。

借：固定资产——专有设备		4 819 500
无形资产——专利技术		1 930 500
贷：在建工程		5 250 000
长期股权投资		1 500 000

第8章 资产减值

8.1 资产减值概述

8.1.1 资产减值相关定义

资产减值,是指资产的可收回金额低于其账面价值。除了特别规定外,本章所指的资产包括单项资产和资产组。

资产组,是指企业可以认定的最小资产组合,其产生的现金流入应当基本上独立于其他资产或者资产组产生的现金流入。

8.1.2 资产减值的范围

本章所涉及的资产指的是资产减值准则中规定的非流动资产,具体来讲包括以下八种资产:

(1) 对子公司、联营企业和合营企业的长期股权投资;
(2) 采用成本模式进行后续计量的投资性房地产;
(3) 固定资产(包括在建工程);
(4) 生产性生物资产;
(5) 无形资产(包括研发支出);
(6) 商誉;
(7) 探明石油天然气矿区权益和井及相关设施。

8.1.3 资产减值的迹象与测试

企业应当在资产负债表日判断资产是否存在可能发生减值的迹象。

注意:因企业合并所形成的商誉和使用寿命不确定的无形资产,无论是否存在减值迹象,每年都应当进行减值测试。

企业在资产负债表日应当判断资产是否存在可能发生减值的迹象,主要可从外部信息来源和内部信息来源两方面加以判断。存在下列迹象的,表明资产可能发生了减值。

(1) 资产的市价当期大幅度下跌,其跌幅明显高于因时间的推移或者正常使用而预计的下跌。

(2) 企业经营所处的经济、技术或者法律等环境以及资产所处的市场在当期或者将在近期发生重大变化,从而对企业产生不利影响。

(3) 市场利率或者其他市场投资报酬率在当期已经提高,从而影响企业计算资产预计未来现金流量现值的折现率，导致资产可收回金额大幅度降低。

（4）有证据表明资产已经陈旧过时或者其实体已经损坏。

（5）资产已经或者将被闲置、终止使用或者计划提前处置。

（6）企业内部报告的证据表明资产的经济绩效已经低于或者将低于预期，如资产所创造的净现金流量或者实现的营业利润（或者亏损）远远低于（或者高于）预计金额等。

（7）其他表明资产可能已经发生减值的迹象。

何时需要对资产进行减值测试呢？有确凿证据表明资产存在减值迹象的，应当在资产负债表日进行减值测试，估计资产的可收回金额。资产存在减值迹象是资产是否需要进行减值测试的必要前提，但以下资产除外。

（1）商誉和使用寿命不确定的无形资产。

因企业合并所形成的商誉和使用寿命不确定的无形资产（该无形资产不需要进行摊销），由于其价值通常具有较大的不确定性，无论是否存在减值迹象，企业至少应当于每年年度终了进行减值测试。

（2）尚未达到可使用状态的无形资产。

对于尚未达到可使用状态的无形资产，由于其价值通常具有较大的不确定性，也应当于每年年末进行减值测试。

8.2 资产可收回金额的计量

8.2.1 业务概述

资产的可收回金额，应当根据其公允价值减去处置费用后的净额与资产预计未来现金流量的现值两者之间较高者确定。因此，要估计资产的可收回金额，通常需要同时估计该资产的公允价值减去处置费用后的净额和资产预计未来现金流量的现值。

资产可收回金额的计量，如表 8-1 所示。

表 8-1　资产可收回金额的计量

项目		计量依据
两者之间较高者	资产的公允价值减去处置费用后的净额	存在资产销售协议	销售协议价格 – 可直接归属于该资产处置费用的金额
		不存在销售协议但存在活跃市场	资产的市场价格 – 处置费用
		既不存在资产销售协议又不存在资产活跃市场	熟悉情况的交易双方自愿进行公平交易愿意提供的交易价格 – 资产处置费用
	资产预计未来现金流量的现值	资产未来现金流量的现值 $PV=\sum[$第 t 年预计资产未来现金流量 $NCF_t/(1+$折现率 $R)^t]$	

8.2.2 会计处理

1. 资产的公允价值减去处置费用后的净额的估计

资产的公允价值减去处置费用后的净额,通常反映的是资产如果被出售或者处置时可以收回的净现金收入。其中,资产的公允价值是指市场参与者在计量日发生的有序交易中,出售一项资产所能收到或者转移一项负债所需支付的价格;处置费用是指可以直接归属于资产处置的增量成本,包括与资产处置有关的法律费用、相关税费、搬运费以及为使资产达到可销售状态所发生的直接费用等,但是,财务费用和所得税费用等不包括在内。

企业在估计资产的公允价值减去处置费用后的净额时,应当按照下列顺序进行。

首先,应当根据公平交易中资产的销售协议价格减去可直接归属于该资产处置费用的金额确定资产的公允价值减去处置费用后的净额。

其次,在资产不存在销售协议但存在活跃市场的情况下,应当根据该资产的市场价格减去处置费用后的金额确定资产的公允价值减去处置费用后的净额。资产的市场价格通常应当按照资产的买方出价确定。

最后,在既不存在资产销售协议又不存在资产活跃市场的情况下,企业应当以可获取的最佳信息为基础,根据在资产负债表日如果处置资产,熟悉情况的交易双方自愿进行公平交易愿意提供的交易价格减去资产处置费用后的金额,估计资产的公允价值减去处置费用后的净额。

如果企业按照上述要求仍然无法可靠估计资产的公允价值减去处置费用后的净额的,应当以该资产预计未来现金流量的现值作为其可收回金额。

2. 资产预计未来现金流量的现值的估计

资产预计未来现金流量的现值,应当按照资产在持续使用过程中和最终处置时所产生的预计未来现金流量,选择恰当的折现率对其进行折现后的金额加以确定。因此,预计资产未来现金流量的现值,主要应当综合考虑以下因素:

(1)资产的预计未来现金流量;
(2)资产的使用寿命;
(3)折现率。其中,资产使用寿命的预计与《企业会计准则第4号——固定资产》《企业会计准则第6号——无形资产》等规定的资产使用寿命的预计方法相同。

在预计了资产的未来现金流量和折现率后,资产未来现金流量的现值只需将该资产的预计未来现金流量按照预计的折现率在预计的资产使用寿命里加以折现即可确定。其一般计算公式如下:

资产未来现金流量的现值 $PV=\sum [$ 第 t 年预计资产未来现金流量 $NCF_t / (1+$ 折现率 $R)^t]$

8.2.3 案例解析

【例8-1】 企业某固定资产剩余使用年限为3年,企业预计未来3年里在正常的情况下,该资产每年可为企业产生的净现金流量分别为100万元、50万元、10万元。该现金流量通常为最有可能产生的现金流量,企业应以该现金流量的预计数为基础计算资产的现值。

分析:但在实务中,有时影响资产未来现金流量的因素较多,情况较为复杂,带有很大的不确定性,因此,使用单一的现金流量(传统法)可能并不能如实反映资产创造现金流量的实际情况,而应当采用期望现金流量法预计资产未来现金流量。

【例8-2】沿用【例8-1】,假定利用该固定资产生产的产品受市场行情波动影响大,企业预计未来3年每年的现金流量情况如表8-2所示。

表8-2 企业预计未来3年每年的现金流量情况

单位:万元

年份	产品行情好(30%的可能性)	产品行情一般(60%的可能性)	产品行情差(10%的可能性)
第1年	150	100	50
第2年	80	50	20
第3年	20	10	0

分析:在这种情况下,采用期望现金流量法比传统法更为合理。在期望现金流量法下,资产未来现金流量应当根据每期现金流量期望值进行预计,每期现金流量期望值按照各种可能情况下的现金流量与其发生概率加权计算。按照表8-2提供的情况,企业应当计算资产每年的预计未来现金流量如下。

第1年的预计现金流量(期望现金流量):
150×30%+100×60%+50×10%=110(万元)

第2年的预计现金流量(期望现金流量):
80×30%+50×60%+20×10%=56(万元)

第3年的预计现金流量(期望现金流量):
20×30%+10×60%+0×10%=12(万元)

应当注意的是,如果资产未来现金流量的发生时间是不确定的,企业应当根据资产在每一种可能情况下的现值及其发生概率直接加权计算资产未来现金流量的现值。

【例8-3】XYZ航运公司于20×0年年末对一艘远洋运输船舶进行减值测试。该船舶账面价值为1.6亿元,预计尚可使用年限为8年。

分析:该船舶的公允价值减去处置费用后的净额难以确定,因此,XYZ航运公司需要通过计算其未来现金流量的现值确定资产的可收回金额。假定XYZ航运公司当初购置该船舶用的资金是银行长期借款资金,借款年利率为15%,该公司认为15%是该资产的最低必要报酬率,已考虑了与该资产有关的货币时间价值和特定风险。因此,在计算其未来现金流量现值时,使用15%作为其折现率(税前)。

公司管理层批准的财务预算显示:公司将于20×5年更新船舶的发动机系统,预计为此发生资本性支出1 500万元,这一支出将降低船舶运输油耗、提高使用效率等,因此,将提高资产的运营绩效。

为了计算船舶在20×0年年末未来现金流量的现值,公司首先必须预计其未来现金流量。假定公司管理层批准的20×0年年末该船舶未来现金流量预计如表8-3所示。

表 8-3 未来现金流量预计

单位：万元

年份	预计未来现金流量（不包括改良的影响金额）	预计未来现金流量（包括改良的影响金额）
20×1	2 500	
20×2	2 460	
20×3	2 380	
20×4	2 360	
20×5	2 390	
20×6	2 470	3 290
20×7	2 500	3 280
20×8	2 510	3 300

根据资产减值准则的规定，在20×0年年末预计资产未来现金流量时，应当以资产当时的状况为基础，不应考虑与该资产改良有关的预计未来现金流量。因此，尽管20×5年船舶的发动机系统将进行更新以改良资产绩效，提高资产未来现金流量，但是在20×0年年末对其进行减值测试时，则不应将其包括在内。即在20×0年年末计算该资产未来现金流量的现值时，应当以不包括资产改良影响金额的未来现金流量为基础加以计算，如表8-4所示。

表 8-4 现值的计算

单位：万元

年份	预计未来现金流量 （不包括改良的影响金额）	以折现率为15%的折现系数	预计未来现金流量的现值
20×1	2 500	0.869 6	2 174
20×2	2 460	0.756 1	1 860
20×3	2 380	0.657 5	1 565
20×4	2 360	0.571 8	1 349
20×5	2 390	0.497 2	1 188
20×6	2 470	0.432 3	1 068
20×7	2 500	0.375 9	940
20×8	2 510	0.326 9	821
合计			10 965

由于在20×0年年末，船舶的账面价值（尚未确认减值损失）为16 000万元，而其可收回金额为10 965万元，账面价值高于其可收回金额，因此，应当确认减值损失，并计提相应的资产减值准备。应确认的减值损失为：16 000-10 965=5 035（万元）。

假定在20×1—20×4年该船舶没有发生进一步减值的迹象，因此，不必再进行减值测试，无需计算其可收回金额。20×5年发生了1 500万元的资本性支出，改良了资产绩效，导致其未来现金流量增加，但由于我国资产减值准则不允许将以前期间已经确认的资产减值损失予以转回，因此，在这种情况下，也不必计算其可收回金额。

8.3 资产减值损失的确认与计量

8.3.1 业务概述

企业在对资产进行减值测试后，如果可收回金额的计量结果表明，资产的可收回金额低于其账面价值的，应当将资产的账面价值减记至可收回金额，减记的金额确认为资产减值损失，计入当期损益，同时，计提相应的资产减值准备。

资产减值损失的会计处理，如表 8-5 所示。

表 8-5　资产减值损失的会计处理

经济业务	会计处理
资产减值损失	借：资产减值损失 　　贷：固定资产减值准备/在建工程减值准备/投资性房地产减值准备/无形资产减值准备/商誉减值准备/长期股权投资减值准备/生产性生物资产减值准备

8.3.2 会计处理

为了正确核算企业确认的资产减值损失和计提的资产减值准备，企业应当设置"资产减值损失"科目，按照资产类别进行明细核算，反映各类资产在当期确认的资产减值损失金额；同时，应当根据不同的资产类别，分别设置"固定资产减值准备""在建工程减值准备""投资性房地产减值准备""无形资产减值准备""商誉减值准备""长期股权投资减值准备""生产性生物资产减值准备"等科目。

当企业确定资产发生了减值时，应当根据所确认的资产减值金额，借记"资产减值损失"科目，贷记"固定资产减值准备""在建工程减值准备""投资性房地产减值准备""无形资产减值准备""商誉减值准备""长期股权投资减值准备""生产性生物资产减值准备"等科目。在期末，企业应当将"资产减值损失"科目余额转入"本年利润"科目，结转后该科目应当没有余额。各资产减值准备科目累积每期计提的资产减值准备，直至相关资产被处置时才予以转出。

8.3.3 案例解析

【例 8-4】沿用【例 8-3】，根据测试和计算结果，XYZ 航运公司应确认的船舶减值损失为 5 035 万元。

分析：会计处理如下。

借：资产减值损失——固定资产减值损失　　　　　　　　　　50 350 000
　　贷：固定资产减值准备　　　　　　　　　　　　　　　　　50 350 000

计提资产减值准备后，船舶的账面价值变为 10 965 万元，在该船舶剩余使用寿命内，XYZ 航运公司应当以此为基础计提折旧。如果发生进一步减值的，再做进一步的减值测试。

8.4 资产组的认定及减值的会计处理

8.4.1 资产组的认定

（一）业务概述

根据规定，如果有迹象表明一项资产可能发生减值的，企业应当以单项资产为基础估计其可收回金额。但是，在企业难以对单项资产的可收回金额进行估计的情况下，应当以该资产所属的资产组为基础确定资产组的可收回金额。因此，资产组的认定就显得十分重要。

（二）会计处理

资产组是企业可以认定的最小资产组合，其产生的现金流入应当基本上独立于其他资产或者资产组。资产组应当由创造现金流入相关的资产组成。

资产组的认定应当考虑的因素有以下两点。

（1）资产组的认定，应当以资产组产生的主要现金流入是否独立于其他资产或者资产组的现金流入为依据。因此，资产组能否独立产生现金流入是认定资产组的最关键因素。例如，企业的某一生产线、营业网点、业务部门等，如果能够独立于其他部门或者单位等创造收入、产生现金流，或者其创造的收入和现金流入绝大部分独立于其他部门或者单位的，并且属于可认定的最小的资产组合的，通常应将该生产线、营业网点、业务部门等认定为一个资产组。

（2）资产组的认定，应当考虑企业管理层对生产经营活动的管理或者监控方式（如是按照生产线、业务种类还是按照地区或者区域等）和对资产的持续使用或者处置的决策方式等。例如，企业各生产线都是独立生产、管理和监控的，那么各生产线很可能应当认定为单独的资产组；如果某些机器设备是相互关联、互相依存的，其使用和处置是一体化决策的，那么，这些机器设备很可能应当认定为一个资产组。

资产组一经确定后，在各个会计期间应当保持一致，不得随意变更。即资产组的各项资产构成通常不能随意变更。例如，甲设备在20×6年归属于A资产组，在无特殊情况下，该设备在20×7年仍然应当归属于A资产组，而不能随意将其变更至其他资产组。

但是，如果由于企业重组、变更资产用途等原因，导致资产组构成确需变更的，企业可以进行变更，但企业管理层应当证明该变更是合理的，并应当在附注中做相应说明。

（三）案例解析

【例8-5】某矿业公司拥有一个煤矿，与煤矿的生产和运输相配套，建有一条专用铁路。该专用铁路除非报废出售，其在持续使用中，难以脱离煤矿相关的其他资产而产生单独的现金流入。

分析：由于企业难以对专用铁路的可收回金额进行单独估计，专用铁路和煤矿其他相关资产必须结合在一起，作为一个资产组，以估计该资产组的可收回金额。

【例8-6】甲企业生产某单一产品,并且只拥有A、B、C三家工厂。三家工厂分别位于三个不同的国家,而三个国家又位于三个不同的洲。A生产一种组件,由B或者C进行组装,最终产品由B或者C销往世界各地,如B的产品可以在本地销售,也可以在C所在洲销售(如果将产品从B所在洲运到C所在洲更加方便)。

B和C的生产能力合在一起尚有剩余,并没有被完全利用。B和C生产能力的利用程度依赖于甲企业对销售产品在两地之间的分配。以下分别认定与A、B、C有关的资产组。

分析:假定A生产的产品(即组件)存在活跃市场,则A很可能可以被认定为一个单独的资产组,原因是它生产的产品尽管主要用于B或C,但是,由于该产品存在活跃市场,可以带来独立的现金流量,所以,通常应当认定为一个单独的资产组。在确定其未来现金流量的现值时,甲企业应当调整其财务预算或预测,将未来现金流量的预计建立在公平交易的前提下A所生产产品的未来价格最佳估计数,而不是其内部转移价格。

对于B和C而言,即使B和C组装的产品存在活跃市场,由于B和C的现金流入依赖于产品在两地之间的分配,B和C的未来现金流入不可能单独地确定。所以,B和C组合在一起是可以认定的、可产生基本上独立于其他资产或者资产组的现金流入的资产组合,B和C应当认定为一个资产组。在确定该资产组未来现金流量的现值时,甲企业也应当调整其财务预算或预测,将未来现金流量的预计建立在公平交易的前提下从A所购入产品的未来价格的最佳估计数,而不是其内部转移价格。

【例8-7】沿用【例8-6】,假定A生产的产品不存在活跃市场。

分析:在这种情况下,由于A生产的产品不存在活跃市场,它的现金流入依赖于B或者C生产的最终产品的销售,所以,A很可能难以单独产生现金流入,其可收回金额很可能难以单独估计。

而对于B和C而言,其生产的产品虽然存在活跃市场,但是,B和C的现金流入依赖于产品在两个工厂之间的分配,B和C在产能和销售上的管理是统一的,因此,B和C也难以单独产生现金流量,也难以单独估计其可收回金额。

因此,只有A、B、C三个工厂组合在一起(即将甲企业作为一个整体)才很可能是一个可以认定的、能够基本上独立产生现金流入的最小的资产组合,从而将A、B、C的组合认定为一个资产组。

【例8-8】A、B、C服装企业有童装、西装、衬衫三个工厂,每个工厂在生产、销售、核算、考核和管理等方面都相对独立。

分析:在这种情况下,每个工厂通常应当认定为一个资产组。

8.4.2 资产组减值的会计处理

(一)业务概述

企业需要预计资产组的可收回金额和计算资产组的账面价值,并将两者进行比较,如果资产组的可收回金额低于其账面价值,表明资产组发生了减值损失,应当予以确认。

资产组减值的会计处理,如表8-6所示。

表 8-6 资产组减值的会计处理

经济业务	会计处理
资产组减值损失	（1）抵减分摊至资产组中商誉的账面价值 （2）根据资产组中除商誉之外的其他各项资产的账面价值所占比重，按比例抵减其他各项资产的账面价值

（二）会计处理

根据减值测试的结果，资产组（包括资产组组合，在后述有关总部资产或者商誉的减值测试时涉及）的可收回金额低于其账面价值的，应当确认相应的减值损失。减值损失金额应当按照以下顺序进行分摊：

（1）抵减分摊至资产组中商誉的账面价值；（2）根据资产组中除商誉之外的其他各项资产的账面价值所占比重，按比例抵减其他各项资产的账面价值。

以上资产账面价值的抵减，应当作为各单项资产（包括商誉）的减值损失处理，计入当期损益。抵减后的各资产的账面价值不得低于以下三者之中最高者：该资产的公允价值减去处置费用后的净额（如可确定的）、该资产预计未来现金流量的现值（如可确定的）和零。因此而导致的未能分摊的减值损失金额，应当按照相关资产组中其他各项资产的账面价值所占比重进行分摊。

（三）案例解析

【例 8-9】XYZ 公司有一条甲生产线，该生产线生产光学器材，由 A、B、C 三部机器构成，成本分别为 400 000 元、600 000 元和 1 000 000 元。使用年限为 10 年，净残值为零，以年限平均法计提折旧。各机器均无法单独产生现金流量，但整条生产线构成完整的产销单位，属于一个资产组。2×20 年甲生产线所生产的光学器材有替代产品上市，到年底，导致公司光学器材的销量下降 40%，因此，对甲生产线进行减值测试。

2×20 年 12 月 31 日，A、B、C 三部机器的账面价值分别为 200 000 元、300 000 元和 500 000 元。估计 A 机器的公允价值减去处置费用后的净额为 150 000 元，B、C 机器都无法合理估计其公允价值减去处置费用后的净额以及未来现金流量的现值。

整条生产线预计尚可使用 5 年。经估计其未来 5 年的现金流量及其恰当的折现率后，得到该生产线预计未来现金流量的现值为 600 000 元。由于公司无法合理估计生产线的公允价值减去处置费用后的净额，公司以该生产线预计未来现金流量的现值为其可收回金额。

分析：鉴于在 2×20 年 12 月 31 日该生产线的账面价值为 1 000 000 元，而其可收回金额为 600 000 元，生产线的账面价值高于其可收回金额，因此，该生产线已经发生了减值，公司应当确认减值损失 400 000 元，并将该减值损失分摊到构成生产线的三部机器中。由于 A 机器的公允价值减去处置费用后的净额为 150 000 元，所以，A 机器分摊了减值损失后的账面价值不应低于 150 000 元。资产组减值损失分摊情况如表 8-7 所示。

表 8-7 资产组减值损失分摊情况

单位：元

项目	机器 A	机器 B	机器 C	整个生产线（资产组）
账面价值	200 000	300 000	500 000	1 000 000
可收回金额				600 000
减值损失				400 000
减值损失分摊比例	20%	30%	50%	
分摊减值损失	50 000*	120 000	200 000	370 000
分摊后账面价值	150 000	180 000	300 000	
尚未分摊的减值损失				30 000
二次分摊比例		37.50%	62.50%	
二次分摊减值损失		11 250	18 750	30 000
二次分摊后应确认减值损失总额		131 250	218 750	400 000
二次分摊后账面价值	150 000	168 750	281 250	600 000

注：* 按照分摊比例，机器 A 应当分摊减值损失 80 000 元（400 000×20%），但由于机器 A 的公允价值减去处置费用后的净额为 150 000 元，所以，机器 A 最多只能确认减值损失 50 000（200 000-150 000）元，未能分摊的减值损失 30 000（80 000-50 000）元，应当在机器 B 和机器 C 之间进行再分摊。

根据上述计算和分摊结果，构成甲生产线的机器 A、B、C 应当分别确认减值损失 50 000 元、131 250 元和 218 750 元，会计处理如下。

借：资产减值损失——机器 A   50 000
　　　　　　　　——机器 B   131 250
　　　　　　　　——机器 C   218 750
　　贷：固定资产减值准备——机器 A   50 000
　　　　　　　　　　　　——机器 B   131 250
　　　　　　　　　　　　——机器 C   218 750

8.4.3 总部资产减值的会计处理

（一）业务概述

在资产负债表日，如果有迹象表明某项总部资产可能发生减值的，企业应当计算确定该总部资产所归属的资产组或者资产组组合的可收回金额，然后将其与相应的账面价值相比较，据以判断是否需要确认减值损失。

（二）会计处理

企业总部资产包括企业集团或其事业部的办公楼、电子数据处理设备、研发中心等资产。总部资产的显著特征是难以脱离其他资产或者资产组产生独立的现金流入，而且其账面价值难以完全归属于某一资产组。因此，总部资产通常难以单独进行减值测试，需要结合其他相关资产组或者资产组组合进行。资产组组合，是指由若干个资产组组成的最小资产组组合,包括资产组或者资产组组合,以及按合理方法分摊的总部资产部分。

企业对某一资产组进行减值测试时,应当先认定所有与该资产组相关的总部资产,再根据相关总部资产能否按照合理和一致的基础分摊至该资产组分别下列情况处理。

(1)对于相关总部资产能够按照合理和一致的基础分摊至该资产组的部分,应当将该部分总部资产的账面价值分摊至该资产组,再据以比较该资产组的账面价值(包括已分摊的总部资产的账面价值部分)和可收回金额,并按照前述有关资产组减值测试的顺序和方法处理。

(2)对于相关总部资产中有部分资产难以按照合理和一致的基础分摊至该资产组的,应当按照下列步骤处理。

首先,在不考虑相关总部资产的情况下,估计和比较资产组的账面价值和可收回金额,并按照前述有关资产组减值测试的顺序和方法处理。

其次,认定由若干个资产组组成的最小的资产组组合,该资产组组合应当包括所测试的资产组与可以按照合理和一致的基础将该部分总部资产的账面价值分摊其上的部分。

最后,比较所认定的资产组组合的账面价值(包括已分摊的总部资产的账面价值部分)和可收回金额,并按照前述有关资产组减值测试的顺序和方法处理。

(三)案例解析

【例8-10】ABC公司拥有A、B和C三个资产组,在2×20年年末,这三个资产组的账面价值分别为200万元、300万元和400万元,没有商誉。这三个资产组为三条生产线,预计剩余使用寿命分别为10年、20年和20年,采用直线法计提折旧。由于ABC公司的竞争对手通过技术创新推出了更高技术含量的产品,并且受到市场欢迎,从而对ABC公司产品产生了重大不利影响,为此,ABC公司于2×20年年末对各资产组进行了减值测试。

分析:在对资产组进行减值测试时,首先应当认定与其相关的总部资产。ABC公司的经营管理活动由总部负责,总部资产包括一栋办公大楼和一个研发中心,其中办公大楼的账面价值为300万元,研发中心的账面价值为100万元。办公大楼的账面价值可以在合理和一致的基础上分摊至各资产组,但是,研发中心的账面价值难以在合理和一致的基础上分摊至各相关资产组。对于办公大楼的账面价值,企业根据各资产组的账面价值和剩余使用寿命加权平均计算的账面价值分摊比例进行分摊,如表8-8所示。

企业随后应当确定各资产组的可收回金额,并将其与账面价值(包括已分摊的办公大楼的账面价值部分)相比较,以确定相应的减值损失。考虑到研发中心的账面价值难以按照合理和一致的基础分摊至资产组,因此,确定由A、B、C三个资产组组成最小资产组组合(即为ABC整个公司),通过计算该资产组组合的可收回金额,并将其与账面价值(包括已分摊的办公大楼账面价值和研发中心的账面价值)相比较,以确定相应的减值损失。假定各资产组和资产组组合的公允价值减去处置费用后的净额难以确定,企业根据它们的预计未来现金流量的现值来计算其可收回金额,计算现值所用的折现率为15%,计算过程如表8-9所示。

表8-8 各资产组账面价值

项目	资产组A	资产组B	资产组C	合计
各资产组账面价值（万元）	200	300	400	900
各资产组剩余使用寿命（年）	10	20	20	
按使用寿命计算的权重	1	2	2	
加权计算后的账面价值（万元）	200	600	800	1 600
办公大楼分摊比例（各资产组加权计算后的账面价值÷各资产组加权平均计算后的账面价值合计）	12.5%	37.5%	50%	100%
办公大楼账面价值分摊到各资产组的金额（万元）	37.5	112.5	150	300
包括分摊的办公大楼账面价值部分的各资产组账面价值（万元）	237.5	412.5	550	1 200

表8-9 各资产组可收回金额

单位：万元

年份	资产组A 未来现金流量	资产组A 现值	资产组B 未来现金流量	资产组B 现值	资产组C 未来现金流量	资产组C 现值	包括研发中心在内的最小资产组组合（ABC公司）未来现金流量	包括研发中心在内的最小资产组组合（ABC公司）现值
第1年	36	32	18	16	20	18	78	68
第2年	62	46	32	24	40	30	144	108
第3年	74	48	48	32	68	44	210	138
第4年	84	48	58	34	88	50	256	146
第5年	94	48	64	32	102	50	286	142
第6年	104	44	66	28	112	48	310	134
第7年	110	42	68	26	120	44	324	122
第8年	110	36	70	22	126	42	332	108
第9年	106	30	70	20	130	36	334	96
第10年	96	24	70	18	132	32	338	84
第11年			72	16	132	28	264	56
第12年			70	14	132	24	262	50
第13年			70	12	132	22	262	42
第14年			66	10	130	18	256	36
第15年			60	8	124	16	244	30
第16年			52	6	120	12	230	24
第17年			44	4	114	10	216	20
第18年			36	2	102	8	194	16
第19年			28	2	86	6	170	12
第20年			20	2	70	4	142	8
现值合计		398		328		542		1 440

根据上述资料，资产组A、B、C的可收回金额分别为398万元、328万元和542万元，

相应的账面价值（包括分摊的办公大楼账面价值）分别为237.5万元、412.5万元和550万元，资产组B和资产组C的可收回金额均低于其账面价值，应当分别确认84.5万元和8万元减值损失，并将该减值损失在办公大楼和资产组之间进行分摊。根据分摊结果，因资产组B发生减值损失84.5万元而导致办公大楼减值23.05（84.5×112.5÷412.5）万元，导致资产组B中所包括资产发生减值61.45（84.5×300÷412.5）万元；因资产组C发生减值损失8万元而导致办公大楼减值2.18（8×150÷550）万元，导致资产组C中所包括资产发生减值5.81（8×400÷550）万元。

经过上述减值测试后，资产组A、B、C和办公大楼的账面价值分别为200万元、238.55万元、394万元和274.95万元，研发中心的账面价值仍为100万元，由此包括研发中心在内的最小资产组组合（即ABC公司）的账面价值总额为1 207.50（200+238.55+394+274.95+100）万元，但其可收回金额为1 440万元，高于其账面价值，因此，企业不必再进一步确认减值损失（包括研发中心的减值损失）。

8.5 商誉减值测试及其会计处理

8.5.1 业务概述

企业合并所形成的商誉，至少应当在每年年度终了进行减值测试。由于商誉难以独立产生现金流量，因此，商誉应当结合与其相关的资产组或者资产组组合进行减值测试。为了顺利进行资产减值测试，对于因企业合并形成的商誉的账面价值，应当自购买日起按照合理的方法分摊至相关的资产组；难以分摊至相关的资产组的，应当将其分摊至相关的资产组组合。

商誉减值测试的会计处理，如表8-10所示。

表8-10 商誉减值测试的会计处理

经济业务	会计处理
商誉减值测试	（1）对不包含商誉的资产组或者资产组组合进行减值测试，计算可收回金额，并与相关账面价值相比较，确认相应的减值损失 （2）对包含商誉的资产组或者资产组组合进行减值测试，比较其账面价值与其可收回金额，如可收回金额低于其账面价值的，应当就其差额确认减值损失，减值损失金额应当首先抵减分摊至资产组或资产组组合中商誉的账面价值 （3）根据资产组或者资产组组合中除商誉之外的其他各项资产的账面价值所占比重，按比例抵减其他各项资产的账面价值

8.5.2 会计处理

企业在对包含商誉的相关资产组或者资产组组合进行减值测试时，如与商誉相关的资产组或者资产组组合存在减值迹象的，应当首先对不包含商誉的资产组或者资产组组合进行减值测试，计算可收回金额，并与相关账面价值相比较，确认相应的减值损失。其次，对包含商誉的资产组或者资产组组合进行减值测试，比较这些相关资产组或者资产组组合的账面价值（包括所分摊的商誉的账面价值部分）与其可收回金额，如相关资产组或者资产组组合的可收回金额低于其账面价值的，应当就其差额确认减值损失，减值损失金额应当首先抵减分摊至资产组或者资产组组合中商誉的账面价值。最后，根据资产组或者资产组组合中除商誉之外的其他各项资产的账面价值所占比重，按比例抵减其他各项资产的账面价值。

与资产减值测试的处理一样，以上资产账面价值的抵减，也都应当作为各单项资产（包括商誉）的减值损失处理，计入当期损益。抵减后的各资产的账面价值不得低于以下三者之中最高者：该资产的公允价值减去处置费用后的净额（如可确定的）、该资产预计未来现金流量的现值（如可确定的）和零。因此而导致的未能分摊的减值损失金额，应当按照相关资产组或者资产组组合中其他各项资产的账面价值所占比重进行分摊。

由于按照《企业会计准则第 20 号——企业合并》的规定，因企业合并所形成的商誉是母公司根据其在子公司所拥有的权益而确认的商誉，子公司中归属于少数股东的商誉并没有在合并财务报表中予以确认。所以，在对与商誉相关的资产组或者资产组组合进行减值测试时，由于其可收回金额的预计包括归属于少数股东的商誉价值部分，为了使减值测试建立在一致的基础上，企业应当调整资产组的账面价值，将归属于少数股东权益的商誉包括在内，然后，根据调整后的资产组账面价值与其可收回金额进行比较，以确定资产组（包括商誉）是否发生了减值。

上述资产组如发生减值的，应当首先抵减商誉的账面价值，但由于根据上述方法计算的商誉减值损失包括了应由少数股东权益承担的部分，而少数股东权益拥有的商誉价值及其减值损失都不在合并财务报表中反映，合并财务报表只反映归属于母公司的商誉减值损失，所以，应当将商誉减值损失在可归属于母公司和少数股东权益之间按比例进行分摊，以确认归属于母公司的商誉减值损失。

8.5.3 案例解析

【例 8-11】甲企业在 20×7 年 1 月 1 日以 1 600 万元的价格收购了乙企业 80% 股权。在收购日，乙企业可辨认资产的公允价值为 1 500 万元，没有负债和或有负债。因此，甲企业在其合并财务报表中确认商誉 400（1 600-1 500×80%）万元、乙企业可辨认净资产 1 500 万元和少数股东权益 300（1 500×20%）万元。

假定乙企业的所有资产被认定为一个资产组。由于该资产组包括商誉，所以，它至少应当于每年年度终了进行减值测试。在 20×7 年年末，甲企业确定该资产组的可收回金额为 1 000 万元，可辨认净资产的账面价值为 1 350 万元。由于乙企业作为一个单独的资产组的可收回金额 1 000 万元中，包括归属于少数股东权益在商誉价值中享有的部分，所以，出于减值测试的目的，在与资产组的可收回金额进行比较之前，必须对资产组的账面价值进行调整，使其包括归属于少数股东权益的商誉价值 100［（1 600÷80%-1 500）×20%］万元。然后，再据以比较该资产组的账面价值和可收回金额，确定是否发生了减值。其测试过程如表 8-11 所示。

表 8-11　商誉减值测试过程

单位：万元

20×7 年年末	商誉	可辨认资产	合计
账面价值	400	1 350	1 750
未确认归属于少数股东权益的商誉价值	100	—	100
调整后账面价值	500	1 350	1 850
可收回金额			1 000
减值损失			850

分析：以上计算出的减值损失 850 万元应当首先冲减商誉的账面价值，然后，再将剩余部分分摊至资产组中的其他资产。在本例中，850 万元减值损失中有 500 万元应当属于商誉减值损失，其中，由于确认的商誉仅限于甲企业持有乙企业 80% 股权部分，所以，甲企业只需要在合并财务报表中确认归属于甲企业的商誉减值损失，即 500 万元商誉减值损失的 80%，即 400 万元。剩余的 350（850-500）万元减值损失应当冲减乙企业可辨认资产的账面价值，作为乙企业可辨认资产的减值损失。商誉减值分摊过程如表 8-12 所示。

表 8-12　商誉减值分摊过程

单位：万元

20×7 年年末	商誉	可辨认资产	合计
账面价值	400	1 350	1 750
确认的减值损失	（400）	（350）	（750）
确认减值损失后的账面价值	—	1 000	1 000

第9章
职工薪酬

职工薪酬，是指企业为获得职工提供的服务或解除劳动关系而给予的各种形式的报酬或补偿。企业提供给职工配偶、子女、受赡养人、已故员工遗属及其他受益人等的福利，也属于职工薪酬。

职工薪酬包括短期薪酬、离职后福利、辞退福利和其他长期职工福利。

短期薪酬，是指企业在职工提供相关服务的年度报告期间结束后 12 个月内需要全部予以支付的职工薪酬，因解除与职工的劳动关系给予的补偿除外。

离职后福利，是指企业为获得职工提供的服务而在职工退休或与企业解除劳动关系后，提供的各种形式的报酬和福利，短期薪酬和辞退福利除外。

辞退福利，是指企业在职工劳动合同到期之前解除与职工的劳动关系，或者为鼓励职工自愿接受裁减而给予职工的补偿。

其他长期职工福利，是指除短期薪酬、离职后福利、辞退福利之外所有的职工薪酬，包括长期带薪缺勤、长期残疾福利、长期利润分享计划等。

9.1 短期薪酬的计量

短期薪酬主要包括职工工资、奖金、津贴和补贴，职工福利费，医疗保险费、工伤保险费和生育保险费等社会保险费，住房公积金，工会经费和职工教育经费，短期带薪缺勤，短期利润分享计划，非货币性福利，其他短期薪酬。短期薪酬的计量主要包括以下几个方面：货币性短期薪酬、带薪缺勤、短期利润分享计划、非货币性福利。

9.1.1 货币性短期薪酬的会计处理

（一）业务概述

货币性短期薪酬主要包括职工的工资、奖金、津贴和补贴，大部分的职工福利费，医疗保险费、工伤保险费和生育保险费等社会保险费，住房公积金，工会经费和职工教育经费等。

货币性短期薪酬的会计处理，如表 9-1 所示。

表 9-1　货币性短期薪酬的会计处理

经济业务	会计处理
计提货币性短期薪酬时	借：生产成本 　　制造费用 　　管理费用 　　销售费用 　　在建工程 　　研发支出——资本化支出 　贷：应付职工薪酬——工资 　　　　　　　　——职工福利 　　　　　　　　——社会保险费 　　　　　　　　——医疗保险费 　　　　　　　　——住房公积金 　　　　　　　　——工会经费 　　　　　　　　——职工教育经费
发放货币性短期薪酬时	借：应付职工薪酬 　贷：银行存款等

（二）会计处理

在会计核算中，计提货币性短期薪酬时，按照人员的部门分类，确定应付职工薪酬的借方科目，生产工人薪酬借记"生产成本"科目，车间管理人员薪酬借记"制造费用"科目，行政管理人员薪酬借记"管理费用"科目，销售人员薪酬借记"销售费用"科目，基建人员薪酬借记"在建工程"科目，研发人员薪酬，符合资本化的支出借记"研发支出——资本化支出"科目。贷记"应付职工薪酬——工资""应付职工薪酬——职工福利""应付职工薪酬——社会保险费""应付职工薪酬——住房公积金""应付职工薪酬——工会经费""应付职工薪酬——职工教育经费"等科目。发放货币性短期薪酬时，借记"应付职工薪酬"科目，贷记"银行存款"等科目。

（三）案例解析

【例9-1】2015年6月，甲公司当月应发工资为1 560万元，其中：生产部门直接生产人员工资为1 000万元；生产部门管理人员工资为200万元；公司管理部门人员工资为360万元。根据所在地政府规定，甲公司应分别按照职工工资总额的10%和8%计提医疗保险费和住房公积金，按照职工工资总额的2%和1.5%计提工会经费和职工教育经费。假定不考虑所得税影响。

分析：甲公司的相关计算及会计处理如下。

应计入生产成本的职工薪酬金额=1 000+1 000×（10%+8%+2%+1.5%）=1 215（万元）

应计入制造费用的职工薪酬金额=200+200×（10%+8%+2%+1.5%）=243（万元）

应计入管理费用的职工薪酬金额=360+360×（10%+8%+2%+1.5%）=437.4（万元）

```
借：生产成本                               12 150 000
    制造费用                                2 430 000
    管理费用                                4 374 000
  贷：应付职工薪——工资                    15 600 000
              ——医疗保险费                 1 560 000
              ——住房公积金                 1 248 000
              ——工会经费                     312 000
              ——职工教经费                   234 000
```

9.1.2 带薪缺勤的会计处理

（一）业务概述

带薪缺勤，是指企业支付工资或提供补偿的职工缺勤，如年休假、病假、短期伤残、婚假、产假、丧假、探亲假等。带薪缺勤应当分为累积带薪缺勤和非累积带薪缺勤两类。

带薪缺勤的会计处理，如表 9-2 所示。

表 9-2 带薪缺勤的会计处理

经济业务		会计处理
累计带薪缺勤	计提时	借：生产成本、管理费用等 　贷：应付职工薪酬——累计带薪缺勤
	冲回时	借：应付职工薪酬——累计带薪缺勤 　贷：生产成本、管理费用等
非累计带薪缺勤	计提时	借：生产成本、管理费用等 　贷：应付职工薪酬——累计带薪缺勤

（二）会计处理

累积带薪缺勤是指带薪权利可以结转下期的带薪缺勤，本期尚未用完的带薪缺勤权可以在未来期间使用。企业应当在职工提供服务从而增加了其未来享有的带薪缺勤权利时，确认与累积带薪缺勤相关的职工薪酬，并以累积未行使权利而增加的预期支付金额计量。

累积带薪缺勤在账务处理中的计提和使用对薪酬金额不会产生影响，如果本期有未享受年假员工产生的累积带薪缺勤需要结转至下期，期末计提时，借记"生产成本""管理费用"等账户，贷记"应付职工薪酬——累积带薪缺勤"。下期如果使用了上期结转的累积带薪缺勤或者是累积带薪缺勤过期作废的，则冲减预计的累积带薪缺勤费用，借记应付职工薪酬——累积带薪缺勤"。

（三）案例解析

【例 9-2】乙公司共有 1000 名职工，自 2×17 年 1 月 1 日起，该公司实行累积带薪缺勤制度。该制度规定，每个职工每年可享受 5 个工作日带薪年休假，未使用的带薪年休假只能向后结转一个日历年度，超过 1 年未使用的权利作废，不能在职工离开公司时获得现金支付；职工休带薪年休假是以后进先出为基础，即首先从当年可享受的权利中扣除，再从上年结转的带薪年休假余额中扣除；职工离开公司时，公司对职工未使用的累积带薪年休假不支付现金。2×17年12月31日，每个职工当年平均未使用带薪年休假为2天。

根据过去的经验并预期该经验将继续适用，乙公司预计2×18年有950名职工将享受不超过5天的带薪年休假，剩余50名职工每人将平均享受6天半带薪年休假，假定这50名职工全部为总部各部门经理，该公司平均每名职工每个工作日工资为300元。

分析：乙公司在2×17年12月31日应当预计由于职工累积未使用的带薪年休假权利而导致预期将支付的工资负债，即相当于75（50×1.5）天的带薪年休假工资22 500（75×300）元，并做如下会计处理。

借：管理费用 22 500
　　贷：应付职工薪酬——累积带薪缺勤 22 500

2×18年，如果50名职工均未享受累积未使用的带薪年休假，则冲回上年度确认的费用。

借：应付职工薪酬——累积带薪缺勤 22 500
　　贷：管理费用 22 500

2×18年，如果50名职工均享受了累积未使用的带薪年休假，则2×18年确认的工资费用应扣除上年度已确认的累计带薪费用。

非累积带薪缺勤，是指带薪权利不能结转下期的带薪缺勤，本期尚未用完的带薪缺勤权利将予以取消，并且职工离开企业时也无权获得现金支付。我国企业职工休婚假、产假、丧假、探亲假、病假期间的工资通常属于非累积带薪缺勤。由于职工提供服务本身不能增加其能够享受的福利金额，企业在职工未缺勤时不应当计提相关费用和负债；企业应在职工缺勤时确认职工享有的带薪权利，即视同职工出勤确认的相关资产成本或当期费用。企业应当在缺勤期间计提应付工资时一并处理。

企业应当在职工实际发生缺勤的会计期间确认与非累积带薪缺勤相关的职工薪酬，借记"生产成本""管理费用"等账户，贷记"应付职工薪酬——累积带薪缺勤"。

【例9-3】 丙公司2×18年2月有2名销售人员放弃15天的婚假，假设平均每名职工每个工作日工资为200元，月工资为6000元。

① 假设丙公司未实行非累积带薪缺勤货币补偿制度，会计处理如下。

借：销售费用 12 000
　　贷：应付职工薪酬——工资 12 000

② 假设丙公司实行非累积带薪缺勤货币补偿制度，补偿金额为放弃带薪休假期间平均日工资的2倍，会计处理为：

借：销售费用 24 000
　　贷：应付职工薪酬——工资 12 000
　　　　应付职工薪酬——非累计带薪休假 （2×15×200×2）12 000

实际补偿时一般随工资同时支付。

借：应付职工薪酬——工资　　　　　　　　　　　　　　12 000
　　应付职工薪酬——非累计带薪休假　　　　　　　　　12 000
　　贷：库存现金　　　　　　　　　　　　　　　　　　　　　　24 000

9.1.3　短期利润分享计划

（一）业务概述

短期利润分享计划是指因职工提供服务而与职工达成的基于利润或其他经营成果提供薪酬的协议，企业制定有利润分享计划的，应当及时按照准则的规定进行有关会计处理。

短期利润分享计划的会计处理，如表 9-3 所示。

表 9-3　短期利润分享计划的会计处理

经济业务	会计处理
短期利润分享计划	借：生产成本 　　管理费用 　贷：应付职工薪酬——短期利润分享计划

（二）会计处理

短期利润分享计划同时满足下列条件的，企业应当确认相关的应付职工薪酬，并计入当期损益或者相关资产成本：企业因过去事项导致现在具有支付职工薪酬的法定义务；因利润分享计划所产生的应付职工薪酬义务能够可靠估计。

属于以下三种情形之一的，视为义务金额能够可靠估计：

（1）在财务报告批准报出之前企业已确定应支付的薪酬金额；

（2）该短期利润分享计划的正式条款中包括确定薪酬金额的方式；

（3）过去的惯例为企业确定推定义务金额提供了明显证据。

企业根据企业经济效益增长的实际情况提取的奖金，属于奖金计划，应当比照利润分享计划进行处理。

职工只有在企业工作一段特定期间才能分享利润的，企业在计量利润分享计划产生的应付职工薪酬时，应当反映职工因离职而没有得到利润分享计划支付的可能性。

如果企业在职工为其提供相关服务的年度报告期间结束后 12 个月内，不需要全部支付利润分享计划产生的应付职工薪酬，该利润分享计划应当适用本准则其他长期职工福利的有关规定。

（三）案例解析

【例 9-4】丙公司有一项利润分享计划，要求丙公司将其至 2×17 年 12 月 31 日止会计年度的税前利润的指定比例支付给在 2×17 年 7 月 1 日至 2×18 年 6 月 30 日为丙公司提供服务的职工，该奖金于 2×18 年 6 月 30 日支付。截至 2×17 年 12 月 31 日财务年度的税前利润为 1 000 万元人民币，如果丙公司在 2×17 年 7 月 1 日至 2×18 年 6 月 30 日期间没有职工离职，则当年的利润分享支付总额为税前利润的3%。丙公司估计职工离职将使支付总额降低至税前利润的2.5%（其中直接参加生产的职工享有1%，总部管理人员享有1.5%），不考虑个人所得税影响。

分析：尽管支付总额是按照截至2×17年12月31日财务年度的税前利润的3%计量，但是却是基于职工在2×17年7月1日至2×18年6月30日期间提供的服务。因此，丙公司在2×17年12月31日应按照税前利润的50%的2.5%确认负债和成本及费用，金额为125 000（10 000 000×50%×2.5%）元。余下的利润分享金额，连同针对估计金额与实际支付金额之间的差额做出的调整，在2×18年予以确认。

分析：2×17年12月31日的会计处理如下。

借：生产成本   50 000
  管理费用   75 000
  贷：应付职工薪酬——短期利润分享计划   125 000

9.1.4 非货币性福利

（一）业务概述

企业向员工提供非货币性福利，应该按照公允价值计量，公允价值不可获取时，可采用成本计量。

非货币性福利的会计处理，如表9-4所示。

表9-4 非货币性福利的会计处理

经济业务			会计处理

非货币性福利	以自产产品或外购商品发放给职工作为福利	自产产品	计提时	借：生产成本
				  管理费用
				  贷：应付职工薪酬——非货币性福利

			发放时	借：应付职工薪酬——非货币性福利
				  贷：主营业务收入
				    应交税费——应交增值税（销项税额）
				借：主营业务成本
				  贷：库存商品

		外购产品	购买时	借：库存商品等
				  应交税费——应交增值税（进项税额）
				  贷：银行存款

			计提时	借：生产成本
				  管理费用
				  贷：应付职工薪酬

			发放时	借：应付职工薪酬+非货币性福利费
				  贷：库存商品等
				    应交税费——应交增值税（进项税额）

(续表)

经济业务			会计处理
非货币性福利	将拥有的房屋等资产无偿提供给职工使用或租赁住房等资产供职工无偿使用	自建	借：管理费用 　　贷：应付职工薪酬——非货币性福利（宿舍） 借：应付职工薪酬——非货币性福利（宿舍） 　　贷：累计折旧
		租赁	借：管理费用 　　贷：应付职工薪酬——非货币性福利（租赁公寓） 借：应付职工薪酬——非货币性福利（租赁公寓） 　　贷：其他应付款
	向职工提供企业支付了补贴的商品或服务	出售时	借：银行存款 　　长期待摊费用 　　贷：固定资产
		折旧时	借：生产成本 　　管理费用 　　贷：应付职工薪酬——非货币性福利 借：应付职工薪酬——非货币性福利 　　贷：长期待摊费用

（二）会计处理

非货币性福利主要有三种：以自产产品或外购商品发放给职工作为福利、将拥有的房屋等资产无偿提供给职工使用或租赁住房等资产供给职工无偿使用、向职工提供企业支付了补贴的商品或服务。

（1）以自产产品或外购商品发放给职工作为福利。

企业以其生产的产品作为非货币性福利提供给职工的，应当按照该产品的公允价值和相关税费，计量应计入成本费用的职工薪酬金额，相关收入的确认、销售成本的结转和相关税费的处理，与正常商品销售相同。计提非货币性福利时，借记"生产成本""管理费用""在建工程"等科目，贷记"应付职工薪酬——非货币性福利"科目；实际发放时，借记"应付职工薪酬——非货币性福利"科目，贷记"主营业务收入""应交税费——应交增值税（销项税额）"科目，同时结转成本，借记"主营业务成本"科目，贷记"库存商品"科目。企业以外购商品作为非货币性福利提供给职工的，应当按照该商品的公允价值和相关税费计入成本费用。购入时，借记"库存商品""应交税费——应交增值税（进项税额）"等科目，贷记"银行存款"科目；决定发放非货币性福利时，借记"生产成本""管理费用"等科目，贷记"应付职工薪酬——非货币性福利"科目；发放时，借记"应付职工薪酬——非货币性福利"科目，贷记"库存商品"和"应交税费——应交增值税（进项税额转出）"科目。

（2）将拥有的房屋等资产无偿提供给职工使用或租赁住房等资产供给职工无偿使用。

企业将拥有的房屋等资产无偿提供给职工使用的，应当根据受益对象，将住房每期的公允价值计入当期损益或相关资产成本，同时确认应付职工薪酬。公允价值无法可靠取得的，可以按照成本计量。企业将自建的房屋等资产无偿提供给职工使用，借记"管理费用"科目,贷记"应付职工薪酬——非货币性福利"科目,同时借记"应付职工薪酬——非货币性福利"科目,贷记"累计折旧"科目。企业将租赁的住房提供给职工,借记"管理费用"科目,贷记"应付职工薪酬——非货币性福利"科目,同时借记"应付职工薪酬——非货币性福利"科目,贷记"其他应付款"科目。

(3)向职工提供企业支付了补贴的商品或服务。

企业有时以低于企业取得资产或服务成本的价格向职工提供资产或服务,比如以低于成本的价格向职工出售住房、以低于企业支付的价格向职工提供医疗保健服务。出售时,借记"银行存款""长期待摊费用"科目,贷记"固定资产"科目。进行折旧时,借记"生产成本""管理费用"科目,贷记"应付职工薪酬——非货币性福利"科目。同时,借记"应付职工薪酬——非货币性福利"科目,贷记"长期待摊费用"科目。以提供包含补贴的住房为例,企业在出售住房等资产时,应当将此类资产的公允价值与其内部售价之间的差额(即相当于企业补贴的金额)分别情况处理:

① 如果出售住房的合同或协议中规定了职工在购得住房后至少应当提供服务的年限,且如果职工提前离开则应退回部分差价,企业应当将该项差额作为长期待摊费用处理,并在合同或协议规定的服务年限内平均摊销,根据受益对象分别计入相关资产成本或当期损益。

② 如果出售住房的合同或协议中未规定职工在购得住房后必须服务的年限,企业应当将该项差额直接计入出售住房当期相关资产成本或当期损益。

(三)案例解析

【例9-5】 甲公司为一家生产电视机的企业,共有职工200名。2×19年5月,甲公司以其生产的成本为10 000元的电视机和外购的每部不含税价格为1 000元的手机作为春节福利发放给公司每名职工。该型号电视机的售价为每台14 000元,甲公司适用的增值税税率为13%;甲公司以银行存款支付了购买手机的价款和增值税进项税额,已取得增值税专用发票,适用的增值税税率为13%。假定200名职工中170名为直接参与生产的职工,30名为总部管理人员。

分析:企业以自己生产的产品作为福利发放给职工,应计入成本费用的职工薪酬金额以公允价值计量,计入主营业务收入,产品按照成本结转,但要根据相关税收规定,视同销售计算增值税销项税额。外购商品发放给职工作为福利,应当将交纳的增值税进项税额计入成本费用。

电视机的售价总额=14 000×170+14 000×30=2 380 000+420 000=2 800 000(元)

电视机的增值税销项税额=170×14 000×13%+30×14 000×13%=309 400+54 600=364 000(元)

(1)甲公司决定发放非货币性福利(电视机)时,应做如下会计处理。

借:生产成本　　　　　　　　　　　　　　　　　　　　　2 689 400
　　管理费用　　　　　　　　　　　　　　　　　　　　　　474 600
　　贷:应付职工薪酬——非货币性福利　　　　　　　　　3 164 000

实际发放非货币性福利(电视机)时,应做如下会计处理。

借：应付职工薪酬——非货币性福利	3 164 000	
贷：主营业务收入		2 800 000
应交税费——应交增值税（销项税额）		364 000
借：主营业务成本	2 000 000	
贷：库存商品		2 000 000

手机的售价总额＝170×1 000+30×1 000=170 000+30 000=200 000（元）
手机的进项税额＝170×1 000×13%+30×1 000×13%=22 100+3 900=26 000（元）

（2）甲公司决定发放非货币性福利（手机）时，应做如下会计处理。

借：生产成本	192 100	
管理费用	33 900	
贷：应付职工薪酬——非货币性福利		226 000

购买手机时，甲公司应做如下会计处理。

借：库存商品	200 000	
应交税费——应交增值税（进项税额）	26 000	
贷：银行存款		226 000

实际发放手机时，甲公司应做如下会计处理。

借：应付职工薪酬——非货币性福利	226 000	
贷：库存商品		200 000
应交税费——进项税额转出		26 000

【例9-6】 2×17年甲公司为总部各部门经理级别以上职工提供自建单位宿舍免费使用，同时为副总裁以上高级管理人员每人租赁一套住房。该公司总部共有部门经理以上职工60名，公司为每人提供一间单位宿舍免费使用，假定每间单位宿舍每月计提折旧1 000元；该公司共有副总裁以上高级管理人员10名，公司为其每人租赁一套月租金为10 000元的公寓。

分析：该公司每月应做如下会计处理。

借：管理费用	60 000	
贷：应付职工薪酬——非货币性福利（宿舍）		60 000
借：应付职工薪酬——非货币性福利（宿舍）	60 000	
贷：累计折旧		60 000
借：管理费用	100 000	
贷：应付职工薪酬——非货币性福利（租赁公寓）		100 000
借：应付职工薪酬——非货币性福利（租赁公寓）	100 000	
贷：其他应付款		100 000

9.2 离职后福利的计量

9.2.1 业务概述

离职后福利,是指企业为获得职工提供的服务而在职工退休或与企业解除劳动关系后,提供的各种形式的报酬和福利,短期薪酬和辞退福利除外。企业应当将离职后福利计划分类为设定提存计划和设定受益计划两种类型。

离职后福利的会计处理,如表9-5所示。

表 9-5 离职后福利的会计处理

经济业务		会计处理
离职后福利	设定提存计划	（1）计提时 借：管理费用 　　贷：应付职工薪酬 （2）发放时 借：应付职工薪酬 　　贷：银行存款
	设定受益计划	（1）计提时 借：管理费用 　　贷：应付职工薪酬 （2）计算利息费用 借：财务费用 　　贷：应付职工薪酬 （3）发放时 借：应付职工薪酬 　　贷：银行存款

9.2.2 会计处理

离职后福利包括退休福利（如养老金和一次性的退休支付）及其他离职后福利。离职后福利计划,是指企业与职工就离职后福利达成的协议或者企业为向职工提供离职后福利制定的规章或办法等。

1. 设定提存计划

设定提存计划是指向独立的基金缴存固定费用后,企业不再承担进一步支付义务的离职后福利计划。设定提存计划的会计处理比较简单,因为企业在每一期间的义务取决于该期间将要提存的金额。计提时,借记"管理费用"科目,贷记"应付职工薪酬"科目；发放时,借记"应付职工薪酬"科目,贷记"银行存款"科目。

2. 设定受益计划

设定受益计划是指除设定提存计划以外的离职后福利计划。两者的区分取决于计划的主要条款和条件所包含的经济实质。在设定受益计划下,企业的法定义务是以企业同意向基金的缴存额为限,职工所取得的离职后福利金额取决于向离职后福利计划或保险公司支付的提存金金额,以及提存金所产生的投资回报,从而精算风险(即福利将少于预期)和投资风险(即投资的资产将不足以支付预期的福利)实质上要由职工来承担。计提时,借记"管理费用"科目,贷记"应付职工薪酬"科目;同时计算利息费用,借记"财务费用"科目,贷记"应付职工薪酬"科目;发放时,借记"应付职工薪酬"科目,贷记"银行存款"科目。

9.2.3 案例解析

【例9-7】甲企业为管理人员设立了一项企业年金:每月该企业按照每个管理人员工资的5%向独立于甲企业的年金基金缴存企业年金,年金基金将其计入该管理人员个入账户并负责资金的运营。管理人员退休时可以一次性获得其个入账户的累积额,包括企业历年来的缴存额以及相应的投资收益。甲企业除了按照约定向年金基金缴存之外不再负有其他义务,既不享有缴存资金产生的收益,也不承担投资风险。因此,该福利计划为设定提存计划。2×15年,按照计划安排,该企业向年金基金机构缴存的金额为1 000万元。

分析:相关会计处理如下。

借:管理费用　　　　　　　　　　　　　　　　10 000 000
　　贷:应付职工薪酬　　　　　　　　　　　　　　10 000 000
借:应付职工薪酬　　　　　　　　　　　　　　10 000 000
　　贷:银行存款　　　　　　　　　　　　　　　　10 000 000

【例9-8】甲企业在2×14年1月1日建立一项福利计划向其未来退休的管理员工提供退休补贴,退休补贴根据工龄有不同的层次,该计划于当日开始实施。该福利计划为一项设定受益计划。假设管理人员退休时企业将每年向其支付退休补贴直至其去世,通常企业应当根据生命周期表对死亡率进行精算(为阐述方便,本例中测算表格中的演算,忽略死亡率),并考虑退休补贴的增长率等因素,将退休后补贴折现到退休时点,然后按照预期累积福利单位法在职工的服务期间进行分配。

假设一位55岁管理人员于2×14年年初入职,年折现率为10%,预计该职工将在服务5年后即2×19年年初退休。表9-6列示了甲企业按照预期累计福利单位法确定其设定受益义务现值和当期服务成本的过程,假定精算假设不变。

表9-6　甲企业按照预期累计福利单位法确定其设定受益义务现值和当期服务成本的过程

单位:元

年度	2×14年	2×15年	2×16年	2×17年	2×18年
归属于以前年度的福利金额	0	1 310	2 620	3 930	5 240
归属于当年的福利金额	1 310	1 310	1 310	1 310	1 310
归属于当前和以前年度的福利金额	1 310	2 620	3 930	5 240	6 550
期初义务	0	890	1 960	3 240	4 760

（续表）

年度	2×14 年	2×15 年	2×16 年	2×17 年	2×18 年
利率为 10% 的利息	0	89=890×10%	196=1 960×10%	324=240×10%	476=4 760×10%
当期服务成本	890=1 310÷（1+10%）^{4}	980=1 310÷（1+10%）^{3}	1 080=1 310÷（1+10%）^{2}	1 190=1 310÷（1+10%）	1 310
期末义务	890	1 959=890+89+980	3 236=1 960+196+1 080	4 754=3 240+324+1 190	6 546=4 760+476+1 310

注：1. 期初义务是归属于以前年度的设定受益义务的现值。

2. 当期服务成本是归属于当年的设定受益义务的现值。

3. 期末义务是归属于当年和以前年度的设定受益义务的现值。

分析：本例中，假设该职工退休后直至去世前企业将为其支付的累计退休福利在其退休时点的折现额约为 6 550 元，则该管理人员为企业服务的 5 年中每年所赚取的当期福利为这一金额的 1/5 即 1 310 元。当期服务成本即为归属于当年福利的现值。因此，在 2×14 年，当期服务成本为 1 310÷（1+10%）^{4}，其他各年以此类推。

2×14 年年末，甲企业的会计处理如下。

借：管理费用（当期服务成本）　　　　　　　　　　　　　　890
　　贷：应付职工薪酬　　　　　　　　　　　　　　　　　　890

2×15 年年末，甲企业的会计处理如下。

借：管理费用（当期服务成本）　　　　　　　　　　　　　　980
　　贷：应付职工薪酬　　　　　　　　　　　　　　　　　　980
借：财务费用　　　　　　　　　　　　　　　　　　　　　　89
　　贷：应付职工薪酬　　　　　　　　　　　　　　　　　　89

9.3　辞退福利的计量

9.3.1　业务概述

辞退福利，是指企业在职工劳动合同到期之前解除与职工的劳动关系，或者为鼓励职工自愿接受裁减而给予职工的补偿。辞退福利被视为职工福利的单独类别，是因为导致义务产生的事项是终止雇佣而不是职工的服务。

辞退福利的会计处理，如表 9-7 所示。

表 9-7　辞退福利的会计处理

经济业务	会计处理
辞退福利	借：管理费用 　　贷：应付职工薪酬——辞退福利

9.3.2 会计处理

职工福利的形式并不决定其是为了换取服务还是换取终止职工的雇佣而提供。辞退福利通常一整笔支付，但有时也包括通过职工福利计划间接或直接提高离职后福利，或者在职工不再为企业带来经济利益后，将职工工资支付到辞退后未来某一期末等方式。

辞退福利包括两方面的内容：一是在职工劳动合同尚未到期前，不论职工本人是否愿意，企业决定解除与职工的劳动关系而给予的补偿；二是在职工劳动合同尚未到期前，为鼓励职工自愿接受裁减而给予的补偿，职工有权利选择继续在职或接受补偿离职。辞退福利还包括当企业控制权发生变动时，对辞退的管理层人员进行补偿的情况。计提辞退福利时，借记"管理费用"科目，贷记"应付职工薪酬——辞退福利"科目。

9.3.3 案例解析

【例9-9】甲公司为一家空调制造企业，2×15年9月，为了能够在下一年度顺利实施转产，甲公司管理层制定了一项辞退计划。计划规定：自2×16年1月1日起，企业将以职工自愿方式，辞退其柜式空调生产车间的职工。辞退计划的详细内容，包括拟辞退的职工所在部门、数量、各级别职工能够获得的补偿以及计划大体实施的时间等，均已与职工沟通，并达成一致意见，辞退计划已于当年12月10日经董事会正式批准，辞退计划将于下一个年度内实施完毕。该项辞退计划的详细内容，如表9-8所示。

表9-8 甲公司该项辞退计划的详细内容

所属部门	职位	辞退数量（个）	工龄（年）	每人补偿（万元）
空调车间	车间主任、副主任	10	1~10	10
			10~20	20
			20~30	30
	高级技工	50	1~10	8
			10~20	18
			20~30	28
	一般技工	100	1~10	5
			10~20	15
			20~30	25
合计		160		

2×15年12月31日，甲公司预计拟接受辞退职工数量的最佳估计数（最可能发生数）及补偿金额如表9-9所示。

表 9-9 预计拟接受辞退职工数量的最佳估计数及补偿金额

所属部门	职位	辞退数量（个）	工龄（年）	接受数量（个）	每人补偿额（万元）	补偿金额（万元）
空调车间	车间主任、副主任	10	1~10	5	10	50
			10~20	2	20	40
			20~30	1	30	30
	高级技工	50	1~10	20	8	160
			10~20	10	18	180
			20~30	5	28	140
	一般技工	100	1~10	50	5	250
			10~20	20	15	300
			20~30	10	25	250
合计		160		123		1 400

分析：按照《企业会计准则第13号——或有事项》有关计算最佳估计数的方法，预计接受辞退的职工数量可以根据最可能发生的数量确定。根据表9-9，愿意接受辞退职工的最可能数量为123名，预计补偿金额为1 400万元，则甲公司在2×15年（辞退计划是2×15年12月10日由董事会批准）应做如下会计处理。

借：管理费用　　　　　　　　　　　　　　　　　　　　14 000 000
　　贷：应付职工薪酬——辞退福利　　　　　　　　　　　14 000 000

9.4 其他长期职工福利的计量

9.4.1 业务概述

企业向职工提供的其他长期职工福利，符合设定提存计划条件的，应当按照设定提存计划的有关规定进行会计处理；符合设定受益计划条件的，企业应当按照设定受益计划的有关规定，确认和计量其他长期职工福利净负债或净资产。

其他长期职工福利的会计处理，如表9-10所示。

表 9-10 其他长期职工福利的会计处理

经济业务		会计处理
其他长期职工福利	计提时	借：管理费用 　　财务费用 　　贷：应付职工薪酬——递延奖金计划
	发放时	借：应付职工薪酬——递延奖金计划 　　贷：银行存款

9.4.2 会计处理

其他长期职工福利，是指除短期薪酬、离职后福利和辞退福利以外的其他所有职工福利。其他长期职工福利包括以下各项（假设预计在职工提供相关服务的年度报告期末以后 12 个月内不会全部结算）：长期带薪缺勤、长期残疾福利、长期利润分享计划和长期奖金计划，以及递延酬劳等。计提时，借记"管理费用"和"财务费用"科目，贷记"应付职工薪酬——递延奖金计划"科目；发放时，借记"应付职工薪酬——递延奖金计划"科目，贷记"银行存款"科目。

9.4.3 案例解析

【例 9-10】 2×15 年年初甲企业为其管理人员设立了一项递延奖金计划：将当年利润的 5% 提成作为奖金，但要两年后即 2×16 年年末才向仍然在职的员工分发。假设 2×15 年当年利润为 1 亿元，且该计划条款中明确规定：员工必须在这两年内持续为公司服务，如果提前离开将拿不到奖金。

分析：具体会计处理如下。

步骤一：根据预期累计福利单位法，采用无偏且相互一致的精算假设对有关人口统计变量和财务变量等做出估计，计量设定受益计划所产生的义务，并按照同久期同币种的国债收益率将设定受益计划所产生的义务予以折现，以确定设定受益计划义务的现值和当期服务成本。

假设不考虑死亡率和离职率等因素，2×15 年年初预计两年后企业为此计划的现金流支出为 500 万元，按照预期累计福利单位法，归属于 2×15 年的福利为 500÷2=250（万元），选取同久期同币种的国债收益率作为折现率（5%）进行折现，则 2×15 年的当期服务成本 = 2 500 000÷（1+5%）=2 380 952（元）。假定 2×15 年年末折现率变为 3%，则 2×15 年年末的设定受益义务现值，即设定受益计划负债 =2 500 000÷（1+3%）=2 427 184（元）。

步骤二：核实设定受益计划有无计划资产，假设在本例中，该项设定受益计划没有计划资产，2×15 年末的设定受益计划净负债，即设定受益计划负债为 2 427 184 元。

步骤三：确定应当计入当期损益的金额，如步骤一所示，本例中发生利润从而导致负债的当年，即 2×15 年的当期服务成本为 2 380 952 元。由于期初负债为 0，2×15 年年末，设定受益计划净负债的利息费用为 0。

步骤四：确定重新计量设定受益计划净负债或净资产所产生的变动，包括精算利得或损失、计划资产回报和资产上限影响的变动三个部分，计入当期损益。由于假设本例中没有计划资产，因此重新计量设定受益计划净负债或净资产所产生的变动仅包括精算利得或损失。

2×15 年年末的精算损失为 46 232 元。2×15 年年末，上述递延奖金计划的会计处理如下。

  借：管理费用——当期服务成本   2 380 952
      ——精算损失   46 232
    贷：应付职工薪酬——递延奖金计划   2 427 184

2×16 年年末，假设折现率仍为 3%，甲企业当期服务成本为 250 万元，设定受益计划净负债的利息费用 =2 427 184×3%=72 816（元）。则甲企业 2×16 年年末的会计处理如下。

借：管理费用 2 500 000
　　财务费用 72 816
　　　贷：应付职工薪酬——递延奖金计划 2 572 816

实际支付该项递延奖金时，会计处理如下。

借：应付职工薪酬——递延奖金计划 5 000 000
　　　贷：银行存款 5 000 000

第 10 章
企业年金基金

企业年金基金,是指根据依法制定的企业年金计划筹集的资金及其投资运营收益形成的企业补充养老保险基金。企业年金基金由企业缴费、职工个人缴费和企业年金基金投资运营收益三部分组成。

《企业会计准则第 10 号——企业年金基金》(以下简称"企业年金基金准则")及其应用指南,明确了企业年金基金作为独立的会计主体,规范了企业年金基金的确认、计量和报告,以真实反映企业年金基金的财务状况、投资运营情况、净资产变动情况,及时揭示企业年金基金的管理风险等信息。

企业年金基金受托人、托管人、投资管理人应当根据各自的职责,按照企业年金基金准则及其应用指南的规定,设置相应会计科目和会计账簿,对企业年金基金发生的有关交易或者事项进行会计处理和报告。

本章着重讲解企业年金基金缴费(供款)、企业年金基金投资运营、企业年金基金收入、企业年金基金费用、企业年金基金给付等的会计处理。企业年金基金会计科目名称和编号见表 10-1。

表 10-1 企业年金基金会计科目名称和编号

顺序号	编号	会计科目名称
一、资产类		
1	101	银行存款
2	102	结算备付金
3	104	交易保证金
4	113	应收利息
5	114	应收股利
6	115	应收红利
7	118	买入返售证券
8	125	其他应收款
9	128	交易性金融资产
10	131	其他资产
二、负债类		
11	201	应付受益人待遇
12	204	应付受托人管理费
13	205	应付托管人管理费
14	216	应付投资管理人管理费

(续表)

顺序号	编号	会计科目名称
15	215	应交税费
16	218	卖出回购证券款
17	221	应付利息
18	223	应付佣金
19	229	其他应付款
三、共同类		
20	301	证券清算款
四、基金净值类		
21	401	企业年金基金——个人账户结余 ——企业账户结余 ——净收益 ——个人账户转入 ——个人账户转出 ——支付受益人待遇
22	410	本期收益
五、损益类		
23	501	存款利息收入
24	503	买入返售证券收入
25	505	公允价值变动收益
26	531	投资收益
27	533	其他收入
28	534	交易费用
29	539	受托人管理费
30	540	托管人管理费
31	541	投资管理人管理费
32	552	卖出回购证券支出
33	566	其他费用
34	570	以前年度损益调整

10.1 企业年金基金缴费的会计处理

10.1.1 业务概述

企业年金基金由企业缴费、职工个人缴费和企业年金基金投资运营而形成的收益组成。企业可以根据自身的经济效益情况和目标，在国家统一规定的范围内，自主决定企业缴费的具体比例，并按照企业年金计划约定的参保范围、企业年金种类和缴费方式，定期进行缴费。对企业来说，企业按照企业年金计划进行的缴费，属于企业职工薪酬范围，其确认、计量及报告适用《企业会计准则第 9 号——职工薪酬》。

企业年金基金缴费的会计处理，如表 10-2 所示。

表 10-2　企业年金基金缴费的会计处理

经济业务	会计处理
计提企业年金基金	借：管理费用等 　　贷：应付职工薪酬——企业年金基金
企业年金基金收到缴费	借：银行存款 　　贷：企业年金基金——个人账户结余（个人缴费） 　　　　　　　　　　——个人账户结余（企业缴费） 　　　　　　　　　　——企业账户结余（企业缴费）

10.1.2　会计处理

为了核算企业年金基金收到缴费等业务，企业年金基金作为独立的会计主体，应当设置"企业年金基金""银行存款"等科目。"企业年金基金"科目核算企业年金基金资产的来源和运用，应按个人账户结余、企业账户结余、净收益、个人账户转入、个人账户转出，以及支付受益人待遇等设置相应明细科目，本科目期末贷方余额，反映企业年金基金净值。企业年金基金银行账户主要有资金账户、证券账户等。资金账户包括银行存款账户、结算备付金账户等，其中银行存款账户又包括受托财产托管账户、委托投资资产托管账户，证券账户包括证券交易所证券账户和全国银行间市场债券托管账户等。

计提企业年金基金时，其会计处理为：借记"管理费用"等科目，贷记"应付职工薪酬——企业年金基金"科目。

企业年金基金收到缴费时，按实际收到的金额，借记"银行存款"科目，贷记"企业年金基金——个人账户结余""企业年金基金——企业账户结余"等科目。

10.1.3　案例解析

【例 10-1】2×19 年 1 月 1 日，A 企业按计划向企业和员工收取年金基金，共计 500 万元，其中企业缴费 350 万元、职工个人缴费 150 万元。3 日后，资金全部收齐，存入企业年金基金账户，实收金额与提供的缴费总额账单核对无误。按该企业年金基金计划约定，企业缴费 350 万元中，归属个人账户金额为 200 万元，另 150 万元的权益归属条件尚未实现。

分析：该企业年金基金会计处理如下。

（1）1 月 1 日，计提企业年金基金。

借：管理费用 / 销售费用等　　　　　　　　　　　　　　　5 000 000
　　贷：应付职工薪酬——企业年金基金　　　　　　　　　　　　5 000 000

（2）企业年金基金收到缴费。

借：银行存款　　　　　　　　　　　　　　　　　　　　　5 000 000
　　贷：企业年金基金——个人账户结余（个人缴费）　　　　　　1 500 000

| | ——个人账户结余(企业缴费) | 2 000 000 |
| | ——企业账户结余(企业缴费) | 1 500 000 |

企业年金基金收到缴费后,如需账户管理人核对后确认,可先通过"其他应付款——企业年金基金供款"科目核算,确认后再转入"企业年金基金"科目。

10.2 企业年金基金投资运营的会计处理

企业年金基金准则规定,企业年金基金在投资运营中,根据国家规定的投资范围取得的国债、信用等级在投资级以上的金融债等具有良好流动性的金融产品,其初始取得和后续估值应当以公允价值计量。企业年金基金投资公允价值的确定,适用《企业会计准则第22号——金融工具确认和计量》。

企业年金基金投资运营的会计核算一般需要设置"交易性金融资产""公允价值变动收益""证券清算款""结算备付金""交易保证金""投资收益""交易费用""应收利息""应收股利""应收红利""本期收益"等科目。

10.2.1 初始取得投资时的会计处理

(一)业务概述

企业年金基金初始取得投资的交易日,以支付的价款(不含支付的价款中所包含的已到付息期但尚未领取的利息或已宣告但尚未发放的现金股利、基金红利)计入投资的成本。

企业年金基金初始取得投资时的会计处理,如表10-3所示。

表10-3 企业年金基金初始取得投资时的会计处理

经济业务	会计处理	
企业年金基金投资的初始计量	(1)交易日 借:交易性金融资产——成本(股票、债券等) 　　交易费用 　　应收股利/应收利息 　贷:银行存款/证券清算款 (2)资金交收日 借:证券清算款 　贷:结算备付金/银行存款等	(3)买入返售证券 借:买入返售证券——××证券 　贷:结算备付金

(二)会计处理

企业年金基金初始取得投资的交易日,以支付的价款(不含支付的价款中所包含的已到付息期但尚未领取的利息或已宣告但尚未发放的现金股利、基金红利)计入投资的成本,借记"交易性金融资产——成本"科目,按发生的交易费用及相关税费直接计入当期损益,借记"交易费用"科目,按支付的价款中所包含的已到付息期但尚未领取的利息或已宣告但尚未发放的现金股利、红利,借记"应收利息""应收股利"或"应收红利"科目,贷记"证券清算款""银行存款"等科目。

资金交收日,按实际清算的金额,借记"证券清算款"科目,贷记"结算备付金""银行存款"等科目。

买入返售证券时,借记"买入返售证券"科目,贷记"结算备付金"科目。

(三)案例解析

【例10-2】2×19年1月1日,A企业年金基金通过证券交易所按面值购买3年期国债2 500手,每手票面价值为1 000元,成交价为254万元(含已到付息期但尚未领取的利息40 000元),利率为5%,另发生手续费、佣金等相关税费2 000元。并于1月2日,与证券登记结算机构进行资金交收。

分析:该企业年金基金的会计处理如下。

(1)1月1日,与证券登记结算机构清算应付证券款。

借:交易性金融资产——成本(债券) 2 500 000
　　应收利息 40 000
　　交易费用 2 000
　贷:证券清算款 2 542 000

(2)1月2日,与证券登记结算机构交收资金。

借:证券清算款 2 542 000
　贷:结算备付金 2 542 000

【例10-3】2×19年1月5日,A企业通过证券交易所用企业年金基金购入B企业股票10万股,每股18.6元,成交金额为186万元(其中含已经宣告但尚未发放的现金股利60 000元),另发生券商佣金、印花税等1.6万元。

分析:该企业年金基金的会计处理如下。

(1)1月5日,与证券登记结算机构清算应付股票价款。

借:交易性金融资产——成本(B股票) 1 800 000
　　应收股利——B股票 60 000
　　交易费用 16 000
　贷:证券清算款 1 876 000

(2)1月6日,与证券登记结算机构交收资金。

借:证券清算款 1 876 000
　贷:结算备付金 1 876 000

10.2.2 持有投资期间的会计处理

(一)业务概述

企业年金基金投资持有期间,被投资单位宣告发放的现金股利,或资产负债表日按债券票面利率计算的利息收入,应确认为投资收益。

企业年金基金投资持有期间的会计处理,如表10-4所示。

表 10-4 企业年金基金投资持有期间的会计处理

经济业务	会计处理	
持有期间，获得收益	（1）确认收益 借：应收股利/应收利息/应收红利 　　贷：投资收益 （2）期末时结转投资收益 借：投资收益 　　贷：本期收益	（3）返售证券 借：应收利息 　　贷：买入返售证券收入

（二）会计处理

企业年金基金投资持有期间，被投资单位宣告发放的现金股利，或资产负债表日按债券票面利率计算的利息收入，应确认为投资收益，借记"应收股利""应收利息"或"应收红利"科目，贷记"投资收益"等科目。期末，将"投资收益"科目余额转入"本期收益"科目。

返售证券时，借记"应收利息"科目，贷记"买入返售证券收入"科目。

（三）案例解析

【例 10-4】沿用【例 10-2】，A 企业年金基金持有国债期间，按债券票面价值和票面利率计提债券利息。假设一年按 365 天计算，每日计提利息，票面年利率为 5%。

分析：该企业年金基金的会计处理如下。

每日应计利息 =2 500 000×5% ÷365=342.47（元）

每日计提利息时的会计处理如下。

借：应收利息　　　　　　　　　　　　　　　　　　　　　342.47
　　贷：投资收益　　　　　　　　　　　　　　　　　　　　342.47

债券除息日（T 日），借记"证券清算款"科目，贷记"应收利息"科目。资金交收日（T+1 日），借记"结算备付金"科目、贷记"证券清算款"科目。

【例 10-5】沿用【例 10-3】，2×19 年 2 月 1 日，A 企业年金基金收到购买 B 企业股票时已宣告的现金股利，该上市企业发放 B 股票的现金股利为每股 0.6 元，合计 6 万元。

分析：该企业年金基金的会计处理如下。

借：银行存款　　　　　　　　　　　　　　　　　　　　　60 000
　　贷：应收股利——B 股票　　　　　　　　　　　　　　　60 000

10.2.3 估值日的会计处理

（一）业务概述

估值日对投资进行估值时，应当以估值日的公允价值计量。公允价值与上一估值日公允价值的差额，计入当期损益，并以此调整原账面价值。

企业年金基金估值日的会计处理，如表 10-5 所示。

表 10-5 企业年金基金估值日的会计处理

经济业务	会计处理	
持有期间，估值日，投资增值或减值	借：交易性金融资产——公允价值变动等 　　贷：公允价值变动收益	借：公允价值变动收益 　　贷：交易性金融资产——公允价值变动等

（二）会计处理

根据企业年金基金准则的规定，企业年金基金的投资应当按日估值，或至少按周进行估值。也就是说，每个工作日结束时，或者每周四或周五工作日结束时估值。

估值日对投资进行估值时，应当以估值日的公允价值计量。公允价值与上一估值日公允价值的差额，计入当期损益，并以此调整原账面价值。借记或贷记"交易性金融资产——公允价值变动"科目，贷记或借记"公允价值变动损益"科目。

（三）案例解析

【例 10-6】沿用【例 10-5】，2×19 年 3 月 5 日，A 企业年金基金持有的 B 股票的收盘价为每股 20 元。在估值日和资产负债表日，A 企业年金基金持有的上市流通的债券、基金、股票等交易性金融资产，以其估值日在证券交易所挂牌的市价（平均价或收盘价）估值；估值日无交易的以最近交易日的市价估值。估值日公允价值与上一估值日公允价值的差额 =（20-18）×10×10 000=200 000（元）

分析：该企业年金基金的会计处理如下。

借：交易性金融资产——公允价值变动（B 股票）　　　　200 000
　　贷：公允价值变动损益　　　　　　　　　　　　　　　　　　200 000

10.2.4　处置投资的会计处理

（一）业务概述

处置企业年金基金投资时，应在交易日按照卖出投资所取得的价款与其账面价值（买入价）的差额，确定为投资损益。

处置企业年金基金投资的会计处理，如表 10-6 所示。

表 10-6 处置企业年金基金投资的会计处理

经济业务	会计处理	
处置投资	（1）出售投资时 借：应收账款/银行存款/证券清算款等 　　交易费用 　　贷：交易性金融资产——成本 　　　　　　　　　　　　——公允价值变动 　　　　　投资收益 借：公允价值变动损益 　　贷：投资收益 （2）资金交收日 借：结算备付金 　　贷：证券清算款 或： 借：银行存款 　　贷：应收账款	（3）返售证券 借：结算备付金 　　贷：买入返售证券 　　　　应收利息 借：买入返售证券收入 　　贷：本期收益

（二）会计处理

出售投资时，按应收金额，借记"证券清算款"等科目，按买入时原账面价值（初始买价），贷记"交易性金融资产——成本"等科目，按出售投资成交价总额与原账面价值（初始买价）的差额，作为投资处置收益，贷记或借记"投资收益"科目。同时，将原计入该投资的公允价值变动损益转出，借记或贷记"公允价值变动损益"科目，贷记或借记"投资收益"科目。

因债券、基金、股票的交易比较频繁，出售债券、基金、股票等证券时，其投资成本应一并结转。出售证券成本的计算方法可采用月末一次加权平均法、移动加权平均法、先进先出法等，成本计算方法一经确定，不得随意变更。

返售证券时，借记"结算备付金"科目，贷记"买入返售证券""应收利息"科目。借记"买入返售证券收入"科目，贷记"本期收益"科目。

（三）案例解析

【例 10-7】 沿用【例 10-6】，2×19 年 4 月 1 日，A 企业年金基金出售 B 股票 5 万股，每股市价 25 元，成交总额为 125 万元，另发生交易费用 1 500 元。4 月 2 日为资金交收日。

分析：本例中，成交总额扣减佣金、印花税等为应收证券清算款，共计金额 1 248 500（1 250 000－1 500）元。

该企业年金基金的会计处理如下。

（1）4 月 1 日，A 企业与证券登记结算机构清算应收股票款。

借：证券清算款　　　　　　　　　　　　　　　　　　1 248 500
　　交易费用　　　　　　　　　　　　　　　　　　　　　1 500
　　贷：交易性金融资产——成本（B 股票）　　　　　　900 000
　　　　　　　　　　　——公允价值变动（B 股票）　　100 000

	投资收益	250 000

借：公允价值变动损益　　　　　　　　　　　　　　　100 000
　　贷：投资收益　　　　　　　　　　　　　　　　　　　　100 000

（2）4月2日，与证券登记结算机构交收资金。
借：结算备付金　　　　　　　　　　　　　　　　　1 248 500
　　贷：证券清算款　　　　　　　　　　　　　　　　　　1 248 500

10.3　企业年金基金收入的会计处理

10.3.1　业务概述

企业年金基金在运营过程中形成的各项收入包括存款利息收入、买入返售证券收入、公允价值变动收益、投资处置收益和其他收入。

企业年金基金收入的会计处理，如表10-7所示。

表10-7　企业年金基金收入的会计处理

经济业务	会计处理	
企业年金基金收入	（1）确认收入时 借：应收股利/应收利息 　　贷：投资收益/其他收入——风险准备金补亏等 （2）收到时 借：银行存款 　　贷：应收股利/应收利息	（3）返售证券 ① 买入时： 借：买入返售证券——××证券 　　贷：结算备付金 ② 计提利息时： 借：应收利息 　　贷：买入返售证券收入

10.3.2　会计处理

股票差价收入、债券收入和基金差价收入应当在交易日按照卖出投资所取得的成交价款与其账面价值的差额入账；同时按照所取得的成交价款增加货币资金，并冲减相关投资的账面价值。存款利息收入、债券利息收入应按期计提，按照年金和适用的利率计算的金额入账，同时增加应收利息。基金红利收入应在证券投资基金公告的登记日按照其宣告的分红派息比例计算的金额入账，同时增加应收基金红利。期末，将所有收入类科目的余额全部结转至"企业年金基金"科目的贷方。

（1）存款利息收入的会计处理。

存款利息收入包括活期存款、定期存款、结算备付金、交易保证金等利息收入。根据企业年金基金准则及其应用指南的规定，企业年金基金应按日或至少按周确认存款利息收入，并按存款本金和适用利率计提的金额入账。按日或按周计提银行存款、结算备付金存款等利息时，借记"应收利息"科目，贷记"存款利息收入"科目。

（2）买入返售证券收入的会计处理。

买入返售证券业务，是指企业年金基金与其他企业以合同或协议的方式，按一定价格买入证券,到期日再按合同规定的价格将该批证券返售给其他企业,以获取利息收入的证券业务。根据企业年金基金准则及其应用指南的规定,企业年金基金应于买入证券时,按实际支付的价款确认为一项资产,在融券期限内按照买入返售证券价款和协议约定的利率逐日或每周计提的利息确认买入返售证券收入。

企业年金基金应设置"买入返售证券""买入返售证券收入"等科目,对买入返售证券业务进行会计处理。买入证券付款时,按实际支付的款项,借记"买入返售证券——××证券"科目,贷记"结算备付金"科目。计提利息时,借记"应收利息"科目,贷记"买入返售证券收入"科目。买入返售证券到期时,按实际收到的金额,借记"结算备付金"科目;按买入时的价款,贷记"买入返售证券"科目;按已计未收利息,贷记"应收利息"科目;按本期应计利息,贷记"买入返售证券收入"科目。期末将"买入返售证券收入"科目余额转入"本期收益"科目。

(3)其他收入的会计处理。

其他收入,是指除上述收入以外的收入,如风险准备金补亏。根据《企业年金基金管理办法》的规定,投资管理人应当按当期收取的投资管理人管理费的一定比例提取企业年金基金投资管理风险准备金,由托管人专户存储,专项用于弥补企业年金基金投资亏损。企业年金基金投资管理风险准备金的提取比例为20%,余额达到投资管理企业年金基金净资产的10%时可不再提取。企业年金基金取得投资管理风险准备金用于补亏时,应当按照实际收到金额计入其他收入。

10.3.3 案例解析

【例10-8】2×19年4月1日,A企业年金基金在中国银行的存款本金为1 000 000元,假设一年按365天计算,银行存款年利率为1.95%,每季末结息,A企业对其逐日估值。

分析:每日银行存款应计利息 = 存款本金 × 年利率 ÷ 365

$$= 1\,000\,000 \times 1.95\% \div 365 = 53.42(元)$$

A企业年金基金的会计处理如下。

(1)每日计提存款利息。

借:应收利息　　　　　　　　　　　　　　　　　　　　　　53.42
　　贷:存款利息收入　　　　　　　　　　　　　　　　　　　　53.42

(2)每季收到存款利息(假设每季收息4 875元)。

借:银行存款　　　　　　　　　　　　　　　　　　　　　　4 875
　　贷:应收利息　　　　　　　　　　　　　　　　　　　　　　4 875

【例10-9】2×19年5月31日,A企业通过证券结算公司用企业年金基金购入B企业按月付息、一次还本的3个月期返售证券10 000张,每张面值100元,票面年利率为4%,交易费用暂不考虑。

分析:A企业年金基金的会计处理如下。

（1）5月31日，购入时的会计处理如下。

借：买入返售证券——B证券　　　　　　　　　　　　　1 000 000
　　贷：结算备付金　　　　　　　　　　　　　　　　　　　　　1 000 000

（2）按日计提利息。

每日应计提利息＝返售债券面值×年利率÷当年天数
　　　　　　　＝1 000 000×4%÷365＝109.59（元）

借：应收利息　　　　　　　　　　　　　　　　　　　　　109.59
　　贷：买入返售证券收入　　　　　　　　　　　　　　　　　　　109.59

6月30日收到当月利息（假设前两个月每月收到3 333.33元）。

借：结算备付金　　　　　　　　　　　　　　　　　　　3 333.33
　　贷：应收利息　　　　　　　　　　　　　　　　　　　　　　　3 333.33

7月按照6月进行会计处理。

（3）8月31日，买入返售证券到期。

借：结算备付金　　　　　　　　　　　　　　　　　　1 003 333.34
　　贷：买入返售证券　　　　　　　　　　　　　　　　　　　　1 000 000
　　　　应收利息　　　　　　　　　　　　　　　　　　　　　　　3 333.34

（4）期末结转损益，转入本年收益科目。

【例10-10】 2×19年5月10日，A企业年金基金估值时确认当日亏损25万元。按规定，将企业年金基金投资管理风险准备金30万元用于补亏。已知：该企业年金基金按日估值；投资管理人提取的风险准备金结余75万元。

分析：该企业年金基金的会计处理如下。

借：银行存款　　　　　　　　　　　　　　　　　　　　250 000
　　贷：其他收入——风险准备金补亏　　　　　　　　　　　　　250 000

10.4　企业年金基金费用的会计处理

10.4.1　业务概述

企业年金基金费用，是指企业年金基金在投资营运等日常活动中所发生的经济利益的流出。企业年金基金费用可能表现为企业年金基金资产的减少，或企业年金基金负债的增加，或二者兼而有之。企业年金基金每日或每周确认、计算基金费用，并进行相应的会计处理。

企业年金基金费用的会计处理，如表10-8所示。

表 10-8 企业年金基金费用的会计处理

业务概述	会计处理
发生企业年金基金费用	（1）交易费用 借：交易费用 　　贷：证券清算款/银行存款 （2）受托人、托管人、投资人管理费 ① 计提时： 借：受托人管理费/托管人管理费/投资管理人管理费 　　贷：应付受托人管理费/应付托管人管理费/应付投资管理人管理费 ② 实际支付时： 借：受托人管理费/托管人管理费/投资管理人管理费 　　贷：银行存款等 ③ 期末结转时： 借：受托人管理费/托管人管理费/投资管理人管理费 　　贷：本期收益 （3）卖出回购证券支出 ① 卖出时： 借：结算备付金 　　贷：卖出回购证券款——××证券 ② 计提利息时： 借：卖出回购证券支出 　　贷：应付利息 ③ 到期回购时： 借：卖出回购证券款——××证券 　　应付利息 　　卖出回购证券支出 　　贷：结算备付金 　　　　本期收益 （4）其他费用 ① 采用待摊方法： 发生费用时： 借：长期待摊费用 　　贷：银行存款 摊销时： 借：其他费用 　　贷：长期待摊费用 ② 采用预提方法： 预提时： 借：其他费用 　　贷：其他应付款 支付费用时： 借：其他应付款 　　贷：银行存款 期末： 借：其他费用 　　贷：本期收益

10.4.2 会计处理

企业年金基金费用由以下项目构成：（1）交易费用；（2）受托人管理费；（3）托管人管理费；（4）投资管理人管理费；（5）卖出回购证券支出；（6）其他费用。

企业年金基金费用的开支范围受到法规制度的严格约束。例如，《企业年金基金管理办法》规定，受托人、托管人提取的管理费均不得高于企业年金基金净值的0.2%，投资管理人提取的管理费不得高于企业年金基金净值的1.2%。但账户管理费（每户每月不超过5元）不属于企业年金基金费用，由企业另行缴纳。

企业应设立"受托人管理费""托管人管理费""投资管理人管理费""卖出回购证券支出""其他费用""长期待摊费用"等科目进行会计处理。

（一）交易费用

交易费用，是指企业年金基金在投资运营中发生的手续费、佣金以及相关税费，包括支付给代理机构、咨询机构、券商的手续费和佣金以及相关税费等其他必要支出。

企业年金基金应设置"交易费用"科目，按照实际发生的金额，借记"交易费用"科目，贷记"证券清算款""银行存款"等科目。

（二）受托人管理费、托管人管理费和投资管理人管理费

受托人管理费、托管人管理费和投资管理人管理费，是指根据企业年金计划或合同文件规定的比例，提取的相应管理费。根据《企业年金基金管理办法》的规定，受托人、托管人提取的管理费均不得高于企业年金基金净值的0.2%，投资管理人提取的管理费不得高于企业年金基金净值的1.2%。

企业年金基金应当设置"受托人管理费""托管人管理费""投资管理人管理费""应付受托人管理费""应付托管人管理费""应付投资管理人管理费"等科目，对发生的上述管理费，分别进行会计处理。

企业年金基金计提相关费用时，应当按照应付的实际金额，借记"受托人管理费""托管人管理费""投资管理人管理费"科目，同时确认为负债，贷记"应付受托人管理费""应付托管人管理费""应付投资管理人管理费"科目。支付相关管理费用时，借记"受托人管理费""托管人管理费""投资管理人管理费"科目，贷记"银行存款"等科目。期末，将"受托人管理费""托管人管理费""投资管理人管理费"科目的借方余额全部转入"本期收益"科目。

（三）卖出回购证券支出

卖出回购证券业务，是指企业年金基金与其他企业以合同或协议的方式，按照一定价格卖出证券，到期日再按合同约定的价格买回该批证券，以获得一定时期内资金的使用权的证券业务。根据企业年金基金准则及其应用指南的规定，企业年金基金应在融资期限内，按照卖出回购证券价款和协议约定的利率每日或每周确认、计算卖出回购证券支出。

企业年金基金应设置"卖出回购证券支出""卖出回购证券款"等科目，对卖出回购证券业务进行会计处理。卖出证券收到款项时，按实际收到价款，借记"结算备付金"科目，

同时确认一笔负债,贷记"卖出回购证券款——××证券"科目。证券持有期内计提利息时,按计提的金额,借记"卖出回购证券支出"科目,贷记"应付利息"科目。到期回购时,按卖出证券时实际收款金额,借记"卖出回购证券款——××证券"科目,按应计提未到期的卖出回购证券利息,借记"应付利息"科目,按借贷方差额,借记"卖出回购证券支出"科目,按实际支付的款项,贷记"结算备付金"科目。期末将"卖出证券支出"科目余额转入"本期收益"科目。

(四)其他费用

其他费用,是指除上述3项费用以外的其他各项费用,包括注册登记费、上市年费、信息披露费、审计费用、律师费用等。根据现行法律法规的规定,基金管理各方当事人因未履行义务导致的费用支出或资产的损失以及处理与基金运营无关的事项发生的费用不得列入企业年金基金费用。

企业年金基金应当设置"其他费用"等科目,按费用种类设置明细账,对发生的其他费用进行会计处理。发生其他费用时,应按实际发生的金额,借记"其他费用"科目,贷记"银行存款"等科目。如发生的其他费用金额较大,如大于基金净值十万分之一,也可以采用待摊或预提的方法,待摊或预提计入基金损益,但一经采用,不得随意变更,且年末一般无余额。

(1)采用待摊方法的,发生时,借记"长期待摊费用"科目,贷记"银行存款"科目;摊销时,借记"其他费用"科目,贷记"长期待摊费用"科目。

(2)采用预提方法的,预提时,借记"其他费用"科目,贷记"其他应付款"科目;支付费用时,借记"其他应付款"科目,贷记"银行存款"科目。期末,应将"其他费用"科目的借方余额全部转入"本期收益"科目。

10.4.3 案例解析

【例10-11】2×19年6月2日,A企业年金基金市值为10 000 000元。投资管理合同中约定:投资管理费年费率为基金净值(市值)的1.3%,受托人管理费和托管人管理费年费率均为基金净值(市值)的0.5%;一年按365天计算,按日估值。

分析:该企业年金基金的相关计算及会计处理如下。

每日应计提的投资管理费 = 基金净值 × 年费率 ÷ 当年天数
=10 000 000×1.3% ÷365=356.16(元)

每日应计提的受托人管理费、托管人管理费 = 基金净值 × 年费率 ÷ 当年天数
=10 000 000×0.5% ÷365
=136.99(元)

借:投资管理人管理费——××投资管理人　　　　　　356.16
　　受托人管理费　　　　　　　　　　　　　　　　　136.99
　　托管人管理费　　　　　　　　　　　　　　　　　136.99
　　贷:应付投资管理人管理费　　　　　　　　　　　　　　356.16

应付受托人管理费	136.99
应付托管人管理费	136.99

【例 10-12】 2×19 年 7 月 1 日，A 企业年金基金市值为 1 000 万元，该日发生信息披露费 1 000 元。假设按日估值。

分析：该企业年金基金的会计处理如下。

借：其他费用　　　　　　　　　　　　　　　　　　　　　1 000
　　贷：银行存款　　　　　　　　　　　　　　　　　　　　1 000

10.5　企业年金基金给付环节的会计处理

10.5.1　业务概述

《企业年金办法》规定，职工在达到国家规定的退休年龄时，可以从本人企业年金基金个人账户中一次或定期领取企业年金。职工未达到退休年龄的，不得从个人账户中提前提取资金；出境定居人员的企业年金基金个人账户资金，可根据本人要求一次性支付给本人；职工变动工作单位时，企业年金基金个人账户可以随同转移。职工升学、参军、失业期间或新就业单位没有实行企业年金制度的，其企业年金基金账户可由原管理机构继续管理；职工或退休人员死亡后，其企业年金基金个人账户余额由指定的受益人或法定继承人一次性领取。因此，企业应当就何时支付企业年金基金有一个相应的计划。

企业年金基金给付环节的会计处理，如表 10-9 所示。

表 10-9　企业年金基金给付环节的会计处理

经济业务	会计处理
企业年金待遇给付	（1）计算、确认时 借：企业年金基金——支付受益人待遇 　　贷：应付受益人待遇 （2）支付时 借：应付受益人待遇 　　贷：银行存款

10.5.2　会计处理

企业年金基金应设置"企业年金基金——支付受益人待遇""应付受益人待遇"等科目，按受益人设置明细账进行会计处理。给付企业年金待遇时，按应付金额，借记"企业年金基金——支付受益人待遇"科目，贷记"应付受益人待遇"科目；支付款项时，借记"应付受益人待遇"科目，贷记"银行存款"科目。

此外，根据企业年金基金准则的规定，因职工调离企业而发生的个人账户转出金额，相应减少基金净资产。因职工调入企业而发生的个人账户转入金额，相应增加基金净资产。企业年金基金应设置"企业年金基金——个人账户转入""企业年金基金——个人账户转出"等科目，按受益人设置明细账进行会计处理。

10.5.3 案例解析

【例 10-13】 2×19 年 9 月 30 日，A 企业年金基金根据企业年金计划和委托人指令，支付退休人员企业年金待遇，金额共计 100 000 元。

分析：该企业年金基金的会计处理如下。

（1）计算、确认给付企业年金待遇。

借：企业年金基金——支付受益人待遇　　　　　　　　　　100 000
　　贷：应付受益人待遇　　　　　　　　　　　　　　　　　　100 000

（2）支付受益人待遇。

借：应付受益人待遇　　　　　　　　　　　　　　　　　　100 000
　　贷：银行存款　　　　　　　　　　　　　　　　　　　　　100 000

10.6　企业年金基金净资产、净收益的会计处理

10.6.1　业务概述

根据企业年金基金准则的规定，资产负债表日，应当将当期企业年金基金各项收入和费用结转至净资产，并根据企业年金计划按期将运营收益分配计入企业和职工个人账户。

企业年金基金净资产、净收益的会计处理，如表 10-10 所示。

表 10-10　企业年金基金净资产、净收益的会计处理

经济业务	会计处理	
企业年金基金净资产、净收益	（1）结转收益 借：存款利息收入 　　买入返售证券收入 　　投资收益 　　公允价值变动损益 　　其他收入 　　贷：本期收益	（2）结转费用 借：本期收益 　　贷：交易费用 　　　　受托人管理费 　　　　托管人管理费 　　　　投资管理人管理费 　　　　其他费用
	（3）将净损益转入企业年金基金账户 借：本期收益 　　贷：企业年金基金——净收益 或者： 借：企业年金基金——净收益 　　贷：本期收益	
	（4）按比例分配给个人和企业 借：企业年金基金——净收益 　　贷：企业年金基金——个人账户结余 　　　　企业年金基金——企业账户结余	

10.6.2　会计处理

企业年金基金应设置"本期收益"等科目。"本期收益"科目核算本期实现的基金净收

益(或净亏损)。期末,结转企业年金基金净收益时,将"存款利息收入""买入返售证券收入""公允价值变动收益""投资收益""其他收入"等科目的余额转入"本期收益"科目贷方;将"交易费用""受托人管理费""托管人管理费""投资管理人管理费""卖出回购证券支出""其他费用"等科目的余额转入"本期收益"科目借方。"本期收益"科目余额,即为企业年金基金净收益(或净亏损)。将净收益转入企业年金基金时,借记"本期收益"科目,贷记"企业年金基金——净收益"科目;如为净亏损,做相反分录。将净收益按企业年金计划约定的比例转入个人和企业账户时,借记"企业年金基金——净收益",贷记"企业年金基金——个人账户结余""企业年金基金——企业账户结余"科目。

10.6.3 案例解析

【例10-14】沿用【例10-1】到【例10-13】,A企业于2×19年年末结转当年企业年金基金损益。

分析:该企业年金基金相关会计处理如下。

(1)结转收益。

借:存款利息收入	14 625
买入返售证券收入	10 000
投资收益	400 000
公允价值变动损益	50 000
其他收入	250 000
贷:本期收益	724 625

(2)结转费用。

借:本期收益	21 130.14
贷:交易费用	19 500
受托人管理费	136.99
托管人管理费	136.99
投资管理人管理费	356.16
其他费用	1 000

(3)将净收益转入企业年金基金账户。

借:本年收益	703 494.86
贷:企业年金基金——净收益	703 494.86

(4)将净收益按企业年金计划约定的比例转入个人(60%)和企业(40%)账户。

借:企业年金基金——净收益	703 494.86
贷:企业年金基金——个人账户结余	422 096.92
企业年金基金——企业账户结余	281 397.94

第 11 章
股份支付

股份支付是指企业为获取职工和其他方提供服务而授予权益工具或者承担以权益工具为基础确定的负债的交易。股份支付分为以权益结算的股份支付和以现金结算的股份支付。

11.1 以权益结算的股份支付相关会计处理

以权益结算的股份支付，是指企业为获取服务而以股份或其他权益工具作为对价进行结算的交易。以权益结算的股份支付最常用的工具有两类：限制性股票和股票期权。

11.1.1 业务概述

以权益结算的股份支付的会计处理，如表 11-1 所示。

表 11-1 以权益结算的股份支付的会计处理

经济业务	会计处理
换取职工服务的股份支付	计量原则：以股份支付所授予的权益工具的公允价值计量 等待期内：可行权权益工具数量的最佳估计为基础，按权益工具在授予日的公允价值，将当期取得的服务计入相关资产成本或当期费用，计入资本公积中的其他资本公积 授予日立即可行权：授予日按照权益工具的公允价值，将取得的服务计入相关资产成本或当期费用，同时计入资本公积中的股本溢价
换取其他方服务的股份支付	计量原则：以股份支付所换取的服务的公允价值计量，当其他方服务公允价值不能可靠计量，但权益工具的公允价值能可靠计量，应按照权益工具在服务取得日的公允价值，将取得的服务计入相关资产成本或费用
权益工具的公允价值无法可靠确定	企业应在获取服务的时点、后续的每个资产负债表日和结算日，以内在价值计量该权益工具，内在价值的变动应计入当期损益。同时，企业应以最终可行权或实际行权的权益工具数量为基础，确认取得服务的金额

11.1.2 会计处理

1. 换取职工服务的股份支付的确认和计量原则

对于换取职工服务的股份支付，企业应当以股份支付所授予的权益工具的公允价值计量。企业应在等待期内的每个资产负债表日，以对可行权权益工具数量的最佳估计为基础，按照权益工具在授予日的公允价值，将当期取得的服务计入相关资产成本或当期费用，同时计入资本公积中的其他资本公积。

对于授予后立即可行权的换取职工提供服务的权益结算的股份支付（如授予限制性股票的股份支付），应在授予日按照权益工具的公允价值，将取得的服务计入相关资产成本或当期费用，同时计入资本公积中的股本溢价。

2. 换取其他方服务的股份支付的确认和计量原则

对于换取其他方服务的股份支付，企业应当以股份支付所换取的服务的公允价值计量。企业应当按照其他方服务在取得日的公允价值，将取得的服务计入相关资产成本或费用。

如果其他方服务的公允价值不能可靠计量，但权益工具的公允价值能够可靠计量时，企业应当按照权益工具在服务取得日的公允价值，将取得的服务计入相关资产成本或费用。

3. 权益工具的公允价值无法可靠确定时的处理

在极少数情况下，授予权益工具的公允价值无法可靠确定，企业应在获取服务的时点、后续的每个资产负债表日和结算日，以内在价值计量该权益工具，内在价值的变动应计入当期损益。同时，企业应以最终可行权或实际行权的权益工具数量为基础，确认取得服务的金额。内在价值是指交易对方有权认购或取得的股份的公允价值，与其按照股份支付协议应当支付的价格间的差额。

企业对上述以内在价值计量的已授予权益工具进行结算，应当遵循以下要求。

（1）结算发生在等待期内的，企业应当将结算作为加速可行权处理，即立即确认本应于剩余等待期内确认的服务金额。

（2）结算时支付的款项应当作为回购该权益工具处理，即减少所有者权益。结算支付的款项高于该权益工具在回购日内在价值的部分，计入当期损益。

11.1.3 案例解析

【例 11-1】20×5 年 12 月，甲公司董事会批准了一项股份支付协议。协议规定，20×6 年 1 月 1 日，公司向其 200 名管理人员每人授予 80 份股票期权，这些管理人员必须从 20×6 年 1 月 1 日起在甲公司连续服务 3 年，服务期满时才能够以每股 4 元的价格购买 100 股甲公司股票。甲公司估计该期权在授予日（20×6 年 1 月 1 日）的公允价值为 15 元。

第一年有 20 名管理人员离开甲公司，甲公司估计三年中离开的管理人员比例将达到 20%；第二年又有 10 名管理人员离开甲公司，甲公司将估计的管理人员离开比例修正为 15%；第三年又有 15 名管理人员离开。

分析：

（1）当期费用和累计费用的计算过程如表 11-2 所示。

表 11-2 当期费用和累计费用的计算过程

单位：元

年份	计算	当期费用	累计费用
20×6 年	200×80×（1-20%）×15×1/3	64 000	64 000
20×7 年	200×80×（1-15%）×15×2/3-64 000	72 000	136 000
20×8 年	155×80×15-136 000	50 000	186 000

（2）会计处理如下。

① 20×6年1月1日。

授予日不做处理。

② 20×6年12月31日。

借：管理费用　　　　　　　　　　　　　　　　　　　　　64 000
　　贷：资本公积——其他资本公积　　　　　　　　　　　　　64 000

③ 20×7年12月31日。

借：管理费用　　　　　　　　　　　　　　　　　　　　　72 000
　　贷：资本公积——其他资本公积　　　　　　　　　　　　　72 000

④ 20×8年12月31日。

借：管理费用　　　　　　　　　　　　　　　　　　　　　50 000
　　贷：资本公积——其他资本公积　　　　　　　　　　　　　50 000

11.2 以现金结算的股份支付相关会计处理

11.2.1 业务概述

以现金结算的股份支付，是指企业为获取服务而承担的以股份或其他权益工具为基础计算的交付现金或其他资产的义务的交易。以现金结算的股份支付最常用的工具有两类：模拟股票和现金股票增值权。

以现金结算的股份支付的会计处理，如表11-3所示。

表11-3　以现金结算的股份支付的会计处理

经济业务	会计处理
现金结算的股份支持	等待期内：以对可行权情况的最佳估计为基础，按照企业承担负债的公允价值，将当期取得的服务计入相关资产成本或当期费用，同时计入负债，并在结算前的每个资产负债表日和结算日对负债的公允价值重新计量，将其变动计入损益 授予日立即可行权：授予日按照企业承担负债的公允价值计入相关资产成本或费用，同时计入负债，并在结算前的每个资产负债表日和结算日对负债的公允价值重新计量，将其变动计入损益

11.2.2 会计处理

企业应当在等待期内的每个资产负债表日，以对可行权情况的最佳估计为基础，按照企业承担负债的公允价值，将当期取得的服务计入相关资产成本或费用，同时计入负债，并在结算前的每个资产负债表日和结算日对负债的公允价值重新计量，将其变动计入当期损益。

对于授予后立即可行权的现金结算的股份支付（如授予虚拟股票或业绩股票的股份支付），企业应当在授予日按照企业承担负债的公允价值计入相关资产成本或费用，同时计入负债，并在结算前的每个资产负债表日和结算日对负债的公允价值重新计量，将其变动计入当期损益。

11.2.3 案例解析

【例 11-2】 20×4 年 11 月，B 公司董事会批准了一项股份支付协议。协议规定，20×5 年 1 月 1 日，公司为其 200 名中层以上管理人员每人授予 90 份现金股票增值权，这些管理人员必须在该公司连续服务 3 年，即可自 20×7 年 12 月 31 日起根据股价的增长幅度行权获得现金。该股票增值权应在 20×9 年 12 月 31 日之前行使完毕。该股票增值权年末的公允价值和可行权后的每份股票增值权现金支出额，如表 11-4 所示。

表 11-4 该股票增值权年末的公允价值和可行权后的每份股票增值权现金支出额

单位：元

年份	公允价值	每份股票增值权现金支出额
20×5 年	14	
20×6 年	15	
20×7 年	18	16

第一年有 20 名管理人员离开 B 公司，B 公司估计三年中还将有 15 名管理人员离开；第二年又有 10 名管理人员离开公司，B 公司估计还将有 10 名管理人员离开；第三年又有 15 名管理人员离开。第三年末，假定有 70 人行使股票增值权取得了现金。

分析：

（1）负债、支付现金、当期费用的计算过程，如表 11-5 所示。

表 11-5 负债、支付现金、当期费用的计算过程

单位：元

年份	负债（1）	支付现金（2）	当期费用（3）
20×5 年	（200-35）×90×14×1/3=69 300		69 300
20×6 年	（200-40）×90×15×2/3=144 000		74 700
20×7 年	（200-45-70）×90×18=137 700	70×90×16=100 800	94 500

（2）会计处理如下。

① 20×5 年 1 月 1 日。

授予日不做处理。

② 20×5 年 12 月 31 日。

借：管理费用　　　　　　　　　　　　　　　　　　　　　　　69 300
　　贷：应付职工薪酬——股份支付　　　　　　　　　　　　　　69 300

③ 20×6 年 12 月 31 日。

借：管理费用　　　　　　　　　　　　　　　　　　　　　　　74 700
　　贷：应付职工薪酬——股份支付　　　　　　　　　　　　　　74 700

④ 20×7 年 12 月 31 日。

		94 500
借：管理费用		
贷：应付职工薪酬——股份支付		94 500
借：应付职工薪酬——股份支付		100 800
贷：银行存款		100 800

11.3 可行权条件的种类、处理和修改

11.3.1 业务概述

股份支付中通常涉及可行权条件。可行权条件是指能够确定企业是否得到职工或其他方提供的服务，且该服务使职工或其他方具有获取股份支付协议规定的权益工具或现金等权利的条件。反之，为非可行权条件。可行权条件包括服务期限条件和业绩条件。在满足这些条件之前，职工或其他方无法获得股份。

可行权条件的种类、处理和修改的会计处理，如表11-6所示。

表11-6　可行权条件的种类、处理和修改的会计处理

经济业务	会计处理
种类	业绩条件（市场条件、非市场条件）、服务期限条件
处理和修改	（1）条款和条件的有利修改 ① 如果修改增加了所授予的权益工具的公允价值，企业应按照权益工具公允价值的增加相应地确认取得服务的增加 ② 如果修改增加了所授予的权益工具的数量，企业应将增加的权益工具的公允价值相应地确认为取得服务的增加 ③ 如果企业按照有利于职工的方式修改可行权条件，企业在处理可行权条件时，应当考虑修改后的可行权条件 （2）条款和条件的不利修改 ① 如果修改减少了授予的权益工具的公允价值，企业应当继续以权益工具在授予日的公允价值为基础，确认取得服务的金额，而不应考虑权益工具公允价值的减少 ② 如果修改减少了授予的权益工具的数量，企业应当将减少部分作为已授予的权益工具的取消来进行处理 ③ 如果企业以不利于职工的方式修改了可行权条件，企业在处理可行权条件时，不应考虑修改后的可行权条件 （3）取消或结算 ① 将取消或结算作为加速可行权处理，立即确认原本应在剩余等待期内确认的金额 ② 在取消或结算时支付给职工的所有款项均应作为权益的回购处理，回购支付的金额高于该权益工具在回购口公允价值的部分，计入当期费用 ③ 如果向职工授予新的权益工具，并在新权益工具授予日认定所授予的新权益工具是用于替代被取消的权益工具的，企业应以与处理原权益工具条款和条件修改相同的方式，对所授予的替代权益工具进行处理。权益工具公允价值的增加，是指在替代权益工具的授予日，替代权益工具公允价值与被取消的权益工具净公允价值之间的差额。如果企业未将新授予的权益工具认定为替代权益工具，则应将其作为一项新授予的股份支付进行处理

11.3.2 会计处理

（一）市场条件和非市场条件及其处理

业绩条件是指职工或其他方完成规定服务期限且企业已达到特定业绩目标才可行权的条件，具体包括市场条件和非市场条件。市场条件是指行权价格、可行权条件以及行权可能性与权益工具的市场价格相关的业绩条件，如股份支付协议中关于股价上升至何种水平职工或其他方可相应取得多少股份的规定。企业在确定权益工具在授予日的公允价值时，应考虑股份支付协议中规定的市场条件和非可行权条件的影响；市场条件和非可行权条件是否得到满足，不影响企业对预计可行权情况的估计。

非市场条件是指除市场条件之外的其他业绩条件，如股份支付协议中关于达到最低盈利目标或销售目标才可行权的规定。对于可行权条件为业绩条件的股份支付，在确定权益工具的公允价值时，应考虑市场条件的影响，只要职工满足了其他所有非市场条件，企业就应当确认已取得的服务。

（二）可行权条件的修改

通常情况下，股份支付协议生效后，不应对其条款和条件随意修改。但在某些情况下，可能需要修改授予权益工具的股份支付协议中的条款和条件。例如，因股票除权、除息或其他原因需要调整行权价格或股票期权数量。此外，为取得更佳的激励效果，有关法规也允许企业依据股份支付协议的规定，调整行权价格或股票期权数量，但应当由董事会作出决议并经股东大会审议批准，或者由股东大会授权董事会决定。

在会计核算上，无论已授予的权益工具的条款和条件如何修改，甚至取消权益工具的授予或结算该权益工具，企业都应至少确认按照所授予的权益工具在授予日的公允价值来计量获取的相应服务，除非因不能满足权益工具的可行权条件（除市场条件外）而无法行权。

1. 条款和条件的有利修改

企业应当分别以下情况，确认导致股份支付公允价值总额升高以及其他对职工有利的修改的影响：如果修改增加了所授予的权益工具的公允价值，企业应按照权益工具公允价值的增加相应地确认取得服务的增加。权益工具公允价值的增加，是指修改前后的权益工具在修改日的公允价值之间的差额。

如果修改增加了所授予的权益工具的数量，企业应将增加的权益工具的公允价值相应地确认为取得服务的增加。

如果企业按照有利于职工的方式修改可行权条件，如缩短等待期、变更或取消业绩条件（非市场条件），企业在处理可行权条件时，应当考虑修改后的可行权条件。

2. 条款和条件的不利修改

如果企业以减少股份支付公允价值总额的方式或其他不利于职工的方式修改条款和条件，企业仍应继续对取得的服务进行会计处理，如同该变更从未发生，除非企业取消了部分或全部已授予的权益工具。具体包括如下3种情况。

如果修改减少了授予的权益工具的公允价值，企业应当继续以权益工具在授予日的公允价值为基础，确认取得服务的金额，而不应考虑权益工具公允价值的减少。

如果修改减少了授予的权益工具的数量，企业应当将减少部分作为已授予的权益工具的取消来进行处理。

如果企业以不利于职工的方式修改了可行权条件，如延长等待期、增加或变更业绩条件（非市场条件），企业在处理可行权条件时，不应考虑修改后的可行权条件。

3. 取消或结算

如果企业在等待期内取消了所授予的权益工具或结算了所授予的权益工具（因未满足可行权条件而被取消的除外），企业应当分以下3种情况进行处理。

将取消或结算作为加速可行权处理，立即确认原本应在剩余等待期内确认的金额。

在取消或结算时支付给职工的所有款项均应作为权益的回购处理，回购支付的金额高于该权益工具在回购日公允价值的部分，计入当期费用。

如果向职工授予新的权益工具，并在新权益工具授予日认定所授予的新权益工具是用于替代被取消的权益工具的，企业应以与处理原权益工具条款和条件修改相同的方式，对所授予的替代权益工具进行处理。权益工具公允价值的增加，是指在替代权益工具的授予日，替代权益工具公允价值与被取消的权益工具净公允价值之间的差额。被取消的权益工具的净公允价值，是指其在取消前立即计量的公允价值减去因取消原权益工具而作为权益回购支付给职工的款项。如果企业未将新授予的权益工具认定为替代权益工具，则应将其作为一项新授予的股份支付进行处理。

企业如果回购其职工已可行权的权益工具，应当借记所有者权益，回购支付的金额高于该权益工具在回购日公允价值的部分，计入当期费用。

11.3.3 案例解析

【例 11-3】 20×7年1月，为奖励并激励高管，上市公司丙公司与其管理层成员签署股份支付协议，规定如果管理层成员在其后3年中都在公司中任职服务，并且公司股价每年均提高10%以上，管理层成员即可以低于市价的价格购买一定数量的本公司股票。

同时作为协议的补充，公司把全体管理层成员的年薪提高了50 000元，但公司将这部分年薪按月存入公司专门建立的内部基金，3年后，管理层成员可用属于其个人的部分抵减未来行权时支付的购买股票款项。如果管理层成员决定退出这项基金，可随时全额提取。丙公司以期权定价模型估计授予的此项期权在授予日的公允价值为5 000 000元。

在授予日，丙公司估计3年内管理层离职的比例为每年7%；第二年末，丙公司调整其估计离职率为4%；到第三年末，公司实际离职率为5%。

在第一年中，公司股价提高了10.5%，第二年提高了11%，第三年提高了6%。公司在第一年、第二年末均预计下年能实现当年股价增长10%以上的目标。

丙公司应如何处理？

分析：如果不同时满足服务3年和公司股价年增长10%以上的要求，管理层成员就无权行使其股票期权，因此两者都属于可行权条件，其中服务满3年是一项服务期限条件，10%

的股价增长要求是一项市场条件。虽然公司要求管理层成员将部分薪金存入统一账户保管，但不影响其行权，因此统一账户保管条款是非可行权条件。

按照股份支付协议的规定，第一年末确认的服务费用为：

5 000 000×1/3×93%=1 550 000（元）

第二年年末累计确认的服务费用为：

5 000 000×2/3×96%=3 200 000（元）

第三年年末累计应确认的服务费用为：

5 000 000×95%=4 750 000（元）

由此，第二年应确认的费用为：

3 200 000−1 550 000=1 650 000（元）

第三年应确认的费用为：

4 750 000−3 200 000=1 550 000（元）

最后，95%的管理层成员满足了市场条件之外的全部可行权条件。尽管股价年增长10%以上的市场条件未得到满足，丙公司在3年的年末也均确认了收到的管理层提供的服务，并相应确认了费用。

11.4 股份支付的会计处理

11.4.1 业务概述

股份支付的会计处理必须以完整、有效的股份支付协议为基础。股份支付的会计处理如表11-7所示。

表11-7 股份支付的会计处理

经济业务		会计处理
以权益结算的股份支付	授予日	授予日立即可行权的股份支付 借：管理费用/销售费用等（以授予日权益工具的公允价值计量） 　　贷：资本公积——股本溢价 注：除授予日立即可行权的股份支付之外其他情况，不做处理
	在等待期内的每个资产负债表日	借：管理费用/销售费用等 　　贷：资本公积——其他资本公积（以授予日的公允价值为基础计量）
	可行权日之后	不做处理
	行权日	借：银行存款 　　资本公积——其他资本公积 　　贷：股本 　　　　资本公积——股本溢价

（续表）

经济业务		会计处理
以现金结算的股份支付	授予日	授予日立即可行权的股份支付 借：管理费用/销售费用等 　　贷：应付职工薪酬（按授予日企业承担负债的公允价值计量） 注：除授予日立即可行权的股份支付之外的其他情况，不做处理
	在等待期内的每个资产负债表日	借：管理费用/销售费用等 　　贷：应付职工薪酬（以每个资产负债表日公允价值为基础计量）
	可行权日之后	借：公允价值变动损益 　　贷：应付职工薪酬（以资产负债表日的公允价值为基础计量）
	行权日	借：应付职工薪酬 　　贷：银行存款

11.4.2 会计处理

1. 授予日

除了授予日立即可行权的股份支付外，无论是以权益结算的股份支付还是以现金结算的股份支付，企业在授予日均不做会计处理。

2. 等待期内每个资产负债表日

企业应当在等待期内的每个资产负债表日，将取得职工或其他方提供的服务计入成本费用，同时确认所有者权益或负债。对于附有市场条件的股份支付，只要职工满足了其他所有非市场条件，企业就应当确认已取得的服务。

在等待期内，业绩条件为非市场条件的，如果后续信息表明需要调整对可行权情况的估计的，应对前期估计进行修改。

在等待期内每个资产负债表日，企业应将取得的职工提供的服务计入成本费用，计入成本费用的金额应当按照权益工具的公允价值计量。

对于以权益结算的涉及职工的股份支付，应当按照授予日权益工具的公允价值计入成本费用和资本公积（其他资本公积），不确认其后续公允价值变动；对于以现金结算的涉及职工的股份支付，应当按照每个资产负债表日权益工具的公允价值重新计量，确定成本费用和应付职工薪酬。

对于授予的存在活跃市场的期权等权益工具，应当按照活跃市场中的报价确定其公允价值。对于授予的不存在活跃市场的期权等权益工具，应当采用期权定价模型等估值技术确定其公允价值。

在等待期内每个资产负债表日，企业应当根据最新取得的可行权职工人数变动等后续信息作出最佳估计，修正预计可行权的权益工具数量。在可行权日，最终预计可行权权益工具的数量应当与实际可行权工具的数量一致。

根据上述权益工具的公允价值和预计可行权的权益工具数量，计算截至当期累计应确认的成本费用金额，再减去前期累计已确认金额，作为当期应确认的成本费用金额。

3. 可行权日之后

对于以权益结算的股份支付，在可行权日之后不再对已确认的成本费用和所有者权益总额进行调整。企业应在行权日根据行权情况，确认股本和股本溢价，同时结转等待期内确认的资本公积（其他资本公积）。

对于以现金结算的股份支付，企业在可行权日之后不再确认成本费用，负债（应付职工薪酬）公允价值的变动应当计入当期损益（公允价值变动损益）。

11.4.3 案例解析

【例11-4】甲公司为一上市公司。2×16年1月1日，甲公司向其300名管理人员每人授予100股股票期权，这些职员自2×16年1月1日起在该公司连续服务3年，即可以6元每股购买100股甲公司股票，从而获益。公司估计该期权在授予日的公允价值为18元。

第一年有15名职员离开甲公司，甲公司估计三年中离开的职员的比例将达到5%；第二年又有20名职员离开公司，公司将估计的职员离开比例修正为10%；第三年又有12名职员离开。

分析：费用和资本公积的计算过程如表11-8所示。

表11-8 费用和资本公积的计算过程

单位：元

年份	当期费用	累计费用
2×16年	300×100×（1−5%）×18×1/3=171 000	171 000
2×17年	300×100×（1−10%）×18×2/3−171 000=153 000	324 000
2×18年	（300−15−20−12）×100×18−324 000=131 400	455 400

会计处理如下。

（1）2×16年1月1日。

授予日不做会计处理。

（2）2×16年12月31日。

借：管理费用　　　　　　　　　　　　　　　　　　　171 000
　　贷：资本公积——其他资本公积　　　　　　　　　　　171 000

（3）2×17年12月31日。

借：管理费用　　　　　　　　　　　　　　　　　　　153 000
　　贷：资本公积——其他资本公积　　　　　　　　　　　153 000

（4）2×18年12月31日。

借：管理费用　　　　　　　　　　　　　　　　　　　131 400
　　贷：资本公积——其他资本公积　　　　　　　　　　　131 400

（5）假设全部253名职员都在2×19年12月31日行权，A公司股份面值为1元。

借：银行存款　　　　　　　　　　　　　　　　　　　151 800
　　资本公积——其他资本公积　　　　　　　　　　　　455 400

贷：股本		25 300
资本公积——资本溢价		581 900

【例 11-5】20×5 年年初，A 公司为其 200 名中层以上职员每人授予 300 份现金股票增值权，这些职员自 20×5 年 1 月 1 日起在该公司连续服务 3 年，即可按照当时股价的增长幅度获得现金，该现金股票增值权应在 20×9 年 12 月 31 日之前行使。A 公司估计，该现金股票增值权结算日的公允价值和可行权后的每份股票增值权现金支出额如表 11-9 所示。

表 11-9　该现金股票增值权结算日的公允价值和可行权后的每份股票增值权现金支出额

单位：元

年份	公允价值	每份股票增值权现金支出额
20×5 年	16	
20×6 年	17	
20×7 年	20	18
20×8 年	23	22
20×9 年		27

第一年有 20 名职员离开 A 公司，A 公司估计 3 年中还将有 15 名职员离开；第二年又有 10 名职员离开公司，公司估计还将有 10 名职员离开；第三年又有 15 名职员离开。第三年年末，有 70 人行使股票增值权取得了现金。第四年年末，有 50 人行使了股票增值权。第五年年末，剩余 35 人也行使了股票增值权。

分析：

（1）费用和资本公积计算过程如表 11-10 所示。

表 11-10　费用和资本公积计算过程

单位：元

年份	负债（1）	支付现金（2）	当期费用（3）
20×5 年	（200−35）×300×16×1/3=264 000		264 000
20×6 年	（200−40）×300×17×2/3=544 000		280 000
20×7 年	（200−45−70）×300×20=510 000	70×300×18=378 000	344 000
20×8 年	（200−45−70−50）×300×23=241 500	50×300×22=330 000	61 500
20×9 年	0	35×300×27=283 500	42 000
总额		991 500	991 500

其中：当期（1）−前期（1）+当期（2）=当期（3）

（2）会计处理如下。

20×5 年 12 月 31 日。

借：管理费用　　　　　　　　　　　　　　　　　　　　　　　　264 000

　　贷：应付职工薪酬——股份支付　　　　　　　　　　　　　　　264 000

20×6 年 12 月 31 日。

借：管理费用 280 000
　　贷：应付职工薪酬——股份支付 280 000

20×7 年 12 月 31 日。

借：管理费用 344 000
　　贷：应付职工薪酬——股份支付 344 000
借：应付职工薪酬——股份支付 378 000
　　贷：银行存款 378 000

20×8 年 12 月 31 日。

借：公允价值变动损益 61 500
　　贷：应付职工薪酬——股份支付 61 500
借：应付职工薪酬——股份支付 330 000
　　贷：银行存款 330 000

20×9 年 12 月 31 日。

借：公允价值变动损益 42 000
　　贷：应付职工薪酬——股份支付 42 000
借：应付职工薪酬——股份支付 283 500
　　贷：银行存款 283 500

11.5　回购股份进行职工期权激励的会计处理

11.5.1　业务概述

企业以回购股份形式奖励本企业职工的，属于以权益结算的股份支付。回购股份进行职工期权激励的会计处理如表 11-11 所示。

表 11-11　回购股份进行职工期权激励的会计处理

经济业务	会计处理
回购股份进行职工期权激励	（1）回购股份 借：库存股 　　贷：银行存款 同时进行备查登记 （2）确认管理费用 借：管理费用等 　　贷：资本公积——其他资本公积 （3）职工行权 借：银行存款（实际收到的价款） 　　资本公积——其他资本公积（原确认的其他资本公积 × 行权人数占在岗人员比例） 　　贷：库存股（回购的库存股金额 × 行权人数 ÷ 授予人数） 　　　　资本公积——股本溢价（差额）

11.5.2 会计处理

1. 回购股份

企业回购股份时,应当按照回购股份的全部支出作为库存股处理,借记"库存股"科目,贷记"银行存款"科目,同时进行备查登记。

2. 确认管理费用

按照以权益结算的股份支付的规定,企业应当在等待期内每个资产负债表日按照权益工具在授予日的公允价值,将取得的职工服务计入管理费用,同时增加资本公积(其他资本公积),借记"管理费用"等科目,贷记"资本公积——其他资本公积"科目。

3. 职工行权

企业应于职工行权购买本企业股份收到价款时,转销交付职工的库存股成本和等待期内资本公积(其他资本公积)累计金额,同时,按照其差额调整资本公积(股本溢价)。借记"银行存款""资本公积——其他资本公积"科目,贷记"库存股""资本公积——股本溢价"科目。

11.5.3 案例解析

【例11-6】20×6年1月1日,经股东大会批准,甲上市公司(以下简称"甲公司")与50名高级管理人员签署股份支付协议。协议规定:

① 甲公司向50名高级管理人员每人授予10万股股票期权,行权条件为这些高级管理人员从授予股票期权之日起连续服务满3年,公司3年平均净利润增长率达到12%;

② 符合行权条件后,每持有1股股票期权可以自20×9年1月1日起1年内,以每股5元的价格购买甲公司1股普通股股票,在行权期间内未行权的股票期权将失效。

甲公司估计授予日每股股票期权的公允价值为15元。

20×6年至20×9年,甲公司与股票期权有关的资料如下:

(1) 20×6年5月,甲公司自市场回购本公司股票500万股,共支付款项4 025万元,作为库存股待行权时使用。

(2) 20×6年,甲公司有1名高级管理人员离开公司,本年净利润增长率为10%。该年末,甲公司预计未来两年将有1名高级管理人员离开公司,预计3年平均净利润增长率将达到12%;每股股票期权的公允价值为16元。

(3) 20×7年,甲公司没有高级管理人员离开公司,本年净利润增长率为14%。该年末,甲公司预计未来1年将有2名高级管理人员离开公司,预计3年平均净利润增长率将达到12.5%;每股股票期权的公允价值为18元。

(4) 20×8年,甲公司有1名高级管理人员离开公司,本年净利润增长率为15%。该年年末,每股股票期权的公允价值为20元。

(5) 20×9年3月,48名高级管理人员全部行权,甲公司共收到款项2 400万元,相关股票的变更登记手续已办理完成。

要求：

(1) 编制甲公司回购本公司股票时的相关会计分录。（单位：万元）

(2) 计算甲公司20×6年、20×7年、20×8年因股份支付应确认的费用，并编制相关会计分录。（单位：万元）

(3) 编制甲公司高级管理人员行权时的相关会计分录。（单位：万元）

分析：

(1) 编制甲公司回购本公司股票时的相关会计分录。

借：库存股	4 025
贷：银行存款	4 025

(2) 计算甲公司20×6年、20×7年、20×8年因股份支付应确认的费用，并编制相关会计分录。

20×6年应确认的费用=（50-1-1）×10×15×1/3=2 400（万元）

借：管理费用	2 400
贷：资本公积——其他资本公积	2 400

20×7年应确认的费用=（50-1-2）×10×15×2/3-2 400=2 300（万元）

借：管理费用	2 300
贷：资本公积——其他资本公积	2 300

20×8年应确认的费用=（50-1-0-1）×10×15-2 400-2 300=2 500（万元）

借：管理费用	2 500
贷：资本公积——其他资本公积	2 500

(3) 编制甲公司高级管理人员行权时的相关会计分录。

借：银行存款	2 400
资本公积——其他资本公积	7 200
贷：库存股	3 864
资本公积——股本溢价	5 736

注：剩余库存股应注销处理。

11.6 限制性股票的相关会计处理

11.6.1 业务概述

限制性股票指上市公司按照预先确定的条件授予激励对象一定数量的本公司股票，激励对象只有在工作年限或业绩目标符合股权激励计划规定条件的，才可出售限制性股票并从中获益。

限制性股票的会计处理，如表11-12所示。

表 11-12 限制性股票的会计处理

经济业务		会计处理
授予限制性股票的会计处理	向职工发行的限制性股票按有关规定履行了注册登记等增资手续的，收到职工缴纳的认股款时	借：银行存款等（按照职工缴纳的认股款） 　　贷：股本 　　　　资本公积——股本溢价 同时，就回购义务确认负债（做收购库存股处理） 借：库存股（按照发行限制性股票的数量以及相应的回购价格计算确定的金额） 　　贷：其他应付款——限制性股票回购义务（包括未满足条件而须立即回购的部分）
	等待期内	上市公司应当综合考虑限制性股票锁定期和解锁期等相关条款，按照《企业会计准则第 11 号——股份支付》相关规定判断等待期，进行与股份支付相关的会计处理
	未达到限制性股票解锁条件，回购股票	借：其他应付款——限制性股票回购义务等（按照应支付的金额） 　　贷：银行存款等 同时 借：股本（按照注销的限制性股票数量相对应的股本金额） 　　资本公积——股本溢价（按其差额） 　　贷：库存股（按照注销的限制性股票数量相对应的库存股的账面价值）
	达到限制性股票解锁条件，无需回购股票	借：其他应付款——限制性股票回购义务（按照解锁股票相对应的负债的账面价值） 　　贷：库存股（按照解锁股票相对应的库存股的账面价值） 　　　　资本公积——股本溢价（如有差额）
等待期内发放现金股利的会计处理	在等待期内发放现金股利，现金股利可撤销	（1）对于预计未来可解锁限制性股票持有者，上市公司应分配给限制性股票持有者的现金股利应当作为利润分配进行会计处理 借：利润分配——应付现金股利或利润 　　贷：应付股利——限制性股票股利 同时 借：其他应付款——限制性股票回购义务（按分配的现金股利金额） 　　贷：库存股 实际支付时 借：应付股利——限制性股票股利 　　贷：银行存款 （2）对于预计未来不可解锁限制性股票持有者，上市公司应分配给限制性股票持有者的现金股利应当冲减相关的负债 借：其他应付款——限制性股票回购义务 　　贷：应付股利——限制性股票股利 实际支付时 借：应付股利——限制性股票股利 　　贷：银行存款

(续表)

经济业务		会计处理
等待期内发放现金股利的会计处理	在等期内发放现金股利，现金股利不可撤销	（1）对于预计未来可解锁限制性股票持有者，上市公司应分配给限制性股票持有者的现金股利应当作为利润分配进行会计处理 借：利润分配——应付现金股利或利润 　　贷：应付股利——限制性股票股利 实际支付时 借：应付股利——限制性股票股利 　　贷：银行存款 （2）对于预计未来不可解锁限制性股票持有者，上市公司应分配给制性股票持有者的现金股利应当计入当期成本费用 借：管理费用 　　贷：应付股利——限制性股票股利 实际支付时 借：应付股利——限制性股票股利 　　贷：银行存款

11.6.2 会计处理

（一）授予限制性股票的会计处理

上市公司实施限制性股票的股权激励安排中，常见做法是上市公司以非公开发行的方式向激励对象授予一定数量的公司股票，并规定锁定期和解锁期，在锁定期和解锁期内，该股票不得上市流通及转让。达到解锁条件，可以解锁；如果全部或部分股票未被解锁而失效或作废，通常由上市公司按照事先约定的价格立即进行回购。

对于此类授予限制性股票的股权激励计划，向职工发行的限制性股票按有关规定履行了注册登记等增资手续的，上市公司应当根据收到职工缴纳的认股款确认股本和资本公积（股本溢价），按照职工缴纳的认股款，借记"银行存款"等科目，按照股本金额，贷记"股本"科目，按照其差额，贷记"资本公积——股本溢价"科目；同时，就回购义务确认负债（做收购库存股处理），按照发行限制性股票的数量以及相应的回购价格计算确定的金额，借记"库存股"科目，贷记"其他应付款——限制性股票回购义务"（包括未满足条件而须立即回购的部分）等科目。

在等待期内，上市公司应当综合考虑限制性股票锁定期和解锁期等相关条款，按照《企业会计准则第 11 号——股份支付》相关规定判断等待期，进行与股份支付相关的会计处理。对于因回购产生的义务确认的负债，应当按照《企业会计准则第 22 号——金融工具确认和计量》相关规定进行会计处理。上市公司未达到限制性股票解锁条件而需回购的股票，按照应支付的金额，借记"其他应付款——限制性股票回购义务"等科目，贷记"银行存款"等科目；同时，按照注销的限制性股票数量相对应的股本金额，借记"股本"科目，按照注销的限制性股票数量相对应的库存股的账面价值，贷记"库存股"科目，按其差额，借记"资本公积——股本溢价"科目。上市公司达到限制性股票解锁条件而无需回购的股票，按照解锁股票相对应的负债的账面价值，借记"其他应付款——限制性股票回购义务"等科目，按照解锁股票相对应的库存股的账面价值，贷记"库存股"科目，如有差额，则借记或贷记"资本公积——股本溢价"科目。

（二）等待期内发放现金股利的会计处理

上市公司在等待期内发放现金股利的会计处理及基本每股收益的计算，应视其发放的现金股利是否可撤销采取不同的方法。

1. 现金股利可撤销

现金股利可撤销，即一旦未达到解锁条件，被回购限制性股票的持有者将无法获得（或需要退回）其在等待期内应收（或已收）的现金股利。

等待期内，上市公司在核算应分配给限制性股票持有者的现金股利时，应合理估计未来解锁条件的满足情况，该估计与进行股份支付会计处理时在等待期内每个资产负债表日对可行权权益工具数量进行的估计应当保持一致。对于预计未来可解锁限制性股票持有者，上市公司应分配给限制性股票持有者的现金股利应当作为利润分配进行会计处理，借记"利润分配——应付现金股利或利润"科目，贷记"应付股利——限制性股票股利"科目；同时，按分配的现金股利金额，借记"其他应付款——限制性股票回购义务"等科目，贷记"库存股"科目；实际支付时，借记"应付股利——限制性股票股利"科目，贷记"银行存款"等科目。对于预计未来不可解锁限制性股票持有者，上市公司应分配给限制性股票持有者的现金股利应当冲减相关的负债，借记"其他应付款——限制性股票回购义务"等科目，贷记"应付股利——限制性股票股利"科目；实际支付时，借记"应付股利——限制性股票股利"科目，贷记"银行存款"等科目。后续信息表明不可解锁限制性股票的数量与以前估计不同的，应当作为会计估计变更处理，直到解锁日预计不可解锁限制性股票的数量与实际未解锁限制性股票的数量一致。

2. 现金股利不可撤销

现金股利不可撤销，即不论是否达到解锁条件，限制性股票持有者仍有权获得（或不得被要求退回）其在等待期内应收（或已收）的现金股利。

等待期内，上市公司在核算应分配给限制性股票持有者的现金股利时，应合理估计未来解锁条件的满足情况，该估计与进行股份支付会计处理时在等待期内每个资产负债表日对可行权权益工具数量进行的估计应当保持一致。对于预计未来可解锁限制性股票持有者，上市公司应分配给限制性股票持有者的现金股利应当作为利润分配进行会计处理，借记"利润分配——应付现金股利或利润"科目，贷记"应付股利——限制性股票股利"科目；实际支付时，借记"应付股利——限制性股票股利"科目，贷记"银行存款"等科目。对于预计未来不可解锁限制性股票持有者，上市公司应分配给限制性股票持有者的现金股利应当计入当期成本费用，借记"管理费用"等科目，贷记"应付股利——应付限制性股票股利"科目；实际支付时，借记"应付股利——限制性股票股利"科目，贷记"银行存款"等科目。后续信息表明不可解锁限制性股票的数量与以前估计不同的，应当作为会计估计变更处理，直到解锁日预计不可解锁限制性股票的数量与实际未解锁限制性股票的数量一致。

11.6.3 案例解析

【例11-7】甲公司为上市公司，采用授予职工限制性股票的形式实施股权激励计划。

2×13年1月1日，公司以非公开发行方式向100名管理人员每人授予10万股自身股票（每股面值1元），授予价格每股6元。当日，100名管理人员全部出资认购，总认购款为6 000万元，甲公司履行了相关增资手续。甲公司估计该限制性股票在授予日的公允价值为每股6元。该股权激励计划规定，这些管理人员从2×13年1月1日起在甲公司连续服务满3年的，所授予股票将于2×16年1月1日全部解锁；期间离职的，甲公司将按照原授予价格每股6元回购。

2×13年1月1日至2×16年1月1日期间，所授予股票不得上市流通或转让；激励对象因获授限制性股票而取得的现金股利由公司代管，作为应付股利在解锁时向激励对象支付；对于未解锁的限制性股票，甲公司回购股票时应扣除激励对象已享有的该部分现金股利。

2×13年度，甲公司有5名管理人员离职，甲公司估计3年中离职的管理人员合计为10名，当年宣告发放现金股利为每股1元（限制性股票持有人享有同等分配权利）；2×14年度，又有2名管理人员离职，甲公司将3年离职人员合计数调整为8人，当年宣告发放现金股利为每股1.1元。

2×15年度，甲公司没有管理人员离职，当年宣告发放现金股利为每股1.2元。

假定甲公司管理人员离职均发生在年末，不考虑其他因素。

分析：

（1）编制甲公司授予日的会计分录。

甲公司授予日的会计分录如下。（单位：万元）

借：银行存款　　　　　　　　　　　　　　　　　　　　　　　　6 000
　　贷：股本　　　　　　　　　　　　　　　　　　　　　　　　1 000
　　　　资本公积——股本溢价　　　　　　　　　　　　　　　　5 000

同时：

借：库存股　　　　　　　　　　　　　　　　　　　　　　　　　6 000
　　贷：其他应付款——限制性股票回购义务　　　　　　　　　　6 000

（2）编制甲公司在等待期内各期确认管理费用和资本公积的会计分录。

甲公司在等待期内各期确认管理费用和资本公积的会计分录，如表11-13所示。

表11-13　甲公司在等待期内各期确认管理费用和资本公积的会计分录

年份	管理费用和资本公积计算过程	会计分录（单位：万元）
2×13	=（100-10）×10×6×1/3 =1 800（万元）	借：管理费用　　　　　　　　　1 800 　　贷：资本公积——其他资本公积　1 800
2×14	=（100-8）×10×6×2/3-1 800 =1 880（万元）	借：管理费用　　　　　　　　　1 880 　　贷：资本公积——其他资本公积　1 880
2×15	=（100-5-2-0）×10×6×3/3-1 800- 1 880=1 900（万元）	借：管理费用　　　　　　　　　1 900 　　贷：资本公积——其他资本公积　1 900

（3）编制甲公司在等待期内各期分配现金股利及回购股票的会计分录。

① 分配现金股利部分。

甲公司在等待期内各期分配现金股利的会计分录，如表11-14所示。

表11-14　甲公司在等待期内各期分配现金股利的会计分录

年份	预计未来可解锁的部分的会计分录（单位：万元）	预计未来不可解锁的部分的会计分录（单位：万元）
2×13	该部分现金股利（预计不会离职的90人）=（100-10）×10×1=900（万元） 借：利润分配——应付现金股利　　900 　　贷：应付股利——限制性股票股利　　900 同时 借：其他应付款——限制性股票回购义务　900 　　贷：库存股　　　　　　　　　　　　900	该部分现金股利（预计离职的10人）=10×10×1=100（万元） 借：其他应付款——限制性股票回购义务　100 　　贷：应付股利——限制性股票股利　　100
2×14	该部分现金股利（预计不会离职的92人）=（100-8）×10×（1+1.1）-900=1 032（万元） 借：利润分配——应付现金股利　　1 032 　　贷：应付股利——限制性股票股利　1 032 同时 借：其他应付款——限制性股票回购义务　1 032 　　贷：库存股　　　　　　　　　　　　1 032	该部分现金股利（预计离职的8人）=[5×10×1+（1+1.1）×（8-5）×10]-100=13（万元） 借：其他应付款——限制性股票回购义务　13 　　贷：应付股利——限制性股票股利　　13
2×15	该部分现金股利（实际在职的93人）=（100-7）×10×（1+1.1+1.2）-900-1 032=1 137（万元） 借：利润分配——应付现金股利　　1 137 　　贷：应付股利——限制性股票股利　1 137 同时 借：其他应付款——限制性股票回购付义务　1 137 　　贷：库存股　　　　　　　　　　　　　1 137	该部分现金股利（实际离职7人）=5×10×1+2×10×2.1+（1+1.1+1.2）×（7-5-2）×10-100-13=-21（万元） 借：应付股利——限制性股票股利　　21 　　贷：其他应付款——限制性股票回购义务　21

② 回购股票的会计分录。

甲公司在等待期内回购股票的会计分录，如表11-15所示。

表11-15　甲公司在等待期内回购股票的会计分录

年份	相关分录（单位：万元）
2×13	借：其他应付款——限制性股票回购义务　　250 　　应付股利——限制性股票股利　　　　　50 　　贷：银行存款　　　　　　　　　　　　300 同时 借：股本　　　　　　　　　　　　　　　　50 　　资本公积——股本溢价　　　　　　　　250 　　贷：库存股　　　　　　　　　　　　　300
2×14	借：其他应付款——限制性股票回购义务　　78 　　应付股利——限制性股票股利　　　　　42 　　贷：银行存款　　　　　　　　　　　　120 同时 借：股本　　　　　　　　　　　　　　　　20 　　资本公积——股本溢价　　　　　　　　100 　　贷：库存股　　　　　　　　　　　　　120

(4) 编制甲公司解锁日的会计分录。

甲公司解锁日的会计分录如下。

借：其他应付款——限制性股票回购义务	3 489
贷：库存股	3 489
借：资本公积——其他资本公积	5 580
贷：资本公积——股本溢价	5 580

注：本题应付股利余额为 3 069 万元，因为未做支付股利的会计处理，累计应支付股利（1+1.1+1.2）×93×10=3 069（万元）。

借：应付股利	3 069
贷：银行存款	3 069

11.7 集团股份支付的会计处理

11.7.1 业务概述

集团股份支付是企业集团（由母公司和其全部子公司构成）内发生的股份支付交易。集团股份支付的会计处理，如表 11-16 所示。

表 11-16 集团股份支付的会计处理

经济业务	会计处理
结算企业授予其自身的权益工具	（1）结算企业作为权益结算的股份支付 借：长期股权投资 　　贷：资本公积 （2）接受服务企业作为权益结算的股份支付 借：管理费用等 　　贷：资本公积 （3）合并报表中抵销分录 借：资本公积 　　贷：长期股权投资
结算企业授予现金股票增值权	（1）结算企业作为现金结算的股份支付 借：长期股权投资 　　贷：应付职工薪酬 （2）接受服务企业作为权益结算的股份支付 借：管理费用等 　　贷：资本公积 （3）合并报表中抵销分录 借：资本公积 　　管理费用等（差额） 　　贷：长期股权投资

(续表)

经济业务	会计处理
结算企业授予接受服务企业的权益工具	（1）结算企业作为现金结算的股份支付 借：长期股权投资 　　贷：应付职工薪酬 （2）接受服务企业作为权益结算的股份支付 借：管理费用等 　　贷：资本公积 （3）合并报表中抵销分录 借：资本公积 　　管理费用等（差额） 　　贷：长期股权投资

11.7.2 会计处理

企业集团（由母公司和其全部子公司构成）内发生的股份支付交易，应当按照以下规定进行会计处理。

（1）结算企业以其本身权益工具结算的，应当将该股份支付交易作为权益结算的股份支付处理；除此之外，应当作为现金结算的股份支付处理。

结算企业是接受服务企业的投资者的，应当按照授予日权益工具的公允价值或应承担负债的公允价值确认为对接受服务企业的长期股权投资，同时确认资本公积（其他资本公积）或负债。

（2）接受服务企业没有结算义务或授予本企业职工的是其本身权益工具的，应当将该股份支付交易作为权益结算的股份支付处理；接受服务企业具有结算义务且授予本企业职工的是企业集团内其他企业权益工具的，应当将该股份支付交易作为现金结算的股份支付处理。

根据结算企业授予权益工具的分类，其会计处理可分为：

（1）结算企业授予其自身的权益工具时，结算企业作为权益结算的股份支付借记"长期股权投资"科目，贷记"资本公积"科目；接受服务企业作为权益结算的股份支持借记"管理费用"等科目，贷记"资本公积"科目；在合并报表中进行抵销，借记"资本公积"科目，贷记"长期股权投资"科目。

（2）结算企业授予现金股票增值权时，结算企业作为权益结算的股份支付借记"长期股权投资"科目，贷记"应付职工薪酬"科目；接受服务企业作为权益结算的股份支付借记"管理费用"等科目，贷记"资本公积"科目；在合并报表中进行抵销，借记"资本公积""管理费用"科目，贷记"长期股权投资"科目。

（3）结算企业授予接受服务企业的权益工具时，结算企业作为权益结算的股份支付借记"长期股权投资"科目，贷记"应付职工薪酬"科目；接受服务企业作为权益结算的股份支持借记"管理费用"等科目，贷记"资本公积"科目；在合并报表中进行抵销，借记"资本公积""管理费用"科目，贷记"长期股权投资"科目。

11.7.3 案例解析

【例 11-8】A 公司为一上市公司。20×7 年 1 月 1 日，A 公司向其全资子公司 B 公司的 200 名管理人员每人授予 100 份股票期权，这些职员从 20×7 年 1 月 1 日起在 B 公司连续服务 3 年，即可以每股 5 元购买 100 股 A 公司股票，从而获益。A 公司估计该股票期权在授予日的公允价值为 18 元。

第一年有 20 名职员离开 B 公司，估计 3 年中离开的职员的比例将达到 20%；第二年又有 10 名职员离开 B 公司，估计的职员 3 年中离开比例修正为 15%；第三年又有 15 名职员离开。

要求：编制 A 公司和 B 公司个别财务报表和合并财务报表的相关分录。

分析：

（1）20×7 年的会计处理如下。

A 公司和 B 公司 20×7 年个别财务报表和合并财务报表的相关分录，如表 11-17 所示。

表 11-17 A 公司和 B 公司 20×7 年个别财务报表和合并财务报表的相关分录

单位：元

A 公司		B 公司	
借：长期股权投资　　　　　　　96 000		借：管理费用　　　　　　　　　96 000	
贷：资本公积——其他资本公积　　96 000		贷：资本公积——其他资本公积　　96 000	
合并报表抵销分录			
借：资本公积　　　　　　　　　96 000			
贷：长期股权投资　　　　　　96 000			

（2）20×8 年的会计处理如下。

A 公司和 B 公司 20×8 年个别财务报表和合并财务报表的相关分录，如表 11-18 所示。

表 11-18 A 公司和 B 公司 20×8 年个别财务报表和合并财务报表的相关分录

单位：元

A 公司		B 公司	
借：长期股权投资　　　　　　　108 000		借：管理费用　　　　　　　　　108 000	
贷：资本公积——其他资本公积　　108 000		贷：资本公积——其他资本公积　　108 000	
合并报表抵销分录			
借：资本公积　　　　　　　　　204 000			
贷：长期股权投资　　　　　　204 000			

（3）20×9 年的会计处理如下。

A 公司和 B 公司 20×8 年个别财务报表和合并财务报表的相关分录，如表 11-19 所示。

表 11-19 A 公司和 B 公司 20×8 年个别财务报表和合并财务报表的相关分录

单位：元

A 公司		B 公司	
借：长期股权投资　　　　　　　75 000		借：管理费用　　　　　　　　　75 000	
贷：资本公积——其他资本公积　　75 000		贷：资本公积——其他资本公积　　75 000	
合并报表抵销分录			
借：资本公积　　　　　　　　　279 000			
贷：长期股权投资　　　　　　279 000			

（4）全部行权时的会计处理，如表11-20所示。

表11-20　全部行权时的会计处理

单位：元

A公司		B公司	
借：银行存款　　　　　　　　　77 500		借：资本公积——其他资本公积　279 000	
资本公积——其他资本公积　279 000		贷：资本公积——股本溢价　　279 000	
贷：股本　　　　　　　　　　15 500			
资本公积——股本溢价　　341 000			
合并报表抵销分录			
借：资本公积　　　　　　　　　279 000			
贷：长期股权投资　　　　　　279 000			

【例11-9】甲公司拥有一家非全资子公司乙公司，经董事会批准，甲公司20×7年1月1日实施股权激励计划，其主要内容为甲公司向乙公司50名管理人员每人授予10 000份现金股票增值权，行权条件为：

（1）乙公司20×7年度实现的净利润较前1年增长6%；

（2）截至20×8年12月31日2个会计年度平均净利润增长率为7%；

（3）截至20×9年12月31日3个会计年度平均净利润增长率为8%。

从达到上述业绩条件的当年末起，每持有1份现金股票增值权可以从甲公司获得相当于行权当日甲公司股票每股市场价格的现金，行权期为3年。

乙公司20×7年度实现的净利润较前1年增长5%，本年度没有管理人员离职。

该年末，甲公司预计乙公司截至20×8年12月31日2个会计年度平均净利润增长率将达到7%，未来1年将有2名管理人员离职。

每份现金股票增值权公允价值如下：20×7年1月1日（授予日）为9元；20×7年12月31日为10元；20×8年12月31日为12元；20×9年10月20日为11元。

不考虑税费和其他因素。

要求：计算股权激励计划的实施对甲公司合并财务报表的影响，并进行相应的会计处理。

分析：

（1）股权激励计划的实施对甲公司20×7年度合并财务报表的影响
=（50-0-2）×1×10×1/2=240（万元）

相应的会计处理，如表11-21所示。

表11-21　股权激励计划的实施对甲公司20×7年度合并财务报表的影响会计处理

单位：万元

甲公司		乙公司	
借：长期股权投资　　　　240		借：管理费用　　　　　　　　　　216	
贷：应付职工薪酬　　　　240		贷：资本公积——其他资本公积　216	

（续表）

甲公司	乙公司
合并报表抵销分录 借：资本公积　　　　　　　216 　　管理费用　　　　　　　　24 　　贷：长期股权投资　　　　　　240 抵销后甲公司确认的对合并财务报表的影响 借：管理费用　　　　　　　240 　　贷：应付职工薪酬　　　　　　240	

20×8 年度，乙公司有 3 名管理人员离职，实现的净利润较前 1 年增长 7%。该年末，甲公司预计乙公司截至 20×9 年 12 月 31 日 3 个会计年度平均净利润增长率将达到 10%，未来 1 年将有 4 名管理人员离职。

（2）股权激励计划的实施对甲公司 20×8 年度合并财务报表的影响

=（50-0-3-4）×1×12×2/3-240=104（万元）

相应的会计处理，如表 11-22 所示。

表 11-22　股权激励计划的实施对甲公司 20×8 年度合并财务报表的影响会计处理

单位：万元

甲公司	乙公司
借：长期股权投资　　　　　104 　　贷：应付职工薪酬　　　　　　104	借：管理费用　　　　　　　42 　　贷：资本公积——其他资本公积　　42
合并报表抵销分录 （1）抵上期 借：资本公积　　　　　　　216 　　期初未分配利润　　　　　24 　　贷：长期股权投资　　　　　　240 （2）抵本期 借：资本公积　　　　　　　42 　　管理费用　　　　　　　　62 　　贷：长期股权投资　　　　　　104 （3）抵销后甲公司确认的对合并财务报表的影响 借：管理费用　　　　　　　104 　　贷：应付职工薪酬　　　　　　104	

20×9 年 10 月 20 日，甲公司经董事会批准取消原授予乙公司管理人员的股权激励计划，同时以现金补偿原授予现金股票增值权且尚未离职的乙公司管理人员 600 万元。20×9 年年初至取消股权激励计划前，乙公司有 1 名管理人员离职。

（3）股权激励计划的取消对甲公司 20×9 年度合并财务报表的影响

=[（50-0-3-1）×1×11×3/3-240-104]+（600-506）=256（万元）

相应的会计处理，如表 11-23 所示。

表 11-23 　 股权激励计划的取消对甲公司 20×9 年度合并财务报表的影响会计处理

单位：万元

甲公司	乙公司
借：长期股权投资　　　162 　　贷：应付职工薪酬　　　　162 支付款项时 借：应付职工薪酬　　　506 　　管理费用　　　　　　94 　　贷：银行存款　　　　　　600	借：管理费用　　　　　　　156 　　贷：资本公积——其他资本公积　156
合并报表抵销分录 （1）抵上期 借：资本公积　　　　　258 　　期初未分配利润　　　86 　　贷：长期股权投资　　　　344 （2）抵本期 借：资本公积　　　　　156 　　管理费用　　　　　　6 　　贷：长期股权投资　　　　162 （3）抵销后甲公司确认的对合并财务报表的影响 借：管理费用　　　　　256 　　贷：应付职工薪酬　　　　256	

第 12 章
债务重组

《企业会计准则第 12 号——债务重组》(以下简称"本准则")规范了债务重组的确认、计量和相关信息的披露。

债务重组涉及债权人和债务人,对债权人而言为"债权重组",对债务人而言为"债务重组",为便于表述统称为"债务重组"。根据本准则的规定,债务重组,是指在不改变交易对手方的情况下,经债权人和债务人协定或法院裁定,就清偿债务的时间、金额或方式等重新达成协议的交易。

债务重组的方式主要包括债务人以资产清偿债务、将债务转为权益工具、修改债权和债务的其他条款,以及以前述一种以上方式的组合清偿债务(下文简称"组合方式")。这些债务重组方式都是通过债权人和债务人重新协定或者法院裁定达成的,与原来约定的偿债方式不同。

12.1 债务人以资产清偿债务

12.1.1 业务概述

债务人以资产清偿债务,是债务人转让其资产给债权人以清偿债务的债务重组方式。债务人用于偿债的资产通常是已经在资产负债表中确认的资产,如现金、应收账款、长期股权投资、投资性房地产、固定资产、在建工程、生物资产、无形资产等。债务人以日常活动产出的商品或服务清偿债务的,用于偿债的资产可能体现为存货等资产。以资产清偿债务的会计处理如表 12-1 所示。

表 12-1 以资产清偿债务的会计处理

经济业务		会计处理
以资产清偿债务	债务人	(1)以金融资产清偿债务 借:应付账款(债务的账面价值) 　贷:其他债权投资(偿债金融资产账面价值) 　　投资收益(债务的账面价值与偿债金融资产账面价值的差额) (2)以非金融资产清偿债务 借:应付账款 　贷:库存商品、固定资产清理 　　其他收益——债务重组收益(清偿债务账面价值与转让资产账面价值之间的差额)

（续表）

经济业务		会计处理
以资产清偿债务	债权人	借：库存商品、固定资产清理（放弃债权公允价值－增值税进项税额＋直接相关税费） 应交税费——应交增值税（进项税额） 坏账准备 贷：应收账款 银行存款（支付的直接相关税费） 投资收益（放弃债权公允价值与账面价值的差额）

12.1.2 会计处理

（一）债务人的会计处理

债务重组采用以资产清偿债务方式进行的，债务人应当将所清偿债务账面价值与转让资产账面价值之间的差额计入当期损益。

1. 债务人以金融资产清偿债务

债务人以单项或多项金融资产清偿债务的，债务的账面价值与偿债金融资产账面价值的差额，记入"投资收益"科目。偿债金融资产已计提减值准备的，应结转已计提的减值准备。对于以分类为以公允价值计量且其变动计入其他综合收益的债务工具投资清偿债务的，之前计入其他综合收益的累计利得或损失应当从其他综合收益中转出，记入"投资收益"科目。对于以指定为以公允价值计量且其变动计入其他综合收益的非交易性权益工具投资清偿债务的，之前计入其他综合收益的累计利得或损失应当从其他综合收益中转出，记入"盈余公积""利润分配——未分配利润"等科目。

2. 债务人以非金融资产清偿债务

债务人以单项或多项非金融资产（如固定资产、日常活动产出的商品或服务等）清偿债务，或者以包括金融资产和非金融资产在内的多项资产清偿债务的，不需要区分资产处置损益和债务重组损益，也不需要区分不同资产的处置损益，而应将所清偿债务账面价值与转让资产账面价值之间的差额，记入"其他收益——债务重组收益"科目。偿债资产已计提减值准备的，应结转已计提的减值准备。

债务人以包含非金融资产的处置组清偿债务的，应当将所清偿债务和处置组中负债的账面价值之和，与处置组中资产的账面价值之间的差额，记入"其他收益——债务重组收益"科目。处置组所属的资产组或资产组组合按照《企业会计准则第8号——资产减值》分摊了企业合并中取得的商誉的，该处置组应当包含分摊至处置组的商誉。处置组中的资产已计提减值准备的，应结转已计提的减值准备。

（二）债权人的会计处理

债务重组采用以资产清偿债务方式进行的，债权人应当在受让的相关资产符合其定义和确认条件时予以确认。

1. 债权人受让金融资产

债权人受让包括现金在内的单项或多项金融资产的,应当按照《企业会计准则第 22 号——金融工具确认和计量》的规定进行确认和计量。金融资产初始确认时应当以其公允价值计量。金融资产确认金额与债权终止确认日账面价值之间的差额,记入"投资收益"科目,但收取的金融资产的公允价值与交易价格(即放弃债权的公允价值)存在差异的,应当按照《企业会计准则第 22 号——金融工具确认和计量》第三十四条的规定处理。

2. 债权人受让非金融资产

债权人初始确认受让的金融资产以外的资产时,应当按照下列原则以成本计量:

(1)存货的成本,包括放弃债权的公允价值,以及使该资产达到当前位置和状态所发生的可直接归属于该资产的税金、运输费、装卸费、保险费等其他成本。(2)对联营企业或合营企业投资的成本,包括放弃债权的公允价值,以及可直接归属于该资产的税金等其他成本。(3)投资性房地产的成本,包括放弃债权的公允价值,以及可直接归属于该资产的税金等其他成本。(4)固定资产的成本,包括放弃债权的公允价值,以及使该资产达到预定可使用状态前所发生的可直接归属于该资产的税金、运输费、装卸费、安装费、专业人员服务费等其他成本。确定固定资产成本时,应当考虑预计弃置费用因素。(5)生物资产的成本,包括放弃债权的公允价值,以及可直接归属于该资产的税金、运输费、保险费等其他成本。(6)无形资产的成本,包括放弃债权的公允价值,以及可直接归属于使该资产达到预定用途所发生的税金等其他成本。放弃债权的公允价值与账面价值之间的差额,记入"投资收益"科目。

3. 债权人受让多项资产

债权人受让多项非金融资产,或者包括金融资产、非金融资产在内的多项资产的,应当按照《企业会计准则第 22 号——金融工具确认和计量》的规定确认和计量受让的金融资产;按照受让的金融资产以外的各项资产在债务重组合同生效日的公允价值比例,对放弃债权在合同生效日的公允价值扣除受让金融资产当日公允价值后的净额进行分配,并以此为基础分别确定各项资产的成本。放弃债权的公允价值与账面价值之间的差额,记入"投资收益"科目。

4. 债权人受让处置组

债务人以处置组清偿债务的,债权人应当分别按照《企业会计准则第 22 号——金融工具确认和计量》和其他相关准则的规定,对处置组中的金融资产和负债进行初始计量,然后按照金融资产以外的各项资产在债务重组合同生效日的公允价值比例,对放弃债权在合同生效日的公允价值以及承担的处置组中负债的确认金额之和,扣除受让金融资产当日公允价值后的净额进行分配,并以此为基础分别确定各项资产的成本。放弃债权的公允价值与账面价值之间的差额,记入"投资收益"科目。

5. 债权人将受让的资产或处置组划分为持有待售类别

债务人以资产或处置组清偿债务,且债权人在取得日未将受让的相关资产或处置组作为非流动资产和非流动负债核算,而是将其划分为持有待售类别的,债权人应当在初始计量时,比较假定其不划分为持有待售类别情况下的初始计量金额和公允价值减去出售费用后的净额,以两者孰低计量。

12.1.3 案例解析

【例12-1】2×20年6月18日,甲公司向乙公司销售商品一批,应收乙公司款项的入账金额为95万元。甲公司将该应收款项分类为以摊余成本计量的金融资产。乙公司将该应付款项分类为以摊余成本计量的金融负债。2×20年10月18日,双方签订债务重组合同,乙公司以一项作为无形资产核算的非专利技术偿还该欠款。该无形资产的账面余额为100万元,累计摊销额为10万元,已计提减值准备2万元。10月22日,双方办理完成该无形资产转让手续,甲公司以银行存款支付评估费用4万元。当日,甲公司应收款项的公允价值为87万元,已计提坏账准备7万元,乙公司应付款项的账面价值仍为95万元。假设不考虑相关税费。

分析:相关会计处理如下。

(1)债权人的会计处理。

2×20年10月22日,债权人甲公司取得该无形资产的成本为债权公允价值87万元与评估费用4万元的合计,即为91万元。甲公司的账务处理如下。

借:无形资产		910 000
坏账准备		70 000
投资收益		10 000
贷:应收账款		950 000
银行存款		40 000

(2)债务人的会计处理。

乙公司10月22日的账务处理如下。

借:应付账款		950 000
累计摊销		100 000
无形资产减值准备		20 000
贷:无形资产		1 000 000
其他收益——债务重组收益		70 000

【例12-2】沿用【例12-1】,假设甲公司管理层决议,受让该非专利技术后将在半年内将其出售,当日无形资产的公允价值为87万元,预计未来出售该非专利技术时将发生1万元的出售费用,该非专利技术满足持有待售资产确认条件。

分析:10月22日,甲公司对该非专利技术进行初始确认时,按照无形资产的取得成本91万元与公允价值减出售费用86(87-1)万元孰低计量。债权人甲公司的账务处理如下。

借:持有待售资产——无形资产		860 000
坏账准备		70 000
资产减值损失		60 000
贷:应收账款		950 000
银行存款		40 000

12.2 债务人将债务转为权益工具

12.2.1 业务概述

债务人将债务转为权益工具,这里的权益工具,是指根据《企业会计准则第 37 号——金融工具列报》分类为"权益工具"的金融工具,会计处理上体现为股本、实收资本、资本公积等科目。

实务中,有些债务重组名义上采用"债转股"的方式,但同时附加相关条款,如约定债务人在未来某个时点有义务以某一金额回购股权,或债权人持有的股份享有强制分红权等。对于债务人,这些"股权"可能并不是根据《企业会计准则第 37 号——金融工具列报》分类为权益工具的金融工具,从而不属于债务人将债务转为权益工具的债务重组方式。债权人和债务人还可能协议以一项同时包含金融负债成分和权益工具成分的复合金融工具替换原债权债务,这类交易也不属于债务人将债务转为权益工具的债务重组方式。将债务转为权益工具的会计处理如表 12-2 所示。

表 12-2 将债务转为权益工具的会计处理

经济业务		会计处理
将债务转为权益工具	债务人	借:应付账款 　贷:股本 　　　资本公积——股本溢价或资本溢价 　　　投资收益
	债权人	借:长期股权投资(放弃债权公允价值 + 直接相关税费) 　　坏账准备 　贷:应收账款 　　　银行存款(支付的直接相关税费) 　　　投资收益(放弃债权公允价值与账面价值的差额) (1)如取得的股权投资为交易性金融资产 借:交易性金融资产(交易性金融资产公允价值) 　　投资收益(交易费用) 　　坏账准备 　贷:应收账款 　　　银行存款(支付的交易费用) 　　　投资收益(差额) (2)如取得的股权投资为其他权益工具投资 借:其他权益工具投资(其他权益工具投资的公允价值 + 交易费用) 　　坏账准备 　贷:应收账款 　　　银行存款(支付的交易费用) 　　　投资收益(差额) (3)如取得的股权投资为子公司投资(同一控制) 借:长期股权投资 　　坏账准备 　贷:应收账款 　　　资本公积——资本溢价或股本溢价(差额,或借记) (4)如取得的股权投资为子公司投资(非同一控制) 借:长期股权投资(放弃债权的公允价值) 　　坏账准备 　贷:应收账款 　　　投资收益(放弃债权公允价值与账面价值的差额)

12.2.2 会计处理

债务重组采用将债务转为权益工具方式进行的，债务人初始确认权益工具时，应当按照权益工具的公允价值计量，权益工具的公允价值不能可靠计量的，应当按照所清偿债务的公允价值计量。所清偿债务账面价值与权益工具确认金额之间的差额，记入"投资收益"科目。债务人因发行权益工具而支出的相关税费等，应当依次冲减资本公积（资本溢价或股本溢价）、盈余公积、未分配利润等。

债务重组采用将债务转为权益工具方式进行的，债权人在受让的相关资产符合其定义和确认条件时予以确认，相关会计处理与采用以资产清偿债务方式时相同。

12.2.3 案例解析

【例12-3】2×19年2月10日，甲公司从乙公司购买一批材料，约定6个月后甲公司应结清款项100万元（假定无重大融资成分）。乙公司将该应收款项分类为以公允价值计量且其变动计入当期损益的金融资产；甲公司将该应付款项分类为以摊余成本计量的金融负债。

2×19年8月12日，甲公司因无法支付货款与乙公司协商进行债务重组，双方商定乙公司将该债权转为对甲公司的股权投资。10月20日，乙公司办结了对甲公司的增资手续，甲公司和乙公司分别支付手续费等相关费用1.5万元和1.2万元。债转股后甲公司总股本为100万元，乙公司持有的抵债股权占甲公司总股本的25%，对甲公司具有重大影响，甲公司股权公允价值不能可靠计量。甲公司应付款项的账面价值仍为100万元。

2×19年6月30日，应收款项和应付款项的公允价值均为85万元。

2×19年8月12日，应收款项和应付款项的公允价值均为76万元。

2×19年10月20日，应收款项和应付款项的公允价值仍为76万元。

假定不考虑其他相关税费。

分析：相关会计处理如下。

（1）债权人乙公司的会计处理如下。

① 6月30日。

借：公允价值变动损益 150 000
　　贷：交易性金融资产——公允价值变动 150 000

② 8月12日。

借：公允价值变动损益 90 000
　　贷：交易性金融资产——公允价值变动 90 000

③ 10月20日，乙公司对甲公司长期股权投资的成本为应收款项公允价值（76万元）与相关税费（1.2万元）的合计77.2万元。

借：长期股权投资——甲公司 772 000
　　交易性金融资产——公允价值变动 240 000
　　贷：交易性金融资产——成本 1 000 000
　　　　银行存款 12 000

（2）债务人甲公司的会计处理。

10月20日，由于甲公司股权的公允价值不能可靠计量，初始确认权益工具公允价值时应当按照所清偿债务的公允价值76万元计量，并扣除因发行权益工具支出的相关税费1.5万元。甲公司的会计处理如下。

借：应付账款　　　　　　　　　　　　　　　　　1 000 000
　　贷：实收资本　　　　　　　　　　　　　　　　　250 000
　　　　资本公积——资本溢价　　　　　　　　　　　495 000
　　　　银行存款　　　　　　　　　　　　　　　　　 15 000
　　　　投资收益　　　　　　　　　　　　　　　　　240 000

12.3 修改其他条款

12.3.1 业务概述

修改其他条款，是债务人不以资产清偿债务，也不将债务转为权益工具，而是改变债权和债务的其他条款的债务重组方式，如调整债务本金、改变债务利息、变更还款期限等。经修改其他条款的债权和债务分别形成重组债权和重组债务。修改其他条款的会计处理如表12-3所示。

表12-3　修改其他条款的会计处理

经济业务		会计处理
修改其他条款	债务人	（1）实质性修改 借：应付账款 　　贷：应付账款——债务重组（新债务公允价值） 　　　　投资收益（新旧债务差额，可能在借方） （2）非实质性修改 按摊余成本（按原利率折现）调整债务 借：应付账款（账面与摊余成本的差额） 　　贷：投资收益
	债权人	（1）实质性修改 借：应收账款——债务重组（新债权公允价值） 　　坏账准备 　　贷：应收账款 　　　　投资收益（新旧债权差额，可能在借方） （2）非实质性修改 按摊余成本（按原利率折现）调整债权 借：投资收益 　　贷：应付账款（账面与摊余成本的差额）

注：如果重组债务未来现金流量（包括支付和收取的某些费用）现值与原债务的剩余期间现金流量现值之间的差异超过10%，则意味着新的合同条款进行了实质性修改或者重组债务是实质上不同的，有关现值的计算均采用原债务的实际利率。

12.3.2 会计处理

债务重组采用修改其他条款方式进行的，如果修改其他条款导致债务终止确认，债务人应当按照公允价值计量重组债务，终止确认的债务账面价值与重组债务确认金额之间的差额，记入"投资收益"科目。

如果修改其他条款未导致债务终止确认，或者仅导致部分债务终止确认，对于未终止确认的部分债务，债务人应当根据其分类，继续以摊余成本、以公允价值计量且其变动计入当期损益或其他适当方法进行后续计量。对于以摊余成本计量的债务，债务人应当根据重新议定合同的现金流量变化情况，重新计算该重组债务的账面价值，并将相关利得或损失记入"投资收益"科目。重新计算的该重组债务的账面价值，应当根据将重新议定或修改的合同现金流量按债务的原实际利率或按《企业会计准则第24号——套期会计》第二十三条规定的重新计算的实际利率（如适用）折现的现值确定。对于修改或重新议定合同所产生的成本或费用，债务人应当调整修改后的重组债务的账面价值，并在修改后重组债务的剩余期限内摊销。

债务重组采用以修改其他条款方式进行的，如果修改其他条款导致全部债权终止确认，债权人应当按照修改后的条款以公允价值初始计量重组债权，重组债权的确认金额与债权终止确认日账面价值之间的差额，记入"投资收益"科目。

如果修改其他条款未导致债权终止确认，债权人应当根据其分类，继续以摊余成本、以公允价值计量且其变动计入其他综合收益，或者以公允价值计量且其变动计入当期损益进行后续计量。对于以摊余成本计量的债权，债权人应当根据重新议定合同的现金流量变化情况，重新计算该重组债权的账面余额，并将相关利得或损失记入"投资收益"科目。重新计算的该重组债权的账面余额，应当根据将重新议定或修改的合同现金流量按债权原实际利率折现的现值确定，购买或源生的已发生信用减值的重组债权，应按经信用调整的实际利率折现。对于修改或重新议定合同所产生的成本或费用，债权人应当调整修改后的重组债权的账面价值，并在修改后重组债权的剩余期限内摊销。

12.3.3 案例解析

【例12-4】 甲公司2×18年12月31日应收乙公司票据的账面余额为65 400元，其中，5 400元为累计未付的利息，票面年利率为4%。由于乙公司连年亏损，资金周转困难，不能偿付应于2×18年12月31日前支付的应付票据。

经双方协商，于2×19年1月5日进行债务重组。甲公司同意将债务本金减至50 000元；免去债务人所欠的全部利息；将利率从4%降低到2%（等于实际利率），并将债务到期日延至2×20年12月31日（延长2年），利息按年支付。该项债务重组协议从协议签订日起开始实施。甲、乙公司已将应收、应付票据转入应收、应付账款。

甲公司已为该项应收款项计提了5 000元坏账准备。

分析：相关会计处理如下。

（1）债务人乙公司的会计处理如下。

① 债务重组日。

借：应付账款　　　　　　　　　　　　　　　　　　　　　65 400
　　贷：应付账款——债务重组　　　　　　　　　　　　　　　　50 000
　　　　投资收益　　　　　　　　　　　　　　　　　　　　　　15 400

② 2×19年12月31日支付利息。

借：财务费用　　　　　　　　　　　　　　　　　　　　　　1 000
　　贷：银行存款　　　　　　　　　　　　　　　　　　　　　　1 000

③ 2×20年12月31日偿还本金和最后一年利息。

借：应付账款——债务重组　　　　　　　　　　　　　　　　50 000
　　财务费用　　　　　　　　　　　　　　　　　　　　　　　1 000
　　贷：银行存款　　　　　　　　　　　　　　　　　　　　　51 000

（2）债权人甲公司的会计处理如下。

① 债务重组日。

借：应收账款——债务重组　　　　　　　　　　　　　　　　50 000
　　投资收益　　　　　　　　　　　　　　　　　　　　　　10 400
　　坏账准备　　　　　　　　　　　　　　　　　　　　　　 5 000
　　贷：应收账款　　　　　　　　　　　　　　　　　　　　　65 400

② 2×19年12月31日收到利息。

借：银行存款　　　　　　　　　　　　　　　　　　　　　　1 000
　　贷：财务费用　　　　　　　　　　　　　　　　　　　　　　1 000

③ 2×20年12月31日收到本金和最后一年利息。

借：银行存款　　　　　　　　　　　　　　　　　　　　　　51 000
　　贷：财务费用　　　　　　　　　　　　　　　　　　　　　　1 000
　　　　应收账款——债务重组　　　　　　　　　　　　　　　50 000

12.4 组合方式

12.4.1 业务概述

组合方式，是采用债务人以资产清偿债务、债务人将债务转为权益工具、修改其他条款三种方式中一种以上方式的组合清偿债务的债务重组方式。例如，债权人和债务人约定，由债务人以机器设备清偿部分债务，将另一部分债务转为权益工具，调减剩余债务的本金，但利率和还款期限不变；再如，债务人以现金清偿部分债务，同时将剩余债务展期等。

12.4.2 会计处理

债务重组采用以资产清偿债务、将债务转为权益工具、修改其他条款等方式的组合进行的，对于权益工具，债务人应当在初始确认时按照权益工具的公允价值计量，权益工具的公允价值不能可靠计量的，应当按照所清偿债务的公允价值计量。对于修改其他条款形成的重组债务，债务人应当参照"12.3 修改其他条款"部分的内容，确认和计量重组债务。所清偿债务的账面价值与转让资产的账面价值以及权益工具和重组债务的确认金额之和的差额，记入"其他收益——债务重组收益"或"投资收益"（仅涉及金融工具时）科目。

债务重组采用组合方式进行的，一般可以认为对全部债权的合同条款作出了实质性修改，债权人应当按照修改后的条款，以公允价值初始计量重组债权和受让的金融资产，按照受让的金融资产以外的各项资产在债务重组合同生效日的公允价值比例，对放弃债权在合同生效日的公允价值扣除重组债权和受让金融资产当日公允价值后的净额进行分配，并以此为基础分别确定各项资产的成本。放弃债权的公允价值与账面价值之间的差额，记入"投资收益"科目。

12.4.3 案例解析

【例 12-5】 2×19 年 11 月 5 日，甲公司向乙公司赊购一批材料，含税价为 234 万元。2×20 年 9 月 10 日，甲公司因发生财务困难，无法按合同约定偿还债务，双方协商进行债务重组。乙公司同意甲公司用其生产的商品、作为固定资产管理的机器设备和一项债券投资抵偿欠款。当日，该债权的公允价值为 210 万元，甲公司用于抵债的商品市价（不含增值税）为 90 万元，抵债设备的公允价值为 75 万元，用于抵债的债券投资市价为 23.55 万元。

抵债资产于 2×20 年 9 月 20 日转让完毕，甲公司发生设备运输费用 0.65 万元，乙公司发生设备安装费用 1.5 万元。

乙公司以摊余成本计量该项债权。2×20 年 9 月 20 日，乙公司对该债权已计提坏账准备 19 万元，债券投资市价为 21 万元。乙公司将受让的商品、设备和债券投资分别作为低值易耗品、固定资产和以公允价值计量且其变动计入当期损益的金融资产核算。

甲公司以摊余成本计量该项债务。2×20 年 9 月 20 日，甲公司用于抵债的商品成本为 70 万元；抵债设备的账面原价为 150 万元，累计折旧为 40 万元，已计提减值准备 18 万元；甲公司以摊余成本计量用于抵债的债券投资，债券票面价值总额为 15 万元，票面利率与实际利率一致，按年付息，假定甲公司尚未对债券确认利息收入。当日，该项债务的账面价值仍为 234 万元。

甲、乙公司均为增值税一般纳税入，适用增值税税率为 13%，经税务机关核定，该项交易中商品和设备的计税价格分别为 90 万元和 75 万元。不考虑其他相关税费。

分析：相关会计处理如下。

（1）债权人乙公司的会计处理。

低值易耗品可抵扣增值税 =90×13%=11.7（万元）

设备可抵扣增值税 =75×13%=9.75（万元）

低值易耗品和固定资产的成本应当以其公允价值比例（90：75）对放弃债权公允价值扣除受让金融资产公允价值后的净额进行分配后的金额为基础确定。

低值易耗品的成本 =90÷（90+75）×（210-23.55-11.7-9.75）=90（万元）

固定资产的成本 =75÷（90+75）×（210-23.55-11.7-9.75）=75（万元）

2×20年9月20日，乙公司的会计处理如下。

① 结转债务重组相关损益。

借：低值易耗品	900 000
在建工程——在安装设备	750 000
应交税费——应交增值税（进项税额）	214 500
交易性金融资产	210 000
坏账准备	190 000
投资收益	75 500
贷：应收账款——甲公司	2 340 000

② 支付安装费用。

借：在建工程——在安装设备	15 000
贷：银行存款	15 000

③ 设备安装完毕达到可使用状态。

借：固定资产——××设备	765 000
贷：在建工程——在安装设备	765 000

（2）债务人甲公司的会计处理。

甲公司9月20日的会计处理如下。

借：固定资产清理	920 000
累计折旧	400 000
固定资产减值准备	180 000
贷：固定资产	1 500 000
借：固定资产清理	6 500
贷：银行存款	6 500
借：应付账款	2 340 000
贷：固定资产清理	926 500
库存商品	700 000
应交税费——应交增值税（销项税额）	214 500
债权投资——面值	150 000
其他收益——债务重组收益	349 000

【例12-6】A公司为上市公司，2×16年1月1日，A公司取得B银行贷款5 000万元，约定贷款期限为4年（即2×19年12月31日到期），年利率为6%，按年付息，A公司已按时支付所有利息。2×19年12月31日，A公司出现严重资金周转问题，多项债务违约，信用风险增加，无法偿还贷款本金。

2×20年1月10日，B银行同意与A公司就该项贷款重新达成协议，新协议约定：

（1）A公司将一项作为固定资产核算的房产转让给B银行，用于抵偿债务本金1 000万元，该房产账面原值为1 200万元，累计折旧为400万元，未计提减值准备；

（2）A公司向B银行增发股票500万股，面值为1元/股，占A公司股份总额的1%，用于抵偿债务本金2 000万元，A公司股票于2×20年1月10日的收盘价为4元/股；

（3）在A公司履行上述偿债义务后，B银行免除A公司500万元债务本金，并将尚未偿还的债务本金1 500万元展期至2×20年12月31日，年利率为8%；如果A公司未能履行（1）（2）所述偿债义务，B银行有权终止债务重组协议，尚未履行的债权调整承诺随之失效。

B银行以摊余成本计量该贷款，已计提贷款损失准备300万元。该贷款于2×20年1月10日的公允价值为4 600万元，予以展期的贷款的公允价值为1 500万元。2×20年3月2日，双方办理完成房产转让手续，B银行将该房产作为投资性房地产核算。2×20年3月31日，B银行为该笔贷款补提了100万元的损失准备。2×20年5月9日，双方办理完成股权转让手续，B银行将该股权投资分类为以公允价值计量且其变动计入当期损益的金融资产，A公司股票当日收盘价为4.02元/股。

A公司以摊余成本计量该贷款，截至2×20年1月10日，该贷款的账面价值为5 000万元。不考虑相关税费。

分析：相关会计处理如下。

（1）债权人B银行的会计处理。

A公司与B银行以组合方式进行债务重组，同时涉及以资产清偿债务、将债务转为权益工具、包括债务豁免的修改其他条款等方式，可以认为对全部债权的合同条款作出了实质性修改，债权人在收取债权现金流量的合同权利终止时应当终止确认全部债权，即在2×20年5月9日该债务重组协议的执行过程和结果不确定性消除时，可以确认债务重组相关损益，并按照修改后的条款确认新金融资产。

① 3月2日。

投资性房地产成本＝放弃债权公允价值－受让股权公允价值－重组债权公允价值＝4 600－2 000－1 500＝1 100（万元）

借：投资性房地产	11 000 000
贷：贷款——本金	11 000 000

② 3月31日。

借：信用减值损失	1 000 000
贷：贷款损失准备	1 000 000

③ 5月9日。

受让股权的公允价值＝4.02×500＝2 010（万元）

借：交易性金融资产	20 100 000
贷款——本金	15 000 000
贷款损失准备	4 000 000
贷：贷款——本金	39 000 000
投资收益	100 000

（2）债务人A公司的会计处理。

该债务重组协议的执行过程和结果不确定性于2×20年5月9日消除时，债务人清偿该部分债务的现时义务已经解除，可以确认债务重组相关损益，并按照修改后的条款确认新金融负债。

① 3月2日。

借：固定资产清理 8 000 000
　　累计折旧 4 000 000
　　贷：固定资产 12 000 000
借：长期借款——本金 8 000 000
　　贷：固定资产清理 8 000 000

② 5月9日。

借款的新现金流量现值 =1 500×（1+8%）÷（1+6%）=1 528.3（万元）

现金流变化 =（1 528.3-1 500）÷1 500=1.9%＜10%

因此，针对1 500万元本金部分的合同条款的修改不构成实质性修改，不终止确认该部分负债。

借：长期借款——本金 42 000 000
　　贷：股本 5 000 000
　　　　资本公积 15 100 000
　　　　长期借款——本金 15 285 000
　　　　其他收益——债务重组收益 6 615 000

本例中，即使没有"A公司未能履行（1）（2）所述偿债义务，B银行有权终止债务重组协议，尚未履行的债权调整承诺随之失效"的条款，债务人仍然应当谨慎处理，考虑在债务的现时义务解除时终止确认原债务。

12.5 债务重组的披露

本准则规定，债务重组中涉及的债权、重组债权、债务、重组债务和其他金融工具的披露，应当按照《企业会计准则第37号——金融工具列报》的规定处理。此外，债务人和债权人还应当在附注中披露与债务重组有关的额外信息。

债务人应当在附注中披露与债务重组有关的下列信息：（1）根据债务重组方式，分组披露债务账面价值和债务重组相关损益，分组的标准与对债权人的要求类似。（2）债务重组导致的股本等所有者权益的增加额。

债权人应当在附注中披露与债务重组有关的下列信息：（1）根据债务重组方式，分组披露债权账面价值和债务重组相关损益。分组时，债权人可以按照以资产清偿债务方式、将债务转为权益工具方式、修改其他条款方式、组合方式为标准分组，也可以根据重要性原则以更细化的标准分组。（2）债务重组导致的对联营企业或合营企业的权益性投资增加额，以及该投资占联营企业或合营企业股份总额的比例。

报表使用者可能关心与债务重组相关的其他信息。例如，债务人和债权人是否具有关联方关系；又如，如何确定债务转为权益工具方式中的权益工具以及修改其他条款方式中的重组债权或重组债务等的公允价值；再如，是否存在与债务重组相关的或有事项等，企业应当根据《企业会计准则第 13 号——或有事项》《企业会计准则第 22 号——金融工具确认和计量》《企业会计准则第 36 号——关联方披露》《企业会计准则第 37 号——金融工具列报》《企业会计准则第 39 号——公允价值计量》等准则规定，披露相关信息。

第 13 章
或有事项

或有事项，是指过去的交易或者事项形成的，其结果须由某些未来事项的发生或不发生才能决定的不确定事项。常见的或有事项包括未决诉讼或未决仲裁、债务担保、产品质量保证（含产品安全保证）、待执行合同变为亏损合同、重组义务、承诺、环境污染整治等。

13.1 或有事项的确认和计量

13.1.1 业务概述

或有事项的基本特征：或有事项是由过去的交易或者事项形成的；或有事项的结果具有不确定性；其结果由未来事项决定。或有事项的确认和计量的会计处理如表 13-1 所示。

表 13-1 或有事项的确认和计量的会计处理

经济业务	会计处理
预期可获得的补偿	借：其他应收款 　贷：营业外支出
前期无法合理预计而未计提预计负债，实际发生时	借：营业外支出 　贷：银行存款
发现以前年度的会计差错	借：以前年度损益调整 　贷：预计负债

13.1.2 会计处理

（一）预计负债的确认

或有事项形成的或有资产只有在企业基本确定能够收到的情况下，才转变为真正的资产，从而予以确认。与或有事项有关的义务应当在同时符合以下三个条件时确认为负债，作为预计负债进行确认和计量。

（1）该义务是企业承担的现时义务。

（2）履行该义务很可能导致经济利益流出企业。

（3）该义务的金额能够可靠地计量。

（二）预计负债的计量

1. 最佳估计数的确定

所需支出存在一个连续范围，且该范围内各种结果发生的可能性相同，则最佳估计数应当按照该范围内的中间值，即上限、下限金额的平均数确定。所需支出不存在一个连续范围，或者虽然存在一个连续范围，但该范围内各种结果发生的可能性不相同时，或有事项涉及单个项目的，按照最可能发生金额确定；或有事项涉及多个项目的，按照各种可能结果及相关概率计算确定。

2. 预期可获得的补偿

企业清偿预计负债所需支出全部或部分预期由第三方补偿的，补偿金额只有在基本确定能够收到时才能作为资产单独确认，此时借记"其他应收款"科目，贷记"营业外支出"科目。确认的补偿金额不应当超过预计负债的账面价值。

3. 预计负债的计量需要考虑的其他因素

企业在确定最佳估计数时，应当综合考虑与或有事项有关的风险、不确定性和货币时间价值等因素。

企业在不确定的情况下进行判断需要谨慎，使收益或资产不会被高估，费用或负债不会被低估。但是，不确定性并不说明应当确认过多的预计负债和故意夸大负债的金额；预计负债一般不需要折现，即相关现时义务的金额通常应当等于未来应支付的金额。但是，如果预计负债的确认时点距离实际清偿有较长的时间跨度，货币时间价值的影响重大，那么在确定预计负债的确认金额时，有必要考虑采用现值计量；企业应当考虑可能影响履行现时义务所需金额的相关未来事项。对于这些未来事项，如果有足够的客观证据表明它们将发生，则应当在预计负债计量中考虑相关未来事项的影响，但不应考虑预期处置相关资产形成的利得。前期无法合理预计而未计提预计负债，而实际发生时，借记"营业外支出"科目，贷记"银行存款"科目。

（三）对预计负债账面价值的复核

企业应当在资产负债表日对预计负债的账面价值进行复核。有确凿证据表明该账面价值不能真实反映当前最佳估计数的，应当按照当前最佳估计数对该账面价值进行调整。当发现以前年度的会计差错，借记"以前年度损益调整"科目，贷记"预计负债"科目。

13.1.3 案例解析

【例13-1】2×19年3月，甲公司被A公司状告侵犯其专利权，法院已受理，至2×19年12月31日，法院尚未判决。甲公司的法律顾问对该事项进行分析，认为该案件败诉的可能性为70%，如果败诉，按照目前类似案件的情况分析，估计很可能赔偿金额80万元，并承担诉讼费用5万元。

分析：甲公司会计处理如下。

借：营业外支出	800 000
管理费用	50 000
贷：预计负债	850 000

【例13-2】2×19年5月，甲公司因生产商品造成环境污染，被周围村镇居民起诉，法院已受理，但尚未判决。甲公司法律顾问认为该诉讼败诉的可能性为80%，但按目前有关法

律规定，赔偿金额不能确定。

分析：甲公司会计处理如下。

虽然该事项属于现时义务，也很可能导致经济利益流出公司，但金额不能可靠计量。所以该事项不同时满足确认预计负债的三个条件，只能作为或有负债进行披露，不能作为负债确认。

【例13-3】2×19年12月10日，甲公司因合同违约而涉及一桩诉讼案件。根据甲公司的法律顾问判断，最终的判决很可能对甲公司不利。2×19年12月31日，甲公司尚未接到法院的判决，因诉讼须承担的赔偿的金额也无法准确地确定。不过，据专业人士估计，赔偿金额可能在90万元至100万元（含甲公司将承担的诉讼费2万元），且该范围内支付各种赔偿金额的可能性相同。根据《企业会计准则第13号——或有事项》的规定，甲公司应在2×19年利润表中确认的预计负债的金额并做出相关会计处理。

分析：甲公司应确认的预计负债金额=（90+100）÷2=95（万元），其中，诉讼费2万元应计入管理费用，计入营业外支出的金额=95-2=93（万元）。其会计分录如下。

借：管理费用 20 000
　　营业外支出 930 000
　　贷：预计负债 950 000

【例13-4】2×19年第一季度甲公司首次开始生产并销售A产品，销售收入为40 000万元。根据公司的产品质量保证条款，该产品售出后一年内，如发生正常质量问题，公司将负责免费维修。根据以前年度的其他相关产品的维修记录，如果发生较小的质量问题，发生的维修费用为销售收入的1%；如果发生较大的质量问题，发生的维修费用为销售收入的2%。根据公司技术部门的预测，本季度销售的产品中，70%不会发生质量问题；20%可能发生较小质量问题；10%可能发生较大质量问题。据此，2×19年第一季度末，确定甲公司应在资产负债表中确认的负债金额并做出相关会计处理。

分析：甲公司的相关会计处理如下。

确认的负债金额=40 000×（1%×20%+2%×10%）=160（万元）。其会计分录如下。

借：销售费用 1 600 000
　　贷：预计负债 1 600 000

【例13-5】2×19年12月31日，乙公司因或有事项而确认了一笔金额为200 000元的负债（假定系赔偿支出）；同时，乙公司因该或有事项，基本确定可从甲股份有限公司获得50 000元的赔偿。

分析：乙公司的相关会计处理如下。

借：营业外支出 200 000
　　贷：预计负债 200 000
借：其他应收款 50 000
　　贷：营业外支出 50 000

13.2 未决诉讼或未决仲裁的处理

13.2.1 业务概述

诉讼，是指当事人不能通过协商解决争议，因而在人民法院起诉、应诉，请求人民法院通过审判程序解决纠纷的活动。诉讼尚未裁决之前，对于被告来说，可能形成一项或有负债或者预计负债；对于原告来说，则可能形成一项或有资产。

仲裁，是指经济法的各方当事人依照事先约定或事后达成的书面仲裁协议，共同选定仲裁机构并由其对争议依法作出具有约束力裁决的一种活动。作为当事人一方，仲裁的结果在仲裁决定公布以前是不确定的，会构成一项潜在义务或现时义务，或者潜在资产。

未决诉讼或未决仲裁的会计处理，如表 13-2 所示。

表 13-2 未决诉讼或未决仲裁的会计处理

经济业务		会计处理
未决诉讼或未决仲裁	确认预计负债	借：管理费用（诉讼费用） 　　营业外支出 贷：预计负债
	实际发生	借：预计负债 　　营业外支出（实际多付） 贷：银行存款 　　营业外支出（实际少付）

13.2.2 会计处理

（1）企业在前期资产负债表日，依据当时实际情况和所掌握的证据合理确认预计负债后，应当将当期实际发生的诉讼损失金额与已计提的相关预计负债之间的差额，直接计入或冲减当期营业外支出。

（2）企业在前期资产负债表日，依据当时实际情况和所掌握的证据原本应当能够合理估计诉讼损失，但企业所作的估计却与当时的事实严重不符（如未合理预计损失或不恰当地多计或少计损失），应当按照重大前期差错更正的方法进行处理。

（3）企业在前期资产负债表日，依据当时实际情况和所掌握的证据，确实无法合理预计诉讼损失，因而未确认预计负债，则在该项损失实际发生的当期，直接计入当期营业外支出。

（4）资产负债表日后至财务报告批准报出日之间发生的需要调整或说明的未决诉讼，按照《企业会计准则第 29 号——资产负债表日后事项》的有关规定进行处理。

13.2.3 案例解析

【例 13-6】甲公司 2×18 年 12 月 31 日涉及一项诉讼案件，甲公司估计败诉的可能性为 80%，如败诉，据预计，甲公司赔偿 500 万元的可能性为 70%，而赔偿 300 万元的可能性为 30%（假定不考虑诉讼费）。

分析：甲公司的相关会计处理如下。

借：营业外支出　　　　　　　　　　　　　　　　　　　　　　5 000 000
　　贷：预计负债　　　　　　　　　　　　　　　　　　　　　　5 000 000

【例13-7】沿用【例13-6】，若2×19年5月7日法院作出判决，甲公司支付赔偿530万元，甲公司不再上诉，赔偿款已经支付。

分析：甲公司的会计处理如下。

借：预计负债　　　　　　　　　　　　　　　　　　　　　　　5 000 000
　　营业外支出　　　　　　　　　　　　　　　　　　　　　　　300 000
　　贷：银行存款　　　　　　　　　　　　　　　　　　　　　　5 300 000

【例13-8】沿用【例13-6】，若2×19年5月7日法院作出判决，甲公司支付赔偿450万元，甲公司不再上诉，赔偿款已经支付。

分析：甲公司的会计处理如下。

借：预计负债　　　　　　　　　　　　　　　　　　　　　　　5 000 000
　　贷：银行存款　　　　　　　　　　　　　　　　　　　　　　4 500 000
　　　　营业外支出　　　　　　　　　　　　　　　　　　　　　　500 000

【例13-9】甲公司2×18年12月31日涉及一项诉讼案件，甲公司估计败诉的可能性为80%，如败诉，赔偿金额估计为300万元。甲公司实际确认预计负债为30万元。2×19年7月5日（2×18年财务报告已经报出后）发现上年的会计差错。

分析：甲公司更正会计分录如下（不考虑所得税）。

借：以前年度损益调整　　　　　　　　　　　　　　　　　　　2 700 000
　　贷：预计负债　　　　　　　　　　　　　　　　　　　　　　2 700 000

13.3 债务担保的处理

13.3.1 业务概述

债务担保在企业中是较为普遍的现象。作为提供担保的一方，在被担保方无法履行合同的情况下，常常承担连带责任。从保护投资者、债权人的利益出发，客观、充分地反映企业因担保义务而承担的潜在风险是十分必要的。

债务担保的会计处理，如表13-3所示。

表 13-3 债务担保的会计处理

经济业务		会计处理
债务担保	确认预计负债	借：营业外支出 　贷：预计负债
	实际发生	借：预计负债 　　营业外支出（实际多付） 　贷：银行存款 　　　营业外支出（实际少付）
	控股股东替企业支付债务担保损失	借：预计负债 　　营业外支出（或贷记） 　贷：资本公积

13.3.2 会计处理

（1）在担保涉及诉讼的情况下，如果企业已被判决败诉，则应当按照法院判决的应承担的损失金额，确认为预计负债，并计入当期营业外支出（不含诉讼费，实际发生的诉讼费应计入当期的管理费用）。

如果已判决败诉，但企业正在上诉，或者经上一级法院裁定暂缓执行，或者由上一级法院发回重审等，企业应当在资产负债表日，根据已有判决结果合理估计可能产生的损失金额，确认为预计负债，并计入当期营业外支出；如果法院尚未判决，企业应向其律师或法律顾问等咨询，估计败诉的可能性，以及败诉后可能发生的损失金额，并取得有关书面意见。如果败诉的可能性大于胜诉的可能性，并且损失金额能够合理估计的，应当在资产负债表日将预计担保损失金额确认为预计负债，并计入当期营业外支出。

（2）企业当期实际发生的担保诉讼损失金额与已计提的相关预计负债之间存在差额。

企业在前期资产负债表日，依据当时实际情况和所掌握的证据，合理预计了预计负债，应当将当期实际发生的担保诉讼损失金额与已计提的相关预计负债之间的差额，直接计入当期营业外支出或营业外收入；企业在前期资产负债表日，依据当时实际情况和所掌握的证据，本应当能够合理估计并确认和计量因担保诉讼所产生的损失，但企业所作的估计却与当时的事实严重不符（如未合理预计损失或不恰当地多计或少计损失），应当视为滥用会计估计，按照重大会计差错更正的方法进行会计处理；企业在前期资产负债表日，依据当时实际情况和所掌握的证据，确实无法合理确认和计量因担保诉讼所产生的损失，因而未确认预计负债的，则在该项损失实际发生的当期，直接计入当期营业外支出。

（3）资产负债表日后至财务报告批准报出日之间发生的需要调整或说明的担保诉讼事项，按照资产负债表日后事项准则的有关规定进行会计处理。

13.3.3 案例解析

【例 13-10】2×18 年 1 月 1 日，甲公司为乙公司的 800 万元债务提供 50% 担保。2×18 年 6 月 1 日，乙公司因无力偿还该笔到期债务被债权人起诉。至 2×18 年 12 月 31 日，法院尚未判决，但经咨询律师，甲公司认为有 55% 的可能需要承担全部担保责任，赔偿

400万元，并预计承担诉讼费用4万元；有45%的可能不承担担保责任。2×19年2月10日，法院作出判决，甲公司需承担全部担保责任和诉讼费用4万元。甲公司表示服从法院判决，于当日履行了担保责任，并支付了4万元的诉讼费。

要求：确定2×18年甲公司的预计负债金额并做出有关会计处理。

分析：2×18年甲公司的预计负债金额=800×50%+4=404（万元），相关会计处理如下。

借：营业外支出　　　　　　　　　　　　　　　　　　　　4 000 000
　　管理费用　　　　　　　　　　　　　　　　　　　　　　　40 000
　贷：预计负债　　　　　　　　　　　　　　　　　　　　4 040 000

【例13-11】A公司是一家上市公司，A公司持有B公司30%的股权，将B公司作为联营企业核算。A公司于2×15年为B公司向银行取得的2亿元贷款提供担保。2×18年，B公司因财务困难，未能按期履行还款付息义务，该贷款及担保形成诉讼事项，A公司需要计提预计负债。P公司是A公司的控股股东，P公司在2×18年年末出具承诺函，承诺A公司如果因该贷款担保发生任何损失，P公司将全部承担。至2×18年A公司未预计全部担保损失为20 100万元。

分析：A公司因为其对外担保行为形成的损失，从担保行为产生的合同权利义务关系来看，应该由A公司承担，相应的损失应该计入A公司的损益。P公司作为控股股东代A公司承担担保损失，是控股股东对A公司的捐赠，属于资本性投入，A公司应该在收到时计入资本公积。A公司2×18年年末的会计处理如下。

借：营业外支出　　　　　　　　　　　　　　　　　　　201 000 000
　贷：预计负债　　　　　　　　　　　　　　　　　　　201 000 000

假定2×19年5月7日，银行要求A公司支付担保发生的损失20 300万元，P公司代A公司实际支付该款项。相关会计处理如下。

借：预计负债　　　　　　　　　　　　　　　　　　　　201 000 000
　　营业外支出　　　　　　　　　　　　　　　　　　　　2 000 000
　贷：资本公积　　　　　　　　　　　　　　　　　　　203 000 000

13.4　产品质量保证的处理

13.4.1　业务概述

产品质量保证，通常指销售商或制造商在销售产品或提供劳务后，对客户提供服务的一种承诺。在约定期内（或终身保修），若产品或劳务在正常使用过程中出现质量或与之相关的其他属于正常范围的问题，企业负有更换产品、免费或只收成本价进行修理等责任。为此，企业应当在符合确认条件的情况下，于销售成立时确认预计负债。

产品质量保证的会计处理，如表13-4所示。

表 13-4 产品质量保证的会计处理

经济业务		会计处理
产品质量保证	确认预计负债	借：销售费用 　　贷：预计负债——产品质量保证
	实际发生	借：预计负债——产品质量保证 　　贷：银行存款/原材料/应付职工薪酬
	特定批次确认预计负债	借：预计负债——产品质量保证 　　贷：销售费用
	企业不再生产	借：预计负债——产品质量保证 　　贷：销售费用

13.4.2　会计处理

（1）产品质量保证属于或有事项，企业应在期末将其确认为一项负债，金额应按可能发生产品质量保证费用的数额和发生的概率计算确定。确认预计负债时，借记"销售费用"科目，贷记"预计负债——产品质量保证"科目。实际发生时，借记"预计负债——产品质量保证"科目，贷记"银行存款""原材料"等科目。

（2）如果企业针对特定批次产品确认预计负债，则在保修期结束时，应将"预计负债——产品质量保证"余额抵销，不留余额。会计处理为：借记"预计负债——产品质量保证"科目，贷记"销售费用"科目。

（3）已对其确认预计负债的产品，若企业不再生产了，那么应在相应的产品质量保证期满后，将"预计负债——产品质量保证"科目余额冲销，不留余额。会计处理为：借记"预计负债——产品质量保证"科目，贷记"销售费用"科目。

13.4.3　案例解析

【例13-12】甲公司是生产并销售A产品的企业，2×19年第一季度共销售A产品60 000件，销售收入为360 000 000元。根据公司的产品质量保证条款，该产品售出后一年内，如发生正常质量问题，公司将负责免费维修。

根据以前年度的维修记录，如果发生较小的质量问题，发生的维修费用为销售收入的1%；如果发生较大的质量问题，发生的维修费用为销售收入的2%。根据公司技术部门的预测，本季度销售的产品中，80%不会发生质量问题；15%可能发生较小质量问题；5%可能发生较大质量问题。公司2×19年第一季度实际发生的维修费为850 000元，"预计负债——产品质量保证"科目2×18年年末余额为30 000元。2×19年第一季度，甲公司的会计处理如下。

分析：甲公司应在资产负债表中确认的负债金额为：360 000 000×（0×80%+1%×15%+2%×5%）=900 000（元）。

（1）确认与产品质量保证有关的预计负债

借：销售费用——产品质量保证　　　　　　　　　　　　　　　　　　　　900 000

　　　　贷：预计负债——产品质量保证　　　　　　　　　　　　　900 000
（2）发生产品质量保证费用（维修费）
　　　　借：预计负债——产品质量保证　　　　　　　　　　　　　850 000
　　　　　　贷：银行存款或原材料等　　　　　　　　　　　　　　850 000

"预计负债——产品质量保证"科目2×19年第一季度末的余额为：900 000－850 000＋30 000＝80 000（元）。

13.5　待执行合同变为亏损合同的处理

13.5.1　业务概述

待执行合同变为亏损合同，同时该亏损合同产生的义务满足预计负债的确认条件的，应当确认为预计负债。其中，待执行合同，是指合同各方未履行任何合同义务，或部分履行了同等义务的合同。待执行合同不属于或有事项，但待执行合同变为亏损合同的，应当作为或有事项。

待执行合同变为亏损合同的会计处理，如表13-5所示。

表13-5　待执行合同变为亏损合同的会计处理

经济业务		会计处理
待执行合同变为亏损合同	执行合同且存在标的资产	借：资产减值损失（成本－执行合同价格） 　　贷：资产减值准备/存货跌价准备 借：营业外支出（计提完减值后，还有亏损的部分） 　　贷：预计负债
	执行合同且不存在标的资产	借：营业外支出 　　贷：预计负债
	不执行合同且存在标的资产	借：资产减值损失（按照市价出售的亏损金额） 　　贷：资产减值准备/存货跌价准备 借：营业外支出（亏损超过减值部分） 　　贷：预计负债
	不执行合同且不存在标的资产	借：营业外支出 　　贷：预计负债

13.5.2　会计处理

（1）待执行合同变为亏损合同时，合同存在标的资产的，应当对标的资产进行减值测试并按规定确认减值损失，此时，企业通常不需要确认预计负债；再将预计亏损超过该减值损失的部分确认为预计负债。

（2）合同不存在标的资产的，亏损合同相关义务满足规定条件时，应当确认预计负债。

13.5.3 案例解析

【例13-13】 2×19年12月1日,甲公司与乙公司签订一项不可撤销的产品销售合同,合同规定:甲公司于3个月后提交乙公司一批产品,合同价格(不含增值税税额)为500万元,如甲公司违约,将支付违约金100万元。

至2×19年末,甲公司为生产该产品已发生成本20万元,因原材料价格上涨,甲公司预计生产该产品的总成本为580万元。不考虑其他因素,2×19年12月31日,确定甲公司因该合同确认的预计负债的金额并做出相关分录。

分析:执行合同的损失=580-500=80(万元),不执行合同的损失=按照市场销售价格计算在产品减值损失+违约金损失=0+100=100(万元),故选择执行合同。2×19年12月31日,甲公司因该合同确认的预计负债=80-20=60(万元)。

借:资产减值损失　　　　　　　　　　　　　　　　　　　　　200 000
　　贷:存货跌价准备　　　　　　　　　　　　　　　　　　　　200 000
借:营业外支出　　　　　　　　　　　　　　　　　　　　　　　600 000
　　贷:预计负债　　　　　　　　　　　　　　　　　　　　　　600 000

【例13-14】 2×18年12月,A公司与甲公司签订一份不可撤销合同,约定在2×19年2月以每件0.5万元的价格向甲公司销售1 000件A产品;甲公司应预付定金200万元,若A公司违约,双倍返还定金。A公司2×18年将收到的定金200万元存入银行。

2×18年12月31日,A公司的库存中没有A产品及生产该产品所需原材料。因原材料价格大幅上涨,A公司预计每件A产品的生产成本为0.8万元。

分析:A公司预计每件A产品的成本为0.8万元,每件售价为0.5万元,待执行合同变为亏损合同。合同因其不存在标的资产,故应确认预计负债。所以:

执行合同损失=(0.8-0.5)×1 000=300(万元)

不执行合同的损失=违约金损失=200(万元)

因此选择不执行合同。

退出合同最低净成本=200(万元),确认预计负债,相关会计处理如下。

借:营业外支出　　　　　　　　　　　　　　　　　　　　　　　200 000
　　贷:预计负债　　　　　　　　　　　　　　　　　　　　　　200 000

13.6 重组义务的处理

13.6.1 业务概述

重组是指企业制定和控制的,将显著改变企业组织形式、经营范围或经营方式的计划实施行为。企业因重组而承担了重组义务,并且同时满足预计负债的三项确认条件时,才能确认预计负债。

重组义务的会计处理,如表13-6所示。

表 13-6 重组义务的会计处理

经济业务		会计处理
重组义务	自愿或强制遣散员工	借：管理费用 　　贷：应付职工薪酬
	不再使用厂房的租赁撤销违约费	借：管理费用 　　贷：预计负债
	特定固定资产的减值损失	借：资产减值损失 　　贷：固定资产减值准备

13.6.2 会计处理

（1）企业应当按照与重组有关的直接支出确定预计负债金额。其中，直接支出是企业重组必须承担的直接支出，包括支付给职工的遣散费，支付的违约金等。会计处理为：借记"管理费用"科目，贷记"预计负债"或者"应付职工薪酬"科目。但不包括留用职工岗前培训、市场推广、新系统和营销网络投入等支出。因为这些支出与未来经营活动有关，在资产负债表日不是重组义务。

（2）由于企业在计量预计负债时不应当考虑预期处置相关资产的利得，在计量与重组义务相关的预计负债时，也不考虑处置相关资产（如厂房、店面，有时是一个事业部整体）可能形成的利得或损失，即使资产的出售构成重组的一部分也是如此。

13.6.3 案例解析

【例 13-15】2×19 年 12 月，经董事会批准，甲公司自 2×20 年 1 月 1 日起撤销某营销网点，该业务重组计划已对外公告。为实施该业务重组计划，甲公司预计将发生以下支出或损失：因辞退职工将支付补偿款 100 万元，因撤销门店租赁合同将支付违约金 20 万元，因处置门店内设备将发生损失 65 万元，因将门店内库存存货运回公司本部将发生运输费 5 万元。确定 2×19 年甲公司针对该业务重组计划确认的预计负债金额以及做出相应的会计处理。

分析：因重组义务确认的预计负债 =100+20=120（万元），相关会计处理如下。

借：管理费用　　　　　　　　　　　　　　　　　　　1 200 000
　　资产减值损失　　　　　　　　　　　　　　　　　　 650 000
　　贷：应付职工薪酬　　　　　　　　　　　　　　　　1 000 000
　　　　预计负债　　　　　　　　　　　　　　　　　　 200 000
　　　　固定资产减值准备　　　　　　　　　　　　　　 650 000

13.7 或有事项的列报

13.7.1 预计负债的列报

因多项或有事项确认的预计负债,在资产负债表通过"预计负债"项目进行总括反映。而对应的费用支出,在利润表"管理费用""销售费用"和"营业外支出"项目中反映。同时,还应在报表附注中披露。

13.7.2 或有负债披露

企业应披露有关或有负债的种类及其形成原因,包括未决诉讼、未决仲裁、对外提供担保等形成的或有负债;经济利益流出不确定性的说明;或有负债预计产生的财务影响,以及获得补偿的可能性,无法预计的,应当说明原因。在涉及未决诉讼、未决仲裁的情况下,按相关规定披露全部或部分信息预期对企业造成重大不利影响的,企业不需要披露这些信息,但应当披露该未决诉讼、未决仲裁的性质,以及没有披露这些信息的事实和原因。

13.7.3 或有资产披露

企业通常不应当披露或有资产。但或有资产很可能会给企业带来经济利益的,应当披露其形成的原因、预计产生的财务影响等。

第 14 章 收入

14.1 销售商品收入相关业务的会计处理

14.1.1 一般销售商品收入的会计处理

(一)业务概述

收入是指企业在日常活动中形成的、会导致所有者权益增加的、与所有者投入资本无关的经济利益的总流入。

一般销售商品收入的会计处理,如表 14-1 所示。

表 14-1　一般销售商品收入的会计处理

经济业务	会计处理
一般销售商品收入	借:银行存款/应收账款/应收票据/合同资产等 　　贷:主营业务收入 　　　　应交税费——应交增值税(销项税额) 借:主营业务成本 　　贷:库存商品

(二)会计处理

收入是指企业在日常活动中形成的、会导致所有者权益增加的、与所有者投入资本无关的经济利益的总流入。其中,日常活动是指企业为完成其经营目标所从事的经常性活动以及与之相关的其他活动。工业企业制造并销售产品、商品流通企业销售商品、咨询公司提供咨询服务、软件公司为客户开发软件、安装公司提供安装服务、建筑企业提供建造服务等,均属于企业的日常活动。企业按照本章确认收入的方式应当反映其向客户转让商品(或提供服务,以下简称"转让商品")的模式,收入的金额应当反映企业因转让这些商品(或服务,以下简称"商品")而预期有权收取的对价金额。

1. 收入确认和计量

收入确认和计量大致分为五步:第一步,识别与客户订立的合同;第二步,识别合同中的单项履约义务;第三步,确定交易价格;第四步,将交易价格分摊至各单项履约义务;第五步,履行各单项履约义务时确认收入。其中,第一步、第二步和第五步主要与收入的确认有关,第三步和第四步主要与收入的计量有关。

(1)识别与客户订立的合同。

本部分所称合同,是指双方或多方之间订立有法律约束力的权利义务的协议,包括书面形式、口头形式以及其他可验证的形式（如隐含于商业惯例或企业以往的习惯做法中等）。

①收入确认的原则。

企业应当在履行了合同中的履约义务，即在客户取得相关商品控制权时确认收入。取得相关商品控制权，是指能够主导该商品的使用并从中获得几乎全部的经济利益，也包括有能力阻止其他方主导该商品的使用并从中获得经济利益。取得商品控制权包括以下三个要素。

一是能力，即客户必须拥有现时权利，能够主导该商品的使用并从中获得几乎全部经济利益。如果客户只能在未来的某一期间主导该商品的使用并从中获益，则表明其尚未取得该商品的控制权。

二是主导该商品的使用。客户有能力主导该商品的使用，是指客户有权使用该商品，或者能够允许或阻止其他方使用该商品。

三是能够获得几乎全部的经济利益。商品的经济利益，是指该商品的潜在现金流量，既包括现金流入的增加，也包括现金流出的减少。客户可以通过很多方式直接或间接地获得商品的经济利益，如使用、消耗、出售或持有该商品，使用该商品提升其他资产的价值，以及将该商品用于清偿债务、支付费用或抵押等。

②收入确认的前提条件。

企业与客户之间的合同同时满足下列条件的，企业应当在客户取得相关商品控制权时确认收入：a.合同各方已批准该合同并承诺将履行各自义务；b.该合同明确了合同各方与所转让的商品（或提供的服务，以下简称"转让的商品"）相关的权利和义务；c.该合同有明确的与所转让的商品相关的支付条款；d.该合同具有商业实质，即履行该合同将改变企业未来现金流量的风险、时间分布或金额；e.企业因向客户转让商品而有权取得的对价很可能收回。在进行上述判断时，需要注意以下三点。

一是合同约定的权利和义务是否具有法律约束力，需要根据企业所处的法律环境和实务操作进行判断，包括合同订立的方式和流程、具有法律约束力的权利和义务的时间等。对于合同各方均有权单方面终止完全未执行的合同，且无需对合同其他方作出补偿的，企业应当视为该合同不存在。其中，完全未执行的合同，是指企业尚未向客户转让任何合同中承诺的商品，也尚未收取且尚未有权收取已承诺商品的任何对价的合同。

二是合同具有商业实质，是指履行该合同将改变企业未来现金流量的风险、时间分布或金额。关于商业实质，应按照非货币性资产交换中有关商业实质说明进行判断。

三是企业在评估其因向客户转让商品而有权取得的对价是否很可能收回时，仅应考虑客户到期时支付对价的能力和意图（即客户的信用风险）。企业在进行判断时，应当考虑是否存在价格折让。存在价格折让的，应当在估计交易价格时进行考虑。企业预期很可能无法收回全部合同对价时，应当判断其原因是客户的信用风险还是企业向客户提供了价格折让所致。

实务中，企业可能存在一组类似的合同，企业在对该组合同中的每一份合同进行评估时，均认为其合同对价很可能收回，但是根据历史经验，企业预计可能无法收回该组合同的全部对价。在这种情况下，企业应当认为这些合同满足"因向客户转让商品而有权取得的对价很可能收回"这一条件，并以此为基础估计交易价格。与此同时，企业应当考虑这些合同下确认的合同资产或应收款项是否存在减值。

对于不能同时满足上述收入确认的五个条件的合同，企业只有在不再负有向客户转让商品的剩余义务（例如，合同已完成或取消），且已向客户收取的对价（包括全部或部分对价）无需退回时，才能将已收取的对价确认为收入；否则，应当将已收取的对价作为负债进行会计处理。其中，企业向客户收取无需退回的对价的，应当在已经将该部分对价所对应的商品的控制权转移给客户，并且已不再向客户转让额外的商品且不再负有此类义务时，将该部分对价确认为收入；或者，在相关合同已经终止时，将该部分对价确认为收入。

对于在合同开始日即满足上述收入确认条件的合同，企业在后续期间无需对其进行重新评估，除非有迹象表明相关事实和情况发生重大变化。对于不满足上述收入确认条件的合同，企业应当在后续期间对其进行持续评估，以判断其能否满足这些条件。企业如果在合同满足相关条件之前已经向客户转移了部分商品，当该合同在后续期间满足相关条件时，企业应当将在此之前已经转移的商品所分摊的交易价格确认为收入。通常情况下，合同开始日，是指合同开始赋予合同各方具有法律约束力的权利和义务的日期，即合同生效日。

需要说明的是，没有商业实质的非货币性资产交换，无论何时，均不应确认收入。从事相同业务经营的企业之间，为便于向客户或潜在客户销售而进行的非货币性资产交换（例如，两家石油公司之间相互交换石油，以便及时满足各自不同地点客户的需求），不应确认收入。

企业与同一客户（或该客户的关联方）同时订立或在相近时间内先后订立的两份或多份合同，在满足下列条件之一时，应当合并为一份合同进行会计处理：a.该两份或多份合同基于同一商业目的而订立并构成一揽子交易，如一份合同在不考虑另一份合同的对价的情况下将会发生亏损；b.该两份或多份合同中的一份合同的对价金额取决于其他合同的定价或履行情况，如一份合同如果发生违约，将会影响另一份合同的对价金额；c.该两份或多份合同中所承诺的商品（或每份合同中所承诺的部分商品）构成后文所述的单项履约义务。两份或多份合同合并为一份合同进行会计处理的，仍然需要区分该一份合同中包含的各单项履约义务。

③ 合同变更。

本部分所称合同变更，是指经合同各方同意对原合同范围或价格（或两者）作出的变更。企业应当区分下列三种情形对合同变更分别进行会计处理。

a.合同变更部分作为单独合同进行会计处理的情形。合同变更增加了可明确区分的商品及合同价款，且新增合同价款反映了新增商品单独售价的，应当将该合同变更作为一份单独的合同进行会计处理。判断新增合同价款是否反映了新增商品的单独售价时，应当考虑为反映该特定合同的具体情况而对新增商品价格所做的适当调整。例如，在合同变更时，企业由于无需发生为发展新客户等所须发生的相关销售费用，可能会向客户提供一定的折扣，从而在新增商品单独售价的基础上予以适当调整。

b.合同变更作为原合同终止及新合同订立进行会计处理的情形。合同变更不属于上述第一种情形，且在合同变更日已转让商品与未转让商品之间可明确区分的，应当视为原合同终止，同时，将原合同未履约部分与合同变更部分合并为新合同进行会计处理。新合同的交易价格应当为下列两项金额之和：一是原合同交易价格中尚未确认为收入的部分（包括已从客户收取的金额）；二是合同变更中客户已承诺的对价金额。

c.合同变更部分作为原合同的组成部分进行会计处理的情形。合同变更不属于上述第一种情形，且在合同变更日已转让商品与未转让商品之间不可明确区分的，应当将该合同变更部分作为原合同的组成部分，在合同变更日重新计算履约进度，并调整当期收入和相应成本等。

（2）识别合同中的单项履约义务。

合同开始日，企业应当对合同进行评估，识别该合同所包含的各单项履约义务，并确定各单项履约义务是在某一时段内履行，还是在某一时点履行，然后，在履行了各单项履约义务时分别确认收入。履约义务，是指合同中企业向客户转让可明确区分商品的承诺。企业应当将下列向客户转让商品的承诺作为单项履约义务。

① 企业向客户转让可明确区分商品（或者商品或服务的组合）的承诺。

企业向客户承诺的商品同时满足下列条件的，应当作为可明确区分商品：一是客户能够从该商品本身或者从该商品与其他易于获得的资源一起使用中受益，即该商品能够明确区分；二是企业向客户转让该商品的承诺与合同中其他承诺可单独区分，即转让该商品的承诺在合同中是可明确区分的。表明客户能够从某项商品本身或者将其与其他易于获得的资源一起使用获益的因素有很多，如企业通常会单独销售该商品等。需要特别指出的是，在评估某项商品是否能够明确区分时，应当基于该商品自身的特征，而与客户可能使用该商品的方式无关。因此，企业无需考虑合同中可能存在的阻止客户从其他来源取得相关资源的限制性条款。

企业确定了商品本身能够明确区分后，还应当在合同层面继续评估转让该商品（或提供该服务，以下简称"转让该商品"）的承诺是否与合同中其他承诺彼此之间可明确区分。下列情形通常表明企业向客户转让该商品的承诺与合同中的其他承诺不可明确区分。

一是企业需提供重大的服务以将该商品与合同中承诺的其他商品进行整合，形成合同约定的某个或某些组合产出转让给客户。例如，企业为客户建造写字楼的合同中，企业向客户提供的砖头、水泥、人工等都能够使客户获益，但是，在该合同下，企业对客户承诺的是为其建造一栋写字楼，而并非提供这些砖头、水泥和人工等，企业需提供重大的服务将这些商品或服务进行整合，以形成合同约定的一项组合产出（即写字楼）转让给客户。因此，在该合同中，砖头、水泥和人工等商品或服务彼此之间不能单独区分。

二是该商品将对合同中承诺的其他商品予以重大修改或定制。例如，企业承诺向客户提供其开发的一款现有软件，并提供安装服务，虽然该软件无需更新或技术支持也可直接使用，但是企业在安装过程中需要在该软件现有基础上对其进行定制化的重大修改，以使其能够与客户现有的信息系统相兼容。此时，转让软件的承诺与提供定制化重大修改的承诺在合同层面是不可明确区分的。

三是该商品与合同中承诺的其他商品具有高度关联性。也就是说，合同中承诺的每一单项商品均受到合同中其他商品的重大影响。例如，企业承诺为客户设计一种新产品并负责生产10个样品，企业在生产和测试样品的过程中需要对产品的设计进行不断的修正，导致已生产的样品均可能需要进行不同程度的返工。此时，企业提供的设计服务和生产样品的服务是不断交替反复进行的，二者高度关联，因此，在合同层面是不可明确区分的。

需要说明的是，企业向客户销售商品时，往往约定企业需要将商品运送至客户指定的地点。通常情况下，商品控制权转移给客户之前发生的运输活动不构成单项履约义务；相反，商品控制权转移给客户之后发生的运输活动可能表明企业向客户提供了一项运输服务，企业应当考虑该项服务是否构成单项履约义务。

② 企业向客户转让一系列实质相同且转让模式相同的、可明确区分商品的承诺。

企业应当将实质相同且转让模式相同的一系列商品作为单项履约义务，即使这些商品可明确区分。其中，转让模式相同，是指每一项可明确区分商品均满足在某一时段内履行履约义务的条件，且采用相同方法确定其履约进度。例如，每天为客户提供保洁服务的长期劳务合同等。企业在判断所转让的一系列商品是否实质相同时，应当考虑合同中承诺的性质，如果企业承诺的是提供确定数量的商品，那么需要考虑这些商品本身是否实质相同；如果企业承诺的是在某一期间内随时向客户提供某项服务，则需要考虑企业在该期间内的各个时间段（如每天或每小时）的承诺是否相同，而并非具体的服务行为本身。例如，企业向客户提供2年的酒店管理服务，具体包括保洁、维修、安保等，但没有具体的服务次数或时间的要求，尽管企业每天提供的具体服务不一定相同，但是企业每天对于客户的承诺都是相同的，因此，该服务符合"实质相同"的条件。

企业为履行合同而应开展的初始活动，通常不构成履约义务，除非该活动向客户转让了承诺的商品。例如，某俱乐部为注册会员建立档案，该活动并未向会员转让承诺的商品，因此不构成单项履约义务。

（3）确定交易价格。

交易价格，是指企业因向客户转让商品而预期有权收取的对价金额。企业代第三方收取的款项（如增值税）以及企业预期将退还给客户的款项，应当作为负债进行会计处理，不计入交易价格。合同标价并不一定代表交易价格。企业应当根据合同条款，并结合以往的习惯做法等确定交易价格。企业在确定交易价格时，应当假定将按照现有合同的约定向客户转让商品，且该合同不会被取消、续约或变更。

① 可变对价。

企业与客户的合同中约定的对价金额可能会因折扣、价格折让、返利、退款、奖励积分、激励措施、业绩奖金、索赔等因素而变化。此外，根据一项或多项或有事项的发生而收取不同对价金额的合同，也属于可变对价的情形。企业在判断合同中是否存在可变对价时，不仅应当考虑合同条款的约定，还应当考虑下列情况：一是根据企业已公开宣布的政策、特定声明或者以往的习惯做法等，客户能够合理预期企业将会接受低于合同约定的对价金额，即企业会以折扣、返利等形式提供价格折让；二是其他相关事实和情况表明企业在与客户签订合同时即意图向客户提供价格折让。合同中存在可变对价的，企业应当对计入交易价格的可变对价进行估计。

a.可变对价最佳估计数的确定。企业应当按照期望值或最可能发生金额确定可变对价的最佳估计数。企业所选择的方法应当能够更好地预测其有权收取的对价金额，并且对于类似的合同，应当采用相同的方法进行估计。对于某一事项的不确定性对可变对价金额的影响，企业应当在整个合同期间一致地采用同一种方法进行估计。但是，当存在多个不确定性事项均会影响可变对价金额时，企业可以采用不同的方法对其进行估计。期望值是按照各种可能发生的对价金额及相关概率计算确定的金额。如果企业拥有大量具有类似特征的合同，并估计可能产生多个结果时，通常按照期望值估计可变对价金额。最可能发生金额是一系列可能发生的对价金额中最可能发生的单一金额，即合同最可能产生的单一结果。当合同仅有两个可能结果时，通常按照最可能发生金额估计可变对价金额。

b. 计入交易价格的可变对价金额的限制。企业按照期望值或最可能发生金额确定可变对价金额之后，计入交易价格的可变对价金额还应该满足限制条件，即包含可变对价的交易价格，应当不超过在相关不确定性消除时，累计已确认的收入极可能不会发生重大转回的金额。企业在评估是否极可能不会发生重大转回时，应当同时考虑收入转回的可能性及其比重。其中，"极可能"发生的概率应远高于"很可能（即，可能性超过50%）"，但不要求达到"基本确定（即，可能性超过95%）"，其目的是避免因为一些不确定性因素的发生导致之前已经确认的收入发生转回。在评估收入转回金额的比重时，应同时考虑合同中包含的固定对价和可变对价，即可能发生的收入转回金额相对于合同总对价（包括固定对价和可变对价）的比重。企业应当将满足上述限制条件的可变对价的金额，计入交易价格。需要说明的是，将可变对价计入交易价格的限制条件不适用于企业向客户授予知识产权许可并约定按客户实际销售或使用情况收取特许权使用费的情况。

每一资产负债表日，企业应当重新估计应计入交易价格的可变对价金额，包括重新评估将估计的可变对价计入交易价格是否受到限制，以如实反映报告期末存在的情况以及报告期内发生的情况变化。

② 非现金对价。

非现金对价包括实物资产、无形资产、股权、客户提供的广告服务等。客户支付非现金对价的，通常情况下，企业应当按照非现金对价在合同开始日的公允价值确定交易价格。非现金对价公允价值不能合理估计的，企业应当参照其承诺向客户转让商品的单独售价间接确定交易价格。

非现金对价的公允价值可能会因对价的形式而发生变动（例如，企业有权向客户收取的对价是股票，股票本身的价格会发生变动），也可能是其形式以外的原因而发生变动。合同开始日后，非现金对价的公允价值因对价形式以外的原因而发生变动的，应当作为可变对价，按照与计入交易价格的可变对价金额的限制条件相关的规定进行处理；合同开始日后，非现金对价的公允价值因对价形式而发生变动的，该变动金额不应计入交易价格。

③ 应付客户对价。

企业存在应付客户对价的，应当将该应付对价冲减交易价格，但应付客户对价是为了自客户取得其他可明确区分商品的除外。企业应付客户对价是为了向客户取得其他可明确区分商品的，应当采用与企业其他采购相一致的方式确认所购买的商品。企业应付客户对价超过向客户取得可明确区分商品公允价值的，超过金额应当冲减交易价格。向客户取得的可明确区分商品公允价值不能合理估计的，企业应当将应付客户对价全额冲减交易价格。在将应付客户对价冲减交易价格处理时，企业应当在确认相关收入与支付（或承诺支付）客户对价二者孰晚的时点冲减当期收入。

（4）将交易价格分摊至各单项履约义务。

当合同中包含两项或多项履约义务时，为了使企业分摊至每一单项履约义务的交易价格能够反映其因向客户转让已承诺的相关商品（或提供已承诺的相关服务）而预期有权收取的对价金额，企业应当在合同开始日，按照各单项履约义务所承诺商品的单独售价的相对比例，将交易价格分摊至各单项履约义务。

单独售价，是指企业向客户单独销售商品的价格。单独售价无法直接观察的，企业应当综合考虑其能够合理取得的全部相关信息，采用市场调整法、成本加成法、余值法等方法合理估计单独售价。市场调整法，是指企业根据某商品或类似商品的市场售价，考虑本企业的成本和毛利等进行适当调整后，确定其单独售价的方法。成本加成法，是指企业根据某商品的预计成本加上其合理毛利后的价格，确定其单独售价的方法。余值法，是指企业根据合同交易价格减去合同中其他商品可观察的单独售价后的余值，确定某商品单独售价的方法。企业应当最大限度地采用可观察的输入值，并对类似的情况采用一致的估计方法。

企业在商品近期售价波动幅度巨大，或者因未定价且未曾单独销售而使售价无法可靠确定时，可采用余值法估计其单独售价。

合同资产，是指企业已向客户转让商品而有权收取对价的权利，且该权利取决于时间流逝之外的其他因素。应收款项是企业无条件收取合同对价的权利，该权利应当作为应收款项单独列示。二者的区别在于，应收款项代表的是无条件收取合同对价的权利，即企业仅仅随着时间的流逝即可收款，而合同资产并不是一项无条件收款权，该权利除了时间流逝之外，还取决于其他条件（例如，履行合同中的其他履约义务）才能收取相应的合同对价。因此，与合同资产和应收款项相关的风险是不同的，应收款项仅承担信用风险，而合同资产除信用风险之外，还可能承担其他风险，如履约风险等。合同资产的减值的计量、列报和披露应当按照相关金融工具准则的要求进行会计处理。

① 分摊合同折扣。

合同折扣，是指合同中各单项履约义务所承诺商品的单独售价之和高于合同交易价格的金额。对于合同折扣，企业应当在各单项履约义务之间按比例分摊。有确凿证据表明合同折扣仅与合同中一项或多项（而非全部）履约义务相关的，企业应当将该合同折扣分摊至相关一项或多项履约义务。

同时满足下列条件时，企业应当将合同折扣全部分摊至合同中的一项或多项（而非全部）履约义务：a.企业经常将该合同中的各项可明确区分的商品单独销售或者以组合的方式单独销售；b.企业也经常将其中部分可明确区分的商品以组合的方式按折扣价格单独销售；c.上述第b项中的折扣与该合同中的折扣基本相同，且针对每一组合中的商品的分析为将该合同的全部折扣归属于某一项或多项履约义务提供了可观察的证据。有确凿证据表明合同折扣仅与合同中的一项或多项（而非全部）履约义务相关，且企业采用余值法估计单独售价的，企业应当首先在该一项或多项（而非全部）履约义务之间分摊合同折扣，然后再采用余值法估计单独售价。

② 分摊可变对价。

合同中包含可变对价的，该可变对价可能与整个合同相关，也可能仅与合同中的某一特定组成部分有关，后者包括两种情形：一是可变对价可能与合同中的一项或多项（而非全部）履约义务有关；二是可变对价可能与企业向客户转让的构成单项履约义务的一系列可明确区分商品中的一项或多项（而非全部）商品有关。

同时满足下列条件的，企业应当将可变对价及可变对价的后续变动额全部分摊至与之相关的某项履约义务，或者构成单项履约义务的一系列可明确区分商品中的某项商品：a.可变对价的条款专门针对企业为履行该项履约义务或转让该项可明确区分商品所作的努力（或者是履行该项履约义务或转让该项可明确区分商品所导致的特定结果）；b.企业在考虑了合同中的全部履约义务及支付条款后，将合同对价中的可变金额全部分摊至该项履约义务或该项可明确区分商品符合分摊交易价格的目标。对于不满足上述条件的可变对价及可变对价的后续变动额，以及可变对价及其后续变动额中未满足上述条件的剩余部分，企业应当按照分摊交易价格的一般原则，将其分摊至合同中的各单项履约义务。对于已履行的履约义务，其分摊的可变对价后续变动额应当调整变动当期的收入。

③ 交易价格的后续变动。

交易价格发生后续变动的，企业应当按照在合同开始日所采用的基础将该后续变动金额分摊至合同中的履约义务。企业不得因合同开始日之后单独售价的变动而重新分摊交易价格。对于合同变更导致的交易价格后续变动，应当按照有关合同变更的要求进行会计处理。合同变更之后发生可变对价后续变动的，企业应当区分下列三种情形分别进行会计处理。

a.合同变更属于上文合同变更规定的第一种情形的，企业应当判断可变对价后续变动与哪一项合同相关，并按照分摊可变对价的相关规定进行会计处理。

b.合同变更属于上文合同变更规定的第二种情形，且可变对价后续变动与合同变更前已承诺可变对价相关的，企业应当首先将该可变对价后续变动额以原合同开始日确定的单独售价为基础进行分摊，然后再将分摊至合同变更日尚未履行履约义务的该可变对价后续变动额以新合同开始日确定的基础进行二次分摊。

c.合同变更之后发生除上述第一、第二种情形以外的可变对价后续变动的，企业应当将该可变对价后续变动额分摊至合同变更日尚未履行（或部分未履行）的履约义务。

（5）履行每一单项履约义务时确认收入。

企业应当在履行了合同中的履约义务，即客户取得相关商品控制权时确认收入。企业应当根据实际情况，首先判断履约义务是否满足在某一时段内履行的条件，如不满足，则该履约义务属于在某一时点履行的履约义务。对于在某一时段内履行的履约义务，企业应当选取恰当的方法来确定履约进度；对于在某一时点履行的履约义务，企业应当综合分析控制权转移的迹象，判断其转移时点。

① 在某一时段内履行的履约义务的收入确认条件。

满足下列条件之一的，属于在某一时段内履行的履约义务，相关收入应当在该履约义务履行的期间内确认。

a.客户在企业履约的同时即取得并消耗企业履约所带来的经济利益。企业在履约过程中是持续地向客户转移该服务的控制权的，该履约义务属于在某一时段内履行的履约义务，企业应当在提供该服务的期间内确认收入。企业在进行判断时，可以假定在企业履约的过程中更换为其他企业继续履行剩余履约义务，如果该继续履行合同的企业实质上无需重新执行企业累计至今已经完成的工作，则表明客户在企业履约的同时即取得并消耗了企业履约所带来的经济利益。例如，企业承诺将客户的一批货物从 A 市运送到 B 市，假定该批货物在途经 C 市时，由另外一家运输公司接替企业继续提供该运输服务，由于 A 市到 C 市之间的运输服务是无需重新执行的，由此可判断表明客户在企业履约的同时即取得并消耗了企业履约所带来的经济利益，由此可判断企业提供的运输服务属于在某一时段内履行的履约义务。企业在判断其他企业是否实质上无需重新执行企业累计至今已经完成的工作时，应当基于以下两个前提：一是不考虑可能会使企业无法将剩余履约义务转移给其他企业的潜在限制，包括合同限制或实际可行性限制；二是假设继续履行剩余履约义务的其他企业将不会享有企业目前已控制的任何资产的利益，也不会享有剩余履约义务转移后企业仍然控制的任何资产的利益。

b. 客户能够控制企业履约过程中在建的商品。企业在履约过程中创建的商品包括在产品、在建工程、尚未完成的研发项目、正在进行的服务等，如果客户在企业创建该商品的过程中就能够控制这些商品，应当认为企业提供该商品的履约义务属于在某一时段内履行的履约义务。

c. 企业履约过程中所产出的商品具有不可替代用途，且该企业在整个合同期间内有权就累计至今已完成的履约部分收取款项。

Ⅰ 商品具有不可替代用途。在判断商品是否具有不可替代用途时，企业既应当考虑合同限制，也应当考虑实际可行性限制，但无需考虑合同被终止的可能性。企业在判断商品是否具有不可替代用途时，需要注意以下四点。

一是企业应当在合同开始日判断所承诺的商品是否具有不可替代用途。在此之后，除非发生合同变更，且该变更显著改变了原合同约定的履约义务，否则，企业无需重新进行评估。

二是合同中是否存在实质性限制条款，导致企业不能将合同约定的商品用于其他用途。保护性条款也不应被视为实质性限制条款。

三是是否存在实际可行性限制。例如，虽然合同中没有限制，但是企业将合同中约定的商品用作其他用途，将遭受重大的经济损失或发生重大的返工成本。

四是企业应当根据最终转移给客户的商品的特征判断其是否具有不可替代用途。例如，某商品在生产的前期可以满足多种用途需要的，从某一时点或某一流程开始，才进入定制化阶段，此时，企业应当根据该商品在最终转移给客户时的特征来判断其是否满足"具有不可替代用途"的条件。

Ⅱ 企业在整个合同期间内有权就累计至今已完成的履约部分收取款项。有权就累计至今已完成的履约部分收取款项，是指在由于客户或其他方原因终止合同的情况下，企业有权就累计至今已完成的履约部分收取能够补偿其已发生成本和合理利润的款项，并且该权利具有法律约束力。需要强调的是，合同终止必须是由于客户或其他方（即由于企业未按照合同承诺履约之外的其他原因）而非企业自身的原因所致，在整个合同期间内的任一时点，企业均应当拥有此项权利。企业在进行判断时，需要注意以下五点。

一是企业有权就累计至今已完成的履约部分收取的款项应当大致相当于累计至今已经转移给客户的商品的售价，即该金额应当能够补偿企业已经发生的成本和合理利润。其中，合理的利润补偿并非一定是该合同的整体毛利水平，以下两种情形都属于合理的利润补偿：第一，根据合同终止前的履约进度对该合同的毛利水平进行调整后确定的金额作为利润补偿金额；第二，如果该合同的毛利水平高于企业同类合同的毛利水平，以企业从同类合同中能够获取的合理资本回报或者经营毛利作为利润补偿金额。

二是企业有权就累计至今已完成的履约部分收取款项，并不意味着企业拥有随时可行使的无条件收款权。当合同约定客户在约定的某一时点、重要事项完成的时点或者整个合同完成之后才支付合同价款时，企业并没有取得收款的权利。在判断其是否满足本要求时，应当考虑，在整个合同期间内的任一时点，假设由于客户或其他方原因导致合同提前终止时，企业是否有权主张该收款权利，即有权要求客户补偿其截至目前已完成的履约部分应收取的款项。

三是当客户只有在某些特定时点才能要求终止合同，或者根本无权终止合同时终止了合同（包括客户没有按照合同约定履行其义务）时，如果合同条款或法律法规赋予了企业继续执行合同（即企业继续向客户转移合同中承诺的商品并要求客户支付对价）的权利，则表明企业有权就累计至今已完成的履约部分收取款项。

四是企业在进行相关判断时，不仅要考虑合同条款的约定，还应当充分考虑所处的法律环境（包括适用的法律法规、以往的司法实践以及类似案例的结果等）是否对合同条款形成了补充，或者会凌驾于合同条款之上。例如，在合同没有明确约定的情况下，相关的法律法规等是否支持企业主张相关的收款权利；以往的司法实践是否表明合同中的某些条款没有法律约束力；在以往的类似合同中，企业虽然拥有此类权利，却在考虑了各种因素之后没有行使该权利，这是否会导致企业主张该权利的要求在当前的法律环境下不被支持等。

五是企业和客户在合同中约定的具体付款时间表并不一定意味着，企业有权就累计至今已完成的履约部分收取款项。企业需要进一步评估，合同中约定的付款时间表，是否使企业在整个合同期间内的任一时点，在由于除企业自身未按照合同承诺履约之外的其他原因导致合同终止的情况下，均有权就累计至今已完成的履约部分收取能够补偿其成本和合理利润的款项。

② 在某一时段内履行的履约义务的收入确认方法。

对于在某一时段内履行的履约义务，企业应当在该段时间内按照履约进度确认收入，履约进度不能合理确定的除外。企业应当采用恰当的方法确定履约进度，以使其如实反映企业向客户转让商品的履约情况。企业应当考虑商品的性质，采用产出法或投入法确定恰当的履约进度，并且在确定履约进度时，应当扣除那些控制权尚未转移给客户的商品和服务。

a. 产出法。产出法主要是根据已转移给客户的商品对于客户的价值确定履约进度，主要包括按照实际测量的完工进度、评估已实现的结果、已达到的里程碑、时间进度、已完工或交付的产品等确定履约进度的方法。企业在评估是否采用产出法确定履约进度时，应当考虑所选择的产出指标是否能够如实地反映向客户转移商品的进度。

b. 投入法。投入法主要是根据企业履行履约义务的投入确定履约进度，主要包括以投入的材料数量、花费的人工工时或机器工时、发生的成本和时间进度等投入指标确定履约进度。当企业从事的工作或发生的投入是在整个履约期间内平均发生时，按照直线法确认收入是合适的。由于企业的投入与向客户转移商品的控制权之间未必存在直接的对应关系，所以，企业在采用投入法时，应当扣除那些虽然已经发生但是未导致向客户转移商品的投入。实务中，企业通常按照累计实际发生的成本占预计总成本的比例（即成本法）确定履约进度，累计实际发生的成本包括企业向客户转移商品过程中所发生的直接成本和间接成本，如直接人工、直接材料、分包成本以及其他与合同相关的成本。企业在采用成本法确定履约进度时，可能需要对已发生的成本进行适当调整的情形有以下两种。

Ⅰ已发生的成本并未反映企业履行其履约义务的进度，如因企业生产效率低下等原因而导致的非正常消耗，包括非正常消耗的直接材料、直接人工及制造费用等，除非企业和客户在订立合同时已经预见会发生这些成本并将其包括在合同价款中。

Ⅱ已发生的成本与企业履行其履约义务的进度不成比例。如果企业已发生的成本与履约进度不成比例，企业在采用成本法时需要进行适当调整。当企业在合同开始日就能够预期将满足下列所有条件时，企业在采用成本法时不应包括该商品的成本，而是应当按照其成本金额确认收入：一是该商品不构成单项履约义务；二是客户先取得该商品的控制权，之后才接受与之相关的服务；三是该商品的成本占预计总成本的比重较大；四是企业自第三方采购该商品，且未深入参与其设计和制造，对于包含该商品的履约义务而言，企业是主要责任人。

对于每一项履约义务，企业只能采用一种方法来确定其履约进度，并加以一贯运用。对于类似情况下的类似履约义务，企业应当采用相同的方法确定履约进度。

资产负债表日，企业应当在按照合同的交易价格总额乘以履约进度扣除以前会计期间累计已确认的收入后的金额，确认为当期收入。当履约进度不能合理确定时，企业已经发生的成本预计能够得到补偿的，应当按照已经发生的成本金额确认收入，直到履约进度能够合理确定为止。每一资产负债表日，企业应当对履约进度进行重新估计。当客观环境发生变化时，企业也需要重新评估履约进度是否发生变化，以确保履约进度能够反映履约情况的变化，该变化应当作为会计估计变更进行会计处理。

③ 在某一时点履行的履约义务。

当一项履约义务不属于在某一时段内履行的履约义务时，应当属于在某一时点履行的履约义务。对于在某一时点履行的履约义务，企业应当在客户取得相关商品控制权时点确认收入。在判断客户是否已取得商品控制权时，企业应当考虑下列迹象。

a. 企业就该商品享有现时收款权利，即客户就该商品负有现时付款义务。如果企业就该商品享有现时的收款权利，则可能表明客户已经有能力主导该商品的使用并从中获得几乎全部的经济利益。

b. 企业已将该商品的法定所有权转移给客户，即客户已拥有该商品的法定所有权。客户如果取得了商品的法定所有权，则可能表明其已经有能力主导该商品的使用并从中获得几乎全部的经济利益，或者能够阻止其他企业获得这些经济利益。如果企业仅仅是为了确保到期收回货款而保留商品的法定所有权，那么企业所保留的这项权利通常不会对客户取得对该商品的控制权构成障碍。

c.企业已将该商品实物转移给客户，即客户已实物占有该商品。客户如果已经实物占有商品，则可能表明其有能力主导该商品的使用并从中获得其几乎全部的经济利益，或者使其他企业无法获得这些利益。需要说明的是，客户占有了某项商品的实物并不意味着其就一定取得了该商品的控制权，反之亦然。例如，采用支付手续费方式的委托代销安排下，虽然企业作为委托方已将商品发送给受托方，但是受托方并未取得该商品的控制权，因此，企业不应在向受托方发货时确认销售商品的收入，而仍然应当根据控制权是否转移来判断何时确认收入，通常应当在受托方售出商品时确认销售商品收入；受托方应当在商品销售后，按合同或协议约定的方法计算确定的手续费确认收入。表明一项安排是委托代销安排的迹象如：一是在特定事件发生之前（例如，向最终客户出售产品或指定期间到期之前），企业拥有对商品的控制权；二是企业能够要求将委托代销的商品退回或者将其销售给其他方（如其他经销商）；三是尽管经销商可能被要求向企业支付一定金额的押金，但是其并没有承担对这些商品无条件付款的义务。

实务中，企业有时根据合同已经就销售的商品向客户收款或取得了收款权利，但是，由于客户因为缺乏足够的仓储空间或生产进度延迟等原因，直到在未来某一时点将该商品交付给客户之前，企业仍然继续持有该商品实物，这种情况通常称为"售后代管商品"安排。此时，企业除了考虑客户是否取得商品控制权的迹象之外，还应当同时满足下列条件，才表明客户取得了该商品的控制权：一是该安排必须具有商业实质，如该安排是应客户的要求而订立的；二是属于客户的商品必须能够单独识别，如将属于客户的商品单独存放在指定地点；三是该商品可以随时交付给客户；四是，企业不能自行使用该商品或将该商品提供给其他客户。企业根据上述条件对尚未发货的商品确认了收入的，还应当考虑是否还承担了其他履约义务，如向客户提供保管服务等，从而应当将部分交易价格分摊至该其他履约义务。越是通用的，可以和其他商品互相替换的商品，可能越难满足上述条件。

d.企业已将该商品所有权上的主要风险和报酬转移给客户，即客户已取得该商品所有权上的主要风险和报酬。企业在判断时，不应当考虑保留了除转让商品之外产生其他履约义务的风险的情形。例如，企业将产品销售给客户，并承诺提供后续维护服务，销售产品和维护服务均构成单项履约义务，企业保留的因维护服务而产生的风险并不影响企业有关主要风险和报酬转移的判断。

e.客户已接受该商品。企业在判断是否已经将商品的控制权转移给客户时，应当考虑客户是否已接受该商品，特别是客户的验收是否仅仅是一个形式。如果企业能够客观地确定其已经按照合同约定的标准和条件将商品的控制权转移给客户，那么客户验收可能只是一个形式，并不会影响企业判断客户取得该商品控制权的时点。实务中，企业应当考虑，在过去执行类似合同的过程中已经积累的经验以及客户验收的结果，以证明其所提供的商品是否能够满足合同约定的具体条件。如果在取得客户验收之前已经确认了收入，企业应当考虑是否还存在剩余的履约义务，如设备安装、运输等，并且评估是否应当对其单独进行核算。相反地，如果企业无法客观地确定其向客户转让商品是否符合合同规定的条件，那么在客户验收之前，企业不能认为已经将该商品的控制权转移给了客户。例如，客户主要基于主观判断进行验收时，在验收完成之前，企业无法确定其商品是否能够满足客户的主观标准，因此，企业应当在客户完成验收接受该商品时才能确认收入。实务中，定制化程度越高的商品，可能越难证明客户验收仅仅是一个形式。此外，如果企业将商品发送给客户供其试用或者测评，且客户并未承诺在试用期结束前支付任何对价，则在客户接受该商品或者在试用期结束之前，该商品的控制权并未转移给客户。

f. 其他表明客户已取得商品控制权的迹象。

需要强调的是，在上述迹象中，并没有哪一个或哪几个迹象是决定性的，企业应当根据合同条款和交易实质进行分析，综合判断其是否以及何时将商品的控制权转移给客户，从而确定收入确认的时点。此外，企业应当从客户的角度进行评估，而不应当仅考虑企业自身的看法。

2. 关于合同成本

（1）合同履约成本。

企业为履行合同可能会发生各种成本，企业在确认收入的同时应当对这些成本进行分析，属于存货、固定资产、无形资产等规范范围的，应当按照相关规定进行会计处理；不属于其他规范范围且同时满足下列条件的，应当作为合同履约成本确认为一项资产。

一是该成本与一份当前或预期取得的合同直接相关。预期取得的合同应当是企业能够明确识别的合同。例如，现有合同续约后的合同、尚未获得批准的特定合同等。与合同直接相关的成本包括直接人工（如支付给直接为客户提供所承诺服务的人员的工资、奖金等）、直接材料（如为履行合同耗用的原材料、辅助材料、构配件、零件、半成品的成本和周转材料的摊销及租赁费用等）、制造费用或类似费用（如与组织和管理生产、施工、服务等活动发生的费用，包括管理人员的职工薪酬、劳动保护费、固定资产折旧费及修理费、物料消耗、取暖费、水电费、办公费、差旅费、财产保险费、工程保修费、排污费、临时设施摊销费等）、明确由客户承担的成本以及仅因该合同而发生的其他成本（如支付给分包商的成本、机械使用费、设计和技术援助费用、施工现场二次搬运费、生产工具和用具使用费、检验试验费、工程定位复测费、工程点交费用、场地清理费等）。

二是该成本增加了企业未来用于履行（或持续履行）履约义务的资源。

三是该成本预期能够收回。

企业应当在下列支出发生时，将其计入当期损益。一是管理费用，除非这些费用明确由客户承担。二是非正常消耗的直接材料、直接人工和制造费用（或类似费用），这些支出为履行合同发生，但未反映在合同价格中。三是与履约义务中已履行（包括已全部履行或部分履行）部分相关的支出，即该支出与企业过去的履约活动相关。四是无法在尚未履行的与已履行（或已部分履行）的履约义务之间区分的相关支出。

（2）合同取得成本。

企业为取得合同发生的增量成本预期能够收回的，应当作为合同取得成本确认为一项资产。增量成本，是指企业不取得合同就不会发生的成本，如销售佣金等。为简化实务操作，该资产摊销期限不超过一年的，可以在发生时计入当期损益。企业采用该简化处理方法的，应当对所有类似合同一致采用。企业为取得合同发生的、除预期能够收回的增量成本之外的其他支出，如无论是否取得合同均会发生的差旅费、投标费、为准备投标资料发生的相关费用等，应当在发生时计入当期损益，除非这些支出明确由客户承担。

实务中，涉及合同取得成本的安排可能会比较复杂。例如，合同续约或合同变更时需要支付额外的佣金，企业支付的佣金金额取决于客户未来的履约情况或者取决于累计取得的合同数量或金额等，企业需要运用判断，对发生的合同取得成本进行恰当的会计处理。企业因现有合同续约或发生合同变更需要支付的额外佣金，也属于为取得合同发生的增量成本。

（3）与合同履约成本和合同取得成本有关的资产的摊销和减值。

① 摊销。

对于确认为资产的合同履约成本和合同取得成本，企业应当采用与该资产相关的商品收入确认相同的基础（即在履约义务履行的时点或按照履约义务的履约进度）进行摊销，计入当期损益。

在确定与合同履约成本和合同取得成本有关的资产的摊销期限和方式时，如果该资产与一份预期将要取得的合同（如续约后的合同）相关，则在确定相关摊销期限和方式时，应当考虑该预期将要取得的合同的影响。但是，对于合同取得成本而言，如果合同续约时，企业仍需要支付与取得原合同相当的佣金，这表明取得原合同时支付的佣金与预期将要取得的合同无关，该佣金只能在原合同的期限内进行摊销。企业为合同续约仍需支付的佣金是否与原合同相当，需要根据具体情况进行判断。例如，如果两份合同的佣金按照各自合同金额的相同比例计算，通常表明这两份合同的佣金水平是相当的。

企业应当根据预期向客户转让与上述资产相关的商品的时间，对资产的摊销情况进行复核并更新，以反映该预期时间的重大变化。此类变化应当作为会计估计变更进行会计处理。

② 减值。

合同履约成本和合同取得成本的账面价值高于下列两项的差额的，超出部分应当计提减值准备，并确认为资产减值损失：a. 企业因转让与该资产相关的商品预期能够取得的剩余对价；b. 为转让该相关商品估计将要发生的成本。估计将要发生的成本主要包括直接人工、直接材料、制造费用（或类似费用）、明确由客户承担的成本以及仅因该合同而发生的其他成本（如支付给分包商的成本）等。以前期间减值的因素之后发生变化，使得前款 a. 减 b. 的差额高于该资产账面价值的，应当转回原已计提的资产减值准备，并计入当期损益，但转回后的资产账面价值不应超过假定不计提减值准备情况下该资产在转回日的账面价值。

在确定合同履约成本和合同取得成本的减值损失时，企业应当首先确定其他资产减值损失；然后，按照本部分的要求确定合同履约成本和合同取得成本的减值损失。企业按照《企业会计准则第8号——资产减值》测试相关资产组的减值情况时，应当将按照上述规定确定上述资产减值后的新账面价值计入相关资产组的账面价值。

（三）案例解析

【例14-1】20×7年3月1日，甲公司与客户签订合同，向其销售A、B两项商品，A商品的单独售价为6 000元，B商品的单独售价为24 000元，合同价款为25 000元。合同约定，A商品于合同开始日交付，B商品在一个月之后交付，只有当两项商品全部交付之后，甲公司才有权收取25 000元的合同对价。假定A商品和B商品分别构成单项履约义务，其控制权在交付时转移给客户。上述价格均不包含增值税，且假定不考虑相关税费影响。

分析：本例中，分摊至A商品的合同价款为5 000[6 000÷（6 000+24 000）×25 000]元，分摊至B商品的合同价款为20 000 [24 000÷（6 000+24 000）×25 000]元。甲公司的会计处理如下。

（1）交付A商品。

借：合同资产　　　　　　　　　　　　　　　　　　　　　　　　　　　5 000
　　贷：主营业务收入　　　　　　　　　　　　　　　　　　　　　　　　5 000

（2）交付B商品。

借：应收账款　　　　　　　　　　　　　　　　　　　　　　　　　　　25 000
　　贷：合同资产　　　　　　　　　　　　　　　　　　　　　　　　　　5 000
　　　　主营业务收入　　　　　　　　　　　　　　　　　　　　　　　　20 000

14.1.2　具有融资性质的销售商品的会计处理

（一）业务概述

当合同各方以在合同中（或者以隐含的方式）约定的付款时间为客户或企业就该交易提供了重大融资利益时，合同中即包含了重大融资成分。

具有融资性质的销售商品的会计处理，如表14-2所示。

表14-2　具有融资性质的销售商品的会计处理

经济业务	会计处理
分期收款销售商品的一般会计处理	（1）符合收入确认条件时 借：长期应收款 　　贷：主营业务收入 　　　　未实现融资收益 　　　　应交税费——待转销项税额 借：主营业务成本 　　贷：库存商品 （2）同日收到首期款 借：银行存款 　　应交税费——待转销项税额 　　贷：长期应收款 　　　　应交税费——应交增值税（销项税额） （3）以后各期收款并按实际利率法摊销未实现融资收益 借：银行存款 　　应交税费——待转销项税额 　　贷：长期应收款 　　　　应交税费——应交增值税（销项税额） 借：未实现融资收益 　　贷：财务费用

(续表)

经济业务	会计处理
先支付货款后转移商品控制权的一般会计处理	（1）收到货款时 借：银行存款 　　未确认融资费用 　　贷：合同负债 （2）每期计算确认各期利息支出 借：财务费用 　　贷：未确认融资费用 （3）支付产品 借：合同负债 　　贷：主营业务收入

（二）会计处理

当合同各方以在合同中（或者以隐含的方式）约定的付款时间为客户或企业就该交易提供了重大融资利益时，合同中即包含了重大融资成分。例如，企业以赊销的方式销售商品等。合同中存在重大融资成分的，企业应当按照假定客户在取得商品控制权时即以现金支付的应付金额（即现销价格）确定交易价格。在评估合同中是否存在融资成分以及该融资成分对于该合同而言是否重大时，企业应当考虑所有相关的事实和情况，包括已承诺的对价金额与已承诺商品的现销价格之间的差额，以及下列两项的共同影响：一是企业将承诺的商品转让给客户与客户支付相关款项之间的预计时间间隔，二是相关市场的现行利率。

表明企业与客户之间的合同未包含重大融资成分的情形有三种。一是客户就商品支付了预付款，且可以自行决定这些商品的转让时间（例如，企业向客户出售其发行的储值卡，客户可随时到该企业持卡购物；企业向客户授予奖励积分，客户可随时到该企业兑换这些积分等）。二是客户承诺支付的对价中有相当大的部分是可变的，该对价金额或付款时间取决于某一未来事项是否发生，且该事项实质上不受客户或企业控制（例如，按照实际销量收取的特许权使用费）。三是合同承诺的对价金额与现销价格之间的差额是向客户或企业提供融资利益以外的其他原因所导致的，且这一差额与产生该差额的原因是相称的（例如，合同约定的支付条款目的是向企业或客户提供保护，以防止另一方未能依照合同充分履行其部分或全部义务）。

需要说明的是，企业应当在单个合同层面考虑融资成分是否重大，而不应在合同组合层面考虑。合同中存在重大融资成分的，企业在确定该重大融资成分的金额时，应使用将合同对价的名义金额折现为商品的现销价格的折现率。该折现率一经确定，不得因后续市场利率或客户信用风险等情况的变化而变更。企业确定的交易价格与合同承诺的对价金额之间的差额，应当在合同期间内采用实际利率法摊销。

为简化实务操作，如果在合同开始日，企业预计客户取得商品控制权与客户支付价款间隔不超过一年的，可以不考虑合同中存在的重大融资成分。企业应当对类似情形下的类似合同一致地应用这一简化处理方法。

（三）案例解析

【例 14-2】20×1 年 1 月 1 日，甲公司采用分期收款方式向乙公司销售一套大型设备，合同约定的销售价格为 20 000 000 元，分 5 次于每年 12 月 31 日等额收取。该大型设备成本为 15 600 000 元。在现销方式下，该大型设备的销售价格为 16 000 000 元。假定甲公司发出商品时，其有关的增值税纳税义务尚未发生；在合同约定的收款日期，发生有关的增值税纳税义务。

分析：根据本例的资料，甲公司应当确认的销售商品收入金额为 16 000 000 元。

根据下列公式：未来 5 年收款额的现值 = 现销方式下应收款项金额。

可以得出：$4\,000\,000 \times (P/A, r, 5) = 16\,000\,000$（元）。

可在多次测试的基础上，用插值法计算折现率。

当 $r=7\%$ 时，$4\,000\,000 \times (P/A, 7\%, 5) = 16\,400\,800 > 16\,000\,000$

当 $r=8\%$ 时，$4\,000\,000 \times (P/A, 8\%, 5) = 15\,970\,800 < 16\,000\,000$

因此，$7\% < r < 8\%$，用插值法计算如下：

$(16\,400\,800 - 16\,000\,000) \div (16\,400\,800 - 15\,970\,800) = (7\% - r) \div (7\% - 8\%)$

$r = 7.93\%$

（1）20×1 年 1 月 1 日销售实现。

借：长期应收款——乙公司　　　　　　　　　　　　　　　　20 000 000
　　贷：主营业务收入　　　　　　　　　　　　　　　　　　　16 000 000
　　　　未实现融资收益　　　　　　　　　　　　　　　　　　 4 000 000
借：主营业务成本　　　　　　　　　　　　　　　　　　　　　15 600 000
　　贷：库存商品　　　　　　　　　　　　　　　　　　　　　15 600 000

（2）20×1 年 12 月 31 日收取货款和增值税税额。

借：银行存款　　　　　　　　　　　　　　　　　　　　　　　 4 680 000
　　贷：长期应收款——乙公司　　　　　　　　　　　　　　　 4 000 000
　　　　应交税费——应交增值税（销项税额）　　　　　　　　　 680 000
借：未实现融资收益　　　　　　　　　　　　　　　　　　　　 1 268 800
　　贷：财务费用　　　　　　　　　　　　　　　　　　　　　 1 268 800

（3）20×2 年 12 月 31 日收取货款和增值税税额。

借：银行存款　　　　　　　　　　　　　　　　　　　　　　　 4 680 000
　　贷：长期应收款——乙公司　　　　　　　　　　　　　　　 4 000 000
　　　　应交税费——应交增值税（销项税额）　　　　　　　　　 680 000
借：未实现融资收益　　　　　　　　　　　　　　　　　　　　 1 052 200
　　贷：财务费用　　　　　　　　　　　　　　　　　　　　　 1 052 200

（4）20×3 年 12 月 31 日收取货款和增值税税额。

借：银行存款　　　　　　　　　　　　　　　　　　　　　　　 4 680 000
　　贷：长期应收款——乙公司　　　　　　　　　　　　　　　 4 000 000

| | 应交税费——应交增值税（销项税额） | 680 000 |

借：未实现融资收益 818 500
　　贷：财务费用 818 500

（5）20×4年12月31日收取货款和增值税税额。

借：银行存款 4 680 000
　　贷：长期应收款——乙公司 4 000 000
　　　　应交税费——应交增值税（销项税额） 680 000

借：未实现融资收益 566 200
　　贷：财务费用 566 200

（6）20×5年12月31日收取货款和增值税税额。

借：银行存款 4 680 000
　　贷：长期应收款——乙公司 4 000 000
　　　　应交税费——应交增值税（销项税额） 680 000

借：未实现融资收益 294 300
　　贷：财务费用 294 300

14.2 特定交易的相关业务的会计处理

14.2.1 附有销售退回条款的销售的会计处理

（一）业务概述

附有销售退回条款的销售是指客户依照有关合同有权退货的销售方式。

附有销售退回条款的销售的会计处理，如表14-3所示。

表14-3 附有销售退回条款的销售的会计处理

经济业务	会计处理
在客户取得商品控制权时确认收入，同时按照预期销售退回的金额确认负债	借：银行存款/应收账款 　　贷：主营业务收入 　　　　应交税费——应交增值税（销项税额） 　　　　预计负债——应付退货款 借：主营业务成本 　　应收退货成本 　　贷：库存商品
资产负债表日，重新估计未来销售退回情况，并据此调整收入金额	重新估计退货数量小于销售时预计退货数量的： 借：预计负债——应付退货款 　　贷：主营业务收入 借：主营业务成本 　　贷：应收退货成本 重新估计退货数量大于销售时预计退货数量的，则编制与上述分录相反的分录

(续表)

经济业务	会计处理
发生退回时	实际退货数量小于预计退货数量的 借：库存商品 　　应交税费——应交增值税（销项税额） 　　预计负债——应付退货款 　　贷：应收退货成本 　　　　主营业务收入 　　　　银行存款 借：主营业务成本 　　贷：应收退货成本 实际退货数量大于预计退货数量的，则多退货部分需要分别冲减主营业务收入和主营业务成本

（二）会计处理

对于附有销售退回条款的销售，企业应当在客户取得相关商品控制权时，按照因向客户转让商品而预期有权收取的对价金额（即不包含预期因销售退回将退还的金额）确认收入，按照预期因销售退回将退还的金额确认负债；同时，按照预期将退回商品转让时的账面价值，扣除收回该商品预计发生的成本（包括退回商品的价值减损）后的余额，确认为一项资产，按照所转让商品转让时的账面价值，扣除上述资产成本的净额结转成本。

每一资产负债表日，企业应当重新估计未来销售退回情况，如有变化，应当作为会计估计变更进行会计处理。

（三）案例解析

【例14-3】甲公司是一家健身器材销售公司。20×7年11月1日，甲公司向乙公司销售5 000件健身器材，单位销售价格为500元，单位成本为400元/件，开出的增值税专用发票上注明的销售价格为250万元，增值税税额为32.5万元。健身器材已经发出，但款项尚未收到。根据协议约定，乙公司应于20×7年12月31日之前支付货款，在20×8年3月31日之前有权退还健身器材。甲公司根据过去的经验，估计该批健身器材的退货率约为20%。在20×7年12月31日，甲公司对退货率进行了重新评估，认为只有10%的健身器材会被退回。甲公司为增值税一般纳税人，健身器材发出时纳税义务已经发生，实际发生退回时取得税务机关开具的红字增值税专用发票。假定健身器材发出时控制权转移给乙公司。

分析：甲公司的会计处理如下。

（1）20×7年11月1日发出健身器材。

借：应收账款　　　　　　　　　　　　　　　　　　　　　　　2 825 000
　　贷：主营业务收入　　　　　　　　　　　　　　　　　　　2 000 000
　　　　预计负债——应付退货款　　　　　　　　　　　　　　　500 000
　　　　应交税费——应交增值税（销项税额）　　　　　　　　　325 000
借：主营业务成本　　　　　　　　　　　　　　　　　　　　　1 600 000
　　应收退货成本　　　　　　　　　　　　　　　　　　　　　　400 000

贷：库存商品	2 000 000

（2）20×7年12月31日前收到货款。

借：银行存款	2 825 000
贷：应收账款	2 825 000

（3）20×7年12月31日，甲公司对退货率进行重新评估。

借：预计负债——应付退货款	250 000
贷：主营业务收入	250 000
借：主营业务成本	200 000
贷：应收退货成本	200 000

（4）20×8年3月31日发生销售退回，实际退货量为400件，退货款项已经支付。

借：库存商品	160 000
应交税费——应交增值税（销项税额）	26 000
预计负债——应付退货款	250 000
贷：应收退货成本	160 000
主营业务收入	50 000
银行存款	226 000
借：主营业务成本	40 000
贷：应收退货成本	40 000

14.2.2 委托代销方式的销售的会计处理

（一）业务概述

委托代销是指受货物所有人委托进行销售的一种行为。在商议好代理销售代理费的情况下，当产品销售回款后自行将商议货款付至委托人的经营活动。

委托代销方式的销售的会计处理，如表14-4所示。

表14-4 委托代销方式的销售的会计处理

经济业务	会计处理
视同买断方式	委托方 （1）交付商品时 借：发出商品 　　贷：库存商品 （2）委托方收到代销清单时 借：应收账款——受托方 　　贷：主营业务收入 　　　　应交税费——应交增值税（销项税额） 借：主营业务成本 　　贷：发出商品 （3）结算货款时 借：银行存款 　　贷：应收账款——受托方

(续表)

经济业务	会计处理
视同买断方式	受托方 （1）收到代销商品时 借：受托代销商品 　　贷：受托代销商品款 （2）受托方实际对外售出时 借：银行存款 　　贷：主营业务收入 　　　　应交税费——应交增值税（销项税额） 借：主营业务成本 　　贷：受托代销商品 借：受托代销商品款 　　应交税费——应交增值税（进项税额） 　　贷：应付账款——委托方 （3）结算货款时 借：应付账款——委托方 　　贷：银行存款
收取手续费方式	委托方 （1）交付商品时 借：发出商品 　　贷：库存商品 （2）委托方收到代销清单时 借：应收账款——受托方 　　贷：主营业务收入 　　　　应交税费——应交增值税（销项税额） 借：主营业务成本 　　贷：发出商品 （3）结算货款时 借：销售费用 　　贷：应收账款——受托方 借：银行存款 　　贷：应收账款——受托方

(续表)

经济业务	会计处理
收取手续费方式	受托方 （1）收到代销商品时 借：受托代销商品 　　贷：受托代销商品款 （2）受托方实际对外售出时 借：银行存款 　　贷：应付账款——委托方 　　　　应交税费——应交增值税（销项税额） （3）收到增值税专用发票时 借：应交税费——应交增值税（进项税额） 　　贷：应付账款——委托方 借：受托代销商品款 　　贷：受托代销商品 （4）结算货款时 借：应付账款——委托方 　　贷：银行存款 　　　　主营业务收入

（二）会计处理

委托代销业务分为视同买断方式委托代销和支付手续费方式委托代销。

视同买断方式委托代销是指委托方和受托方签订合同或协议，委托方按照合同或协议约定的价格收取代销商品的货款，实际售价由受托方自定，实际售价与合同或协议价之间的差价归受托方所有的销售方式。

支付手续费方式委托代销是指委托方按照合同或协议约定的价格，将货物交付受托方，受托方按照合同或协议约定的价格销售货物，委托方另外向受托方支付手续费的销售方式。

（1）视同买断

主要风险和报酬未转移的会计处理该情况下，委托方和受托方如何处理，在14号准则及其讲解、应用指南中均没有明确的处理规定，但根据收入确认的条件，与该商品相关的主要风险和报酬并未转移，因此委托方不能在发出商品时确认收入。

对于不符合收入确认条件发出商品的成本，在"发出商品"中核算，因此委托方在发出代销商品时，借记"发出商品"科目，贷记"库存商品"科目，收到受托方的代销清单时，再确认收入并结转相应的成本。

由于代销商品的主要风险和报酬并未转移给受托方，因此受托方不应作为购进存货处理。根据会计科目和主要账务处理，针对收取手续费方式代销的商品，受托方可以设置一些会计科目，在会计科目表中的"代理业务资产"科目，可以改成"受托代销商品"科目。

"代理业务负债"科目，可以改成"受托代销商品款"科目。由于在收取手续费方式下代销商品时，收到商品时受托方也不作为购进商品处理，因此在视同买断、商品主要风险和报酬并未转移的情况下，受托方应当采用类似的会计处理。

（2）收取手续费方式

代销商品的会计处理在该方式下，只有委托方确认商品销售收入，受托方按照销售商品的数量或价款确认一定的手续费收入。委托方的会计处理为。

发出商品时，借记"委托代销商品"科目，贷记"库存商品"科目；收到受托方转来的代销清单时，借记"应收账款""销售费用"科目，按照协议价格，贷记"主营业务收入""应交税费——应交增值税（销项税额）"科目。

收到代销款时，借记"银行存款"科目，贷记"应收账款"科目，受托方在收到代销商品时，不作为购进处理，代销商品销售出去后，也不确认商品销售收入。在收到代销商品时，按照协议价，借记"受托代销商品"科目，贷记"受托代销商品款"科目。

（三）案例解析

【例14-4】A企业委托B企业销售甲商品100件，协议价为100元/件，该商品成本为60元/件，增值税税率为13%。A企业收到B企业开来的代销清单时开具增值税发票，发票上注明：售价10 000元，增值税1 300元。B企业实际销售时开具的增值税发票上注明：售价12 000元，增值税为1 560元。

（1）A企业应编制如下会计分录。

① 将甲商品交付B企业。

借：应收账款——B企业	11 300
贷：主营业务收入	10 000
应交税费——应交增值税（销项税额）	1 300

同时确认成本。

| 借：主营业务成本 | 6 000 |
| 贷：库存商品 | 6 000 |

② 收到B企业汇来的货款11 300元。

| 借：银行存款 | 11 300 |
| 贷：应收账款——B企业 | 11 300 |

（2）B企业应编制如下会计分录。

① B企业卖出甲商品。

借：银行存款	14 040
贷：主营业务收入	12 000
应交税费——应交增值税（销项税额）	2 040

② B企业结算货款。

| 借：应付账款——A企业 | 11 300 |
| 贷：银行存款 | 11 300 |

14.2.3 附有客户额外购买选择权的销售的会计处理

（一）业务概述

某些情况下，企业在销售商品的同时，会向客户授予选择权，允许客户据此免费或者以折扣价格购买额外的商品。企业向客户授予的额外购买选择权的形式包括销售激励、客户奖励积分、未来购买商品的折扣券以及合同续约选择权等。

附有客户额外购买选择权的销售的会计处理，如表 14-5 所示。

表 14-5　附有客户额外购买选择权的销售的会计处理

经济业务	会计处理
企业在商品控制权转移时确认收入，同时确认合同负债	借：应收账款/银行存款 　　贷：主营业务收入 　　　　合同负债
客户行使选择权时，如兑换积分时	借：合同负债 　　贷：主营业务收入

（二）会计处理

对于附有客户额外购买选择权的销售，企业应当评估该选择权是否向客户提供了一项重大权利。企业提供重大权利的，应当作为单项履约义务，按照有关交易价格分摊的要求将交易价格分摊至该履约义务，在客户未来行使购买选择权取得相关商品控制权时，或者该选择权失效时，确认相应的收入。客户额外购买选择权的单独售价无法直接观察的，企业应当综合考虑客户行使和不行使该选择权所能获得的折扣的差异、客户行使该选择权的可能性等全部相关信息后，予以合理估计。

额外购买选择权的情况包括销售激励、客户奖励积分、未来购买商品的折扣券以及合同续约选择权等。对于附有客户额外购买选择权的销售，企业应当评估该选择权是否向客户提供了一项重大权利。如果客户只有在订立了一项合同的前提下才取得了额外购买选择权，并且客户行使该选择权购买额外商品时，能够享受到超过该地区或该市场中其他同类客户所能够享有的折扣，则通常认为该选择权向客户提供了一项重大权利。该选择权向客户提供了重大权利的，应当作为单项履约义务。在考虑授予客户的该项权利是否重大时，应根据其金额和性质综合进行判断。

客户虽然有额外购买商品选择权，但客户行使该选择权购买商品时的价格反映了这些商品单独售价的，不应被视为企业向该客户提供了一项重大权利。为简化实务操作，当客户行使该权利购买的额外商品与原合同下购买的商品类似，且企业将按照原合同条款提供该额外的商品时，如企业向客户提供续约选择权，企业可以无需估计该选择权的单独售价，而是直接把其预计将提供的额外商品的数量以及预计将收取的相应对价金额纳入原合同，并进行相应的会计处理。

企业在向客户转让商品之前，如果客户已经支付了合同对价或企业已经取得了无条件收取合同对价的权利，则企业应当在客户实际支付款项与到期应支付款项孰早时点，将该已收或应收的款项列示为合同负债。合同负债,是指企业已收或应收客户对价而应向客户转让商品的义务。合同资产和合同负债应当在资产负债表中单独列示,并按流动性分别列示为"合同资产"或"其他非流动资产"以及"合同负债"或"其他非流动负债"。同一合同下的合同资产和合同负债应当以净额列示,不同合同下的合同资产和合同负债不能互相抵销。

(三)案例解析

【例14-5】20×7年1月1日,甲公司开始推行一项奖励积分计划。根据该计划,客户在甲公司每消费10元可获得1个积分,每个积分从次月开始在购物时可以抵减1元。截至20×7年1月31日,客户共消费100 000元,可获得10 000个积分,根据历史经验,甲公司估计该积分的兑换率为95%。假定上述金额均不包含增值税等的影响。

分析:本例中,甲公司认为其授予客户的积分为客户提供了一项重大权利,应当作为一项单独的履约义务。客户购买商品的单独售价合计为100 000元,考虑积分的兑换率,甲公司估计积分的单独售价为9 500(1×10 000×95%)元。甲公司按照商品和积分单独售价的相对比例对交易价格进行分摊,具体如下:

分摊至商品的交易价格=[100 000÷(100 000+9 500)]×100 000=91 324(元)

分摊至积分的交易价格=[9 500÷(100 000+9 500)]×100 000=8 676(元)

因此,甲公司应当在商品的控制权转移时确认收入91 324元,同时确认合同负债8 676元。相关会计分录如下。

借:银行存款　　　　　　　　　　　　　　　　　100 000
　　贷:主营业务收入　　　　　　　　　　　　　　91 324
　　　　合同负债　　　　　　　　　　　　　　　　8 676

截至20×7年12月31日,客户共兑换了4 500个积分,甲公司对该积分的兑换率进行了重新估计,仍然预计客户总共将会兑换9 500个积分。因此,甲公司以客户兑换的积分数占预期将兑换的积分总数的比例为基础确认收入。

积分应当确认的收入=4 500÷9 500×8 676=4 110(元);剩余未兑换的积分=8 676-4 110=4 566(元),仍然作为合同负债。确认当年积分收入的会计分录如下。

借:合同负债　　　　　　　　　　　　　　　　　4 110
　　贷:主营业务收入　　　　　　　　　　　　　　4 110

截至20×8年12月31日,客户累计兑换了8 500个积分。甲公司对该积分的兑换率进行了重新估计,预计客户总共将会兑换9 700个积分。

积分应当确认的收入=8 500÷9 700×8 676-4 110=3 493(元);剩余未兑换的积分=8 676-4 110-3 493=1 073(元),仍然作为合同负债。

14.2.4　售后回购的会计处理

(一)业务概述

售后回购,是指销售商品的同时,销售方同日后重新买回所销商品的销售。售后回购的会计处理,如表 14-6 所示。

表 14-6　售后回购的会计处理

经济业务	会计处理	
企业因存在与客户的远期安排而负有回购义务或企业享有回购权利	回购价格不低于原售价	（1）销售时 借：银行存款 　　贷：其他应付款 　　　　应交税费——应交增值税（销项税额） 若商品已经发出，同时编制以下分录 借：发出商品 　　贷：库存商品 （2）回购期间按期计提利息 借：财务费用 　　贷：其他应付款 （3）回购商品时 借：其他应付款 　　财务费用 　　应交税费——应交增值税（进项税额） 　　贷：银行存款 同时 借：库存商品 　　贷：发出商品
	回购价格低于原售价	属于租赁交易，按租赁准则的有关规定处理
企业负有应客户要求回购商品义务的	如果客户具有行使该要求权重大经济动因的，企业应当按照上述情形的有关规定将售后回购作为租赁交易或融资交易处理；如果客户不具有行使该要求权重大经济动因的，作为客户有退货权的销售业务进行会计处理	

（二）会计处理

售后回购，是指企业销售商品的同时承诺或有权选择日后再将该商品（包括相同或几乎相同的商品，或以该商品作为组成部分的商品）购回的销售方式。对于不同类型的售后回购交易，企业应当区分下列两种情形分别进行会计处理。

（1）企业因存在与客户的远期安排而负有回购义务或企业享有回购权利的，表明客户在销售时点并未取得相关商品控制权，企业应当作为租赁交易或融资交易进行相应的会计处理。其中，回购价格低于原售价的，应当视为租赁交易；回购价格不低于原售价的，应当视为融资交易，在收到客户款项时确认金融负债，并将该款项和回购价格的差额在回购期间内确认为利息费用等。企业到期未行使回购权利的，应当在该回购权利到期时终止确认金融负债，同时确认收入。

（2）企业负有应客户要求回购商品义务的，应当在合同开始日评估客户是否具有行使该要求权的重大经济动因。客户具有行使该要求权重大经济动因的，企业应当将售后回购作为租赁交易或融资交易，按照上述第 1 种情形进行会计处理；否则，企业应当将其作为附有销售退回条款的销售交易进行会计处理。在判断客户是否具有行权的重大经济动因时，企业应当综合考虑各种相关因素,包括回购价格与预计回购时市场价格之间的比较,以及权利的到期日等。例如,如果回购价格明显高于该资产回购时的市场价值,则表明客户有行权的重大经济动因。

(三)案例解析

【例14-6】甲公司在2×18年7月1日与乙公司签订一项销售合同,根据合同向乙公司销售一批商品,开出的增值税专用发票上注明的销售价格为100万元,增值税税额为13万元。商品尚未发出,款项已收到。该批商品的成本为80万元。7月2日,签订的补充合同约定,甲公司应于同年11月30日将所售商品购回,回购价为110万元(不含增值税税额)。

乙公司在2×18年行使了回购的权力,甲公司按约定支付回购价款124.3万元,并取得增值税专用发票。

假定甲公司已执行新修订的《企业会计准则第14号——收入》(下文简称"新收入准则")。

问题:甲公司应如何进行2×18年度售后回购的会计处理?

分析:甲公司的相关会计处理如下。

(1)2×18年7月1日,收到货款。

借:银行存款　　　　　　　　　　　　　　　　　　1 130 000
　　贷:应交税费——应交增值税(销项税额)　　　　　 130 000
　　　　合同负债　　　　　　　　　　　　　　　　 1 000 000

(2)回购价格大于原售价的差额,应在回购期间计提利息,计入财务费用。

借:财务费用——售后回购融资利息　　　　　　　　　100 000
　　贷:合同负债　　　　　　　　　　　　　　　　　　100 000

(3)2×18年11月30日回购商品时,收到增值税专用发票并支付回购价款。

借:应交税费——应交增值税(进项税额)　　　　　　143 000
　　其他应付款　　　　　　　　　　　　　　　　 1 100 000
　　贷:银行存款　　　　　　　　　　　　　　　　 1 243 000

【例14-7】A公司是一家钢铁制造企业,生产的产品为建筑用架管。在2×18年6月30日与B公司签订一项销售合同,根据合同向B公司销售一批架管,开出的增值税专用发票上注明的销售价格为110万元,增值税税额为14.3万元。当日商品发出,款项已收到。该批商品的成本为80万元。7月1日,签订的补充合同约定,A公司应于2×20年6月30日将所售商品购回,回购价为80万元(不含增值税税额),价税合计90.40万元。

B公司在2×20年行使了回购的权力,A公司按约定支付回购价款90.40万元,并取得增值税专用发票。

已知架管可以使用8年,在使用期间按平均年限法折旧,预计净残值率为10%。

假定A公司已经执行新收入准则。

问题：A公司应如何进行售后回购业务的会计处理？

分析：案例所涉及的售后回购，回购价格低于原售价，根据新收入准则规定，应当按照租赁准则进行会计处理，视为租赁交易。根据租赁准则规定，案例中售后回购形成的租赁属于经营性租赁，不构成融资性租赁。

（1）2×18年6月30日收到销售款。

借：银行存款　　　　　　　　　　　　　　　　　　　　　1 243 000
　　贷：合同负债　　　　　　　　　　　　　　　　　　　　1 100 000
　　　　应交税费——应交增值税（销项税额）　　　　　　　　143 000

同时，发出商品，相关会计处理如下。

借：固定资产——出租固定资产（架管）　　　　　　　　　　800 000
　　贷：存货　　　　　　　　　　　　　　　　　　　　　　800 000

（2）2×18年度确认租赁收入。

假定按直线法分配，则2×18年度应分配确认收入=（110-80）÷（2×2）=7.5（万元）。

借：合同负债　　　　　　　　　　　　　　　　　　　　　　75 000
　　贷：其他业务收入——租赁收入　　　　　　　　　　　　75 000

同样道理，2×19年度应确认租赁收入15万元，2×20年度应确认租赁收入7.5万元。会计分录与2×18年确认租赁收入的会计分录类似。

（3）2×18年度确认架管折旧。

2×18年度折旧额=80×（1-10%）÷（8×2）=4.5（万元）

借：其他业务成本——租赁成本　　　　　　　　　　　　　　45 000
　　贷：累计折旧　　　　　　　　　　　　　　　　　　　　45 000

同样道理，2×19年度应确认租赁成本即固定资产折旧9万元，2×20年度应确认租赁成本即固定资产折旧4.5万元。会计分录与2×18年确认架管折旧的会计分录类似。

（4）2×20年6月回购。

借：合同负债　　　　　　　　　　　　　　　　　　　　　　800 000
　　应交税费——应交增值税（进项税额）　　　　　　　　　104 000
　　贷：银行存款　　　　　　　　　　　　　　　　　　　　904 000

对于回购回来的架管，根据A公司对其后续处理，应做出恰当的会计处理。如果架管继续用于出租，则不做会计处理，将其继续保留在"固定资产——出租固定资产"内即可。如果折价销售架管，直接按照固定资产清理进行会计处理。

假定A公司在收回该批架管后，在2×20年7月以15万元（不含税价）对外出售了并收到货款。则会计处理如下。

（1）第一步。

"固定资产——出租固定资产（架管）"的账面余额=80-9×2=62（万元）

借：固定资产清理　　　　　　　　　　　　　　　　　　　　620 000
　　贷：固定资产——出租固定资产（架管）　　　　　　　　620 000

（2）第二步。

借：银行存款　　　　　　　　　　　　　　　　　　　　847 500
　　贷：固定资产清理　　　　　　　　　　　　　　　　　　750 000
　　　　应交税费——应交增值税（销项税额）　　　　　　97 500

（3）第三步。

借：固定资产清理　　　　　　　　　　　　　　　　　　130 000
　　贷：资产处置损益　　　　　　　　　　　　　　　　　　130 000

第 15 章 政府补助

15.1 与资产相关的政府补助

15.1.1 业务概述

与资产相关的政府补助,是指企业取得的、用于购建或以其他方式形成长期资产的政府补助。通常情况下,相关补助文件会要求企业将补助资金用于取得长期资产。

与资产相关的政府补助的会计处理,如表 15-1 所示。

表 15-1 与资产相关的政府补助的会计处理

经济业务		会计处理
与资产相关的政府补助(总额法)	企业收到补助资金	借:银行存款等 贷:递延收益
	在相关资产使用寿命内分摊	借:递延收益 贷:其他收益/营业外收入
与资产相关的政府补助(净额法)	企业收到补助资金	借:银行存款 贷:递延收益
	将补助冲减相关资产的账面价值	借:固定资产/无形资产 贷:银行存款等 借:递延收益 贷:固定资产/无形资产
取得非货币性资产政府补助	企业收到非货币性资产的政府补助	借:存货/无形资产等 贷:递延收益
	在相关资产使用寿命内分摊	借:递延收益 贷:其他收益/营业外收入

15.1.2 会计处理

1. 总额法的会计处理

企业在取得与资产相关的政府补助时,应当按照补助资金的金额借记"银行存款"等科目,贷记"递延收益"科目;然后在相关资产使用寿命内按合理、系统的方法分期计入损益。

如果企业先取得与资产相关的政府补助,再确认所购建的长期资产,总额法下应当在开始对相关资产计提折旧或进行摊销时按照合理、系统的方法将递延收益分期计入当期收益;如果相关长期资产投入使用后企业再取得与资产相关的政府补助,总额法下应当在相关资产的剩余使用寿命内按照合理、系统的方法将递延收益分期计入当期收益。

需要说明的是，采用总额法的，如果对应的长期资产在持有期间发生减值损失，递延收益的摊销仍保持不变，不受减值因素的影响。企业对与资产相关的政府补助选择总额法的，应当将递延收益分期转入其他收益或营业外收入，借记"递延收益"科目，贷记"其他收益"或"营业外收入"科目。相关资产在使用寿命结束时或结束前被处置（出售、报废、转让、发生毁损等），尚未分配的相关递延收益余额应当转入资产处置当期的损益，不再予以递延。对相关资产划分为持有待售类别的，先将尚未分配的递延收益余额冲减相关资产的账面价值，再按照《企业会计准则第42号——持有待售的非流动资产、处置组和终止经营》的要求进行会计处理。

2. 净额法的会计处理

企业在取得政府补助时应当按照补助资金的金额冲减相关资产的账面价值。如果企业先取得与资产相关的政府补助，再确认所购建的长期资产，净额法下应当将取得的政府补助先确认为递延收益，在相关资产达到预定可使用状态或预定用途时将递延收益冲减资产账面价值；如果相关长期资产投入使用后企业再取得与资产相关的政府补助，净额法下应当在取得补助时冲减相关资产的账面价值，借记"固定资产""无形资产"科目，贷记"银行存款"等科目。同时，借记"递延收益"科目，贷记"固定资产""无形资产"科目。并按照冲减后的账面价值和相关资产的剩余使用寿命计提折旧或进行摊销。

3. 取得非货币性资产政府补助的会计处理

企业取得的政府补助为非货币性资产的，应当按照公允价值计量；公允价值不能可靠取得的，按照名义金额（1元）计量。企业在收到非货币性资产的政府补助时，应当借记有关资产科目，贷记"递延收益"科目；然后在相关资产使用寿命内按合理、系统的方法分期计入损益，借记"递延收益"科目，贷记"其他收益"或"营业外收入"科目。但是，对以名义金额计量的政府补助，在取得时计入当期损益。

15.1.3 案例解析

【例15-1】按照国家有关政策，企业购置环保设备可以申请补贴以补偿其环保支出。甲企业于2×19年1月向政府有关部门提交了210万元的补助申请，作为对其购置环保设备的补贴。2×19年3月15日，甲企业收到了政府补贴款210万元。2×19年4月20日，甲企业购入不需要安装环保设备，实际成本为480万元，使用寿命为10年，采用直线法计提折旧（不考虑净残值）。2×27年4月，甲企业的这台设备发生毁损。本例中不考虑相关税费。甲企业选择总额法进行会计处理。

分析：甲企业的相关会计处理如下。

（1）2×19年3月15日实际收到财政拨款，确认递延收益。

借：银行存款 2 100 000
　　贷：递延收益 2 100 000

(2) 2×19年4月20日购入设备。

借：固定资产 4 800 000
　　贷：银行存款 4 800 000

(3) 自2×19年5月起每个资产负债表日（月末）计提折旧，同时分摊递延收益。

① 计提折旧（假设该设备用于污染物排放测试，折旧费用计入制造费用）。

借：制造费用 40 000
　　贷：累计折旧 40 000

② 分摊递延收益（月末）。

借：递延收益 17 500
　　贷：其他收益 17 500

(4) 2×27年4月设备毁损，同时转销递延收益余额。

① 设备毁损。

借：固定资产清理 960 000
　　累计折旧 3 840 000
　　贷：固定资产 4 800 000

借：营业外支出 960 000
　　贷：固定资产清理 960 000

② 转销递延收益余额。

借：递延收益 420 000
　　贷：营业外收入 420 000

【例15-2】2×18年4月20日甲企业购入不需要安装环保设备，实际成本为480万元，使用寿命为10年，采用直线法计提折旧，不考虑净残值。2×19年4月20日，甲企业收到政府补助210万元。2×26年4月甲企业报废了这台设备。甲企业选择总额法进行会计处理。假定不考虑增值税，该设备折旧费计入制造费用。

分析：甲企业相关会计处理如下。

(1) 2×18年4月20日购入设备。

借：固定资产 4 800 000
　　贷：银行存款 4 800 000

(2) 按月计提折旧。

借：制造费用 40 000
　　贷：累计折旧 40 000

(3) 2×19年4月20日，应做如下两笔会计分录。

① 实际收到财政拨款确认递延收益。

借：银行存款 2 100 000
　　贷：递延收益 2 100 000

② 月末分摊递延收益。

借：递延收益 19 400
　　贷：其他收益 19 400

（4）2×26年4月报废设备同时转销递延收益余额。

借：固定资产清理 960 000
　　累计折旧 3 840 000
　　贷：固定资产 4 800 000

借：递延收益 470 400
　　贷：营业外收入 470 400

借：营业外支出 960 000
　　贷：固定资产清理 960 000

【例15-3】按照国家有关政策，企业购置环保设备可以申请补贴以补偿其环保支出。甲公司于2×19年1月向政府有关部门提交了210万元的补助申请，作为对其购置环保设备的补贴。2×19年3月15日，甲公司收到了政府补贴款210万元。2×19年4月20日，甲公司购入不需要安装环保设备，实际成本为480万元，使用寿命为10年，采用直线法计提折旧（不考虑净残值）。2×27年4月，甲公司的这台设备发生毁损。本例中不考虑相关税费。甲公司选择净额法进行会计处理。

分析：甲公司相关会计处理如下。

（1）2×19年3月15日实际收到财政拨款。

借：银行存款 2 100 000
　　贷：递延收益 2 100 000

（2）2×19年4月20日购入设备。

借：固定资产 4 800 000
　　贷：银行存款 4 800 000

借：递延收益 2 100 000
　　贷：固定资产 2 100 000

（3）自2×19年5月起每个资产负债表日（月末）计提折旧。

借：制造费用 22 500
　　贷：累计折旧 22 500

（4）2×27年4月设备毁损。

借：固定资产清理 540 000
　　累计折旧 2 160 000
　　贷：固定资产 2 700 000

借：营业外支出 540 000
　　贷：固定资产清理 540 000

【例15-4】 2×18年4月20日甲公司购入不需要安装环保设备,实际成本为480万元,使用寿命10年,采用直线法计提折旧,不考虑净残值。2×19年4月20日,甲公司收到政府补助210万元。2×26年4月甲公司报废了这台设备。甲公司选择净额法进行会计处理。假定不考虑增值税。

分析:甲公司相关会计处理如下。

(1) 2×18年4月20日购入设备。

借:固定资产　　　　　　　　　　　　　　　　　　　4 800 000
　　贷:银行存款　　　　　　　　　　　　　　　　　　4 800 000

(2) 按月计提折旧。

借:制造费用　　　　　　　　　　　　　　　　　　　　40 000
　　贷:累计折旧　　　　　　　　　　　　　　　　　　　40 000

(3) 2×19年4月应做以下两笔会计分录。

① 实际收到财政拨款冲减固定资产成本。

借:银行存款　　　　　　　　　　　　　　　　　　　2 100 000
　　贷:固定资产　　　　　　　　　　　　　　　　　　2 100 000

② 以后按月计提折旧。

借:制造费用　　　　　　　　　　　　　　　　　　　　20 600
　　贷:累计折旧　　　　　　　　　　　　　　　　　　　20 600

(4) 2×26年4月报废设备。

借:固定资产清理　　　　　　　　　　　　　　　　　2 589 600
　　累积折旧　　　　　　　　　　　　　　　　　　　2 210 400
　　贷:固定资产　　　　　　　　　　　　　　　　　　4 800 000

15.2　与收益相关的政府补助

15.2.1　业务概述

与收益相关的政府补助,是指除与资产相关的政府补助之外的政府补助。此类补助主要是用于补偿企业已发生或即将发生的费用或损失。受益期相对较短,所以通常在满足补助所附条件时计入当期损益或冲减相关成本。

与收益相关的政府补助的会计处理,如表15-2所示。

表 15-2 与收益相关的政府补助的会计处理

经济业务			会计处理
与收益相关的政府补助用于补偿企业以后期间的相关成本费用或损失	无法判断是否满足政府补助的相关条件		借：银行存款 　　贷：其他应付款
	后续表明满足相关补助条件		借：其他应付款 　　贷：递延收益
	一开始就满足政府补助的相关条件		借：银行存款 　　贷：递延收益
	确认费用和损失期间	总额法	借：递延收益 　　贷：其他收益／营业外收入
		净额法	借：递延收益 　　贷：管理费用／相关资产成本／营业外支出
与收益相关的政府补助用于补偿企业已发生的相关成本费用或损失	总额法		借：银行存款 　　贷：其他收益／营业外收入
	净额法		借：银行存款 　　贷：管理费用／相关资产成本／营业外支出

15.2.2 会计处理

1. 与收益相关的政府补助用于补偿企业以后期间的相关成本费用或损失

在收到政府补助时应当先判断企业能否满足政府补助所附条件。根据政府补助准则的规定，只有满足政府补助确认条件的才能予以确认。客观情况通常表明企业能够满足政府补助所附条件的，企业应当将补助确认为递延收益，并在确认相关费用和损失的期间，计入当期损益或冲减相关成本。

2. 与收益相关的政府补助用于补偿企业已发生的相关成本费用或损失

这类补助通常与企业已经发生的行为有关，是对企业已发生的成本费用或损失的补偿，或是对企业过去行为的奖励，如果企业已经实际收到补助资金，应当按照实际收到的金额计入当期损益或冲减相关成本，如果会计期末企业尚未收到补助资金，但企业在符合了相关政策规定后就相应获得了收款权，且与之相关的经济利益很可能流入企业，企业应当在这项补助成为应收款时按照应收的金额予以确认，计入当期损益或冲减相关成本。

15.2.3 案例解析

【例 15-5】甲企业于 2×17 年 3 月 15 日与企业所在地地方政府签订合作协议，根据协议约定，当地政府将向甲企业提供 1 000 万元奖励资金，用于企业的人才激励和人才引进奖励，甲企业必须按年向当地政府报送详细的资金使用计划并按规定用途使用资金。协议同时还约定，甲企业自获得奖励起 10 年内注册地址不迁离本区，否则政府有权追回奖励资金。甲企业于 2×17 年 4 月 10 日收到 1 000 万元补助资金，分别在 2×17 年 12 月、2×18 年 12 月、2×19 年 12 月使用了 400 万元、300 万元和 300 万元，用于发放给总裁级别类高管年度奖金。甲企业选择净额法对此类补助进行会计处理。

分析：甲企业的会计处理如下。

（1）2×17年4月10日甲企业实际收到补贴资金。

借：银行存款　　　　　　　　　　　　　　　　　　　　　　10 000 000
　　贷：递延收益　　　　　　　　　　　　　　　　　　　　　　10 000 000

（2）2×17年12月、2×18年12月、2×19年12月甲企业将补贴资金发放高管，其会计处理分别如下。

① 2×17年12月。

借：递延收益　　　　　　　　　　　　　　　　　　　　　　4 000 000
　　贷：管理费用　　　　　　　　　　　　　　　　　　　　　　4 000 000

② 2×18年12月。

借：递延收益　　　　　　　　　　　　　　　　　　　　　　3 000 000
　　贷：管理费用　　　　　　　　　　　　　　　　　　　　　　3 000 000

③ 2×19年12月。

借：递延收益　　　　　　　　　　　　　　　　　　　　　　3 000 000
　　贷：管理费用　　　　　　　　　　　　　　　　　　　　　　3 000 000

【例15-6】甲企业于2×17年3月15日与企业所在地地方政府签订合作协议，根据协议约定，当地政府将向甲企业提供1 000万元奖励资金，用于企业的人才激励和人才引进奖励，甲企业必须按年向当地政府报送详细的资金使用计划并按规定用途使用资金。协议同时还约定，甲企业自获得奖励起10年内注册地址不迁离本区，否则政府有权追回奖励资金。甲企业于2×17年4月10日收到1 000万元补助资金，分别在2×17年12月、2×18年12月、2×19年12月使用了400万元、300万元和300万元，用于发放给总裁级别类高管年度奖金。甲企业选择总额法对此类补助进行会计处理。

分析：甲企业的会计处理如下。

（1）2×17年4月10日甲企业实际收到补贴资金。

借：银行存款　　　　　　　　　　　　　　　　　　　　　　10 000 000
　　贷：递延收益　　　　　　　　　　　　　　　　　　　　　　10 000 000

（2）2×17年12月、2×18年12月、2×19年12月甲企业将补贴资金发放高管，其会计处理分别如下。

① 2×17年12月。

借：递延收益　　　　　　　　　　　　　　　　　　　　　　4 000 000
　　贷：其他收益　　　　　　　　　　　　　　　　　　　　　　4 000 000

② 2×18年12月。

借：递延收益　　　　　　　　　　　　　　　　　　　　　　3 000 000
　　贷：其他收益　　　　　　　　　　　　　　　　　　　　　　3 000 000

③ 2×19年12月。

借：递延收益 3 000 000
　　贷：其他收益 3 000 000

【例15-7】甲企业2×19年7月遭受重大自然灾害，并于2×19年8月20日收到了政府补助资金300万元。请分别采用总额法和净额法对甲企业做出会计处理。

分析：甲企业相关会计处理如下。

（1）总额法。

借：银行存款 3 000 000
　　贷：营业外收入 3 000 000

（2）净额法。

借：银行存款 3 000 000
　　贷：营业外支出 3 000 000

15.3　政府补助的退回

15.3.1　业务概述

政府补助的退回是将之前收到的符合退回条件的政府补助予以退回。

政府补助的退回的会计处理，如表15-3所示。

表15-3　政府补助的退回的会计处理

经济业务		会计处理
政府补助的退回	总额法	借：递延收益 　　其他收益/营业外收入 贷：银行存款
	净额法	借：固定资产/无形资产 　　管理费用/制造费用等 贷：累计折旧/累计摊销 　　银行存款

15.3.2　会计处理

准则规定，已确认的政府补助需要退回的，应当在需要退回的当期分情况按照以下规定进行会计处理：初始确认时冲减相关资产账面价值的，调整资产账面价值；存在相关递延收益的，冲减相关递延收益账面余额，超出部分计入当期损益；属于其他情况的，直接计入当期损益。当采用总额法时，借记"递延收益""其他收益"或"营业外收入"科目，贷记"银行存款"科目。当采用净额法时，借记"固定资产"或"无形资产"科目，同时借记"管理费用"或"制造费用"等科目，贷记"累计折旧""累计摊销"科目，同时贷记"银行存款"科目。

此外，对于属于前期差错的政府补助退回，应当按照《企业会计准则第28号——会计政策、会计估计变更和差错更正》作为前期差错更正进行追溯调整。

15.3.3 案例解析

【例 15-8】沿用【例 15-1】，假设 2×20 年 5 月，有关部门在对甲企业的检查中发现，甲企业不符合申请补助的条件，要求甲企业退回补助款，甲企业于当月退回了补助款 210 万元。

分析：甲企业相关会计处理如下。

借：递延收益　　　　　　　　　　　　　　　　　　1 890 000
　　其他收益　　　　　　　　　　　　　　　　　　　 210 000
　　贷：银行存款　　　　　　　　　　　　　　　　　2 100 000

【例 15-9】沿用【例 15-3】，假设 2×20 年 5 月，有关部门在对甲公司的检查中发现，甲公司不符合申请补助的条件，要求甲公司退回补助款，甲公司于当月退回了补助款 210 万元。

分析：甲公司相关会计处理如下。

借：固定资产　　　　　　　　　　　　　　　　　　2 100 000
　　制造费用　　　　　　　　　　　　　　　　　　　 210 000
　　贷：银行存款　　　　　　　　　　　　　　　　　2 100 000
　　　　累计折旧　　　　　　　　　　　　　　　　　　210 000

15.4 关于特定业务的会计处理

15.4.1 综合性项目政府补助的会计处理

（一）业务概述

综合性项目政府补助同时包含与资产相关的政府补助和与收益相关的政府补助，企业需要将其进行分解并分别进行会计处理；难以区分的，企业应当将其整体归类为与收益相关的政府补助进行会计处理。

（二）案例解析

【例 15-10】2×19 年 6 月 15 日，某市科技创新委员会与甲企业签订了科技计划项目合作书，拟对甲企业的新药临床研究项目提供研究补助资金。该项目总预算为 600 万元，其中，市科技创新委员会资助 200 万元，甲企业自筹 400 万元。市科技创新委员会资助的 200 万元中，有 60 万元用于补助设备费用，其余 140 万元属于与收益相关的政府补助（包括材料费用 15 万元，测试化验加工费 95 万元，差旅费 10 万元，会议费 5 万元，专家咨询费 8 万元，管理费用 7 万元）。本例中除设备费用外的其他各项费用都计入研发支出。市科技创新委员会应当在合同签订之日起 30 日内将资金拨付给甲企业。甲企业于 2×19 年 7 月 10 日收到补助资金。

甲企业在项目期内按照合同约定的用途使用了补助资金，于 2×19 年 7 月 25 日按项目合同书的约定购置了相关设备。设备成本为150万元，以银行存款支付，其中使用补助资金60万元，该设备使用年限为10年，采用直线法计提折旧，不考虑残值，假设本例中不考虑相关税费。假设甲企业对收到的与资产相关的政府补助选择净额法进行会计处理。

分析：甲企业相关会计处理如下。

（1）2×19年7月10日甲企业实际收到政府补贴资金。

借：银行存款　　　　　　　　　　　　　　　　　　　　　　　2 000 000
　　贷：递延收益　　　　　　　　　　　　　　　　　　　　　　2 000 000

（2）2×19年7月25日购入设备，设备成本为150万元，其中使用补助资金60万元。

借：固定资产　　　　　　　　　　　　　　　　　　　　　　　1 500 000
　　贷：银行存款　　　　　　　　　　　　　　　　　　　　　　1 500 000
借：递延收益　　　　　　　　　　　　　　　　　　　　　　　　600 000
　　贷：固定资产　　　　　　　　　　　　　　　　　　　　　　　600 000

（3）自2×19年8月起，每个资产负债表日（月末）计提折旧，折旧费用计入研发支出。

借：研发支出　　　　　　　　　　　　　　　　　　　　　　　　7 500
　　贷：累计折旧　　　　　　　　　　　　　　　　　　　　　　　7 500

（4）对其他与收益相关的政府补助，甲企业按规定用途，实际使用补助资金时计入损益（总额法），或者在实际使用的当期期末根据当期累计使用的资金额计入损益（净额法）。

借：递延收益
　　贷：其他收益（总额法）
　　　　管理费用等损益类科目（净额法）

15.4.2　政策性优惠贷款贴息的会计处理

（一）业务概述

政策性优惠贷款贴息是政府为支持特定领域或区域发展，根据国家宏观经济形势和政策目标，对承贷企业的银行借款利息给予的补贴。

政策性优惠贷款贴息的会计处理，如表15-4所示。

表 15-4　政策性优惠贷款贴息的会计处理

经济业务			会计处理
财政贴息	财政贴息资金拨付给贷款银行	以实际收到的金额作为借款的入账价值	借：银行存款 　　贷：长期借款——本金 借：在建工程 　　贷：应付利息
		以借款的公允价值作为借款的入账价值并按照实际利率法计算借款费用	借：银行存款 　　长期借款——利息调整 　　贷：长期借款——本金 　　　　递延收益 借：在建工程 　　贷：应付利息 　　　　长期借款——利息调整 借：递延收益 　　贷：在建工程
	财政贴息资金拨付给受益企业		借：银行存款 　　贷：长期借款——本金 借：在建工程 　　贷：应付利息 借：其他应收款 　　贷：在建工程

（二）会计处理

企业取得政策性优惠贷款贴息的，应当区分财政将贴息资金拨付给贷款银行和财政将贴息资金直接拨付给企业两种情况，分别进行会计处理。

1. 财政将贴息资金拨付给贷款银行

在财政将贴息资金拨付给贷款银行的情况下，由贷款银行以政策性优惠利率向企业提供贷款。这种方式下，受益企业按照优惠利率向贷款银行支付利息，并没有直接从政府取得利息补助，企业可以选择下列方法之一进行会计处理。一是以实际收到的借款金额作为借款的入账价值，按照借款本金和该政策性优惠利率计算相关借款费用。通常情况下，实际收到的金额即为借款本金。二是以借款的公允价值作为借款的入账价值并按照实际利率法计算借款费用，实际收到的金额与借款公允价值之间的差额确认为递延收益。递延收益在借款存续期内采用实际利率法摊销，冲减相关借款费用。企业选择了上述两种方法之一后，应当一致地运用，不得随意变更。

在这种情况下，向企业发放贷款的银行并不是受益主体，其仍然按照市场利率收取利息，只是一部分利息来自企业，另一部分利息来自财政贴息。所以贷款银行发挥的是中介作用，并不需要确认与贷款相关的递延收益。

2. 财政将贴息资金直接拨付给企业

财政将贴息资金直接拨付给受益企业，企业先按照同类贷款市场利率向银行支付利息，财政部门定期与企业结算贴息。在这种方式下，由于企业先按照同类贷款市场利率向银行支付利息,所以实际收到的借款金额通常就是借款的公允价值,企业应当将对应的贴息冲减相关借款费用。

(三)案例解析

【例15-11】2×19年1月1日,甲企业向银行贷款100万元,期限2年,按月计息,按季度付息,到期一次还本。由于该笔贷款资金将被用于国家扶持产业,符合财政贴息条件,所以贷款利率显著低于甲企业取得同类贷款的市场利率。假设甲企业取得同类贷款的年市场利率为9%,甲企业与银行签订的贷款合同约定的年利率为3%,甲企业按年向银行支付贷款利息,财政部门按年向银行拨付贴息资金。贴息后实际支付的年利率为3%,贷款期间的利息费用满足资本化条件,计入相关在建工程的成本。相关计算过程如表15-5所示。

表15-5 相关计算过程

单位:元

月度	实际支付银行的利息①	财政贴息②	实际现金流③	实际现金流折现④	长期借款各期实际利息⑤	摊销金额⑥	长期借款的期末账面价值⑦
0							890 554
1	7 500	5 000	2 500	2 481	6 679	4 179	894 733
2	7 500	5 000	2 500	2 463	6 711	4 211	898 944
3	7 500	5 000	2 500	2 445	6 742	4 242	903 186
4	7 500	5 000	2 500	2 426	6 774	4 274	907 460
5	7 500	5 000	2 500	2 408	6 806	4 306	911 766
6	7 500	5 000	2 500	2 390	6 838	4 338	916 104
7	7 500	5 000	2 500	2 373	6 871	4 371	920 475
8	7 500	5 000	2 500	2 355	6 904	4 404	924 878
9	7 500	5 000	2 500	2 337	6 937	4 437	929 315
10	7 500	5 000	2 500	2 320	6 970	4 470	933 785
11	7 500	5 000	2 500	2 303	7 003	4 503	938 288
12	7 500	5 000	2 500	2 286	7 037	4 537	942 825
13	7 500	5 000	2 500	2 269	7 071	4 571	947 397
14	7 500	5 000	2 500	2 252	7 105	4 605	952 002
15	7 500	5 000	2 500	2 235	7 140	4 640	965 642
16	7 500	5 000	2 500	2 218	7 175	4 675	961 317
17	7 500	5 000	2 500	2 202	7 210	4 710	966 027
18	7 500	5 000	2 500	2 185	7 245	4 745	970 772
19	7 500	5 000	2 500	2 169	7 281	4 781	975 553

(续表)

月度	实际支付银行的利息①	财政贴息②	实际现金流③	实际现金折现④	长期借款各期实际利息⑤	摊销金额⑥	长期借款的期末账面价值⑦
20	7 500	5 000	2 500	2 153	7 317	4 817	980 369
21	7 500	5 000	2 500	2 137	7 353	4 853	985 222
22	7 500	5 000	2 500	2 121	7 389	4 889	990 111
23	7 500	5 000	2 500	2 105	7 426	4 926	995 037
24	7 500	5 000	2 500	837 921	7 463	4 963	1 000 000
合计				890 554		109 446	

分析：

（1）按实际收到的借款金额作为借款的入账价值，按照借款本金和该政策性优惠利率计算相关借款费用，相关会计处理如下。

① 2×19年1月1日，甲企业取得银行贷款100万元。

借：银行存款　　　　　　　　　　　　　　　　　　　　　　　　1 000 000
　　贷：长期借款——本金　　　　　　　　　　　　　　　　　　　1 000 000

② 2×19年1月31日起每月月末，甲企业按月计提利息，企业实际承担的利息支出为 1 000 000×3%÷12=2 500（元）

借：在建工程　　　　　　　　　　　　　　　　　　　　　　　　　2 500
　　贷：应付利息　　　　　　　　　　　　　　　　　　　　　　　　2 500

（2）按以借款的公允价值作为借款的入账价值并按照实际利率法计算借款费用，实际收到的金额与借款公允价值之间的差额确认为递延收益。递延收益在借款存续期内采用实际利率法摊销，冲减相关借款费用，相关会计处理如下。

① 2×19年1月1日，甲公司取得银行贷款100万元。

借：银行存款　　　　　　　　　　　　　　　　　　　　　　　　1 000 000
　　长期借款——利息调整　　　　　　　　　　　　　　　　　　　109 446
　　贷：长期借款——本金　　　　　　　　　　　　　　　　　　　1 000 000
　　　　递延收益　　　　　　　　　　　　　　　　　　　　　　　109 446

② 2×19年1月31日，甲企业按月计提利息。

借：在建工程　　　　　　　　　　　　　　　　　　　　　　　　　6 679
　　贷：应付利息　　　　　　　　　　　　　　　　　　　　　　　　2 500
　　　　长期借款——利息调整　　　　　　　　　　　　　　　　　　4 179

同时，摊销递延收益。

借：递延收益　　　　　　　　　　　　　　　　　　　　　　　　　4 179
　　贷：在建工程　　　　　　　　　　　　　　　　　　　　　　　　4 179

【例15-12】沿用【例15-11】，甲企业与银行签订的贷款合同约定的年利率为9%，并且按月计提利息，按季度向银行支付贷款利息。以付息凭证向财政部门申请贴息资金。财政部门按年与甲企业结算贴现资金。

分析：甲企业相关会计处理如下。

（1）2×19年1月1日，取得银行贷款100万元。

借：银行存款 1 000 000
　　贷：长期借款——本金 1 000 000

（2）2×19年1月31日起每月末按月计利息。

应向银行支付的利息金额 =1 000 000×9%÷12=7 500（元）

实际承担的利息支出 =1 000 000×3%÷12=2 500（元）

借：在建工程 7 500
　　贷：应付利息 7 500

借：其他应收款 5 000
　　贷：在建工程 5 000

15.5　关于政府补助的列报

（一）政府补助在利润表上的列示

企业应当在利润表中的"营业利润"项目之上单独列报"其他收益"项目，计入其他收益的政府补助在该项目中反映。冲减相关成本费用的政府补助，在相关成本费用项目中反映。与企业日常经营活动无关的政府补助，在利润表的营业外收支项目中反映。

（二）政府补助在财务报表附注中的披露

因政府补助涉及递延收益、其他收益、营业外收入以及相关成本费用等多个报表项目，为了全面反映政府补助情况，企业应当在附注中单独披露政府补助的相关信息。企业应当在附注中单独披露与政府补助有关的下列信息：政府补助的种类、金额和列报项目；计入当期损益的政府补助金额；本期退回的政府补助金额及原因。其中，列报项目不仅包括总额法下计入其他收益、营业外收入、递延收益等项目，还包括净额法下冲减的资产和成本费用等项目。

第16章 借款费用

16.1 借款费用的计量

16.1.1 业务概述

借款费用是企业因借入资金所付出的代价，它包括借款利息费用（包括借款折价或者溢价的摊销和相关辅助费用）以及因外币借款而发生的汇兑差额等。对于企业发生的权益性融资费用，不应包括在借款费用中。承租人根据《企业会计准则第21号——租赁》所确认的融资租赁发生的融资费用属于借款费用。

借款费用的计量的会计处理，如表16-1所示。

表16-1 借款费用的计量的会计处理

经济业务	会计处理	
	资本化的利息费用	费用化的利息费用
因借款而发生的利息	（1）计提时 借：在建工程/制造费用/研发费用——资本化支出 　　贷：应付利息 （2）支付时 借：应付利息 　　贷：银行存款等	（1）计提时 借：财务费用 　　贷：应付利息 （2）支付时 借：应付利息 　　贷：银行存款等
因借款而发生的折价或溢价的摊销	借：在建工程（资本化利息）（实际利息） 　　应付债券——利息调整（倒挤，或贷记） 　　银行存款/应收利息（闲款收益） 　　贷：应付利息	借：财务费用（费用化利息）（实际利息） 　　应付债券——利息调整（倒挤，或贷记） 　　银行存款/应收利息（闲款收益） 　　贷：应付利息
因借款而发生的辅助费用	借：在建工程/研发费用——资本化支出 　　贷：银行存款	借：财务费用 　　贷：银行存款

资本化利息费用和费用化利息费用的计算，如表16-2所示。

表16-2 资本化利息费用和费用化利息费用的计算

	专门借款	一般借款
资本化利息费用	资本化利息费用金额 = 资本化期间专门借款本金发生的利息金额 – 资本化期间闲置资金的投资收益或利息收入 （与专门借款的具体支出数无关，资本化期间发生的全部利息费用均资本化）	资本化利息费用金额 = 累计资产支出超过专门借款部分的资产支出加权平均数 × 一般借款资本化率

（续表）

	专门借款	一般借款
费用化利息费用	费用化利息费用金额＝费用化期间专门借款本金发生的利息金额－费用化期间闲置资金的投资收益或利息收入	费用化利息费用金额＝一般借款利息总额－一般借款资本化利息费用－一般借款闲置资金的投资收益或利息收入 （闲置资金收益全部冲减费用化利息费用金额）

16.1.2 会计处理

1. 借款利息资本化金额的确定

（1）为购建或者生产符合资本化条件的资产而借入专门借款的，应当以资本化期间专门借款本金发生的利息费用，减去资本化期间闲置资金的投资收益或利息收入，确定专门借款应予资本化的利息金额。

（2）为购建或者生产符合资本化条件的资产而占用了一般借款的，企业应当根据累计资产支出超过专门借款部分的资产支出加权平均数乘以所占用一般借款的资本化率，计算确定一般借款应予资本化的利息金额。资本化率应当根据一般借款加权平均利率计算确定。

（3）每一会计期间的利息资本化金额，不应当超过当期相关借款实际发生的利息金额。

企业在确定每期利息（包括折价或溢价的摊销）资本化金额时，应当首先判断符合资本化条件的资产在购建或者生产过程所占用的资金来源。如果所占用的资金是专门借款资金，则应当在资本化期间内，根据每期实际发生的专门借款利息费用，确定应予资本化的金额。在企业将闲置的专门借款资金存入银行取得利息收入或者进行暂时性投资获取投资收益的情况下，企业还应当将这些相关的利息收入或者投资收益从资本化金额中扣除，以如实反映符合资本化条件的资产的实际成本。

2. 借款利息费用化金额的确定

（1）为购建或者生产符合费用化条件的资产而借入专门借款的，应当以费用化期间专门借款本金发生的利息费用，减去费用化期间闲置资金的投资收益或利息收入，确定专门借款应予费用化的利息金额。

（2）为购建或者生产符合费用化条件的资产而占用了一般借款的，企业应将一般借款利息总额减去一般借款资本化利息费用减去一般借款闲置资金的投资收益或利息收入，确定一般借款费用化利息费用金额。

16.1.3 案例解析

【例16-1】ABC公司于2×18年1月1日正式动工兴建一幢办公楼，工期预计为1年零6个月，工程采用出包方式，分别于2×18年1月1日、2×18年7月1日和2×19年1月1日支付工程进度款。公司为建造办公楼于2×17年1月1日专门借款2000万元，借款期限为3年，年利率为6%。另外在2×18年7月1日又专门借款4000万元，借款期限为5年，年利率为7%。借款利息为按年支付（如无特别说明，本章例题中名义利率与实际利率均相同）。

闲置借款资金均用于固定收益债券短期投资，该短期投资月收益率为0.5%。办公楼于2×19年6月30日完工，达到预定可使用状态。

公司为建造该办公楼的支出金额，如表16-3所示。

表16-3　公司为建造该办公楼的支出金额

单位：万元

日期	每期资产支出金额	累计资产支出金额	闲置借款资金用于短期投资金额
2×18年1月1日	1 500	1 500	500
2×18年7月1日	2 500	4 000	2 000
2×19年1月1日	1 500	5 500	500
总计	5 500	—	—

分析：由于ABC公司使用了专门借款建造办公楼，而且办公楼建造支出没有超过专门借款金额，因此ABC公司2×18年、2×19年为建造办公楼应予资本化的利息金额计算如下。

（1）确定借款费用资本化期间为2×18年1月1日至2×19年6月30日。

（2）计算在资本化期间内专门借款实际发生的利息金额：

2×18年专门借款发生的利息金额 $=2\,000\times 6\%+4\,000\times 7\%\times 6\div 12=260$（万元）；

2×19年1月1日至6月30日专门借款发生的利息金额 $=2\,000\times 6\%\times 6\div 12+4\,000\times 7\%\times 6\div 12=200$（万元）。

（3）计算在资本化期间内利用闲置的专门借款资金进行短期投资的收益：

2×18年短期投资收益 $=500\times 0.5\%\times 6+2\,000\times 0.5\%\times 6=75$（万元）；

2×19年1月1日至6月30日短期投资收益 $=500\times 0.5\%\times 6=15$（万元）。

（4）由于在资本化期间内，专门借款利息费用的资本化金额应当以其实际发生的利息费用减去将闲置的借款资金进行短期投资取得的投资收益后的金额确定，因此：

公司2×18年的利息资本化金额 $=260-75=185$（万元）；

公司2×19年的利息资本化金额 $=200-15=185$（万元）。

有关会计处理如下。

① 2×18年12月31日。

借：在建工程　　　　　　　　　　　　　　　　　1 850 000
　　应收利息（或银行存款）　　　　　　　　　　　750 000
　　贷：应付利息　　　　　　　　　　　　　　　　2 600 000

① 2×19年6月30日。

借：在建工程　　　　　　　　　　　　　　　　　1 850 000
　　应收利息（或银行存款）　　　　　　　　　　　150 000
　　贷：应付利息　　　　　　　　　　　　　　　　2 000 000

【例16-2】 沿用【例16-1】，假定ABC公司建造办公楼没有专门借款，占用的都是一般借款。

ABC公司为建造办公楼占用的一般借款有两笔，具体如下。

（1）向A银行长期贷款2 000万元，期限为2×16年12月1日至2×19年12月1日，年利率为6%，按年支付利息。

（2）发行公司债券1亿元，于2×16年1月1日发行，期限为5年，年利率为8%，按年支付利息。

假定这两笔一般借款除了用于办公楼建设外，没有用于其他符合资本化条件的资产的购建或者生产活动。

假定全年按360天计算，其他资料沿用【例16-1】。

分析：鉴于ABC公司建造办公楼没有占用专门借款，而占用了一般借款，因此，公司应当首先计算所占用一般借款的加权平均利率作为资本化率，然后计算建造办公楼的累计资产支出加权平均数，将其与资本化率相乘，计算求得当期应予资本化的借款利息金额。具体如下。

（1）计算所占用一般借款资本化率。

一般借款资本化率（年）

=（2 000×6%+10 000×8%）÷（2 000+10 000）=7.67%

（2）计算累计资产支出加权平均数。

2×18年累计资产支出加权平均数

=1 500×360÷360+2 500×180÷360=2 750（万元）

2×19年累计资产支出加权平均数

=（4 000+1 500）×180÷360=2 750（万元）

（3）计算每期利息资本化金额。

2×18年为建造办公楼的利息资本化金额

=2 750×7.67%=210.93（万元）

2×18年实际发生的一般借款利息费用

=2 000×6%+10 000×8%=920（万元）

2×19年为建造办公楼的利息资本化金额

=2 750×7.67%=210.93（万元）

2×19年1月1日至6月30日实际发生的一般借款利息费用

=（2 000×6%+10 000×8%）×180÷360=460（万元）

（4）根据上述计算结果，会计处理如下。

① 2×18年12月31日。

借：在建工程	2 109 300	
财务费用	7 090 700	
贷：应付利息		9 200 000

② 2×19年6月30日。

借：在建工程	2 109 300	
财务费用	2 490 700	
贷：应付利息		4 600 000

【例16-3】沿用【例16-1】、【例16-2】,假定ABC公司为建造办公楼于2×18年1月1日专门借款2 000万元,借款期限为3年,年利率为6%。除此之外,没有其他专门借款。在办公楼建造过程中所占用的一般借款仍为两笔,一般借款有关资料沿用【例16-2】。其他相关资料均同【例16-1】、【例16-2】。

分析:在这种情况下,公司应当首先计算专门借款利息的资本化金额,然后计算所占用一般借款利息的资本化金额。具体如下。

(1)计算专门借款利息资本化金额。

2×18年专门借款利息资本化金额

=2 000×6%-500×0.5%×6

=105(万元)

2×19年专门借款利息资本化金额

=2 000×6%×180÷360

=60(万元)

(2)计算一般借款资本化金额。

在建造办公楼过程中,自2×18年7月1日起已经有2 000万元占用了一般借款,另外,2×19年1月1日支出的1 500万元也占用了一般借款。计算这两笔资产支出的加权平均数如下。

2×18年占用了一般借款的资产支出加权平均数

=2 000×180÷360=1 000(万元)

由于一般借款利息资本化率与【例16-2】相同,即为7.67%,所以:

2×18年应予资本化的一般借款利息金额

=1 000×7.67%=76.70(万元)

2×19年占用了一般借款的资产支出加权平均数

=(2 000+1 500)×180÷360=1 750(万元)

则2×19年应予资本化的一般借款利息金额

=1 750×7.67%=134.23(万元)

(3)根据上述计算结果,公司建造办公楼应予资本化的利息金额如下。

2×18年利息资本化金额=105+76.70=181.70(万元)

2×19年利息资本化金额=60+134.23=194.23(万元)

(4)有关会计处理如下。

① 2×18年12月31日。

借:在建工程	1 817 000
财务费用	8 433 000
应收利息(或银行存款)	150 000
贷:应付利息	10 400 000

注:2×18年实际借款利息=2 000×6%+2 000×6%+10 000×8%=1 040(万元)。

② 2×19年6月30日。

借：在建工程　　　　　　　　　　　　　　　　　　　　1 942 300
　　　财务费用　　　　　　　　　　　　　　　　　　　　3 257 700
　　　贷：应付利息　　　　　　　　　　　　　　　　　　　　　5 200 000

注：2×19年1月1日至6月30日的实际借款利息=1 040÷2=520（万元）。

16.2　外币专门借款汇兑差额资本化金额的确定

16.2.1　业务概述

当企业为购建或者生产符合资本化条件的资产所借入的专门借款为外币借款时，由于企业取得外币借款日、使用外币借款日和会计结算日往往并不一致，而外汇汇率又在随时发生变化，所以，外币借款会产生汇兑差额。

外币专门借款汇兑差额资本化金额的确定的会计处理，如表16-4所示。

表16-4　外币专门借款汇兑差额资本化金额的确定的会计处理

经济业务	会计处理	
	资本化处理	费用化处理
因外币借款而发生的汇兑差额	（1）期末计提利息 借：在建工程 　　贷：应付利息——美元（外币利息×期末汇率） （2）期末计算外币本金及利息汇兑差额 借：在建工程 　　贷：长期借款 （3）付息时，按结算日汇率计算的金额与原应付利息账面金额的差额，继续资本化 借：应付利息——美元（转销账面余额） 　　在建工程（倒挤，或贷记） 　　贷：银行存款（按结算日汇率折算）	（1）期末计提利息 借：财务费用 　　贷：应付利息——美元（外币利息×期末汇率） （2）期末计算外币本金及利息汇兑差额 借：财务费用 　　贷：长期借款 （3）付息时，按结算日汇率计算的金额与原应付利息账面金额的差额，继续费用化 借：应付利息——美元（转销账面余额） 　　财务费用（倒挤，或贷记） 　　贷：银行存款（按结算日汇率折算）

16.2.2　会计处理

在借款费用资本化期间内，为购建固定资产而专门借入的外币借款所产生的汇兑差额，是购建固定资产的一项代价，应当予以资本化，计入固定资产成本。出于简化核算的考虑，《企业会计准则第17号——借款费用》规定，在资本化期间内，外币专门借款本金及其利息的汇兑差额，应当予以资本化，计入符合资本化条件的资产的成本。而除外币专门借款之外的其他外币借款本金及其利息所产生的汇兑差额应当作为财务费用，计入当期损益。

16.2.3　案例解析

【例16-4】甲公司于2×18年1月1日，为建造某工程项目专门以面值发行美元公司债券1 000万元，年利率为8%，期限为3年，假定不考虑与发行债券有关的辅助费用、未支出专门借款的利息收入或投资收益。合同约定，每年1月1日支付利息，到期还本。

工程于2×18年1月1日开始实体建造，2×19年6月30日完工，达到预定可使用状态，期间发生的资产支出如下：

2×18年1月1日，支出200万美元；

2×18年7月1日，支出500万美元；

2×19年1月1日，支出300万美元。

公司的记账本位币为人民币，外币业务采用外币业务发生时当日的市场汇率折算。相关汇率如下：

2×18年1月1日市场汇率为1美元=7.70元人民币；

2×18年12月31日，市场汇率为1美元=7.75元人民币；

2×19年1月1日，市场汇率为1美元=7.77元人民币；

2×19年6月30日，市场汇率为1美元=7.80元人民币。

分析：本例中，公司计算外币借款汇兑差额资本化金额及相关会计处理如下。

（1）计算2×18年汇兑差额资本化金额。

①债券应付利息=1 000×8%×7.75=80×7.75=620（万元）

会计处理如下。

借：在建工程	6 200 000	
贷：应付利息		6 200 000

②外币债券本金及利息汇兑差额
=1 000×（7.75-7.70）-80×（7.75-7.75）=50（万元）

会计处理如下。

借：在建工程	500 000	
贷：应付债券		500 000

（2）2×19年1月1日实际支付利息时，应当支付80万美元，折算成人民币为621.60万元。该金额与原账面金额之间的差额1.60万元应当继续予以资本化，计入在建工程成本。会计处理如下。

借：应付利息	6 200 000	
在建工程	16 000	
贷：银行存款		6 216 000

（3）计算2×19年6月30日的汇兑差额资本化金额。

①债券应付利息=1 000×8%×1÷2×7.80=40×7.80=312（万元）

会计处理如下。

借：在建工程	3 120 000	
贷：应付利息		3 120 000

②外币债券本金及利息汇兑差额
=1 000×（7.80-7.75）4-40×（7.80-7.80）=50（万元）

会计处理如下。

借：在建工程	500 000	
贷：应付债券		500 000

第 17 章
所得税

17.1 与资产计税基础有关的业务事项处理

17.1.1 业务概述

企业在取得资产、负债时,应当确定其计税基础。资产、负债的账面价值与其计税基础存在差异的,应当按照《企业会计准则第 18 号——所得税》规定确认所产生的递延所得税资产或递延所得税负债。

资产的计税基础,是指企业收回资产账面价值过程中,计算应纳税所得额时按照税法规定可以自应税经济利益中抵扣的金额。

与资产计税基础有关的会计处理,如表 17-1 所示。

表 17-1 与资产计税基础有关的会计处理

经济业务	会计处理
递延所得税资产确认	借:递延所得税资产 贷:所得税费用

17.1.2 会计处理

资产的计税基础,是指企业收回资产账面价值过程中,计算应纳税所得额时按照税法规定可以自应税经济利益中抵扣的金额,即某一项资产在未来期间计税时按照税法规定可以税前扣除的总金额。

资产在初始确认时,其计税基础一般为取得成本,即企业为取得某项资产支付的成本在未来期间准予税前扣除。在资产持续持有的过程中,其计税基础是指资产的取得成本减去以前期间按照税法规定已经税前扣除的金额后的余额。如固定资产、无形资产等长期资产在某一资产负债表日的计税基础是指其成本扣除按照税法规定已在以前期间税前扣除的累计折旧额或累计摊销额后的金额。

现举例说明部分资产项目计税基础的确定。

1. 固定资产

以各种方式取得的固定资产,初始确认时按照会计准则规定确定的入账价值基本上是被税法认可的,即取得时其账面价值一般等于计税基础。

固定资产在持有期间进行后续计量时,会计准则规定按照"成本 – 累计折旧 – 固定资产减值准备"进行计量,税法规定按照"成本 – 按照税法规定已在以前期间税前扣除的折旧额"进行计量。由于会计准则与税法规定的不同，固定资产的账面价值与计税基础的差异主要产生于折旧方法、折旧年限的不同以及固定资产减值准备的提取。

（1）折旧方法、折旧年限的差异。会计准则规定，企业应当根据与固定资产有关的经济利益的预期实现方式合理选择折旧方法，而税法一般会规定固定资产的折旧方法，除某些按照规定可以加速折旧的情况外，基本上可以税前扣除的是按照直线法计提的折旧。

另外，税法还就每一类固定资产的折旧年限进行了规定，而会计准则规定折旧年限是由企业根据固定资产的性质和使用情况合理确定的。如企业进行会计处理时确定的折旧年限与税法规定不同，也会产生固定资产持有期间账面价值与计税基础的差异。

（2）因计提固定资产减值准备产生的差异。持有固定资产的期间内，在对固定资产计提了减值准备以后，因税法规定按照会计准则规定计提的资产减值准备在资产发生实质性损失前不允许税前扣除，也会造成固定资产的账面价值与计税基础的差异。

2. 无形资产

除内部研究开发形成的无形资产以外，以其他方式取得的无形资产，初始确认时按照会计准则规定确定的入账价值与按照税法规定确定的成本之间一般不存在差异。无形资产的账面价值与计税基础之间的差异主要产生于内部研究开发形成的无形资产以及使用寿命不确定的无形资产。

（1）对于内部研究开发形成的无形资产，会计准则规定有关内部研究开发活动区分两个阶段，研究阶段的支出应当费用化计入当期损益，开发阶段符合资本化条件以后至达到预定用途前发生的支出应当资本化作为无形资产的成本。对于研究开发费用的税前扣除，税法中规定企业为开发新技术、新产品、新工艺发生的研究开发费用，未形成无形资产计入当期损益的，在按照规定据实扣除的基础上，按照研究开发费用的75%加计扣除；形成无形资产的，按照无形资产成本的175%摊销。如该无形资产的确认不是产生于合并交易，同时在确认时既不影响会计利润也不影响应纳税所得额，则按照《企业会计准则第18号——所得税》的规定，不确认有关暂时性差异的所得税影响。

（2）无形资产在后续计量时，会计与税收的差异主要产生于对无形资产是否需要摊销及无形资产减值准备的提取。

会计准则规定，应根据无形资产使用寿命情况区分为使用寿命有限的无形资产与使用寿命不确定的无形资产。对于使用寿命不确定的无形资产，不要求摊销，但持有期间每年应进行减值测试。税法规定，企业取得的无形资产成本应在一定期限内摊销。即税法中没有界定使用寿命不确定的无形资产，除外购商誉外所有的无形资产成本均应在一定期间内摊销。

对于使用寿命不确定的无形资产，会计处理时不予摊销，但计税时其按照税法规定确定的摊销额允许税前扣除，造成该类无形资产的账面价值与计税基础的差异。

在对无形资产计提减值准备的情况下，因税法规定对按照会计准则规定计提的无形资产减值准备在形成实质性损失前不允许税前扣除，即无形资产的计税基础不会随减值准备的提取发生变化，但其账面价值会因资产减值准备的提取而下降，从而造成无形资产的账面价值与计税基础的差异。

3. 以公允价值计量且其变动计入当期损益的金融资产

按照《企业会计准则第 22 号——金融工具确认和计量》的规定，对于以公允价值计量且其变动计入当期损益的金融资产，其于某一会计期末的账面价值为该时点的公允价值。税法规定，企业持有以公允价值计量的金融资产、金融负债以及投资性房地产等，持有期间公允价值的变动不计入应纳税所得额，在实际处置或结算时，处置取得的价款扣除其历史成本后的差额应计入处置或结算期间的应纳税所得额。按照该规定，以公允价值计量且其变动计入当期损益的金融资产在持有期间市价的波动在计税时不予考虑，有关金融资产在某一会计期末的计税基础为其取得成本，从而造成在公允价值变动的情况下，以公允价值计量且其变动计入当期损益的金融资产账面价值与计税基础之间的差异。

企业持有的以公允价值计量且其变动计入其他综合收益的金融资产，其计税基础的确定，与以公允价值计量且其变动计入当期损益的金融资产类似，可比照处理。

4. 长期股权投资

企业持有的长期股权投资，按照会计准则规定区别对被投资单位的影响程度及是否存在活跃市场、公允价值能否可靠取得等分别采用成本法及权益法进行核算。

税法中对于投资资产的处理，要求按规定确定其成本后，在转让或处置投资资产时，其成本准予扣除。因此，税法中对于长期股权投资并没有权益法的概念。长期股权投资取得后，如果按照会计准则规定采用权益法核算，则一般情况下在持有过程中随着应享有被投资单位净资产份额的变化，其账面价值与计税基础会产生差异，该差异主要源于以下三种情况。

（1）初始投资成本的调整。采用权益法核算的长期股权投资，取得时应比较其初始投资成本与按比例计算应享有被投资单位可辨认净资产公允价值的份额，在初始投资成本小于按比例计算应享有被投资单位可辨认净资产公允价值份额的情况下，应当调整长期股权投资的账面价值，同时确认为当期收益。因该种情况下在确定了长期股权投资的初始投资成本以后，按照税法规定并不要求对其成本进行调整，计税基础维持原取得成本不变，其账面价值与计税基础会产生差异。

（2）投资损益的确认。对于采用权益法核算的长期股权投资，持有投资期间在被投资单位实现净利润或发生净损失时，投资企业按照持股比例计算应享有的部分，应调整长期股权投资的账面价值，同时确认为各期损益。在长期股权投资的账面价值因确认投资损益变化的同时，其计税基础不会随之发生变化。按照税法规定，居民企业直接投资于其他居民企业取得的投资收益免税，即作为投资企业，其在未来期间自被投资单位分得有关现金股利或利润时，该部分现金股利或利润免税，在持续持有的情况下，该部分差额对未来期间不会产生计税影响。

（3）应享有被投资单位其他权益的变化。采用权益法核算的长期股权投资，除确认应享有被投资单位的净损益外，对于应享有被投资单位的其他权益变化，也应调整长期股权投资的账面价值，但其计税基础不会发生变化。

5. 其他资产

因会计准则规定与税收法规规定不同，企业持有的其他资产可能造成其账面价值与计税基础之间存在差异，如计提了资产减值准备的相关资产、采用公允价值模式计量的投资性房地产等。

6. 特殊交易或事项中产生资产计税基础的确定

除企业在正常生产经营活动过程中取得的资产以外，对于某些特殊交易中产生的资产，其计税基础的确定应遵从税法规定，如企业合并过程中取得资产计税基础的确定。

由于会计准则与税收法规对企业合并的划分标准不同，处理原则不同，某些情况下，会造成企业合并中取得的有关资产的入账价值与其计税基础的差异。

17.1.3 案例解析

【例17-1】A企业于2×16年12月20日取得的某项固定资产，原价为750万元，使用年限为10年，会计上采用年限平均法计提折旧，净残值为零。税法规定该类（由于技术进步、产品更新换代较快的）固定资产采用加速折旧法计提的折旧可予税前扣除，该企业在计税时采用双倍余额递减法计提折旧，净残值为零。2×18年12月31日，企业估计该项固定资产的可收回金额为550万元。

分析：

2×18年12月31日，该项固定资产的账面余额=750-75×2=600（万元），该账面余额大于其可收回金额550万元，两者之间的差额应计提50万元的固定资产减值准备。

2×18年12月31日，该项固定资产的账面价值=750-75×2-50=550（万元）

其计税基础=750-750×20%-600×20%=480（万元）

该项固定资产的账面价值550万元与其计税基础480万元之间存在的70万元差额，将于未来期间计入企业的应纳税所得额。

【例17-2】B企业于2×16年年末以750万元购入一项生产用固定资产，按照该项固定资产的预计使用情况，B企业在会计核算时估计其使用寿命为5年。计税时，按照适用税法规定，其最低折旧年限为10年，该企业计税时按照10年计算确定可税前扣除的折旧额。假定会计与税法规定均按年限平均法计列折旧，净残值均为零。2×17年该项固定资产按照12个月计提折旧。假定固定资产未发生减值。

分析：

该项固定资产在2×17年12月31日的账面价值=750-750÷5=600（万元）

该项固定资产在2×17年12月31日的计税基础=750-750÷10=675（万元）

该项固定资产的账面价值600万元与其计税基础675万元之间产生的75万元差额，在未来期间会减少企业的应纳税所得额。

【例17-3】A企业当期为开发新技术发生研究开发支出共计2 000万元，其中研究阶段支出400万元，开发阶段符合资本化条件前发生的支出为400万元，符合资本化条件后至达到预定用途前发生的支出为1 200万元。税法规定：研究开发支出未形成无形资产计入当期损益的，按照研究开发费用的75%加计扣除；形成无形资产的，按照无形资产成本的175%摊销。假定开发形成的无形资产在当期期末已达到预定用途（尚未开始摊销）。

分析：A企业当期发生的研究开发支出中，按照会计准则规定应予费用化的金额为800万元，形成无形资产的成本为1 200万元，即期末所形成无形资产的账面价值为1 200万元。

A企业当期发生的2 000万元研究开发支出，按照税法规定可在当期税前扣除的金额为1 200万元。所形成无形资产在未来期间可予税前扣除的金额为1 800万元，其计税基础为1 800万元，形成暂时性差异600万元。

该内部开发形成的无形资产的账面价值与其计税基础之间产生的600万元暂时性差异系资产初始确认产生的，确认资产既不影响会计利润也不影响应纳税所得额，按照准则规定，不确认暂时性差异的所得税影响。

【例17-4】乙企业于2×17年1月1日取得的某项无形资产，取得成本为1 500万元，取得该项无形资产后，根据各方面情况判断，乙企业无法合理预计其使用期限，将其作为使用寿命不确定的无形资产。2×17年12月31日，对该项无形资产进行减值测试表明其未发生减值。企业在计税时，对该项无形资产按照10年的期限采用直线法摊销，摊销金额允许税前扣除。

分析：会计上将该项无形资产作为使用寿命不确定的无形资产，因未发生减值，其在2×17年12月31日的账面价值为取得成本1 500万元。

该项无形资产在2×17年12月31日的计税基础为1 350（1 500-150）万元。

该项无形资产的账面价值1 500万元与其计税基础1 350万元之间的差额150万元，将计入未来期间企业的应纳税所得额，或者可以理解为因为该150万元已经在当期计算应纳税所得额时税前扣除，从而减少了当期应交所得税，未来期间不会再予扣除，当企业于未来期间产生相关的经济利益流入时即应交税。

【例17-5】2×17年10月20日，A公司自公开市场取得一项权益性投资，支付价款1 600万元，作为交易性金融资产核算。2×17年12月31日，该项权益性投资的市价为1 760万元。

假定税法规定对于交易性金融资产，持有期间公允价值的变动不计入应纳税所得额，待出售时一并计算应计入应纳税所得额的金额。

分析：该项交易性金融资产的期末市价为1 760万元，其按照会计准则规定进行核算，在2×17年资产负债表日的账面价值为1 760万元。

因税法规定交易性金融资产在持有期间的公允价值变动不计入应纳税所得额，其在2×17年资产负债表日的计税基础应维持原取得成本不变，即1 600万元。

该交易性金融资产的账面价值1 760万元与其计税基础1 600万元之间产生了160万元的暂时性差异，该暂时性差异在未来期间转回时会增加未来期间的应纳税所得额，导致企业应交所得税的增加。

【例17-6】A公司于2×17年1月2日以6 000万元取得B公司30%有表决权的股份，该款项以银行存款支付。拟长期持有并能够对B公司施加重大影响，该项长期股权投资采用权益法核算。投资时B公司可辨认净资产公允价值总额为18 000万元（假定取得投资时B公司各项可辨认资产、负债的公允价值与账面价值相同）。B公司2×17年实现净利润2 300万元，未发生影响权益变动的其他交易或事项。A公司及B公司均为居民企业，适用的所得税税率均为25%，双方采用的会计政策及会计期间相同。税法规定，居民企业之间的股息红利免税。

分析：A公司相关会计处理如下。（单位：万元）

借：长期股权投资　　　　　　　　　　　　　　　　　　　　　　6 000
　　贷：银行存款　　　　　　　　　　　　　　　　　　　　　　　　6 000

因该项长期股权投资的初始投资成本6 000万元大于按照持股比例计算应享有B公司可辨认净资产公允价值的份额5 400万元，其初始投资成本不需要调整。

确认投资损益的会计处理如下。（单位：万元）

借：长期股权投资——损益调整　　　　　　　　　　　　　　　　　690
　　贷：投资收益　　　　　　　　　　　　　　　　　　　　　　　　690

该项长期股权投资的计税基础如下：

（1）取得时成本为6 000万元；

（2）期末因税法中没有权益法的概念，对于应享有被投资单位的净损益不影响长期股权投资的计税基础，其于2×17年12月31日的计税基础仍为6 000万元。

【例17-7】A公司2×17年购入原材料成本为4 000万元，因部分生产线停工，当年未领用任何该原材料，2×17年资产负债表日考虑到该原材料的市价及用其生产产成品的市价情况，估计其可变现净值为3 200万元。假定该原材料在2×17年的期初余额为0。该项原材料因期末可变现净值低于其成本，应计提存货跌价准备，其金额=4 000-3 200=800（万元），计提该存货跌价准备后，该项原材料的账面价值为3 200万元。

分析：因计算交纳所得税时，按照会计准则规定计提的资产减值准备不允许税前扣除，该项原材料的计税基础不会因存货跌价准备的提取而发生变化，其计税基础应维持原取得成本4 000万元。该原材料的账面价值3 200万元与其计税基础4 000万元之间产生了800万元的暂时性差异，该差异会减少企业在未来期间的应纳税所得额和应交所得税。

【例17-8】A公司2×17年12月31日应收账款余额为6 000万元，该公司期末对应收账款计提了600万元的坏账准备。税法规定，不符合财政部门、税务主管部门规定的各项资产减值准备不允许税前扣除。假定该公司期初应收账款及坏账准备的余额均为0。

分析：该项应收账款在2×17年资产负债表日的账面价值为5 400（6 000-600）万元，因有关的坏账准备不允许税前扣除，其计税基础为6 000万元，该计税基础与其账面价值之间产生600万元暂时性差异，在应收账款发生实质性损失时，会减少未来期间的应纳税所得额。

17.2 与负债计税基础有关的业务事项处理

17.2.1 业务概述

负债的计税基础，是指负债的账面价值减去未来期间计算应纳税所得额时按照税法规定可予抵扣的金额。

负债的确认与偿还一般不会影响企业的损益，也不会影响其应纳税所得额，未来期间计算应纳税所得额时按照税法规定可予抵扣的金额为0，计税基础即为账面价值。如企业的短期借款、应付账款等。但是，某些情况下，负债的确认可能会影响企业的损益，进而影响不同期间的应纳税所得额，使得其计税基础与账面价值之间产生差额，如按照会计准则规定确认的某些预计负债。

与负债计税基础有关的会计处理，如表17-2所示。

表 17-2 与负债计税基础有关的会计处理

经济业务	会计处理
递延所得税负债确认	借：所得税费用 　　贷：递延所得税负债

17.2.2 会计处理

负债的计税基础，是指负债的账面价值减去未来期间计算应纳税所得额时按照税法规定可予抵扣的金额。用公式表示为：

负债的计税基础＝账面价值－未来期间按照税法规定可予税前扣除的金额

负债的确认与偿还一般不会影响企业的损益，也不会影响其应纳税所得额，未来期间计算应纳税所得额时按照税法规定可予抵扣的金额为0，计税基础即为账面价值。但是，某些情况下，负债的确认可能会影响企业的损益，进而影响不同期间的应纳税所得额，使得其计税基础与账面价值之间产生差额，如按照会计规定确认的某些预计负债。

1. 企业因销售商品提供售后服务等原因确认的预计负债

按照或有事项准则规定，企业对于预计提供售后服务将发生的支出在满足有关确认条件时，销售当期即应确认为费用，同时确认预计负债。如果税法规定，与销售产品相关的支出应于发生时税前扣除。因该类事项产生的预计负债在期末的计税基础为其账面价值与未来期间可税前扣除的金额之间的差额，如有关的支出实际发生时可全部税前扣除，其计税基础为0；如果税法规定对于费用支出按照权责发生制原则确定税前扣除时点，所形成负债的计税基础等于账面价值。

因其他事项确认的预计负债，应按照税法规定的计税原则确定其计税基础。某些情况下，因有些事项确认的预计负债，税法规定其支出无论是否实际发生均不允许税前扣除，即未来期间按照税法规定可予抵扣的金额为0，账面价值等于计税基础。

2. 预收账款

企业在收到客户预付的款项时，因不符合收入确认条件，会计上将其确认为负债。税法中对于收入的确认原则一般与会计规定相同，即会计上未确认收入时，计税时一般亦不计入应纳税所得额，该部分经济利益在未来期间计税时可予税前扣除的金额为 0，计税基础等于账面价值。

某些情况下，因不符合会计准则规定的收入确认条件未确认为收入的预收账款，按照税法规定应计入当期应纳税所得额时，有关预收账款的计税基础为 0，即因其产生时已经计算交纳所得税，未来期间可全额税前扣除。

3. 应付职工薪酬

会计准则规定，企业为获得职工提供的服务给予的各种形式的报酬以及其他相关支出均应作为企业的成本费用，在未支付之前确认为负债。税法中对于合理的职工薪酬基本允许税前扣除，但税法中如果规定了税前扣除标准，按照会计准则规定计入成本费用的金额超过规定标准部分，应进行纳税调整。因超过部分在发生当期不允许税前扣除，在以后期间也不允许税前扣除，即该部分差额对未来期间计税不产生影响，所产生应付职工薪酬负债的账面价值等于计税基础。

4. 其他负债

企业的其他负债项目，如应交的罚款和滞纳金等，在尚未支付之前按照会计规定确认为费用，同时作为负债反映。税法规定，罚款和滞纳金不能税前扣除，即该部分费用无论是在发生当期还是在以后期间均不允许税前扣除，其计税基础为账面价值减去未来期间计税时可予税前扣除的金额之间的差额，即计税基础等于账面价值。其他交易或事项产生的负债，其计税基础应当按照适用税法的相关规定确定。

5. 特殊交易或事项中产生负债计税基础的确定

除企业在正常生产经营活动过程中取得的负债以外，对于某些特殊交易中产生的负债，其计税基础的确定应遵从税法规定，如企业合并过程中取得负债计税基础的确定。

由于会计准则与税收法规对企业合并的划分标准不同，处理原则不同，某些情况下，会造成企业合并中取得的有关负债的入账价值与其计税基础的差异。

17.2.3 案例解析

【例 17-9】甲企业 2×17 年因销售产品承诺提供 3 年的保修服务，在当年度利润表中确认了 400 万元的销售费用，同时确认为预计负债，当年度未发生任何保修支出。

分析：假定按照税法规定，与产品售后服务相关的费用在实际发生时允许税前扣除。该项预计负债在甲企业 2×17 年 12 月 31 日资产负债表中的账面价值为 400 万元。因税法规定与产品保修相关的支出在未来期间实际发生时允许税前扣除，则该项负债的计税基础＝账面价值－未来期间计算应纳税所得额时按照税法规定可予抵扣的金额，未来期间计算应纳税所得额时按照税法规定可予抵扣的金额为 400 万元，该项负债的计税基础＝400－400=0。

【例17-10】A公司于2×17年12月20日收到一笔合同预付款,金额为2 000万元,因不符合收入确认条件,将其作为预收账款核算。假定按照适用税法规定,该款项应计入取得当期应纳税所得额计算交纳所得税。

该预收账款在A公司2×17年12月31日资产负债表中的账面价值为2 000万元。

分析:因假定按照税法规定,该项预收款应计入取得当期的应纳税所得额计算交纳所得税,与该项负债相关的经济利益已在取得当期计算交纳所得税,未来期间按照会计准则规定应确认收入时,不再计入应纳税所得额,即其于未来期间计算应纳税所得额时可予税前扣除的金额为2 000万元,计税基础＝账面价值－未来期间计算应纳税所得额时按照税法规定可予抵扣的金额=2 000-2 000=0。

该项负债的账面价值2 000万元与其计税基础0之间产生的2 000万元暂时性差异,会减少企业未来期间的应纳税所得额,使企业未来期间以应交所得税的方式流出经济利益。

【例17-11】某企业2×17年12月计入成本费用的职工工资总额为3 200万元,至2×17年12月31日尚未支付,体现为资产负债表中的应付职工薪酬负债。假定按照适用税法规定,当期计入成本费用的3 200万元工资支出中,按照计税工资标准的规定,可予税前扣除的金额为2 400万元。

分析:企业会计准则规定,企业为获得职工提供的服务给予的各种形式的报酬以及其他相关支出均应作为成本费用,在未支付之前确认为负债。该项应付职工薪酬负债的账面价值为3 200万元。

企业实际发生的工资支出3 200万元与允许税前扣除的金额2 400万元之间所产生的800万元差额在发生当期即应进行纳税调整,并且在以后期间不能够再税前扣除,该项应付职工薪酬负债的计税基础＝账面价值－未来期间计算应纳税所得额时按照税法规定可予抵扣的金额＝3 200-0=3 200(万元)。

该项负债的账面价值3 200万元与其计税基础3 200万元相同,不形成暂时性差异。

【例17-12】天华公司2×17年12月因违反当地有关环保法规的规定,接到环保部门的处罚通知,要求其支付罚款400万元。税法规定,企业因违反国家有关法律法规规定支付的罚款和滞纳金,计算应纳税所得额时不允许税前扣除。至2×17年12月31日,该项罚款尚未支付。

分析:对于该项罚款,天华公司应计入2×17年利润表,同时确认为资产负债表中的负债。

因按照税法规定,企业违反国家有关法律法规规定支付的罚款和滞纳金不允许税前扣除,与该项负债相关的支出在未来期间计税时按照税法规定准予税前扣除的金额为0,其计税基础＝账面价值－未来期间计算应纳税所得额时按照税法规定可予抵扣的金额=400-0=400(万元)。

该项负债的账面价值400万元与其计税基础400万元相同,不形成暂时性差异。

17.3 暂时性差异

17.3.1 业务概述

暂时性差异是指资产、负债的账面价值与其计税基础不同产生的差额。由于资产、负债的账面价值与其计税基础不同，产生了在未来收回资产或清偿负债的期间内，应纳税所得额增加或减少并导致未来期间应交所得税增加或减少的情况，形成企业的递延所得税资产和递延所得税负债。

根据暂时性差异对未来期间应纳税所得额的影响，可将暂时性差异分为应纳税暂时性差异和可抵扣暂时性差异。除因资产、负债的账面价值与其计税基础不同产生的暂时性差异以外，按照税法规定可以结转以后年度的未弥补亏损和税款抵减，也视同可抵扣暂时性差异处理。

17.3.2 会计处理

1. 应纳税暂时性差异

应纳税暂时性差异，指在确定未来收回资产或清偿负债期间的应纳税所得额时，将导致产生应税金额的暂时性差异，该差异在未来期间转回时，会增加转回期间的应纳税所得额。在应纳税暂时性差异产生当期，应当确认相关的递延所得税负债。

应纳税暂时性差异通常产生于以下情况。

（1）资产的账面价值大于其计税基础。一项资产的账面价值代表的是企业在持续使用或最终出售该项资产时将取得的经济利益的总额，而计税基础代表的是一项资产在未来期间可予税前扣除的金额。资产的账面价值大于其计税基础，该项资产未来期间产生的经济利益不能全部税前抵扣，两者之间的差额需要交税，产生应纳税暂时性差异。

（2）负债的账面价值小于其计税基础。一项负债的账面价值为企业预计在未来期间清偿该项负债时的经济利益流出，而其计税基础代表的是账面价值在扣除税法规定未来期间允许税前扣除的金额之后的差额。因负债的账面价值与其计税基础不同产生的暂时性差异，本质上是税法规定就该项负债在未来期间可以税前扣除的金额（即与该项负债相关的费用支出在未来期间可予税前扣除的金额）。负债的账面价值小于其计税基础，则意味着就该项负债在未来期间可以税前抵扣的金额为负数，即应在未来期间应纳税所得额的基础上调增，增加未来期间的应纳税所得额和应交所得税金额，产生应纳税暂时性差异，应确认相关的递延所得税负债。

2. 可抵扣暂时性差异

可抵扣暂时性差异，是指在确定未来收回资产或清偿负债期间的应纳税所得额时，将导致产生可抵扣金额的暂时性差异。该差异在未来期间转回时会减少转回期间的应纳税所得额，减少未来期间的应交所得税。在可抵扣暂时性差异产生当期，符合确认条件的情况下，应当确认相关的递延所得税资产。

可抵扣暂时性差异一般产生于以下情况。

（1）资产的账面价值小于其计税基础。从经济含义来看，资产在未来期间产生的经济利益少，按照税法规定允许税前扣除的金额多，则就账面价值与计税基础之间的差额，企业在未来期间可以减少应纳税所得额并减少应交所得税，符合有关条件时，应当确认相关的递延所得税资产。

（2）负债的账面价值大于其计税基础。负债产生的暂时性差异实质上是税法规定就该项负债可以在未来期间税前扣除的金额。即：

负债产生的暂时性差异＝账面价值－计税基础

＝账面价值－（账面价值－未来期间计税时按照税法规定可予税前扣除的金额）

＝未来期间计税时按照税法规定可予税前扣除的金额

一项负债的账面价值大于其计税基础，意味着未来期间按照税法规定与该项负债相关的全部或部分支出可以自未来应税经济利益中扣除，减少未来期间的应纳税所得额和应交所得税。

3. 特殊项目产生的暂时性差异

（1）未作为资产、负债确认的项目产生的暂时性差异。某些交易或事项发生以后，因为不符合资产、负债的确认条件而未体现为资产负债表中的资产或负债，但按照税法规定能够确定其计税基础的，其账面价值与计税基础之间的差异也构成暂时性差异。

（2）可抵扣亏损及税款抵减产生的暂时性差异。对于按照税法规定可以结转以后年度的未弥补亏损及税款抵减，虽不是因资产、负债的账面价值与计税基础不同产生的，但本质上可抵扣亏损和税款抵减与可抵扣暂时性差异具有同样的作用，均能减少未来期间的应纳税所得额和应交所得税，视同可抵扣暂时性差异，在符合确认条件的情况下，应确认与其相关的递延所得税资产。

17.3.3　案例解析

【例17-13】A公司20×7年发生了2 000万元广告支出，发生时已作为销售费用计入当期损益，税法规定，该类支出不超过当年销售收入15%的部分允许当期税前扣除，超过部分允许向以后纳税年度结转税前扣除。A公司20×7年实现销售收入10 000万元。

分析：该广告费用支出因按照会计准则规定在发生时已计入当期损益，不体现为资产负债表中的资产，如果将其视为资产，其账面价值为0。

因按照税法规定，该类支出税前列支有一定标准，根据当期A公司销售收入15%计算，当期可予税前扣除1 500（10 000×15%）万元，当期未予税前扣除的500万元可以向以后纳税年度结转扣除，其计税基础为500万元。

该项资产的账面价值0与其计税基础500万元之间产生了500万元的暂时性差异，该暂时性差异在未来期间可减少企业的应纳税所得额，为可抵扣暂时性差异，符合确认条件时，应确认相关的递延所得税资产。

【例17-14】甲公司于20×7年因政策性原因发生经营亏损4 000万元，按照税法规定，该亏损可用于抵减以后5个年度的应纳税所得额。该公司预计其于未来5年期间能够产生足够的应纳税所得额利用该经营亏损。

分析：该经营亏损虽不是因资产、负债的账面价值与其计税基础不同产生的，但从其性质上来看可以减少未来期间的应纳税所得额和应交所得税，视同可抵扣暂时性差异。在企业预计未来期间能够产生足够的应纳税所得额利用该可抵扣亏损时，应确认相关的递延所得税资产。

17.4 与递延所得税负债及递延所得税资产有关的业务事项处理

17.4.1 业务概述

企业在计算确定了应纳税暂时性差异与可抵扣暂时性差异后，应当按照所得税准则规定的原则确认与应纳税暂时性差异相关的递延所得税负债以及与可抵扣暂时性差异相关的递延所得税资产。

17.4.2 会计处理

1. 递延所得税负债的确认和计量

（1）递延所得税负债的确认。

企业在确认因应纳税暂时性差异产生的递延所得税负债时，应遵循以下原则。

除所得税准则中明确规定可不确认递延所得税负债的情况以外，企业对于所有的应纳税暂时性差异均应确认相关的递延所得税负债。基于谨慎性原则，为了充分反映交易或事项发生后对未来期间的计税影响，除特殊情况可不确认相关的递延所得税负债外，企业应尽可能地确认与应纳税暂时性差异相关的递延所得税负债。

有些情况下，虽然资产、负债的账面价值与其计税基础不同，产生了应纳税暂时性差异，但出于各方面考虑，所得税准则中规定不确认相应的递延所得税负债，主要包括以下3种。

① 商誉的初始确认。非同一控制下的企业合并中，企业合并成本大于合并中取得的被购买方可辨认净资产公允价值份额的差额，按照企业会计准则规定应确认为商誉。

因会计与税法的划分标准不同，按照税法作为免税合并的情况下，计税时不认可商誉的价值，即从税法角度，商誉的计税基础为0，两者之间的差额形成应纳税暂时性差异。对于商誉的账面价值与其计税基础不同产生的该应纳税暂时性差异，所得税准则中规定不确认与其相关的递延所得税负债，原因在于以下两点。

一是确认该部分暂时性差异产生的递延所得税负债，则意味着购买方在企业合并中获得的可辨认净资产的价值量下降，企业应增加商誉的价值，商誉的账面价值增加以后，可能很快就要计提减值准备，同时其账面价值的增加还会进一步产生应纳税暂时性差异，使得递延所得税负债和商誉价值量的变化不断循环。

二是商誉本身即是企业合并成本在取得的被购买方可辨认资产、负债之间进行分配后的剩余价值，确认递延所得税负债进一步增加其账面价值会影响会计信息的可靠性。

②除企业合并以外的其他交易或事项中，如果该项交易或事项发生时既不影响会计利润，也不影响应纳税所得额，则所产生的资产、负债的初始确认金额与其计税基础不同，形成应纳税暂时性差异的，交易或事项发生时不确认相应的递延所得税负债。

该规定主要是考虑到由于交易发生时既不影响会计利润，也不影响应纳税所得额，确认递延所得税负债的直接结果是增加有关资产的账面价值或是降低所确认负债的账面价值，使得资产、负债在初始确认时，违背历史成本原则，影响会计信息的可靠性。

③与子公司、联营企业、合营企业投资等相关的应纳税暂时性差异，一般应确认相关的递延所得税负债，但同时满足以下两个条件的除外：一是投资企业能够控制暂时性差异转回的时间；二是该暂时性差异在可预见的未来很可能不会转回。

（2）递延所得税负债的计量。

所得税准则规定，资产负债表日，对于递延所得税负债，应当根据适用税法规定，按照预期清偿该负债期间的适用税率计量，即递延所得税负债应以相关应纳税暂时性差异转回期间按照税法规定适用的所得税税率计量。

无论应纳税暂时性差异的转回期间如何，所得税准则中规定递延所得税负债不要求折现。

2. 递延所得税资产的确认和计量

（1）递延所得税资产的确认。

递延所得税资产产生于可抵扣暂时性差异。资产、负债的账面价值与其计税基础不同产生可抵扣暂时性差异的，在估计未来期间能够取得足够的应纳税所得额用以利用该可抵扣暂时性差异时，应当以很可能取得用来抵扣可抵扣暂时性差异的应纳税所得额为限，确认相关的递延所得税资产。

确认递延所得税资产时，应关注以下问题。

①递延所得税资产的确认应以未来期间很可能取得的用来抵扣可抵扣暂时性差异的应纳税所得额为限。在可抵扣暂时性差异转回的未来期间内，企业无法产生足够的应纳税所得额用以利用可抵扣暂时性差异的影响，使得与可抵扣暂时性差异相关的经济利益无法实现的，则不应确认递延所得税资产；企业有明确的证据表明其于可抵扣暂时性差异转回的未来期间能够产生足够的应纳税所得额，进而利用可抵扣暂时性差异的，则应以很可能取得的应纳税所得额为限，确认相关的递延所得税资产。

②对与子公司、联营企业、合营企业的投资相关的可抵扣暂时性差异，同时满足下列条件的，应当确认相关的递延所得税资产：一是暂时性差异在可预见的未来很可能转回；二是未来很可能获得用来抵扣可抵扣暂时性差异的应纳税所得额。

对联营企业和合营企业等的投资产生的可抵扣暂时性差异，主要产生于权益法下被投资单位发生亏损时，投资企业按照持股比例确认应予承担的部分相应减少长期股权投资的账面价值，但税法规定长期股权投资的成本在持有期间不发生变化，造成长期股权投资的账面价值小于其计税基础，产生可抵扣暂时性差异。可抵扣暂时性差异还产生于对长期股权投资计提减值准备的情况下。

③对于按照税法规定可以结转以后年度的未弥补亏损（可抵扣亏损）和税款抵减，应

视同可抵扣暂时性差异处理。在预计可利用可弥补亏损或税款抵减的未来期间内很可能取得足够的应纳税所得额时，应当以很可能取得的应纳税所得额为限，确认相应的递延所得税资产，同时减少确认当期的所得税费用。

④ 不确认递延所得税资产的特殊情况。

某些情况下，如果企业发生的某项交易或事项不属于企业合并，并且交易发生时既不影响会计利润也不影响应纳税所得额，且该项交易中产生的资产、负债的初始确认金额与其计税基础不同，产生可抵扣暂时性差异的，所得税准则中规定在交易或事项发生时不确认相关的递延所得税资产。其原因同该种情况下不确认递延所得税负债相同，如果确认递延所得税资产，则需调整资产、负债的入账价值，对实际成本进行调整将有违会计核算中的历史成本原则，影响会计信息的可靠性。

（2）递延所得税资产的计量。

① 适用税率的确定。同递延所得税负债的计量原则相一致，确认递延所得税资产时，应当以预期收回该资产期间的适用所得税税率为基础。

另外，无论相关的可抵扣暂时性差异转回期间如何，递延所得税资产均不要求折现。

② 递延所得税资产的减值。所得税准则规定，资产负债表日，企业应当对递延所得税资产的账面价值进行复核。如果未来期间很可能无法取得足够的应纳税所得额用以利用可抵扣暂时性差异带来的经济利益，应当减记递延所得税资产的账面价值。

另外，应当说明的是，无论是递延所得税资产还是递延所得税负债的计量，均应考虑资产负债表日企业预期收回资产或清偿负债方式的所得税影响，在计量递延所得税资产和递延所得税负债时，应当采用与收回资产或清偿债务的预期方式相一致的税率和计税基础。

3. 特定交易或事项中涉及递延所得税的确认

（1）与直接计入所有者权益的交易或事项相关的所得税。

与当期及以前期间直接计入所有者权益的交易或事项相关的当期所得税及递延所得税应当计入所有者权益。直接计入所有者权益的交易或事项如对会计政策变更采用追溯调整法或对前期差错更正采用追溯重述法调整期初留存收益的、以公允价值计量且其变动计入其他综合收益的金融资产公允价值的变动金额、同时包含负债及权益成分的金融工具在初始确认时计入所有者权益的情况等。

在特定情况下，归属于直接计入所有者权益的交易或事项的当期所得税及递延所得税难以区分时，例如，以下情况下可能涉及这类问题：当税率或其他税收法规的改变，影响以前借记或贷记入权益的项目（全部或部分）相关的递延所得税资产或负债时；当企业决定确认或不再全部确认一项递延所得税资产，且该项递延所得税资产与以前借记或贷记入权益的项目（全部或部分）相关时。该类情况下，与贷记或借记入权益的项目相关的当期所得税及递延所得税，应以所涉及的税收管辖区内该企业的当期所得税及递延所得税的合理分摊或以其他更为合理的方法为基础进行分配。

（2）与企业合并相关的递延所得税。

企业合并发生后，购买方对于合并前本企业已经存在的可抵扣暂时性差异及未弥补亏损等，可能因为企业合并后估计很可能产生足够的应纳税所得额利用可抵扣暂时性差异，从而确认相关的递延所得税资产。该递延所得税资产的确认不应为企业合并的组成部分，不影响企业合并中应予确认的商誉或是因企业合并成本小于合并中取得的被购买方可辨认净资产公允价值的份额应计入合并当期损益的金额。

在企业合并中，购买方取得被购买方的可抵扣暂时性差异，如购买日取得的被购买方在以前期间发生的未弥补亏损等可抵扣暂时性差异，按照税法规定可以用于抵减以后年度应纳税所得额，但在购买日不符合递延所得税资产确认条件的，不应予以确认。购买日后12个月内，如果取得新的或进一步的信息表明相关情况在购买日已经存在，预期被购买方在购买日可抵扣暂时性差异带来的经济利益能够实现的，购买方应当确认相关的递延所得税资产，同时减少由该企业合并所产生的商誉，商誉不足冲减的，差额部分确认为当期损益（所得税费用）。除上述情况以外（如购买日后超过12个月，或在购买日不存在相关情况但购买日以后出现新的情况导致可抵扣暂时性差异带来的经济利益预期能够实现），如果符合了递延所得税资产的确认条件，确认与企业合并相关的递延所得税资产，应当计入当期损益（所得税费用），不得调整商誉金额。

（3）与股份支付相关的当期及递延所得税。

与股份支付相关的支出在按照会计准则规定确认为成本费用时，其相关的所得税影响应区别于税法的规定进行处理：如果税法规定与股份支付相关的支出不允许税前扣除，则不形成暂时性差异；如果税法规定与股份支付相关的支出允许税前扣除，在按照会计准则规定确认成本费用的期间内，企业应当根据会计期末取得的信息估计可税前扣除的金额计算确定其计税基础及由此产生的暂时性差异，符合确认条件的情况下应当确认相关的递延所得税。其中预计未来期间可税前扣除的金额超过会计准则规定确认的与股份支付相关的成本费用，超过部分的所得税影响应直接计入所有者权益。

4. 适用税率变化对已确认递延所得税资产和递延所得税负债的影响

因适用税收法规的变化，导致企业在某一会计期间适用的所得税税率发生变化的，企业应对已确认的递延所得税资产和递延所得税负债按照新的税率进行重新计量。递延所得税资产和递延所得税负债的金额代表的是有关可抵扣暂时性差异或应纳税暂时性差异于未来期间转回时，导致应交所得税金额的减少或增加的情况。因国家税收法律、法规等的变化导致适用税率变化的，必然导致应纳税暂时性差异或可抵扣暂时性差异在未来期间转回时产生应交所得税金额的变化，在适用税率变动的情况下，应对原已确认的递延所得税资产及递延所得税负债的金额进行调整，反映税率变化带来的影响。

除直接计入所有者权益的交易或事项产生的递延所得税资产及递延所得税负债，相关的调整金额应计入所有者权益以外，其他情况下产生的递延所得税资产及递延所得税负债的调整金额应确认为变化当期的所得税费用（或收益）。

17.4.3　案例解析

【例17-15】甲公司于2×11年12月底购入一台机器设备，成本为525 000元，预计使用年限为6年，预计净残值为零。会计上按直线法计提折旧，因该设备符合税法规定的税收优惠条件，计税时可采用年数总和法计提折旧，假定税法规定的使用年限及净残值均与会计上规定的相同。本例中假定该公司各会计期间均未对固定资产计提减值准备，除该项固定资产产生的会计与税法之间的差异外，不存在其他会计与税法的差异。

该公司每年因固定资产账面价值与计税基础不同应予确认的递延所得税情况，如表17-3所示。

表17-3 因固定资产账面价值与计税基础不同应予确认的递延所得税

单位：元

项目	2×12年	2×13年	2×14年	2×15年	2×16年	2×17年
实际成本	525 000	525 000	525 000	525 000	525 000	525 000
累计会计折旧	87 500	175 000	262 500	350 000	437 500	525 000
账面价值	437 500	350 000	262 500	175 000	87 500	0
累计计税折旧	150 000	275 000	375 000	450 000	500 000	525 000
计税基础	375 000	250 000	150 000	75 000	25 000	0
暂时性差异	62 500	100 000	112 500	100 000	62 500	0
适用税率	25%	25%	25%	25%	25%	25%
递延所得税负债余额	15 625	25 000	28 125	25 000	15 625	0

分析：相关计算及会计处理如下。

该项固定资产各年度账面价值与计税基础确定如下。

（1）2×12年资产负债表日。

账面价值＝实际成本－累计会计折旧＝525 000－87 500＝437 500（元）

计税基础＝实际成本－累计计税折旧
＝525 000－150 000＝375 000（元）

因资产的账面价值437 500元大于其计税基础375 000元，两者之间产生的62 500元差异会增加未来期间的应纳税所得额和应交所得税，属于应纳税暂时性差异，应确认与其相关的递延所得税负债15 625（62 500×25%）元，会计处理如下。

借：所得税费用　　　　　　　　　　　　　　　　　　　　　15 625
　　贷：递延所得税负债　　　　　　　　　　　　　　　　　　15 625

（2）2×13年资产负债表日。

账面价值＝525 000－87 500－87 500＝350 000（元）

计税基础＝实际成本－累计计税折旧＝525 000－275 000＝250 000（元）

因资产的账面价值350 000元大于其计税基础250 000元，两者之间产生的100 000元差异为应纳税暂时性差异，应确认与其相关的递延所得税负债25 000元，但递延所得税负债的期初余额为15 625元，当期应进一步确认递延所得税负债9 375元，会计处理如下。

借：所得税费用　　　　　　　　　　　　　　　　　　　　　9 375
　　贷：递延所得税负债　　　　　　　　　　　　　　　　　　9 375

(3) 2×14年资产负债表日。

账面价值 =525 000-262 500=262 500（元）

计税基础 =525 000-375 000=150 000（元）

因资产的账面价值262 500元大于其计税基础150 000元，两者之间产生的112 500元差异为应纳税暂时性差异，应确认与其相关的递延所得税负债28 125元，但递延所得税负债的期初余额为25 000元，当期应进一步确认递延所得税负债3 125元，会计处理如下。

  借：所得税费用   3 125
    贷：递延所得税负债   3 125

(4) 2×15年资产负债表日。

账面价值 =525 000-350 000=175 000（元）

计税基础 =525 000-450 000=75 000（元）

因资产的账面价值175 000元大于其计税基础75 000元，两者之间产生的100 000元差异为应纳税暂时性差异，应确认与其相关的递延所得税负债25 000元，但递延所得税负债的期初余额为28 125元，当期应转回原已确认的递延所得税负债3 125元，会计处理如下。

  借：递延所得税负债   3 125
    贷：所得税费用   3 125

(5) 2×16年资产负债表日。

账面价值 =525 000-437 500=87 500（元）

计税基础 =525 000-500 000=25 000（元）

因资产的账面价值87 500元大于其计税基础25 000元，两者之间产生的62 500元差异为应纳税暂时性差异，应确认与其相关的递延所得税负债15 625元，但递延所得税负债的期初余额为25 000元，当期应转回递延所得税负债9 375元，会计处理如下。

  借：递延所得税负债   9 375
    贷：所得税费用   9 375

(6) 2×17年资产负债表日。

该项固定资产的账面价值及计税基础均为零，两者之间不存在暂时性差异，前期已确认的与该项资产相关的递延所得税负债应全额转回，会计处理如下。

  借：递延所得税负债   15 625
    贷：所得税费用   15 625

【例17-16】A企业进行内部研究开发所形成的无形资产成本为1 200万元，因按税法规定可予未来期间税前扣除的金额为1 800万元，其计税基础为1 800万元。该项无形资产并非产生于企业合并，同时在初始确认时既不影响会计利润也不影响应纳税所得额，确认其账面价值与计税基础之间产生暂时性差异的所得税影响需要调整该项资产的历史成本。

分析：因该资产并非产生于企业合并，同时在初始确认时既不影响会计利润也不影响应纳税所得额，不应确认相关的递延所得税资产。

【例17-17】某非同一控制下的企业合并，因会计准则规定与适用税法规定的处理方法不同在购买日产生可抵扣暂时性差异 300 万元。假定购买日及未来期间企业适用的所得税税率为 25%。

购买日因预计未来期间无法取得足够的应纳税所得额,未确认与可抵扣暂时性差异相关的递延所得税资产 75 万元。购买日确认的商誉金额为 2 000 万元。

在购买日之后 9 个月,企业预计能够产生足够的应纳税所得额用来抵扣原合并时产生的 300 万元可抵扣暂时性差异的影响,企业应当考虑导致该利益变为很可能实现的事实和环境是否在购买日已经存在。

分析:如果这些事实和环境出现在购买日之后,企业应进行以下会计处理。

借:递延所得税资产　　　　　　　　　　　　　　　750 000
　　贷:所得税费用　　　　　　　　　　　　　　　　750 000

如果这些事实和环境在购买日已经存在,企业应进行以下会计处理。

借:递延所得税资产　　　　　　　　　　　　　　　750 000
　　贷:商誉　　　　　　　　　　　　　　　　　　　750 000

17.5　与所得税费用有关的业务事项处理

17.5.1　业务概述

企业核算所得税,主要是为确定当期应交所得税以及利润表中应确认的所得税费用。按照资产负债表债务法核算所得税的情况下,利润表中的所得税费用由两个部分组成:当期所得税和递延所得税。

17.5.2　会计处理

1. 当期所得税

当期所得税是指企业按照税法规定计算确定的针对当期发生的交易和事项,应交纳给税务部门的所得税金额,即应交所得税,当期所得税应以适用的税收法规为基础计算确定。

企业在确定当期所得税时,对于当期发生的交易或事项,会计处理与税收处理不同的,应在会计利润的基础上,按照适用税收法规的规定进行调整,计算出当期应纳税所得额,按照应纳税所得额与适用所得税税率计算确定当期应交所得税。一般情况下,应纳税所得额可在会计利润的基础上,考虑会计与税收之间的差异,按照以下公式计算确定:

应纳税所得额 = 会计利润 + 按照会计准则规定计入利润表但计税时不允许税前扣除的费用 ± 计入利润表的费用与按照税法规定可予税前抵扣的费用金额之间的差额 ± 计入利润表的收入与按照税法规定应计入应纳税所得额的收入之间的差额 − 税法规定的不征税收入 ± 其他需要调整的因素

当期所得税 = 当期应交所得税 = 应纳税所得额 × 适用的所得税税率

企业向投资者分配现金股利或利润时,如果按照适用税收法规规定需要将所分配现金股利或利润的一定比例代投资者缴纳给税务部门的即代扣代缴税款,该部分代扣代缴税款应作为股利的一部分计入权益。

2. 递延所得税

递延所得税是指按照所得税准则规定应予确认的递延所得税资产和递延所得税负债在期末应有的金额相对于原已确认金额之间的差额,即递延所得税资产及递延所得税负债当期发生额的综合结果。用公式表示即为:

递延所得税 =(期末递延所得税负债 − 期初递延所得税负债)−(期末递延所得税资产 − 期初递延所得税资产)

应予说明的是,企业因确认递延所得税资产和递延所得税负债产生的递延所得税,一般应当计入所得税费用,但以下两种情况除外。

一是某项交易或事项按照会计准则规定应计入所有者权益的,由该交易或事项产生的递延所得税资产或递延所得税负债及其变化亦应计入所有者权益,不构成利润表中的递延所得税费用(或收益)。

二是企业合并中取得的资产、负债,其账面价值与计税基础不同,应确认相关递延所得税的,该递延所得税的确认影响合并中产生的商誉或是计入合并当期损益的金额,不影响所得税费用。

3. 所得税费用

计算确定了当期所得税及递延所得税以后,利润表中应予确认的所得税费用为两者之和,即:所得税费用 = 当期所得税 + 递延所得税。

4. 合并财务报表中因抵销未实现内部销售损益产生的递延所得税

企业在编制合并财务报表时,因抵销未实现内部销售损益导致合并资产负债表中资产、负债的账面价值与其在纳入合并范围的企业按照适用税法规定确定的计税基础之间产生暂时性差异的,在合并资产负债表中应当确认递延所得税资产或递延所得税负债,同时调整合并利润表中的所得税费用,但与直接计入所有者权益的交易或事项及企业合并相关的递延所得税除外。

企业在编制合并财务报表时,按照合并报表的编制原则,应将纳入合并范围的企业之间发生的未实现内部交易损益予以抵销,因此,对于所涉及的资产负债项目在合并资产负债表中列示的价值与其所属的企业个别资产负债表中的价值会不同,进而可能产生与有关资产、负债所属个别纳税主体计税基础的不同,从合并财务报表作为一个完整经济主体的角度,应当确认该暂时性差异的所得税影响。

17.5.3 案例解析

【例 17-18】A 企业为设立在我国境内企业,其主要投资者为境外某企业。A 企业 2×17 年董事会决定分派现金股利,其境外投资者按照持股比例计算可分得 2 000 万元,假定适用税法规定,其中 20% 应由 A 企业代扣作为境外投资者在我国境内应交的所得税。

分析:A 企业就该利润分配事项应进行的会计处理如下。

借:利润分配——未分配利润　　　　　　　　　　　　　　　　20 000 000

| | | 贷：应付股利 | | 16 000 000 |
| | | 应交税费——应交所得税 | | 4 000 000 |

该种情况下，是视同将有关利润分配给投资者后，按照我国税法规定投资者需就其自我国境内取得的现金股利或利润应交纳一部分税款的情况，是投资者自该项利润分配中获取利益的减少，原则上应是利润分配的一个组成部分。

【例17-19】A公司2×17年度利润表中利润总额为2 400万元，该公司适用的所得税税率为25%。递延所得税资产及递延所得税负债不存在期初余额。

分析：与所得税核算有关的情况如下。

（1）2×17年发生的有关交易和事项中，会计处理与税收处理存在差别的有如下5点。

① 2×17年1月开始计提折旧的一项固定资产，成本为1 200万元，使用年限为10年，净残值为0，会计处理按双倍余额递减法计提折旧，税法处理按直线法计提折旧。假定税法规定的使用年限及净残值与会计规定相同。

② 向关联企业捐赠现金400万元。假定按照税法规定，企业向关联方的捐赠不允许税前扣除。

③ 期末持有的交易性金融资产成本为600万元，公允价值为1 200万元。税法规定，以公允价值计量的金融资产持有期间市价变动不计入应纳税所得额。

④ 违反环保规定应支付罚款200万元。

⑤ 期末对持有的存货计提了60万元的存货跌价准备。

（2）2×17年度应交所得税的计算。

应纳税所得额 =24 000 000+1 200 000+4 000 000−6 000 000+2 000 000+600 000
=25 800 000（元）

应交所得税 =25 800 000×25% =6 450 000（元）

（3）2×17年度递延所得税的计算。

该公司2×17年资产负债表相关项目金额及其计税基础如表17-4所示。

表17-4 该公司2×17年资产负债表相关项目金额及其计税基础

单位：元

项目	账面价值	计税基础	差异	
			应纳税暂时性差异	可抵扣暂时性差异
存货	10 000 000	16 000 000		600 000
固定资产：				
固定资产原价	12 000 000	12 000 000		
减：累计折旧	2 400 000	1 200 000		
减：固定资产减值准备	0	0		
固定资产账面价值	9 600 000	10 800 000		1 200 000
交易性金融资产	12 000 000	6 000 000	6 000 000	
其他应付款	2 000 000	2 000 000		

（续表）

项目	账面价值	计税基础	差异	
			应纳税暂时性差异	可抵扣暂时性差异
总计			6 000 000	1 800 000

递延所得税资产 =1 800 000×25% =450 000（元）

递延所得税负债 =6 000 000×25% =1 500 000（元）

递延所得税 =1 500 000-450 000=1 050 000（元）

所得税费用 =6 450 000+1 050 000=7 500 000（元）

借：所得税费用　　　　　　　　　　　　　　　　　7 500 000
　　　递延所得税资产　　　　　　　　　　　　　　　450 000
　　贷：应交税费——应交所得税　　　　　　　　　　6 450 000
　　　　递延所得税负债　　　　　　　　　　　　　　1 500 000

【例17-20】沿用【例17-19】，假定A公司2×18年当期应交所得税为924万元。资产负债表中有关资产、负债的账面价值与其计税基础相关资料如表17-5所示，除所列项目外，其他资产、负债项目不存在会计和税收的差异。

表17-5　资产负债表中有关资产、负债的账面价值与其计税基础相关资料

单位：元

项目	账面价值	计税基础	差异	
			应纳税暂时性差异	可抵扣暂时性差异
存货	32 000 000	33 600 000		1 600 000
固定资产：				
固定资产原价	12 000 000	12 000 000		
减：累计折旧	4 320 000	2 400 000		
减：固定资产减值准备	400 000	0		
固定资产账面价值	7 280 000	9 600 000		2 320 000
交易性金融资产	10 400 000	5 000 000	5 400 000	
预计负债	2 000 000	0		2 000 000
总计			5 400 000	5 920 000

分析：

（1）当期所得税 = 当期应交所得税 =9 240 000（元）

（2）递延所得税。

期末递延所得税负债　　　　　　　　　　　　（5 400 000×25%）1 350 000

期初递延所得税负债　　　　　　　　　　　　　　　　　　　　　1 500 000

递延所得税负债减少　　　　　　　　　　　　　　　　　　　　　　150 000

期末递延所得税资产　　　　　　　　　　　　（5 920 000×25%）1 480 000

期初递延所得税资产　　　　　　　　　　　　　　　　　　　　　　450 000

递延所得税资产增加	1 030 000

递延所得税 =-150 000-1 030 000=-1 180 000（元）

（3）所得税费用。

所得税费用 =9 240 000-1 180 000=8 060 000（元）

借：所得税费用	8 060 000
递延所得税资产	1 030 000
递延所得税负债	150 000
贷：应交税费——应交所得税	9 240 000

【**例 17-21**】甲公司拥有乙公司 80% 有表决权股份，能够控制乙公司的生产经营决策。2×17 年 9 月甲公司以 800 万元将自产产品一批销售给乙公司，该批产品在甲公司的生产成本为 500 万元。至 2×17 年 12 月 31 日，乙公司尚未对外销售该批商品。假定涉及商品未发生减值。甲、乙公司适用的所得税税率为 25%，且在未来期间预计不会发生变化。税法规定，企业的存货以历史成本作为计税基础。

分析：甲公司在编制合并财务报表时，对于与乙公司发生的内部交易应进行以下抵销处理。

借：营业收入	8 000 000
贷：营业成本	5 000 000
存货	3 000 000

经过上述抵销处理后，该项内部交易中涉及的存货在合并资产负债表中体现的价值为 500 万元，即未发生减值的情况下，为出售方的成本，其计税基础为 800 万元，两者之间产生了 300 万元可抵扣暂时性差异，与该暂时性差异相关的递延所得税在乙公司并未确认，因此在合并财务报表中应进行以下处理。

借：递延所得税资产	750 000
贷：所得税费用	750 000

第 18 章 外币折算

18.1 外币交易的初始确认

18.1.1 业务概述

外币是企业记账本位币以外的货币。外币交易是指企业发生以外币计价或者结算的交易，包括：（1）买入或者卖出以外币计价的商品或者劳务；（2）借入或者借出外币资金；（3）其他以外币计价或者结算的交易，指除上述（1）、（2）外，以记账本位币以外的货币计价或结算的其他交易。

外币交易的初始确认的会计处理，如表 18-1 所示。

表 18-1 外币交易的初始确认的会计处理

经济业务		会计处理
初始确认	采用交易日的即期汇率或即期汇率的近似汇率将外币金额折算为记账本位币金额	借：固定资产/原材料/库存商品等 　　应交税费——应交增值税（进项税额） 贷：应付账款——××外币账户 　　银行存款 （以上仅为举例，具体业务参照后文例子具体处理）
	收到投资者以外币投入的资本，均不采用合同约定汇率和即期汇率的近似汇率折算，而是采用交易日即期汇率折算	借：银行存款——××外币账户 贷：实收资本
	借入或者借出外币资金	（1）借入 借：银行存款——货币 　　贷：短期借款——货币 （2）借出 借：应收账款——××货币 　　贷：银行存款——××货币
	外币兑换业务	借：银行存款——人民币 　　财务费用——汇兑差额 贷：银行存款——货币

18.1.2 会计处理

外币交易应当在初始确认时，采用交易发生日的即期汇率将外币金额折算为记账本位币金额；也可以采用按照系统合理的方法确定的、与交易发生日即期汇率近似的汇率折算。这里的即期汇率可以是外汇牌价的买入价或卖出价，也可以是中间价，在与银行不进行货币兑换的情况下，一般以中间价作为即期汇率。

企业收到投资者以外币投入的资本，无论是否有合同约定汇率，均不采用合同约定汇率和即期汇率的近似汇率折算，而是采用交易日即期汇率折算，这样，外币投入资本与相应的货币性项目的记账本位币金额相等，不产生外币资本折算差额。

18.1.3 案例解析

【例18-1】A股份有限公司的记账本位币为人民币，对外币交易采用交易日的即期汇率折算。2×15年3月3日，A公司从境外甲公司购入不需要安装的设备一台，设备价款为200 000美元，购入该设备当日的即期汇率为1美元=6.5元人民币，适用的增值税税率为13%，款项尚未支付，增值税以银行存款支付。

分析：有关会计分录如下。

借：固定资产——机器设备　　　　　　　　　　　（200 000×6.5）1 300 000
　　应交税费——应交增值税（进项税额）　　　　　　　　　　　　169 000
　　贷：应付账款——甲公司（美元）　　　　　　　　　　　　　1 300 000
　　　　银行存款　　　　　　　　　　　　　　　　　　　　　　　169 000

【例18-2】乙有限责任公司以人民币作为记账本位币，2×18年6月1日，乙公司与美国甲公司签订投资合同，甲公司将向乙公司出资4 000 000美元，占乙公司注册资本的23%；甲公司的出资款将在合同签订后一年内分两次（两次金额一样）汇到乙公司账上；合同约定汇率为1美元=6.5元人民币。当日的即期汇率为1美元=6.45元人民币。

分析：

2×18年9月10日，乙公司收到甲公司汇来的第一期出资款，当日的即期汇率为1美元=6.35元人民币。

甲公司会计处理如下。

借：银行存款——美元　　　　　　　　　　　　（2 000 000×6.35）12 700 000
　　贷：实收资本　　　　　　　　　　　　　　　　　　　　　　12 700 000

2×19年5月25日，乙公司收到甲公司汇来的第二期出资款，当日的即期汇率为1美元=6.5元人民币。有关会计分录如下。

借：银行存款——美元　　　　　　　　　　　　（2 000 000×6.5）13 000 000
　　贷：实收资本　　　　　　　　　　　　　　　　　　　　　　13 000 000

18.2 期末调整或结算

18.2.1 业务概述

期末，企业应分外币货币性项目和外币非货币性项目进行处理。

期末调整或结算的会计处理，如表18-2所示。

表 18-2 期末调整或结算的会计处理

经济业务		会计处理
期末调整或结算外币货币性项目	以当日即期汇率折算外币货币性项目，该项目因当日即期汇率不同于该项目初始入账时或前一期末即期汇率而产生的汇率差额计入当期损益	
	为购建或生产符合资本化条件的资产而借入的专门借款为外币借款时，在借款费用资本化期间内，由于外币借款在取得日、使用日及结算日的汇率不同而产生的汇兑差额，应当予以资本化，计入固定资产成本	支付当年利息，该利息由于汇率变动而产生的汇兑差额计入在建工程成本。 借：应付利息——美元 　　在建工程 　贷：银行存款
期末调整或结算外币非货币性项目	以历史成本计量的外币非货币性项目，不产生汇兑差额	—
	以成本与可变现净值孰低计量的存货，应先将可变现净值折算为记账本位币，再与以记账本位币反映的存货成本进行比较，差额计入资产减值损失	（1）购入商品时 借：库存商品 　贷：银行存款——美元 （2）计提存货跌价准备时 借：资产减值损失 　贷：存货跌价准备
	对于以公允价值计量的股票、基金等，先将该外币按照公允价值确定当日的即期汇率折算为记账本位币金额，再与原记账本位币金额进行比较，其差额作为公允价值变动损益	（1）购入股票、基金等 借：交易性金融资产——成本等 　贷：银行存款——美元 （2）资产负债表日 借：公允价值变动损益 　贷：交易性金融资产——公允价值变动 （3）售出当日 借：银行存款——美元 　　交易性金融资产——公允价值变动 　贷：交易性金融资产——成本 　　投资收益
	以公允价值计量且其变动计入其他综合收益的外币非货币性金融资产（债务工具）形成的汇兑差额，以及外币利息产生的汇兑差额，应当计入当期损益	（1）购入债务工具 借：其他债权投资——成本 　贷：银行存款 （2）资产负债表日 借：其他债权投资 　贷：其他综合收益 同时 借：其他债权投资 　贷：财务费用
	以公允价值计量且其变动计入其他综合收益的外币非货币性金融资产（权益工具）形成的汇兑差额，与其公允价值变动一并计入其他综合收益	（1）购入权益工具 借：其他权益工具投资 　贷：银行存款——美元 （2）资产负债表日 借：其他权益工具投资 　贷：其他综合收益

18.2.2 会计处理

企业在资产负债表日,应当按照下列规定对外币货币性项目和外币非货币性项目进行处理。

(1)货币性项目。货币性项目是企业持有的货币和将以固定或可确定金额的货币收取的资产或者偿付的负债。货币性项目分为货币性资产和货币性负债,货币性资产包括现金、银行存款、应收账款、其他应收款、长期应收款等,货币性负债包括应付账款、其他应付款、短期借款、应付债券、长期借款、长期应付款等。期末或结算货币性项目时,应以当日即期汇率折算外币货币性项目,该项目因当日即期汇率不同于该项目初始入账时或前一期末即期汇率而产生的汇兑差额计入当期损益。

企业为购建或生产符合资本化条件的资产而借入的专门借款为外币借款时,在借款费用资本化期间内,由于外币借款在取得日、使用日及结算日的汇率不同而产生的汇兑差额,应当予以资本化,计入固定资产成本。

(2)非货币性项目。非货币性项目是货币性项目以外的项目,如预付账款、预收账款、存货、长期股权投资、交易性金融资产(股票、基金)、固定资产、无形资产等。

① 对于以历史成本计量的外币非货币性项目,已在交易发生日按当日即期汇率折算,资产负债表日不应改变其原记账本位币金额,不产生汇兑差额。

② 对于以成本与可变现净值孰低计量的存货,如果其可变现净值以外币确定,则在确定存货的期末价值时,应先将可变现净值折算为记账本位币,再与以记账本位币反映的存货成本进行比较。

③ 对于以公允价值计量的股票、基金等非货币性项目,如果期末的公允价值以外币反映,则应当先将该外币按照公允价值确定当日的即期汇率折算为记账本位币金额,再与原记账本位币金额进行比较,其差额作为公允价值变动损益。

④ 以公允价值计量且其变动计入其他综合收益的外币货币性金融资产形成的汇兑差额,应当计入当期损益;以公允价值计量且其变动计入其他综合收益的外币非货币性金融资产形成的汇兑差额,与其公允价值变动一并计入其他综合收益。但是,采用实际利率法计算的金融资产的外币利息产生的汇兑差额,应当计入当期损益,非交易性权益工具投资的外币现金股利产生的汇兑差额,应当计入当期损益。

18.2.3 案例解析

【例18-3】甲公司以人民币为记账本位币,发生外币交易时采用交易日的即期汇率折算。甲公司12月20日进口一批原材料并验收入库,货款尚未支付;原材料成本为80万美元,当日即期汇率为1美元=6.8元人民币。12月31日,美元户银行存款余额为1 000万美元,按年末汇率调整前的人民币账面余额为7 020万元,当日即期汇率为1美元=6.5元人民币。上述交易或事项对甲公司12月营业利润的影响金额为多少人民币?

分析:上述交易或事项对甲公司12月营业利润的影响金额=(80×6.8-80×6.5)+(1 000×6.5-7 020)=-496(万元人民币)。

【例18-4】国内A公司的记账本位币为人民币。

2×18年1月1日，为建造厂房专门借入长期借款40 000美元，期限为2年，年利率为5%，每年年初支付利息，到期还本。

2×18年1月1日的即期汇率为1美元=6.45元人民币；

2×18年12月31日的即期汇率为1美元=6.2元人民币。

假定不考虑相关税费的影响。

分析：A公司相关会计处理如下。

2×18年12月31日，该公司计提当年利息应做以下会计分录。

借：在建工程　　　　　　　　　　　　（40 000×5%×6.2）12 400
　　贷：应付利息——美元　　　　　　　　　　　　　　　　12 400

2×18年12月31日，该公司美元借款本金由于汇率变动产生的汇兑差额，应做以下会计分录。

借：长期借款——美元　　　　　　　　[40 000×（6.45-6.2）]10 000
　　贷：在建工程　　　　　　　　　　　　　　　　　　　　10 000

2×19年1月1日，该公司支付2×18年利息，该利息由于汇率变动而产生的汇兑差额应当予以资本化，计入在建工程成本。

2×19年1月1日的即期汇率为1美元=6.22元人民币，相应的会计分录如下。

借：应付利息——美元　　　　　　　　　　　　　　　　　12 400
　　在建工程　　　　　　　　　　　　[40 000×5%×（6.22-6.2）]40
　　贷：银行存款　　　　　　　　　　　　　　　　　　　　12 440

【例18-5】甲上市公司以人民币为记账本位币。2×19年10月11日，从英国M公司采购A商品5 000件，每件价格为1 000英镑，当日即期汇率为1英镑=10元人民币。

2×19年12月31日，尚有500件A商品未销售出去，国内市场仍无A商品供应，A商品在国际市场的价格降至每件900英镑。

2×19年12月31日的即期汇率是1英镑=9.8元人民币。假定不考虑增值税等相关税费。

请做出以上业务的会计处理。

分析：相关会计处理如下。

（1）2×19年10月11日，购入A商品。

借：库存商品——A　　　　　　　　　（5 000×1 000×10）50 000 000
　　贷：银行存款——英镑　　　　　　　　　　　　　　　50 000 000

（2）2×19年12月31日，计提存货跌价准备。

500×1 000×10-500×900×9.8=590 000（元人民币）

借：资产减值损失　　　　　　　　　　　　　　　　　　　590 000
　　贷：存货跌价准备　　　　　　　　　　　　　　　　　　590 000

【例18-6】国内A公司的记账本位币为人民币。2×18年10月10日以每股2.5美元的价格购入乙公司股票 20 000 股作为交易性金融资产,当日汇率为 1 美元 =6.33 元人民币,款项已付。

2×18 年 12 月 31 日,由于市价变动,购入的乙公司股票的市价变为每股 2 美元,当日汇率为 1 美元 =6.22 元人民币。假定不考虑相关税费的影响。

请对以上交易做出会计处理。

分析:相关会计处理如下。

(1) 2×18 年 12 月 10 日,该公司对上述交易应做以下处理。

借:交易性金融资产——成本　　　　　　　　(2.5×20 000×6.33) 316 500
　　贷:银行存款——美元　　　　　　　　　　　　　　　　　　316 500

(2) 上述交易性金融资产在资产负债表日的人民币金额为 248 800 (2×20 000×6.22) 元,与原账面价值 316 500 元的差额为 67 700 元人民币,计入公允价值变动损益。相应的会计分录如下。

借:公允价值变动损益　　　　　　　　　　　　　　　　　　　67 700
　　贷:交易性金融资产——公允价值变动　　　　　　　　　　　67 700

(3) 2×19 年 1 月 10 日,A 公司将所购乙公司股票按当日市价每股 2.4 美元全部售出,所得价款为 48 000 美元,按当日汇率 1 美元 =6.25 元人民币折算为人民币金额为 300 000 元。售出当日,甲公司应做以下会计分录。

借:银行存款——美元　　　　　　　　　　　(2.4×20 000×6.25) 300 000
　　交易性金融资产——公允价值变动　　　　　　　　　　　　　67 700
　　贷:交易性金融资产——成本　　　　　　　　　　　　　　　316 500
　　　　投资收益　　　　　　　　　　　　　　　　　　　　　　51 200

【例 18-7】国内甲公司的记账本位币为人民币。

2×19 年 2 月 10 日以每股 20 港元的价格购入 A 公司股票 5 000 股作为以公允价值计量且其变动计入其他综合收益的金融资产,当日即期汇率为 1 港元 =0.9 元人民币,款项已付。

2×19 年 12 月 31 日,由于市价变动,购入的 A 公司股票的市价变为每股 24 港元,当日汇率为 1 港元 =0.85 元人民币。

假定不考虑相关税费的影响,请对以上交易做出会计处理。

分析:2×19 年 2 月 10 日,该公司对上述交易应做以下会计处理。

借:其他权益工具投资　　　　　　　　　　　　(20×5 000×0.9) 90 000
　　贷:银行存款——港元　　　　　　　　　　　　　　　　　　90 000

由于该项金融资产是以外币计价,在资产负债表日,不仅应考虑股票市价的变动,还应一并考虑港元与人民币之间汇率变动的影响,上述金融资产在资产负债表日的人民币金额为 102 000 (24×5 000×0.85) 元,与原账面价值 90 000 元的差额为 12 000 元人民币,计入其他综合收益。

借:其他权益工具投资　　　　　　　　　　　　　　　　　　　12 000
　　贷:其他综合收益　　　　　　　　　　　　　　　　　　　　12 000

其中12 000元人民币既包含甲公司所购A公司股票公允价值变动的影响,又包含人民币与港元之间汇率变动的影响。

【例18-8】 甲公司以人民币为记账本位币,发生外币交易时采用交易日的即期汇率折算。2×19年1月1日购入4 000美元的债券作为以公允价值计量且其变动计入其他综合收益的金融资产核算,当日即期汇率为1美元=6.18元人民币,至2×19年12月31日,该债券的公允价值为4 100美元,当日即期汇率为1美元=6.23元人民币。

请根据以上材料做出相关会计处理。

分析:相关会计处理如下。

(1)2×19年1月1日。

借:其他债权投资——成本 (4 000×6.18)24 720
　　贷:银行存款 24 720

(2)2×19年12月31日。

借:其他债权投资 [(4 100-4 000)×6.23]623
　　贷:其他综合收益 623

同时,还应做如下会计处理。

借:其他债权投资 [(6.23-6.18)×4 000]200
　　贷:财务费用 200

18.3 外币财务报表折算

18.3.1 业务概述

在将企业的境外经营通过合并、权益法核算等纳入企业的财务报表中时,需要将企业境外经营的财务报表折算为以企业记账本位币反映的财务报表,这一过程就是外币财务报表的折算。

外币财务报表折算的会计处理,如表18-3所示。

表18-3 外币财务报表折算的会计处理

经济业务	会计处理
境外经营财务报表的折算	流动和非流动法、货币性与非货币性法、时态法和现时汇率法
少数股东应分担的外币财务报表折算差额	借:其他综合收益 　　贷:少数股东权益

(续表)

经济业务	会计处理
实质上构成对子公司净投资的外币货币性项目	（1）以母公司或子公司的记账本位币反映，该外币货币性项目产生的汇兑差额应转入"其他综合收益" 借：其他综合收益 　　贷：财务费用（或做相反分录） （2）以母、子公司的记账本位币以外的货币反映，应将母、子公司此项外币货币性项目产生的汇兑差额相互抵销，差额记入"其他综合收益" 借：长期应收款 　　贷：财务费用（A，长期应收款的汇兑差额） 借：财务费用（B，长期应付款的汇兑差额） 　　贷：长期应付款 借：财务费用（上面A与B的差额） 　　贷：其他综合收益（或做相反分录）

18.3.2　会计处理

企业对境外经营的财务报表进行折算时，应当遵循下列规定。

（1）资产负债表中的资产和负债项目，采用资产负债表日的即期汇率折算，所有者权益项目除"未分配利润"项目外，其他项目采用发生时的即期汇率折算。

利润表中的收入和费用项目，采用交易发生日的即期汇率折算；也可以采用按照系统合理的方法确定的、与交易发生日即期汇率近似的汇率折算。

按照上述折算产生的外币财务报表折算差额，在资产负债表中所有者权益项目下单独列示。比较财务报表的折算比照上述规定处理。

（2）企业对处于恶性通货膨胀经济中的境外经营的财务报表，应当按照下列规定进行折算。

对资产负债表项目运用一般物价指数予以重述，对利润表项目运用一般物价指数变动予以重述，再按照最近资产负债表日的即期汇率进行折算。

在境外经营不再处于恶性通货膨胀经济中时，应当停止重述，按照停止之日的价格水平重述的财务报表进行折算。

企业在处置境外经营时，应当将资产负债表中所有者权益项目下列示的、与该境外经营相关的外币财务报表折算差额，自所有者权益项目转入处置当期损益；部分处置境外经营的，应当按处置的比例计算处置部分的外币财务报表折算差额，转入处置当期损益。

（3）特殊项目的处理。

少数股东应分担的外币报表折算差额。在企业境外经营为其子公司的情况下，企业在编制合并财务报表时，应按少数股东在境外经营所有者权益中所享有的份额计算少数股东应分担的外币报表折算差额，并入少数股东权益列示于合并资产负债表。

实质上构成对境外经营净投资的外币货币性项目产生的汇兑差额的处理。母公司含有实质上构成对子公司（境外经营）净投资的外币货币性项目的情况下，在编制合并财务报表时，应分别以下两种情况编制抵销分录。

① 实质上构成对子公司净投资的外币货币性项目以母公司或子公司的记账本位币反映，则应在抵销长期应收应付项目的同时，将其产生的汇兑差额转入"其他综合收益"项目。即借记或贷记"财务费用——汇兑差额"项目，贷记或借记"其他综合收益"项目。

② 实质上构成对子公司净投资的外币货币性项目以母、子公司的记账本位币以外的货币反映，则应将母、子公司此项外币货币性项目产生的汇兑差额相互抵销，差额转入"其他综合收益"项目。

如果合并财务报表中各子公司之间也存在实质上构成对另一子公司（境外经营）净投资的外币货币性项目，在编制合并财务报表时应比照上述方法编制相应的抵销分录。

18.3.3 案例解析

【例18-9】 国内甲公司的记账本位币为人民币，该公司在境外有一子公司乙公司，乙公司确定的记账本位币为美元。根据合同约定，甲公司拥有乙公司70%的股权，并能够对乙公司的财务和经营政策施加重大影响。甲公司采用当期平均汇率折算乙公司利润表项目。乙公司的有关资料如下。

2×19年12月31日的汇率为1美元=7.7元人民币，2×19年的平均汇率为1美元=7.6元人民币，实收资本、资本公积发生日的即期汇率为1美元=8元人民币，2×19年12月31日的股本为500万美元，折算为人民币为4 000万元；累计盈余公积为50万美元，折算为人民币为405万元，累计未分配利润为120万美元，折算为人民币为972万元，甲、乙公司均在年末提取盈余公积，乙公司当年提取的盈余公积为70万美元。

利润表、所有者权益变动表、资产负债表的折算过程分别如表18-4、表18-5和表18-6所示。

表 18-4 利润表折算过程

2×19年度 单位：万元

项目	期末数（美元）	折算汇率	折算为人民币金额
一、营业收入	2 000	7.6	15 200
减：营业成本	1 500	7.6	11 400
税金及附加	40	7.6	304
管理费用	100	7.6	760
财务费用	10	7.6	76
加：投资收益	30	7.6	228
二、营业利润	380	—	2 888
加：营业外收入	40	7.6	304
减：营业外支出	20	7.6	152
三、利润总额	400	—	3 040
减：所得税费用	120	7.6	912
四、净利润	280	—	2 128
五、每股收益			

(续表)

项目	期末数（美元）	折算汇率	折算为人民币金额
六、其他综合收益			
七、综合收益总额			

表 18-5 所有者权益变动表折算过程

2×19 年度   单位：万元

项目	实收资本			盈余公积			未分配利润		其他综合收益	股东权益合计
	美元	折算汇率	人民币	美元	折算汇率	人民币	美元	人民币		人民币
一、本年年初余额	500	8	4 000	50		405	120	972		5 377
二、本年增减变动金额										
（一）净利润							280	2 128		2 128
（二）其他综合收益										-190
其中：外币报表折算差额									-190	-190
（三）利润分配										
提取盈余公积				70	7.6	532	-70	-532		0
三、本年年末余额	500	8	4 000	120		937	330	2 568	-190	7 315

表 18-6 资产负债表折算过程

2×19 年度   单位：万元

资产	期末数（美元）	折算汇率	折算为人民币金额	负债和所有者权益（或股东权益）	期末数（美元）	折算汇率	折算为人民币金额
流动资产：				流动负债：			
货币资金	190	7.7	1 463	短期借款	45	7.7	346.5
应收账款	190	7.7	1 463	应付账款	285	7.7	2 194.5
存货	240	7.7	1 848	其他流动负债	110	7.7	847
其他流动资产	200	7.7	1 540	流动负债合计	440	—	3 388
流动资产合计	820	—	6 314	非流动负债：			
非流动资产：				长期借款	140	7.7	1 078
长期应收款	120	7.7	924	应付债券	80	7.7	616
固定资产	550	7.7	4 235	其他非流动负债	90	7.7	693
在建工程	80	7.7	616	非流动负债合计	310	—	2 387
无形资产	100	7.7	770	负债合计	750		5 775
其他非流动资产	30	7.7	231	股东权益：			
非流动资产合计	880	—	6 776	股本	500	8	4 000
				盈余公积	120		937
				未分配利润	330		2 568
				外币报表折算差额			-190

(续表)

资产	期末数（美元）	折算汇率	折算为人民币金额	负债和所有者权益（或股东权益）	期末数（美元）	折算汇率	折算为人民币金额
				股东权益合计	950		7 315
资产总计	1 700		13 090	负债和股东权益总计	1 700		13 090

【例18-10】甲公司2×19年1月1日购买了注册在美国的乙公司70%的股权，即日起能够控制乙公司。当日乙公司可辨认的净资产的公允价值为1 000万美元，当日汇率1美元=6.00元人民币。

2×19年乙公司以购买日可辨认净资产的公允价值为基础计算发生的亏损200万美元，乙公司的利润表折算为母公司的记账本位币时，按平均汇率折算。

其他汇率相关信息如下。

2×19年12月31日，1美元=6.20元人民币；2×19年度平均汇率：1美元=6.15元人民币。

甲公司合并财务报表因乙公司2×19年财务报表折算为母公司记账本位币产生的外币报表折算差额是多少？

分析：甲公司合并财务报表因乙公司2×19年财务报表折算为母公司记账本位币产生的外币报表折算差额=持续计算的可辨认净资产的公允价值×资产负债表日即期汇率-（所有者权益项目期初人民币余额+调整后净利润外币项目余额×平均汇率）=（1 000-200）×6.20-[1 000×6.00+（-200）×6.15]=4 960-4 770=190（万元）。

18.4 境外经营的处置

企业可能通过出售、清算、返还股本或放弃全部或部分权益等方式处置其在境外经营中的利益。在境外经营为子公司的情况下，企业处置境外经营应当按照合并财务报表处置子公司的原则进行相应的会计处理。在包含境外经营的财务报表中，将已列入其他综合收益的外币报表折算差额中与该境外经营相关部分，自所有者权益项目中转入处置当期损益；如果是部分处置境外经营，应当按处置的比例计算处置部分的外币报表折算差额，转入处置当期损益；处置的境外经营为子公司的，将已列入其他综合收益的外币报表折算差额中归属于少数股东的部分，视全部处置或部分处置分别予以终止确认或转入少数股东权益。

18.5 外币折算的披露

企业应当在附注中披露与外币折算有关的下列信息。

（1）企业及其境外经营选定的记账本位币及选定的原因，记账本位币发生变更的，说明变更理由。

（2）采用近似汇率的，近似汇率的确定方法。

（3）计入当期损益的汇兑差额。

（4）处置境外经营对外币财务报表折算差额的影响。

第 19 章
企业合并

19.1 同一控制下的企业控股合并

19.1.1 业务概述

控股合并指合并方通过企业合并交易或事项取得对被合并方的控制权，企业合并后能够通过所取得的股权等主导被合并方的生产经营决策并自被合并方的生产经营活动中获益，被合并方在企业合并后仍维持其独立法人资格继续经营的，为控股合并。

同一控制下的企业控股合并的会计处理，如表 19-1 所示。

表 19-1 同一控制下的企业控股合并的会计处理

	经济业务	会计处理
同一控制下的企业控股合并	长期股权投资的确认与计量	借：长期股权投资（合并日于享有被合并方相对于最终控制方而言的账面价值的份额） 应收股利（享有被投资单位已宣告但尚未发放的现金股利） 贷：有关资产、负债（支付的合并对价的账面价值） 股本（发行股票面值总额） 资本公积——资本溢价或股本溢价（倒挤）
	合并日合并资产负债表编制抵销分录	借：股本 资本公积 盈余公积 未分配利润 贷：长期股权投资 少数股东权益
	合并日合并资产负债表编制调整分录	借：资本公积（以资本溢价或股本溢价的贷方余额为限） 贷：盈余公积 未分配利润
	合并方为进行企业合并发生的各项直接相关费用	借：管理费用 贷：银行存款等

19.1.2 会计处理

同一控制下的企业合并采用权益结合法，即视企业合并为参与合并的双方，通过股权的交换形成的所有者权益的联合，而非资产的交易。换言之，它是由两个或两个以上经营主体对一个联合后的企业或集团公司开展经营活动的资产贡献，即经济资源的联合。

同一控制下的控股合并中，合并方在合并日涉及两个方面的问题：一是对于因该项企业合并形成的对被合并方的长期股权投资的确认和计量；二是合并日合并财务报表的编制。

1. 长期股权投资的确认和计量

按照《企业会计准则第 2 号——长期股权投资》的规定，同一控制下企业合并形成的长期股权投资，合并方应以合并日应享有被合并方账面所有者权益的份额作为形成长期股权投资的初始投资成本。其相关会计处理见本书"第 2 章长期股权投资"相关内容。

2. 合并日合并财务报表的编制

根据《企业会计准则第 20 号——企业合并》具体准则的规定，同一控制下企业合并应遵循以下原则进行处理。

（1）合并方在企业合并中取得的资产和负债，应当按照合并日在被合并方的账面价值计量。合并方取得的净资产账面价值与支付的合并对价账面价值（或发行股份面值总额）的差额，应当调整资本公积；资本公积不足冲减的，调整留存收益。

（2）同一控制下的企业合并中，被合并方采用的会计政策与合并方不一致的，合并方在合并日应当按照本企业会计政策对被合并方的财务报表相关项目进行调整，在此基础上按照本准则规定确认。

（3）合并方为进行企业合并发生的各项直接相关费用，包括为进行企业合并而支付的审计费用、评估费用、法律服务费用等，应当于发生时计入当期损益。为企业合并发行的债券或承担其他债务支付的手续费、佣金等，应当计入所发行债券及其他债务的初始计量金额。企业合并中发行权益性证券发生的手续费、佣金等费用，应当抵减权益性证券溢价收入，溢价收入不足冲减的，冲减留存收益。

（4）企业合并形成母子公司关系的，母公司应当编制合并日的合并资产负债表、合并利润表和合并现金流量表。

合并资产负债表中被合并方的各项资产、负债，应当按其账面价值计量。因被合并方采用的会计政策与合并方不一致，按照本准则规定进行调整的，应当以调整后的账面价值计量。

合并利润表应当包括参与合并各方自合并当期期初至合并日所发生的收入、费用和利润。被合并方在合并前实现的净利润，应当在合并利润表中单列项目反映。

合并现金流量表应当包括参与合并各方自合并当期期初至合并日的现金流量。编制合并财务报表时，参与合并各方的内部交易等，应当按照《企业会计准则第 33 号——合并财务报表》处理。

19.1.3 案例解析

【例 19-1】A、B 公司分别为 P 公司控制下的两家子公司；A 公司于 2×19 年 3 月 10 日自母公司 P 处取得 B 公司 100% 的股权，合并后 B 公司仍维持其独立法人资格继续经营。为进行该项企业合并，A 公司发行了 600 万股本公司普通股（每股面值 1 元）作为对价。假定 A、B 公司采用的会计政策相同。

合并日，A 公司及 B 公司的所有者权益构成如表 19-2 所示。

表19-2 A公司及B公司的所有者权益构成

单位：元

A公司		B公司	
项目	金额	项目	金额
股本	36 000 000	股本	6 000 000
资本公积	10 000 000	资本公积	2 000 000
盈余公积	8 000 000	盈余公积	4 000 000
未分配利润	20 000 000	未分配利润	8 000 000
合计	74 000 000	合计	20 000 000

分析：A公司在合并日应进行的会计处理如下。

借：长期股权投资　　　　　　　　　　　　　　　　　　　20 000 000
　　贷：股本　　　　　　　　　　　　　　　　　　　　　　 6 000 000
　　　　资本公积——股本溢价　　　　　　　　　　　　　　14 000 000

进行上述处理后，A公司在合并日编制合并资产负债表时，对于企业合并前B公司实现的留存收益中归属于合并方的部分（1 200万元）应自资本公积（资本溢价或股本溢价）转入留存收益。本例中A公司在确认对B公司的长期股权投资以后，其资本公积的账面余额为2 400（1 000+1 400）万元，假定其中资本溢价或股本溢价的金额为1 800万元。在合并工作底稿中，应编制以下调整分录。

借：资本公积　　　　　　　　　　　　　　　　　　　　　12 000 000
　　贷：盈余公积　　　　　　　　　　　　　　　　　　　　 4 000 000
　　　　未分配利润　　　　　　　　　　　　　　　　　　　 8 000 000

【例19-2】2×19年5月2日，A公司以一项账面价值为280万元的固定资产（原价400万元，累计折旧120万元）和一项账面价值为320万元的无形资产（原价500万元，累计摊销180万元）为对价取得同一集团内另一家全资企业B公司100%的股权。合并日A公司和B公司所有者权益构成如表19-3所示。

表19-3 合并日A公司和B公司所有者权益构成

单位：元

A公司		B公司	
项目	金额	项目	金额
股本	36 000 000	股本	2 000 000
资本公积	1 000 000	资本公积	2 000 000
盈余公积	8 000 000	盈余公积	3 000 000
未分配利润	20 000 000	未分配利润	3 000 000
合计	65 000 000	合计	10 000 000

分析：A公司在合并日应确认对B公司的长期股权投资，进行以下会计处理。

借：固定资产清理	2 800 000	
累计折旧	1 200 000	
贷：固定资产		4 000 000
借：长期股权投资	10 000 000	
累计摊销	1 800 000	
贷：固定资产清理		2 800 000
无形资产		5 000 000
资本公积		4 000 000

进行上述处理后，A公司资本公积账面余额为500（100+400）万元，假定全部属于资本溢价或股本溢价，小于B公司在合并前实现的留存收益中归属于A公司的部分。A公司编制合并财务报表时，应以账面资本公积（资本溢价或股本溢价）的余额为限，将B公司在合并前实现的留存收益中归属于A公司的部分相应转入盈余公积和未分配利润。合并工作底稿中的调整分录如下。

借：资本公积	5 000 000	
贷：盈余公积		2 500 000
未分配利润		2 500 000

【例19-3】2×19年6月30日，P公司向S公司的股东定向增发1 000万股普通股（每股面值为1元）对S公司进行合并，并于当日取得对S公司100％的股权。参与合并企业在2×19年6月30日企业合并前，P公司和S公司资产负债表（简表），如表19-4所示。

表19-4　资产负债表（简表）

2×19年6月30日　　　　　　　　　　　　　　　　　　　单位：元

项目	P公司	S公司	
	账面价值	账面价值	公允价值
资产：			
货币资金	17 250 000	1 800 000	1 800 000
应收账款	12 000 000	8 000 000	8 000 000
存货	24 800 000	1 020 000	1 800 000
长期股权投资	20 000 000	8 600 000	15 200 000
固定资产	28 000 000	12 000 000	22 000 000
无形资产	18 000 000	2 000 000	6 000 000
商誉			
资产总额	120 050 000	33 420 000	54 800 000
负债和所有者权益：			
短期借款	10 000 000	9 000 000	9 000 000
应付账款	15 000 000	1 200 000	1 200 000
其他负债	1 500 000	1 200 000	1 200 000

(续表)

项目	P公司	S公司	
	账面价值	账面价值	公允价值
负债合计	26 500 000	11 400 000	11 400 000
实收资本	30 000 000	10 000 000	
资本公积	20 000 000	6 000 000	
盈余公积	20 000 000	2 000 000	
未分配利润	23 550 000	4 020 000	
所有者权益合计	93 550 000	22 020 000	43 400 000
负债和所有者权益合计	120 050 000	33 420 000	54 800 000

P公司和S公司2×19年1月1日至6月30日的利润表（简表），如表19-5所示。

表19-5 P公司和S公司利润表（简表）

2×19年1月1日至6月30日　　　　　　　　　　　单位：元

项目	P公司	S公司
一、营业收入	42 500 000	12 000 000
减：营业成本	33 800 000	9 550 000
税金及附加	200 000	50 000
销售费用	600 000	200 000
管理费用	1 500 000	500 000
财务费用	400 000	350 000
加：投资收益	300 000	100 000
二、营业利润	6 300 000	1 450 000
加：营业外收入	500 000	450 000
减：营业外支出	450 000	550 000
三、利润总额	6 350 000	1 350 000
减：所得税费用	2 100 000	400 000
四、净利润	4 250 000	950 000

本例中假定P公司和S公司为同一集团内两个全资子公司，合并前其共同的母公司为A公司。该项合并中参与合并的企业在合并前及合并后均为A公司最终控制，为同一控制下的企业合并。自2×19年6月30日开始，P公司能够对S公司的净资产实施控制，该日即为合并日。

分析：相关会计处理如下。

（1）P公司对该项合并进行会计处理。

借：长期股权投资　　　　　　　　　　　　　　　　　　　　22 020 000
　　贷：股本　　　　　　　　　　　　　　　　　　　　　　10 000 000
　　　　资本公积　　　　　　　　　　　　　　　　　　　　12 020 000

（2）假定P公司与S公司在合并前未发生任何交易，则P公司在编制合并日的合并财务报表时应编制如下抵销分录。

借：实收资本　　　　　　　　　　　　　　　　　　　　　　　　10 000 000
　　资本公积　　　　　　　　　　　　　　　　　　　　　　　　　6 000 000
　　盈余公积　　　　　　　　　　　　　　　　　　　　　　　　　2 000 000
　　未分配利润　　　　　　　　　　　　　　　　　　　　　　　　4 020 000
　　贷：长期股权投资　　　　　　　　　　　　　　　　　　　　 22 020 000

将被合并方在企业合并前实现的留存收益中归属于合并方的部分，自资本公积（假定资本公积中"资本溢价或股本溢价"的金额为3 000万元）转入留存收益，合并调整分录为如下。

借：资本公积　　　　　　　　　　　　　　　　　　　　　　　　 6 020 000
　　贷：盈余公积　　　　　　　　　　　　　　　　　　　　　　　2 000 000
　　　　未分配利润　　　　　　　　　　　　　　　　　　　　　　4 020 000

P公司和S公司合并资产负债表，如表19-6所示。

表19-6　P公司和S公司合并资产负债表

2×19年6月30日　　　　　　　　　　　　　　　　　　　　　单位：元

项目	P公司	S公司	抵销分录 借方	抵销分录 贷方	合并金额
资产：					
货币资金	17 250 000	1 800 000			19 050 000
应收账款	12 000 000	8 000 000			20 000 000
存货	24 800 000	1 020 000			25 820 000
长期股权投资	42 020 000	8 600 000		22 020 000	28 600 000
固定资产	28 000 000	12 000 000			40 000 000
无形资产	18 000 000	2 000 000			20 000 000
商誉					
资产总额	142 070 000	33 420 000		22 020 000	153 470 000
负债和所有者权益：					
短期借款	10 000 000	9 000 000			19 000 000
应付账款	15 000 000	1 200 000			16 200 000
其他负债	1 500 000	1 200 000			2 700 000
负债合计	26 500 000	11 400 000			37 900 000
实收资本	40 000 000	10 000 000	10 000 000		40 000 000
资本公积	32 020 020	6 000 000	12 020 000		26 000 000
盈余公积	20 000 000	2 000 000			22 000 000
未分配利润	23 550 000	4 020 000			27 570 000
所有者权益合计	115 570 000	22 020 000	22 020 000		115 570 000
负债和所有者权益合计	142 070 020	33 420 000			153 470 000

P公司和S公司合并利润表（简表），如表19-7所示。

表19-7 P公司和S公司合并利润表（简表）

2×19年1月1日至6月30日 单位：元

项目	P公司	S公司	抵销分录 借方	抵销分录 贷方	合并金额
一、营业收入	42 500 000	12 000 000			54 500 000
减：营业成本	33 800 000	9 550 000			43 350 000
税金及附加	200 000	50 000			250 000
销售费用	600 000	200 000			800 000
管理费用	1 500 000	500 000			2 000 000
财务费用	400 000	350 000			750 000
加：投资收益	300 000	100 000			400 000
二、营业利润	6 300 000	1 450 000			7 750 000
加：营业外收入	500 000	450 000			950 000
减：营业外支出	450 000	550 000			1 000 000
三、利润总额	6 350 000	1 350 000			7 700 000
减：所得税费用	2 100 000	400 000			2 500 000
四、净利润	4 250 000	950 000			5 200 000
其中：被合并方在合并前实现利润					950 000

合并现金流量表略。

比较报表的编制：同一控制下的企业合并，在编制合并当期期末的比较报表时，应视同参与合并各方在最终控制方开始实施控制时即以目前的状态存在。提供比较报表时，应对前期比较报表进行调整。因企业合并实际发生在当期，以前期间合并方账面上并不存在对被合并方的长期股权投资，在编制比较报表时，应将被合并方的有关资产、负债并入后，因合并而增加的净资产在比较报表中调整所有者权益项下的资本公积（资本溢价或股本溢价）。

【例19-4】沿用【例19-3】，假定P公司与S公司在2×19年年末发生内部交易。

P公司和S公司2×19年12月31日的资产负债表（简表），如表19-8所示。

表19-8 P公司和S公司资产负债表（简表）

2×19年12月31日 单位：元

项目	P公司	S公司
资产：		
货币资金	12 000 000	2 000 000
应收账款	5 700 000	860 000
存货	24 000 000	5 110 000
长期股权投资	20 000 000	8 400 000

（续表）

项目	P公司	S公司
固定资产	30 000 000	12 400 000
无形资产	21 600 000	2 400 000
商誉		
资产总额	113 300 000	31 170 000
负债和所有者权益：		
短期借款	8 000 000	8 000 000
应付账款	14 000 000	1 000 000
其他负债	2 000 000	1 100 000
负债合计	24 000 000	10 100 000
实收资本	30 000 000	10 000 000
资本公积	20 000 000	6 000 000
盈余公积	19 200 000	1 920 000
未分配利润	20 100 000	3 150 000
所有者权益合计	89 300 000	21 070 000
负债和所有者权益合计	113 300 000	31 170 000

P公司和S公司2×19年1月1日至12月31日的利润表（简表），如表19-9所示。

表19-9 P公司和S公司利润表（简表）

2×19年1月1日至12月31日　　　　　　　　　　　　　单位：元

项目	P公司	S公司
一、营业收入	86 000 000	11 000 000
减：营业成本	71 900 000	9 860 000
税金及附加	300 000	20 000
销售费用	800 000	150 000
管理费用	1 200 000	300 000
财务费用	600 000	50 000
加：投资收益	400 000	200 000
二、营业利润	11 600 000	820 000
加：营业外收入	1 000 000	600 000
减：营业外支出	400 000	300 000
三、利润总额	12 200 000	1 120 000
减：所得税费用	4 200 000	320 000
四、净利润	8 000 000	800 000

分析：本例中P公司在编制2×19年比较报表时，视同该项合并在以前期间即已发生。将被合并方的有关资产、负债在抵销内部交易的影响后并入合并财务报表，同时增加合并资产负债表中所有者权益项下的资本公积。在合并工作底稿中应做以下调整。

借：实收资本	10 000 000
资本公积	6 000 000
盈余公积	1 920 000
未分配利润	3 150 000
贷：资本公积	21 070 000

同时，对于S公司在2×19年以前实现的留存收益中归属于P公司的部分，在合并工作底稿中应自资本公积转入留存收益。

借：资本公积	5 070 000
贷：盈余公积	1 920 000
未分配利润	3 150 000

其2×19年合并财务报表中，比较资产负债表及比较利润表的编制如下。

（1）合并资产负债表。

P公司和S公司合并资产负债表（简表），如表19-10所示。

表19-10　P公司和S公司合并资产负债表（简表）

2×19年12月31日　　　　　　　　　　　　　　单位：元

项目	P公司	S公司	抵销分录		合并金额
			借方	贷方	
资产：					
货币资金	12 000 000	2 000 000			14 000 000
应收账款	5 700 000	860 000			6 560 000
存货	24 000 000	5 110 000			29 110 000
长期股权投资	20 000 000	8 400 000			28 400 000
固定资产	30 000 000	12 400 000			42 400 000
无形资产	21 600 000	2 400 000			24 000 000
商誉					
资产总额	113 300 000	31 170 000			144 470 000
负债和所有者权益：					
短期借款	8 000 000	8 000 000			16 000 000
应付账款	14 000 000	1 000 000			15 000 000
其他负债	2 000 000	1 100 000			3 100 000
负债合计	24 000 000	10 100 000			34 100 000
实收资本	30 000 000	10 000 000	10 000 000		30 000 000
资本公积	20 000 000	6 000 000	6 000 000 5 070 000	21 070 000	36 000 000
盈余公积	19 200 000	1 920 000	1 920 000	1 920 000	21 120 000

(续表)

项目	P公司	S公司	抵销分录 借方	抵销分录 贷方	合并金额
未分配利润	20 100 000	3 150 000	3 150 000	3 150 000	23 250 000
所有者权益合计	89 300 000	21 070 000			110 370 000
负债和所有者权益合计	113 300 000	31 170 000			144 470 000

（2）合并利润表。

P公司和S公司合并利润表（简表），如表19-11所示。

表19-11　P公司和S公司合并利润表（简表）

2×19年1月1日至12月31日　　　　　　　　　　　　　　　　单位：元

项目	P公司	S公司	抵销分录 借方	抵销分录 贷方	合并金额
一、营业收入	86 000 000	11 000 000			97 000 000
减：营业成本	71 900 000	9 860 000			81 760 000
税金及附加	300 000	20 000			320 000
销售费用	800 000	150 000			950 000
管理费用	1 200 000	300 000			1 500 000
财务费用	600 000	50 000			650 000
加：投资收益	400 000	200 000			600 000
二、营业利润	11 600 000	820 000			12 420 000
加：营业外收入	1 000 000	600 000			1 600 000
减：营业外支出	400 000	300 000			700 000
三、利润总额	12 200 000	1 120 000			13 320 000
减：所得税费用	4 200 000	320 000			4 520 000
四、净利润	8 000 000	800 000			8 800 000

19.2　同一控制下的吸收合并

19.2.1　业务概述

吸收合并指合并方在企业合并中取得被合并方的全部净资产，并将有关资产、负债并入合并方自身生产经营活动中。企业合并完成后，注销被合并方的法人资格，由合并方持有合并中取得的被合并方的资产、负债，在新的基础上继续经营。

同一控制下的吸收合并中，合并方主要涉及合并日取得被合并方资产、负债入账价值的确定，以及合并中取得有关净资产的入账价值与支付的合并对价账面价值之间差额的处理。

同一控制下的吸收合并的会计处理，如表19-12所示。

表 19-12 同一控制下的吸收合并的会计处理

经济业务		会计处理
吸收合并	合并日	借：资产（被合并方账面价值） 　　资本公积（资本溢价或股本溢价）（不足冲减部分冲减盈余公积和未分配利润） 贷：负债（被合并方账面价值） 　　资产（合并方非现金资产账面价值） 　　银行存款 　　股本 　　资本公积（资本溢价或股本溢价）
	合并方为进行企业合并发生的各项直接相关费用	借：管理费用 贷：银行存款等

19.2.2　会计处理

合并方对同一控制下吸收合并中取得的资产、负债应当按照相关资产、负债在被合并方的原账面价值入账。

合并方在确认了合并中取得的被合并方的资产和负债后，以发行权益性证券方式进行的该类合并，所确认的净资产入账价值与发行股份面值总额的差额，应计入资本公积（资本溢价或股本溢价），资本公积（资本溢价或股本溢价）的余额不足冲减的，相应冲减盈余公积和未分配利润，以支付现金、非现金资产方式进行的该类合并，所确认的净资产入账价值与支付的现金、非现金资产账面价值的差额，相应调整资本公积（资本溢价或股本溢价），资本公积（资本溢价或股本溢价）的余额不足冲减的，应冲减盈余公积和未分配利润。

19.2.3　案例解析

【例 19-5】沿用【例 19-3】，2×19 年 6 月 30 日，P 公司向 S 公司的股东定向增发 1 000 万股普通股（每股面值为 1 元，市价为 4.34 元）对 S 公司进行吸收合并，并于当日取得 S 公司净资产。

分析：本例中假定 P 公司和 S 公司为同一集团内两家全资子公司，合并前其共同的母公司为 A 公司。该项合并中参与合并的企业在合并前及合并后均为 A 公司最终控制，为同一控制下的企业合并。自 2×19 年 6 月 30 日开始，P 公司能够对 S 公司的净资产实施控制，该日即为合并日。

因合并后 S 公司失去其法人资格，P 公司应确认合并中取得的 S 公司的各项资产和负债，假定 P 公司与 S 公司在合并前采用的会计政策相同。P 公司对该项合并应进行的会计处理如下。

借：货币资金　　　　　　　　　　　　　　　　　　　1 800 000
　　存货　　　　　　　　　　　　　　　　　　　　　1 020 000
　　应收账款　　　　　　　　　　　　　　　　　　　8 000 000
　　长期股权投资　　　　　　　　　　　　　　　　　8 600 000

固定资产		12 000 000
无形资产		2 000 000
贷：短期借款		9 000 000
应付账款		1 200 000
其他负债		1 200 000
股本		10 000 000
资本公积		12 020 000

同一控制下的吸收合并中，合并方在合并当期期末编制比较报表时应区别不同的情况：如果合并方在合并当期期末，仅需要编制个别财务报表、不需要编制合并财务报表的，合并方在编制前期比较报表时，不需要对以前期间已经编制的比较报表进行调整；如果合并方在合并当期期末需要编制合并财务报表的，在编制前期比较合并财务报表时，应将吸收合并取得的被合并方前期有关财务状况、经营成果及现金流量等并入合并方前期合并财务报表。前期比较报表的具体编制原则比照同一控制下控股合并比较报表的编制。

19.3 合并方为进行企业合并发生的有关费用的处理

19.3.1 业务概述

合并方为进行企业合并发生的有关费用，指合并方为进行企业合并发生的各项直接相关费用，如为进行企业合并支付的审计费用、资产评估费用以及有关的法律咨询费用等增量费用。

合并方为进行企业合并发生的有关费用的会计处理，如表 19-13 所示。

表 19-13 合并方为进行企业合并发生的有关费用的会计处理

经济业务	会计处理
合并方为进行企业合并发生的各项直接相关费用	（1）直接相关费用 借：管理费用 　　贷：银行存款等 （2）发行权益工具相关直接费用 借：资本公积——资本溢价 　　盈余公积 　　未分配利润 　　贷：银行存款 （3）发行债券的直接相关费用 借：应付债券——利息调整 　　贷：银行存款

19.3.2 会计处理

同一控制下企业合并进行过程中发生的各项直接相关费用，应于发生时费用化计入当期损益，借记"管理费用"等科目，贷记"银行存款"等科目，但以下两种情况除外。

（1）以发行债券方式进行的企业合并，与发行债券相关的佣金、手续费等应按照金融工具准则的规定进行会计处理。该部分费用,虽然与筹集用于企业合并的对价直接相关,但其会计处理应遵照金融工具准则的原则,有关的费用应计入负债的初始计量金额。

（2）发行权益性证券作为合并对价的,与所发行权益性证券相关的佣金、手续费等应按照《企业会计准则第37号——金融工具列报》的规定处理。即与发行权益性证券相关的费用,不管其是否与企业合并直接相关,均应自所发行权益性证券的发行收入中扣减,在权益性工具发行有溢价的情况下,自溢价收入中扣除,在权益性证券发行无溢价或溢价金额不足以扣减的情况下,应当冲减盈余公积和未分配利润。

企业专设的并购部门发生的日常管理费用,如果该部门的设置并不是与某项企业合并直接相关,而是企业的一个常设部门,其设置目的是寻找相关的并购机会等,维持该部门日常运转的有关费用,不属于与企业合并直接相关的费用,应当于发生时费用化计入当期损益。

19.3.3 案例解析

【例19-6】 A公司于2×19年1月1日按面值发行5 000万元的债券取得B公司60%的股份,当日B公司所有者权益的账面价值为10 000万元,A公司另外支付15万元的手续费。A公司和B公司为同一集团内的两家子公司。

分析：相关会计处理如下。（单位：万元）

借：长期股权投资	6 000	
贷：应付债券——面值		5 000
资本公积		1 000
借：应付债券——利息调整	15	
贷：银行存款		15

【例19-7】 2×19年3月31日,A公司通过增发6 000万股本公司普通股（每股面值1元）取得B公司60%的股权,按照增发前后的平均股价计算,该6 000万股股份的公允价值为13 000万元。为增发该部分股份,A公司向证券承销机构等支付了400万元的佣金和手续费。假定A公司取得该部分股权后能够对B公司的生产经营决策实施控制。2×19年3月31日,B公司所有者权益的账面价值为20 000万元。A公司和B公司为同一集团内的两家公司。

要求：编制A公司的会计分录。

分析：本例中A公司应当以B公司所有者权益账面价值的份额作为取得长期股权投资的成本,相关会计分录如下。（单位：万元）

借：长期股权投资	120 000	
贷：股本		6 000
资本公积——股本溢价		6 000

发行权益性证券过程中支付的佣金和手续费,应冲减权益性证券的溢价发行收入,相关会计分录如下。（单位：万元）

借：资本公积——股本溢价	400	
贷：银行存款		400

19.4 非同一控制下的控股合并

19.4.1 业务概述

非同一控制下的企业合并，是指参与合并各方在合并前后不受同一方或相同的多方最终控制的交易合并，即排除判断属于同一控制下的企业合并的情况以外的其他的企业合并。

非同一控制下的控股合并的会计处理，如表 19-14 所示。

表 19-14　非同一控制下的控股合并的会计处理

经济业务		会计处理
非同一控制下的控股合并	长期股权投资初始成本的确认	借：长期股权投资 　　应收股利 　　资产处置损益 　　投资收益 　贷：固定资产等 　　　资产处置损益 　　　投资收益 或： 借：长期股权投资 　　管理费用 　贷：股本 　　　资本公积——股本溢价 　　　银行存款
	合并财务报表	（1）将子公司各项资产、负债由账面价值调整到公允价值 以固定资产为例，假定固定资产的公允价值大于账面价值 借：固定资产 　贷：资本公积 （2）确认递延所得税 借：资本公积 　贷：递延所得税负债 （3）购买日抵销分录 借：股本 　　资本公积 　　其他综合收益 　　盈余公积 　　未分配利润 　　商誉（借方差额） 　贷：长期股权投资 　　　少数股东权益

19.4.2 会计处理

非同一控制下的控股合并中，购买方在购买日应当按照确定的企业合并成本（不包括应自被投资单位收取的现金股利或利润），作为形成的对被购买方长期股权投资的初始投资成本。具体参见本书"第 2 章长期股权投资"的相关内容。

购买方为取得对被购买方的控制权,以支付非货币性资产为对价的,有关非货币性资产在购买日的公允价值与其账面价值的差额,应作为资产的处置损益,计入合并当期的利润表。

19.4.3 案例解析

【例19-8】P公司于2×19年6月30日发行1 000万股普通股(每股面值1元,市场价格为8.75元),取得了S公司70%的股权。P公司和S公司资产负债表有关数据如表19-15所示,假定不考虑所得税影响。

表19-15　P公司和S公司资产负债表有关数据

2×19年6月30日　　　　　　　　　　　　　　　　　　　　单位:万元

项目	P公司	S公司	
	账面价值	账面价值	公允价值
资产:			
货币资金	4 312.50	450	450
存货	6 200	255	450
应收账款	3 000	2 000	2 000
长期股权投资	5 000	2 150	3 800
固定资产:			
固定资产原价	10 000	4 000	5 500
减:累计折旧	3 000	1 000	0
固定资产净值	7 000	3 000	
无形资产	4 500	500	1 500
商誉	0	0	0
资产总计	30 012.50	8 355	13 700
负债和所有者权益:			
短期借款	2 500	2 250	2 250
应付账款	3 750	300	300
其他负债	375	300	300
负债合计	6 625	2 850	2 850
实收资本(股本)	7 500	2 500	
资本公积	5 000	1 500	
盈余公积	5 000	500	
未分配利润	5 887.50	1 005	
所有者权益合计	23 387.50	5 505	10 850
负债和所有者权益总计	30 012.50	8 355	

分析:P公司相关会计处理如下。

(1) 确认长期股权投资。

借：长期股权投资　　　　　　　　　　　　　　　　　　8 750
　　贷：股本　　　　　　　　　　　　　　　　　　　　　　1 000
　　　　资本公积——股本溢价　　　　　　　　　　　　　　7 750

(2) 计算确定商誉。

假定S公司除已确认资产外，不存在其他需要确认的资产及负债，则P公司首先计算合并中应确认的合并商誉。

合并商誉＝企业合并成本－合并中取得被购买方可辨认净资产公允价值份额＝8 750－10 850×70%＝1 155（万元）

(3) 编制调整和抵销分录。

借：存货　　　　　　　　　　　　　　　　　　　　　　　195
　　长期股权投资　　　　　　　　　　　　　　　　　　　1 650
　　固定资产　　　　　　　　　　　　　　　　　　　　　2 500
　　无形资产　　　　　　　　　　　　　　　　　　　　　1 000
　　贷：资本公积　　　　　　　　　　　　　　　　　　　5 345
借：实收资本　　　　　　　　　　　　　　　　　　　　　2 500
　　资本公积　　　　　　　　　　　　　　　　　　　　　6 845
　　盈余公积　　　　　　　　　　　　　　　　　　　　　　500
　　未分配利润　　　　　　　　　　　　　　　　　　　　1 005
　　商誉　　　　　　　　　　　　　　　　　　　　　　　1 155
　　贷：长期股权投资　　　　　　　　　　　　　　　　　8 750
　　　　少数股东权益　　　　　　　　　　　　　　　　　3 255

(4) 编制合并资产负债表。

P公司和S公司合并资产负债表（简表），如表19-16所示。

表19-16　P公司和S公司合并资产负债表（简表）

2×19年6月30日　　　　　　　　　　　　　　　　　　　单位：万元

项目	P公司	S公司	抵销分录		合并金额
			借方	贷方	
资产：					
货币资金	4 312.5	450			4 762.5
存货	6 200	255	195		6 650
应收账款	3 000	2 000			5 000
长期股权投资	13 750	2 150	1 650	8 750	8 800
固定资产：					0
固定资产原价	10 000	4 000	2 500		16 500
减：累计折旧	3 000	1 000			4 000

(续表)

项目	P公司	S公司	抵销分录 借方	抵销分录 贷方	合并金额
无形资产	4 500	500	1 000		6 000
商誉	0	0	1 155		1 155
资产总计	38 762.5	8 355			44 867.5
负债和所有者权益：					0
短期借款	2 500	2 250			4 750
应付账款	3 750	300			4 050
其他负债	375	300			675
负债合计	6 625	2 850			9 475
实收资本（股本）	8 500	2 500	2 500		8 500
资本公积	12 750	1 500	6 845	5 345	12 750
盈余公积	5 000	500	500		5 000
未分配利润	5 887.5	1 005	1 005		5 887.5
少数股东权益				3 255	3 255
所有者权益合计	32 137.5	5 505			35 392.5
负债和所有者权益总计	38 762.5	8 355			44 867.5

19.5 非同一控制下的吸收合并

19.5.1 业务概述

非同一控制下的企业合并，是指参与合并各方在合并前后不受同一方或相同的多方最终控制的交易合并。吸收合并就是两家或两家以上的企业合并成一家企业。经过合并，购受企业以支付现金、发行股票或其他代价取得另外一家或几家其他企业的资产和负债，继续保留其法人地位，而另外一家或几家企业合并后丧失了独立的法人资格。

非同一控制下的吸收合并的会计处理如表 19-17 所示。

表 19-17　非同一控制下的吸收合并的会计处理

经济业务		会计处理
非同一控制下吸收合并	购买日，不确认长期股权投资	借：相关资产（公允价值入账） 　　商誉（借方差额） 贷：相关负债（公允价值入账） 　　资产（作为支付对价的） 　　营业外收入（贷方差额）

(续表)

经济业务		会计处理
非同一控制下吸收合并	合并财务报表	（1）将子公司各项资产、负债由账面价值调整到公允价值 以固定资产为例，假定固定资产的公允价值大于账面价值 借：固定资产 　　贷：资本公积 （2）确认递延所得税 借：资本公积 　　贷：递延所得税负债 （3）购买日抵销分录 借：股本 　　资本公积 　　其他综合收益 　　盈余公积 　　未分配利润 　　商誉（借方差额） 　　贷：长期股权投资 　　　　少数股东权益

19.5.2 会计处理

非同一控制下的吸收合并，购买方在购买日应当将合并中取得的符合确认条件的各项可辨认资产、负债，按其公允价值确认为本企业的资产和负债；作为合并对价的有关非货币性资产在购买日的公允价值与其账面价值的差额，应作为资产处置损益计入合并当期的利润表；确定的企业合并成本与所取得的被购买方可辨认净资产公允价值之间的差额，视情况分别确认为商誉或是计入企业合并当期的损益。

19.5.3 案例解析

【例19-9】甲公司于2×19年1月1日吸收合并非同一控制下乙公司，取得乙公司可辨认净资产公允价值为2 000万元，甲公司支付银行存款500万元，另外支付合并中的评估费等税费100万元；为企业合并付出固定资产的公允价值为500万元，账面原值为800万元，计提折旧200万元，计提减值300万元；付出持有的其他公司长期股权投资的公允价值为200万元，账面价值为150万元；付出产成品的公允价值为300万元，实际成本为200万元，不考虑相关税费。

分析：相关会计处理如下。

借：可辨认净资产（其实应该借记各项资产，贷记各项负债、所有者权益）2 000
　　贷：银行存款　　　　　　　　　　　　　　　　　　　　　　　　600
　　　　固定资产清理　　　　　　　　　　　　　　　　　　　　　　300
　　　　资产处置损益　　　　　　　　　　　　　　　　　　　　　　200
　　　　长期股权投资　　　　　　　　　　　　　　　　　　　　　　150
　　　　投资收益　　　　　　　　　　　　　　　　　　　　　　　　 50

| 主营业务收入 | 300 |
| 营业外收入 | 400 |

19.6 同一控制下企业合并涉及的或有对价

19.6.1 业务概述

同一控制下企业合并形成的长期股权投资初始确认时可能存在或有对价。

同一控制下企业合并涉及的或有对价的会计处理，如表19-18所示。

表19-18 同一控制下企业合并涉及的或有对价的会计处理

经济业务	会计处理
同一控制下企业合并涉及或有对价	（1）合并日 借：长期股权投资 　　贷：股本 　　　　预计负债 　　　　资本公积——股本溢价（倒挤） （2）到期，或有对价不存在，予以冲销 借：预计负债 　　贷：资本公积——股本溢价 （3）到期，支付或有对价 借：预计负债 　　贷：银行存款

19.6.2 会计处理

当存在或有对价时，同一控制下企业合并方式形成的长期股权投资，初始投资时，应按照《企业会计准则第13号——或有事项》（以下简称"或有事项准则"）的规定，判断是否应就或有对价确认预计负债或者确认资产，以及应确认的金额；确认预计负债或资产的，该预计负债或资产金额与后续或有对价结算金额的差额不影响当期损益，而应当调整资本公积（资本溢价或股本溢价），资本公积（资本溢价或股本溢价）不足冲减的，调整留存收益。

19.6.3 案例解析

【例19-10】2×18年12月31日，P公司向同一集团内S公司的原股东A公司定向增发2 000万股普通股（每股面值为1元，每股公允价值为5元），取得S公司100%的股权，相关手续于当日办理完毕，并能够对S公司实施控制。合并后S公司仍维持其独立法人资格继续经营。若S公司2×19年获利超过1 000万元，P公司2×19年12月31日需另向A公司支付500万元。S公司之前为A公司于2×16年以非同一控制企业合并的方式收购的全资子公司。

合并日，S公司财务报表中净资产的账面价值为4 400万元，A公司合并财务报表中的S公司净资产账面价值为8 000万元（含商誉1 000万元）。假定P公司和S公司都受A公司控制，S 公司 2×19 年很可能获利超过 1 000 万元。不考虑相关税费等其他因素影响。

分析：P 公司会计处理如下。

借：长期股权投资　　　　　　　　　　　　　　　　　　8 000
　　贷：股本　　　　　　　　　　　　　　　　　　　　　2 000
　　　　预计负债　　　　　　　　　　　　　　　　　　　　500
　　　　资本公积——股本溢价　　　　　　　　　　　　　5 500

19.7　非同一控制下企业合并涉及的或有对价

19.7.1　业务概述

合并成本中包含或有对价的公允价值。某些情况下，当企业合并合同或协议中规定视未来或有事项的发生，购买方通过发行额外证券、支付额外现金或其他资产等方式追加合并对价，或者要求返还之前已经支付的对价。

非同一控制下企业合并涉及的或有对价的会计处理，如表 19-19 所示。

表 19-19　非同一控制下企业合并涉及的或有对价的会计处理

经济业务	会计处理
非同一控制下企业合并涉及或有对价	（1）合并日 借：长期股权投资 　　贷：银行存款 　　　　交易性金融负债 （2）到期日，确认获得被购买方补偿 借：交易性金融资产 　　贷：公允价值变动损益 （3）支付或有对价时 借：交易性金融负债 　　贷：银行存款 　　　　公允价值变动损益 （4）获得对方的赔偿支付时 借：银行存款 　　贷：交易性金融资产 （5）到期日，支付或有对价 借：交易性金融负债 　　　公允价值变动损益 　　贷：银行存款

19.7.2　会计处理

购买方应当将合并协议约定的或有对价作为企业合并转移对价的一部分，按照其在购买日的公允价值计入企业合并成本。根据《企业会计准则——金融工具确认和计量》《企业会计准则第 22 号——金融工具列报》以及其他相关准则的规定，或有对价符合金融负债或权益工具定义，购买方应当将拟支付的或有对价确认为一项负债或权益；符合资产定义并满足资产确认条件的，购买方应当将符合合并协议约定条件的、对已支付的合并对价中可收回部分的权利确认为一项资产。

购买日12个月内出现对购买日已存在情况的新的或进一步证据需要调整或有对价的，应当予以确认并对原计入合并商誉的金额进行调整。其他情况下发生的或有对价变化或调整，应当区分情况进行会计处理：或有对价为权益性质的，不进行会计处理；或有对价为资产或负债性质的，如果属于企业会计准则规定的金融工具，应当按照以公允价值计量且其变动计入当期损益进行会计处理，不得指定为以公允价值计量且其变动计入其他综合收益的金融资产。

19.7.3 案例解析

【例19-11】A公司为上市公司。2×18年12月31日，A公司收购B公司60%的股权，完成非同一控制下的企业合并。

（1）收购定价的相关约定如下：① 2×18年12月31日支付5 000万元；② 自B公司经上市公司指定的会计师事务所完成2×19年度财务报表审计后1个月内，A公司支付第二期收购价款，该价款按照B公司2×19年税后净利润的2倍为基础计算。

（2）业绩承诺。B公司承诺2×19年实现税后净利润1 200万元，若2×19年B公司实际完成净利润不足1 200万元，由B公司的原股东以其所持A公司股票100万股（不构成控制）无偿赠予A公司（该无偿赠予的股票股数固定，符合权益工具的定义）。购买日，A公司认为2×19年B公司实现净利润1 200万元为最佳估计数。

要求：
(1) 计算购买日合并成本并编制会计分录；
(2) 若2×19年B公司实现净利润为1 500万元，编制2×19年个别报表会计分录；
(3) 若2×19年B公司实现净利润为800万元，编制2×19年个别报表会计分录。

分析：相关会计处理如下。
(1) 购买日，相关会计分录如下。（单位：万元）

或有应付金额公允价值=1 200×2=2 400（万元），权益工具公允价值为0，合并成本=5 000+2 400=7 400（万元）。

借：长期股权投资　　　　　　　　　　　　　　　　　　　　　　7 400
　　贷：银行存款　　　　　　　　　　　　　　　　　　　　　　5 000
　　　　交易性金融负债　　　　　　　　　　　　　　　　　　　2 400

(2) 若2×19年B公司实现净利润为1 500万元，相关会计分录如下。（单位：万元）

借：交易性金融负债　　　　　　　　　　　　　　　　　　　　　2 400
　　投资收益　　　　　　　　　　　　　　　　　　　　　　　　　600
　　贷：银行存款　　　　　　　　　　　　　　　　　　　　　　3 000

(3) 若2×19年B公司实现净利润为800万元，相关会计分录如下。（单位：万元）

借：交易性金融负债　　　　　　　　　　　　　　　　　　　　　2 400

贷：银行存款 1 600
    投资收益 800

A公司2×19年季报、半年报，对权益工具的或有对价公允价值的变动不做会计处理。（国际财务报告准则对或有对价的表述："被分类为权益的或有对价不应被重新计量，其后续清偿应在权益内部进行会计处理"），A公司收到B公司股东无偿赠予的A公司100万股股票，在办理注销手续后，借记"股本"科目，贷记"资本公积"科目，金额为100万元。

【提示】一般情况下，被购买方原股东以持有购买方股票作为业绩承诺对价，因股数不固定，不能作为权益工具处理，应按金融资产处理。

【例19-12】A公司为上市公司。2×18年12月31日，A公司收购B公司60%的股权，完成非同一控制下的企业合并。

（1）收购定价的相关约定如下：① 2×18年12月31日支付5 000万元；② 自B公司经上市公司指定的会计师事务所完成2×19年度财务报表审计后1个月内，A公司支付第二期收购价款，该价款按照B公司2×19年税后净利润的2倍为基础计算。

（2）业绩承诺：B公司承诺2×19年实现税后净利润1 000万元，若2×19年B公司实际完成净利润不足1 000万元，B公司原股东承诺向A公司支付其差额的60%。

要求：

（1）假定A公司在购买日判断，B公司2×19年实现净利润1 200万元为最佳估计数，①计算购买日合并成本并编制会计分录；②若2×19年B公司实现净利润为1 500万元，编制2×19年个别报表会计分录；③若2×19年B公司实现净利润为800万元，编制2×19年个别报表会计分录。

（2）假定A公司在购买日判断，B公司2×19年实现净利润800万元为最佳估计数，①计算购买日合并成本并编制会计分录；②若2×19年B公司实现净利润为1 500万元，编制2×19年个别报表会计分录；③若2×19年B公司实现净利润为800万元，编制2×19年个别报表会计分录。

分析：相关会计处理如下。

（1）假定B公司2×19年实现净利润1 200万元为最佳估计数，应分别编制如下会计分录。（单位：万元）

① 购买日。

或有应付金额公允价值=1 200×2=2 400（万元），或有应收金额公允价值为0，合并成本=5 000+2 400= 400（万元）。

借：长期股权投资 7 400
    贷：银行存款 5 000
        交易性金融负债 2 400

② 若2×19年B公司实现净利润为1 500万元。

A公司应支付金额=1 500×2=3 000（万元）。

实际支付款项时相关会计分录如下。

借：交易性金融负债	2 400	
投资收益	600	
贷：银行存款		3 000

③若2×19年B公司实现净利润为800万元。

A公司应支付金额=800×2=1 600（万元），应收到业绩补偿款=（1 000-800）×60%=120（万元）。

a.2×19年12月31日，确认应收业绩补偿款。

借：交易性金融资产	120	
贷：公允价值变动损益		120

b.实际支付款项。

借：交易性金融负债	2 400	
贷：银行存款		1 600
投资收益		800

c.收到业绩补偿款。

借：银行存款	120	
贷：交易性金融资产		120

（2）假定B公司2×19年实现净利润800万元为最佳估计数，应分别编制如下会计分录。（单位：万元）

①购买日。

或有应付金额公允价值=800×2=1 600（万元），或有应收金额公允价值=（1 000-800）×60%=120（万元），合并成本=5 000+1 600-120=6 480（万元）。

借：长期股权投资	6 480	
交易性金融资产	120	
贷：银行存款		5 000
交易性金融负债		1 600

②若2×19年B公司实现净利润为1 500万元。

借：公允价值变动损益	120	
贷：交易性金融资产		120

实际支付款项。

借：交易性金融负债	1 600	
投资收益	1 400	
贷：银行存款		3 000

③若2×19年B公司实现净利润为800元。

实际收到补偿款。

借：银行存款	120	
贷：交易性金融资产		120

实际支付款项。

借：交易性金融负债　　　　　　　　　　　　　　　　　　　　　　　1 600
　　贷：银行存款　　　　　　　　　　　　　　　　　　　　　　　　　　1 600

19.8　反向购买

19.8.1　业务概述

非同一控制下的企业合并，以发行权益性证券交换股权的方式进行的，通常发行权益性证券的一方为购买方。但某些企业合并中，发行权益性证券的一方因其生产经营决策在合并后被参与合并的另一方控制的，发行权益性证券的一方虽然为法律上的母公司，但其为会计上的被收购方，该类企业合并通常称为"反向购买"。

反向购买的会计处理，如表 19-20 所示。

表 19-20　反向购买的会计处理

经济业务			会计处理
反向购买	非同一控制下，法律上的母公司（会计上的被购买方）	长期股权投资入账	借：长期股权投资（合并对价） 　贷：银行存款
		假设购买方取得对被购买方的投资	借：长期股权投资（合并成本） 　贷：股本 　　　资本公积——股本溢价（倒挤）
		抵销被购买方对购买方的投资	借：股本 　　资本公积 　贷：长期股权投资（被购买方取得购买方的入账价值）
		抵销被购买方的长期股权投资与购买方的所有者权益	借：股本 　　资本公积 　　盈余公积 　　未分配利润 　　商誉（差额） 　贷：长期股权投资
		确认少数股东权益	借：股本（购买方合并前） 　　资本公积（购买方合并前） 　　盈余公积（购买方合并前） 　　未分配利润（购买方合并前） 　贷：少数股东权益（购买方合并前）

19.8.2　会计处理

（1）企业合并成本。

反向购买中，企业合并成本是指法律上的子公司（会计上的购买方）如果以发行权益性证券的方式为获取在合并后报告主体的股权比例，应向法律上的母公司（会计上的被购买方）的股东发行的权益性证券数量乘以其公允价值计算的结果。购买方的权益性证券在购买日存在公开报价的，通常应以公开报价作为其公允价值；购买方的权益性证券在购买日不存在可靠公开报价的,应参照购买方的公允价值和被购买方的公允价值二者之中有更为明显证据支持的作为基础,确定购买方假定应发行权益性证券的公允价值。

(2)合并财务报表的编制。

反向购买主要表现在购买日合并财务报表的操作中,其总的原则是应体现"反向"。例如,反向购买的合并财务报表以子公司(购买方)为主体,保留子公司的股东权益各项目,抵销母公司(被购买方)的股东权益各项目。

反向购买后,法律上的母公司应当遵从以下原则编制合并财务报表。

① 合并财务报表中,法律上子公司的资产、负债应以其在合并前的账面价值进行确认和计量。

② 合并财务报表中的留存收益和其他权益性余额应当反映的是法律上子公司在合并前的留存收益和其他权益余额。

③ 合并财务报表中的权益性工具的金额应当反映法律上子公司合并前发行在外的股份面值以及假定在确定该项企业合并成本过程中新发行的权益性工具的金额。但是在合并财务报表中的权益结构应当反映法律上母公司的权益结构,即法律上母公司发行在外权益性证券的数量及种类。

④ 法律上母公司的有关可辨认资产、负债在并入合并财务报表时,应以其在购买日确定的公允价值进行合并,企业合并成本大于合并中取得的法律上母公司(被购买方)可辨认净资产公允价值的份额体现为商誉,小于合并中取得的法律上母公司(被购买方)可辨认净资产公允价值的份额确认为合并当期损益。

⑤ 合并财务报表的比较信息应当是法律上子公司的比较信息(即法律上子公司的前期合并财务报表)。

⑥ 法律上子公司的有关股东在合并过程中未将其持有的股份转换为对法律上母公司股份的,该部分股东享有的权益份额在合并财务报表中应作为少数股东权益列示。因法律上子公司的部分股东未将其持有的股份转换为法律上母公司的股权,其享有的权益份额仍仅限于对法律上子公司的部分,该部分少数股东权益反映的是少数股东按持股比例计算享有法律上子公司合并前净资产账面价值的份额。另外,对于法律上母公司的所有股东,虽然该项合并中其被认为被购买方,但其享有合并形成报告主体的净资产及损益,不应作为少数股东权益列示。

上述反向购买的会计处理原则仅适用于合并财务报表的编制。法律上母公司在该项合并中形成的对法律上子公司长期股权投资成本的确定,应当遵从《企业会计准则第2号——长期股权投资》的相关规定。

假定A上市公司于2×19年3月31日通过定向增发本企业普通股对B公司进行合并,B公司原股东能够对A上市公司实施控制。

合并报表中合并金额的计算,如表19-21所示。

表 19-21　合并报表中合并金额的计算

项目	合并金额
流动资产	A 公司公允价值 +B 公司账面价值
非流动资产	A 公司公允价值（不含反向购买时产生的长期股权投资）+B 公司账面价值
商誉	合并成本 –A 公司可辨认净资产公允价值（如为负数应反映在留存收益中）
资产总额	合计
流动负债	A 公司公允价值 +B 公司账面价值
非流动负债	A 公司公允价值 +B 公司账面价值
负债总额	合计
股本（A 公司股票股数）	B 公司合并前发行在外的股份面值 ×A 公司持股比例 + 假定 B 公司在确定该项企业合并成本过程中新发行的权益性工具的面值
资本公积	差额
盈余公积	B 公司合并前盈余公积 ×A 公司持股比例
未分配利润	B 公司合并前未分配利润 ×A 公司持股比例
少数股东权益	少数股东按持股比例计算享有 B 公司合并前净资产账面价值的份额
所有者权益总额	资产总额 – 负债总额

（3）每股收益的计算。

发生反向购买当期，用于计算每股收益的发行在外普通股加权平均数为：

① 自当期期初至购买日，发行在外的普通股数量应假定为在该项合并中法律上母公司向法律上子公司股东发行的普通股数量；

② 自购买日至期末，发行在外的普通股数量为法律上母公司实际发行在外的普通股股数。

反向购买后对外提供比较合并财务报表的，其比较前期合并财务报表中的基本每股收益，应以法律上子公司的每一比较报表期间归属于普通股股东的净损益除以在反向购买中法律上母公司向法律上子公司股东发行的普通股股数计算确定。

上述假定法律上子公司发行的普通股股数在比较期间内和自反向购买发生期间的期初至购买日之间内未发生变化。如果法律上子公司发行的普通股股数在此期间发生了变动，计算每股收益时应适当考虑其影响进行调整。

19.8.3　案例解析

【例 19-13】A 上市公司于 2×19 年 9 月 30 日通过定向增发本企业普通股对 B 企业进行合并，取得 B 企业 100% 股权。假定不考虑所得税影响。

A 公司和 B 企业在进行合并前简化资产负债表，如表 19-22 所示。

表 19-22　A 公司和 B 企业合并前简化资产负债表

单位：万元

	A 公司	B 企业
流动资产	3 000	4 500

（续表）

	A公司	B企业
非流动资产	21 000	60 000
资产总额	24 000	64 500
流动负债	1 200	1 500
非流动负债	300	3 000
负债总额	1 500	4 500
所有者权益：		
股本	1 500	900
资本公积		
盈余公积	6 000	17 100
未分配利润	15 000	42 000
所有者权益总额	22 500	60 000

其他资料如下。

（1）2×19年9月30日，A公司通过定向增发本企业普通股，以2股换1股的比例自B企业原股东处取得了B企业全部股权。A公司共发行了1 800万股普通股以取得B企业全部900万股普通股。

（2）A公司普通股在2×19年9月30日的公允价值为20元/股，B企业每股普通股当日的公允价值为40元/股。A公司、B企业每股普通股的面值为1元。

（3）2×19年9月30日，A公司除非流动资产公允价值较账面价值高4 500万元以外，其他资产、负债项目的公允价值与其账面价值相同。

（4）假定A公司与B企业在合并前不存在任何关联方关系。

对于该项企业合并，虽然在合并中发行权益性证券的一方为A公司，但因其生产经营决策的控制权在合并后由B企业原股东控制，B企业应为购买方，A公司为被购买方。

分析：

（1）确定该项合并中B企业的合并成本。

A公司在该项合并中向B企业原股东增发了1 800万股普通股，合并后B企业原股东持有A公司的股权比例为54.55%（1 800÷3 300），如果假定B企业发行本企业普通股在合并后主体享有同样的股权比例，则B企业应当发行的普通股股数为750（900÷54.55%-900）万股，其公允价值为30 000万元，企业合并成本为30 000万元。

（2）企业合并成本在可辨认资产、负债的分配。

企业合并成本	30 000
A公司可辨认资产、负债：	
流动资产	3 000
非流动资产	25 500
流动负债	（1 200）
非流动负债	（300）

| 商誉 | 3 000 |

A公司2×19年9月30日合并资产负债表，如表19-23所示。

表19-23　A公司2×19年9月30日合并资产负债表

单位：万元

项目	金额
流动资产	7 500
非流动资产	85 500
商誉	3 000
资产总额	96 000
流动负债	2 700
非流动负债	3 300
负债总额	6 000
所有者权益：	
股本（3 300万股普通股）	1 650
资本公积	29 250
盈余公积	17 100
未分配利润	42 000
所有者权益总额	90 000

（3）每股收益。

本例中假定B企业2×18年实现合并净利润1 800万元，2×19年A公司与B企业形成的主体实现合并净利润为3 450万元，自2×18年1月1日至2×19年9月30日，B企业发行在外的普通股股数未发生变化。

A公司2×19年基本每股收益=3 450÷（1 800×9÷12+3 300×3÷12）=1.59（元）。

提供比较报表的情况下，比较报表中的每股收益应进行调整，A公司2×18年的基本每股收益=1 800÷1 800=1（元）。

（4）本例中，B企业的全部股东中假定只有其中的90%以原持有的对B企业股权换取了A公司增发的普通股。A公司应发行的普通股股数为1 620（900×90%×2）万股。企业合并后，B企业的股东拥有合并后报告主体的股权比例为51.92%（1 620÷3 120）。

通过假定B企业向A公司发行本企业普通股在合并后主体享有同样的股权比例，在计算B企业须发行的普通股数量时不考虑少数股权的因素，故B企业应当发行的普通股股数为750（900×90%÷51.92%-900×90%）万股，B企业在该项合并中的企业合并成本为30 000（750×40）万元，B企业未参与股权交换的股东拥有B企业的股份为10%，享有B企业合并前净资产的份额为6 000（60 000×10%）万元，在合并财务报表中应作为少数股东权益列示。

19.9 购买子公司少数股权的处理

19.9.1 业务概述

企业在取得对子公司的控制权,形成企业合并后,购买少数股东全部或部分权益的,实质上是股东之间的权益性交易,应当分别母公司个别财务报表以及合并财务报表两种情况进行处理。

购买子公司少数股权的会计处理,如表 19-24 所示。

表 19-24 购买子公司少数股权的会计处理

经济业务	会计处理
购买子公司少数股权	借:资本公积 　　盈余公积(资本溢价或股本溢价不足冲减时) 　　未分配利润(资本溢价或股本溢价以及盈余公积均不足冲减时) 　贷:长期股权投资

19.9.2 会计处理

(1)母公司个别财务报表中对于自子公司少数股东处新取得的长期股权投资,应当按照《企业会计准则第 2 号——长期股权投资》第四条的规定,确定长期股权投资的入账价值。

(2)在合并财务报表中,子公司的资产、负债应以购买日(或合并日)开始持续计算的金额反映。母公司新取得的长期股权投资成本与按照新增持股股比例计算应享有子公司自购买日(或合并日)开始持续计算的可辨认净资产份额之间的差额,应当调整合并财务报表中的资本公积(资本溢价或股本溢价),资本公积(资本溢价或股本溢价)的余额不足冲减的,调整留存收益。

19.9.3 案例解析

【例 19-14】A 公司于 2×18 年 12 月 29 日以 8 000 万元取得对 B 公司 70% 的股权,能够对 B 公司实施控制,形成非同一控制下的企业合并。2×19 年 12 月 25 日,A 公司又出资 3 000 万元自 B 公司的少数股东处取得 B 公司 20% 的股权。本例中 A 公司与 B 公司的少数股东在交易前不存在任何关联方关系。

(1)2×18 年 12 月 29 日,A 公司在取得 B 公司 70% 股权时,B 公司可辨认净资产公允价值总额为 10 000 万元。

(2)2×19 年 12 月 25 日,B 公司有关资产、负债的账面价值自购买日开始持续计算的金额(对母公司的价值)如表 19-25 所示。

表 19-25 B 公司有关资产、负债的账面价值自购买日开始持续计算的金额

单位：万元

项目	B 公司的账面价值	B 公司资产、负债自购买日开始持续计算的金额（对母公司的价值）
存货	500	500
应收款项	2 500	2 500
固定资产	4 000	4 600
无形资产	800	1 200
其他资产	2 200	3 200
应付款项	600	600
其他负债	400	400
净资产	9 000	11 000

分析：

（1）确定 A 公司对 B 公司长期股权投资的成本。

2×18 年 12 月 29 日为该非同一控制下企业合并的购买日，A 公司取得对 B 公司长期股权投资的成本为 8 000 万元。

2×19 年 12 月 25 日，A 公司在进一步取得 B 公司 20% 的少数股权时，支付价款 3 000 万元。该项长期股权投资在 2×18 年 2 月 25 日的账面余额为 11 000 万元。

（2）编制合并财务报表时的处理。

① 商誉的计算。

A 公司取得对 B 公司 70% 股权时产生的商誉 = 8 000 - 10 000 × 70% = 1 000（万元）

在合并财务报表中应体现的商誉总额为 1 000 万元。

② 所有者权益的调整。

合并财务报表中，B 公司的有关资产、负债应以其对母公司的价值进行合并，即与新取得的 20% 股权相对应的被投资单位可辨认资产、负债的金额 = 11 000 × 20% = 2 200（万元）。

因购买少数股权新增加的长期股权投资成本 3 000 万元与按照新取得的股权比例（20%）计算确定应享有子公司自购买日开始持续计算的可辨认净资产份额 2 200 万元之间的差额 800 万元，在合并资产负债表中调整所有者权益相关项目，首先调整资本公积（资本溢价或股本溢价），在资本公积（资本溢价或股本溢价）的金额不足冲减的情况下，调整留存收益（盈余公积和未分配利润）。

第 20 章
租赁

租赁,是指在一定期间内,出租人将资产的使用权让与承租人以获取对价的合同。2018年修订印发的《企业会计准则第 21 号——租赁》与原准则相比,承租人的会计处理不再区分经营租赁和融资租赁,而是采用单一的会计处理模型。也就是说,除采用简化处理的短期租赁和低价值资产租赁外,对所有租赁均确认使用权资产和租赁负债,参照《企业会计准则第 4 号——固定资产》对使用权资产计提折旧,采用固定的周期性利率确认每期利息费用。出租人的会计处理仍分为融资租赁和经营租赁两大类,并分别采用不同的会计处理方法。

20.1 承租人的会计处理

20.1.1 与承租人初始计量相关的会计处理

(一)业务概述

使用权资产,是指承租人可在租赁期内使用租赁资产的权利。在租赁期开始日,承租人应当按照成本对使用权资产进行初始计量。租赁负债应当按照租赁期开始日尚未支付的租赁付款额的现值进行初始计量。识别应纳入租赁负债的相关付款项目是计量租赁负债的关键。

与承租人初始计量相关的会计处理,如表 20-1 所示。

表 20-1 与承租人初始计量相关的会计处理

经济业务	会计处理
初始计量	借:使用权资产 　　租赁负债——未确认融资费用 　贷:租赁负债——租赁付款额 　　预付账款 　　银行存款 　　预计负债等

(二)会计处理

在租赁期开始日,承租人应当按成本借记"使用权资产"科目,按尚未支付的租赁付款额的现值贷记"租赁负债——租赁付款额"科目,按尚未支付的租赁付款额与其现值的差额,借记"租赁负债——未确认融资费用"科目;对于租赁期开始日之前支付租赁付款额的(扣除已享受的租赁激励),贷记"预付账款"等科目;按发生的初始直接费用,贷记"银行存款"等科目;按预计将发生的为拆卸及移除租赁资产、复原租赁资产所在场地或将租赁资产恢复至租赁条款约定状态等成本的现值,贷记"预计负债"科目。

(三)案例解析

【例 20-1】承租人甲公司就某生产线与出租人乙公司签订了一项租赁合同。合同约定本次租赁生产线的租赁时间为 2×19 年 1 月 1 日至 2×21 年 12 月 31 日,共计 3 年,并且乙公司就该项租赁资产有 3 年的续租选择权。相关信息如下:(1)每年的不含税租金为 1 000 000 元,如行使续租选择权,续租期间每年租金为 800 000 元,租金每年年末支付;(2)为取得该项租赁合同所发生的初始直接费用为 100 000 元;(3)乙公司补偿承租方佣金 50 000 元;(4)在租赁期开始日,甲公司经评估决定在初始租赁期满后不行使续租权;(5)租赁期内甲公司确定租赁内含利率为 8%;(6)该生产线为全新设备,估计使用年限为 5 年,租入后用作生产车间生产设备;(7)该生产线在 2×20 年 1 月 1 日的公允价值为 2 300 000 元;(8)2×20 年和 2×21 年两年,甲公司每年按该生产线所生产的产品——微波炉的年销售收入的 1% 向乙公司支付经营分享收入。

不考虑相关税费影响,请做出甲公司的会计处理。

分析:承租人甲公司的会计处理如下。

第一步,计算租赁期开始日的租赁付款额现值。

在租赁期开始日,即 2×19 年 1 月 1 日,将剩余 3 年租赁期内每年度租金按照 8% 的租赁内含利率折现,计算可得:

租赁负债 = 3 年内租赁付款额现值 = 1 000 000 × (P/A, 3, 8%) = 2 577 100(元)

未确认融资费用 = 3 年内租赁付款额 - 3 年内租赁付款额现值
= 3 000 000 - 2 577 100 = 422 900(元)

借:使用权资产	2 577 100
租赁负债——未确认融资费用	422 900
贷:租赁负债——租赁付款额	3 000 000

第二步,将为取得租赁合同发生的初始直接费用计入使用权资产的初始成本。

| 借:使用权资产 | 100 000 |
| 贷:银行存款 | 100 000 |

第三步,将已收的出租方支付的佣金补偿从使用权资产的初始直接成本中扣除。

| 借:银行存款 | 50 000 |
| 贷:使用权资产 | 50 000 |

经上述计算,可知甲公司取得的该项租赁标的的初始直接成本为:2 577 100 + 100 000 - 50 000 = 2 627 100(元)。

20.1.2 与承租人后续计量相关的会计处理

(一)业务概述

在租赁期开始日后,承租人应当按以下原则对租赁负债进行后续计量:(1)确认租赁负债的利息时,增加租赁负债的账面金额;(2)支付租赁付款额时,减少租赁负债的账面金额;(3)因重估或租赁变更等原因导致租赁付款额发生变动时,重新计量租赁负债的账面价值。承租人应当采用成本模式对使用权资产进行后续计量，即以成本减累计折旧及累计减值损失计量使用权资产。承租人按照本准则有关规定重新计量租赁负债的，应当相应调整使用权资产的账面价值。

与承租人后续计量相关的会计处理，如表 20-2 所示。

表 20-2　与承租人后续计量相关的会计处理

	经济业务	会计处理
后续计量	承租人确认租赁期内各个期间的利息	借：财务费用——利息费用等 　贷：租赁负债——未确认融资费用
	承租人支付租赁付款额	借：租赁负债——租赁付款额等 　贷：银行存款等
	在租赁期开始日后，承租人按变动后的租赁付款额的现值重新计量租赁负债的，当租赁负债增加时	借：使用权资产 　　租赁负债——未确认融资费用 　贷：租赁负债——租赁付款额
	在租赁期开始日后，除租赁变更中的情形外，当租赁负债减少时	借：租赁负债——租赁付款额 　贷：使用权资产 　　　租赁负债——未确认融资费用
	承租人通常应当自租赁期开始日起按月计提使用权资产的折旧	借：主营业务成本等 　贷：使用权资产累计折旧
	使用权资产发生减值的	借：资产减值损失 　贷：使用权资产减值准备 使用权资产减值准备一旦计提，不得转回。承租人应当按照扣除减值损失之后的使用权资产的账面价值，进行后续折旧
	若使用权资产的账面价值已调减至零	借：租赁负债——租赁付款额 　贷：主营业务成本等 　　　租赁负债——未确认融资费用

（二）会计处理

（1）承租人在确认租赁期内各个期间的利息时，应当借记"财务费用——利息费用""在建工程"等科目，贷记"租赁负债——未确认融资费用"科目。

（2）承租人支付租赁付款额时，应当借记"租赁负债——租赁付款额"等科目，贷记"银行存款"等科目。

（3）在租赁期开始日后，承租人按变动后的租赁付款额的现值重新计量租赁负债的，当租赁负债增加时，应当按租赁付款额现值的增加额，借记"使用权资产"科目，按租赁付款额的增加额，贷记"租赁负债——租赁付款额"科目，按其差额，借记"租赁负债——未确认融资费用"科目；除租赁变更中的情形外，当租赁负债减少时，应当按租赁付款额的减少额，借记"租赁负债——租赁付款额"科目，按租赁付款额现值的减少额，贷记"使用权资产"科目，按其差额，贷记"租赁负债——未确认融资费用"科目；若使用权资产的账面价值已调减至零，应当按仍需进一步调减的租赁付款额借记"租赁负债——租赁付款额"科目，按仍需进一步调减的租赁付款额现值贷记"主营业务成本""制造费用""销售费用""管理费用""研发支出"等科目,按其差额,贷记"租赁负债——未确认融资费用"科目。

(4) 承租人通常应当自租赁期开始日起按月计提使用权资产的折旧,借记"主营业务成本""制造费用""销售费用""管理费用""研发支出"等科目,贷记"使用权资产累计折旧"科目。当月计提确有困难的,也可从下月起计提折旧,并在附注中予以披露。

(5) 在租赁期开始日后,承租人应当按照《企业会计准则第8号——资产减值》的规定。确定使用权资产是否发生减值,并对已识别的减值损失进行会计处理。使用权资产发生减值的,按应减记的金额,借记"资产减值损失"科目,贷记"使用权资产减值准备"科目。使用权资产减值准备一旦计提,不得转回。承租人应当按照扣除减值损失之后的使用权资产的账面价值,进行后续折旧。

(三) 案例解析

【例20-2】承租人甲公司与出租人乙公司签订了为期7年的商铺租赁合同。每年的租赁付款额为450 000元,在每年年末支付。甲公司无法确定租赁内含利率,其增量借款利率为5.04%。

分析:在租赁期开始日,甲公司按租赁付款额的现值所确认的租赁负债为2 600 000元。在第1年年末,甲公司向乙公司支付第1年的租赁付款额450 000元,其中,131 040(2 600 000×5.04%)元是当年的利息,318 960(450 000-131 040)元是本金,即租赁负债的账面价值减少318 960元。甲公司的会计处理如下。

借:租赁负债——租赁付款额　　　　　　　　　　　　　　　450 000
　　贷:银行存款　　　　　　　　　　　　　　　　　　　　　450 000
借:财务费用——利息费用　　　　　　　　　　　　　　　　131 040
　　贷:租赁负债——未确认融资费用　　　　　　　　　　　131 040

【例20-3】承租人甲公司签订了一份为期10年的机器租赁合同。租金于每年年末支付,并按以下方式确定:第1年,租金是可变的,根据该机器在第1年下半年的实际产能确定;第2年至第10年,每年的租金根据该机器在第1年下半年的实际产能确定,即租金将在第1年年末转变为固定付款额。在租赁期开始日,甲公司无法确定租赁内含利率,其增量借款利率为5%。假设在第1年年末,根据该机器在第1年下半年的实际产能所确定的租赁付款额为每年20 000元。

分析:本例中,在租赁期开始时,由于未来的租金尚不确定,因此甲公司的租赁负债为零。在第1年年末,租金的潜在可变性消除,成为实质固定付款额(即每年20 000元),因此甲公司应基于变动后的租赁付款额重新计量租赁负债,并采用不变的折现率(即5%)进行折现。在支付第1年的租金之后,甲公司后续年度需支付的租赁付款额为180 000(20 000×9)元,租赁付款额在第1年年末的现值为142 156[20 000×(P/A,5%,9)]元,未确认融资费用为37 844(180 000-142 156)元。甲公司在第1年年末的相关会计处理如下。

(1) 支付第 1 年租金。

借：制造费用等	20 000	
贷：银行存款		20 000

(2) 确认使用权资产和租赁负债。

借：使用权资产	142 156	
租赁负债——未确认融资费用	37 844	
贷：租赁负债——租赁付款额		180 000

【例 20-4】承租人甲公司签订了一份为期 10 年的机器租赁合同，用于甲公司生产经营。相关使用权资产的初始账面价值为 100 000 元，按直线法在 10 年内计提折旧，年折旧费为 10 000 元。在第 5 年年末，确认该使用权资产发生的减值损失 20 000 元，计入当期损益。该使用权资产在减值前的账面价值为 50 000（100 000×5÷10）元。计提减值损失之后，该使用权资产的账面价值减至 30 000（50 000-20 000）元，之后每年的折旧费也相应减至 6 000（30 000÷5）元。

分析：相关会计处理如下。

(1) 第 1~5 年计提折旧。

借：制造费用	10 000	
贷：使用权资产累计折旧		10 000

(2) 第 5 年年末确认减值损失。

借：资产减值损失	20 000	
贷：使用权资产减值准备		20 000

(3) 第 6~10 年计提折旧。

借：制造费用	6 000	
贷：使用权资产累计折旧		6 000

20.1.3　租赁变更的相关会计处理

（一）业务概述

租赁变更，是指原合同条款之外的租赁范围、租赁对价、租赁期限的变更，包括增加或终止一项或多项租赁资产的使用权，延长或缩短合同规定的租赁期等。租赁变更生效日，是指双方就租赁变更达成一致的日期。当租赁变更通过增加一项或多项租赁资产的使用权而扩大了租赁范围或延长了租赁期限，同时增加的对价与租赁范围扩大部分或租赁期限延长部分的单独价格按该合同情况调整后的金额相当时，租赁变更作为一项单独租赁处理；否则，不应作为一项单独租赁。

租赁变更的相关会计处理，如表 20-3 所示。

表 20-3　租赁变更的会计处理

经济业务	会计处理
租赁变更导致租赁范围缩小或租赁期缩短	借：租赁负债——租赁付款额 　　使用权资产累计折旧 　　使用权资产减值准备 贷：租赁负债——未确认融资费用 　　使用权资产 　　资产处置损益（借差或贷差）

（二）会计处理

租赁变更导致租赁范围缩小或租赁期缩短的，承租人应当按缩小或缩短的相应比例，借记"租赁负债——租赁付款额""使用权资产累计折旧""使用权资产减值准备"科目，贷记"租赁负债——未确认融资费用""使用权资产"科目，差额借记或贷记"资产处置损益"科目。因租赁范围缩小、租赁期缩短或转租等原因减记或终止确认使用权资产时，承租人应同时结转相应的使用权资产累计折旧及减值准备。

（三）案例解析

【例20-5】承租人甲公司与出租人乙公司就5 000平方米的办公场所签订了10年期的租赁合同。年租赁付款额为100 000元，在每年年末支付。甲公司无法确定租赁内含利率。在租赁期开始日，甲公司的增量借款利率为6%，相应的租赁负债和使用权资产的初始确认金额均为736 000元，即736 000=100 000×（P/A，6%，10）。在第6年年初，甲公司和乙公司同意对原租赁合同进行变更，即自第6年年初起，将原租赁场所缩减至2 500平方米。每年的租赁付款额（第6年至第10年）调整为60 000元。承租人在第6年年初的增量借款利率为5%。

分析：在租赁变更生效日（即第6年年初），甲公司基于以下情况对租赁负债进行重新计量：①剩余租赁期为5年；②每年的租赁付款额为60 000元；③采用修订后的折现率5%进行折现。据此，计算得出租赁变更后的租赁负债为259 770元，即259 770=60 000×（P/A，5%，5）。

甲公司应基于原使用权资产部分终止的比例（即缩减的2 500平方米占原使用权资产的50%），来确定使用权资产账面价值的调减金额。在租赁变更之前，原使用权资产的账面价值为368 000（736 000×5÷10）元，50%的原使用权资产账面价值为184 000元；原租赁负债的账面价值为421 240[100 000×（P/A，6%，5）]元，50%的原租赁负债的账面价值为210 620元。因此，在租赁变更生效日（第6年年初），甲公司终止确认50%的原使用权资产和原租赁负债，并将租赁负债减少额与使用权资产减少额之间的差额26 620（210 620-184 000）元，作为利得计入当期损益。其中，租赁负债的减少额（210 620元）包括租赁付款额的减少额250 000（100 000×50%×5）元，以及未确认融资费用的减少额39 380（250 000-210 620）元。甲公司终止确认50%的原使用权资产和原租赁负债的会计处理如下。

借：租赁负债——租赁付款额　　　　　　　　　　　　　　　　　　250 000

贷：租赁负债——未确认融资费用	39 380
使用权资产	184 000
资产处置损益	26 620

此外，甲公司将剩余租赁负债（210 620元）与变更后重新计量的租赁负债（259 770元）之间的差额49 150元，相应调整使用权资产的账面价值。其中，租赁负债的增加额（49 150元）包括两部分：租赁付款额的增加额 50 000[（60 000 -100 000 ×50%）×5]元，以及未确认融资费用的增加额850（50 000 - 49 150）元。甲公司调整现使用权资产价值的会计处理如下。

借：使用权资产	49 150
租赁负债——未确认融资费用	850
贷：租赁负债——租赁付款额	50 000

注：100 000×（P/A，6%，10）=736 010（元），为便于计算，本题中，做尾数调整，取736 000元。

20.2 出租人的会计处理

20.2.1 融资租赁的会计处理

（一）融资租赁初始计量的会计处理

1. 业务概述

在租赁期开始日，出租人应当对融资租赁确认应收融资租赁款，并终止确认融资租赁资产。出租人对应收融资租赁款进行初始计量时，应当以租赁投资净额作为应收融资租赁款的入账价值。

融资租赁初始计量的会计处理，如表20-4所示。

表20-4　融资租赁初始计量的会计处理

经济业务	会计处理
出租人购入和以其他方式取得融资租赁资产	借：融资租赁资产 　贷：银行存款
租赁期开始日的初始计量	借：应收融资租赁款——租赁收款额 　　应收融资租赁款——未担保余值 　　银行存款等 　贷：融资租赁资产 　　　资产处置损益（借差或贷差） 　　　银行存款等 　　　应收融资租赁款——未实现融资收益
企业认为有必要对发生的初始直接费用进行单独核算的	借：应收融资租赁款——初始直接费用 　贷：银行存款等 借：应收融资租赁款——未实现融资收益 　贷：应收融资租赁款——初始直接费用

（续表）

经济业务	会计处理
若某融资租赁合同必须以收到租赁保证金为生效条件，出租人收到承租人交来的租赁保证金	借：银行存款 　　贷：其他应收款——租赁保证金
承租人到期不交租金，以保证金抵作租金时	借：其他应收款——租赁保证金 　　贷：应收融资租赁款
承租人违约，按租赁合同或协议规定没收保证金时	借：其他应收款——租赁保证金 　　贷：营业外收入等

2. 会计处理

出租人购入和以其他方式取得融资租赁资产的，借记"融资租赁资产"科目，贷记"银行存款"等科目。

在租赁期开始日，出租人应当按尚未收到的租赁收款额，借记"应收融资租赁款——租赁收款额"科目，按预计租赁期结束时的未担保余值，借记"应收融资租赁款——未担保余值"科目，按已经收取的租赁款，借记"银行存款"等科目，按融资租赁方式租出资产的账面价值，贷记"融资租赁资产"科目；以融资租赁方式租出资产的公允价值与账面价值的差额，借记或贷记"资产处置损益"科目；按发生的初始直接费用，贷记"银行存款"等科目；差额贷记"应收融资租赁款——未实现融资收益"科目。企业认为有必要对发生的初始直接费用进行单独核算的，也可以按照发生的初始直接费用的金额，借记"应收融资租赁款——初始直接费用"科目，贷记"银行存款"等科目；然后借记"应收融资租赁款——未实现融资收益"科目，贷记"应收融资租赁款——初始直接费用"科目。

若某融资租赁合同必须以收到租赁保证金为生效条件，出租人收到承租人交来的租赁保证金，借记"银行存款"科目，贷记"其他应收款——租赁保证金"科目。承租人到期不交租金，以保证金抵作租金时，借记"其他应收款——租赁保证金"科目，贷记"应收融资租赁款"科目。承租人违约，按租赁合同或协议规定没收保证金时，借记"其他应收款——租赁保证金"科目，贷记"营业外收入"等科目。

3. 案例解析

【例20-6】2×19年12月1日，甲公司与乙公司签订了一份租赁合同，从乙公司租入塑钢机一台。租赁合同主要条款如下。

（1）租赁资产：全新塑钢机。

（2）租赁期开始日：2×20年1月1日。

（3）租赁期：2×20年1月1日至2×25年12月31日，共72个月。

（4）固定租金支付：自2×20年1月1日，每年年末支付租金160 000元。如果甲公司能够在每年年末的最后一天及时付款，则给予减少租金10 000元的奖励。

（5）取决于指数或比率的可变租赁付款额：租赁期限内，如遇中国人民银行贷款基准利率调整时，出租人将对租赁利率做出同方向、同幅度的调整。基准利率调整日之前各期和调整日当期租金不变，从下一期租金开始按调整后的租金金额收取。

(6)租赁开始日租赁资产的公允价值:该机器在2×19年12月31日的公允价值为700 000元,账面价值为600 000元。

(7)初始直接费用:签订租赁合同过程中乙公司发生可归属于租赁项目的手续费、佣金10 000元。

(8)承租人的购买选择权:租赁期届满时,甲公司享有优惠购买该机器的选择权,购买价为20 000元,估计该日租赁资产的公允价值为80 000元。

(9)取决于租赁资产绩效的可变租赁付款额:2×21年和2×22年两年,甲公司每年按该机器所生产的产品——塑钢窗户的年销售收入的5%向乙公司支付。

(10)承租人的终止租赁选择权:甲公司享有终止租赁选择权。在租赁期间,如果甲公司终止租赁,需支付的款项为剩余租赁期间的固定租金支付金额。

(11)担保余值和未担保余值均为0。

(12)全新塑钢机的使用寿命为7年。

分析:出租人乙公司的会计处理如下。

第一步,判断租赁类型。

本例存在优惠购买选择权,优惠购买价20 000元远低于行使选择权日租赁资产的公允价值80 000元,因此在2×19年12月31日就可合理确定甲公司将会行使这种选择权。另外,在本例中,租赁期6年,占租赁开始日租赁资产使用寿命的86%(占租赁资产使用寿命的大部分)。同时,乙公司综合考虑其他各种情形和迹象,认为该租赁实质上转移了与该项设备所有权有关的几乎全部风险和报酬,因此将这项租赁认定为融资租赁。

第二步,确定租赁收款额。

(1)承租人的固定付款额为考虑扣除租赁激励后的金额。

固定付款额=(160 000 -10 000)×6 =900 000(元)

(2)取决于指数或比率的可变租赁付款额。

该款项在初始计量时根据租赁期开始日的指数或比率确定,因此本例题在租赁期开始日不做考虑。

(3)承租人购买选择权的行权价格。

租赁期届满时,甲公司享有优惠购买该机器的选择权,购买价为20 000元,估计该日租赁资产的公允价值为80 000元。优惠购买价20 000元远低于行使选择权日租赁资产的公允价值,因此在2×19年12月31日就可合理确定甲公司将会行使这种选择权。

结论:租赁付款额中应包括承租人购买选择权的行权价格20 000元。

(4)终止租赁的罚款。

虽然甲公司享有终止租赁选择权,但若终止租赁,甲公司需支付的款项为剩余租赁期间的固定租金支付金额。

结论:根据上述条款,可以合理确定甲公司不会行使终止租赁选择权。

(5)由承租人向出租人提供的担保余值:甲公司向乙公司提供的担保余值为0元。

综上所述租赁收款额为:900 000 +20 000=920 000(元)

第三步,确认租赁投资总额。

租赁投资总额＝在融资租赁下出租人应收的租赁收款额＋未担保余值

本例中租赁投资总额＝920 000 +0=920 000（元）

第四步，确认租赁投资净额和未实现融资收益。

租赁投资净额在金额上等于租赁资产在租赁期开始日公允价值＋出租人发生的初始直接费用＝700 000+10 000=710 000（元）

未实现融资收益＝租赁投资总额－租赁投资净额＝920 000－710 000=210 000（元）

第五步，计算租赁内含利率。

租赁内含利率是使租赁投资总额的现值（即租赁投资净额）等于租赁资产在租赁开始日的公允价值与出租人的初始直接费用之和的利率。

本例中列出公式：$150\,000\times(P/A, r, 6)+20\,000\times(P/F, r, 6)=710\,000$（元），计算得到租赁的内含利率为 7.82%。

第六步，做出会计处理。

2×20 年 1 月 1 日，应做如下会计分录。

借：应收融资租赁款——租赁收款额	920 000
贷：银行存款	10 000
融资租赁资产	600 000
资产处置损益	100 000
应收融资租赁款——未实现融资收益	210 000

（二）融资租赁后续计量的会计处理

1. 业务概述

融资租赁后续计量的会计处理，如表 20-5 所示。

表 20-5　融资租赁后续计量的会计处理

经济业务	会计处理
出租人在确认租赁期内各个期间的利息收入时	借：应收融资租赁款——未实现融资收益 　　贷：租赁收入——利息收入 　　　　其他业务收入
出租人收到租赁收款额时	借：银行存款 　　贷：应收融资租赁款——租赁收款额
应收融资租赁款的预期信用损失	借：信用减值损失 　　贷：应收融资租赁款减值准备 转回时做相反分录

2. 会计处理

出租人在确认租赁期内各个期间的利息收入时，应当借记"应收融资租赁款——未实现融资收益"科目，贷记"租赁收入——利息收入""其他业务收入"等科目。

出租人收到租赁收款额时，应当借记"银行存款"科目，贷记"应收融资租赁款——租赁收款额"科目。

应收融资租赁款的预期信用损失,按应减记的金额,借记"信用减值损失"科目,贷记"应收融资租赁款减值准备"。转回已计提的减值准备时,做相反的会计分录。

3. 案例解析

【例20-7】沿用【例20-6】,以下说明出租人如何确认计量租赁期内各期间的利息收入。

分析:

第一步,计算租赁期各期的利息收入。租赁期各期的利息收入如表20-6所示。

表20-6 租赁期各期的利息收入

单位:元

日期 ①	租金 ②	确认的利息收入 ③=期初④×7.82%	租赁投资净额余额 期末④=期初④-②+③
2×20年1月1日			710 000
2×20年12月31日	150 000	55 522	615 522
2×21年12月31日	150 000	48 134	513 656
2×22年12月31日	150 000	40 168	403 824
2×23年12月31日	150 000	31 579	285 403
2×24年12月31日	150 000	22 319	157 722
2×25年12月31日	150 000	12 278*	20 000
2×25年12月31日	20 000		
合计	920 000	210 000	

注:* 做尾数调整,12 278 =150 000 +20 000 −157 722。

第二步,编制会计分录。

(1) 2×20年12月31日收到第一期租金。

借:银行存款　　　　　　　　　　　　　　　　　　　　　150 000
　　贷:应收融资租赁款——租赁收款额　　　　　　　　　　150 000
借:应收融资租赁款——未实现融资收益　　　　　　　　　　55 522
　　贷:租赁收入　　　　　　　　　　　　　　　　　　　　55 522

(2) 2×21年12月31日收到第二期租金。

借:银行存款　　　　　　　　　　　　　　　　　　　　　150 000
　　贷:应收融资租赁款——租赁收款额　　　　　　　　　　150 000
借:应收融资租赁款——未实现融资收益　　　　　　　　　　48 134
　　贷:租赁收入　　　　　　　　　　　　　　　　　　　　48 134

【例20-8】沿用【例20-6】,假设2×21年和2×22年,甲公司分别实现塑钢窗户年销售收入1 000 000元和1 500 000元。根据租赁合同,乙公司2×21年和2×22年应向甲公司收取的与销售收入挂钩的租金分别为50 000元和75 000元。

分析：相关会计处理如下。

（1）2×21年。

借：银行存款（或应收账款） 50 000
　　贷：租赁收入 50 000

（2）2×22年。

借：银行存款（或应收账款） 75 000
　　贷：租赁收入 75 000

【例20-9】沿用【例20-6】，租赁期届满时的处理——承租人行使购买权。

分析：相关会计处理如下。

借：银行存款 20 000
　　贷：应收融资租赁款——租赁收款额 20 000

（三）融资租赁变更的会计处理

1. 业务概述

准则规定，融资租赁发生变更且同时符合下列条件的，出租人应当将该变更作为一项单独租赁进行会计处理：（1）该变更通过增加一项或多项租赁资产的使用权而扩大了租赁范围或延长了租赁期限；（2）增加的对价与租赁范围扩大部分或租赁期限延长部分的单独价格按该合同情况调整后的金额相当。否则，不应作为一项单独租赁。

2. 案例解析

【例20-10】承租人就某套机器设备与出租人签订了一项为期5年的租赁合同，构成融资租赁。在第2年年初，承租人和出租人同意对原租赁合同进行修改，再增加1套机器设备用于租赁，租赁期也为5年。扩租的设备从第2年第二季度末时可供承租人使用。租赁总对价的增加额与新增的该套机器设备的当前出租市价扣减相关折扣相当。其中，折扣反映了出租人节约的成本，即若将同样设备租赁给新租户出租人会发生的成本，如营销成本等。

分析：此情况下，该变更通过增加一项或多项租赁资产的使用权而扩大了租赁范围，增加的对价与租赁范围扩大部分的单独价格按该合同情况调整后的金额相当，应将该变更作为一项新的租赁。

【例20-11】承租人就某套机器设备与出租人签订了一项为期5年的租赁合同，构成融资租赁。合同规定，每年年末承租人向出租人支付租金10 000元，租赁期开始日，出租资产公允价值为37 908元。按照公式$10\,000 \times (P/A, r, 5) = 37\,908$（元），计算得出租赁内含利率为10%，租赁收款额为50 000元，未确认融资收益为12 092元。在第2年年初，承租人和出租人同意对原租赁合同进行修改，缩短租赁期限到第3年年末，每年支付租金时点不变，租金总额从50 000元变更到33 000元。假设本例中不涉及未担保余值、担保余值、终止租赁罚款等。

分析：本例中，如果原租赁期限设定为3年，在租赁开始日，租赁类别被分类为经营租赁，那么，在租赁变更生效日，即第2年年初，出租人将租赁投资净额余额31 699（37 908+37 908×10%-10 000）元作为该套机器设备的入账价值，并从第2年年初开始，作为一项新的经营租赁（2年租赁期，每年年末收取租金11 500元）进行会计处理。

第2年年初会计分录如下。

借：固定资产 31 699
　　应收融资租赁款——未确认融资收益　　（12 092-37 908×10%）8 301
　贷：应收融资租赁款——租赁收款额　　　（50 000-10 000）40 000

【例20-12】承租人就某套机器设备与出租人签订了一项为期5年的租赁合同，构成融资租赁。合同规定，每年年末承租人向出租人支付租金10 000元，租赁期开始日租赁资产公允价值为37 908元，同【例20-11】，租赁内含利率为10%。在第2年年初，承租人和出租人因为设备适用性等原因同意对原租赁合同进行修改，从第2年开始，每年支付租金额变为9 500元，租金总额从50 000元变更到48 000元。

分析：如果此付款变更在租赁开始日生效，租赁类别仍被分类为融资租赁，那么，在租赁变更生效日——第2年年初，按10%原租赁内含利率重新计算租赁投资净额为30 114元[9 500×(P/A,10%,4)]，与原租赁投资净额账面余额31 699元的差额1 585元（其中"应收融资租赁款——租赁收款额"减少2 000元，"应收融资租赁款——未确认融资收益"减少415元）计入当期损益。

第2年年初会计分录如下。

借：租赁收入 1 585
　　应收融资租赁款——未确认融资收益 415
　贷：应收融资租赁款——租赁收款额 2 000

20.2.2 经营租赁的会计处理

（一）业务概述

融资租赁之外的其他租赁方式都是经营租赁。经营租赁的会计处理如表20-7所示。

表20-7 经营租赁的会计处理

经济业务	会计处理
租金收入	按直线法确认 借：银行存款 　贷：租赁收入/其他业务收入
发生的初始直接费用	借：管理费用 　贷：银行存款 金额较大的应当资本化，在整个经营租赁期间内按照与确认租金收入相同的基础分期计入当期损益
或有租金——在实际发生时计入当期收益	借：银行存款 　贷：租赁收入/其他业务收入

（二）会计处理

1. 租金的处理

在租赁期内各个期间，出租人应采用直线法或者其他系统合理的方法将经营租赁的租赁收款额确认为租金收入。如果其他系统合理的方法能够更好地反映因使用租赁资产所产生经济利益的消耗模式的，则出租人应采用该方法。

2. 出租人对经营租赁提供激励措施

出租人提供免租期的，出租人应将租金总额在不扣除免租期的整个租赁期内，按直线法或其他合理的方法进行分配，免租期内应当确认租金收入。出租人承担了承租人某些费用的，出租人应将该费用自租金收入总额中扣除，按扣除后的租金收入余额在租赁期内进行分配。

3. 初始直接费用

出租人发生的与经营租赁有关的初始直接费用应当资本化至租赁标的资产的成本，在租赁期内按照与租金收入相同的确认基础分期计入当期损益。

4. 折旧和减值

对于经营租赁资产中的固定资产，出租人应当采用类似资产的折旧政策计提折旧；对于其他经营租赁资产，应当根据该资产适用的企业会计准则，采用系统合理的方法进行摊销。

出租人应当按照《企业会计准则第8号——资产减值》的规定，确定经营租赁资产是否发生减值，并对已识别的减值损失进行会计处理。

5. 可变租赁付款额

出租人取得的与经营租赁有关的可变租赁付款额，如果是与指数或比率挂钩的，应在租赁期开始日计入租赁收款额；除此之外的，应当在实际发生时计入当期损益。

6. 经营租赁的变更

准则规定，经营租赁发生变更的，出租人应自变更生效日开始，将其作为一项新的租赁进行会计处理，与变更前租赁有关的预收或应收租赁收款额视为新租赁的收款额。

（三）案例解析

【例20-13】2×19年1月1日，A公司与B公司（出租人）达成租赁协议。就一台办公设备签订为期3年的租赁合同。该办公设备在2×19年1月1日的公允价值为1 000 000元，预计使用年限为10年。租赁合同规定，租赁开始日（2×19年1月1日）A公司向B公司预付租金150 000元，第1年年末支付租金150 000元，第2年年末支付租金200 000元，第3年年末支付租金250 000元。租赁期届满后B公司收回设备，3年的租金总额为750 000元。（假定A公司和B公司均在年末确认租金费用和租金收入，并且不存在租金逾期支付的情况。）

分析：将融资租赁条件应用于本例当中，可以发现此项租赁没有满足融资租赁的任何一条标准，应作为经营租赁处理。确认租金费用时，应当将租赁期内取得的全部租金收入在全部租赁期内按照直线法进行分摊。不能依据各期实际支付的租金的金额确定。此项租赁租金费用总额为 750 000 元，按直线法计算，每年应分摊的租金费用为 250 000 元。

分析：会计处理如下。

（1）2×19 年 1 月 1 日。

借：银行存款　　　　　　　　　　　　　　　　　　　150 000
　　贷：预收账款　　　　　　　　　　　　　　　　　　150 000

（2）2×19 年 12 月 31 日。

借：应收经营租赁款　　　　　　　　　　　　　　　　250 000
　　贷：主营业务收入——经营租赁收入　　　　　　　　250 000
借：银行存款　　　　　　　　　　　　　　　　　　　150 000
　　预收账款　　　　　　　　　　　　　　　　　　　100 000
　　贷：应收经营租赁款　　　　　　　　　　　　　　　250 000

（3）2×20 年 12 月 31 日。

借：应收经营租赁款　　　　　　　　　　　　　　　　250 000
　　贷：主营业务收入——经营租赁收入　　　　　　　　250 000
借：银行存款　　　　　　　　　　　　　　　　　　　200 000
　　预收账款　　　　　　　　　　　　　　　　　　　 50 000
　　贷：应收经营租赁款　　　　　　　　　　　　　　　250 000

（4）2×21 年 12 月 31 日。

借：应收经营租赁款　　　　　　　　　　　　　　　　250 000
　　贷：主营业务收入——经营租赁收入　　　　　　　　250 000
借：银行存款　　　　　　　　　　　　　　　　　　　250 000
　　贷：应收经营租赁款　　　　　　　　　　　　　　　250 000

20.3 特殊租赁业务相关的会计处理

20.3.1 转租赁的会计处理

（一）业务概述

转租情况下，原租赁合同和转租赁合同通常都是单独协商的，交易对手也是不同的企业，准则要求转租出租人对原租赁合同和转租赁合同分别根据承租人和出租人会计处理要求，进行会计处理。

（二）会计处理

承租人在对转租赁进行分类时，转租出租人应基于原租赁中产生的使用权资产，而不是租赁资产（如作为租赁对象的不动产或设备）进行分类。原租赁资产不归转租出租人所有，原租赁资产也未计入其资产负债表。因此，转租出租人应基于其控制的资产（即使用权资产）进行会计处理。

原租赁为短期租赁，且转租出租人作为承租人已按照准则规定采用简化会计处理方法的，应将转租赁分类为经营租赁。

（三）案例解析

【例20-14】甲企业（原租赁承租人）与乙企业（原租赁出租人）就5 000平方米办公场所签订了一项为期5年的租赁合同（原租赁）。在第3年年初，甲企业将该5 000平方米办公场所转租给丙企业，期限为原租赁的剩余3年时间（转租赁）。假设不考虑初始直接费用。

分析：甲企业应基于原租赁形成的使用权资产对转租赁进行分类。本例中，转租赁的期限覆盖了原租赁的所有剩余期限，综合考虑其他因素，甲企业判断其实质上转移了与该项使用权资产有关的几乎全部风险和报酬，甲企业将该项转租赁分类为融资租赁。

甲企业的会计处理为：（1）终止确认与原租赁相关且转给丙企业（转租承租人）的使用权资产，并确认转租赁投资净额；（2）将使用权资产与转租赁投资净额之间的差额确认为损益；（3）在资产负债表中保留原租赁的租赁负债，该负债代表应付原租赁出租人的租赁付款额。在转租期间，中间出租人既要确认转租赁的融资收益，也要确认原租赁的利息费用。

【例20-15】甲企业（原租赁承租人）与乙企业（原租赁出租人）就5 000平方米办公场所签订了一项为期5年的租赁合同（原租赁）。在原租赁的租赁期开始日，甲企业将该5 000平方米办公场所转租给丙企业，期限为两年（转租赁）。

分析：甲企业基于原租赁形成的使用权资产对转租赁进行分类，考虑各种因素后，将其分类为经营租赁。签订转租赁合同时，中间出租人在其资产负债表中继续保留与原租赁相关的租赁负债和使用权资产。在转租期间，甲企业的会计处理为：确认使用权资产的折旧费用和租赁负债的利息；确认转租赁的租赁收入。

20.3.2 生产商或经销商出租人的融资租赁会计处理

（一）业务概述

生产商或经销商通常为客户提供购买或租赁其产品或商品的选择。如果生产商或经销商出租其产品或商品构成融资租赁，则该交易产生的损益应相当于按照考虑适用的交易量或商业折扣后的正常售价直接销售标的资产所产生的损益。生产商或经销商出租人的融资租赁的会计处理如表20-4所示。

（二）会计处理

构成融资租赁的，生产商或经销商出租人在租赁期开始日应当按照租赁资产公允价值与租赁收款额按市场利率折现的现值两者孰低确认收入，并按照租赁资产账面价值扣除未担保余值的现值后的余额结转销售成本，收入和销售成本的差额作为销售损益。由于取得融资租赁所发生的成本主要与生产商或经销商赚取的销售利得相关，生产商或经销商出租人应当在租赁期开始日将其计入损益。即,与其他融资租赁出租人不同,生产商或经销商出租人取得融资租赁所发生的成本不属于初始直接费用,不计入租赁投资净额。

为吸引客户,生产商或经销商出租人有时以较低利率报价。使用该利率会导致出租人在租赁期开始日确认的收入偏高。在这种情况下,生产商或经销商出租人应当将销售利得限制为采用市场利率所能取得的销售利得。

(三) 案例解析

【例20-16】甲公司是一家设备生产商,其长期客户乙公司提出以租赁的形式与甲公司签订协议,以使用甲公司新开发出的一台生产性设备。在经过协商后,甲公司与乙公司签订了一份租赁合同,向乙公司出租其所生产的设备一台,合同主要条款如下:

(1)租赁资产:新型生产线一组;
(2)租赁期:2×19年1月1日至2×21年12月31日,共3年;
(3)租金支付时间:自2×19年起每年年末支付年租金2 000 000元;
(4)租赁合同规定的利率:6%(年利率),与市场利率相同;
(5)该设备于2×19年1月1日的公允价值为5 000 000元,账面价值为2 500 000元;
(6)甲公司为取得该项租赁合同发生的相关成本为5 000元;
(7)甲公司将该生产线于2×19年1月1日交付乙公司,预计使用寿命为8年,无残值;租赁期届满时,乙公司可以100元购买该设备,预计租赁到期日该设备的公允价值不低于1 500 000元,乙公司对此金额提供担保;租赁期内该设备的保险、维修等费用均由乙公司自行承担。假设不考虑其他因素和各项税费影响。

分析:

第一步,判断租赁类型。本例中租赁期满乙公司可以远低于租赁到期日租赁资产公允价值的金额购买租赁资产,甲公司在租赁期开始日可以通过迹象分析认为在租赁期结束后,合理确定乙公司将行使购买选择权,综合考虑其他因素,与该项租赁资产所有权有关的几乎所有风险和报酬已实质转移给乙公司,因此甲公司将本次的租赁行为认定为融资租赁。

第二步,计算租赁收款额、租赁收款额按照市场利率折现的现值。

租赁收款额 = 租金 × 期数 + 行使购买选择权的购买价格 = 2 000 000×3+100=6 000 100(元)

租赁收款额按照市场利率折现的现值 =2 000 000×(*P/A*,6%,3)+100×(*P/F*,6%,3)=5 346 100(元)

按照租赁资产公允价值与租赁收款额按照市场利率折现的现值两者孰低的原则,确认收入为5 000 000元。

第三步,计算租赁资产账面价值扣除未担保余值的现值后的余额,确定销售成本。

销售成本 = 账面价值 − 未担保余值的现值 =2 500 000−0=2 500 000(元)

第四步,会计处理。

2×19年1月1日(租赁期开始日),相关会计处理如下。

借：应收融资租赁款——租赁收款额	5 346 100
贷：主营业务收入	5 000 000
应收融资租赁款——未实现融资收益	346 100
借：主营业务成本	2 500 000
贷：存货	2 500 000
借：销售费用	5 000
贷：银行存款	5 000

由于甲公司在确定租赁收入和租赁投资净额（即应收融资租赁款）时，是基于租赁资产的公允价值，因此，甲公司需要根据租赁收款额、未担保余值和租赁产公允价值重新计算租赁内含利率。即，$2\,000\,000\times(P/A, r, 3)+100\times(P/F, r, 3)=5\,000\,000$（元），$r=9.693\,1\%$，计算租赁期内各期分摊的融资收益如表20-8所示。

表20-8 租赁期内各期分摊的融资收益

单位：元

日期	租赁收款 ①	确认的租赁收入 ②= 期初 ④×9.693 1%	应收租赁款减少额 ③=①-②	应收租赁款净额 期末 ④= 期初 ④-③
2×19年1月1日				5 000 000
2×19年12月31日	2 000 000	484 655	1 515 345	3 484 655
2×20年12月31日	2 000 000	337 771	1 662 229	1 822 426
2×21年12月31日	2 000 000	177 674*	1 822 326*	100
2×21年12月31日	100		100	
合计	6 000 100	1 000 100	5 000 000	

注：* 做尾数调整，177 674=2 000 000-1 822 326，1 822 326=1 822 426-100。

（1）2×19年12月31日，会计处理如下。

借：应收融资租赁款——未实现融资收益	484 655
贷：租赁收入	484 655
借：银行存款	2 000 000
贷：应收融资租赁款——租赁收款额	2 000 000

（2）2×20年12月31日，会计处理如下。

借：应收融资租赁款——未实现融资收益	337 771
贷：租赁收入	337 771
借：银行存款	2 000 000
贷：应收融资租赁款——租赁收款额	2 000 000

(3) 2×21年12月31日，会计处理如下。

借：应收融资租赁款——未实现融资收益　　　　　　　　　　　177 674
　　贷：租赁收入　　　　　　　　　　　　　　　　　　　　　177 674
借：银行存款　　　　　　　　　　　　　　　　　　　　　　2 000 000
　　贷：应收融资租赁款——租赁收款额　　　　　　　　　　2 000 000

20.3.3 售后租回交易的会计处理

（一）业务概述

若企业（卖方兼承租人）将资产转让给其他企业（买方兼出租人），并从买方兼出租人租回该项资产，则卖方兼承租人和买方兼出租人均应按照售后租回交易的规定进行会计处理。企业应当按照《企业会计准则第14号——收入》（2017）的规定，评估确定售后租回交易中的资产转让是否属于销售，并区别进行会计处理。

售后租回交易的会计处理，如表20-9所示。

表20-9　售后租回交易的会计处理

经济业务	会计处理
售后租回形成融资租赁	注：将固定资产账面价值转入固定资产清理的分录略 借：银行存款（收到的售价） 　　贷：固定资产清理（账面价值） 　　　　递延收益（差额） 分摊递延收益，作为折旧费用的调整 借：递延收益（采用与折旧相同的进度进行摊销） 　　贷：制造费用/管理费用等

（续表）

经济业务	会计处理
售后租回形成经营租赁	（1）有确凿证据表明售后租回交易是按照公允价值达成的，即售价等于公允价值，售价与资产账面价值的差额应当计入当期损益 注：将固定资产账面价值转入固定资产清理的分录略 借：银行存款（收到的售价） 　　贷：固定资产清理（账面价值） 　　　　资产处置损益（差额，或借记） 各期支付租金费用时 借：管理费用等 　　贷：银行存款 （2）售价低于公允价值且未来租赁付款额不低于市价，有关损益（售价与资产账面价值的差额）应于当期确认；但若该损失将由低于市价的未来租赁付款额外补偿的，应将其递延，并按与确认租金费用相一致的方法分摊至预计的资产使用期内 ① 售价＜公允价值，且无补偿 注：将固定资产账面价值转入固定资产清理的分录略 借：银行存款（收到的售价） 　　贷：固定资产清理（账面价值） 　　　　资产处置损益（差额） ② 售价＜公允价值，有补偿 注：将固定资产账面价值转入固定资产清理的分录略 借：银行存款（收到的售价） 　　贷：固定资产清理（账面价值） 　　　　递延收益（差额，或借记） 以后各期支付租金费用并分摊递延收益时 借：管理费用等 　　贷：银行存款 借：递延收益（按照与确认租金费用相一致的方法分摊） 　　贷：管理费用等（或做相反分录） （3）售价高于公允价值的，其高出公允价值的部分应予递延，并在预计的资产使用期限内摊销 注：将固定资产账面价值转入固定资产清理的分录略 借：银行存款（收到的售价） 　　贷：固定资产清理（账面价值） 　　　　递延收益（售价－公允价值） 　　　　资产处置损益（公允价值－账面价值） 以后各期支付租金费用并分摊递延收益时 借：管理费用等 　　贷：银行存款 借：递延收益 　　贷：管理费用等（按照与确认租金费用相一致的方法分摊）

（二）会计处理

在标的资产的法定所有权转移给出租人并将资产租赁给承租人之前，承租人可能会先获得标的资产的法定所有权。但是，是否具有标的资产的法定所有权本身并非会计处理的决定性因素。如果承租人在资产转移给出租人之前已经取得对标的资产的控制，则该交易属于售后租回交易。然而，如果承租人未能在资产转移给出租人之前取得对标的资产的控制，那么即便承租人在资产转移给出租人之前先获得标的资产的法定所有权，该交易也不属于售后租回交易。

1. **售后租回交易中的资产转让属于销售**

卖方兼承租人应当按原资产账面价值中与租回获得的使用权有关的部分，计量售后租回所形成的使用权资产，并仅就转让至买方兼出租人的权利确认相关利得或损失。买方兼出租人根据其他适用的企业会计准则对资产购买进行会计处理，并根据《企业会计准则第21号——租赁》对资产出租进行会计处理。

如果销售对价的公允价值与资产的公允价值不同，或者出租人未按市场价格收取租金，企业应当进行以下调整：

（1）销售对价低于市场价格的款项作为预付租金进行会计处理；

（2）销售对价高于市场价格的款项作为买方兼出租人向卖方兼承租人提供的额外融资进行会计处理。

同时，承租人按照公允价值调整相关销售利得或损失，出租人按市场价格调整租金收入。

在进行上述调整时，企业应当按以下二者中较易确定者进行：

（1）销售对价的公允价值与资产的公允价值的差异；

（2）合同付款额的现值与按市场租金计算的付款额的现值的差异。

2. **售后租回交易中的资产转让不属于销售**

卖方兼承租人不终止确认所转让的资产，而应当将收到的现金作为金融负债，并按照《企业会计准则第22号——金融工具确认和计量》（2017）进行会计处理。买方兼出租人不确认被转让资产，而应当将支付的现金作为金融资产，并按照《企业会计准则第22号——金融工具确认和计量》（2017）进行会计处理。

（三）案例解析

【例20-17】甲公司（卖方兼承租人）拥有一栋建筑物，经协商，甲公司以货币资金30 000 000元的价格向乙公司（买方兼出租人）出售一栋建筑物。该建筑物在签订合同之前的账面原值是30 000 000元，累计折旧是27 500 000元。与此同时，甲公司与乙公司签订了合同，取得了该建筑物20年的使用权（全部剩余使用年限为40年），年租金为1 000 000元，于每年年末支付，租赁期满时，甲公司将以100元购买该建筑物。根据交易的条款和条件，甲公司转让建筑物不满足《企业会计准则第14号——收入》（2017）中关于销售成立的条件。假设不考虑初始直接费用和各项税费的影响。该建筑物在销售当日的公允价值为36 000 000元。

分析：在租赁期开始日，甲公司对该交易的会计处理如下。

借：货币资金　　　　　　　　　　　　　　　　　　　　　　30 000 000

　　贷：长期应付款　　　　　　　　　　　　　　　　　　　　30 000 000

在租赁期开始日，乙公司对该交易的会计处理如下。

借：长期应收款　　　　　　　　　　　　　　　　　　　　30 000 000
　　贷：货币资金　　　　　　　　　　　　　　　　　　　　　30 000 000

【例20-18】甲公司（卖方兼承租人）以货币资金40 000 000元的价格向乙公司（买方兼出租人）出售一栋建筑物，交易前该建建筑物的账面原值是24 000 000元，已计提折旧4 000 000元。与此同时，甲公司与乙公司签订了合同，取得了该建筑物18年的使用权（全部剩余使用年限为40年），年租金为2 400 000元，于每年年末支付。根据交易的条款和条件，甲公司转让建筑物符合《企业会计准则第14号——收入》（2017）中关于销售成立的条件。假设不考虑初始直接费用和各项税费的影响。该建筑物在销售当日的公允价值为36 000 000元。

分析：由于该建筑物的销售对价并非其实际公允价值，甲公司和乙公司在进行会计处理时应当分别进行调整，以公允价值计量销售收益和租赁应收款。超额售价4 000 000元（40 000 000-36 000 000）作为乙公司向甲公司提供的对外融资进行确认。

甲、乙公司均确定租赁内含年利率为4.5%，年付款额现值为29 183 980元（年付款额2 400 000，共18期，按租赁内含利率4.5%进行折现），其中4 000 000元与对外融资相关，25 183 980元与租赁相关（分别对应年付款额328 948元和2 071 052元），具体计算过程如下。

年付款额现值 =2 400 000×（P/A，4.5%，18）=29 183 980（元）
对外融资相关年付款额 =4 000 000÷29 183 980×2 400 000=328 948（元）
租赁相关年付款额 =2 400 000-328 948=2 071 052（元）

（1）在租赁期开始日，甲公司对交易的会计处理如下。

第一步，按与租回获得的使用权部分占建筑物的原账面金额的比例计算售后租回所形成的使用权资产。

使用权资产 =（24 000 000-4 000 000）×（25 183 980÷36 000 000）=13 991 100（元）

第二步，计算与转让至乙公司的权利相关的利得。

出售该建筑物的全部利得 =36 000 000-20 000 000=16 000 000（元），其中：
与该建筑物使用权相关利得 =16 000 000×（25 183 980÷36 000 000）=11 192 880（元）
与转让至乙公司的权利相关的利得 =16 000 000-11 192 880= 4 807 120（元）

第三步，做出会计分录。

① 与对外融资相关部分的会计处理如下。

借：货币资金　　　　　　　　　　　　　　　　　　　　　4 000 000
　　贷：长期应付款　　　　　　　　　　　　　　　　　　　　4 000 000

② 与租赁相关部分的会计处理如下。

借：货币资金　　　　　　　　　　　　　　　　　　　　　36 000 000
　　使用权资产　　　　　　　　　　　　　　　　　　　　13 991 100
　　固定资产——建筑物（累计折旧）　　　　　　　　　　　4 000 000
　　租赁负债——未确认资费用　　　　　　　　　　　　　12 094 956
　　贷：固定资产——建筑物（原值）　　　　　　　　　　　24 000 000

租赁负债——租赁付款额	（2 071 052×18）	37 278 936
资产处置损益		4 807 120

（2）甲公司支付的年付款额 2 400 000 元中 2 071 052 元作为租赁付款额处理，328 948 元作为结算金融负债 400 000 元而支付的款项和利息费用进行会计处理。

① 以第一年年末为例，相关会计处理如下。

借：租赁负债——租赁付款额		2 071 052
长期应付款	（328 948−180 000）	148 948
利息费用	（25 183 980×4.5% +4 000 000×4.5%）	1 313 279
贷：租赁负债——未确认融资费用		1 133 279
银行存款		2 400 000

② 综合考虑租期占该建筑物剩余使用年限的比例等因素，乙公司将该建筑物的租赁分类为经营租赁。在租赁期开始日，乙公司对该交易的会计处理如下。

借：固定资产——建筑物	36 000 000
长期应收款	4 000 000
贷：货币资金	40 000 000

（3）租赁期开始日之后，乙公司将从甲公司年收款额 2 400 000 元中的 2 071 052 元作为租赁收款额进行会计处理。从甲公司年收款额中的其余 328 948 元作为结算金融资产 400 000 元而收到的款项和利息收入进行会计处理。

以第一年年末为例，相关会计处理如下。

借：银行存款	2 400 000
贷：租金收入	2 071 052
利息收入	180 000
长期应收款	148 948

20.4　列报和披露

20.4.1　承租人的列报和披露

（一）业务概述

承租人应当在财务报表附注中披露有关租赁活动的定性和定量信息，以便财务报表使用者评估租赁活动对出租人的财务状况、经营成果和现金流量的影响。

（二）列报和披露

1. 资产负债表

承租人应当在资产负债表中单独列示使用权资产和租赁负债。其中，租赁负债通常分别非流动负债和一年内到期的非流动负债（即资产负债表日后 12 个月内租赁负债预期减少的金额）列示。

2. 利润表

承租人应当在利润表中分别列示租赁负债的利息费用与使用权资产的折旧费用。其中，租赁负债的利息费用在财务费用项目列示。对于金融企业，财务报表格式中没有财务费用项目，因此使用权资产的折旧费用和利息费用可以在"业务及管理费用"项目列示，并在附注中进一步披露。

3. 现金流量表

承租人应当在现金流量表中按照如下方式列示。

（1）偿还租赁负债本金和利息所支付的现金，应当计入筹资活动现金流出。

（2）按照《企业会计准则第21号——租赁》有关规定对短期租赁和低价值资产租赁进行简化处理的，支付的相关付款额，应当计入经营活动现金流出。

（3）支付的未纳入租赁负债计量的可变租赁付款额，应当计入经营活动现金流出。

4. 承租人的披露

承租人应当在财务报表附注中披露有关租赁活动的定性和定量信息，以便财务报表使用者评估租赁活动对承租人的财务状况、经营成果和现金流量的影响。

承租人应当在财务报表的单独附注或单独章节中披露其作为承租人的信息，但无需重复已在财务报表其他部分列报或披露的信息，只需要在租赁的相关附注中通过交叉索引的方式体现该信息。

承租人应当在财务报表附注中披露与租赁有关的下列信息。

（1）各类使用权资产的期初余额、本期增加额、期末余额以及累计折旧额和减值金额。

（2）租赁负债的利息费用。

（3）有关简化处理方法的披露。

（4）计入当期损益的未纳入租赁负债计量的可变租赁付款额。

（5）转租使用权资产取得的收入。

（6）与租赁相关的总现金流出。

（7）售后租回交易产生的相关损益。

（8）按照《企业会计准则第37号——金融工具列报》（2017）应当披露的有关租赁负债的信息，包括单独披露租赁负债的到期期限分析、对相关流动性风险的管理等。

承租人应当以列表格式披露上述信息，其他格式更为适当的除外。值得注意的是，承租人披露的金额应包含已在当期计入其他资产账面价值的成本。

此外，承租人应当根据理解财务报表的需要，披露有关租赁活动的其他定性和定量信息。此类信息包括以下几点。

（1）租赁活动的性质。例如，租入资产的类别及数量、租赁期、是否存在续租选择权等租赁基本情况信息。

（2）未纳入租赁负债计量的未来潜在现金流出。

未纳入租赁负债计量的未来潜在现金流出主要来源于下列风险敞口：一是可变租赁付款额，二是续租选择权与终止租赁选择权，三是担保余值，四是承租人已承诺但尚未开始的租赁。

承租人可能需要根据具体情况披露与可变租赁付款额有关的额外信息，以帮助财务报表使用者进行评估。例如，承租人使用可变租赁付款额的原因，以及使用此类付款额的普遍性；可变租赁付款额相对于固定付款额的大小；可变租赁付款额所依据的主要变量，以及付款额预期将如何随主要变量变化而变动；可变租赁付款额的其他经营及财务影响。

根据具体情况，承租人可能需要披露与担保余值有关的额外信息，以帮助财务报表使用者进行评估。例如，承租人提供担保余值的原因，以及此类条款的普遍性；承租人担保余值风险敞口的相对大小；被担保的标的资产的性质；其他经营及财务影响。

（3）租赁导致的限制或承诺。

根据具体情况，承租人可能需要披露与租赁导致的限制或承诺有关的额外信息，以帮助财务报表使用者进行评估。例如，租赁合同中关于承租人维持特定财务比率的条款。

（4）售后租回交易。

根据具体情况，承租人可能需要披露与售后租回有关的额外信息，以帮助财务报表使用者进行评估。例如，承租人进行售后租回交易的原因，以及此类交易的普遍性；各项售后租回交易的主要条款与条件；未纳入租赁负债计量的付款额；售后租回交易对当期现金流量的影响。

（5）其他相关信息。

在确定有关租赁活动的上述其他定性和定量信息是否属于必要信息时，承租人应考虑以下两个方面。

① 该信息是否与财务报表使用者相关。

② 该信息是否可以从财务报表主表列报或附注中披露的信息直观得出。

承租人无需重复披露已在财务报表其他部分列报或披露的信息。

（三）案例解析

【例20-19】零售商甲公司租入了大量零售店铺，其中许多租赁包含与店铺销售额挂钩的可变付款额条款。甲公司的政策规定，可变租赁付款额条款的使用情形以及所有租赁商洽均须集中审批。租赁付款额受到集中监督。甲公司认为，关于可变租赁付款额的信息对财务报表使用者有重大意义，且其无法从财务报表的其他部分获得。此外，甲公司认为，下列信息对财务报表使用者也有重大意义：甲公司就可变租赁付款额所用的不同类型的合同条款，这些条款对其财务状况的影响，以及可变租赁付款额对销售额变化的敏感度等。这些信息与向甲公司的高级管理层报告时所用的有关可变租赁付款额的信息类似。

分析：甲公司在其财务报表附注中对租赁进行如下披露。

本集团的许多房地产租赁包含与租入店铺的销售额挂钩的可变租赁付款额条款。在可能的情况下，本集团使用该等条款的目的是将租赁的付款额与产生较多现金流的店铺相匹配。对于单独的店铺，最高可有100%的付款额是基于可变租赁付款额的，并且，用于确定付款额的销售额比例范围较大。在某些情况下，可变租赁付款额条款还包含年度付款额的下限或上限。

在2×07年度，租赁付款额及条款汇总如表20-10所示。

表 20-10 租赁付款额及条款汇总

	店铺数量（个）	固定付款额（元）	可变付款额（元）	付款额总额（元）
仅有固定付款额	1 490	1 153 000		1 153 000
有可变付款额且无最低标准	986		562 000	562 000
有可变付款额且有最低标准	3 089	1 091 000	1 435 000	2 526 000
合计	5 565	2 244 000	1 997 000	4 241 000

【例 20-20】承租人甲公司有大量大型设备租赁，这些租赁包含可由甲公司行使的续租选择权。甲公司的政策是，在可能的情况下使用续租选择权，从而使得已承诺的大型设备的租赁期与相关客户合同的初始合同期限一致，同时保留管理大型设备以及在不同合同间重新分配资产的灵活性。甲公司认为，关于续租选择权的信息对财务报表使用者有重大意义，且其无法从财务报表的其他部分获得。此外，甲公司认为，下列信息对财务报表使用者也有重大意义：未纳入租赁负债计量的未来租赁付款额的潜在风险敞口，以及过去已行使的续租选择权所占比例。这与向甲公司的高级管理层报告时所用的有关续租选择权的信息类似。

分析：甲公司在其财务报表附注中对租赁进行如下披露。

本集团的许多大型设备租赁包含续租选择权。这些条款可最大化合同管理的灵活性。在许多情况下，这些条款并未纳入租赁负债的计量，因为本集团无法合理确定是否将行使这些选择权。与续租选择权可行权之后的期间相关的潜在未来付款额如表 20-11 所示。

表 20-11 与续租选择权可行权之后的期间相关的潜在未来付款额

业务分部	已确认的租赁负债（已折现）（元）	未纳入租赁负债的潜在未来付款额（未折现）（元）	以往行使续租选择权的比例（%）
分部 A	569 000	799 000	52
分部 B	2 455 000	269 000	69
分部 C	269 000	99 000	75
分部 D	1 002 000	111 000	41
分部 E	914 000	312 000	76
合计	5 209 000	1 590 000	67

20.4.2 出租人的列报和披露

（一）业务概述

出租人应当根据资产的性质，在资产负债表中列示经营租赁资产。

出租人应当在财务报表附注中披露有关租赁活动的定性和定量信息，以便财务报表使用者评估租赁活动对出租人的财务状况、经营成果和现金流量的影响。

（二）列报和披露

出租人应披露的内容如下。

1. 与融资租赁有关的信息

出租人应当在附注中披露与融资租赁有关的下列信息。

（1）销售损益（生产商或经销商出租人）、租赁投资净额的融资收益以及与未纳入租赁投资净额的可变租赁付款额相关的收入。

出租人应当以列表形式披露上述信息，其他形式更为适当的除外。

（2）资产负债表日后连续五个会计年度每年将收到的未折现租赁收款额，以及剩余年度将收到的未折现租赁收款额总额；不足五个会计年度的，披露资产负债表日后连续每年将收到的未折现租赁收款额。

出租人应进行上述到期分析，并对融资租赁投资净额账面金额的重大变动提供定性和定量说明，以使财务报表使用者能够更准确地预测未来的租赁现金流量流动性风险。

（3）未折现租赁收款额与租赁投资净额的调节表。

调节表应说明与租赁应收款相关的未实现融资收益、未担保余值的现值。

2. 与经营租赁有关的信息

出租人应当在附注中披露与经营租赁有关的下列信息。

（1）租赁收入，并单独披露与未纳入租赁收款额计量的可变租赁付款额相关的收入。

与融资租赁出租人披露信息类似，出租人应当以列表形式披露上述信息，其他形式更为适当的除外。

（2）将经营租赁固定资产与出租人持有自用的固定资产分开，并按经营租赁固定资产的类别提供《企业会计准则第4号——固定资产》要求披露的信息。

出租人对经营租赁下租赁的资产采用与其在其他经营活动中持有和使用的自有资产相似的方式进行会计处理。然而，租赁资产与自有资产通常被用于不同的目的，即租赁资产产生租赁收入，而不是对出租人的其他经营活动做出贡献。因此，将出租人持有和使用的自有资产与产生租赁收入的租赁资产分开披露，有利于财务报表使用者了解更多信息。

（3）资产负债表日后连续五个会计年度每年将收到的未折现租赁收款额，以及剩余年度将收到的未折现租赁收款总额。不足五个会计年度的，披露资产负债表日后连续每年将收到的未折现租赁收款额。

与融资租赁披露类似，上述到期分析将使财务报表使用者能够更准确地预测未来的租赁现金流量流动性风险。

3. 其他信息

此外，出租人应当根据理解财务报表的需要，披露有关租赁活动的其他定性和定量信息。此类信息包括以下方面。

（1）租赁活动的性质。例如，租出资产的类别及数量、租赁期、是否存在续租选择权等租赁基本情况信息。

（2）对其在租赁资产中保留的权利进行风险管理的情况。

（3）其他相关信息。

第 21 章
金融工具确认和计量

《企业会计准则第 22 号——金融工具确认和计量》（以下简称"本准则"）主要规范了各类企业的金融资产和金融负债的确认和计量、嵌入衍生工具的会计处理、金融工具的减值，以及金融资产和金融负债所产生的相关利得和损失的会计处理。金融资产转移、套期会计的确认和计量，分别由《企业会计准则第 23 号——金融资产转移》和《企业会计准则第 24 号——套期会计》规范。权益工具与金融负债的区分等，由《企业会计准则第 37 号——金融工具列报》规范。企业所取得的金融资产和承担的金融负债，应当按照本准则的要求进行会计处理，并且应当按照《企业会计准则第 37 号——金融工具列报》中有关要求进行列报。

金融工具是指形成一方的金融资产并形成其他方的金融负债或权益工具的合同。合同的形式多种多样，可以采用书面形式，也可以不采用书面形式。实务中的金融工具合同通常采用书面形式。非合同的资产和负债不属于金融工具。例如，应交所得税是企业按照税收法规规定承担的义务，不是以合同为基础的义务，因此不符合金融工具定义。一般来说，金融工具包括金融资产、金融负债和权益工具，也可能包括一些尚未确认的项目。

21.1 金融资产和金融负债的确认与终止

21.1.1 与金融资产和金融负债确认相关的事项说明

（一）业务概述

企业成为金融工具合同的一方时，应当确认一项金融资产或金融负债。根据此确认条件，企业应将本准则范围内的衍生工具合同形成的权利或义务，确认为金融资产或金融负债。但是，如果衍生工具涉及金融资产转移，且导致该金融资产转移不符合终止确认条件，则不应将其确认，否则会导致衍生工具形成的权利或义务被重复确认。

（二）事项说明

1. 金融资产

金融资产，是指企业持有的现金、其他方的权益工具以及符合下列条件之一的资产。

（1）从其他方收取现金或其他金融资产的合同权利。例如，企业的银行存款、应收账款、应收票据和发放的贷款等均属于金融资产。而预付账款不是金融资产，因其产生的未来经济利益是商品或服务，不是收取现金或其他金融资产的权利。

（2）在潜在有利条件下，与其他方交换金融资产或金融负债的合同权利。例如，企业购入的看涨期权或看跌期权等衍生工具。

(3)将来须用或可用企业自身权益工具进行结算的非衍生工具合同,且企业根据该合同将收到可变数量的自身权益工具。

(4)将来须用或可用企业自身权益工具进行结算的衍生工具合同,但以固定数量的自身权益工具交换固定金额的现金或其他金融资产的衍生工具合同除外。其中,企业自身权益工具不包括应当按照《企业会计准则第37号——金融工具列报》分类为权益工具的可回售工具或发行方仅在清算时才有义务向另一方按比例交付其净资产的金融工具,也不包括本身就要求在未来收取或交付企业自身权益工具的合同。

2. 金融负债

金融负债,是指企业符合下列条件之一的负债。

(1)向其他方交付现金或其他金融资产的合同义务。例如,企业的应付账款、应付票据和应付债券等均属于金融负债。而预收账款不是金融负债,因其导致的未来经济利益流出是商品或服务,不是交付现金或其他金融资产的合同义务。

(2)在潜在不利条件下,与其他方交换金融资产或金融负债的合同义务。例如,企业签出的看涨期权或看跌期权等。

(3)将来须用或可用企业自身权益工具进行结算的非衍生工具合同,且企业根据该合同将交付可变数量的自身权益工具。

(4)将来须用或可用企业自身权益工具进行结算的衍生工具合同,但以固定数量的自身权益工具交换固定金额的现金或其他金融资产的衍生工具合同除外。企业对全部现有同类别非衍生自身权益工具的持有方同比例发行配股权、期权或认股权证,使之有权按比例以固定金额的任何货币换取固定数量的该企业自身权益工具的,该类配股权、期权或认股权证应当分类为权益工具。其中,企业自身权益工具不包括应当按照《企业会计准则第37号——金融工具列报》分类为权益工具的可回售工具或发行方仅在清算时才有义务向另一方按比例交付其净资产的金融工具,也不包括本身就要求在未来收取或交付企业自身权益工具的合同。

3. 企业确认金融资产或金融负债的常见情形

(1)当企业成为金融工具合同的一方,并因此拥有收取现金的权利或承担支付现金的义务时,应将无条件的应收款项或应付款项确认为金融资产或金融负债。

(2)因买卖商品或劳务的确定承诺而将获得的资产或将承担的负债,通常直到至少合同一方履约才予以确认。例如,收到订单的企业通常不在承诺时确认一项资产(发出订单的企业也不在承诺时确认一项负债),而是直到所订购的商品或劳务已装运、交付或提供时才予以确认。若买卖非金融项目的确定承诺适用本准则,则该承诺的公允价值净额(若不为零)应在承诺日确认为一项资产或负债。此外,如果以前未确认的确定承诺被指定为公允价值套期中的被套期项目,在套期开始之后,归属于被套期风险的公允价值变动应当确认为一项资产或负债。

(3)适用本准则的远期合同,企业应在成为远期合同的一方时(承诺日而不是结算日),确认一项金融资产或金融负债。当企业成为远期合同的一方时,权利和义务的公允价值通常相等,因此该远期合同的公允价值净额为0。如果权利和义务的公允价值净额不为零,则该合同应被确认为一项金融资产或金融负债。

（4）适用本准则的期权合同，企业应在成为该期权合同的一方时，确认一项金融资产或金融负债。

此外，当企业尚未成为合同一方时，即使企业已有计划在未来交易，不管其发生的可能性有多大，都不是企业的金融资产或金融负债。

（三）案例解析

【例21-1】2×17年1月31日，丙上市公司的股票价格为113元。甲企业与乙企业签订6个月后结算的期权合同。合同规定：甲企业以每股4元的期权费买入6个月后执行价格为115元的丙公司股票的看涨期权。2×17年7月31日，如果丙公司股票的价格高于115元，则行权对甲企业有利，甲企业将选择执行该期权。

分析：本例中，甲企业享有在潜在有利条件下与乙企业交换金融资产的合同权利，应当确认一项衍生金融资产。

【例21-2】甲企业为上市公司，2×18年2月1日，为回购其普通股股份，与乙企业签订合同，并向其支付100万元现金。根据合同，乙企业将于2×18年6月30日向甲企业交付与100万元等值的甲企业普通股。甲企业可获取的普通股的具体数量以2×18年6月30日甲企业的股价确定。

分析：本例中，甲企业收到的自身普通股的数量随着其普通股市场价格的变动而变动。在这种情况下，甲企业应当确认一项金融资产。

【例21-3】甲企业于2×17年2月1日向乙企业支付5 000元购入以自身普通股为标的的看涨期权。根据该期权合同，甲企业有权以每股100元的价格向乙企业购入甲企业普通股1 000股，行权日为2×18年6月30日。在行权日，期权将以甲企业普通股净额结算。假设行权日甲企业普通股的每股市价为125元，则期权的公允价值为25 000元，则甲企业会收到200股（25 000÷125）自身普通股对看涨期权进行净额结算。

分析：本例中，期权合同属于将来须用企业自身权益工具进行结算的衍生工具合同，由于合同约定以甲企业的普通股净额结算期权的公允价值，而非按照每股100元的价格全额结算1 000股甲企业股票，所以不属于"以固定数量的自身权益工具交换固定金额的现金"。在这种情况下甲企业应当将该看涨期权确认为一项衍生金融资产。

【例21-4】甲公司与乙公司签订的合同约定，甲公司以100万元等值的自身权益工具偿还所欠乙公司债务。

分析：本例中，甲公司需偿还的负债金额100万元是固定的，但甲公司需交付的自身权益工具的数量随着其权益工具市场价格的变动而变动。在这种情况下，甲公司发行的该金融工具应当划分为金融负债。

【例21-5】甲公司与乙公司签订的合同约定，甲公司以与100盎司（1盎司≈28.35克）黄金等值的自身权益工具偿还所欠乙公司债务。

分析：本例中，甲公司需偿还的负债金额随黄金价格变动而变动，同时，甲公司需交付的自身权益工具的数量随着其权益工具市场价格的变动而变动。在这种情况下，该金融工具应当划分为金融负债。

【例21-6】甲公司发行了每股名义金额为100元人民币的优先股，合同条款规定甲公司在3年后将优先股强制转换为普通股，转股价格为转股日前一工作日的该普通股市价。

分析：本例中，转股价格是变动的，未来须交付的普通股数量是可变的，实质可视作甲公司将在3年后使用自身普通股并按其市价履行支付优先股每股100元人民币的义务。在这种情况下，该强制可转换优先股整体是一项金融负债。

21.1.2 与金融资产和金融负债终止确认相关的事项说明

（一）业务概述

金融资产终止确认，是指企业将之前确认的金融资产从其资产负债表中予以转出。金融负债终止确认，是指企业将之前确认的金融负债从其资产负债表中予以转出。本准则规定，金融负债（或其一部分）的现时义务已经解除的，企业应当终止确认该金融负债（或该部分金融负债）。

（二）事项说明

1. 金融资产的终止确认

金融资产满足下列条件之一的，应当终止确认。

（1）收取该金融资产现金流量的合同权利终止。

（2）该金融资产已转移，且该转移满足《企业会计准则第23号——金融资产转移》关于金融资产终止确认的规定。

以下情形也会导致金融资产的终止确认。

（1）合同的实质性修改。企业与交易对手方修改或者重新议定合同而且构成实质性修改的，将导致企业终止确认原金融资产，同时按照修改后的条款确认一项新金融资产。

（2）核销。本准则第四十三条规定，当企业合理预期不再能够全部或部分收回金融资产合同现金流量时，应当直接减记该金融资产的账面余额。这种减记构成相关金融资产的终止确认。

2. 金融负债的终止确认

出现以下两种情况之一时，金融负债（或其一部分）的现时义务已经解除。

（1）债务人通过履行义务（如偿付债权人）解除了金融负债（或其一部分）的现时义务。债务人通常使用现金、其他金融资产等方式偿债。

（2）债务人通过法定程序（如法院裁定）或债权人（如债务豁免），合法解除了债务人对金融负债（或其一部分）的主要责任。

企业在判断金融负债现时义务的解除时应注意以下情形。

（1）企业将用于偿付金融负债的资产转入某个机构或设立信托，偿付债务的义务仍存在的,不应当终止确认该金融负债,也不能终止确认转出的资产。也就是说,虽然企业已为金融负债设立了"偿债基金",但金融负债对应的债权人仍然拥有全额追索的权利时,不能认为企业的相关现时义务已解除,从而不能终止确认金融负债。

(2)企业(借入方)与借出方之间签订协议,以承担新金融负债方式替换原金融负债(或其一部分),且合同条款实质上不同的,企业应当终止确认原金融负债(或其一部分),同时确认一项新金融负债。其中,"实质上不同"是指按照新的合同条款,金融负债未来现金流量(包括支付和收取的任何费用)现值与原金融负债的剩余期间现金流量现值之间的差异至少相差10%。有关现值的计算均采用原金融负债的实际利率。

(3)如果一项债务工具的发行人回购了该工具,即使该发行人是该工具的做市商或打算在近期将其再次出售,企业(发行人)应当终止确认该债务工具。

(三)案例解析

【例21-7】甲企业因购买商品于2×18年3月1日确认了一项应付账款1 000万元。

分析:按合同约定,甲企业于2×18年4月1日支付银行存款1 000万元解除了相关现时义务,为此,甲企业应将应付账款1 000万元终止确认。如果按合同约定,该货款应于2×18年4月1日、4月30日分两次等额清偿。那么,甲企业应在4月1日支付银行存款500万元时终止确认应付账款500万元,在4月30日支付剩余的货款500万元时终止确认剩余的应付账款500万元。

21.2 金融资产和金融负债的分类

21.2.1 与金融资产分类相关的事项说明

(一)业务概述

金融资产的分类是确认和计量的基础。企业应当根据其管理金融资产的业务模式和金融资产的合同现金流量特征,将金融资产划分为以下三类:以摊余成本计量的金融资产;以公允价值计量且其变动计入其他综合收益的金融资产;以公允价值计量且其变动计入当期损益的金融资产。上述分类一经确定,不得随意变更。

(二)事项说明

1. 关于企业管理金融资产的业务模式

企业管理金融资产的业务模式,是指企业如何管理其金融资产以产生现金流量。业务模式决定企业所管理金融资产现金流量的来源是收取合同现金流量、出售金融资产还是两者兼有。

企业确定其管理金融资产的业务模式时,应当注意以下几个方面。

(1)企业应当在金融资产组合的层次上确定管理金融资产的业务模式,而不必按照单个金融资产逐项确定业务模式。

（2）一个企业可能会采用多个业务模式管理其金融资产。

（3）企业应当以企业关键管理人员决定的对金融资产进行管理的特定业务目标为基础，确定管理金融资产的业务模式。

（4）企业的业务模式并非企业自愿指定，而是一种客观事实，通常可以从企业为实现其目标而开展的特定活动中得以反映。

（5）企业不得以按照合理预期不会发生的情形为基础确定管理金融资产的业务模式。

2. 金融资产的合同现金流量特征

金融资产的合同现金流量特征是指金融工具合同约定的、反映相关金融资产经济特征的现金流量属性。分类为本准则第十七条和第十八条规范的金融资产，其合同现金流量特征应当与基本借贷安排相一致，即相关金融资产在特定日期产生的合同现金流量仅为对本金和以未偿付本金金额为基础的利息的支付（以下简称"本金加利息的合同现金流量特征"）。无论金融资产的法律形式是否为一项贷款，都可能是一项基本借贷安排。

3. 以摊余成本计量的金融资产

金融资产同时符合下列条件的，应当分类为以摊余成本计量的金融资产。

（1）企业管理该金融资产的业务模式是以收取合同现金流量为目标。

（2）该金融资产的合同条款规定，在特定日期产生的现金流量，仅为对本金和以未偿付本金金额为基础的利息的支付。

4. 以公允价值计量且其变动计入其他综合收益的金融资产

金融资产同时符合下列条件的，应当分类为以公允价值计量且其变动计入其他综合收益的金融资产。

（1）企业管理该金融资产的业务模式既以收取合同现金流量为目标又以出售该金融资产为目标。

（2）该金融资产的合同条款规定，在特定日期产生的现金流量，仅为对本金和以未偿付本金金额为基础的利息的支付。

5. 以公允价值计量且其变动计入当期损益的金融资产

企业分类为以摊余成本计量的金融资产和以公允价值计量且其变动计入其他综合收益的金融资产之外的金融资产，应当分类为以公允价值计量且其变动计入当期损益的金融资产。例如，企业常见的下列投资产品通常应分类为以公允价值计量且其变动计入当期损益的金融资产。

（1）股票。股票的合同现金流量源自收取被投资企业未来股利分配以及其清算时获得剩余收益的权利。由于股利及获得剩余收益的权利均不符合本准则关于本金和利息的定义，因此股票不符合本金加利息的合同现金流量特征。在不考虑本准则第十九条特殊指定的情况下，企业持有的股票应当分类为以公允价值计量且其变动计入当期损益的金融资产。

（2）基金。常见的股票型基金、债券型基金、货币基金或混合基金，通常投资于动态管理的资产组合，投资者从该类投资中所取得的现金流量既包括投资期间基础资产产生的合同现金流量，也包括处置基础资产的现金流量。基金一般情况下不符合本金加利息的合同现金流量特征。企业持有的基金通常应当分类为以公允价值计量且其变动计入当期损益的金融资产。

（3）可转换债券。可转换债券除按一般债权类投资的特性到期收回本金、获取约定利息或收益外，还嵌入了一项转股权。通过嵌入衍生工具，企业获得的收益在基本借贷安排的基础上，会产生基于其他因素变动的不确定性。根据本准则规定，企业持有的可转换债券不再将转股权单独分拆，而是将可转换债券作为一个整体进行评估，由于可转换债券不符合本金加利息的合同现金流量特征，企业持有的可转换债券投资应当分类为以公允价值计量且其变动计入当期损益的金融资产。

此外，在初始确认时，如果能够消除或显著减少会计错配，企业可以将金融资产指定为以公允价值计量且其变动计入当期损益的金融资产。该指定一经作出，不得撤销。

6. 金融资产分类的特殊规定

权益工具投资一般不符合本金加利息的合同现金流量特征，因此应当分类为以公允价值计量且其变动计入当期损益的金融资产。然而在初始确认时，企业可以将非交易性权益工具投资指定为以公允价值计量且其变动计入其他综合收益的金融资产，并按照本准则第六十五条规定确认股利收入。该指定一经作出，不得撤销。企业投资其他上市公司股票或者非上市公司股权的，都可能属于这种情形。

（三）案例解析

【例21-8】银行向企业客户发放的固定利率贷款，在没有其他特殊安排的情况下，贷款通常可能符合本金加利息的合同现金流量特征。如果银行管理该贷款的业务模式是以收取合同现金流量为目标，则该贷款可以分类为以摊余成本计量的金融资产。

【例21-9】甲企业在销售中通常会给予客户一定期间的信用期。为了盘活存量资产，提高资金使用效率，甲企业与银行签订应收账款无追索权保理总协议，以提高资金使用效率。甲企业与银行签订应收账款无追索权保理总协议，银行向甲企业一次性授信10亿元人民币，甲企业可以在需要时随时向银行出售10亿元人民币，甲企业可以在需要时随时向银行出售应收账款。历史上甲企业频繁向银行出售应收账款，且出售金额重大，上述出售满足金融资产终止确认的规定。

分析：本例中，应收账款的业务模式符合"既以收取合同现金流量为目标又以出售该金融资产为目标"，且该应收账款符合本金加利息的合同现金流量特征，因此应当分类为以公允价值计量且其变动计入其他综合收益的金融资产。

21.2.2 与金融负债分类相关的事项说明

（一）业务概述

除下列各项外，企业应当将金融负债分类为以摊余成本计量的金融负债。

（1）以公允价值计量且其变动计入当期损益的金融负债，包括交易性金融负债（含属于金融负债的衍生工具）和指定为以公允价值计量且其变动计入当期损益的金融负债。

（2）不符合终止确认条件的金融资产转移或继续涉入被转移金融资产所形成的金融负债。对此类金融负债，企业应当按照《企业会计准则第 23 号——金融资产转移》相关规定进行计量。

（3）不属于上述第 1 项或第 2 项情形的财务担保合同，以及不属于上述第 1 项、以低于市场利率贷款的贷款承诺。企业作为此类金融负债发行方的，应当在初始确认后按照依据本准则第八章所确定的损失准备金额以及初始确认金额扣除依据《企业会计准则第 14 号——收入》相关规定所确定的累计摊销额后的余额孰高进行计量。

在非同一控制下的企业合并中，企业作为购买方确认的或有对价形成金融负债的，该金融负债应当按照以公允价值计量且其变动计入当期损益进行会计处理。

（二）事项说明

1. 除下列各项外，企业应当将金融负债分类为以摊余成本计量的金融负债

（1）以公允价值计量且其变动计入当期损益的金融负债，包括交易性金融负债（含属于金融负债的衍生工具）和指定为以公允价值计量且其变动计入当期损益的金融负债。

（2）不符合终止确认条件的金融资产转移或继续涉入被转移金融资产所形成的金融负债。对此类金融负债，企业应当按照本章第五节相关规定进行计量。

（3）部分财务担保合同，以及不属于以公允价值计量且其变动计入当期损益的金融负债、以低于市场利率贷款的贷款承诺。

在非同一控制下的企业合并中，企业作为购买方确认的或有对价形成金融负债的，该金融负债应当按照以公允价值计量且其变动计入当期损益进行会计处理。

2. 公允价值选择权

在初始确认时，为了提供更相关的会计信息，企业可以将一项金融资产、一项金融负债或者一组金融工具（金融资产、金融负债或者金融资产及负债）指定为以公允价值计量且其变动计入当期损益，但该指定应当满足下列条件之一：

（1）该指定能够消除或显著减少会计错配。例如，有些金融资产被分类为以公允价值计量且其变动计入当期损益，但与之直接相关的金融负债却分类为以摊余成本计量，从而导致会计错配。如果将以上金融负债直接指定为以公允价值计量且其变动计入当期损益，那么这种会计错配就能够消除。

再如，企业拥有某些金融资产且承担某些金融负债，该金融资产和金融负债承担某种相同的风险（例如利率风险），且各自的公允价值变动方向相反、趋于相互抵销。但是，其中只有部分金融资产或金融负债（如交易性）以公允价值计量且其变动计入当期损益，此时会出现会计错配。套期会计有效性难以达到要求时，也会出现类似问题。在这些情况下，如果将所有这些资产和负债均进行公允价值指定，也可以消除或显著减少会计错配现象。

又如，企业拥有某金融资产且承担某金融负债，该金融资产和金融负债承担某种相同的风险，且各自的公允价值变动方向相反、趋于相互抵销。但是，因为这些金融资产或金融负债中没有一项是以公允价值计量且其变动计入当期损益的，不满足被指定为套期工具的条件，从而使企业不具备运用套期会计方法的条件，出现相关利得或损失在确认方面的重大不一致。例如,某银行通过发行上市债券为一组特定贷款提供融资,且债券与贷款的公允价值变动可相互抵销。如果银行定期发行和回购该债券但是很少买卖该贷款,则同时采用以公允价值计量且其变动计入当期损益的方式计量该贷款和债券,将消除两者均以摊余成本计量且每次回购债券时确认一项利得或损失所导致的利得和损失确认时间的不一致。

需要指出的是,对于上述情况,实务中企业可能难以做到将所涉及的金融资产和金融负债在同一时间进行公允价值指定。如果企业能够将每项相关交易在初始确认时予以公允价值指定,且预期剩下的交易将会发生,那么可以有合理的延迟。此外,公允价值选择权只能应用于一项金融工具整体,不能是某一组成部分。

(2)根据正式书面文件载明的企业风险管理或投资策略,企业以公允价值为基础对金融负债组合或金融资产和金融负债组合进行管理和业绩评价,并在内部以此为基础向关键管理人员报告。以公允价值为基础进行管理的金融资产组合,由于其按照规定已经被分类为以公允价值计量且其变动计入损益的金融资产,因此,不再将公允价值选择权应用于此类金融资产。此项条件强调的是企业日常管理和评价业绩的方式,而不是关注金融工具组合中各组成部分的性质。

企业将一项金融资产、一项金融负债或者一组金融工具(金融资产、金融负债或者金融资产及负债)指定为以公允价值计量且其变动计入当期损益的,一经作出不得撤销。即使造成会计错配的金融工具被终止确认,也不得撤销这一指定。

(三)案例解析

【例21-10】甲公司与乙公司签订的合同约定,甲公司以100万元等值的自身权益工具偿还所欠乙公司债务。

分析:本例中,甲公司需偿还的负债金额100万元是固定的,但甲公司需交付的自身权益工具的数量随着其权益工具市场价格的变动而变动。在这种情况下,甲公司发行的该金融工具应当划分为金融负债。

【例21-11】甲公司与乙公司签订的合同约定,甲公司以100盎司黄金等值的自身权益工具偿还所欠乙公司债务。

分析:本例中,甲公司需偿还的负债金额随黄金价格变动而变动,同时,甲公司需交付的自身权益工具的数量随着其权益工具市场价格的变动而变动。在这种情况下,该金融工具应当划分为金融负债。

【例21-12】甲公司发行了名义金额人民币100元的优先股,合同条款规定甲公司在3年后将优先股强制转换为普通股,转股价格为转股日前一工作日的该普通股市价。

分析:本例中,转股价格是变动的,未来须交付的普通股数量是可变的,实质可视作甲公司将在3年后使用自身普通股并按其市价履行支付优先股每股人民币100元的义务。在这种情况下,该强制可转换优先股整体是一项金融负债。

21.2.3 与嵌入衍生工具相关的事项说明

（一）业务概述

衍生工具，是指属于本准则范围并同时具备下列特征的金融工具或其他合同。

（1）其价值随特定利率、金融工具价格、商品价格、汇率、价格指数、费率指数、信用等级、信用指数或其他变量的变动而变动，变量为非金融变量（如特定区域的地震损失指数、特定城市的气温指数等）的，该变量不应与合同的任何一方存在特定关系。衍生工具的价值变动取决于标的变量的变化。

（2）不要求初始净投资，或者与对市场因素变化预期有类似反应的其他合同相比，要求较少的初始净投资。

（3）在未来某一日期结算。

衍生工具在未来某一日期结算，表明衍生工具结算需要经历一段特定期间。衍生工具通常在未来某一特定日期结算，也可能在未来多个日期结算。

衍生工具通常是独立存在的，但也可能嵌入非衍生金融工具或其他合同（主合同）中，这种衍生工具称为嵌入衍生工具。嵌入衍生工具与主合同构成混合合同（如企业持有的可转换公司债券）。嵌入衍生工具对混合合同的现金流量产生影响的方式，应当与单独存在的衍生工具类似，且该混合合同的全部或部分现金流量随特定利率、汇率、金融工具价格、商品价格、价格指数、费率指数、信用等级、信用指数或其他变量变动而变动，变量为非金融变量的，该变量不应与合同的任何一方存在特定关系。

（二）事项说明

1. 嵌入衍生工具的分拆

混合合同包含的主合同不属于本准则规范的资产，且同时符合下列条件的，企业应当从混合合同中分拆嵌入衍生工具，将其作为单独存在的衍生工具处理。

（1）嵌入衍生工具的经济特征和风险与主合同的经济特征和风险不紧密相关。

（2）与嵌入衍生工具具有相同条款的单独工具符合衍生工具的定义。

（3）该混合合同不是以公允价值计量且其变动计入当期损益进行会计处理（即嵌在以公允价值计量且其变动计入当期损益的金融负债中的衍生工具不予分拆）。

当企业在成为混合合同的一方时，即应评价嵌入衍生工具是否应分拆出来作为单独的衍生工具处理。随后，除非混合合同条款的变化将对原混合合同现金流量产生重大影响，否则企业不应对是否分拆重新进行评估。混合合同条款的变化导致原混合合同现金流量发生重大改变的，应重新评估嵌入衍生工具是否应分拆。企业在确定现金流量调整是否重大时，应当分析判断与嵌入衍生工具、主合同或两者相关的预计未来现金流量发生改变的程度，以及相对于合同以前预计现金流量是否有重大的改变。但是，在同一控制和非同一控制下的企业合并以及合营企业成立中，企业在并购日或成立日可能需要重新评估购入的合同中嵌入衍生工具是否需要分拆。

嵌入衍生工具从混合合同中分拆的，企业应当按照适用的会计准则规定，对混合合同的主合同进行会计处理。根据本准则规定，单独存在的衍生工具，通常应采用公允价值进行初始计量和后续计量。

2. 将混合合同指定为以公允价值计量且其变动计入当期损益的金融工具

当企业成为混合合同的一方，而主合同不属于本准则规范的资产且包含一项或多项嵌入衍生工具时，本准则要求企业识别所有此类嵌入衍生工具，评估其是否需要与主合同分拆，并且对于需与主合同分拆的嵌入衍生工具，应以公允价值进行初始确认和后续计量。与整项金融工具均以公允价值计量且其变动计入当期损益相比，上述要求可能更为复杂或导致可靠性更差。为此，本准则允许企业将整项混合合同指定为以公允价值计量且其变动计入当期损益的金融工具，但下列情况除外。

（1）嵌入衍生工具不会对混合合同的现金流量产生重大改变。

（2）在初次确定类似的混合合同是否需要分拆时，几乎不需分析就能明确其包含的嵌入衍生工具不应分拆。例如，嵌入贷款的提前还款权，允许持有人以接近摊余成本的金额提前偿还贷款，该提前还款权不需要分拆。

此外，企业无法根据嵌入衍生工具的条款和条件对嵌入衍生工具的公允价值进行可靠计量的，该嵌入衍生工具的公允价值应当根据混合合同公允价值和主合同公允价值之间的差额确定。使用了上述方法后，该嵌入衍生工具在取得日或后续资产负债表日的公允价值仍然无法单独计量的，企业应当将该混合合同整体指定为以公允价值计量且其变动计入当期损益的金融工具。

（三）案例解析

【例 21-13】甲公司发行了一项可回售可转换优先股。该优先股条款约定，若甲公司 5 年内未能成功上市，则投资者有权在第 5 年年末将该优先股按照约定的收益年末将该优先股按照约定的收益率回售给甲公司。此外，投资者可以随时将该优先股转换成甲公司的普通股，初始转股价格固定，但当甲公司后续发行新股的价格低于初始转股价格时，投资者有权要求将初始转股价格下调，且下调后不再转回。

分析：此例中，股份转换权属于嵌入衍生工具，与主债务合同不紧密相关。如果混合合同整体没有指定为以公允价值计量且其变动计入当期损益的金融负债，则应将该股份转换权分拆为单独的衍生工具核算。

21.2.4 与金融工具重分类相关的会计处理

（一）业务概述

企业改变其管理金融资产的业务模式时，应当按照本准则的规定对所有受影响的相关金融资产进行重分类。企业对所有金融负债均不得进行重分类。

企业对金融资产进行重分类，应当自重分类日起采用未来适用法进行相关会计处理，不得对以前已经确认的利得、损失（包括减值损失或利得）或利息进行追溯调整。

金融资产重分类的会计处理，如表 21-1 所示。

表 21-1 金融资产重分类的会计处理

经济业务	会计处理
以摊余成本计量的金融资产重分类为以公允价值计量且其变动计入当期损益的金融资产	借：交易性金融资产等 贷：债权投资等 　　公允价值变动损益（或借记）
以摊余成本计量的金融资产重分类为以公允价值计量且其变动计入其他综合收益的金融资产	借：其他债权投资等 贷：债权投资等 　　其他综合收益（或借记）
以公允价值计量且其变动计入其他综合收益的金融资产重分类为以摊余成本计量的金融资产	借：债权投资等 贷：其他债权投资等
以公允价值计量且其变动计入其他综合收益的金融资产重分类为以公允价值计量且其变动计入当期损益的金融资产	借：交易性金融资产 贷：其他债权投资等 借：其他综合收益 贷：盈余公积 　　未分配利润 （或做相反分录）
以公允价值计量且其变动计入当期损益的金融资产重分类为以摊余成本计量的金融资产	借：债权投资 贷：交易性金融资产
以公允价值计量且其变动计入当期损益的金融资产重分类为以公允价值计量且其变动计入其他综合收益的金融资产	借：其他债权投资 贷：交易性金融资产

（二）会计处理

1. 以摊余成本计量的金融资产的重分类

（1）企业将一项以摊余成本计量的金融资产重分类为以公允价值计量且其变动计入当期损益的金融资产的，应当按照该资产在重分类日的公允价值进行计量。原账面价值与公允价值之间的差额计入当期损益。会计处理为借记"交易性金融资产"等科目，贷记"债权投资"等科目，差额借记或贷记"公允价值变动损益"科目。

（2）企业将一项以摊余成本计量的金融资产重分类为以公允价值计量且其变动计入其他综合收益的金融资产的，应当按照该金融资产在重分类日的公允价值进行计量。原账面价值与公允价值之间的差额计入其他综合收益。该金融资产重分类不影响其实际利率和预期信用损失的计量。会计处理为借记"其他债权投资"等科目，贷记"债权投资"等科目，差额借记或贷记"其他综合收益"科目。

2. 以公允价值计量且其变动计入其他综合收益的金融资产的重分类

（1）企业将一项以公允价值计量且其变动计入其他综合收益的金融资产重分类为以摊余成本计量的金融资产的，应当将之前计入其他综合收益的累计利得或损失转出，调整该金融资产在重分类日的公允价值，并以调整后的金额作为新的账面价值，即视同该金融资产一直以摊余成本计量。该金融资产重分类不影响其实际利率和预期信用损失的计量。会计处理为借记"债权投资"等科目，贷记"其他债权投资"等科目。

（2）企业将一项以公允价值计量且其变动计入其他综合收益的金融资产重分类为以公

允价值计量且其变动计入当期损益的金融资产的，应当继续以公允价值计量该金融资产。同时，企业应当将之前计入其他综合收益的累计利得或损失从其他综合收益转入当期损益。会计处理为借记"交易性金融资产"等科目，贷记"其他债权投资"等科目，同时，借记"其他综合收益"科目，贷记"盈余公积""未分配利润"科目，或做相反分录。

3. 以公允价值计量且其变动计入当期损益的金融资产的重分类

（1）企业将一项以公允价值计量且其变动计入当期损益的金融资产重分类为以摊余成本计量的金融资产的，应当以其在重分类日的公允价值作为新的账面余额。会计处理为借记"债权投资"科目，贷记"交易性金融资产"科目。

（2）企业将一项以公允价值计量且其变动计入当期损益的金融资产重分类为以公允价值计量且其变动计入其他综合收益的金融资产的，应当继续以公允价值计量该金融资产。会计处理为借记"其他债权投资"科目，贷记"交易性金融资产"科目。

对以公允价值计量且其变动计入当期损益的金融资产进行重分类的，企业应当根据该金融资产在重分类日的公允价值确定其实际利率。同时，企业应当自重分类日起对该金融资产适用本准则关于金融资产减值的相关规定，并将重分类日视为初始确认日。

（三）案例解析

【例21-14】2×16年10月15日，甲银行以公允价值500 000元购入一项债券投资，并按规定将其分类为以摊余成本计量的金融资产，该债券的账面余额为500 000元。2×17年10月15日，甲银行变更了其管理债券投资组合的业务模式，其变更符合重分类的要求，因此，甲银行于2×18年1月1日将该债券从以摊余成本计量重分类为以公允价值计量且其变动计入当期损益。2×18年1月1日，该债券的公允价值为490 000元，已确认的减值准备为6 000元。假设不考虑该债券的利息收入。

分析：甲银行的会计处理如下。

借：交易性金融资产　　　　　　　　　　　　　　　　490 000
　　债权投资减值准备　　　　　　　　　　　　　　　　6 000
　　公允价值变动损益　　　　　　　　　　　　　　　　4 000
　　贷：债权投资　　　　　　　　　　　　　　　　　　　　500 000

【例21-15】2×16年9月15日，甲银行以公允价值500 000元购入一项债券投资，并按规定将其分类为以公允价值计量且其变动计入其他综合收益的金融资产，该债券的账面余额为500 000元。2×17年10月15日，甲银行变更了其管理债券投资组合的业务模式，其变更符合重分类的要求，因此，甲银行于2×18年1月1日将该债券从以公允价值计量且其变动计入其他综合收益的金融资产重分类为以摊余成本计量的金融资产。2×18年1月1日，该债券的公允价值为490 000元，已确认的减值准备为6 000元。假设不考虑利息收入。

分析：甲银行的会计处理如下。

借：债权投资　　　　　　　　　　　　　　　　　　　500 000
　　其他债权投资——公允价值变动　　　　　　　　　　10 000

其他综合收益——信用减值准备	6 000
贷：其他债权投资——成本	500 000
其他综合收益——其他债权投资公允价值变动	10 000
债权投资减值准备	6 000

21.3　取得金融资产和金融负债的后续计量

21.3.1　取得金融资产和金融负债时的相关会计处理

（一）业务概述

企业初始确认金融资产或金融负债，应当按照公允价值计量。对于以公允价值计量且其变动计入当期损益的金融资产和金融负债，相关交易费用应当直接计入当期损益；对于其他类别的金融资产或金融负债，相关交易费用应当计入初始确认金额。但是，企业初始确认的应收账款未包含《企业会计准则第14号——收入》所定义的重大融资成分或根据《企业会计准则第14号——收入》规定不考虑不超过一年的合同中的融资成分的，应当按照该准则定义的交易价格进行初始计量。

取得金融资产和金融负债时的会计处理，如表21-2所示。

表21-2　取得金融资产和金融负债时的会计处理

经济业务	会计处理
取得金融资产	借：交易性金融资产等 　贷：银行存款等
取得金融负债	借：银行存款等 　贷：交易性金融负债等

（二）会计处理

企业应当根据《企业会计准则第39号——公允价值计量》的规定，确定金融资产和金融负债在初始确认时的公允价值。公允价值通常为相关金融资产或金融负债的交易价格。金融资产或金融负债公允价值与交易价格存在差异的，企业应当区别下列情况进行处理。

（1）在初始确认时，金融资产或金融负债的公允价值依据相同资产或负债在活跃市场上的报价或者以仅使用可观察市场数据的估值技术确定的，企业应当将该公允价值与交易价格之间的差额确认为一项利得或损失。

（2）在初始确认时，金融资产或金融负债的公允价值以其他方式确定的，企业应当将该公允价值与交易价格之间的差额递延。初始确认后，企业应当根据某一因素在相应会计期间的变动程度将该递延差额确认为相应会计期间的利得或损失。该因素应当仅限于市场参与者对该金融工具定价时将予考虑的因素，包括时间等。

企业取得金融资产所支付的价款中包含的已宣告但尚未发放的利息或现金股利，应当单独确认为应收项目处理。

取得金融资产时会计处理为借记"债权投资""交易性金融资产"等科目,贷记"银行存款"等科目,取得金融负债时会计处理为借记"银行存款"等科目,贷记"交易性金融资产"等科目。

21.3.2 金融资产后续计量的相关会计处理

(一)业务概述

金融资产的后续计量与金融资产的分类密切相关。企业应当对不同类别的金融资产,分别以摊余成本、以公允价值计量且其变动计入其他综合收益或以公允价值计量且其变动计入当期损益进行后续计量。

金融资产后续计量的会计处理,如表 21-3 所示。

表 21-3 金融资产后续计量的会计处理

经济业务	会计处理
以摊余成本计量且不属于任何套期关系的金融资产所产生的利得或损失	借:债权投资——利息调整 贷:投资收益
以公允价值计量且其变动计入当期损益的金融资产的利得或损失	借:交易性金融资产——公允价值变动 贷:公允价值变动损益
以公允价值计量且其变动计入其他综合收益的金融资产所产生的利得或损失	借:其他债权投资——公允价值变动 贷:其他综合收益——其他债权投资公允价值变动
以公允价值计量且其变动计入其他综合收益的金融资产终止确认时之前计入其他综合收益的累计利得或损失	借:其他综合收益 贷:投资收益
指定为以公允价值计量且其变动计入其他综合收益的非交易性权益工具投资,获得的其他相关的利得和损失	借:其他权益工具——公允价值变动 贷:其他综合收益——其他权益工具公允价值变动

指定为以公允价值计量且其变动计入其他综合收益的非交易性权益工具投资终止确认时,之前计入其他综合收益的累计利得或损失应当从其他综合收益中转出	借:其他综合收益
	  贷:盈余公积
	    未分配利润

需要注意的是,企业在对金融资产进行后续计量时,如果一项金融工具以前被确认为一项金融资产并以公允价值计量,而现在它的公允价值低于 0,企业应将其确认为一项负债。但对于主合同为资产的混合合同,即使整体公允价值可能低于 0,企业应当始终将混合合同整体作为一项金融资产进行分类和计量。

(二)会计处理

1. 以摊余成本进行后续计量的金融资产的会计处理

实际利率,是指将金融资产或金融负债在预计存续期的估计未来现金流量折现为该金融资产账面余额(不考虑减值)或该金融负债摊余成本所使用的利率。在确定实际利率时,应当在考虑金融资产或金融负债所有合同条款(如提前还款、展期、看涨期权或其他类似期权等)的基础上估计预期现金流量,但不应当考虑预期信用损失。

实际利率法,是指计算金融资产或金融负债的摊余成本以及将利息收入或利息费用分摊计入各会计期间的方法。

金融资产或金融负债的摊余成本,应当以该金融资产或金融负债的初始确认金额经下列调整确定。

(1) 扣除已偿还的本金。

(2) 加上或减去采用实际利率法将该初始确认金额与到期日金额之间的差额进行摊销形成的累计摊销额。

(3) 扣除计提的累计信用减值准备(仅适用于金融资产)。

以摊余成本计量且不属于任何套期关系的金融资产所产生的利得或损失,应当在终止确认、重分类、按照实际利率法摊销或确认减值时,计入当期损益,借记"债权投资——利息调整"科目,贷记"投资收益"科目。

2. 以公允价值进行后续计量的金融资产的会计处理

(1) 对于以公允价值进行后续计量的金融资产,其公允价值变动形成的利得或损失,除与套期会计有关外,应当按照下列规定处理。

① 以公允价值计量且其变动计入当期损益的金融资产的利得或损失,应当计入当期损益,借记"交易性金融资产——公允价值变动"等科目,贷记"公允价值变动损益"等科目。

② 按照本准则第十八条分类为以公允价值计量且其变动计入其他综合收益的金融资产所产生的利得或损失,除减值损失或利得和汇兑损益外,均应当计入其他综合收益,借记"其他债权投资——公允价值变动"等科目,贷记"其他综合收益——其他债权投资公允价值变动"科目,直至该金融资产终止确认或被重分类。但是,采用实际利率法计算的该金融资产的利息应当计入当期损益。该类金融资产计入各期损益的金额应当与视同其一直按摊余成本计量而计入各期损益的金额相等。

该类金融资产终止确认时,之前计入其他综合收益的累计利得或损失应当从其他综合收益中转出,计入当期损益,借记"其他综合收益"科目,贷记"投资收益"科目。

③ 对于指定为以公允价值计量且其变动计入其他综合收益的非交易性权益工具投资,除了获得的股利(属于投资成本收回部分的除外)计入当期损益外,其他相关的利得和损失(包括汇兑损益)均应计入其他综合收益,借记"其他权益工具——公允价值变动"等科目,贷记"其他综合收益——其他权益工具公允价值变动"科目,且后续不得转入当期损益。当其终止确认时,之前计入其他综合收益的累计利得或损失应当从其他综合收益中转出,计入留存收益,借记"其他综合收益"科目,贷记"盈余公积""未分配利润"科目。

(2) 企业只有在同时符合下列条件时,才能确认股利收入并计入当期损益。

① 企业收取股利的权利已经确立。

② 与股利相关的经济利益很可能流入企业。

③ 股利的金额能够可靠计量。

(三) 案例解析

【例21-16】2×13年1月1日,甲公司支付价款1 000万元(含交易费用)从上海证券交易所购入A公司同日发行的5年期公司债券12 500份,债券票面价值总额为1 250万元,票面年利率为4.72%,于年末支付本年度债券利息(即每年利息为59万元),本金在债券到期时一次性偿还。合同约定,该债券的发行方在遇到特定情况时可以将债券赎回,且不需要为提前赎回支付额外款项。甲公司在购买该债券时,预计发行方不会提前赎回。甲公司根据其管理该债券的业务模式和该债券的合同现金流量特征,将该债券分类为以摊余成本计量的金融资产。

分析:假定不考虑所得税、减值损失等因素,计算该债的实际利率 r:

$$59\times(1+r)^{-1}+59\times(1+r)^{-2}+59\times(1+r)^{-3}+59\times(1+r)^{-4}+(59+1\,250)\times(1+r)^{-5}=1\,000$$

采用插值法,计算得出 $r=10\%$。

期初摊余成本、实际利息收入、现金流入、期末摊余成本的计算,如表21-4所示。

表21-4　期初摊余成本、实际利息收入、现金流入、期末摊余成本的计算

单位:万元

日期	期初摊余成本 (A)	实际利息收入 ($B=A\times 10\%$)	现金流入 (C)	期末摊余成本 ($D=A+B-C$)
2×13年12月31日	1 000	100	59	1 041
2×14年12月31日	1 041	104	59	1 086
2×15年12月31日	1 086	109	59	1 136
2×16年12月31日	1 136	114	59	1 191
2×17年12月31日	1 191	118*	1 309	0

注:* 做尾数调整,1 250+59-1 191=118。

甲公司的有关会计处理如下。

(1)2×13年1月1日,购入A公司债券。

借:债权投资——成本　　　　　　　　　　　　　　　　　12 500 000
　　贷:银行存款　　　　　　　　　　　　　　　　　　　10 000 000
　　　　债权投资——利息调整　　　　　　　　　　　　　　2 500 000

(2)2×13年12月31日,确认A公司债券实际利息收入、收到债券利息。

借:应收利息　　　　　　　　　　　　　　　　　　　　　　590 000
　　债权投资——利息调整　　　　　　　　　　　　　　　　410 000
　　贷:投资收益　　　　　　　　　　　　　　　　　　　1 000 000

借:银行存款　　　　　　　　　　　　　　　　　　　　　　590 000
　　贷:应收利息　　　　　　　　　　　　　　　　　　　　590 000

(3)2×14年12月31日,确认A公司债券实际利息收入、收到债券利息。

借:应收利息　　　　　　　　　　　　　　　　　　　　　　590 000
　　债权投资——利息调整　　　　　　　　　　　　　　　　450 000
　　贷:投资收益　　　　　　　　　　　　　　　　　　　1 040 000

借:银行存款　　　　　　　　　　　　　　　　　　　　　　590 000
　　贷:应收利息　　　　　　　　　　　　　　　　　　　　590 000

（4）2×15年12月31日，确认A公司债券实际利息收入、收到债券利息。

借：应收利息　　　　　　　　　　　　　　　　　　　590 000
　　债权投资——利息调整　　　　　　　　　　　　　500 000
　　贷：投资收益　　　　　　　　　　　　　　　　1 090 000
借：银行存款　　　　　　　　　　　　　　　　　　　590 000
　　贷：应收利息　　　　　　　　　　　　　　　　　590 000

（5）2×16年12月31日，确认A公司债券实际利息收入、收到债券利息。

借：应收利息　　　　　　　　　　　　　　　　　　　590 000
　　债权投资——利息调整　　　　　　　　　　　　　550 000
　　贷：投资收益　　　　　　　　　　　　　　　　1 140 000
借：银行存款　　　　　　　　　　　　　　　　　　　590 000
　　贷：应收利息　　　　　　　　　　　　　　　　　590 000

（6）2×17年12月31日，确认A公司债券实际利息收入、收到债券利息和本金。

借：应收利息　　　　　　　　　　　　　　　　　　　590 000
　　债权投资——利息调整　　　　　　　　　　　　　590 000
　　贷：投资收益　　　　　　　　　　　　　　　　1 180 000
借：银行存款　　　　　　　　　　　　　　　　　　　590 000
　　贷：应收利息　　　　　　　　　　　　　　　　　590 000
借：银行存款　　　　　　　　　　　　　　　　　　12 500 000
　　贷：债权投资——成本　　　　　　　　　　　　12 500 000

假定在2×15年1月1日，甲公司预计本金的一半（即625万元）将会在该年末收回，而其余的一半本金将于2×17年年末付清。遇到这种情况时，甲公司应当调整2×15年年初的摊余成本，计入当期损益，调整时采用最初确定的实际利率。据此，调整相关数据后的结果如表21-5所示。

表21-5　调整相关数据后的结果

单位：万元

日期	期初摊余成本 （A）	实际利息收入 （B=A×10%）	现金流入 （C）	期末摊余成本 （D=A+B-C）
2×13年12月31日	1 000	100	59	1 041
2×14年12月31日	1 041	104	59	1 086
2×15年12月31日	1 139①	114	684	569
2×16年12月31日	569	57	30②	596
2×17年12月31日	596	59③	655	0

其中：

① （625+59）×（1+10%）$^{-1}$+30×（1+10%）$^{-2}$+（625+30）×（1+10%）$^{-3}$=1 139（万元）。

② 625×4.72%=30（万元）。

③ 625+30-596=59（万元）（尾数调整）。

根据上述调整，甲公司的会计处理如下。

(1) 2×15年1月1日，调整期初账面余额。

借：债权投资——利息调整　　　　　　　　　　　530 000
　　贷：投资收益　　　　　　　　　　　　　　　530 000

(2) 2×15年12月31日，确认实际利息、收回本金等。

借：应收利息　　　　　　　　　　　　　　　　　590 000
　　债权投资——利息调整　　　　　　　　　　　550 000
　　贷：投资收益　　　　　　　　　　　　　　1 140 000

借：银行存款　　　　　　　　　　　　　　　　　590 000
　　贷：应收利息　　　　　　　　　　　　　　　590 000

借：银行存款　　　　　　　　　　　　　　　　6 250 000
　　贷：债权投资——成本　　　　　　　　　　6 250 000

(3) 2×16年12月31日，确认实际利息等。

借：应收利息　　　　　　　　　　　　　　　　　300 000
　　债权投资——利息调整　　　　　　　　　　　270 000
　　贷：投资收益　　　　　　　　　　　　　　　570 000

借：银行存款　　　　　　　　　　　　　　　　　300 000
　　贷：应收利息　　　　　　　　　　　　　　　300 000

(4) 2×17年12月31日，确认实际利息、收回本金等。

借：应收利息　　　　　　　　　　　　　　　　　300 000
　　债权投资——利息调整　　　　　　　　　　　290 000
　　贷：投资收益　　　　　　　　　　　　　　　590 000

借：银行存款　　　　　　　　　　　　　　　　　300 000
　　贷：应收利息　　　　　　　　　　　　　　　300 000

借：银行存款　　　　　　　　　　　　　　　　6 250 000
　　贷：债权投资——成本　　　　　　　　　　6 250 000

假定甲公司购买的A公司债券不是分次付息，而是到期一次还本付息，且利息不是以复利计算。此时，甲公司所购买A公司债券的实际利率r计算如下：

$(59+59+59+59+59+1\ 250)\times(1+r)^{-3}=1\ 000$（万元）

由此计算得出$r=9.05\%$。

据此，调整相关数据后的结果如表21-6所示。

表21-6　调整相关数据后的结果

单位：万元

日期	期初摊余成本 (A)	实际利息收入 (B=A×9.05%)	现金流入 (C)	期末摊余成本 (D=A+B-C)
2×13年12月31日	1 000	90.5	0	1 090.5

（续表）

日期	期初摊余成本 （A）	实际利息收入 （B=A×9.05%）	现金流入 （C）	期末摊余成本 （D=A+B−C）
2×14年12月31日	1 090.5	98.69	0	1 189.19
2×15年12月31日	1 189.19	107.62	0	1 296.81
2×16年12月31日	1 296.81	117.36	0	1 414.17
2×17年12月31日	1 414.17	130.83*	1 545	0

注：* 做尾数调整，1 250+295−1 414.17=130.83（万元）。

甲公司的有关会计处理如下。

（1）2×13年1月1日，购入A公司债券。

借：债权投资——成本	12 500 000
贷：银行存款	10 000 000
债权投资——利息调整	2 500 000

（2）2×13年12月31日，确认A公司债券实际利息收入。

借：债权投资——应计利息	590 000
——利息调整	315 000
贷：投资收益	905 000

（3）2×14年12月31日，确认A公司债券实际利息收入。

借：债权投资——应计利息	590 000
——利息调整	396 900
贷：投资收益	986 900

（4）2×15年12月31日，确认A公司债券实际利息收入。

借：债权投资——应计利息	590 000
——利息调整	486 200
贷：投资收益	1 076 200

（5）2×16年12月31日，确认A公司债券实际利息收入。

借：债权投资——应计利息	590 000
——利息调整	583 600
贷：投资收益	1 173 600

（6）2×17年12月31日，确认A公司债券实际利息收入、收回债券本金和票面利息。

借：债权投资——应计利息	590 000
——利息调整	718 300
贷：投资收益——A公司债券	1 308 300
借：银行存款	15 450 000
贷：债权投资——成本	12 500 000
——应计利息	2 950 000

【例21-17】 2×13年1月1日,甲公司支付价款1 000万元(含交易费用)从上海证券交易所购入A公司同日发行的5年期公司债券12 500份,债券票面价值总额为1 250万元,票面年利率为4.72%,于年末支付本年度债券利息(即每年利息为59万元),本金在债券到期时一次性偿还。合同约定,该债券的发行方在遇到特定情况时可以将债券赎回,且不需要为提前赎回支付额外款项。甲公司在购买该债券时,预计发行方不会提前赎回。甲公司根据其管理该债券的业务模式和该债券的合同现金流量特征,将该债券分类为以公允价值计量且其变动计入其他综合收益的金融资产。

其他资料如下。

(1)2×13年12月31日,A公司债券的公允价值为1 200万元(不含利息)。
(2)2×14年12月31日,A公司债券的公允价值为1 300万元(不含利息)。
(3)2×15年12月31日,A公司债券的公允价值为1 250万元(不含利息)。
(4)2×16年12月31日,A公司债券的公允价值为1 200万元(不含利息)。
(5)2×17年1月20日,甲公司通过上海证券交易所出售了A公司债券12 500份,取得价款1 260万元。

分析:假定不考虑所得税、减值损失等因素,计算该债券的实际利率 r:

$59\times(1+r)^{-1}+59\times(1+r)^{-2}+59\times(1+r)^{-3}+59\times(1+r)^{-4}+(59+1\ 250)\times(1+r)^{-5}=1\ 000$

采用插值法,计算得出 $r=10\%$。

据此,相关计算过程如表21-7所示。

表21-7 相关计算过程

单位:万元

日期	现金流入(A)	实际利息收入(B=期初D×10%)	已收回的本金(C=A−B)	摊余成本余额(D=期初D−C)	公允价值(E)	公允价值变动额(F=E−D−期初G)	公允价值变动累计金额(G=期初G+F)
2×13年1月1日				1 000	1 000	0	0
2×13年12月31日	59	100	−41	1 041	1 200	159	159
2×14年12月31日	59	104	−45	1 086	1 300	55	214
2×15年12月31日	59	109	−50	1 136	1 250	−100	114
2×16年12月31日	59	113	−54	1 190	1 200	−104	10
2×17年1月20日	0	70*	−70	1 260	1 260	−10	0
小计	236	496	−260	—			
2×17年1月20日	1 260	—	1 260	0			
合计	1 496	496	1 000	0			

注:*做尾数调整,1 260+0−1 190=70(万元)。

甲公司的有关会计处理如下。

(1) 2×13年1月1日, 购入A公司债券。

借: 其他债权投资——成本 12 500 000
　　贷: 银行存款 10 000 000
　　　　其他债权投资——利息调整 2 500 000

(2) 2×13年12月31日, 确认A公司债券实际利息收入、公允价值变动, 收到债券利息。

借: 应收利息 590 000
　　其他债权投资——利息调整 410 000
　　贷: 投资收益 1 000 000
借: 银行存款 590 000
　　贷: 应收利息 590 000
借: 其他债权投资——公允价值变动 1 590 000
　　贷: 其他综合收益——其他债权投资公允价值变动 1 590 000

(3) 2×14年12月31日, 确认A公司债券实际利息收入、公允价值变动, 收到债券利息。

借: 应收利息 590 000
　　其他债权投资——利息调整 450 000
　　贷: 投资收益 1 040 000
借: 银行存款 590 000
　　贷: 应收利息 590 000
借: 其他债权投资——公允价值变动 550 000
　　贷: 其他综合收益——其他债权投资公允价值变动 550 000

(4) 2×15年12月31日, 确认A公司债券实际利息收入、公允价值变动, 收到债券利息。

借: 应收利息 590 000
　　其他债权投资——利息调整 500 000
　　贷: 投资收益 1 090 000
借: 银行存款 590 000
　　贷: 应收利息 590 000
借: 其他综合收益——其他债权投资公允价值变动 1 000 000
　　贷: 其他债权投资——公允价值变动 1 000 000

(5) 2×16年12月31日, 确认A公司债券实际利息收入、公允价值变动, 收到债券利息。

借: 应收利息 590 000
　　其他债权投资——利息调整 540 000
　　贷: 投资收益 1 130 000

借：银行存款	590 000	
贷：应收利息		590 000

借：其他综合收益——其他债权投资公允价值变动	1 040 000	
贷：其他债权投资——公允价值变动		1 040 000

（6）2×17年1月20日，确认出售A公司债券实现的损益。

借：其他债权投资——利息调整	700 000	
贷：投资收益		700 000

借：银行存款	12 600 000	
投资收益	100 000	
贷：其他债权投资——成本		12 500 000
——公允价值变动		100 000
——利息调整		100 000

A公司债券的成本=1 250（万元）

A公司债券的利息调整余额=-250+41+45+50+54+70=10（万元）

A公司债券公允价值变动余额=159+55-100-104=10（万元）

同时，应从其他综合收益中转出的公允价值变动累计金额为10万元。

借：其他综合收益——其他债权投资公允价值变动	100 000	
贷：投资收益		100 000

【例21-18】 2×16年1月1日，甲公司从二级市场购入丙公司债券，支付价款合计1 020 000元（含已到付息期但尚未领取的利息20 000元），另发生交易费用20 000元。该债券面值为10 000 000元，剩余期限为2年，票面年利率为4%，每半年末付息一次。甲公司根据其管理该债券的业务模式和该债券的合同现金流量特征，将该债券分类为以公允价值计量且其变动计入当期损益的金融资产。其他资料如下。

（1）2×16年1月5日，收到丙公司债券2×15年下半年利息20 000元。

（2）2×16年6月30日，丙公司债券的公允价值为1 150 000元（不含利息）。

（3）2×16年7月5日，收到丙公司债券2×16年上半年利息。

（4）2×16年12月31日，丙公司债券的公允价值为1 100 000元（不含利息）。

（5）2×17年1月5日，收到丙公司债券2×16年下半年利息。

（6）2×17年6月20日，通过二级市场出售丙公司债券，取得价款1 180 000元（含季度利息10 000元）

分析：假定不考虑其他因素，甲公司的会计处理如下。

（1）2×16年1月1日，从二级市场购入丙公司债券。

借：交易性金融资产——成本	1 000 000	
应收利息	20 000	
投资收益	20 000	
贷：银行存款		1 040 000

(2) 2×16年1月5日,收到该债券2×15年下半年利息20 000元。

借:银行存款　　　　　　　　　　　　　　　　　　　　20 000
　　贷:应收利息　　　　　　　　　　　　　　　　　　　　20 000

(3) 2×16年6月30日,确认丙公司债券公允价值变动和投资收益。

借:交易性金融资产——公允价值变动　　　　　　　　　150 000
　　贷:公允价值变动损益　　　　　　　　　　　　　　　150 000
借:应收利息　　　　　　　　　　　　　　　　　　　　20 000
　　贷:投资收益　　　　　　　　　　　　　　　　　　　20 000

(4) 2×16年7月10日,收到丙公司债券2×16年上半年利息。

借:银行存款　　　　　　　　　　　　　　　　　　　　20 000
　　贷:应收利息　　　　　　　　　　　　　　　　　　　　20 000

(5) 2×16年12月31日,确认丙公司债券公允价值变动和投资收益。

借:公允价值变动损益　　　　　　　　　　　　　　　　50 000
　　贷:交易性金融资产——公允价值变动　　　　　　　　50 000
借:应收利息　　　　　　　　　　　　　　　　　　　　20 000
　　贷:投资收益　　　　　　　　　　　　　　　　　　　20 000

(6) 2×17年1月5日,收到丙公司债券2×16年下半年利息。

借:银行存款　　　　　　　　　　　　　　　　　　　　20 000
　　贷:应收利息　　　　　　　　　　　　　　　　　　　　20 000

(7) 2×17年6月20日,通过二级市场出售丙公司债券。

借:银行存款　　　　　　　　　　　　　　　　　　　　1 180 000
　　贷:交易性金融资产——成本　　　　　　　　　　　　1 000 000
　　　　　　　　　　　　——公允价值变动　　　　　　　100 000
　　　　投资收益　　　　　　　　　　　　　　　　　　　70 000
　　　　应收利息　　　　　　　　　　　　　　　　　　　10 000

21.3.3　金融负债后续计量的相关会计处理

(一) 业务概述

金融负债后续计量的会计处理,如表21-8所示。

表21-8　金融负债后续计量的会计处理

经济业务	会计处理
以公允价值进行后续计量的金融负债,其公允价值变动形成利得或损失	借:公允价值变动损益 　　贷:交易性金融负债
以摊余成本计量且不属于任何套期关系一部分的金融负债所产生的利得或损失	借:财务费用 　　贷:应付债券——利息调整
由企业自身信用风险变动引起的该金融负债公允价值的变动金额	借:其他综合收益 　　贷:交易性金融负债

（续表）

经济业务	会计处理
金融负债的其他公允价值变动计入当期损益	借：盈余公积 　　未分配利润 　贷：其他综合收益

（二）事项说明

企业应当按照以下原则对金融负债进行后续计量。

（1）以公允价值计量且其变动计入当期损益的金融负债，应当按照公允价值进行后续计量。

（2）金融资产转移不符合终止确认条件或继续涉入被转移金融资产所形成的金融负债。对此类金融负债，企业应当按照《企业会计准则第23号——金融资产转移》相关规定进行计量。

（3）不属于指定为以公允价值计量且其变动计入当期损益的金融负债的财务担保合同或没有指定为以公允价值计量且其变动计入当期损益并将以低于市场利率贷款的贷款承诺，企业作为此类金融负债发行方的，应当在初始确认后按照依据本准则第八章所确定的损失准备金额以及初始确认金额扣除依据《企业会计准则第14号——收入》相关规定所确定的累计摊销额后的余额孰高进行计量。

（4）上述金融负债以外的金融负债，应当按摊余成本进行后续计量。

（三）会计处理

金融负债后续计量的会计处理如下所示。

（1）对于以公允价值进行后续计量的金融负债，其公允价值变动形成利得或损失，除与套期会计有关外，应当计入当期损益，借记"公允价值变动损益"科目，贷记"交易性金融负债"科目。

（2）以摊余成本计量且不属于任何套期关系一部分的金融负债所产生的利得或损失，应当在终止确认时计入当期损益或在按照实际利率法摊销时计入相关期间损益，借记"财务费用"等科目，贷记"应付债券——利息调整"等科目。

企业与交易对手方修改或重新议定合同，未导致金融负债终止确认，但导致合同现金流量发生变化的，应当重新计算该金融负债的账面价值，并将相关利得或损失计入当期损益。重新计算的该金融负债的账面价值，应当根据将重新议定或修改的合同现金流量按金融负债的原实际利率或按《企业会计准则第24号——套期会计》第二十三条规定的重新计算的实际利率（如适用）折现的现值确定。对于修改或重新议定合同所产生的所有成本或费用，企业应当调整修改后的金融负债账面价值，并在修改后金融负债的剩余期限内进行摊销。

（3）指定为公允价值计量的金融负债自身信用风险变动的会计处理。

① 信用风险的含义。

信用风险，是指金融工具的一方不履行义务，造成另一方发生财务损失的风险。金融负债信用风险引起的公允价值变动与金融负债发行人未能履行特定金融负债义务的风险相关。

这一风险未必与发行人的特定信用状况相关。

需要注意的是，信用风险不同于与特定资产相关的业绩风险。特定资产相关的业绩风险与企业未能履行特定义务的风险无关，而是与单项或一组金融资产的业绩较差或完全不履约的风险有关。

②信用风险变化影响的确定。

一般情况下，企业应当从金融负债的公允价值变动金额中扣除由于市场风险因素引起的市场风险变化所导致的公允价值变动金额，来确定由信用风险引起的公允价值变动金额。市场风险因素包括基准利率变动、其他企业（或结构化主体）的金融工具价格变动、商品价格变动、外汇汇率变动，以及价格指数或利率指数变动等。如果企业认为有其他方法能够更公允地计量由信用风险引起的公允价值变动金额，可使用其他方法。

如果计量上述市场风险的唯一变量是可观察基准利率，对于信用风险变动引起的金融负债的公允价值变动金额，企业可以按下列步骤估计。

首先，运用该金融负债的期初公允价值和期初合同现金流量计算出内含报酬率。从该内含报酬率中减去期初可观察基准利率，得到与该金融负债特定相关的部分。

其次，计算出该金融负债期末合同现金流量的现值。使用的折现率为以下两者之和：期末可观察基准利率；内含报酬率中与该金融负债特定相关的利率部分。该现值代表企业信用风险不变情况下，该负债期末应当具有的公允价值。

最后，该金融负债的期末公允价值与上述计算出的金融负债期末合同现金流量的现值之间的差额，即为信用风险变动引起的金融负债的公允价值变动金额。

在运用以上方法时，假设除信用风险和利率风险之外的因素所导致的该金融负债公允价值变动金额不重大。如果金融负债中包含嵌入衍生工具，则在计算信用风险变动引起的金融负债的公允价值变动金额时，应扣除嵌入衍生工具的公允价值变动金额。

此外，与所有公允价值计量一样，企业用于确定由金融负债信用风险变动引起的金融负债公允价值变动的计量方法，必须最大限度地使用相关的可观察输入值，尽可能少使用不可观察输入值。

③金融负债自身信用风险变动的会计处理原则。

企业根据本准则规定将金融负债指定为以公允价值计量且其变动计入当期损益的金融负债的，该金融负债所产生的利得或损失应当按照下列规定进行处理：

a.由企业自身信用风险变动引起的该金融负债公允价值的变动金额，应当计入其他综合收益，借记"其他综合收益"科目，贷记"交易性金融负债"科目；

b.该金融负债的其他公允价值变动计入当期损益。

该金融负债终止确认时，之前计入其他综合收益的累计利得或损失应当从其他综合收益中转出，计入留存收益，借记"盈余公积""未分配利润"科目，贷记"其他综合收益"科目。

按照上述a.的规定对该金融负债的自身信用风险变动的影响进行处理会造成或扩大损益中的会计错配的，企业应当将该金融负债的全部利得或损失（包括企业自身信用风险变动的影响金额）计入当期损益。

为确定将金融负债自身信用风险变动的影响计入其他综合收益是否会造成或扩大损益中的会计错配,企业必须评估金融负债信用风险变动的影响预期是否会被损益中另一项以公允价值计量且其变动计入当期损益的金融工具的公允价值变动抵销。企业做出上述评估,应当以该金融负债的特征与另一金融工具的特征之间的经济关系为基础。企业应当在金融负债初始确认时做出上述评估,且不得重新评估。一般情况下,企业对类似的经济关系应当保持一致的评估方法。

实务中,企业无需在同一时点确认产生会计错配的所有资产和负债。只要其余的交易预期会发生,允许有合理的递延。

(四)案例解析

【例21-19】2×16年7月1日,甲公司经批准在全国银行间债券市场公开发行10亿元人民币短期融资券,期限为1年,票面年利率为5.58%,每张面值为100元,到期一次还本付息。所募集资金主要用于公司购买生产经营所需的原材料及配套件等。公司将该短期融资券指定为以公允价值计量且其变动计入当期损益的金融负债。假定不考虑发行短期融资券相关的交易费用以及企业自身信用风险变动。

2×16年12月31日,该短期融资券市场价格为每张120元(不含利息);2×17年6月30日,该短期融资券到期兑付完成。

分析:甲公司会计处理如下。(单位:万元)

(1) 2×16年7月1日,发行短期融资券。

借:银行存款　　　　　　　　　　　　　　　　100 000
　　贷:交易性金融负债　　　　　　　　　　　　　　100 000

(2) 2×16年12月31日,年末确认公允价值变动和利息费用。

借:公允价值变动损益　　　　　　　　　　　　　20 000
　　贷:交易性金融负债　　　　　　　　　　　　　　20 000
借:财务费用　　　　　　　　　　　　　　　　　 2 790
　　贷:应付利息　　　　　　　　　　　　　　　　　 2 790

(3) 2×17年6月30日,短期融资券到期。

借:财务费用　　　　　　　　　　　　　　　　　 2 790
　　贷:应付利息　　　　　　　　　　　　　　　　　 2 790
借:交易性金融负债　　　　　　　　　　　　　　120 000
　　应付利息　　　　　　　　　　　　　　　　　 5 580
　　贷:银行存款　　　　　　　　　　　　　　　　105 580
　　　　公允价值变动损益　　　　　　　　　　　　 20 000

【例21-20】甲公司发行公司债券为建造专用生产线筹集资金。有关资料如下。

(1) 2×13年12月31日,委托证券公司以7 755万元的价格发行3年期分期付息公司债券。该债券面值为8 000万元,票面年利率为4.5%,实际年利率为5.64%,每年付息一次,到期后按面值偿还。支付的发行费用与发行期间冻结资金产生的利息收入相等。

（2）生产线建造工程采用出包方式，于2×14年1月1日开始动工，发行债券所得款项当日全部支付给建造承包商，2×15年12月31日所建造生产线达到预定可使用状态。

（3）假定各年度利息的实际支付日期均为下年度的1月10日；2×17年1月10日支付2×16年度利息，一并偿付面值。

（4）所有款项均以银行存款支付。

据此，甲公司计算得出该债券在各年末的摊余成本、应付利息金额、当年应予资本化或费用化的利息金额、利息调整的本年摊销和年末余额。有关结果如表21-9所示。

表21-9 有关结果

单位：万元

时间		2×13年12月31日	2×14年12月31日	2×15年12月31日	2×16年12月31日
年末摊余成本	面值	8 000	8 000	8 000	8 000
	利息调整	−245	−167.62	−85.87	0
	合计	7 755	7 832.38	7 914.13	8 000
当年应予资本化或费用化的利息金额			437.38	441.75	445.87
年末应付利息金额			360	360	360
"利息调整"本年摊销额			77.38	81.75	85.87

分析：相关会计处理如下。

（1）2×13年12月31日，发行债券。

借：银行存款 7 755 000
　　应计债券——利息调整 2 450 000
　　贷：应计债券——面值 8 000 000

（2）2×14年12月31日，确认和结转利息。

借：在建工程 4 373 800
　　贷：应计利息 3 600 000
　　　　应付债券——利息调整 773 800

借：应付利息 3 600 000
　　贷：银行存款 3 600 000

（3）2×15年12月31日，确认利息。

借：在建工程 4 417 500
　　贷：应付利息 3 600 000
　　　　应付债券——利息调整 817 500

借：应付利息 3 600 000
　　贷：银行存款 3 600 000

借：固定资产 8 791 300
　　贷：在建工程 8 791 300

(4) 2×16年12月31日,确认债券利息。

借:财务费用 4 458 700
　　贷:应付利息 3 600 000
　　　　应付债券——利息调整 858 700

借:应付利息 3 600 000
　　贷:银行存款——利息调整 3 600 000

(5) 2×17年1月10日,债券到期兑付。

借:应付利息 3 600 000
　　应付债券——面值 80 000 000
　　贷:银行存款 83 600 000

【例21-21】2×17年1月1日,甲公司按面值发行5年期债券,面值为500 000 000元,票面年利率为5%,每季度末付息,到期一次性还本。甲公司将该债券指定为以公允价值计量且其变动计入当期损益的金融负债。

假设甲公司发行该债券无其他交易费用,该债券信用评级为AAA级,发行时的公允价值等于面值。甲公司采用SHIBOR作为可观察基准利率,2×17年1月1日,SHIBOR为4%。2×17年12月31日,评级公司将甲公司的信用评级下调为A级,该债券公允价值为473 769 002元,SHIBOR上升至5%。假设除信用风险和利率风险之外的因素所导致的该金融负债公允价值变动金额均不重大。

分析:本例中,2×17年12月31日,由甲公司自身信用风险变动所引起的该债券的公允价值变动部分计算如下。

(1) 2×17年1月1日,该债券的内含报酬率为5%(发行时的公允价值等于其面值,因此内含报酬率等于票面利率),期初可观察基准利率为4%,则与该金融负债特定相关的部分为1%。

(2) 2×17年12月31日,该债券未来合同现金流量的折现率为6%(1%+5%)。该债券合同现金流量现值为482 674 472元。

(3) 2×17年12月31日,该债券的公允价值与上述合同现金流量现值的差额为8 905 470(482 674 472-473 769 002)元,即为信用风险变动引起的金融负债的公允价值变动金额。

21.3.4 金融工具减值的相关会计处理

(一) 业务概述

本准则对金融工具减值的规定通常称为"预期信用损失法"。该方法与过去规定的、根据实际已发生减值损失确认减值准备的方法有着根本性不同。在预期信用损失法下,减值准备的计提不以减值的实际发生为前提,而是以未来可能的违约事件造成的损失的期望值来计量当前(资产负债表日)应当确认的减值准备。

金融工具减值的会计处理,如表21-10所示。

表 21-10　金融工具减值的会计处理

经济业务	会计处理
减值准备的计提	借：信用减值损失 　贷：贷款损失准备等
减值准备的转回	借：贷款损失准备等 　贷：信用减值损失
已发生信用损失金融资产的核销	借：贷款损失准备等 　　信用减值损失 　贷：贷款等

（二）事项说明

企业应当以预期信用损失为基础，对下列项目进行减值会计处理并确认损失准备。

（1）分类为以摊余成本计量的金融资产和以公允价值计量且其变动计入其他综合收益的金融资产。

（2）租赁应收款。

（3）合同资产。合同资产是指第14章中定义的合同资产。

（4）部分贷款和财务担保合同。

损失准备，是指针对按照以摊余成本计量的金融资产、租赁应收款和合同资产的预期信用损失计提的准备，按照以公允价值计量且其变动计入其他综合收益的金融资产的累计减值金额以及针对贷款承诺和财务担保合同的预期信用损失计提的准备。

预期信用损失，是指以发生违约的风险为权重的金融工具信用损失的加权平均值。

信用损失，是指企业按照原实际利率折现的、根据合同应收的所有合同现金流量与预期收取的所有现金流量之间的差额，即全部现金短缺的现值。其中，对于企业购买或源生的已发生信用减值的金融资产，应按照该金融资产经信用调整的实际利率折现。由于预期信用损失考虑付款的金额和时间分布，因此即使企业预计可以全额收款但收款时间晚于合同规定的到期期限，也会产生信用损失。

在估计现金流量时，企业应当考虑金融工具在整个预计存续期的所有合同条款（如提前还款、展期、看涨期权或其他类似期权等）。企业所考虑的现金流量应当包括出售所持担保品获得的现金流量，以及属于合同条款组成部分的其他信用增级所产生的现金流量。

企业通常能够可靠估计金融工具的预计存续期。在极少数情况下，金融工具预计存续期无法可靠估计的，企业在计算确定预期信用损失时，应当基于该金融工具的剩余合同期间。

（三）会计处理

1. 减值准备的计提和转回

企业应当在资产负债表日计算金融工具（或金融工具组合）预期信用损失。如果该预期信用损失大于该工具（或组合）当前减值准备的账面金额，企业应当将其差额确认为减值损失，借记"信用减值损失"科目，根据金融工具的种类，贷记"贷款损失准备""债权投资减值准备""坏账准备""合同资产减值准备""租赁应收款减值准备""预计负债"（用于贷款承诺及财务担保合同）或"其他综合收益"（用于以公允价值计量且其变动计入其他综合收益的债权类资产，企业可以设置二级科目"其他综合收益——信用减值准备"核算此类工具的减值准备）等科目（上述贷记科目，以下统称"贷款损失准备"等科目）；如果资产负债表日计算的预期信用损失小于该工具（或组合）当前减值准备的账面金额（例如，从按照整个存续期预期信用损失计量损失准备转为按照未来12个月预期信用损失计量损失准备时，可能出现这一情况），则应当将差额确认为减值利得，做相反的会计分录。

2. 已发生信用损失金融资产的核销

企业实际发生信用损失，认定相关金融资产无法收回，经批准予以核销的，应当根据批准的核销金额，借记"贷款损失准备"等科目，贷记相应的资产科目，如"贷款""应收账款""合同资产"等。若核销金额大于已计提的损失准备，还应按其差额借记"信用减值损失"科目。

（四）案例解析

【例21-22】 甲公司于2×17年12月15日购入一项公允价值为1 000万元的债务工具，分类为以公允价值计量且其变动计入其他综合收益的金融资产。该工具合同期限为10年，年利率为5%，本例假定实际利率也为5%。初始确认时，甲公司已经确定其不属于购入或源生的已发生信用减值的金融资产。

2×17年12月31日，由于市场利率变动，该债务工具的公允价值跌至950万元。甲公司认为，该工具的信用风险自初始确认后并无显著增加，应按12个月内预期信用损失计量损失准备，损失准备金额为30万元。为简化起见，本例不考虑利息。

2×18年1月1日，甲公司决定以当日的公允价值950万元出售该债务工具。

分析：甲公司相关会计处理如下。

（1）购入该工具。

借：其他债权投资——成本	10 000 000
贷：银行存款	10 000 000

（2）2×17年12月31日。

借：信用减值损失	300 000
其他综合收益——其他债权投资公允价值变动	500 000
贷：其他债权投资——公允价值变动	500 000
其他综合收益——信用减值准备	300 000

甲公司在其2×17年年度财务报表中披露了该工具的累计减值30万元。

（3）2×18年1月1日。

借：银行存款	9 500 000
投资收益	200 000
其他综合收益——信用减值准备	300 000
其他债权投资——公允价值变动	500 000
贷：其他综合收益——其他债权投资公允价值变动	500 000

|其他债权投资——成本| | | |10 000 000|

【例21-23】 甲银行对其发放的贷款以摊余成本计量。2×17年12月31日,甲银行向乙公司发放一笔5年期信用贷款。贷款本金为5 000万元,年利率为4%,每年12月31日付息,2×22年12月31日还本。假设不考虑交易费用,该贷款的实际利率为4%。

2×18年12月31日,乙公司按约支付利息。甲银行评估认为该贷款信用风险自初始确认以来未显著增加,并计算其未来12个月预期信用损失为80万元。

2×19年12月31日,乙公司按约支付利息。甲银行评估认为该贷款信用风险自初始确认以来已经显著增加,并计算剩余存续期预期信用损失为300万元。

2×20年6月30日,甲银行了解到乙公司面临重大财务困难,认定该贷款已发生减值。同日,甲银行计算剩余存续期预期信用损失为800万元。

2×20年12月31日,乙公司未按约支付利息。甲银行计算剩余存续期预期信用损失为1 200万元。

2×21年6月30日,甲银行计算剩余存续期预期信用损失为1 600万元,并以3 500万元价格将该贷款所有风险和报酬转让给丙资产管理公司。

根据所掌握情况,丙资产管理公司将该贷款认定为已发生信用减值的金融资产,并预计该贷款的未来现金流量如表21-11所示。

表21-11 该贷款的未来现金流量

单位:元

日期	金额
2×22年12月31日	20 000 000
2×23年6月30日	18 500 000

根据以上数据,丙资产管理公司计算该贷款经信用调整的实际利率为5.635 2%。丙资产管理公司以摊余成本计量该贷款,其账面价值摊余过程如表21-12所示。

表21-12 账面价值摊余过程

单位:元

日期	计提利息期限(年)	应计利息	还款	摊余成本
2×21年6月30日	—			35 000 000
2×21年12月31日	0.5	972 649	—	35 972 649
2×22年12月31日	1	2 027 138	−20 000 000	17 999 787
2×23年6月30日	0.5	500 213	−18 500 000	—

2×21年12月31日,丙资产管理公司对该贷款回收金额和回收时间的预期未发生改变(即预期信用损失变动为0)。

2×22年12月31日,丙资产管理公司实际收到乙公司还款2 000万元,对该贷款后续回收金额和回收时间的预期未发生改变。

2×23年6月30日,丙资产管理公司实际收到乙公司还款1 900万元,贷款合同终止。

分析：根据上述资料，相关会计处理如下（不考虑税费影响）。

1. 甲银行

（1）2×17年12月31日，发放贷款。

借：贷款　　　　　　　　　　　　　　　　　　　　　50 000 000
　　贷：吸收存款　　　　　　　　　　　　　　　　　　　50 000 000

（2）2×18年12月31日，确认利息收入和收到的利息。

利息收入＝账面余额×实际利率＝5 000×4%＝200（万元）

借：应收利息　　　　　　　　　　　　　　　　　　　2 000 000
　　贷：利息收入　　　　　　　　　　　　　　　　　　　2 000 000

借：吸收存款　　　　　　　　　　　　　　　　　　　2 000 000
　　贷：应收利息　　　　　　　　　　　　　　　　　　　2 000 000

计提减值准备。

借：信用减值损失　　　　　　　　　　　　　　　　　　800 000
　　贷：贷款损失准备　　　　　　　　　　　　　　　　　　800 000

（3）2×19年12月31日，确认利息收入和收到的利息。

借：应收利息　　　　　　　　　　　　　　　　　　　2 000 000
　　贷：利息收入　　　　　　　　　　　　　　　　　　　2 000 000

借：吸收存款　　　　　　　　　　　　　　　　　　　2 000 000
　　贷：应收利息　　　　　　　　　　　　　　　　　　　2 000 000

补提减值准备。

借：信用减值损失　　　　　　　　　　　　　　　　　2 200 000
　　贷：贷款损失准备　　　　　　　　　　　　　　　　　2 200 000

（4）2×20年6月30日，确认实际减值前利息收入。

利息收入＝账面余额×实际利率＝$5\,000\,000\times[(1+4\%)^{0.5}-1]$＝990 195（元）

借：应收利息　　　　　　　　　　　　　　　　　　　990 195
　　贷：利息收入　　　　　　　　　　　　　　　　　　　990 195

补提减值准备。

借：信用减值损失　　　　　　　　　　　　　　　　　5 000 000
　　贷：贷款损失准备　　　　　　　　　　　　　　　　　5 000 000

（5）2×20年12月31日，确认实际减值后利息收入。

利息收入＝摊余成本×实际利率＝$(50\,000\,000+990\,195-8\,000\,000)\times[(1+4\%)^{0.5}-1]$＝851 374（元）

借：应收利息　　　　　　　　　　　　　　　　　　　851 374
　　贷：利息收入　　　　　　　　　　　　　　　　　　　851 374

补提减值准备。

借：信用减值损失　　　　　　　　　　　　　　　　　4 000 000

| 贷：贷款损失准备 | 4 000 000 |

（6）2×21年6月30日，确认利息收入。

利息收入＝摊余成本×实际利率＝（50 000 000＋990 195＋851 374－12 000 000）×[（1＋4%）$^{0.5}$－1]＝789 019（元）

| 借：应收利息 | 789 019 |
| 　　贷：利息收入 | 789 019 |

补提减值准备。

| 借：信用减值损失 | 4 000 000 |
| 　　贷：贷款损失准备 | 4 000 000 |

终止确认贷款。

借：存放中央银行款项	35 000 000
贷款损失准备	16 000 000
贷款处置损益	1 630 588
贷：贷款	50 000 000
应收利息	2 630 588

2. 丙资产管理公司

（1）2×21年6月30日，确认购入贷款。

| 借：债权投资——本金 | 35 000 000 |
| 　　贷：银行存款 | 35 000 000 |

（2）2×21年12月31日，确认利息收入。

| 借：债权投资——应计利息 | 972 649 |
| 　　贷：利息收入 | 972 649 |

（3）2×22年12月31日，确认利息收入。

| 借：债权投资——应计利息 | 2 027 138 |
| 　　贷：利息收入 | 2 027 138 |

确认收到的还款。

借：银行存款	20 000 000
贷：债权投资——本金	17 000 213
——应计利息	2 999 787

（4）2×23年6月30日，确认利息收入。

| 借：债权投资——应计利息 | 500 213 |
| 　　贷：利息收入 | 500 213 |

确认收到的还款，终止确认贷款。

借：银行存款	19 000 000
贷：债权投资——本金	17 999 787
——应计利息	500 213
信用减值损失（利得）	500 000

第 22 章
金融资产转移

22.1 金融资产转移与终止确认

企业应当在收取金融资产现金流量的合同权利终止时终止确认该金融资产。如果该合同权利尚未终止，只有在金融资产已转移，且该转移满足终止确认条件的规定时才能终止确认。

《企业会计准则第 23 号——金融资产转移》明确了金融资产转移仅包含的两种情形：

（1）企业将收取金融资产现金流量的合同权利转移给其他方；

（2）企业保留了收取金融资产现金流量的合同权利，但承担了将收取的该现金流量支付给一个或多个最终收款方的合同义务，且同时满足《企业会计准则第 23 号——金融资产转移》第六条第（二）项的三个条件。

对于符合准则规定的金融资产转移的两种情形，企业可根据准则的规定进一步进行风险报酬以及控制的判断；对于除此之外的情形，企业应当继续确认该金融资产。

22.1.1 金融资产终止确认相关概念及一般原则

金融资产终止确认，是指企业将之前确认的金融资产从其资产负债表中予以转出。金融资产满足下列条件之一的，应当终止确认：

（1）收取该金融资产现金流量的合同权利终止；

（2）该金融资产已转移，且该转移满足本节关于终止确认的规定。

在第一个条件下，企业收取金融资产现金流量的合同权利终止，如因合同到期而使合同权利终止，金融资产不能再为企业带来经济利益，应当终止确认该金融资产。在第二个条件下，企业收取一项金融资产现金流量的合同权利并未终止，但若企业转移了该项金融资产，同时该转移满足本节关于终止确认的规定，在这种安排下，企业也应当终止确认被转移的金融资产。

22.1.2 金融资产终止确认的判断流程

（一）业务概况

金融资产转移时的终止确认判断流程如表 22-1 所示。

表 22-1 金融资产转移时的终止确认判断流程

情形		结果
已转移金融资产所有权上几乎所有的风险和报酬		终止确认该金融资产（确认新资产/负债）
既没有转移也没有保留金融资产所有权上几乎所有的风险和报酬	放弃了对金融资产的控制	
	未放弃对金融资产的控制	按照继续涉入被转移金融资产的程度确认有关资产和负债
保留了金融资产所有权上几乎所有的风险和报酬		继续确认该金融资产，并将收到的对价确认为金融负债

（二）会计处理

企业在判断金融资产是否应当终止确认以及在多大程度上终止确认时，应当遵循以下步骤。

1. 确定适用金融资产终止确认规定的报告主体层面

企业（转出方）对金融资产转入方具有控制权的，除在该企业个别财务报表基础上应用本节规定外，在编制合并财务报表时，还应当按照本书第 32 章合并财务报表的规定合并所有纳入合并范围的子公司（含结构化主体），并在合并财务报表层面应用本节规定。

在资产证券化实务中，企业通常设立"信托计划""专项支持计划"等结构化主体作为结构化融资的载体，由结构化主体向第三方发行证券并向企业自身购买金融资产。在这种情况下，从法律角度看企业可能已将金融资产转移到结构化主体，两者之间实现了风险隔离。但在进行金融资产终止确认判断时，企业应首先确定报告主体，即是编制合并财务报表还是个别财务报表。如果是合并财务报表，企业应当首先按照有关规定合并所有子公司（含结构化主体），然后将本节的规定应用于合并财务报表，即在合并财务报表层面进行金融资产转移及终止确认分析。

2. 确定金融资产是部分还是整体适用终止确认原则

《企业会计准则第 23 号——金融资产转移》具体准则中的"金融资产"既可能指一项金融资产或其部分，也可能指一组类似金融资产或其部分。一组类似金融资产通常指金融资产的合同现金流量在金额和时间分布上相似并且具有相似的风险特征，如合同条款类似、到期期限接近的一组住房抵押贷款等。

当且仅当金融资产（或一组金融资产，下同）的一部分满足下列三个条件之一时，终止确认的相关规定适用于该金融资产部分，否则，适用于该金融资产整体。

（1）该金融资产部分仅包括金融资产所产生的特定可辨认现金流量。

例如，企业就某债务工具与转入方签订一项利息剥离合同，合同规定转入方拥有获得该债务工具利息现金流量的权利，但无权获得该债务工具本金现金流量，则终止确认的规定适用于该债务工具的利息现金流量。

（2）该金融资产部分仅包括与该金融资产所产生的全部现金流量完全成比例的现金流量部分。

例如，企业就某债务工具与转入方签订转让合同，合同规定转入方拥有获得该债务工具全部现金流量 90% 份额的权利,则终止确认的规定适用于这些现金流量的 90% 部分。如果转入方不止一个,只要转出方所转移的份额与金融资产的现金流量完全成比例即可,不要求每一转入方均持有成比例的现金流量份额。

(3) 该金融资产部分仅包括与该金融资产所产生的特定可辨认现金流量完全成比例的现金流量部分。

例如,企业就某债务工具与转入方签订转让合同,合同规定转入方拥有获得该债务工具利息现金流量 90% 份额的权利,则终止确认的规定适用于该债务工具利息现金流量 90% 部分。如果转入方不止一个,只要转出方所转移的份额与金融资产的特定可辨认现金流量完全成比例即可,不要求每一转入方均持有成比例的现金流量份额。

在除上述情况外的其他所有情况下,有关金融资产终止确认的相关规定适用于金融资产的整体。

例如,企业转移了公允价值为 100 万元人民币的一组类似的固定期限贷款组合,约定向转入方支付贷款组合预期所产生的现金流量的前 90 万元人民币,企业保留了取得剩余现金流量的次级权益。因为最初 90 万元人民币的现金流量既可能来自贷款本金也可能来自利息,且无法辨认来自贷款组合中的哪些贷款,所以不是特定可辨认的现金流量,也不是该金融资产所产生的全部或部分现金流量的完全成比例的份额。在这种情况下,企业不能将终止确认的相关规定适用于该金融资产 90 万元人民币的部分,而应当适用于该金融资产的整体。

3. 确定收取金融资产现金流量的合同权利是否终止

企业在确定适用金融资产终止确认规定的报告主体层面(合并财务报表层面或个别财务报表层面)以及对象(金融资产整体或部分)后,即可开始判断是否对金融资产进行终止确认。收取金融资产现金流量的合同权利已经终止的,企业应当终止确认该金融资产。例如,一项应收账款的债务人在约定期限内支付了全部款项,或者在期权合同到期时期权持有人未行使期权权利,导致收取金融资产现金流量的合同权利终止,企业应终止确认金融资产。

若收取金融资产的现金流量的合同权利没有终止,企业应当判断是否转移了金融资产,并根据以下有关金融资产转移的相关判断标准确定是否应当终止确认被转移金融资产。

4. 判断企业是否已转移金融资产

企业在判断是否已转移金融资产时,应分以下两种情形作进一步的判断。

(1) 企业将收取金融资产现金流量的合同权利转移给其他方。

企业将收取金融资产现金流量的合同权利转移给其他方,表明该项金融资产发生了转移,通常表现为金融资产的合法出售或者金融资产现金流量权利的合法转移。例如,实务中常见的票据背书转让、商业票据贴现等,均属于这一种金融资产转移的情形。在这种情形下,转入方拥有了获取被转移金融资产所有未来现金流量的权利,转出方应进一步判断金融资产风险和报酬转移情况来确定是否应当终止确认被转移金融资产。

(2) 企业保留了收取金融资产现金流量的合同权利,但承担了将收取的该现金流量支付给一个或多个最终收款方的合同义务。

这种金融资产转移的情形通常被称为"过手安排",在某些金融资产转移交易中,转出方在出售金融资产后，会继续作为收款服务方或收款代理人等收取金融资产的现金流量，再转交给转入方或最终收款方。这种金融资产转移情形常见于资产证券化业务。例如，在某些情况下，银行可能负责收取所转移贷款的本金和利息并最终支付给收益权持有者，同时收取相应服务费。当企业保留了收取金融资产现金流量的合同权利，但承担了将收取的该现金流量支付给一个或多个最终收款方的合同义务时，当且仅当同时符合以下三个条件时，转出方才能按照金融资产转移的情形进行后续分析及处理，否则，被转移金融资产应予以继续确认。

① 企业（转出方）只有从该金融资产收到对等的现金流量时，才有义务将其支付给最终收款方。

在有的资产证券化等业务中，如发生由于被转移金融资产的实际收款日期与向最终收款方付款的日期不同而导致款项缺口的情况，转出方需要提供短期垫付款项。在这种情况下，当且仅当转出方有权全额收回该短期垫付款并按照市场利率就该垫款计收利息，方能视同满足这一条件。在有转出方短期垫付安排的资产证券化业务中，如果转出方收回该垫款的权利仅优先于次级资产支持证券持有人，但劣后于优先级资产支持证券持有人，或者转出方不计收利息的，均不能满足这一条件。

例如，在一项资产证券化交易中，按照交易协议规定，转出方在设立结构化主体时需要向结构化主体提供现金或其他资产以建立流动性储备，确保在收取基础资产款项发生延误时能够向资产证券化产品的持有者按协议规定付款，被动用的流动性储备只能通过提留基础资产后续产生的现金流的方式收回。假设转出方合并该结构化主体，在该种情况下，由于转出方出资设立了流动性储备（即提供了垫付款项），在发生收款延误时，转出方有义务向最终收款方支付尚未从基础资产收取的款项，且如果出现基础资产后续产生的现金流量不足的情况转出方没有收回权，导致该交易不满足上述"转出方只有从该金融资产收到对等的现金流量时，才有义务将其支付给最终收款方"的条件。类似地，如果资产证券化协议规定转出方承担或转出方实际承担了在需要时向结构化主体提供现金借款的确定承诺，且该借款只能通过提留基础资产后续产生的现金流的方式收回，则该资产证券化交易也不满足本条件。

如果结构化主体的流动性储备不是由转出方预提或承诺提供的，而是来自基础资产产生的现金流量或者由资产支持证券的第三方次级权益持有者提供，且转出方不控制（即不需合并）该结构化主体，由于企业没有向结构化主体（即转入方）支付从被转移金融资产取得的现金流量以外的其他现金流量，这种流动性储备安排满足本条件的情形。

② 转让合同规定禁止企业（转出方）出售或抵押该金融资产，但企业可以将其作为向最终收款方支付现金流量义务的保证。企业不能出售该项金融资产，也不能以该项金融资产作为质押品对外进行担保，意味着转出方不再拥有出售或处置被转移金融资产的权利。但是，由于企业负有向最终收款方支付该项金融资产所产生的现金流量的义务，该项金融资产可以作为企业如期向最终收款方支付现金流量的保证。

③ 企业（转出方）有义务将代表最终收款方收取的所有现金流量及时划转给最终收款方，且无重大延误。企业无权将该现金流量进行再投资。但是，如果企业在收款日和最终收款方要求的划转日之间的短暂结算期内将代为收取的现金流量进行现金或现金等价物投资，

并且按照合同约定将此类投资的收益支付给最终收款方,则视同满足本条件。

这一条件不仅对转出方在收款日至向最终收款方支付日的短暂结算期间内将收取的现金流量再投资作出了限制,而且将转出方为了最终收款人利益而进行的投资严格地限定为现金或现金等价物投资。在这种情况下,现金和现金等价物应当符合第 30 章现金流量表中的定义,而且不允许转出方在这些现金或现金等价物投资中保留任何投资收益,所有的投资收益必须支付给最终收款方。例如,如果按照某过手安排,合同条款允许企业将代最终收款方收取的现金流量投资于不满足现金和现金等价物定义的某些理财产品或货币市场基金等产品,则该过手安排不满足本条件,进而不能按照金融资产转移进行后续判断和会计处理。此外,在通常情况下,如果根据合同条款,企业自代为收取现金流量之日起至最终划转给最终收款方的期间超过三个月,则视为有重大延误,进而该过手安排不满足本条件,因此不构成金融资产转移。

5. 分析所转移金融资产的风险和报酬转移情况

企业转让收取现金流量的合同权利或者通过符合条件的过手安排方式转移金融资产的,应根据规定进一步对被转移金融资产进行风险和报酬转移分析,以判断是否应终止确认被转移金融资产。

企业在判断金融资产转移是否导致金融资产终止确认时,应当评估其在多大程度上保留了金融资产所有权上的风险和报酬,即比较其在转移前后所承担的、该金融资产未来净现金流量金额及其时间分布变动的风险,并分别以下情形进行处理。

(1)企业转移了金融资产所有权上几乎所有风险和报酬的,应当终止确认该金融资产,并将转移中产生或保留的权利和义务单独确认为资产或负债。

金融资产转移后,企业承担的金融资产未来净现金流量现值变动的风险与转移前金融资产的未来净现金流量现值变动的风险相比不再显著的,表明该企业已经转移了金融资产所有权上几乎所有风险和报酬。

需要注意的是,金融资产转移后企业承担的未来净现金流量现值变动的风险占转移前变动风险的比例,并不等同于企业保留的现金流量金额占全部现金流量的比例。例如,在一项资产证券化交易中,次级资产支持证券的份额占全部资产支持证券的 5%,转出方持有全部次级资产支持证券,这并不意味着转出方仅保留金融资产 5% 的风险和报酬。实际上,次级资产支持证券向优先级资产支持证券提供了信用增级,而使基础资产未来现金流量在优先级和次级之间不再是完全成比例分配,因此,转移后企业承担的次级资产支持证券对应的未来净现金流量现值变动的风险则可能远大于转移前全部变动风险的 5%。

关于这里所指的"几乎所有风险和报酬",企业应当根据金融资产的具体特征作出判断。需要考虑的风险类型通常包括利率风险、信用风险、外汇风险、逾期未付风险、提前偿付风险(或报酬)、权益价格风险等。

在通常情况下,通过分析金融资产转移协议中的条款,企业就可以比较容易地确定是否转移或保留了金融资产所有权上几乎所有的风险和报酬,而不需要通过计算确定。以下情形表明企业已将金融资产所有权上几乎所有的风险和报酬转移给了转入方。

① 企业无条件出售金融资产。企业出售金融资产时，如果根据与购买方之间的协议约定，在任何时候（包括所出售金融资产的现金流量逾期未收回时）购买方均不能够向企业进行追偿，企业也不承担任何未来损失，此时，企业可以认定几乎所有的风险和报酬已经转移，应当终止确认该金融资产。

例如，某银行向某资产管理公司出售了一组贷款，双方约定，在出售后银行不再承担该组贷款的任何风险，该组贷款发生的所有损失均由资产管理公司承担，资产管理公司不能因该组已出售贷款的包括逾期未付在内的任何未来损失向银行要求补偿。在这种情况下，银行已经将该组贷款上几乎所有的风险和报酬转移，可以终止确认该组贷款。

② 企业出售金融资产，同时约定按回购日该金融资产的公允价值回购。企业通过与购买方签订协议，按一定价格向购买方出售了一项金融资产，同时约定到期日企业再将该金融资产购回，回购价为到期日该金融资产的公允价值。此时，该项金融资产如果发生公允价值变动，其公允价值变动由购买方承担，因此可以认定企业已经转移了该项金融资产所有权上几乎所有的风险和报酬，应当终止确认该金融资产。同样，企业在金融资产转移以后只保留了优先按照回购日公允价值回购该金融资产的权利的，也应当终止确认所转移的金融资产。

【例 22-1】 2×20 年 2 月 1 日，甲公司将其持有的乙上市公司股票转让给丙公司，甲公司与丙公司约定，在 4 个月后（即 6 月 1 日）将按照 6 月 1 日乙公司股票的市价回购被转让股票。由于甲公司已经将乙公司股票的所有价值变动风险和报酬转让给丙公司，可以认定甲公司已经转移了该项金融资产所有权上几乎所有的风险和报酬，应当终止确认其转让的乙公司股票。

③ 企业出售金融资产，同时与转入方签订看跌或看涨期权合约，且该看跌或看涨期权为深度价外期权（即到期日之前不大可能变为价内期权），此时可以认定企业已经转移了该项金融资产所有权上几乎所有的风险和报酬，应当终止确认该金融资产。

企业需要通过计算判断是否转移或保留了金融资产所有权上几乎所有风险和报酬的，在计算金融资产未来现金流量净现值时，应考虑所有合理、可能的现金流量变动，采用适当的市场利率作为折现率，并采用概率加权平均方法。

【例 22-2】 2×18 年 2 月 1 日，甲公司将其持有的面值为 100 万元的国债转让给丙公司，并向丙公司签发看跌期权，约定在出售后的 4 个月内，丙公司可以 60 万元价格将国债卖回给甲公司。由于国债信用等级高，且预计未来 4 个月内市场利率将维持稳定，甲公司分析认为该看跌期权属于深度价外期权。在此情况下，甲公司应终止确认被转让的国债。

（2）企业保留了金融资产所有权上几乎所有风险和报酬的，应当继续确认该金融资产。

与企业转移了金融资产所有权上几乎所有风险和报酬的判断方法相似，企业在判断是否保留了金融资产所有权上几乎所有的风险和报酬时，应当比较其在转移前后面临的该金融资产未来净现金流量金额及其时间分布变动的风险。企业承担的风险没有因金融资产转移发生显著改变的，表明企业仍保留了金融资产所有权上几乎所有的风险和报酬。

以下情形通常表明企业保留了金融资产所有权上几乎所有的风险和报酬。

① 企业出售金融资产并与转入方签订回购协议，协议规定企业将按照固定回购价格或是

按照原售价加上合理的资金成本向转入方回购原被转移金融资产,或者与售出的金融资产相同或实质上相同的金融资产。例如,采用买断式回购、质押式回购交易卖出债券等。

② 企业融出证券或进行证券出借。例如,证券公司将自身持有的证券借给客户,合同约定借出期限和出借费率,到期客户需归还相同数量的同种证券,并向证券公司支付出借费用。证券公司保留了融出证券所有权上几乎所有的风险和报酬。因此,证券公司应当继续确认融出的证券。

③ 企业出售金融资产并附有将市场风险敞口转回给企业的总回报互换。在附总回报互换的金融资产出售中,企业出售了一项金融资产,并与转入方达成一项总回报互换协议,如转入方将该资产实际产生的现金流量支付给企业以换取固定付款额或浮动利率付款额,该项资产公允价值的所有增减变动由企业(转出方)承担,从而使企业保留了该金融资产所有权上几乎所有的风险和报酬。在这种情况下,企业应当继续确认所出售的金融资产。

④ 企业出售短期应收款项或信贷资产,并且全额补偿转入方可能因被转移金融资产发生的信用损失。企业将短期应收款项或信贷资产整体出售,符合金融资产转移的条件。但由于企业出售金融资产时作出承诺,当已转移的金融资产将来发生信用损失时,由企业(出售方)进行全额补偿。在这种情况下,企业保留了该金融资产所有权上几乎所有的风险和报酬,因此不应当终止确认所出售的金融资产。这种情形经常出现在资产证券化实务中。例如,企业通过持有次级权益或承诺对特定现金流量担保,实现了对证券化资产的信用增级。如果通过这种信用增级,企业保留了被转移资产所有权上几乎所有的风险和报酬,那么企业就不应当终止确认该金融资产。

⑤ 企业出售金融资产,同时向转入方签订看跌或看涨期权合约,且该看跌期权或看涨期权为一项价内期权。例如,企业出售某金融资产但同时持有深度价内的看涨期权(即到期日之前不大可能变为价外期权),或者企业出售金融资产而转入方有权通过同时签订的深度价内看跌期权在以后将该金融资产回售给企业。在这两种情况下,由于企业都保留了该项金融资产所有权上几乎所有的风险和报酬,因此不应当终止确认该金融资产。

⑥ 采用附追索权方式出售金融资产。企业出售金融资产时,如果根据与购买方之间的协议约定,在所出售金融资产的现金流量无法收回时,购买方能够向企业进行追偿,企业也应承担任何未来损失。此时,可以认定企业保留了该金融资产所有权上几乎所有的风险和报酬,不应当终止确认该金融资产。

(3) 企业既没有转移也没有保留金融资产所有权上几乎所有的风险和报酬的,应当判断其是否保留了对金融资产的控制,根据是否保留了控制分别进行处理。

实务中,可通过分析金融资产转移协议中的条款和现金流量分布实际情况(如将超额服务费等纳入考虑),计算确定金融资产转移前后所承担的未来现金流量现值变动情况,且实践中存在多种可行的计算方法,企业可以根据具体情况选用合适的计算方法并在附注中进行说明,计算方法一经确定,不得随意变更。

【例22-3】甲公司向不存在关联方关系的乙公司出售剩余期限为30天、总金额为100万元人民币的短期应收账款组合。根据历史经验,此类应收账款的平均损失率为2%。假设甲公司承诺为应收账款组合最先发生的、不超过应收款总金额1.25%损失的部分提供担保，且该交易被认定为金融资产转移。

分析：为了判断其保留的该短期应收账款组合所有权上的风险和报酬的程度，甲公司对应收账款组合的未来现金流量设定了6种不同的合理且可能发生的假设情景进行分析，估计每种情景下的现金流量现值和发生概率，甲公司采用现值变动的绝对值与发生概率的乘积来衡量风险变动程度，计算得出转移前甲公司面临该应收账款组合的现金流量变动总额，即未来现金流量现值预计变动敞口，如表22-2所示。

表22-2 未来现金流量现值预计变动敞口

单位：元

假设情景	未来现金流量现值	发生概率	概率加权	假设情景下的现值变动	现值变动概率加权	预计变动
	①	②	③=①×②	④=①-∑③	⑤=②×④	⑥
低损失	990 000	15.0%	148 500	11 050	1 658	1 658
正常损失和少量提前还款	985 000	20.0%	197 000	6 050	1 210	1 210
正常损失	980 000	35.0%	343 000	1 050	368	368
正常损失和大量提前还款	970 000	25.0%	242 500	−8 950	−2 238	2 238
严重损失	960 000	4.5%	43 200	−18 950	−853	853
非常严重损失	950 000	0.5%	4 750	−28 950	−145	145
合计		100%	978 950	−38 700		6 472

注：为计算方便，上述数据计算结果有小数的四舍五入保留整数。

采用类似的方法可以计算出转移后甲公司面临该应收账款组合的预期现金流量变动情况，如表22-3所示。

表22-3 应收账款组合的预期现金流量变动情况

单位：元

假设情景	未来现金流量现值	发生概率	概率加权	假设情景下的现值变动	现值变动概率加权	预计变动
	①	②	③=①×②	④=①-∑③	⑤=②×④	⑥
低损失	10 000	15.0%	1 500	−2 125	−319	319
正常损失和少量提前还款	12 500	20.0%	2 500	375	75	75
正常损失	12 500	35.0%	4 375	375	131	131

（续表）

假设情景	未来现金流量现值	发生概率	概率加权	假设情景下的现值变动	现值变动概率加权	预计变动
	①	②	③=①×②	④=①-∑③	⑤=②×④	⑥
正常损失和大量提前还款	12 500	25.0%	3 125	375	94	94
严重损失	12 500	4.5%	563	375	17	17
非常严重损失	12 500	0.5%	62	375	2	2
合计		100%	12 125	-250		638

注：为计算方便，上述数据计算结果有小数的四舍五入保留整数。

结论：根据上述计算，转移后甲公司承受的相对变动＝638÷6 472＝9.86%，表明甲公司已经转移了该应收账款组合所有权上几乎所有的风险和报酬，应当终止确认该应收账款组合。

【例22-4】甲银行持有一组类似的可提前偿还的固定利率贷款，2×18年1月1日该组贷款的本金和摊余成本均为1亿元人民币，合同利率和实际利率均为10%，剩余偿还期限为2年。经协商，甲银行拟将该组贷款转移给某信托机构（以下简称"转入方"）进行证券化，有关资料如下。

2×18年1月1日，甲银行与转入方签订协议，将该组贷款转移给转入方，并办理有关手续。甲银行收到款项9 115万元人民币，同时保留以下权利：（1）收取本金1 000万元人民币以及这部分本金按10%的利率所计算确定利息的权利；（2）收取以9 000万元人民币为本金、以0.5%为利率所计算确定利息（超额利差账户）的权利。转入方取得收取该组贷款本金中9 000万元人民币以及这部分本金按9.5%的利率收取利息的权利。根据双方签订的协议，如果债务人提前偿付该组贷款，则偿付金额按1:9的比例在甲银行和转入方之间进行分配；但是，如该组贷款发生违约，则违约金额从甲银行拥有的1 000万元人民币贷款本金中扣除，直到扣完为止。

分析：该交易不满足《企业会计准则第23号——金融资产转移》第四条判断将终止确认的规定适用于金融资产部分的条件，因此应对金融资产整体适用相关规定。假设该交易可以被认定为金融资产转移，为了判断甲银行保留的该组贷款所有权上的风险和报酬的程度，甲银行对该组贷款的未来现金流量设定了4种不同的假设情景进行分析，估计每种情景下的现金流量金额和发生概率，并采用8.5%的折现率进行折现，如表22-4所示。

表22-4 每种情景下的现金流量金额和发生概率

单位：万元

假设情景		合计	转入方	甲银行
情形1：所有贷款被立刻提前偿还且没有违约，发生概率为20%	2×18年1月1日未折现的预计现金流量	10 000	9 000	1 000
	现金流量净现值合计	10 000	9 000	1 000

（续表）

假设情景		合计	转入方	甲银行
情形2：所有贷款在1年后被提前偿还且没有违约，发生概率为30%	2×18年1月1日未折现的预计现金流量			
	2×19年1月1日未折现的预计现金流量	1 000	855	145
	2×20年1月1日未折现的预计现金流量	11 000	9 855	1 145
	现金流量净现值合计	10 138	9 083	1 055
情形3：所有贷款在2年后到期日被偿还且没有违约，发生概率为30%	2×18年1月1日未折现的预计现金流量			
	2×19年1月1日未折现的预计现金流量	1 000	855	145
	2×20年1月1日未折现的预计现金流量	11 000	9 855	1 145
	现金流量净现值合计	10 265	9 159	1 106
情形4：所有贷款在1年后违约，处置后收回现金10 741万元，发生概率为20%	2×18年1月1日未折现的预计现金流量			
	2×19年1月1日未折现的预计现金流量	10 741	9 855	886
	现金流量净现值合计	9 900	9 083	817

甲银行采用现值变动的标准差来衡量风险和报酬的变动程度，计算得出转移前甲银行面临该组贷款的现金流量变动总额，即未来现金流量现值变动敞口，如表22-5所示。用现值变动概率加权合计18 600的平方根衡量转移前甲银行承担的该组贷款的风险敞口为136万元。

表22-5　甲银行面临该组贷款的现金流量变动总额

单位：万元

假设情景	未来现金流量现值	发生概率	概率加权	现值变动	现值变动概率加权
	①	②	③=①×②	④=①−∑③	⑤=④²×②
情形1	10 000	20%	2 000	−101	2 040
情形2	10 138	30%	3 041	37	411
情形3	10 265	30%	3 080	164	8 069
情形4	9 900	20%	1 980	−201	8 080
合计		100%	10 101		18 600

注：为计算方便，上述数据计算结果有小数的四舍五入保留整数。

甲银行采用相同的方法计算得出转移后甲银行面临该组贷款的未来现金流量现值变动敞口，如表22-6所示。用现值变动概率加权合计10 839的平方根衡量转移后甲银行承担的该组贷款的风险敞口为104万元。

表22-6　转移后甲银行面临该组贷款的未来现金流量现值变动敞口

单位：万元

假设情景	未来现金流量现值	发生概率	概率加权	假设情景下的现值变动	现值变动概率加权
	①	②	③=①×②	④=①−∑③	⑤=④²×②
情形1	1 000	20%	200	−12	29

(续表)

假设情景	未来现金流量现值 ①	发生概率 ②	概率加权 ③=①×②	假设情景下的现值变动 ④=①-∑③	现值变动概率加权 ⑤=④²×②
情形2	1 055	30%	317	43	555
情形3	1 106	30%	332	94	2 651
情形4	817	20%	163	-195	7 605
合计		100%	1 012		10 840

注：为计算方便，上述数据计算结果有小数的四舍五入保留整数。

结论：比较转移前后甲银行承担的该组贷款的风险敞口的变动情况（104÷136=76%），甲银行认为其既没有转移也没有保留该组贷款所有权上几乎所有风险和报酬，应当进一步判断其是否保留了对金融资产的控制来确定是否应终止确认该组贷款。

6. 分析企业是否保留了控制

若企业既没有转移也没有保留金融资产所有权上几乎所有的风险和报酬，企业应当判断企业是否保留了对该金融资产的控制。如果没有保留对该金融资产的控制的，应当终止确认该金融资产。

此处所述的"控制"概念，与第32章合并财务报表中的"控制"概念，在适用场景和判断条件上都有所不同。企业在判断是否保留了对被转移金融资产的控制时，应当重点关注转入方出售被转移金融资产的实际能力。如果转入方有实际能力单方面决定将转入的金融资产整体出售给与其不相关的第三方，且没有额外条件对此项出售加以限制，则表明企业作为转出方未保留对被转移金融资产的控制；在除此之外的其他情况下，则应视为企业保留了对金融资产的控制。

企业既没有转移也没有保留金融资产所有权上几乎所有的风险和报酬，且未放弃对该金融资产控制的，应当按照其继续涉入被转移金融资产的程度确认有关金融资产，并相应确认有关负债。在这种情况下确认的有关金融资产和有关负债反映了企业所承担的被转移金融资产价值变动风险或报酬的程度。导致转出方对被转移金融资产形成继续涉入的常见方式有具有追索权、享有继续服务权、签订回购协议、签发或持有期权或提供担保等。

如果企业对金融资产的继续涉入仅限于金融资产的一部分，如企业持有回购一部分被转移金融资产的看涨期权，或者企业保留了某项剩余权益但并未导致企业保留所有权上几乎所有的风险和报酬，且企业保留了控制权，则企业应当按照转移日因继续涉入而继续确认部分和不再确认部分的相对公允价值，在两者之间分配金融资产的原账面价值，并按其继续涉入被转移金融资产的部分确认有关金融资产，并相应确认有关负债。

22.2 金融资产转移的确认和计量

22.2.1 满足终止确认条件的金融资产转移的会计处理

（一）业务概述

对于满足终止确认条件的金融资产转移，企业应当按照被转移的金融资产是金融资产的整体还是金融资产的一部分，分别按照表 22-7 所示进行会计处理。

表 22-7　满足终止确认条件的金融资产转移的会计处理

经济业务	会计处理
金融资产整体转移	金融资产整体转移形成的损益 = 因转移收到的对价 - 所转移金融资产账面价值 + ／ - 原直接计入其他综合收益的公允价值变动累计利得（或损失） 因转移收到的对价 = 因转移交易实际收到的价款 + 新获得金融资产的公允价值 + 因转移获得的服务资产的价值 - 新承担金融负债的公允价值 - 因转移承担的服务负债的公允价值
金融资产部分转移	将转移前金融资产整体的账面价值，在终止确认部分和继续确认部分之间，按照转移日各自的相对公允价值进行分摊，并将下列两项金额的差额计入当期损益 （1）终止确认部分在终止确认日的账面价值 （2）终止确认部分收到的对价，与原计入其他综合收益的公允价值变动累计额中对应终止确认部分的金额（涉及部分转移的金融资产为分类为以公允价值计量且其变动计入其他综合收益的金融资产的情形）之和

（二）会计处理

对于满足终止确认条件的金融资产转移，企业应当按照被转移的金融资产是金融资产的整体还是金融资产的一部分，分别按照以下方式进行会计处理。

1. 金融资产整体转移的会计处理

金融资产整体转移满足终止确认条件的，应当将下列两项金额的差额计入当期损益：

（1）被转移金融资产在终止确认日的账面价值；

（2）因转移金融资产而收到的对价，与原直接计入其他综合收益的公允价值变动累计额（涉及转移的金融资产为分类为以公允价值计量且其变动计入其他综合收益的金融资产的情形）之和。

具体计算公式如下：

金融资产整体转移形成的损益 = 因转移收到的对价 - 所转移金融资产账面价值 + ／ - 原直接计入其他综合收益的公允价值变动累计利得（或损失）

因转移收到的对价 = 因转移交易实际收到的价款 + 新获得金融资产的公允价值 + 因转移获得的服务资产的价值 - 新承担金融负债的公允价值 - 因转移承担的服务负债的公允价值

【例 22-5】2×20 年 1 月 1 日，甲公司将持有的乙公司发行的 10 年期公司债券出售给丙公司，经协商出售价格为 311 万元人民币，2×19 年 12 月 31 日该债券公允价值为 310 万元人民币。该债券于 2×19 年 1 月 1 日发行，甲公司持有该债券时将其分类为以公允价值计量且其变动计入其他综合收益的金融资产，面值（取得成本）为 300 万元人民币。

本例中，假设甲公司和丙公司在出售协议中约定，出售后该公司债券发生的所有损失均由丙公司自行承担，甲公司将债券所有权上的几乎所有风险和报酬转移给丙公司，因此，应当终止确认该金融资产。

分析：根据上述资料，首先应确定出售日该笔债券的账面价值。由于资产负债表日（即 2×19 年 12 月 31 日）该债券的公允价值为 310 万元人民币，而且该债券属于以公允价值计量且其变动计入其他综合收益的金融资产，因此出售日该债券账面价值为 310 万元人民币。

其次，应确定已计入其他综合收益的公允价值累计变动额。2×19 年 12 月 31 日甲公司计入其他综合收益的利得为 10（310-300）万元人民币。

最后，确定甲公司出售该债券形成的损益。按照金融资产整体转移形成的损益的计算公式计算，出售该债券形成的收益为 11（311-310+10）万元（包含因终止确认而从其他综合收益中转出至当期损益的 10 万元）。

甲公司出售该公司债券业务应做如下会计处理。

借：银行存款　　　　　　　　　　　　　　　　　　3 110 000
　　贷：其他债权投资　　　　　　　　　　　　　　　　3 100 000
　　　　投资收益　　　　　　　　　　　　　　　　　　　 10 000

同时，将原计入其他综合收益的公允价值变动转出。

借：其他综合收益——公允价值变动　　　　　　　　　100 000
　　贷：投资收益　　　　　　　　　　　　　　　　　　　100 000

2. 金融资产部分转移的会计处理

企业转移了金融资产的一部分，且该被转移部分满足终止确认条件的，应当将转移前金融资产整体的账面价值，在终止确认部分和继续确认部分（在此种情形下，所保留的服务资产应当视同继续确认金融资产的一部分）之间，按照转移日各自的相对公允价值进行分摊，并将下列两项金额的差额计入当期损益：

（1）终止确认部分在终止确认日的账面价值；

（2）终止确认部分收到的对价（包括获得的所有新资产减去承担的所有新负债），与原计入其他综合收益的公允价值变动累计额中对应终止确认部分的金额（涉及部分转移的金融资产为分类为以公允价值计量且其变动计入其他综合收益的金融资产的情形）之和。

企业在确定继续确认部分的公允价值时，应当遵循下列规定：（1）企业出售过与继续确认部分类似的金融资产，或继续确认部分存在其他市场交易的，近期实际交易价格可作为其公允价值的最佳估计；（2）继续确认部分没有报价或近期没有市场交易的，其公允价值的最佳估计为转移前金融资产整体的公允价值扣除终止确认部分的对价后的差额。在计量终止确认部分和继续确认部分的公允价值时，除适用上述规定外，还应适用《企业会计准则第 39 号——公允价值计量》相关规定。

22.2.2 继续确认被转移金融资产的会计处理

（一）业务概述

企业继续确认被转移金融资产的会计处理如表 22-8 所示。

表 22-8 继续确认被转移金融资产的会计处理

经济业务	会计处理
继续确认被转移金融资产的会计处理	企业保留了被转移金融资产所有权上几乎所有风险和报酬而不满足终止确认条件的，应当继续确认被转移金融资产整体，并将收到的对价确认为一项金融负债 在继续确认被转移金融资产的情形下，金融资产转移所涉及的金融资产与所确认的相关金融负债不得相互抵销。在后续会计期间，企业应当继续确认该金融资产产生的收入（或利得）和该金融负债产生的费用（或损失），不得相互抵销

（二）会计处理

企业保留了被转移金融资产所有权上几乎所有的风险和报酬的，表明企业所转移的金融资产不满足终止确认的条件，不应当将其从企业的资产负债表中转出。此时，企业应当继续确认所转移的金融资产整体，因资产转移而收到的对价，应当在收到时确认为一项金融负债。需要注意的是，该金融负债与被转移金融资产应当分别确认和计量，不得相互抵销。在后续会计期间，企业应当继续确认该金融资产产生的收入或利得以及该金融负债产生的费用或损失。

【例 22-6】2×20 年 4 月 1 日，甲公司将其持有的一笔国债出售给丙公司，售价为 20 万元人民币。同时，甲公司与丙公司签订了一项回购协议，3 个月后由甲公司将该笔国债购回，回购价为 20.175 万元人民币。2×20 年 7 月 1 日，甲公司将该笔国债购回。

分析：不考虑其他因素，甲公司应做如下会计处理。

（1）判断是否应终止确认。

由于此项出售属于附回购协议的金融资产出售，到期后甲公司应按固定价格将该笔国债购回，所以可以判断，甲公司保留了该笔国债几乎所有的风险和报酬，不应终止确认，该笔国债应按转移前的计量方法继续进行后续计量。

（2）2×20 年 4 月 1 日，甲公司出售该笔国债。

借：银行存款 200 000
　　贷：卖出回购金融资产款 200 000

（3）2×20 年 6 月 30 日，甲公司应按根据未来回购价款计算的该卖出回购金融资产款的实际利率计算并确认有关利息费用，计算得出该卖出回购金融资产的实际利率为 3.5%。

卖出回购国债的利息费用 =200 000×3.5%×3÷12=1 750（元）

借：利息支出 1 750
　　贷：卖出回购金融资产款 1 750

（4）2×20 年 7 月 1 日，甲公司回购金融资产。

借：卖出回购金融资产款 201 750

贷：银行存款　　　　　　　　　　　　　　　　　　　　　201 750

该笔国债与该笔卖出回购金融资产款在资产负债表上不应抵销；该笔国债确认的收益，与该笔卖出回购金融资产款产生的利息支出在利润表中不应抵销。

22.2.3 继续涉入被转移金融资产的会计处理

（一）业务概述

企业既没有转移也没有保留金融资产所有权上几乎所有风险和报酬，且保留了对该金融资产控制的，应当按照其继续涉入被转移金融资产的程度继续确认该被转移金融资产，会计处理如表22-9所示。

表22-9　继续涉入被转移金融资产的会计处理

经济业务	会计处理
继续涉入被转移金融资产的会计处理	1. 继续涉入资产＝转移部分金融资产的账面价值和财务担保金额两者之中的较低者 2. 继续涉入负债＝财务担保金额＋财务担保合同的公允价值（提供担保收取的费） 3. 财务担保合同的初始确认金额（公允价值）应当在该财务担保合同期间内按照时间比例摊销，确认为各期收入

（二）会计处理

企业既没有转移也没有保留金融资产所有权上几乎所有风险和报酬，且保留了对该金融资产控制的，应当按照其继续涉入被转移金融资产的程度继续确认该被转移金融资产，并相应确认相关负债。企业所确认的被转移的金融资产和相关负债，应当反映企业所保留的权利和承担的义务。

企业应当对因继续涉入被转移金融资产形成的有关资产确认相关收益，对继续涉入形成的有关负债确认相关费用。按继续涉入程度继续确认的被转移金融资产应根据所转移金融资产的原性质及其分类，继续列报于资产负债表中的贷款、应收款项等。相关负债应当根据被转移的资产是按公允价值计量还是摊余成本计量予以计量，使得被转移资产和相关负债的账面价值：（1）被转移的金融资产以摊余成本计量的，等于企业保留的权利和义务的摊余成本；（2）被转移金融资产以公允价值计量的，等于企业保留的权利和义务按独立基础计量的公允价值。如果所转移的金融资产以摊余成本计量，确认的相关负债不得指定为以公允价值计量且其变动计入当期损益。

企业通过对被转移金融资产提供担保方式继续涉入的，应当在转移日按照金融资产的账面价值和担保金额两者之中的较低者，按继续涉入的程度继续确认被转移资产，同时按照担保金额和担保合同的公允价值之和确认相关负债。这里的担保金额，是指企业所收到的对价中，将可能被要求偿还的最高金额。担保合同的公允价值，通常是指提供担保而收取的费用。

【例22-7】甲银行与乙银行签订一笔贷款转让协议，由甲银行将其本金为1 000万元、年利率为10%、贷款期限为9年的组合贷款出售给乙银行，售价为990万元。双方约定，由甲银行为该笔贷款提供担保，担保金额为300万元，实际贷款损失超过担保金额的部分由乙银行承担。转移日，该笔贷款（包括担保）的公允价值为 1 000 万元，其中，担保的公允价值为 100 万元。甲银行没有保留对该笔贷款的管理服务权。

分析：在本例中，由于甲银行既没有转移也没有保留该笔组合贷款所有权上几乎所有的风险和报酬，而且假设该贷款没有市场，乙银行不具备出售该笔贷款的实际能力，导致甲银行保留了对该笔贷款的控制，所以应当按照甲银行继续涉入被转移金融资产的程度继续确认该被转移金融资产，并相应确认相关负债。

由于转移日该笔贷款的账面价值为 1 000 万元，提供的担保金额为 300 万元，甲银行应当按照 300 万元继续确认该笔贷款。由于担保合同的公允价值为 100 万元，所以甲银行确认相关负债金额为 400（300+100）万元。因此，转移日甲银行应做以下会计处理。

借：存放中央银行款项　　　　　　　　　　　　　　　　9 900 000
　　继续涉入资产　　　　　　　　　　　　　　　　　　3 000 000
　　贷款处置损益　　　　　　　　　　　　　　　　　　1 100 000
　贷：贷款　　　　　　　　　　　　　　　　　　　　　10 000 000
　　　继续涉入负债　　　　　　　　　　　　　　　　　4 000 000

对金融资产的继续涉入仅限于金融资产一部分的，企业应当按照转移日因继续涉入而继续确认部分和不再确认部分的相对公允价值，在两者之间分配金融资产的账面价值，并将下列两项金额的差额计入当期损益：

（1）分配至不再确认部分的账面金额（以转移日为准）；

（2）不再确认部分所收到的对价。

如果涉及转移的金融资产为根据《企业会计准则第 22 号——金融工具确认和计量》第十八条分类为以公允价值计量且其变动计入其他综合收益的金融资产的，不再确认部分的金额对应的原计入其他综合收益的公允价值变动累计额应当计入当期损益。

22.3　衔接规定

《企业会计准则第 23 号——金融资产转移》具体准则规定，在准则施行日，企业仍继续涉入被转移金融资产的，应当按照《企业会计准则第 22 号——金融工具确认和计量》及准则关于被转移金融资产确认和计量的相关规定进行追溯调整，再按照准则的规定对其所确认的相关负债进行重新计量，并将相关影响按照与被转移金融资产一致的方式在准则施行日进行调整。追溯调整不切实可行的除外。

第 23 章
套期会计

企业在经营活动中会面临各类风险，其中涉及外汇风险、利率风险、价格风险、信用风险等。对于此类风险敞口，企业可能会选择通过利用金融工具产生反向的风险敞口（即开展套期业务）来进行风险管理活动。套期会计的目标是在财务报告中反映企业采用金融工具管理因特定风险引起的风险敞口的风险管理活动的影响。

本章所称套期，是指企业为管理外汇风险、利率风险、价格风险、信用风险等特定风险引起的风险敞口，指定金融工具为套期工具，以使套期工具的公允价值或现金流量变动，预期抵销被套期项目全部或部分公允价值或现金流量变动的风险管理活动。

23.1 公允价值套期相关业务会计处理

23.1.1 业务概述

公允价值套期相关业务的会计处理如表 23-1 所示。

表 23-1 公允价值套期相关业务的会计处理

经济业务	会计处理
公允价值套期取得时的初始计量	借：被套期项目 　　贷：库存商品 被指定为套期工具公允价值为 0，不做会计处理
公允价值变动	借：套期工具 　　贷：套期损益 借：套期损益 　　贷：被套期项目
处置公允价值套期	（1）确认套期工具和被套期项目公允价值变动 借：套期损益 　　贷：套期工具 借：被套期项目 　　贷：套期损益 （2）确认存货销售收入 借：应收账款（或银行存款） 　　贷：主营业务收入 （3）结转存货销售成本 借：主营业务成本 　　贷：被套期项目 （4）结算套期工具 借：银行存款 　　贷：套期工具

23.1.2 会计处理

公允价值套期,是指对已确认资产或负债、尚未确认的确定承诺,或上述项目组成部分的公允价值变动风险敞口进行的套期。该公允价值变动源于特定风险,且将影响企业的损益或其他综合收益。其中,影响其他综合收益的情形,仅限于企业对指定为以公允价值计量且其变动计入其他综合收益的非交易性权益工具投资的公允价值变动风险敞口进行的套期。

套期工具产生的利得或损失应当计入当期损益。如果套期工具是对选择以公允价值计量且其变动计入其他综合收益的非交易性权益工具投资(或其组成部分)进行套期的,套期工具产生的利得或损失应当计入其他综合收益。

被套期项目因被套期风险敞口形成的利得或损失应当计入当期损益,同时调整未以公允价值计量的已确认被套期项目的账面价值。被套期项目为分类为以公允价值计量且其变动计入其他综合收益的金融资产(或其组成部分)的,其因被套期风险敞口形成的利得或损失应当计入当期损益,其账面价值已经按公允价值计量,不需要调整;被套期项目为企业选择以公允价值计量且其变动计入其他综合收益的非交易性权益工具投资(或其组成部分)的,其因被套期风险敞口形成的利得或损失应当计入其他综合收益,其账面价值已经按公允价值计量,不需要调整。

被套期项目为尚未确认的确定承诺(或其组成部分)的,其在套期关系指定后因被套期风险引起的公允价值累计变动额应当确认为一项资产或负债,相关的利得或损失应当计入各相关期间损益。当履行确定承诺而取得资产或承担负债时,应当调整该资产或负债的初始确认金额,以包括已确认的被套期项目的公允价值累计变动额。

23.1.3 案例解析

【例 23-1】2×18 年 1 月 1 日,甲公司为规避所持有铜存货公允价值变动风险,与某金融机构签订了一项铜期货合同,并将其指定为对 2×18 年前两个月铜存货的商品价格变化引起的公允价值变动风险的套期工具。铜期货合同的标的资产与被套期项目铜存货在数量、质次、产地方面相同。假设不考虑期货市场中每日无负债结算制度的影响。

2×18 年 1 月 1 日,铜期货合同的公允价值为 0,被套期项目(铜存货)的账面价值和成本均为 1 000 000 元,公允价值为 1 100 000 元。2×18 年 1 月 31 日,铜期货合同公允价值上涨了 25 000 元,铜存货的公允价值下降了 25 000 元。2×18 年 2 月 28 日,铜期货合同公允价值下降了 15 000 元,铜存货的公允价值上升了 15 000 元。当日,甲公司将铜存货以 1 090 000 元的价格出售,并将铜期货合同结算。

甲公司通过分析发现,铜存货与铜期货合同存在经济关系,且经济关系产生的价值变动中信用风险不占主导地位,套期比率也反映了套期的实际数量,符合套期有效性要求。

分析:假定不考虑商品销售相关的增值税及其他因素,甲公司的会计处理如下。

(1)2×18 年 1 月 1 日,指定铜存货为被套期项目。

借:被套期项目——库存商品铜　　　　　　　　　　　1 000 000
　　贷:库存商品——铜　　　　　　　　　　　　　　　　　1 000 000

2×18年1月1日，被指定为套期工具的铜期货合同的公允价值为0，不做会计处理。

（2）2×18年1月31日，确认套期工具和被套期项目公允价值变动。

借：套期工具——铜期货合同　　　　　　　　　　　　　25 000
　　贷：套期损益　　　　　　　　　　　　　　　　　　　25 000
借：套期损益　　　　　　　　　　　　　　　　　　　　25 000
　　贷：被套期项目——库存商品铜　　　　　　　　　　　25 000

（3）2×18年2月28日，确认套期工具和被套期项目公允价值变动。

借：套期损益　　　　　　　　　　　　　　　　　　　　15 000
　　贷：套期工具——铜期货合同　　　　　　　　　　　　15 000
借：被套期项目——库存商品铜　　　　　　　　　　　　15 000
　　贷：套期损益　　　　　　　　　　　　　　　　　　　15 000

确认铜存货销售收入，相关会计分录如下。

借：应收账款或银行存款　　　　　　　　　　　　　1 090 000
　　贷：主营业务收入　　　　　　　　　　　　　　　1 090 000

结转铜存货销售成本，相关会计分录如下。

借：主营业务成本　　　　　　　　　　　　　　　　　990 000
　　贷：被套期项目——库存商品铜　　　　　　　　　　990 000

结算铜期货合同，相关会计分录如下。

借：银行存款　　　　　　　　　　　　　　　　　　　 10 000
　　贷：套期工具——铜期货合同　　　　　　　　　　　 10 000

注：由于甲公司采用套期进行风险管理，规避了铜存货公允价值变动风险，因此其铜存货公允价值下降没有对预期毛利100 000（1 100 000-1 000 000）元产生不利影响。同时，甲公司运用公允价值套期将套期工具与被套期项目的公允价值变动损益计入相同会计期间，消除了因企业风险管理活动可能导致的损益波动。

23.2 现金流量套期相关业务会计处理

23.2.1 业务概述

现金流量套期相关业务的会计处理如表23-2所示。

表23-2 现金流量套期相关业务的会计处理

经济业务	会计处理
公允价值套期取得时的初始计量	不做会计处理，但需编制指定文档
确认现金流量套期储备	借：套期工具 　　贷：其他综合收益——套期储备

（续表）

经济业务	会计处理
处置现金流量套期工具	（1）确认商品的销售收入 借：应收账款（或银行存款） 　　贷：主营业务收入 （2）结算套期工具 借：银行存款 　　贷：套期工具——商品期货合同 （3）将现金流量套期储备金额转出，调整主营业务收入 借：其他综合收益——套期储备 　　贷：主营业务收入

23.2.2　会计处理

现金流量套期的目的是将套期工具产生的利得或损失递延至被套期的预期未来现金流量影响损益的同一期间或多个期间。

1. 现金流量套期满足运用套期会计方法条件时的处理

现金流量套期满足运用套期会计方法条件的，应当按照下列规定处理。

（1）套期工具产生的利得或损失中属于套期有效的部分，作为现金流量套期储备，应当计入其他综合收益。现金流量套期储备的金额，应当按照下列两项的绝对额中较低者确定：① 套期工具自套期开始的累计利得或损失；② 被套期项目自套期开始的预计未来现金流量现值的累计变动额。

每期计入其他综合收益的现金流量套期储备的金额应当为当期现金流量套期储备的变动额。

（2）套期工具产生的利得或损失中属于套期无效的部分（即扣除计入其他综合收益后的其他利得或损失），应当计入当期损益。

2. 现金流量套期储备的金额的处理

现金流量套期储备的金额，应当按照下列规定处理。

（1）被套期项目为预期交易，且该预期交易使企业随后确认一项非金融资产或非金融负债，或者非金融资产或非金融负债的预期交易形成一项适用于公允价值套期会计的确定承诺时，企业应当将原在其他综合收益中确认的现金流量套期储备金额转出，计入该资产或负债的初始确认金额。

（2）其他现金流量套期，企业应当在被套期的预期现金流量影响损益的相同期间，将原在其他综合收益中确认的现金流量套期储备金额转出，计入当期损益。

（3）如果在其他综合收益中确认的现金流量套期储备金额是一项损失，且该损失全部或部分预计在未来会计期间不能弥补的，企业应当在预计不能弥补时，将预计不能弥补的部分从其他综合收益中转出，计入当期损益。

3. 企业对现金流量套期终止运用套期会计时的相关处理

当企业对现金流量套期终止运用套期会计时，在其他综合收益中确认的累计现金流量套期储备金额,应当按照下列规定进行处理。

(1)被套期的未来现金流量预期仍然会发生的,累计现金流量套期储备的金额应当予以保留,并按照前述现金流量套期储备的后续处理规定进行会计处理。

(2)被套期的未来现金流量预期不再发生的,累计现金流量套期储备的金额应当从其他综合收益中转出,计入当期损益。被套期的未来现金流量预期不再极可能发生但可能预期仍然会发生,在预期仍然会发生的情况下,累计现金流量套期储备的金额应当予以保留,并按照前述现金流量套期储备的后续处理规定进行会计处理。

23.2.3 案例解析

【例23-2】 2×18年1月1日,甲公司预期在2×18年2月28日销售一批商品,数量为100吨,预期售价为1 100 000元。为规避该预期销售中与商品价格有关的现金流量变动风险,甲公司于2×18年1月1日与某金融机构签订了一项商品期货合同,且将其指定为对该预期商品销售的套期工具。商品期货合同的标的资产与被套期预期销售商品在数量、质次、价格变动和产地等方面相同,并且商品期货合同的结算日和预期商品销售日均为2×18年2月28日。

2×18年1月1日,商品期货合同的公允价值为0。2×18年1月31日,商品期货合同的公允价值上涨了25 000元,预期销售价格下降了25 000元。2×18年2月28日,商品期货合同的公允价值上涨了10 000元,商品销售价格下降了10 000元。当日,甲公司将商品出售,并结算了商品期货合同。

甲公司分析认为该套期符合套期有效性的条件。假定不考虑商品销售相关的增值税及其他因素,且不考虑期货市场每日无负债结算制度的影响。

分析:甲公司的会计处理如下。

(1)2×18年1月1日,甲公司不做会计处理,但需编制指定文档。

(2)2×18年1月31日,确认现金流量套期储备。

借:套期工具——商品期货合同　　　　　　　　　　　　　　　　25 000
　　贷:其他综合收益——套期储备　　　　　　　　　　　　　　　　　25 000

(3)2×18年2月28日,确认现金流量套期储备。

借:套期工具——商品期货合同　　　　　　　　　　　　　　　　10 000
　　贷:其他综合收益——套期储备　　　　　　　　　　　　　　　　　10 000

套期工具自套期开始的累计利得或损失与被套期项目自套期开始的预计未来现金流量现值的累计变动额一致,因此将套期工具公允价值变动全部作为现金流量套期储备计入其他综合收益。

(4)确认商品的销售收入。

借:应收账款(或银行存款)　　　　　　　　　　　　　　　　1 065 000
　　贷:主营业务收入　　　　　　　　　　　　　　　　　　　　　　1 065 000

(5)结算商品期货合同。

| 借：银行存款 | 35 000 |
| 贷：套期工具——商品期货合同 | 35 000 |

（6）将现金流量套期储备金额转出，调整主营业务收入。

| 借：其他综合收益——套期储备 | 35 000 |
| 贷：主营业务收入 | 35 000 |

23.3 境外经营净投资套期会计相关业务会计处理

23.3.1 业务概述

境外经营净投资套期会计相关的会计处理如表 23-3 所示。

表 23-3 境外经营净投资套期会计相关的会计处理

经济业务	会计处理
指定套期时的确认	套期工具，一般不进行任何处理，除非支付期权费用等；被套期项目，将已经存在的资产转入被套期项目 借：被套期项目 贷：长期股权投资（账面价值）

套期工具属于套期有效的部分	借：套期工具
	    贷：其他综合收益——套期储备
	借：其他综合收益——套期储备
	    贷：被套期项目

套期工具属于无效套期的部分	借：套期工具 贷：套期损益

处置现金流量套期工具	（1）按照公允价值结算套期工具
	借：银行存款
	    贷：套期工具
	（2）被套期项目转出至非被套期项目
	借：长期股权投资
	    贷：被套期项目
	（3）将现金流量套期储备金额转出，调整主营业务收入
	借：其他综合收益——套期储备
	    贷：套期损益
	借：套期损益
	    贷：主营业务收入

23.3.2 会计处理

对境外经营净投资的套期，包括对作为净投资的一部分进行会计处理的货币性项目的套期，应当按照类似于现金流量套期会计的规定处理。

（1）套期工具形成的利得或损失中属于套期有效的部分，应当计入其他综合收益。

全部或部分处置境外经营时，上述计入其他综合收益的套期工具利得或损失应当相应转出,计入当期损益。

(2)套期工具形成的利得或损失中属于无效套期的部分,应当计入当期损益。

23.3.3 案例解析

【例23-3】甲公司于2×18年1月1日取得美国子公司境外投资1 000 000美元(当日汇率为1美元=8元人民币),为规避人民币可能升值带来的损失,甲公司与某境外金融机构签订一项外汇远期合同,约定于6个月后卖出1 000 000美元。甲公司每季度对境外净投资余额进行检查,且依据检查结果调整境外净投资的套期。甲公司采用比率分析法评价套期有效性,即通过比较套期工具与被套期项目间的价值变动比率,来评价套期有效性,该项目符合有效套期的认定。

甲公司在评价套期有效性时,将远期合同的时间价值排除在外(注:因该远期合同的期限仅为6个月,其时间价值可以忽略不计;若远期合同的期限较长,受时间价值影响,则应当考虑)。甲公司采用比率分析法评价套期有效性,即通过比较套期工具与被套期项目间的价值变动比率,来评价套期有效性。该例中的两组数据:350 000÷400 000=87.50%,650 000÷700 000=92.86%,均属于80%~125%,故符合有效套期的认定。

分析:甲公司的会计处理如下(以人民币为单位)。

(1)2×18年1月1日。

借:被套期项目——境外经营净投资　　　　　　　　　　　　8 000 000
　　贷:长期股权投资　　　　　　　　　　　　　　　　　　　8 000 000

外汇远期合同的公允价值为零,不做会计处理。

(2)2×18年3月31日,确认远期合同的公允价值变动。

借:套期工具——外汇远期合同　　　　　　　　　　　　　　　350 000
　　贷:其他综合收益——套期储备　　　　　　　　　　　　　　350 000

确认对子公司净投资的汇兑损益。

借:其他综合收益——套期储备　　　　　　　　　　　　　　　400 000
　　贷:被套期项目——境外经营净投资　　　　　　　　　　　　400 000

(3)2×18年6月30日,确认远期合同的公允价值变动。

借:套期工具——外汇远期合同　　　　　　　　　　　　　　　650 000
　　贷:其他综合收益——套期储备　　　　　　　　　　　　　　650 000

确认对子公司净投资的汇兑损益。

借:其他综合收益——套期储备　　　　　　　　　　　　　　　700 000
　　贷:被套期项目——境外经营净投资　　　　　　　　　　　　700 000

确认外汇远期合同的结算。

借:银行存款　　　　　　　　　　　　　　　　　　　　　　1 000 000
　　贷:套期工具——外汇远期合同　　　　　　　　　　　　　1 000 000

第 24 章
原保险合同

　　保险合同，是指保险人与投保人约定保险权利义务关系，并承担源于被保险人保险风险的协议。保险合同分为原保险合同和再保险合同。

　　保险合同定义中涉及的相关概念包括保险人、投保人、被保险人。保险人是指与投保人订立保险合同，并承担赔偿或者给付保险金责任的保险公司。对于原保险合同，投保人是指与保险公司订立原保险合同，并按照合同约定负有支付保险费义务的自然人、法人或其他组织；对于再保险合同，投保人是指与保险公司（再保险接受人）订立再保险合同，并按照合同约定负有支付保险费义务的保险公司。被保险人是指其财产或者人身受保险合同保障，享有保险金请求权的自然人、法人或其他组织，投保人可以为被保险人。

　　原保险合同，是指保险人向投保人收取保费，对约定的可能发生的事故因其发生所造成的财产损失承担赔偿保险金责任，或者当被保险人死亡、伤残、疾病或者达到约定的年龄、期限时承担给付保险金责任的保险合同。保险人与投保人签订的合同是否属于原保险合同，应当在单项合同的基础上，根据合同条款判断保险人是否承担了保险风险。发生保险事故可能导致保险人承担赔付保险金责任的，应当确定保险人承担了保险风险。保险事故，是指保险合同约定的保险责任范围内的事故。

　　不适用原保险合同的情形包括以下 3 种。

　　（1）保险人签发的原保险合同产生的损余物资等资产的减值，适用《企业会计准则第 1 号——存货》。

　　（2）保险人向投保人签发的承担保险风险以外的其他风险的合同，适用《企业会计准则第 22 号——金融工具确认和计量》和《企业会计准则第 37 号——金融工具列报》。

　　（3）保险人签发、持有的再保险合同，适用《企业会计准则第 26 号——再保险合同》。

　　保险人应当根据在原保险合同延长期内是否承担赔付保险金责任，将原保险合同分为寿险原保险合同和非寿险原保险合同。在原保险合同延长期内承担赔付保险金责任的，应当确定为寿险原保险合同；在原保险合同延长期内不承担赔付保险金责任的，应当确定为非寿险原保险合同。原保险合同延长期，是指投保人自上一期保费到期日未交纳保费，保险人仍承担赔付保险金责任的期间。

24.1　原保险合同收入

24.1.1　业务概述

　　原保险合同收入同时满足下列条件的，才能予以确认：（1）原保险合同成立并承担相应保险责任；（2）与原保险合同相关的经济利益很可能流入；（3）与原保险合同相关的收入能够可靠地计量。原保险合同收入的会计处理,如表 24-1 所示。

表 24-1　原保险合同收入的会计处理

经济业务	依据	会计处理
非寿险原保险合同	应当根据原保险合同约定的保费总额确定	（1）签发保单时收取保费 借：银行存款 　　贷：保费收入 （2）预收保费 借：银行存款 　　贷：预收保费 （3）分期收取保费 借：银行存款 　　应收保费 　　贷：保费收入
寿险原保险合同	分期收取保费的,应当根据当期应收取的保费确定；一次性收取保费的,应当根据一次性应收取的保费确定	（1）分期收取,按当期应收取的保费确定保费收入金额 借：银行存款 　　贷：保费收入 （2）一次性收取保费,按一次性应收取的保费确定保费收入金额 借：银行存款 　　贷：保费收入

24.1.2　会计处理

保险人应当按照下列规定计算确定保费收入金额。

（1）对于非寿险原保险合同,应当根据原保险合同约定的保费总额确定。

（2）对于寿险原保险合同,分期收取保费的,应当根据当期应收取的保费确定；一次性收取保费的,应当根据一次性应收取的保费确定。

24.1.3　案例解析

【例 24-1】2×17 年 1 月 1 日,甲公司与王某签订一份家庭财产保险合同,保险金额为 1 000 000 元,保险期间为 1 年,保费为 1 000 元。合同规定,甲公司自 2 月 1 日 0 时起开始承担保险责任。合同签订当日,甲公司收到王某交纳的全部保费并存入银行。

分析：甲公司的会计处理如下。

（1）1 月 1 日收到保费 1 000 元。

借：银行存款　　　　　　　　　　　　　　　　　　　　　　1 000
　　贷：预收保费　　　　　　　　　　　　　　　　　　　　　　1 000

（2）2 月 1 日确认原保费收入 1 000 元。

借：预收保费　　　　　　　　　　　　　　　　　　　　　　1 000
　　贷：保费收入　　　　　　　　　　　　　　　　　　　　　　1 000

【例 24-2】2×17 年 1 月 1 日,甲公司与丙公司签订一份工程保险合同,其保险金额为4 000 000元，保险期间为2×17年1月1日0时至2×18年12月31日24时；保费总额为4 000元，分两年于每年年初等额收取。合同生效当日，甲公司收到第一期保费并存入银行。

分析：甲公司的会计处理如下。

（1）2×17年1月1日收到保费2 000元，确认原保费收入4 000元。

借：银行存款　　　　　　　　　　　　　　　　　　　　　　　　2 000
　　应收保费　　　　　　　　　　　　　　　　　　　　　　　　2 000
　　贷：保费收入　　　　　　　　　　　　　　　　　　　　　　　　4 000

（2）2×18年1月1日收取保费2 000元。

借：银行存款　　　　　　　　　　　　　　　　　　　　　　　　2 000
　　贷：应收保费　　　　　　　　　　　　　　　　　　　　　　　　2 000

【例24-3】2×16年12月31日，乙公司与李某签订一份定期寿险合同，其保险金额为1 000 000元，保险期间为2×17年1月1日0时至2×26年12月31日24时；保费总额为60 000元，分5期于前5年每年1月1日等额收取。合同生效当日，乙公司收到李某交纳的第一期保费12 000（60 000÷5）元。

分析：乙公司的会计处理如下。

借：银行存款　　　　　　　　　　　　　　　　　　　　　　　　12 000
　　贷：保费收入　　　　　　　　　　　　　　　　　　　　　　　　12 000

以后各年收取保费的会计处理同上。

24.2 原保险合同提前解除

24.2.1 业务概述

原保险合同提前解除的，保险人应当按照原保险合同约定计算确定应退还投保人的金额，作为退保费，计入当期损益。

原保险合同提前解除的会计处理，如表24-2所示。

表24-2　原保险合同提前解除的会计处理

经济业务	会计处理
非寿险原保险合同：转销相关的尚未赚取的保费收入，即转销相关未到期责任准备金余额	借：保费收入 　　贷：银行存款 借：未到期责任准备金 　　贷：提取未到期责任准备金
寿险原保险合同：转销已确认的相关寿险责任准备金、长期健康险责任准备金	借：未到期长期健康险责任准备金等 　　贷：提取未到期长期健康险责任准备金等

24.2.2 会计处理

对于非寿险原保险合同，保险人应当在非寿险原保险合同提前解除时，转销相关的尚未赚取的保费收入，即转销相关未到期责任准备金余额。对于非寿险原保险合同确认的未决赔款准备金，其确认的前提条件是发生非寿险保险事故。在发生非寿险保险事故的情况下，理性的投保人是不可能要求解除合同的，因此一般也就不存在转销相关未决赔款准备金余额。

对于寿险原保险合同，保险人应当在寿险原保险合同提前解除时，转销已确认的相关寿险责任准备金、长期健康险责任准备金。

24.2.3 案例解析

【例24-4】2×17年10月8日，甲公司收到丙公司通知，要求提前解除投保的企业财产保险合同。甲公司按约定计算应退还丙公司保费6 000元，并于当日以银行存款转账支付。假定甲公司已为该企业财产保险合同确认未到期责任准备金5 000元。

分析：甲公司的会计处理如下。

借：保费收入　　　　　　　　　　　　　　　　　　　　　　　6 000
　　贷：银行存款　　　　　　　　　　　　　　　　　　　　　　6 000
借：未到期责任准备金　　　　　　　　　　　　　　　　　　　　5 000
　　贷：提取未到期责任准备金　　　　　　　　　　　　　　　　5 000

24.3 原保险合同准备金

24.3.1 业务概述

原保险保险人应当在非寿险保险事故发生的当期，按照保险精算确定的金额，提取未决赔款准备金，并确认未决赔款准备金负债。

原保险合同准备金的会计处理，如表24-3所示。

表24-3　原保险合同准备金的会计处理

经济业务		会计处理
未到期责任准备金	确认非寿险保费收入的当期，按照保险精算确定的金额，提取未到期责任准备金；在资产负债表日，按照保险精算重新计算确定的未到期责任准备金金额与已提取的未到期责任准备金余额的差额，调整未到期责任准备金余额	（1）提取未到期责任准备金 借：提取未到期责任准备金 　　贷：未到期责任准备金 （2）调整未到期责任准备金 借：未到期责任准备金 　　贷：提取未到期责任准备金
未决赔款准备金	保险人应当在非寿险保险事故发生的当期，按照保险精算确定的金额，提取未决赔款准备金，并确认未决赔款准备金负债	借：提取保险责任准备金 　　贷：保险责任准备金

(续表)

经济业务		会计处理
寿险责任准备金	保险人应当在确认寿险保费收入的当期，按照保险精算确定的寿险责任准备金金额，提取寿险责任准备金，并确认为负债	借：提取寿险责任准备金 　　贷：寿险责任准备金
长期健康险责任准备金	保险人应当在确认保费收入的当期，根据保险精算部门确定的长期健康险责任准备金确认长期健康险责任准备金负债	借：提取长期健康险责任准备金 　　贷：长期健康险责任准备金

24.3.2　会计处理

原保险合同准备金包括以下4点。

（1）未到期责任准备金，是指保险人为尚未终止的非寿险保险责任提取的准备金。保险人应当在确认非寿险保费收入的当期，按照保险精算确定的金额，提取未到期责任准备金，作为当期保费收入的调整，并确认未到期责任准备金负债。保险人应当在资产负债表日，按照保险精算重新计算确定的未到期责任准备金金额与已提取的未到期责任准备金余额的差额，调整未到期责任准备金余额。

（2）未决赔款准备金，是指保险人为非寿险保险事故已发生尚未结案的赔案提取的准备金。保险人应当在非寿险保险事故发生的当期，按照保险精算确定的金额，提取未决赔款准备金，并确认未决赔款准备金负债。

未决赔款准备金包括已发生已报案未决赔款准备金、已发生未报案未决赔款准备金和理赔费用准备金。已发生已报案未决赔款准备金，是指保险人为非寿险保险事故已发生并已向保险人提出索赔、尚未结案的赔案提取的准备金。已发生未报案未决赔款准备金，是指保险人为非寿险保险事故已发生、尚未向保险人提出索赔的赔案提取的准备金。理赔费用准备金，是指保险人为非寿险保险事故已发生尚未结案的赔案可能发生的律师费、诉讼费、损失检验费、相关理赔人员薪酬等费用提取的准备金。

（3）寿险责任准备金，是指保险人为尚未终止的人寿保险责任提取的准备金。保险人承担的向受益人赔付保险金的责任满足负债的确认条件，应当确认为负债，即保险人应当在确认寿险保费收入的当期，按照保险精算确定的寿险责任准备金、长期健康险责任准备金金额，提取寿险责任准备金、长期健康险责任准备金，并确认为负债。

（4）长期健康险责任准备金，是指保险人为尚未终止的长期健康保险责任提取的准备金。对于长期健康保险等原保险合同，保险人应当在确认保费收入的当期，根据保险精算部门确定的长期健康险责任准备金确认长期健康险责任准备金负债。

24.3.3　案例解析

【例24-5】2×17年11月1日，甲公司确认丁公司投保的A财产保险合同保费收入48 000元；11月31日，甲公司保险精算部门计算确定A财产保险合同未到期责任准备金金额为44 000元；12月31日，甲公司保险精算部门计算确定A财产保险合同未到期责任准备金金额为 40 000 元。

分析：甲公司的会计处理如下。

（1）11 月 1 日确认原保费收入 48 000 元。

借：银行存款 48 000
　　贷：保费收入 48 000

（2）11 月 31 日确认未到期责任准备金 44 000 元。

借：提取未到期责任准备金 44 000
　　贷：未到期责任准备金 44 000

（3）12 月 31 日调减未到期责任准备金 4 000（44 000-40 000）元。

借：未到期责任准备金 4 000
　　贷：提取未到期责任准备金 4 000

【例 24-6】2×17 年 5 月 31 日，甲公司保险精算部门计算确定的某类财产保险合同未决赔款准备金金额为 100 000 元，其中，已发生已报案未决赔款准备金为 60 000 元，已发生未报案未决赔款准备金为 20 000 元，理赔费用准备金为 20 000 元。

分析：甲公司的会计处理如下。

借：提取保险责任准备金 100 000
　　贷：保险责任准备金 100 000

【例 24-7】2×17 年 12 月 31 日，乙公司保险精算部门计算确定的某团体终身寿险合同寿险责任准备金金额为 120 000 元。

分析：乙公司的会计处理如下。

借：提取保险责任准备金 120 000
　　贷：保险责任准备金 120 000

24.4　保险责任准备金充足性测试

24.4.1　业务概述

保险人至少应当于每年年度终了，对未决赔款准备金、寿险责任准备金、长期健康险责任准备金进行充足性测试。

保险责任准备金充足性测试的会计处理，如表 24-4 所示。

表 24-4　保险责任准备金充足性测试的会计处理

经济业务	会计处理
保险人按照保险精算重新计算确定的相关准备金金额超过充足性测试日已提取的相关准备金余额的，应当按照其差额补提相关准备金	例如，补提未决赔款准备金 借：提取保险责任准备金 　　贷：保险责任准备金

24.4.2 会计处理

保险人按照保险精算重新计算确定的相关准备金金额超过充足性测试日已提取的相关准备金余额的，应当按照其差额补提相关准备金；保险人按照保险精算重新计算确定的相关准备金金额小于充足性测试日已提取的相关准备金余额的，不调整相关准备金。

24.4.3 案例解析

【例24-8】2×17年12月31日，甲公司保险精算部门计算确定的某财产保险合同未决赔款准备金金额为160 000元，前期已确认的相关未决赔款准备金金额为110 000元。

分析：甲公司的会计处理如下。

甲公司应补提未决赔款准备金50 000（160 000-110 000）元。

借：提取保险责任准备金　　　　　　　　　　　　　50 000
　　贷：保险责任准备金　　　　　　　　　　　　　　　　50 000

24.5 原保险合同成本

24.5.1 业务概述

原保险合同成本，是指原保险合同发生的、会导致所有者权益减少的、与向所有者分配利润无关的经济利益的总流出。

原保险合同成本的会计处理，如表24-5所示。

表24-5　原保险合同成本的会计处理

	经济业务	会计处理
计入当期损益的情形	保险人在取得原保险合同过程中发生的手续费、佣金	借：赔付支出 　　贷：应付赔付款
	保险人按照保险精算确定提取的未决赔款准备金、寿险责任准备金、长期健康险责任准备金	
	保险人按照充足性测试补提的未决赔款准备金、寿险责任准备金、长期健康险责任准备金	
损余物资	保险人承担赔偿保险金责任取得的损余物资应确认为资产，并冲减当期赔付成本；处置损余物资时，保险人应当按照收到的金额与相关损余物资账面价值的差额，调整当期赔付成本	借：损余物资 　　贷：赔付支出
代位追偿款	收到应收代位追偿款时，保险人应当按照收到的金额与相关应收代位追偿款账面价值的差额，调整当期赔付成本	（1）确认应收代位追偿款 借：应收代位追偿款 　　贷：赔付支出 （2）收到应收代位追偿款 借：银行存款 　　　赔付支出 　　贷：应收代位追偿款

24.5.2 会计处理

原保险合同成本主要包括发生的手续费或佣金支出、赔付成本,以及提取的未决赔款准备金、寿险责任准备金、长期健康险责任准备金等。

赔付成本包括保险人支付的赔款、给付,以及在理赔过程中发生的律师费、诉讼费、损失检验费、相关理赔人员薪酬等理赔费用。

1. 计入当期损益的情形

(1)保险人在取得原保险合同过程中发生的手续费、佣金,应当在发生时计入当期损益。

(2)保险人按照保险精算确定提取的未决赔款准备金、寿险责任准备金、长期健康险责任准备金,计入当期损益。

保险人应当在确定支付赔付款项金额的当期,按照确定支付的赔付款项金额,计入当期损益;同时,冲减相应的未决赔款准备金、寿险责任准备金、长期健康险责任准备金余额。

保险人应当在实际发生理赔费用的当期,按照实际发生的理赔费用金额,计入当期损益;同时,冲减相应的未决赔款准备金、寿险责任准备金、长期健康险责任准备金余额。

(3)保险人按照充足性测试补提的未决赔款准备金、寿险责任准备金、长期健康险责任准备金,计入当期损益。

2. 损余物资

保险人承担赔偿保险金责任取得的损余物资,应当按照同类或类似资产的市场价格计算确定的金额确认为资产,并冲减当期赔付成本。

处置损余物资时,保险人应当按照收到的金额与相关损余物资账面价值的差额,调整当期赔付成本。

3. 代位追偿款

保险人承担赔付保险金责任应收取的代位追偿款,同时满足下列条件的,应当确认为应收代位追偿款,并冲减当期赔付成本:

(1)与该代位追偿款有关的经济利益很可能流入;

(2)该代位追偿款的金额能够可靠地计量。

收到应收代位追偿款时,保险人应当按照收到的金额与相关应收代位追偿款账面价值的差额,调整当期赔付成本。

24.5.3 案例解析

【例24-9】2×17年4月12日,甲公司确定应赔偿张某投保的家庭财产保险款80 000元,款项尚未支付。同时,甲公司应冲减为该保险事故确认的未决赔偿准备金80 000元。

分析:甲公司的会计处理如下。

借:赔付支出 80 000
　　贷:应付赔付款 80 000

借：保险责任准备金	80 000	
贷：提取保险责任准备金		80 000

【例 24-10】 张某投保的小轿车发生被盗保险事故，甲公司已结案并支付保险金。2×17 年 4 月 12 日，甲公司通过公安部门找回了该被盗小轿车，参照同类资产的市场价格确定的入账价值为 80 000 元。

分析：甲公司的会计处理如下。

借：损余物资	80 000	
贷：赔付支出		80 000

【例 24-11】 2×17 年 5 月 15 日，李某投保的小轿车发生碰撞保险事故，甲公司赔偿保险金后，取得向责任方代位追偿的权利，估计能够收回的代位追偿款为 30 000 元。6 月 23 日，甲公司从责任方收到代位追偿款 29 000 元，款项已存入银行。

分析：甲公司的会计处理如下。

（1）5 月 15 日确认应收代位追偿款 30 000 元。

借：应收代位追偿款	30 000	
贷：赔付支出		30 000

（2）6 月 23 日收到应收代位追偿款 29 000 元。

借：银行存款	29 000	
赔付支出	1 000	
贷：应收代位追偿款		30 000

24.6　列报

24.6.1　资产负债表列示项目

《企业会计准则第 25 号——原保险合同》具体准则规定，保险人应当在资产负债表中单独列示与原保险合同有关的下列项目：

（1）未到期责任准备金；

（2）未决赔款准备金；

（3）寿险责任准备金；

（4）长期健康险责任准备金。

24.6.2　利润表列示项目

保险人应当在利润表中单独列示与原保险合同有关的下列项目：

（1）保费收入；

（2）退保费；

（3）提取未到期责任准备金；

（4）已赚保费；

（5）手续费支出；

（6）赔付成本；

（7）提取未决赔款准备金；

（8）提取寿险责任准备金；

（9）提取长期健康险责任准备金。

24.6.3　附注中披露项目

保险人应当在附注中披露与原保险合同有关的下列信息：

（1）代位追偿款的有关情况；

（2）损余物资的有关情况；

（3）各项准备金的增减变动情况；

（4）提取各项准备金及进行准备金充足性测试的主要精算假设和方法。

第 25 章
再保险合同

25.1 分出业务相关会计处理

25.1.1 业务概述

再保险合同分出业务相关会计处理，如表 25-1 所示。

表 25-1 再保险合同分出业务相关会计处理

经济业务	会计处理
应收分保准备金	借：应收分保未到期责任准备金 　　贷：提取未到期责任准备金
赔付成本	借：分出保费 　　贷：应付分保账款 借：应收分保账款 　　贷：摊回分保费用／摊回赔付支出

25.1.2 会计处理

再保险合同，是指一个保险人（再保险分出人）分出一定的保费给另一个保险人（再保险接受人），再保险接受人对再保险分出人由原保险合同所引起的赔付成本及其他相关费用进行补偿的保险合同。

再保险分出人不应当将再保险合同形成的资产与有关原保险合同形成的负债相互抵销。

再保险分出人不应当将再保险合同形成的收入或费用与有关原保险合同形成的费用或收入相互抵销。

再保险分出人应当在确认原保险合同保费收入的当期，按照相关再保险合同的约定，计算确定分出保费，计入当期损益；同时，原保险合同为非寿险原保险合同的，再保险分出人还应当按照相关再保险合同的约定，计算确认相关的应收分保未到期责任准备金资产，并冲减提取未到期责任准备金。

再保险分出人应当在资产负债表日调整原保险合同未到期责任准备金余额时，相应调整应收分保未到期责任准备金余额。

再保险分出人应当在确认原保险合同保费收入的当期，按照相关再保险合同的约定，计算确定应向再保险接受人摊回的分保费用，计入当期损益。

再保险分出人应当在提取原保险合同未决赔款准备金、寿险责任准备金、长期健康险责任准备金的当期，按照相关再保险合同的约定，计算确定应向再保险接受人摊回的相应准备金,确认为相应的应收分保准备金资产。

再保险分出人应当在确定支付赔付款项金额或实际发生理赔费用而冲减原保险合同相应准备金余额的当期,冲减相应的应收分保准备金余额;同时,按照相关再保险合同的约定,计算确定应向再保险接受人摊回的赔付成本,计入当期损益。

再保险分出人应当在原保险合同提前解除的当期,按照相关再保险合同的约定,计算确定分出保费、摊回分保费用的调整金额,计入当期损益;同时,转销相关应收分保准备金余额。

再保险分出人应当在因取得和处置损余物资、确认和收到应收代位追偿款等而调整原保险合同赔付成本的当期,按照相关再保险合同的约定,计算确定摊回赔付成本的调整金额,计入当期损益。

再保险分出人应当在发出分保业务账单时,将账单标明的扣存本期分保保证金确认为存入分保保证金;同时,按照账单标明的返还上期扣存分保保证金转销相关存入分保保证金。

再保险分出人应当根据相关再保险合同的约定,按期计算存入分保保证金利息,计入当期损益。

再保险分出人应当根据相关再保险合同的约定,在能够计算确定应向再保险接受人收取的纯益手续费时,将该项纯益手续费作为摊回分保费用,计入当期损益。

对于超额赔款再保险等非比例再保险合同,再保险分出人应当根据再保险合同的约定,计算确定分出保费,计入当期损益。

再保险分出人调整分出保费时,应当将调整金额计入当期损益。

再保险分出人应当在能够计算确定应向再保险接受人摊回的赔付成本时,将该项应摊回的赔付成本计入当期损益。

25.1.3 案例解析

【例25-1】2×17年12月2日,甲保险股份有限公司(以下简称"甲公司")与A保险股份有限公司(以下简称"A公司")签订一份成数分保财险再保险合同,将合同规定范围内的原保险业务向A公司办理分保。合同约定,分保比例为10%;分保手续费以分出保费作为计算基础,分保手续费率为25%;合同起期日为2×18年1月1日,保险责任期间为10年。2×18年1月1日,甲公司就该再保险合同规定业务范围内的B企业财产保险合同确认保费收入12万元;1月31日,甲公司就B企业财产保险合同提取未到期责任准备金11万元;3月18日,B企业财产保险合同约定的保险事故发生,至3月31日尚未结案定损,甲公司就该合同提取未决赔款准备金7 500万元。

分析:甲公司确认应收分保准备金的会计处理如下。

(1)2×18年1月31日,确认应收分保未到期责任准备金。

甲公司应确认的对A公司应收分保未到期责任准备金=11×10%=1.1(万元)

借:应收分保未到期责任准备金　　　　　　　　　　　　　　11 000
　　贷:提取未到期责任准备金　　　　　　　　　　　　　　　　　11 000

(2) 2×18年3月31日,确认应收分保未决赔款准备金。

甲公司应确认的对A公司应收分保未决赔款准备金 =7 500×10% =750(万元)

借:应收分保未决赔款准备金　　　　　　　　　　　　7 500 000
　　贷:摊回未决赔款准备金　　　　　　　　　　　　　　　　7 500 000

【例25-2】2×18年1月31日,乙公司与客户刘某签订一份人身意外伤害保险合同,保险金额为360万元,自2×18年2月1日0时合同生效,保险期间为1年;刘某于合同生效当日一次性交纳保险费0.72万元,乙公司开始承担保险责任并确认了保费收入。该份人身意外伤害保险合同属于乙公司与E保险股份有限公司(以下简称"E公司")签订的溢额再保险合同约定的业务范围。该再保险合同约定:每一被保险人的意外险自留额为100万元,E公司的分保额最高限额为300万元,分保手续费率为25%。2×18年7月10日,被保险人刘某发生车祸死亡,乙公司确定该事故属于全额赔偿责任范围,于事故发生当月确认了赔付成本360万元。2×18年7月29日,乙公司向刘某家属支付了保险赔款,该保险事故结案。乙公司就上述业务计算出应向E公司分出的保费金额为0.52[0.72×(360-100)÷360]万元,分保手续费金额为0.13(0.52×25%)万元,应从E公司摊回赔款金额为260[360×(360-100)÷360]万元。

分析:乙公司分出保费、摊回分保费用、摊回赔付成本的会计处理如下。

(1) 2×18年2月,确认分出保费及摊回分保费用。

借:分出保费　　　　　　　　　　　　　　　　　　　　5 200
　　贷:应付分保账款——E公司　　　　　　　　　　　　　　5 200
借:应收分保账款——E公司　　　　　　　　　　　　　　1 300
　　贷:摊回分保费用　　　　　　　　　　　　　　　　　　　1 300

(2) 2×18年7月,确认应摊回的赔付成本。

借:应收分保账款——E公司　　　　　　　　　　　　　2 600 000
　　贷:摊回赔付支出　　　　　　　　　　　　　　　　　　2 600 000

注:实务中,保险公司对于保险事故发生后很快(一般指当月)能够结案定损的,往往不提未决赔款准备金,本例即属于此种情况,因此在确认摊回赔付成本时不涉及转销相关应收分保未决赔款准备金的处理。

25.2 分入业务相关会计处理

25.2.1 业务概述

再保险合同分入业务相关会计处理如表25-2所示。

表 25-2 再保险合同分入业务相关会计处理

经济业务	会计处理
分保费用	借：应收分保账款 　　贷：保费收入 借：分保费用 　　贷：应付分保账款
分保赔付成本	借：分保赔付支出 　　贷：应付分保账款——××公司 借：未决赔款准备金 　　贷：提取未决赔款准备金

25.2.2 会计处理

分保费收入同时满足下列条件的，才能予以确认：

（1）再保险合同成立并承担相应保险责任；

（2）与再保险合同相关的经济利益很可能流入；

（3）与再保险合同相关的收入能够可靠地计量。

再保险接受人应当根据相关再保险合同的约定，计算确定分保费收入金额。

再保险接受人应当在确认分保费收入的当期，根据相关再保险合同的约定，计算确定分保费用，计入当期损益。

再保险接受人应当根据相关再保险合同的约定，在能够计算确定应向再保险分出人支付的纯益手续费时，将该项纯益手续费作为分保费用，计入当期损益。

再保险接受人应当在收到分保业务账单时，按照账单标明的金额对相关分保费收入、分保费用进行调整，调整金额计入当期损益。

再保险接受人提取分保未到期责任准备金、分保未决赔款准备金、分保寿险责任准备金、分保长期健康险责任准备金，以及进行相关分保准备金充足性测试，比照《企业会计准则第 25 号——原保险合同》的相关规定处理。

再保险接受人应当在收到分保业务账单的当期，按照账单标明的分保赔付款项金额，作为分保赔付成本，计入当期损益；同时，冲减相应的分保准备金余额。

再保险接受人应当在收到分保业务账单时，将账单标明的扣存本期分保保证金确认为存出分保保证金；同时，按照账单标明的返还上期扣存分保保证金转销相关存出分保保证金。

再保险接受人应当根据相关再保险合同的约定，按期计算存出分保保证金利息，计入当期损益。

25.2.3 案例解析

【例 25-3】2×17 年 12 月 22 日，丙保险股份有限公司（以下简称"丙公司"）与 M 保险股份有限公司（以下简称"M 公司"）签订一份成数再保险合同，接受 M 公司分出的原保险业务。合同约定的分保比例为 40%，分保手续费率为 35%。合同起期日为 2×18 年 1 月 1 日，保险责任期间为 1 年。丙公司经验、技术等方面比较成熟，采用预估方法确认每期的分保费收入。假定丙公司预估2×18年第一季度各月与M公司再保险合同项下的分保费收入金额为：1月680万元，2月730万元，3月600万元。丙公司于5月20日收到M公司发来的第一季度的分保业务账单，账单标明的分保费为2 100万元，分保手续费为735万元。

分析：丙公司相关会计处理如下。

（1）2×18年1月。

借：应收分保账款——M公司　　　　　　　　　　　　　　6 800 000
　　　贷：保费收入　　　　　　　　　　　　　　　　　　　　　6 800 000
借：分保费用　　　　　　　　　　　　　　　　　　　　　　　2 380 000
　　　贷：应付分保账款——M公司　　　　　　　　　　　　　　2 380 000

（2）2×18年2月。

借：应收分保账款——M公司　　　　　　　　　　　　　　7 300 000
　　　贷：保费收入　　　　　　　　　　　　　　　　　　　　　7 300 000
借：分保费用　　　　　　　　　　　　　　　　　　　　　　　2 555 000
　　　贷：应付分保账款——M公司　　　　　　　　　　　　　　2 555 000

（3）2×18年3月。

借：应收分保账款——M公司　　　　　　　　　　　　　　6 000 000
　　　贷：保费收入　　　　　　　　　　　　　　　　　　　　　6 000 000
借：分保费用　　　　　　　　　　　　　　　　　　　　　　　2 100 000
　　　贷：应付分保账款——M公司　　　　　　　　　　　　　　2 100 000

（4）2×18年4月预估确认分保费收入和分保费用的会计分录略。

（5）2×18年5月20日，收到账单时调整第一季度确认的分保费收入和分保费用。

分保费收入调整金额=2 100-（680+730+600）=90（万元）

分保手续费调整金额=735-（238+255.5+210）=31.5（万元）

借：应收分保账款——M公司　　　　　　　　　　　　　　　900 000
　　　贷：保费收入　　　　　　　　　　　　　　　　　　　　　　900 000
借：分保费用　　　　　　　　　　　　　　　　　　　　　　　　315 000
　　　贷：应付分保账款——M公司　　　　　　　　　　　　　　　315 000

此例中，若丙公司不具备对分保费收入进行预估确认的条件，则丙公司应在2×18年5月20日收到分保业务账单时直接做如下会计处理。

借：应收分保账款——M公司　　　　　　　　　　　　　　21 000 000
　　　贷：保费收入　　　　　　　　　　　　　　　　　　　　21 000 000
借：分保费用　　　　　　　　　　　　　　　　　　　　　　　7 350 000
　　　贷：应付分保账款——M公司　　　　　　　　　　　　　　7 350 000

【例25-4】沿用【例25-3】，丙公司于2×18年5月20日收到M公司发来的第一季度分保业务账单中标明的分保赔款金额为900万元，丙公司已提取的相应分保未决赔款准备金为800万元。

分析：丙公司相关会计处理如下。

借：分保赔付支出　　　　　　　　　　　　　　　　　9 000 000
　　贷：应付分保账款——M公司　　　　　　　　　　　　9 000 000
借：未决赔款准备金　　　　　　　　　　　　　　　　8 000 000
　　贷：提取未决赔款准备金　　　　　　　　　　　　　8 000 000

第 26 章
会计政策、会计估计变更和差错更正

26.1 会计政策变更及其会计处理

会计政策变更,是指企业对相同的交易或者事项由原来采用的会计政策改用另一会计政策的行为。发生会计政策变更时,有两种会计处理方法,即追溯调整法和未来适用法,两种方法适用于不同情形。

26.1.1 追溯调整法

(一)业务概述

追溯调整法,是指对某项交易或事项变更会计政策,视同该项交易或事项初次发生时即采用变更后的会计政策,并以此对财务报表相关项目进行调整的方法。

追溯调整法的会计处理,如表 26-1 所示。

表 26-1 追溯调整法的会计处理

经济业务	会计处理
追溯调整法	(1)调整会计政策前期累积影响数,增加当期期初会计利润或减少以前年度亏损 借:有关科目 　　贷:利润分配——未分配利润 (若涉及递延所得税资产或递延所得税负债在满足相关条件时,也应予以确认) 减少以前年度会计利润或增加以前年度亏损,做相反会计分录 (2)由于以前年度损益调整调整增加的所得税费用 借:利润分配——未分配利润 　　贷:应交税费——应交所得税等 由于以前年度损益调整调整减少的所得税费用,做相反会计分录 (3)调整利润分配 借:利润分配——未分配利润 　　贷:盈余公积

(二)会计处理

采用追溯调整法时,对于比较财务报表期间的会计政策变更,应调整各期间净损益各项目和财务报表其他相关项目,视同该政策在比较财务报表期间一直采用。对于比较财务报表可比期间以前的会计政策变更的累积影响数,应调整比较财务报表最早期间的期初留存收益,财务报表其他相关项目的数字也应一并调整。

（三）案例解析

【例26-1】华天公司2×15年、2×16年分别以4 500 000元和1 100 000元的价格从股票市场购入A、B两支以交易为目的的股票，市价一直高于成本。假定不考虑相关税费。公司采用成本与市价孰低法对购入股票进行计量。公司自2×17年起对其以交易为目的从股票市场购入的股票由成本与市价孰低改为公允价值计量，公司保存的会计资料比较齐备，可以通过会计资料追溯计算。假设所得税税率为25%，公司按净利润的10%提取法定盈余公积，按净利润的5%提取任意盈余公积。2×16年公司发行在外普通股加权平均数为4 500万股。A、B股票有关成本及公允价值如表26-2所示。

表26-2　A、B股票有关成本及公允价值

单位：元

	购入成本	2×15年年末公允价值	2×16年年末公允价值
A股票	4 500 000	5 100 000	5 100 000
B股票	1 100 000	—	1 300 000

分析：根据上述资料，华天公司的会计处理如下。

（1）改变交易性金融资产计量方法后的累积影响数如表26-3所示。

表26-3　改变交易性金融资产计量方法后的累积影响数

单位：元

年份	公允价值	成本与市价孰低	税前差异	所得税影响	税后差异
2×15年年末	5 100 000	4 500 000	600 000	150 000	450 000
2×16年年末	6 400 000	5 600 000	800 000	200 000	600 000

华天公司2×17年12月31日的比较财务报表最早期初为2×16年1月1日。

华天公司在2×15年年末交易性金融资产按公允价值计量的账面价值为5 100 000元，按成本与市价孰低计量的账面价值为4 500 000元，两者的所得税影响合计为150 000元，两者差异的税后净影响额为450 000元，即为该公司2×16年期初交易性金融资产由成本与市价孰低计量改为公允价值计量的累积影响数。

华天公司在2×16年年末交易性金融资产按公允价值计量的账面价值为6 400 000元，按成本与市价孰低计量的账面价值为5 600 000元，两者的所得税影响合计为200 000元，两者差异的税后净影响额为600 000元，其中，450 000元是调整2×16年累积影响数，150 000元是调整2×16年当期金额。

华天公司按照公允价值重新计量2×16年年末B股票账面价值，发现其公允价值变动收益少计入了200 000元，所得税费用少计入了50 000元，净利润少计入了150 000元。

（2）编制有关项目的调整分录。

① 调整交易性金融资产。

借：交易性金融资产　　　　　　　　　　　　　　　　　800 000
　　贷：利润分配——未分配利润　　　　　　　　　　　600 000

递延所得税负债		200 000

②调整利润分配。

借：利润分配——未分配利润	90 000	
贷：盈余公积		90 000

其中，按净利润的10%提取法定盈余公积，按净利润的5%提取任意盈余公积。

（3）财务报表调整和重述（财务报表略）。

华天公司在列报2×17年度的财务报表时，应调整2×17年资产负债表有关项目的年初余额、利润表有关项目的上年金额，以及所有者权益变动表有关项目的上年金额和本年金额。

①资产负债表项目的调整：

调增交易性金融资产年初余额800 000元；调增递延所得税负债年初余额200 000元；调增盈余公积年初余额90 000元；调增未分配利润年初余额5 100 000元。

②利润表项目的调整：

调增公允价值变动收益上年金额200 000元；调增所得税费用上年金额50 000元；调增净利润上年金额150 000元；调增基本每股收益上年金额0.003 3元。

③所有者权益变动表项目的调整：

调增会计政策变更项目中盈余公积上年金额675 000元；未分配利润上年金额382 500，所有者权益合计上年金额450 000元。

调增会计政策变更项目中盈余公积本年金额22 500元；未分配利润本年金额127 500元。

（4）附注说明。

本公司2×17年按照会计准则规定，对交易性金融资产期末计量由成本与市价孰低改为以公允价值计量。此项会计政策变更采用追溯调整法，2×17年比较财务报表已重新表述。2×16年期初运用新会计政策追溯计算的会计政策变更累积影响数为450 000元。调增2×16年的期初留存收益450 000元，其中，调增未分配利润382 500元。调增盈余公积67 500元。会计政策变更对2×16年度财务报表本年金额的影响为增加未分配利润127 500元，调增盈余公积22 500元，调增净利润150 000元。

26.1.2 未来适用法

（一）业务概述

未来适用法，是指将变更后的会计政策应用于变更日及以后发生的交易或者事项，或者在会计估计变更当期和未来期间确认会计估计变更影响数的方法。

未来适用法的会计处理，如表26-4所示。

表26-4　未来适用法的会计处理

经济业务	会计处理
未来适用法	不改变以前年度的既定结果，而是在现有金额数据的基础上按新的会计政策进行核算

(二)会计处理

在未来适用法下,不需要计算会计政策变更产生的累积影响数,也不需要重编以前年度的财务报表。企业会计账簿记录及财务报表上反映的金额,变更之日仍保留原有的金额,不因会计政策变更而改变以前年度的既定结果,而是在现有金额的基础上再按新的会计政策进行核算。

(三)案例解析

【例26-2】甲公司原对发出存货采用后进先出法,由于采用新准则,按其规定,甲公司从2×17年1月1日起改用先进先出法。2×17年1月1日存货的价值为2 500 000元,甲公司当年购入存货的实际成本为18 000 000元,2×17年12月31日按先进先出法计算确定的存货价值为4 500 000元,当年销售额为25 000 000元,假设该年度其他费用为1 200 000元,所得税税率为25%。2×17年12月31日按后进先出法计算的存货价值为2 200 000元。

甲公司由于法律环境变化而改变会计政策,假定对其采用未来适用法进行处理,即对存货采用先进先出法从2×17年及以后才适用,不需要计算2×17年1月1日以前按先进先出法计算存货应有的余额以及对留存收益的影响金额。

会计政策变更对当期净利润的影响数如表26-5所示。

表26-5 会计政策变更对当期净利润的影响数

单位:元

项目	先进先出法	后进先出法
营业收入	25 000 000	25 000 000
减:营业成本	16 000 000	18 300 000
减:其他费用	1 200 000	1 200 000
利润总额	7 800 000	5 500 000
减:所得税	1 950 000	1 375 000
净利润	5 850 000	4 125 000
差额	1 725 000	

分析:甲公司由于会计政策变更使当期净利润增加了1 725 000元。其中,采用先进先出法的销售成本为:期初存货成本+购入存货实际成本−期末存货成本=2 500 000+18 000 000−4 500 000= 16 000 000(元);采用后进先出法的销售成本为:期初存货成本+购入存货实际成本−期末存货成本=2 500 000+18 000 000−2 200 000=18 300 000(元)。

26.2 会计估计变更及其会计处理

26.2.1 业务概述

会计估计,是指企业对结果不确定的交易或者事项以最近可利用的信息为基础所做的判断。

会计估计变更的会计处理，如表 26-6 所示。

表 26-6 会计估计变更的会计处理

经济业务	会计处理
未来适用法	不改变前期的会计估计，也不调整以前期间的报告结果，而是在现有金额数据的基础上按新的会计估计进行核算

26.2.2 会计处理

企业对会计估计变更应当采用未来适用法处理。即在会计估计变更当期及以后期间，采用新的会计估计，不改变以前期间的会计估计，也不调整以前期间的报告结果。

26.2.3 案例解析

【例 26-3】甲公司 2×16 年 12 月 20 日购入一台管理用设备，初始入账价值为 100 万元，原估计使用年限为 10 年，预计净残值为 4 万元，按双倍余额递减法计提折旧。由于固定资产所含经济利益预期实现方式的改变和技术因素，已不能继续按原定的折旧方法、折旧年限计提折旧。甲公司于 2×19 年 1 月 1 日将设备的折旧方法改为年限平均法，将设备的折旧年限由原来的 10 年改为 8 年，预计净残值仍为 4 万元。甲公司适用的所得税税率为 25%。

要求：

（1）计算上述设备 2×17 年和 2×18 年计提的折旧额；

（2）计算上述设备 2×19 年计提的折旧额；

（3）计算上述会计估计变更对 2×19 年净利润的影响。

分析：

（1）设备 2×17 年计提的折旧额 =100×2÷10=20（万元）

设备 20×18 年计提的折旧额 =（100-20）×2÷10=16（万元）

（2）2×19 年 1 月 1 日设备的账面净值 =100-20-16=64（万元）

设备 2×19 年计提的折旧额 =（64-4）÷（8-2）=10（万元）

（3）按原会计估计，设备 2×19 年计提的折旧额 =（100-20-16）×2÷10=12.8（万元）

上述会计估计变更使 2×19 年净利润增加 =（12.8-10）×（1-25%）=2.1（万元）

企业应当在附注中披露与会计估计变更有关的下列信息。

（1）会计估计变更的内容和原因。

（2）会计估计变更对当期和未来期间的影响数。

（3）会计估计变更的影响数不能确定的，披露这一事实和原因。

26.3 前期差错更正及其会计处理

26.3.1 业务概述

前期差错,是指由于没有运用或错误运用下列两种信息,而对前期财务报表造成省略或错报:(1)编报前期财务报表时预期能够取得并加以考虑的可靠信息;(2)前期财务报告批准报出时能够取得的可靠信息。前期差错通常包括计算错误、应用会计政策错误、疏忽或曲解事实以及舞弊产生的影响等。前期差错更正的会计处理如表 26-7 所示。

表 26-7 前期差错更正的会计处理

经济业务	会计处理
追溯调整法	(1)重要的前期差错更正 ① 增加以前年度会计利润或减少以前年度亏损 借:有关科目 　　贷:以前年度损益调整 减少以前年度会计利润或增加以前年度亏损,做相反会计分录 ② 由于以前年度损益调整调整增加的所得税费用 借:以前年度损益调整 　　贷:应交税费——应交所得税等 由于以前年度损益调整调整减少的所得税费用,做相反会计分录 ③ 将以前年度损益调整增加额转入利润分配 借:以前年度损益调整 　　贷:利润分配——未分配利润 将以前年度损益调整减少额转入利润分配,做相反会计分录 ④ 调整利润分配 借:利润分配——未分配利润 　　贷:盈余公积 (2)不重要的前期差错更正 不调整会计报表相关项目期初数,但调整发现当期与前期相同的相关项目

26.3.2 会计处理

前期差错分为重要的前期差错和不重要的前期差错。前期差错的重要性取决于在相关环境下对遗漏或错误表述的规模和性质的判断。

(一)不重要的前期差错的会计处理

对于不重要的前期差错,企业无需调整财务报表相关项目的期初数,但应调整发现当期与前期相同的相关项目。属于影响损益的,应直接计入本期与上期相同的净损益项目;属于不影响损益的,应调整本期与前期相同的相关项目。

(二)重要的前期差错的会计处理

对于重要的前期差错,企业应采用追溯重述法,在其发现当期的财务报表中,调整前期比较数据。

26.3.3 案例解析

【例26-4】B公司在2×19年发现，2×18年公司漏记一项固定资产的折旧费用150 000元，所得税申报表中未扣除该项费用。假设2×18年适用所得税税率为25%，无其他纳税调整事项。该公司分别按净利润的10%、5%提取法定盈余公积和任意盈余公积。公司发行股票份额为1 800 000股。假定税法允许调整应交所得税。

分析：B公司的相关会计处理如下。

1. 分析前期差错的影响数

2×18年少计折旧费用150 000元；多计所得税费用37 500（150 000×25%）元；多计净利润112 500元；多计应交税费37 500（150 000×25%）元；多提法定盈余公积和任意盈余公积11 250（112 500×10%）元和5 625（112 500×5%）元。

2. 编制有关项目的调整分录

（1）补提折旧。

借：以前年度损益调整　　　　　　　　　　　　　　150 000
　　　贷：累计折旧　　　　　　　　　　　　　　　　　150 000

（2）调整应交所得税。

借：应交税费——应交所得税　　　　　　　　　　　　37 500
　　　贷：以前年度损益调整　　　　　　　　　　　　　37 500

（3）将"以前年度损益调整"科目余额转入利润分配。

借：利润分配——未分配利润　　　　　　　　　　　　112 500
　　　贷：以前年度损益调整　　　　　　　　　　　　　112 500

（4）调整利润分配。

借：盈余公积　　　　　　　　　　　　　　　　　　　16 875
　　　贷：利润分配——未分配利润　　　　　　　　　　16 875

3. 财务报表调整和重述（财务报表略）

B公司在列报2×19年财务报表时，应调整2×19年资产负债表有关项目的年初余额，利润表有关项目及所有者权益变动表的上年金额也应进行调整。

（1）资产负债表项目的调整：

调减固定资产150 000元；调减应交税费37 500元；调减盈余公积16 875元；调减未分配利润95 625元。

（2）利润表项目的调整：

调增营业成本上年金额150 000元；调减所得税费用上年金额37 500元；调减净利润上年金额112 500元；调减基本每股收益上年金额0.062 5元。

（3）所有者权益变动表项目的调整：

调减前期差错更正项目中盈余公积上年金额16 875元，调减未分配利润上年金额95 625元，调减所有者权益合计上年金额112 500元。

第 27 章
石油天然气开采

27.1 矿区权益相关业务会计处理

27.1.1 业务概述

矿区权益相关业务的会计处理,如表 27-1 所示。

表 27-1 矿区权益相关业务的会计处理

经济业务	会计处理
取得矿区权益时	借:油气资产——矿区权益 　　贷:银行存款等
矿区权益的折耗	借:生产成本 　　贷:累积折耗
矿区权益的减值	借:资产减值损失 　　贷:油气资产减值准备
矿区权益的转让	借:油气资产减值准备 　　　银行存款 　　贷:油气资产——矿区权益 　　　营业外收入

27.1.2 会计处理

(一)矿区及矿区权益

矿区,是指企业进行油气开采活动所划分的区域或独立的开发单元。矿区的划分是油气资产计提折耗、进行减值测试等活动的基础。矿区的划分应当遵循以下原则:

(1)一个油气藏可作为一个矿区;

(2)若干相邻且地质构造或储层条件相同或相近的油气藏可作为一个矿区;

(3)一个独立集输计量系统为一个矿区;

(4)一个大的油藏分为几个独立集输系统并分别计量的,可以分为几个矿区;

(5)采用重大、新型采油技术并工业化推广的区域可作为一个矿区;

(6)在同一地理区域内不得将分属不同国家的作业区划分在同一个矿区或矿区组内。

矿区权益,是指企业取得的在矿区内勘探、开发和生产油气的权利。矿区权益分为探明矿区权益和未探明矿区权益。探明矿区,是指已发现探明经济可采储量的矿区;未探明矿区,是指未发现探明经济可采储量的矿区。

探明经济可采储量，是指在现有技术和经济条件下，根据地质和工程分析，可合理确定的能够从已知油气藏中开采的油气数量。

为取得矿区权益而发生的成本应当在发生时予以资本化。企业取得的矿区权益，应当按照取得时的成本进行初始计量。

（1）申请取得矿区权益的成本包括探矿权使用费、采矿权使用费、土地或海域使用权支出、中介费以及可直接归属于矿区权益的其他申请取得支出。

（2）购买取得矿区权益的成本包括购买价款、中介费以及可直接归属于矿区权益的其他购买取得支出。

矿区权益取得后发生的探矿权使用费、采矿权使用费和租金等维持矿区权益的支出，应当计入当期损益。

（二）油气资产及其折耗

（1）油气资产，是指油气开采企业所拥有或控制的井及相关设施和矿区权益。油气资产属于递耗资产。递耗资产是通过开掘、采伐、利用而逐渐耗竭，以致无法恢复或难以恢复、更新或按原样重置的自然资源，如矿藏、原始森林等。油气资产是油气生产企业的重要资产，其价值在总资产中占有较大比重。

企业为开采油气所必需的辅助设备和设施（如房屋、机器等），作为一般固定资产管理，适用《企业会计准则第4号——固定资产》。

（2）油气资产的折耗，是指油气资产随着当期采掘工作的开展而逐渐转移到所开采产品（油气）成本的价值。《企业会计准则第27号——石油天然气开采》第六条和第二十一条规定，企业应当采用产量法或年限平均法对油气资产计提折耗。

① 产量法，又称单位产量法。该方法认为，特定矿区的油气资产成本与该矿区的探明经济可采储量密切相关。按照产量法对油气资产计提折耗时，矿区权益应以探明经济可采储量为基础，井及相关设施以探明已开发经济可采储量为基础。

② 年限平均法，又称直线法。该方法将油气资产成本均衡地分摊到各会计期间。采用这种方法计算的每期油气资产折耗金额相等。

企业各期间油气产量相对比较稳定，按照产量法与按照年限平均法计提的油气资产折耗相差不大；如果各期间油气产量差异较大，产量法能够更准确地反映油气资产在报告期间的消耗。

采用产量法计提折耗的，折耗额可按照单个矿区计算，也可按照若干具有相同或类似地质构造特征或储层条件的相邻矿区所组成的矿区组计算。计算公式如下：

探明矿区权益折耗额 = 探明矿区权益账面价值 × 探明矿区权益折耗率 = 探明矿区当期产量 ÷（探明矿区期末探明经济可采储量 + 探明矿区当期产量）

企业对于矿区权益的减值，应当分别不同情况确认减值损失：

① 探明矿区权益的减值，按照《企业会计准则第8号——资产减值》处理；

② 对于未探明矿区权益，应当至少每年进行一次减值测试。

单个矿区取得成本较大的，应当以单个矿区为基础进行减值测试，并确定未探明矿区权益减值金额。单个矿区取得成本较小且与其他相邻矿区具有相同或类似地质构造特征或储层条件的，可按照若干具有相同或类似地质构造特征或储层条件的相邻矿区所组成的矿区组进行减值测试。

未探明矿区权益公允价值低于账面价值的差额，应当确认为减值损失，计入当期损益。未探明矿区权益减值损失一经确认，不得转回。

企业无论采用产量法还是采用年限平均法，一经确定不得随意变更。

（三）矿区权益转让

企业转让矿区权益的，应当按照下列规定进行处理。

（1）转让全部探明矿区权益的，将转让所得与矿区权益账面价值的差额计入当期损益。

转让部分探明矿区权益的，按照转让权益和保留权益的公允价值比例，计算确定已转让部分矿区权益账面价值，转让所得与已转让矿区权益账面价值的差额计入当期损益。

（2）转让单独计提减值准备的全部未探明矿区权益的，转让所得与未探明矿区权益账面价值的差额，计入当期损益。

转让单独计提减值准备的部分未探明矿区权益的，如果转让所得大于矿区权益账面价值，将其差额计入当期损益；如果转让所得小于矿区权益账面价值，以转让所得冲减矿区权益账面价值，不确认损益。

（3）转让以矿区组为基础计提减值准备的未探明矿区权益的，如果转让所得大于矿区权益账面原值，将其差额计入当期损益；如果转让所得小于矿区权益账面原值，以转让所得冲减矿区权益账面原值，不确认损益。

转让该矿区组最后一个未探明矿区的剩余矿区权益时，转让所得与未探明矿区权益账面价值的差额，计入当期损益。

未探明矿区（组）内发现探明经济可采储量而将未探明矿区（组）转为探明矿区（组）的，应当按照其账面价值转为探明矿区权益。

未探明矿区因最终未能发现探明经济可采储量而放弃的，应当按照放弃时的账面价值转销未探明矿区权益并计入当期损益。因未完成义务工作量等因素导致发生的放弃成本，计入当期损益。

（四）油气资产的减值

企业的矿区权益（探明矿区权益和未探明矿区权益）、井及相关设施等油气资产如发生减值，应当分别情况进行处理。

（1）探明矿区权益、井及相关设施的减值，适用《企业会计准则第8号——资产减值》，其中，井及相关设施成本应当根据剔除已确认为预计负债的弃置费用后的净额进行减值测试。

（2）未探明矿区权益的减值，应当至少每年进行减值测试。按照单个矿区进行减值测试的未探明矿区权益，其可收回金额低于其账面价值的，应当将其账面价值减记至可收回金额，减记的金额确认为油气资产减值损失；按照矿区组进行减值测试并计提准备的，确认的减值损失不分摊至单个矿区权益的账面金额。

（3）油气资产减值一经确认，以后会计期间不得转回。

27.1.3 案例解析

【例27-1】X石油公司转让了其拥有的矿区A，其账面原值为1 000万元，已计提减值准备200万元，目前账面价值为800万元，转让所得为900万元。

分析：X公司应当将转让所得大于矿区权益账面价值的差额确认为收益，相关会计处理如下。

借：油气资产减值准备　　　　　　　　　　　　　　　　　　2 000 000
　　银行存款　　　　　　　　　　　　　　　　　　　　　　9 000 000
　　贷：油气资产——矿区权益　　　　　　　　　　　　　　　　10 000 000
　　　　营业外收入　　　　　　　　　　　　　　　　　　　　　1 000 000

如果转让所得为700万元，X公司应当将转让所得小于矿区权益账面价值的差额确认为损失，相关会计处理如下。

借：油气资产减值准备　　　　　　　　　　　　　　　　　　2 000 000
　　银行存款　　　　　　　　　　　　　　　　　　　　　　7 000 000
　　营业外支出　　　　　　　　　　　　　　　　　　　　　1 000 000
　　贷：油气资产——矿区权益　　　　　　　　　　　　　　　　10 000 000

【例27-2】X石油公司转让了其拥有的矿区B中的20平方千米，转让部分的公允价值为400万元，转让所得为500万元。整个矿区B的面积为50平方千米，账面原值为1 000万元，已计提减值准备200万元，目前账面价值为800万元，公允价值为900万元。

分析：X公司转让部分矿区权益且剩余矿区权益成本的收回不存在较大不确定性，因此应按照转让权益和保留权益的公允价值比例，计算确定已转让部分矿区权益账面价值，金额=400÷900×800=356（万元）

随转让部分矿区转出的油气资产减值准备 =400÷900×200=89（万元）

相关会计处理如下。

借：油气资产减值准备　　　　　　　　　　　　　　　　　　890 000
　　银行存款　　　　　　　　　　　　　　　　　　　　　　5 000 000
　　贷：油气资产——矿区权益　　　　　（3 650 000+890 000）4 450 000
　　　　营业外收入　　　　　　　　　　　　　　　　　　　　1 440 000

如果转让所得为300万元，相关会计处理如下。

借：油气资产减值准备　　　　　　　　　　　　　　　　　　890 000
　　银行存款　　　　　　　　　　　　　　　　　　　　　　3 000 000
　　营业外支出　　　　　　　　　　　　　　　　　　　　　560 000
　　贷：油气资产——矿区权益　　　　　　　　　　　　　　　　4 450 000

27.2 油气勘探相关业务会计处理

27.2.1 业务概述

油气勘探相关业务的会计处理,如表 27-2 所示。

表 27-2 油气勘探相关业务的会计处理

经济业务	会计处理
油气勘探成本的确认与计量	借:矿区取得成本、油气勘探成本等 贷:银行存款等
发生油气勘探人工薪酬时	借:矿区取得成本、油气勘探成本等 贷:应付职工薪酬等
发生中介费用时	借:矿区取得成本、油气勘探成本等 贷:银行存款等
当油气勘探的矿区储量发生减值时	借:油气勘探成本 贷:资产减值准备
结转已探明储藏量的油气勘探成本应予资本化处理	借:油气勘探资产 贷:油气勘探成本
当油气探勘资产发生弃置、拆移、填埋、清理和恢复生态环境时	借:油气勘探成本 贷:预计负债
当矿区发生勘探失败时	借:营业外支出——勘探损失 贷:油气勘探资产
转让已探明储存量的矿区时	借:银行存款等 　　矿区权益累积折耗 贷:主营业务收入 　　应交税费——应交增值税(销项税额) 借:主营业务成本 贷:油气勘探资产

27.2.2 会计处理

(一)油气勘探

油气勘探,是指为了识别勘探区域或探明油气储量而进行的地质调查、地球物理勘探、钻探活动以及其他相关活动。油气勘探支出包括钻井勘探支出和非钻井勘探支出。钻井勘探支出主要包括钻探区域探井、勘探型详探井、评价井和资料井等活动发生的支出;非钻井勘探支出主要包括进行地质调查、地球物理勘探等活动发生的支出。

钻井勘探支出在完井后,确定该井发现了探明经济可采储量的,应当将钻探该井的支出结转为井及相关设施成本。

确定该井未发现探明经济可采储量的,应当将钻探该井的支出扣除净残值后计入当期损益。

确定部分井段发现了探明经济可采储量的,应当将发现探明经济可采储量的有效井段的钻井勘探支出结转为井及相关设施成本，无效井段钻井勘探累计支出转入当期损益。

未能确定该探井是否发现探明经济可采储量的，应当在完井后一年内将钻探该井的支出予以暂时资本化。

在完井一年时仍未能确定该探井是否发现探明经济可采储量，同时满足下列条件的，应当将钻探该井的资本化支出继续暂时资本化，否则应当计入当期损益：

（1）该井已发现足够数量的储量，但要确定其是否属于探明经济可采储量，还需要实施进一步的勘探活动；

（2）进一步的勘探活动已在实施中或已有明确计划并即将实施。

钻井勘探支出已费用化的探井又发现了探明经济可采储量的，已费用化的钻井勘探支出不作调整，重新钻探和完井发生的支出应当予以资本化。

非钻井勘探支出于发生时计入当期损益。

在会计处理上，应该设置："矿区取得成本""油气勘探成本""油气开发成本""油气生产成本"四个会计科目，每个会计科目的借方登记已发生的一切费用，每个会计科目的贷方结转矿区未探明可开采储存油量的支出，每个会计科目的余额在借方，表示已探明可开采储存油量的探矿成本。在结转成本时，要根据矿区权益取得是否成功来决定，如果矿区权益取得成功就应当将矿区权益取得的一切费用予以资本化记入"矿区资产"科目，如果在矿区权益取得失败时，其矿区权益取得成本就应当转作当期损益。

当油气开采发生购买矿区探矿权、采矿权等权益时，借记"矿区取得成本""油气勘探成本""油气开发成本""油气生产成本（买价成本）"等科目，贷记"银行存款""库存现金""应付票据""应付账款""预付账款"等科目。

发生职工薪酬时，借记"矿区取得成本""油气勘探成本""油气开发成本""油气生产成本（职工工资、津贴、奖金等金）"等科目，贷记"应付职工薪""库存现金""银行存款（应付或已付职工的工资、津贴、奖金）"等科目。

当发生中介费用时，借记"矿区取得成本""油气勘探成本""油气开发成本""油气生产成本（中介费用）"等科目，贷记"库存现金""银行存款""其他货币资金""应付账款""应付票据"等科目。

（二）油气开发

油气开发，是指为了取得探明矿区中的油气而建造或更新井及相关设施的活动。

油气开发活动所发生的支出，应当根据其用途分别予以资本化，作为油气开发形成的井及相关设施的成本。

油气开发形成的井及相关设施的成本主要包括：

（1）钻前准备支出，包括前期研究、工程地质调查、工程设计、确定井位、清理井场、修建道路等活动发生的支出；

（2）钻井的设备购置和建造支出，井的设备包括套管、油管、抽油设备和井口装置等，井的建造包括钻井和完井；

（3）购建提高采收率系统发生的支出；

（4）购建矿区内集输设施、分离处理设施、计量设备、储存设施、各种海上平台、海底及陆上电缆等发生的支出。

在探明矿区内，钻井至现有已探明层位的支出，作为油气开发支出；为获取新增探明经济可采储量而继续钻至未探明层位的支出，作为钻井勘探支出，按照《企业会计准则第27号——石油天然气开采》第十三条和第十四条处理。

（三）油气生产

油气生产，是指将油气从油气藏提取到地表以及在矿区内收集、拉运、处理、现场储存和矿区管理等活动。

油气的生产成本包括相关矿区权益折耗、井及相关设施折耗、辅助设备及设施折旧以及操作费用等。操作费用包括油气生产和矿区管理过程中发生的直接和间接费用。

企业应当采用产量法或年限平均法对井及相关设施计提折耗。井及相关设施包括确定发现了探明经济可采储量的探井和开采活动中形成的井，以及与开采活动直接相关的各种设施。采用产量法计提折耗的，折耗额可按照单个矿区计算，也可按照若干具有相同或类似地质构造特征或储层条件的相邻矿区所组成的矿区组计算。计算公式如下：

矿区井及相关设施折耗额＝期末矿区井及相关设施账面价值×矿区井及相关设施折耗率＝矿区当期产量÷（矿区期末探明已开发经济可采储量＋矿区当期产量）

探明已开发经济可采储量，包括矿区的开发井网钻探和配套设施建设完成后已全面投入开采的探明经济可采储量，以及在提高采收率技术所需的设施已建成并已投产后相应增加的可采储量。

地震设备、建造设备、车辆、修理车间、仓库、供应站、通信设备、办公设施等辅助设备及设施，应当按照《企业会计准则第4号——固定资产》处理。

企业承担的矿区废弃处置义务，满足《企业会计准则第13号——或有事项》中预计负债确认条件的，应当将该义务确认为预计负债，并相应增加井及相关设施的账面价值。

不符合预计负债确认条件的，在废弃时发生的拆卸、搬移、场地清理等支出，应当计入当期损益。

矿区废弃，是指矿区内的最后一口井停产。

井及相关设施、辅助设备及设施的减值，应当按照《企业会计准则第8号——资产减值》处理。

27.2.3 案例解析

【例27-3】X石油公司转让未探明矿区C，其账面原值为1 000万元，已计提减值准备200万元，目前账面价值为800万元，转让所得为900万元。

分析：X公司转让全部未探明矿区权益C，应当将转让所得大于矿区权益账面价值的差额确认为收益，相关会计处理如下。

借：油气资产减值准备　　　　　　　　　　　　　　　　2 000 000
　　银行存款　　　　　　　　　　　　　　　　　　　　9 000 000

　　　　贷：矿区权益　　　　　　　　　　　　　　　　　　　　　　10 000 000
　　　　　　营业外收入　　　　　　　　　　　　　　　　　　　　　　1 000 000
　　如果转让所得为700万元，X公司应当将转让所得小于矿区权益账面价值的差额确认为损失，相关会计处理如下。
　　　　借：油气资产减值准备　　　　　　　　　　　　　　　　　　2 000 000
　　　　　　银行存款　　　　　　　　　　　　　　　　　　　　　　7 000 000
　　　　　　营业外支出　　　　　　　　　　　　　　　　　　　　　1 000 000
　　　　贷：油气资产——矿区权益　　　　　　　　　　　　　　　　10 000 000

【例27-4】X石油公司拥有的未探明矿区D1和D2在进行减值测试时构成一个矿区组。其中D1矿区权益账面原值为1 000万元，D2矿区权益账面原值为2 000万元，矿区组已计提减值准备600万元，目前矿区组账面价值为2 400万元。现X石油公司转让矿区D1，转让所得为1 100万元。

　　分析：转让所得大于未探明矿区D1矿区权益的账面原值，X石油公司应将其差额确认为收益，相关会计处理如下。
　　　　借：银行存款　　　　　　　　　　　　　　　　　　　　　11 000 000
　　　　贷：油气资产——矿区权益　　　　　　　　　　　　　　　10 000 000
　　　　　　营业外收入　　　　　　　　　　　　　　　　　　　　1 000 000

　　如果转让所得为900万元，转让所得小于未探明矿区D1矿区权益的账面原值，X石油公司应将转让所得冲减矿区组权益的账面价值，相关会计处理如下。
　　　　借：银行存款　　　　　　　　　　　　　　　　　　　　　9 000 000
　　　　贷：油气资产——矿区权益　　　　　　　　　　　　　　　9 000 000

【例27-5】X石油公司拥有的未探明矿区E面积为50平方千米，其账面原值为1 000万元，已计提减值准备200万元，目前账面价值为800万元。

　　分析：
　　（1）X石油公司转让E矿区中的20平方千米，转让所得为200万元。
　　因转让所得小于E矿区的账面价值（800万元），故X石油公司应将转让所得冲减被转让矿区权益的账面价值，相关会计处理如下。
　　　　借：银行存款　　　　　　　　　　　　　　　　　　　　　2 000 000
　　　　贷：油气资产——矿区权益　　　　　　　　　　　　　　　2 000 000

　　（2）X石油公司再次转让E矿区中的10平方千米，转让所得为500万元。
　　因转让所得小于其账面价值（600万元），故X石油公司应将转让所得冲减被转让矿区权益的账面价值，相关会计处理如下。
　　　　借：银行存款　　　　　　　　　　　　　　　　　　　　　5 000 000
　　　　贷：油气资产——矿区权益　　　　　　　　　　　　　　　5 000 000

　　（3）如果X石油公司转让E矿区剩下的20平方千米，转让所得为400万元。
　　X石油公司转让部分E矿区的所得大于该未探明矿区权益的账面价值（100万元），应将其差额计入收益，相关会计处理如下。

  借：油气资产减值准备   2 000 000
    银行存款   4 000 000
    贷：油气资产——矿区权益   3 000 000
      营业外收入   3 000 000

（4）在分析（1）与（2）的基础上，如果X石油公司转让E矿区剩余20平方千米，转让所得为50万元。

  X石油公司转让E矿区的所得小于该未探明矿区权益的账面价值，应继续将转让所得冲减被转让矿区权益账面价值，冲减至零为止。

  借：银行存款   500 000
    贷：油气资产——矿区权益   500 000

  根据《企业会计准则第27号——石油天然气开采》规定，X石油公司期末应对E矿区权益的剩余账面价值全额计提减值准备。计算减值损失为：（1 000-200）-200-500-50=50（万元）。会计处理如下。

  借：资产减值损失   500 000
    贷：油气资产减值准备   500 000

  【例27-6】X石油公司拥有的未探明矿区F1和F2在进行减值测试时构成一个矿区组。其中F1矿区账面原值为1 000万元，F2矿区账面原值为2 000万元，矿区组已经计提减值准备600万元，矿区组账面价值为2 400万元。2×18年4月和10月分别转让矿区F1的一部分，10月将整个F1矿区转让完毕。

  分析：相关会计处理如下。

  （1）4月，转让所得为500万元。

  转让所得小于F1矿区的账面原值，X石油公司应将转让所得冲减矿区组的账面价值。相关会计处理如下。

  借：银行存款   5 000 000
    贷：油气资产——矿区权益   5 000 000

  （2）10月，如果转让所得为600万元。

  转让所得大于F1矿区的账面原值，X石油公司应将其差额计入收益。

  借：银行存款   6 000 000
    贷：油气资产——矿区权益   5 000 000
      营业外收入   1 000 000

  （3）10月，如果转让所得为400万元。

  转让所得小于F1矿区的账面原值，X石油公司应将转让所得继续冲减矿区组的账面价值。相关会计处理如下。

  借：银行存款   4 000 000
    贷：油气资产——矿区权益   4 000 000

第 28 章
资产负债表日后事项

28.1 资产负债表日后调整事项

28.1.1 业务概述

资产负债表日后调整事项，是指对资产负债表日已经存在的情况提供了新的或进一步证据的事项。如果资产负债表日及所属会计期间已经存在某种情况，但当时并不知道其存在或者不能知道确切结果，资产负债表日后发生的事项能够证实该情况的存在或者确切结果，则该事项属于资产负债表日后事项中的调整事项。如果资产负债表日后事项对资产负债表日的情况提供了进一步的证据，证据表明的情况与原来的估计和判断不完全一致，则需要对原来的会计处理进行调整。

资产负债表日后调整事项的会计处理，如表 28-1 所示。

表 28-1　资产负债表日后调整事项的会计处理

经济业务	会计处理
第一步：税前调整	（1）涉及损益的事项 增加以前年度利润或减少以前年度亏损 借：有关科目 　　贷：以前年度损益调整 减少以前年度利润或增加以前年度亏损，做相反会计分录 （2）涉及利润分配调整的事项 借：相关科目 　　贷：利润分配——未分配利润 或做相反会计分录 （3）不涉及损益及利润分配的事项 调整相关科目

(续表)

经济业务	会计处理
第二步：所得税调整	（1）日后调整事项发生在汇算清缴日之前的暂时性差异 借：应交税费——应交所得税 　　贷：以前年度损益调整 借：以前年度损益调整 　　贷：递延所得税资产 或： 借：以前年度损益调整 　　贷：应交税费——应交所得税 借：递延所得税负债 　　贷：以前年度损益调整 （2）日后调整事项发生在汇算清缴日之前的非暂时性差异 借：应交税费——应交所得税 　　贷：以前年度损益调整 或做相反会计分录 （3）日后调整事项发生在汇算清缴日之后的暂时性差异以及非暂时性差异 借：以前年度损益调整 　　贷：递延所得税资产 或： 借：递延所得税负债 　　贷：以前年度损益调整
第三步：税后调整	将以前年度损益调整结转到利润分配 借：利润分配——未分配利润 　　贷：以前年度损益调整 或做相反会计分录
第四步：报表项目的调整	通过上述会计处理后，还应同时调整财务报表相关项目的数字，包括：（1）资产负债表日编制的财务报表相关项目的期末数或本年发生数；（2）当期编制的财务报表相关项目的期初数或上年数；（3）经过上述调整后，如果涉及报表附注内容的，还应当做出相应调整

28.1.2　会计处理

企业发生的调整事项，应当调整资产负债表日的财务报表。对于年度财务报告而言，由于资产负债表日后事项发生在报告年度的次年，报告年度的有关账目已经结转，特别是损益类科目在结账后已无余额。所以，年度资产负债表日后发生的调整事项，应具体分别以下情况进行处理。

（1）涉及损益的事项，通过"以前年度损益调整"科目核算。调整增加以前年度利润或调整减少以前年度亏损的事项，记入"以前年度损益调整"科目的贷方；调整减少以前年度利润或调整增加以前年度亏损的事项，记入"以前年度损益调整"科目的借方。

涉及损益的调整事项，如果发生在该企业资产负债表日所属年度（即报告年度）所得税汇算清缴前的，应调整报告年度应纳税所得额、应纳所得税税额；发生在该企业报告年度所得税汇算清缴后的，应调整本年度（即报告年度的次年）应纳所得税税额。

由于以前年度损益调整增加的所得税费用，记入"以前年度损益调整"科目的借方，同时贷记"应交税费——应交所得税"等科目；由于以前年度损益调整减少的所得税费用，记入"以前年度损益调整"科目的贷方，同时借记"应交税费——应交所得税"等科目。

调整完成后，将"以前年度损益调整"科目的贷方或借方余额，转入"利润分配——未分配利润"科目。

（2）涉及利润分配调整的事项，直接在"利润分配——未分配利润"科目核算。

（3）不涉及损益及利润分配的事项，调整相关科目。

（4）通过上述会计处理后，还应同时调整财务报表相关项目的数字，包括：① 资产负债表日编制的财务报表相关项目的期末数或本年发生数；② 当期编制的财务报表相关项目的期初数或上年数；③ 经过上述调整后，如果涉及报表附注内容的，还应当做出相应调整。

28.1.3 案例解析

【例 28-1】甲公司与乙公司签订一项销售合同，合同中订明甲公司应在 2×18 年 8 月销售给乙公司一批物资。由于甲公司未能按照合同发货，致使乙公司发生重大经济损失。2×18 年 12 月，乙公司将甲公司告上法庭，要求甲公司赔偿 450 万元。2×18 年 12 月 31 日法院尚未判决，甲公司按或有事项准则对该诉讼事项确认预计负债 300 万元。2×19 年 2 月 10 日，经法院判决甲公司应赔偿乙公司 400 万元，甲、乙双方均服从判决。判决当日，甲公司向乙公司支付赔偿款 400 万元。甲、乙两公司 2×18 年所得税汇算清缴均在 2×19 年 3 月 20 日完成（假定该项预计负债产生的损失不允许在预计时税前抵扣，只有在损失实际发生时，才允许税前抵扣）。

分析：本例中，2×19 年 2 月 10 日的判决证实了甲、乙两公司在资产负债表日（即 2×18 年 12 月 31 日）分别存在现时赔偿义务和获赔权利。因此，两公司都应将"法院判决"这一事项作为调整事项进行处理。甲公司和乙公司 2×18 年所得税汇算清缴均在 2×19 年 3 月 20 日完成。因此，应根据法院判决结果调整报告年度应纳税所得额和应纳所得税税额。

1. 甲公司的会计处理。

（1）2×19 年 2 月 10 日，调整已确认的预计负债金额，并调整递延所得税资产。

借：以前年度损益调整　　　　　　　　　　　　1 000 000
　　贷：其他应付款　　　　　　　　　　　　　　1 000 000
借：应交税费——应交所得税　　　　　　　　　　250 000
　　贷：以前年度损益调整　　　　　　　　　　　　250 000
借：应交税费——应交所得税　　　　　　　　　　750 000
　　贷：以前年度损益调整　　　　　　　　　　　　750 000
借：以前年度损益调整　　　　　　　　　　　　　750 000
　　贷：递延所得税资产　　　　　　　　　　　　　750 000
借：预计负债　　　　　　　　　　　　　　　　3 000 000
　　贷：其他应付款　　　　　　　　　　　　　　3 000 000

借:其他应付款	4 000 000	
贷:银行存款		4 000 000

注:2×18年年末因确认预计负债300万元时已确认相应的递延所得税资产,资产负债表日后事项发生后递延所得税资产不复存在,故应冲销相应记录。

（2）将"以前年度损益调整"科目余额转入未分配利润。

借:利润分配——未分配利润	750 000	
贷:以前年度损益调整		750 000

（3）因净利润变动,调整盈余公积（10%）。

借:盈余公积	75 000	
贷:利润分配——未分配利润		75 000

（4）调整报告年度财务报表。

① 资产负债表项目的年末数调整:

调减递延所得税资产75万元,调增其他应付款400万元,调减应交税费100万元,调减预计负债300万元,调减盈余公积7.5万元,调减未分配利润67.5万元。资产负债表（简表）如表28-2所示。

表28-2 资产负债表（简表）

编制单位:甲公司   2×18年12月31日   单位:元

资产	调整前	调整后	负债和所有者权益(或股东权益)	调整前	调整后
流动资产:			流动负债:		
货币资金	50 000 000	50 000 000	短期借款	25 000 000	25 000 000
交易性金融资产	10 000 000	10 000 000	交易性金融负债	3 000 000	3 000 000
应收票据	5 000 000	5 000 000	应付票据	5 000 000	5 000 000
应收账款	76 000 000	76 000 000	应付账款	5 000 000	5 000 000
预付款项	1 000 000	1 000 000	预收款项	10 000 000	10 000 000
应收利息	1 000 000	1 000 000	应付职工薪酬	6 000 000	6 000 000
其他应收款	2 000 000	2 000 000	应交税费	25 000 000	24 000 000
存货	29 000 000	29 000 000	其他应付款	4 000 000	8 000 000
一年内到期的非流动资产	6 000 000	6 000 000			
流动资产合计	180 000 000	180 000 000	流动负债合计	83 000 000	86 000 000
非流动资产:			非流动负债:		
			长期借款	30 000 000	30 000 000
			应付债券	20 000 000	20 000 000
长期应收款	15 000 000	15 000 000	长期应付款	10 000 000	10 000 000
长期股权投资	85 000 000	85 000 000	预计负债	12 000 000	9 000 000
固定资产	60 000 000	60 000 000	非流动负债合计	72 000 000	69 000 000

（续表）

资产	调整前	调整后	负债和所有者权益（或股东权益）	调整前	调整后
在建工程	20 000 000	20 000 000	负债合计	155 000 000	155 000 000
无形资产	80 000 000	80 000 000	股东权益：		
开发支出	10 000 000	10 000 000	股本	200 000 000	200 000 000
递延所得税资产	5 000 000	4 250 000	资本公积	50 000 000	50 000 000
			盈余公积	30 000 000	29 925 000
非流动资产合计	275 000 000	274 250 000	未分配利润	20 000 000	19 325 000
			股东权益合计	300 000 000	299 250 000
资产总计	455 000 000	454 250 000	负债和股东权益总计	455 000 000	454 250 000

② 利润表项目的调整：

调增营业外支出 100 万元，调减所得税费用 25 万元，调减净利润 75 万元。

利润表略。

③ 所有者权益变动表项目的调整：

调减净利润 75 万元，提取盈余公积项目中盈余公积一栏调减 7.5 万元，未分配利润一栏调减 67.5 万元。

所有者权益变动表略。

2. 乙公司的会计处理。

（1）2×19 年 2 月 10 日，记录收到的赔款，并调整应交所得税。

借：其他应收款　　　　　　　　　　　　　　　　　　　　　4 000 000
　　贷：以前年度损益调整　　　　　　　　　　　　　　　　　　4 000 000

借：以前年度损益调整　　　　　　　　　　　　　　　　　　1 000 000
　　贷：应交税费——应交所得税　　　　　　　　　　　　　　1 000 000

借：银行存款　　　　　　　　　　　　　　　　　　　　　　4 000 000
　　贷：其他应收款　　　　　　　　　　　　　　　　　　　　4 000 000

（2）将"以前年度损益调整"科目余额转入未分配利润。

借：以前年度损益调整　　　　　　　　　　　　　　　　　　3 000 000
　　贷：利润分配——未分配利润　　　　　　　　　　　　　　3 000 000

（3）因净利润增加，补提盈余公积（10%）。

借：利润分配——未分配利润　　　　　　　　　　　　　　　　300 000
　　贷：盈余公积　　　　　　　　　　　　　　　　　　　　　　300 000

（4）调整报告年度财务报表相关项目的数字（财务报表略）。

① 资产负债表项目的年末数调整：

调增其他应收款 400 万元，调增应交税费 100 万元，调增盈余公积 30 万元，调增未分配利润 270 万元。

② 利润表项目的调整：

调增营业外收入 400 万元，调增所得税费用 100 万元，调增净利润 300 万元。

③ 所有者权益变动表项目的调整：

调增净利润 300 万元，提取盈余公积项目中盈余公积一栏调增 30 万元，未分配利润一栏调增 270 万元。

【**例 28-2**】甲公司 2×18 年 12 月 20 日销售一批商品给丙企业，取得收入 100 000 元（不含税，假设适用增值税税率为 13%）。甲公司发出商品后，按照正常情况已确认收入，并结转成本 80 000 元。此笔货款到年末尚未收到，甲公司未对应收账款计提坏账准备。2×19 年 1 月 18 日，由于产品质量问题，本批货物被退回。甲公司于 2×19 年 2 月 28 日完成 2×18 年所得税汇算清缴。甲公司适用的所得税税率为 25%，按 10% 提取盈余公积。

分析：本例中，销售退回业务发生在资产负债表日后事项涵盖期间内，应属于资产负债表日后调整事项。

甲公司的会计处理如下。

（1）2×19 年 1 月 18 日，调整销售收入。

借：以前年度损益调整	100 000
应交税费——应交增值税（销项税额）	13 000
贷：应收账款	113 000

（2）调整销售成本。

借：库存商品	80 000
贷：以前年度损益调整	80 000

（3）调整应交纳的所得税。

借：应交税费——应交所得税	5 000
贷：以前年度损益调整	5 000

（4）将"以前年度损益调整"科目余额转入未分配利润。

借：利润分配——未分配利润	15 000
贷：以前年度损益调整	15 000

（5）调整盈余公积。

借：盈余公积	1 500
贷：利润分配——未分配利润	1 500

（6）调整报告年度相关财务报表。

① 资产负债表项目的年末数调整：

调减应收账款 113 000 元；调增库存商品 80 000 元；调减应交税费 5 000 元；调减盈余公积 1 500 元；调减未分配利润 16 500 元。

② 利润表项目的调整：

调减营业收入 100 000 元；调减营业成本 80 000 元；调减未分配利润 15 000 元。

③ 所有者权益表项目的调整：

调减净利润 15 000 元，提取盈余公积项目中盈余公积一栏调减 1 500 元，未分配利润一栏调减 16 500 元。

【例 28-3】 沿用【例 28-2】，假定销售退回的时间改为 2×19 年 3 月 5 日，即报告期所得税汇算清缴后。

分析：甲公司的会计处理如下。

（1）2×18 年 3 月 5 日，调整销售收入。

借：以前年度损益调整	100 000	
应交税费——应交增值税（销项税额）	13 000	
贷：应收账款		113 000

（2）调整销售成本。

借：库存商品	80 000	
贷：以前年度损益调整		80 000

（3）将"以前年度损益调整"科目余额转入未分配利润。

借：利润分配——未分配利润	20 000	
贷：以前年度损益调整		20 000

（4）调整盈余公积。

借：盈余公积	2 000	
贷：利润分配——未分配利润		2 000

（5）调整报告年度相关财务报表。

① 资产负债表项目的年末数调整：

调减盈余公积 2 000 元；调减未分配利润 18 000 元。

② 利润表项目的调整：

调减营业收入 100 000 元；调减营业成本 80 000 元。

③ 所有者权益表项目的调整：

调减净利润 20 000 元；提取盈余公积项目中盈余公积一栏调减 2 000 元；未分配利润一栏调减 18 000 元。

注：资产负债表日后事项中涉及报告年度所属期间的销售退回发生于报告年度所得税汇算清缴之后，应调整报告年度会计报表的收入、成本等，但按照税法规定在此期间的销售退回所涉及的应交所得税，应作为本年度的纳税调整事项。

28.2 资产负债表日后非调整事项

28.2.1 业务概述

资产负债表日后非调整事项，是表明资产负债表日后发生的情况的事项。非调整事项的发生不影响资产负债表日企业的财务报表数字，只说明资产负债表日后发生了某些情况。对于财务报告使用者而言，非调整事项说明的情况有的重要，有的不重要。其中重要的非调整事项虽然不影响资产负债表日的财务报表数字，但可能影响资产负债表日以后的财务状况和经营成果，不加以说明将会影响财务报告使用者作出正确估计和决策。因此，需要适当披露。企业发生的非调整事项，通常包括资产负债表日后发生重大诉讼、仲裁、承诺，资产负债表日后资产价格、税收政策、外汇汇率发生重大变化等。资产负债表日后非调整事项的会计处理如表 28-3 所示。

表 28-3　资产负债表日后非调整事项的会计处理

经济业务		会计处理
资产负债表日后事项属于非调整事项	分为重要的非调整事项及不重要的非调整事项	重要的非调整事项，只需要适当披露 不重要的非调整事项，不做任何调整

28.2.2　会计处理

资产负债表日后发生的非调整事项，是表明资产负债表日后发生的情况的事项，与资产负债表日存在状况无关，不应当调整资产负债表日的财务报表。但有的非调整事项对财务报告使用者具有重大影响，如不加以说明，将不利于财务报告使用者作出正确估计和决策。因此，应在附注中进行披露。

28.2.3　案例解析

【例 28-4】甲企业拥有某外国企业（乙企业）15% 的股权，无重大影响，投资成本为 2 000 000 元。乙企业的股票在国外的某家股票交易所上市交易。在编制 2×18 年 12 月 31 日的资产负债表时，甲企业对乙企业投资的账面价值按初始投资成本反映。2×19 年 1 月，该国发生海啸造成乙企业的股票市场价值大幅下跌，甲企业对乙企业的股权投资遭受重大损失。

分析：本例中，自然灾害导致的资产重大损失对企业资产负债表日后财务状况的影响较大，如果不加以披露，有可能使财务报告使用者作出错误的决策，因此应作为非调整事项在报表附注中进行披露。本例中海啸发生在 2×19 年 1 月，属于资产负债表日后才发生或存在的事项，应当作为非调整事项在 2×18 年度报表附注中进行披露。

第 29 章
财务报表列报

财务报表是对企业财务状况、经营成果和现金流量的结构性表述。财务报表至少应当包括下列组成部分：资产负债表、利润表、现金流量表、所有者权益（或股东权益，下同）变动表和附注。财务报表上述组成部分具有同等的重要程度。

29.1 财务报表列报的基本要求

（1）企业应当以持续经营为基础，根据实际发生的交易和事项，按照《企业会计准则——基本准则》和其他各项会计准则的规定进行确认和计量，在此基础上编制财务报表。企业不应以附注披露代替确认和计量，不恰当的确认和计量也不能通过充分披露相关会计政策而纠正。如果按照各项会计准则规定披露的信息不足以让报表使用者了解特定交易或事项对企业财务状况和经营成果的影响时，企业还应当披露其他的必要信息。

（2）除现金流量表按照收付实现制原则编制外，企业应当按照权责发生制原则编制财务报表。

（3）财务报表项目的列报应当在各个会计期间保持一致，不得随意变更，但下列情况除外：

① 会计准则要求改变财务报表项目的列报；

② 企业经营业务的性质发生重大变化或对企业经营影响较大的交易或事项发生后，变更财务报表项目的列报能够提供更可靠、更相关的会计信息。

（4）性质或功能不同的项目，应当在财务报表中单独列报，但不具有重要性的项目除外。重要性，是指在合理预期下，财务报表某项目的省略或错报会影响使用者据此作出经济决策的，该项目具有重要性。性质或功能类似的项目，其所属类别具有重要性的，应当按其类别在财务报表中单独列报。某些项目的重要性程度不足以在资产负债表、利润表、现金流量表或所有者权益变动表中单独列示，但对附注却具有重要性，则应当在附注中单独披露。

（5）当期财务报表的列报，至少应当提供所有列报项目上一个可比会计期间的比较数据，以及与理解当期财务报表相关的说明，但其他会计准则另有规定的除外。财务报表的列报项目发生变更的，应当至少对可比期间的数据按照当期的列报要求进行调整，并在附注中披露调整的原因和性质，以及调整的各项目金额。对可比数据进行调整不切实可行的，应当在附注中披露不能调整的原因。

29.2 资产负债表列报相关的业务处理

29.2.1 业务概述

资产负债表主要提供有关企业财务状况方面的信息，即某一特定日期关于企业资产、负债、所有者权益及其相互关系等方面的信息。资产负债表是根据"资产＝负债＋所有者权益"这一平衡公式，依照一定的分类标准和一定的次序，将某一特定日期的资产、负债、所有者权益的具体项目予以适当排列编制而成。

29.2.2 会计处理

资产负债表各项目均需填列"期末余额"和"上年年末余额"两栏。

资产负债表的"上年年末余额"栏内各项数字，应根据上年年末资产负债表的"期末余额"栏内所列数字填列。如果上年度资产负债表规定的各个项目的名称和内容与本年度不相一致，应按照本年度的规定对上年年末资产负债表各项目的名称和数字进行调整，填入本表"上年年末余额"栏内。

资产负债表的"期末余额"栏主要有以下几种填列方法。

（1）根据总账科目余额填列。（2）根据明细账科目余额计算填列。（3）根据总账科目和明细账科目余额分析计算填列。（4）根据有关科目余额减去其备抵科目余额后的净额填列。（5）综合运用上述填列方法分析填列。

1. 资产项目的列报说明

（1）"货币资金"项目，反映企业库存现金、银行结算户存款、外埠存款、银行汇票存款、银行本票存款、信用卡存款、信用证保证金存款等的合计数。本项目应根据"库存现金""银行存款""其他货币资金"科目期末余额的合计数填列。

（2）"交易性金融资产"项目，反映资产负债表日企业分类为以公允价值计量且其变动计入当期损益的金融资产，以及企业持有的指定为以公允价值计量且其变动计入当期损益的金融资产的期末账面价值。本项目应根据"交易性金融资产"科目的相关明细科目期末余额分析填列。自资产负债表日起超过一年到期且预期持有超过一年的以公允价值计量且其变动计入当期损益的非流动金融资产的期末账面价值，在"其他非流动金融资产"项目反映。

（3）"应收票据"项目，反映资产负债表日以摊余成本计量的，企业因销售商品、提供服务等收到的商业汇票，包括银行承兑汇票和商业承兑汇票。本项目应根据"应收票据"科目的期末余额，减去"坏账准备"科目中相关坏账准备期末余额后的金额分析填列。

（4）"应收账款"项目，反映资产负债表日以摊余成本计量的，企业因销售商品、提供服务等经营活动应收取的款项。本项目应根据"应收账款"科目的期末余额，减去"坏账准备"科目中相关坏账准备期末余额后的金额分析填列。

（5）"应收款项融资"项目，反映资产负债表日以公允价值计量且其变动计入其他综合收益的应收票据和应收账款等。

（6）"预付款项"项目，反映企业按照购货合同规定预付给供应单位的款项等。本项目应根据"预付账款"和"应付账款"科目所属各明细科目的期末借方余额合计数，减去"坏账准备"科目中有关预付账款计提的坏账准备期末余额后的净额填列。如"预付账款"科目所属明细科目期末为贷方余额的，应在资产负债表"应付账款"项目内填列。

（7）"其他应收款"项目，反映企业除应收票据、应收账款、预付账款等经营活动以外的其他各种应收、暂付的款项。本项目应根据"应收利息""应收股利"和"其他应收款"科目的期末余额合计数，减去"坏账准备"科目中相关坏账准备期末余额后的金额填列。其中的"应收利息"仅反映相关金融工具已到期可收取但于资产负债表日尚未收到的利息。基于实际利率法计提的金融工具的利息应包含在相应金融工具的账面余额中。

（8）"存货"项目，反映企业期末在库、在途和在加工中的各种存货的可变现净值或成本（成本与可变现净值孰低）。存货包括各种材料、商品、在产品、半成品、包装物、低值易耗品、发出商品等。本项目应根据"材料采购""原材料""库存商品""周转材料""委托加工物资""发出商品""生产成本""受托代销商品"等科目的期末余额合计数，减去"受托代销商品款""存货跌价准备"科目期末余额后的净额填列。材料采用计划成本核算，以及库存商品采用计划成本核算或售价核算的企业，还应按加减材料成本差异、商品进销差价后的金额填列。

（9）"合同资产"项目，反映企业按照《企业会计准则第14号——收入》（2017）的相关规定，根据本企业履行履约义务与客户付款之间的关系在资产负债表中列示的合同资产。"合同资产"项目应根据"合同资产"科目的相关明细科目期末余额分析填列，同一合同下的合同资产和合同负债应当以净额列示，其中净额为借方余额的，应当根据其流动性在"合同资产"或"其他非流动资产"项目中填列，已计提减值准备的，还应以减去"合同资产减值准备"科目中相关的期末余额后的金额填列；其中净额为贷方余额的，应当根据其流动性在"合同负债"或"其他非流动负债"项目中填列。

（10）"持有待售资产"项目，反映资产负债表日划分为持有待售类别的非流动资产及划分为持有待售类别的处置组中的流动资产和非流动资产的期末账面价值。本项目应根据"持有待售资产"科目的期末余额，减去"持有待售资产减值准备"科目的期末余额后的金额填列。

（11）"一年内到期的非流动资产"项目，反映企业预计自资产负债表日起一年内变现的非流动资产。本项目应根据有关科目的期末余额分析填列。对于按照相关会计准则采用折旧（或摊销、折耗）方法进行后续计量的固定资产、使用权资产、无形资产和长期待摊费用等非流动资产，折旧（或摊销、折耗）年限（或期限）只剩一年或不足一年的，或预计在一年内（含一年）进行折旧（或摊销、折耗）的部分，不得归类为流动资产，仍在各该非流动资产项目中填列，不转入"一年内到期的非流动资产"项目。

（12）"债权投资"项目，反映资产负债表日企业以摊余成本计量的长期债权投资的期末账面价值。本项目应根据"债权投资"科目的相关明细科目期末余额，减去"债权投资减值准备"科目中相关减值准备的期末余额后的金额分析填列。自资产负债表日起一年内到期的长期债权投资的期末账面价值，在"一年内到期的非流动资产"项目反映。企业购入的以摊余成本计量的一年内到期的债权投资的期末账面价值，在"其他流动资产"项目反映。

（13）"其他债权投资"项目，反映资产负债表日企业分类为以公允价值计量且其变动计入其他综合收益的长期债权投资的期末账面价值。本项目应根据"其他债权投资"科目的相关明细科目期末余额分析填列。自资产负债表日起一年内到期的长期债权投资的期末账面价值，在"一年内到期的非流动资产"项目反映。企业购入的以公允价值计量且其变动计入其他综合收益的一年内到期的债权投资的期末账面价值，在"其他流动资产"项目反映。

（14）"长期应收款"项目，反映企业租赁产生的应收款项和采用递延方式分期收款、实质上具有融资性质的销售商品和提供劳务等经营活动产生的应收款项。本项目应根据"长期应收款"科目的期末余额，减去相应的"未实现融资收益"科目和"坏账准备"科目所属相关明细科目期末余额后的金额填列。

（15）"长期股权投资"项目，反映投资方对被投资单位实施控制、重大影响的权益性投资，以及对其合营企业的权益性投资。本项目应根据"长期股权投资"科目的期末余额，减去"长期股权投资减值准备"科目的期末余额后的净额填列。

（16）"其他权益工具投资"项目，反映资产负债表日企业指定为以公允价值计量且其变动计入其他综合收益的非交易性权益工具投资的期末账面价值。本项目应根据"其他权益工具投资"科目的期末余额填列。

（17）"固定资产"项目，反映资产负债表日企业固定资产的期末账面价值和企业尚未清理完毕的固定资产清理净损益。本项目应根据"固定资产"科目的期末余额，减去"累计折旧"和"固定资产减值准备"科目的期末余额后的金额，以及"固定资产清理"科目的期末余额填列。

（18）"在建工程"项目，反映资产负债表日企业尚未达到预定可使用状态的在建工程的期末账面价值和企业为在建工程准备的各种物资的期末账面价值。本项目应根据"在建工程"科目的期末余额，减去"在建工程减值准备"科目的期末余额后的金额，以及"工程物资"科目的期末余额，减去"工程物资减值准备"科目的期末余额后的金额填列。

（19）"使用权资产"项目，反映资产负债表日承租人企业持有的使用权资产的期末账面价值。本项目应根据"使用权资产"科目的期末余额，减去"使用权资产累计折旧"和"使用权资产减值准备"科目的期末余额后的金额填列。

（20）"无形资产"项目，反映企业持有的专利权、非专利技术、商标权、著作权、土地使用权等无形资产的成本减去累计摊销和减值准备后的净值。本项目应根据"无形资产"科目的期末余额，减去"累计摊销"和"无形资产减值准备"科目期末余额后的净额填列。

（21）"开发支出"项目，反映企业开发无形资产过程中能够资本化形成无形资产成本的支出部分。本项目应当根据"研发支出"科目中所属的"资本化支出"明细科目期末余额填列。

（22）"长期待摊费用"项目，反映企业已经发生但应由本期和以后各期负担的分摊期限在一年以上的各项费用。长期待摊费用中在一年内（含一年）摊销的部分，在资产负债表"一年内到期的非流动资产"项目填列。本项目应根据"长期待摊费用"科目的期末余额，减去将于一年内（含一年）摊销的数额后的金额分析填列。

（23）"递延所得税资产"项目，反映企业根据所得税准则确认的可抵扣暂时性差异产生的所得税资产。本项目应根据"递延所得税资产"科目的期末余额填列。

（24）"其他非流动资产"项目，反映企业除上述非流动资产以外的其他非流动资产。本项目应根据有关科目的期末余额填列。

2. 负债项目的列报说明

（1）"短期借款"项目，反映企业向银行或其他金融机构等借入的期限在一年以下（含一年）的各种借款。本项目应根据"短期借款"科目的期末余额填列。

（2）"交易性金融负债"项目，反映企业资产负债表日承担的交易性金融负债，以及企业持有的直接指定为以公允价值计量且其变动计入当期损益的金融负债的期末账面价值；本项目应根据"交易性金融负债"科目的相关明细科目期末余额填列。

（3）"应付票据"项目，反映资产负债表日以摊余成本计量的，企业因购买材料、商品和接受服务等开出、承兑的商业汇票，包括银行承兑汇票和商业承兑汇票。本项目应根据"应付票据"科目的期末余额填列。

（4）"应付账款"项目，反映资产负债表日以摊余成本计量的，企业因购买材料、商品和接受服务等经营活动应支付的款项。本项目应根据"应付账款"和"预付账款"科目所属的相关明细科目的期末贷方余额合计数填列。

（5）"预收款项"项目，反映企业按照购货合同规定预收供应单位的款项。本项目应根据"预收账款"和"应收账款"科目所属各明细科目的期末贷方余额合计数填列。如"预收账款"科目所属明细科目期末为借方余额的，应在资产负债表"应收账款"项目内填列。

（6）"合同负债"项目，反映企业按照《企业会计准则第14号——收入》（2017）的相关规定，根据本企业履行履约义务与客户付款之间的关系在资产负债表中列示的合同负债。"合同负债"项目应根据"合同负债"的相关明细科目期末余额分析填列。

（7）"应付职工薪酬"项目，反映企业为获得职工提供的服务或解除劳动关系而给予的各种形式的报酬或补偿。企业提供给职工配偶、子女、受赡养人、已故员工遗属及其他受益人等的福利，也属于职工薪酬。职工薪酬主要包括短期薪酬、离职后福利、辞退福利和其他长期职工福利。本项目应根据"应付职工薪酬"科目所属各明细科目的期末贷方余额分析填列。外商投资企业按规定从净利润中提取的职工奖励及福利基金，也在本项目列示。

（8）"应交税费"项目，反映企业按照税法规定计算应交纳的各种税费，包括增值税、消费税、城市维护建设税、教育费附加、企业所得税、资源税、土地增值税、房产税、城镇土地使用税、车船税、矿产资源补偿费等。企业代扣代缴的个人所得税，也通过本项目列示。企业所交纳的税金不需要预计应交数的，如印花税、耕地占用税等，不在本项目列示。本项目应根据"应交税费"科目的期末贷方余额填列，如"应交税费"科目期末为借方余额，应以"-"号填列。需要说明的是，"应交税费"科目下的"应交增值税""未交增值税""待抵扣进项税额""待认证进项税额""增值税留抵税额"等明细科目期末借方余额应根据情况，在资产负债表中的"其他流动资产"或"其他非流动资产"项目列示；"应交税费——待转销项税额"等科目期末贷方余额应根据情况，在资产负债表中的"其他流动负债"或"其他非流动负债"项目列示;"应交税费"科目下的"未交增值税""简易计税""转让金融商品应交增值税""代扣代交增值税"等科目期末贷方余额应在资产负债表中的"应交税费"项目列示。

（9）"其他应付款"项目，反映企业除应付票据、应付账款、预收账款、应付职工薪酬、应交税费等经营活动以外的其他各项应付、暂收的款项。本项目应根据"应付利息""应付股利""其他应付款"科目的期末余额合计数填列。其中，"应付利息"科目仅反映相关金融工具已到期应支付但于资产负债表日尚未支付的利息。基于实际利率法计提的金融工具的利息应包含在相应金融工具的账面余额中。

（10）"持有待售负债"项目，反映资产负债表日处置组中与划分为持有待售类别的资产直接相关的负债的期末账面价值。本项目应根据"持有待售负债"科目的期末余额填列。

（11）"一年内到期的非流动负债"项目，反映企业非流动负债中将于资产负债表日后一年内到期部分的金额，如将于一年内偿还的长期借款。本项目应根据有关科目的期末余额分析填列。

（12）"长期借款"项目，反映企业向银行或其他金融机构借入的期限在一年以上（不含一年）的各项借款。本项目应根据"长期借款"科目的期末余额，扣除"长期借款"科目所属的明细科目中将在资产负债表日起一年内到期且企业不能自主地将清偿义务展期的长期借款后的金额计算填列。

（13）"应付债券"项目，反映企业为筹集长期资金而发行的债券本金及应付的利息。本项目应根据"应付债券"科目的期末余额分析填列。对于资产负债表日企业发行的金融工具，分类为金融负债的，应在本项目填列，对于优先股和永续债还应在本项目下的"优先股"项目和"永续债"项目分别填列。

（14）"租赁负债"项目，反映资产负债表日承租人企业尚未支付的租赁付款额的期末账面价值。该项目应根据"租赁负债"科目的期末余额填列。自资产负债表日起一年内到期应予以清偿的租赁负债的期末账面价值，在"一年内到期的非流动负债"项目反映。

（15）"长期应付款"项目，反映资产负债表日企业除长期借款和应付债券以外的其他各种长期应付款项的期末账面价值。本项目应根据"长期应付款"科目的期末余额，减去相关的"未确认融资费用"科目的期末余额后的金额，以及"专项应付款"科目的期末余额填列。

（16）"预计负债"项目，反映企业根据或有事项等相关准则确认的各项预计负债，包括对外提供担保、未决诉讼、产品质量保证、重组义务以及固定资产和矿区权益弃置义务等产生的预计负债。本项目应根据"预计负债"科目的期末余额填列。企业按照《企业会计准则第22号——金融工具确认和计量》（2017）的相关规定，对贷款承诺等项目计提的损失准备，应当在本项目中填列。

（17）"递延收益"项目，反映尚待确认的收入或收益。本项目核算包括企业根据政府补助准则确认的应在以后期间计入当期损益的政府补助金额、售后租回形成融资租赁的售价与资产账面价值差额等其他递延性收入。本项目应根据"递延收益"科目的期末余额填列。本项目中摊销期限只剩一年或不足一年的，或预计在一年内（含一年）进行摊销的部分，不得归类为流动负债,仍在本项目中填列,不转入"一年内到期的非流动负债"项目。

(18)"递延所得税负债"项目,反映企业根据所得税准则确认的应纳税暂时性差异产生的所得税负债。本项目应根据"递延所得税负债"科目的期末余额填列。

(19)"其他非流动负债"项目,反映企业除以上非流动负债以外的其他非流动负债。本项目应根据有关科目期末余额,减去将于一年内(含一年)到期偿还数后的余额分析填列。非流动负债各项目中将于一年内(含一年)到期的非流动负债,应在"一年内到期的非流动负债"项目内反映。

3. 所有者权益项目的列报说明

(1)"实收资本(或股本)"项目,反映企业各投资者实际投入的资本(或股本)总额。本项目应根据"实收资本(或股本)"科目的期末余额填列。

(2)"其他权益工具"项目,反映资产负债表日企业发行在外的除普通股以外分类为权益工具的金融工具的期末账面价值,并下设"优先股"和"永续债"两个项目,分别反映企业发行的分类为权益工具的优先股和永续债的账面价值。

(3)"资本公积"项目,反映企业收到投资者出资超出其在注册资本或股本中所占的份额以及直接计入所有者权益的利得和损失等。本项目应根据"资本公积"科目的期末余额填列。

(4)"其他综合收益"项目,反映企业其他综合收益的期末余额。本项目应根据"其他综合收益"科目的期末余额填列。

(5)"专项储备"项目,反映高危行业企业按国家规定提取的安全生产费的期末账面价值。本项目应根据"专项储备"科目的期末余额填列。

(6)"盈余公积"项目,反映企业盈余公积的期末余额。本项目应根据"盈余公积"科目的期末余额填列。

(7)"未分配利润"项目,反映企业尚未分配的利润。本项目应根据"本年利润"科目和"利润分配"科目的余额计算填列。未弥补的亏损在本项目内以"-"号填列。

29.2.3 案例解析

【例29-1】2×19年12月31日,甲公司的资产负债情况如下。

(1)"库存现金"科目余额为0.1万元,"银行存款"科目余额为100.9万元,"其他货币资金"科目余额为99万元。

(2)"应收票据"科目余额为1 300万元;"坏账准备"科目中有关应收票据计提的坏账准备余额为45万元。

(3)"发出商品"科目借方余额为800万元,"生产成本"科目借方余额为300万元,"原材料"科目借方余额为100万元,"委托加工物资"科目借方余额为200万元,"材料成本差异"科目贷方余额为25万元,"存货跌价准备"科目贷方余额为100万元,"受托代销商品"科目借方余额为400万元,"受托代销商品款"科目贷方余额为400万元。

(4)甲公司计划出售一项固定资产,该固定资产于2×19年12月31日被划分为持有待售固定资产，其账面价值为315万元，从划归为持有待售的下个月起停止计提折旧，不考虑其他因素。

（5）"固定资产"科目借方余额为4 000万元，"累计折旧"科目贷方余额为2 000万元，"固定资产减值准备"科目贷方余额为500万元，"固定资产清理"科目借方余额为500万元。

（6）"无形资产"科目借方余额为800万元，"累计摊销"科目贷方余额为200万元，"无形资产减值准备"科目贷方余额为100万元。

（7）"短期借款"科目的余额如下：银行质押借款10万元，信用借款40万元。

（8）"应付票据"科目的余额如下：25万元的银行承兑汇票，10万元的商业承兑汇票。

（9）"应付职工薪酬"科目明细项目为：工资、奖金、津贴和补贴70万元，社会保险费（含医疗保险、工伤保险）5万元，设定提存计划（含基本养老保险费）2.5万元，住房公积金2万元，工会经费和职工教育经费0.5万元。

（10）"长期借款"科目余额为155万元，其中自乙银行借入的5万元借款将于一年内到期，甲公司不具有自主展期清偿的权利。

（11）甲公司是由A公司于2×01年3月1日注册成立的有限责任公司，注册资本为人民币5 000万元，A公司以货币资金人民币5 000万元出资，占注册资本的100%，持有甲公司100%的权益。上述实收资本已于2×01年3月1日经相关会计师事务所出具的验资报告验证。该资本投入自2×01年至2×19年年末未发生变动。

分析：本例中，2×19年12月31日，甲公司资产负债表应填列如下。

（1）"货币资金"项目"期末余额"栏的列报金额=0.1+100.9+99=200（万元）。

（2）"应收票据"项目"期末余额"栏的列报金额=1 300-45=1 255（万元）。

（3）"存货"项目"期末余额"栏的列报金额=800+300+100+200-25-100+400-400=1 275（万元）。

（4）"持有待售资产"项目"期末余额"栏的列报金额为315万元。

（5）"固定资产"项目"期末余额"栏的列报金额=4 000-2 000-500+500=2 000（万元）。

（6）"无形资产"项目"期末余额"栏的列报金额=800-200-100=500（万元）。

（7）"短期借款"项目"期末余额"栏的列报金额=10+40=50（万元）。

（8）"应付票据"项目"期末余额"栏的列报金额=25+10=35（万元）。

（9）"应付职工薪酬"项目"期末余额"栏的列报金额=70+5+2.5+2+0.5=80（万元）。

（10）"长期借款"项目"期末余额"栏的列报金额=155-5=150（万元），"一年内到期的非流动负债"项目"期末余额"栏的列报金额为5万元。

（11）"实收资本（或股本）"项目"期末余额"栏的列报金额为5 000万元。

据此，甲公司编制的2×19年12月31日的资产负债表如表29-1所示。

表29-1 资产负债表

会企01表
编制单位：甲公司　　　　　　　　　　2×19年12月31日　　　　　　　　　　单位：元

资产	期末余额	上年年末余额	负债和所有者权益（或股东权益）	期末余额	上年年末余额
流动资产：			流动负债：		
货币资金	2 000 000		短期借款	500 000	
交易性金融资产			交易性金融负债		
衍生金融资产			衍生金融负债		
应收票据	12 550 000		应付票据	350 000	
应收账款			应付账款		
应收款项融资			预收款项		
预付款项			合同负债		
其他应收款			应付职工薪酬	800 000	
存货	12 750 000		应交税费		
合同资产			其他应付款		
持有待售资产	3 150 000		持有待售负债		
一年内到期的非流动资产			一年内到期的非流动负债	50 000	
其他流动资产			其他流动负债		
流动资产合计	30 450 000		流动负债合计	1 700 000	
非流动资产：			非流动负债：		
债权投资			长期借款	1 500 000	
其他债权投资			应付债券		
长期应收款			其中：优先股		
长期股权投资			永续债		
其他权益工具投资			租赁负债		
其他非流动金融资产			长期应付款		
投资性房地产			预计负债		
固定资产	20 000 000		递延收益		
在建工程			递延所得税负债		
生产性生物资产			其他非流动负债		
油气资产			非流动负债合计	1 500 000	
使用权资产			负债合计	3 200 000	
无形资产	5 000 000		所有者权益（或股东权益）：		
开发支出			实收资本（或股本）	50 000 000	
商誉			其他权益工具		
长期待摊费用			其中：优先股		
递延所得税资产			永续债		

(续表)

资产	期末余额	上年年末余额	负债和所有者权益（或股东权益）	期末余额	上年年末余额
其他非流动资产			资本公积		
非流动资产合计	25 000 000		减：库存股		
			其他综合收益		
			专项储备		
			盈余公积		
			未分配利润	2 250 000	
			所有者权益（或股东权益）合计	52 250 000	
资产总计	55 450 000		负债和所有者权益（或股东权益）总计	55 450 000	

29.3 利润表列报相关的业务处理

29.3.1 业务概述

利润表是反映企业在一定会计期间的经营成果的会计报表。利润表编制的原理是"收入 – 费用 = 利润"的会计平衡公式和收入与费用的配比原则。

29.3.2 会计处理

利润表各项目均需填列"本期金额"和"上期金额"两栏。其中"上期金额"栏内各项数字，应根据上年该期利润表的"本期金额"栏内所列数字填列。"本期金额"栏内各期数字，除"基本每股收益"和"稀释每股收益"项目外，应当按照相关科目的发生额分析填列。

（1）"营业收入"项目，反映企业经营主要业务和其他业务所确认的收入总额。本项目应根据"主营业务收入"和"其他业务收入"科目的发生额分析填列。

（2）"营业成本"项目反映企业经营主要业务和其他业务所发生的成本总额。本项目应根据"主营业务成本"和"其他业务成本"科目的发生额分析填列。

（3）"税金及附加"项目，反映企业经营业务应负担的消费税、城市维护建设税、教育费附加、资源税、土地增值税、房产税、车船税、城镇土地使用税、印花税等相关税费。本项目应根据"税金及附加"科目的发生额分析填列。

（4）"销售费用"项目，反映企业在销售商品过程中发生的包装费、广告费等费用和为销售本企业商品而专设的销售机构的职工薪酬、业务费等经营费用。本项目应根据"销售费用"科目的发生额分析填列。

（5）"管理费用"项目，反映企业为组织和管理生产经营发生的管理费用。本项目应根据"管理费用"科目的发生额分析填列。

（6）"研发费用"项目，反映企业进行研究与开发过程中发生的费用化支出以及计入管理费用的自行开发无形资产的摊销。本项目应根据"管理费用"科目下的"研发费用"明细科目的发生额以及"管理费用"科目下"无形资产摊销"明细科目的发生额分析填列。

（7）"财务费用"项目，反映企业为筹集生产经营所需资金等而发生的应予费用化的利息支出。本项目应根据"财务费用"科目的相关明细科目发生额分析填列。其中："利息费用"项目，反映企业为筹集生产经营所需资金等而发生的应予费用化的利息支出，本项目应根据"财务费用"科目的相关明细科目的发生额分析填列。"利息收入"项目，反映企业应冲减财务费用的利息收入，本项目应根据"财务费用"科目的相关明细科目的发生额分析填列。

（8）"其他收益"项目，反映计入其他收益的政府补助，以及其他与日常活动相关且计入其他收益的项目。本项目应根据"其他收益"科目的发生额分析填列。企业作为个人所得税的扣缴义务人，根据《中华人民共和国个人所得税法》收到的扣缴税款手续费，应作为其他与日常活动相关的收益在本项目中填列。

（9）"投资收益"项目，反映企业以各种方式对外投资所取得的收益。本项目应根据"投资收益"科目的发生额分析填列；如为投资损失，本项目以"-"号填列。

（10）"净敞口套期收益"项目，反映净敞口套期下被套期项目累计公允价值变动转入当期损益的金额或现金流量套期储备转入当期损益的金额。本项目应根据"净敞口套期损益"科目的发生额分析填列；如为套期损失，本项目以"-"号填列。

（11）"公允价值变动收益"项目，反映企业应当计入当期损益的资产或负债公允价值变动收益。本项目应根据"公允价值变动损益"科目的发生额分析填列；如为净损失，本项目以"-"号填列。

（12）"信用减值损失"项目，反映企业按照《企业会计准则第22号——金融工具确认和计量》（2017）的要求计提的各项金融工具信用减值准备所确认的信用损失。本项目应根据"信用减值损失"科目的发生额分析填列。

（13）"资产减值损失"项目，反映企业有关资产发生的减值损失。本项目应根据"资产减值损失"科目的发生额分析填列。

（14）"资产处置收益"项目，反映企业出售划分为持有待售的非流动资产（金融工具、长期股权投资和投资性房地产除外）或处置组（子公司和业务除外）时确认的处置利得或损失，以及处置未划分为持有待售的固定资产、在建工程、生产性生物资产及无形资产而产生的处置利得或损失。债务重组中因处置非流动资产（金融工具、长期股权投资和投资性房地产除外）产生的利得或损失和非货币性资产交换中换出非流动资产（金融工具、长期股权投资和投资性房地产除外）产生的利得或损失也包括在本项目内。本项目应根据"资产处置损益"科目的发生额分析填列；如为处置损失，本项目以"-"号填列。

（15）"营业利润"项目，反映企业实现的营业利润。如为亏损，本项目以"-"号填列。

（16）"营业外收入"项目，反映企业发生的除营业利润以外的收益，主要包括与企业日常活动无关的政府补助、盘盈利得、捐赠利得（企业接受股东或股东的子公司直接或间接的捐赠，经济实质属于股东对企业的资本性投入的除外）等。本项目应根据"营业外收入"科目的发生额分析填列。

（17）"营业外支出"项目，反映企业发生的除营业利润以外的支出，主要包括公益性捐赠支出、非常损失、盘亏损失、非流动资产毁损报废损失等。本项目应根据"营业外支出"科目的发生额分析填列。"非流动资产毁损报废损失"通常包括因自然灾害发生毁损、已丧失使用功能等原因而报废清理产生的损失。企业在不同交易中形成的非流动资产毁损报废利得和损失不得相互抵销，应分别在"营业外收入"项目和"营业外支出"项目进行填列。

（18）"利润总额"项目，反映企业实现的利润。如为亏损，本项目以"-"号填列。

（19）"所得税费用"项目，反映企业应从当期利润总额中扣除的所得税费用。本项目应根据"所得税费用"科目的发生额分析填列。

（20）"净利润"项目，反映企业实现的净利润。如为亏损，本项目以"-"号填列。

（21）"其他综合收益的税后净额"项目，反映企业根据企业会计准则规定未在损益中确认的各项利得和损失扣除所得税影响后的净额。

（22）"综合收益总额"项目，反映企业净利润与其他综合收益（税后净额）的合计金额。

（23）"每股收益"项目，包括基本每股收益和稀释每股收益两项指标，反映普通股或潜在普通股已公开交易的企业，以及正处在公开发行普通股或潜在普通股过程中的企业的每股收益信息。

（24）"持续经营净利润"和"终止经营净利润"项目，分别反映净利润中与持续经营相关的净利润和与终止经营相关的净利润；如为净亏损，以"-"号填列。这两个项目应按照《企业会计准则第42号——持有待售的非流动资产、处置组和终止经营》的相关规定分别列报。

（25）"其他权益工具投资公允价值变动"项目，反映企业指定为以公允价值计量且其变动计入其他综合收益的非交易性权益工具投资发生的公允价值变动。本项目应根据"其他综合收益"科目的相关明细科目的发生额分析填列。

（26）"企业自身信用风险公允价值变动"项目，反映企业指定为以公允价值计量且其变动计入当期损益的金融负债，由企业自身信用风险变动引起的公允价值变动而计入其他综合收益的金额。本项目应根据"其他综合收益"科目的相关明细科目的发生额分析填列。

（27）"其他债权投资公允价值变动"项目，反映企业分类为以公允价值计量且其变动计入其他综合收益的债权投资发生的公允价值变动。企业将一项以公允价值计量且其变动计入其他综合收益的金融资产重分类为以摊余成本计量的金融资产，或重分类为以公允价值计量且其变动计入当期损益的金融资产时，之前计入其他综合收益的累计利得或损失从其他综合收益中转出的金额作为该项目的减项。本项目应根据"其他综合收益"科目下的相关明细科目的发生额分析填列。

（28）"金融资产重分类计入其他综合收益的金额"项目，反映企业将一项以摊余成本计量的金融资产重分类为以公允价值计量且其变动计入其他综合收益的金融资产时，计入其他综合收益的原账面价值与公允价值之间的差额。本项目应根据"其他综合收益"科目下的相关明细科目的发生额分析填列。

（29）"其他债权投资信用减值准备"项目，反映企业按照《企业会计准则第22号——金融工具确认和计量》（2017）第十八条分类为以公允价值计量且其变动计入其他综合收益的金融资产的损失准备。本项目应根据"其他综合收益"科目下的"信用减值准备"明细科目的发生额分析填列。

（30）"现金流量套期储备"项目，反映企业套期工具产生的利得或损失中属于套期有效的部分。本项目应根据"其他综合收益"科目下的"套期储备"明细科目的发生额分析填列。

29.3.3 案例解析

【例29-2】乙公司为热电企业，其经营范围包括电、热的生产和销售，发电、输变电工程的技术咨询，电力设备及相关产品的采购、开发、生产和销售等，其2×19年度经营情况如下。

（1）"主营业务收入"科目发生额明细：电力销售收入合计8 000万元，热力销售收入合计1 400万元。"其他业务收入"科目发生额合计600万元。

（2）"主营业务成本"科目发生额合计7 500万元，"其他业务成本"科目发生额合计500万元。

（3）"税金及附加"科目的发生额明细：城市维护建设税合计50万元，教育费附加合计30万元，房产税合计400万元，城镇土地使用税合计20万元。

（4）"管理费用"科目发生额合计数为600万元。

（5）"财务费用"科目的发生额明细：银行长期借款利息费用合计400万元，银行短期借款利息费用90万元，银行存款利息收入合计8万元，银行手续费支出合计18万元。

（6）"投资收益"科目的发生额明细：按权益法核算的长期股权投资收益合计290万元，按成本法核算的长期股权投资收益合计200万元，处置长期股权投资发生的投资损失合计500万元。

（7）"资产减值损失"科目的发生额明细：存货减值损失合计85万元，固定资产减值损失合计189万元，无形资产减值损失合计26万元。

（8）"营业外收入"科目的发生额明细：接受无偿捐赠利得68万元，现金盘盈利得合计2万元。

（9）"营业外支出"科目的发生额明细：固定资产盘亏损失14万元，罚没支出合计10万元，捐赠支出合计4万元，其他支出2万元。

（10）乙公司2×19年度"所得税费用"科目的发生额合计36万元。

分析：本例中，2×19年乙公司利润表应填列如下。

（1）"营业收入"项目"本期金额"栏的列报金额=8 000+1 400+600=10 000（万元）。

（2）"营业成本"项目"本期金额"栏的列报金额=7 500+500=8 000（万元）。

(3)"税金及附加"项目"本期金额"栏的列报金额=50+30+400+20=500(万元)。

(4)"管理费用"项目"本期金额"栏的列报金额为600万元。

(5)"财务费用"项目"本期金额"栏的列报金额=400+90-8+18=500(万元)。

(6)"投资收益"项目"本期金额"栏的列报金额=290+200-500=-10(万元)。

(7)"资产减值损失"项目"本期金额"栏的列报金额=85+189+26=300(万元)。

(8)"营业外收入"项目"本期金额"栏的列报金额=68+2=70(万元)。

(9)"营业外支出"项目"本期金额"栏的列报金额=14+10+4+2=30(万元)。

(10)"所得税费用"项目"本期金额"栏的列报金额为36万元。

据此,乙公司编制的2×19年度利润表如表29-2所示。

表29-2 利润表

编制单位:乙公司　　　　　2×19年　　　　　会企02表　单位:元

项目	本期金额	上期金额
一、营业收入	100 000 000	
减:营业成本	80 000 000	
税金及附加	5 000 000	
销售费用		
管理费用	6 000 000	
研发费用		
财务费用	5 000 000	
其中:利息费用	5 080 000	
利息收入	80 000	
加:其他收益		
投资收益(损失以"—"号填列)	-100 000	
其中:对联营企业和合营企业的投资收益	2 900 000	
以摊余成本计量的金融资产终止确认收益(损失以"—"号填列)		
净敞口套期收益(损失以"—"号填列)		
公允价值变动收益(损失以"—"号填列)		
信用减值损失(损失以"—"号填列)		
资产减值损失(损失以"—"号填列)	-3 000 000	
资产处置收益(损失以"—"号填列)		
二、营业利润(亏损以"—"号填列)	900 000	
加:营业外收入	700 000	
减:营业外支出	300 000	
三、利润总额(亏损总额以"—"号填列)	1 300 000	
减:所得税费用	360 000	

（续表）

项目	本期金额	上期金额
四、净利润（净亏损以"—"号填列）	940 000	
（一）持续经营净利润（净亏损以"—"号填列）	940 000	
（二）终止经营净利润（净亏损以"—"号填列）		
五、其他综合收益的税后净额		
（一）不能重分类进损益的其他综合收益		
1. 重新计量设定受益计划变动额		
2. 权益法下不能转损益的其他综合收益		
3. 其他权益工具投资公允价值变动		
4. 企业自身信用风险公允价值变动		
……		
（二）将重分类进损益的其他综合收益		
1. 权益法下可转损益的其他综合收益		
2. 其他债权投资公允价值变动		
3. 金融资产重分类计入其他综合收益的金额		
4. 其他债权投资信用减值准备		
5. 现金流量套期		
6. 外币财务报表折算差额		
……		
六、综合收益总额	940 000	
七、每股收益		
（一）基本每股收益		
（二）稀释每股收益		

29.4 所有者权益变动表列报相关的业务处理

29.4.1 业务概述

所有者权益变动表是指反映构成所有者权益各组成部分当期增减变动情况的报表。所有者权益变动表以矩阵的形式列示：一方面，列示导致所有者权益变动的交易或事项，即所有者权益变动的来源，对一定时期所有者权益的变动情况进行全面反映；另一方面，按照所有者权益各组成部分（即实收资本、其他权益工具、资本公积、库存股、其他综合收益、盈余公积、未分配利润）列示交易或事项对所有者权益各部分的影响。

29.4.2 会计处理

所有者权益变动表各项目均需填列"本年金额"和"上年金额"两栏。所有者权益变动表"上年金额"栏内各项数字，应根据上年度所有者权益变动表"本年金额"栏内所列数字填列。上年度所有者权益变动表规定的各个项目的名称和内容同本年度不一致的，应对上年度所有者权益变动表各项目的名称和数字按照本年度的规定进行调整，填入所有者权益变动表的"上年金额"栏内。所有者权益变动表"本年金额"栏内各项数字一般应根据"实收资本（或股本）""其他权益工具""资本公积""库存股""其他综合收益""专项储备""盈余公积""利润分配""以前年度损益调整"科目的发生额分析填列。

（1）"上年年末余额"项目，反映企业上年资产负债表中实收资本（或股本）、其他权益工具、资本公积、库存股、其他综合收益、专项储备、盈余公积、未分配利润的年末余额。

（2）"会计政策变更""前期差错更正"项目，分别反映企业采用追溯调整法处理的会计政策变更的累积影响金额和采用追溯重述法处理的会计差错更正的累积影响金额。

（3）"本年增减变动金额"项目。

①"综合收益总额"项目，反映净利润和其他综合收益扣除所得税影响后的净额相加后的合计金额。

②"所有者投入和减少资本"项目，反映企业当年所有者投入的资本和减少的资本。

a."所有者投入的普通股"项目，反映企业接受投资者投入形成的实收资本（或股本）和资本溢价或股本溢价。

b."其他权益工具持有者投入资本"项目，反映企业发行的除普通股以外分类为权益工具的金融工具的持有者投入资本的金额。

c."股份支付计入所有者权益的金额"项目，反映企业处于等待期中的权益结算的股份支付当年计入资本公积的金额。

③"利润分配"项目，反映企业当年的利润分配金额。

④"所有者权益内部结转"项目，反映企业构成所有者权益的组成部分之间当年的增减变动情况。

a."资本公积转增资本（或股本）"项目，反映企业当年以资本公积转增资本或股本的金额。

b."盈余公积转增资本（或股本）"项目，反映企业当年以盈余公积转增资本或股本的金额。

c."盈余公积弥补亏损"项目，反映企业当年以盈余公积弥补亏损的金额。

d."设定受益计划变动额结转留存收益"项目，反映企业因重新计量设定受益计划净负债或净资产所产生的变动计入其他综合收益，结转至留存收益的金额。

e."其他综合收益结转留存收益"项目，主要反映：第一，企业指定为以公允价值计量且其变动计入其他综合收益的非交易性权益工具投资终止确认时，之前计入其他综合收益的累计利得或损失从其他综合收益中转入留存收益的金额；第二，企业指定为以公允价值计量且其变动计入当期损益的金融负债终止确认时，之前由企业自身信用风险变动引起而计入其他综合收益的累计利得或损失从其他综合收益中转入留存收益的金额等。

29.4.3 案例解析

【例 29-3】 丁股份有限公司 2×18 年 12 月 31 日所有者权益各项目余额如下：股本 5 000 000 元，盈余公积 100 000 元，未分配利润 50 000 元。2×19 年，丁股份有限公司获得综合收益总额为 280 000 元（其中，净利润为 200 000 元），提取盈余公积 20 000 元，分配现金股利 100 000 元。

分析：丁股份有限公司 2×19 年度所有者权益变动表如表 29-3 所示。

表29-3 所有者权益变动表

编制单位：丁股份有限公司 2×19年度 会企03表 单位：元

项目	本年金额											上年金额										
	实收资本（或股本）	其他权益工具			资本公积	减：库存股	其他综合收益	专项储备	盈余公积	未分配利润	所有者权益合计	实收资本（或股本）	其他权益工具			资本公积	减：库存股	其他综合收益	专项储备	盈余公积	未分配利润	所有者权益合计
		优先股	永续债	其他									优先股	永续债	其他							
一、上年末余额	5 000 000								100 000	50 000	5 150 000											
加：会计政策变更																						
前期差错更正																						
其他																						
二、本年年初余额	5 000 000								100 000	50 000	5 150 000											
三、本年增减变动金额（减少以"-"号填列）							80 000			200 000	280 000											
（一）综合收益总额																						
（二）所有者投入和减少资本																						
1. 所有者投入的普通股																						
2. 其他权益工具持有者投入资本																						
3. 股份支付计入所有者权益的金额																						
4. 其他																						
（三）利润分配																						

（续表）

项目	本年金额										上年金额									
	实收资本（或股本）	其他权益工具			资本公积	减:库存股	其他综合收益	专项储备	盈余公积	未分配利润	所有者权益合计	实收资本（或股本）	其他权益工具			资本公积	减:库存股	其他综合收益	专项储备	盈余公积	未分配利润	所有者权益合计
		优先股	永续债	其他									优先股	永续债	其他							
1. 提取盈余公积									20 000	-20 000	0											
2. 对所有者（或股东）的分配										-100 000	-100 000											
3. 其他																						
(四) 所有者权益内部结转																						
1. 资本公积转增资本（或股本）																						
2. 盈余公积转增资本（或股本）																						
3. 盈余公积弥补亏损																						
4. 设定受益计划变动额结转留存收益																						
5. 其他综合收益结转留存收益																						
6. 其他																						
四、本年年末余额	5 000 000						80 000		120 000	130 000	5 330 000	5 000 000								100 000	50 000	5 150 000

29.5 附注列报相关的业务处理

29.5.1 业务概述

附注是对在资产负债表、利润表、现金流量表和所有者权益变动表等报表中列示项目的文字描述或明细资料，以及对未能在这些报表中列示项目的说明等。附注应当披露财务报表的编制基础，相关信息应当与资产负债表、利润表、现金流量表和所有者权益变动表等报表中列示的项目相互参照。

29.5.2 会计处理

附注一般应当按照下列顺序至少披露如下信息。

（1）企业的基本情况。

① 企业注册地、组织形式和总部地址。

② 企业的业务性质和主要经营活动。

③ 母公司以及集团最终母公司的名称。

④ 财务报告的批准报出者和财务报告批准报出日，或者以签字人及其签字日期为准。

⑤ 营业期限有限的企业，还应当披露有关其营业期限的信息。

（2）财务报表的编制基础。

（3）遵循企业会计准则的声明。企业应当声明编制的财务报表符合企业会计准则的要求，真实、完整地反映了企业的财务状况、经营成果和现金流量等有关信息。

（4）重要会计政策和会计估计。重要会计政策的说明，包括财务报表项目的计量基础和在运用会计政策过程中所做的重要判断等。重要会计估计的说明，包括可能导致下一个会计期间内资产、负债账面价值重大调整的会计估计的确定依据等。企业应当披露采用的重要会计政策和会计估计，并结合企业的具体实际披露其重要会计政策的确定依据和财务报表项目的计量基础，及其会计估计所采用的关键假设和不确定因素。

（5）会计政策和会计估计变更以及差错更正的说明。企业应当按照《企业会计准则第28号——会计政策、会计估计变更和差错更正》的规定，披露会计政策和会计估计变更以及差错更正的情况。

（6）报表重要项目的说明。企业应当按照资产负债表、利润表、现金流量表、所有者权益变动表及其项目列示的顺序，对报表重要项目的说明采用文字和数字描述相结合的方式进行披露。报表重要项目的明细金额合计，应当与报表项目金额相衔接。企业应当在附注中披露费用按照性质分类的利润表补充资料，可将费用分为耗用的原材料、职工薪酬费用、折旧费用、摊销费用等。

（7）或有和承诺事项、资产负债表日后非调整事项、关联方关系及其交易等需要说明的事项。

（8）有助于财务报表使用者评价企业管理资本的目标、政策及程序的信息。

（9）企业应当在附注中披露下列关于其他综合收益各项目的信息：

① 其他综合收益各项目及其所得税影响；

② 其他综合收益各项目原计入其他综合收益、当期转出计入当期损益的金额；

③ 其他综合收益各项目的期初和期末余额及其调节情况。

（10）企业应当在附注中披露终止经营的收入、费用、利润总额、所得税费用和净利润，以及归属于母公司所有者的终止经营利润。终止经营，是指满足下列条件之一的已被企业处置或被企业划归为持有待售的、在经营和编制财务报表时能够单独区分的组成部分：

① 该组成部分代表一项独立的主要业务或一个主要经营地区；

② 该组成部分是拟对一项独立的主要业务或一个主要经营地区进行处置计划的一部分；

③ 该组成部分是仅仅为了再出售而取得的子公司。

第30章
现金流量表

现金流量表,是指反映企业在一定会计期间现金和现金等价物流入和流出的报表。现金,是指企业库存现金以及可以随时用于支付的存款,包括库存现金、银行存款、其他货币资金,不能随时用于支取的存款不属于现金。现金等价物,是指企业持有的期限短、流动性强、易于转换为已知金额现金、价值变动风险很小的投资。

30.1 现金流量表的内容及编制方法

现金流量表的项目主要有经营活动产生的现金流量、投资活动产生的现金流量、筹资活动产生的现金流量、汇率变动对现金及现金等价物的影响、现金及现金等价物净增加额、期末现金及现金等价物余额等项目。

编制现金流量表时,列报经营活动现金流量的方法有两种:直接法和间接法。在直接法下,一般是以利润表中的营业收入为起算点,调节与经营活动有关的项目的增减变动,然后计算出经营活动产生的现金流量。在间接法下,将净利润调节为经营活动现金流量,实际上就是将按权责发生制原则确定的净利润调整为现金净流入,并剔除投资活动和筹资活动对现金流量的影响。采用直接法编报的现金流量表,便于分析企业经营活动产生的现金流量的来源和用途,预测企业现金流量的未来前景;采用间接法编报现金流量表,便于将净利润与经营活动产生的现金流量净额进行比较。我国企业会计准则规定企业应当采用直接法编报现金流量表,同时要求在附注中提供以净利润为基础调节到经营活动现金流量的信息。

在具体编制现金流量表时,可以采用工作底稿法或T型账户法,也可以根据有关科目记录分析填列。

30.2 现金流量表的编制

30.2.1 经营活动产生的现金流量有关项目的编制

(一)业务概述

经营活动是指企业投资活动和筹资活动以外的所有交易和事项。各类企业由于行业特点不同,对经营活动的认定存在一定差异。《企业会计准则第31号——现金流量表》规定企业应当采用直接法编报现金流量表,同时要求在附注中提供以净利润为基础调节到经营活动现金流量的信息。

（二）会计处理

1. 销售商品、提供劳务收到的现金

本项目反映企业销售商品、提供劳务实际收到的现金，包括销售收入和应向购买者收取的增值税销项税额，具体包括本期销售商品、提供劳务收到的现金，以及前期销售商品、提供劳务本期收到的现金和本期预收的款项，减去本期销售本期退回的商品和前期销售本期退回的商品支付的现金。企业销售材料和代购代销业务收到的现金，也在本项目反映。本项目可以根据"库存现金""银行存款""应收票据""应收账款""预收账款""主营业务收入""其他业务收入"科目的记录分析填列。

2. 收到的税费返还

本项目反映企业收到返还的各种税费，如收到的增值税、所得税、消费税、关税和教育费附加返还款等。本项目可以根据"库存现金""银行存款""税金及附加""营业外收入"等科目的记录分析填列。

3. 收到其他与经营活动有关的现金

本项目反映企业除上述各项目外，收到的其他与经营活动有关的现金，如罚款收入、经营租赁固定资产收到的现金、流动资产损失中由个人赔偿的现金收入、除税费返还外的其他政府补助收入等。其他与经营活动有关的现金，如果价值较大的，应单列项目反映。本项目可以根据"库存现金""银行存款""管理费用""销售费用"等科目的记录分析填列。

4. 购买商品、接受劳务支付的现金

本项目反映企业购买材料、商品、接受劳务实际支付的现金，包括支付的货款以及与货款一并支付的增值税进项税额，具体包括本期购买商品、接受劳务支付的现金，以及本期支付前期购买商品、接受劳务的未付款项和本期预付款项，减去本期发生的购货退回收到的现金。为购置存货而发生的借款利息资本化部分，应在"分配股利、利润或偿付利息支付的现金"项目中反映。本项目可以根据"库存现金""银行存款""应付票据""应付账款""预付账款""主营业务成本""其他业务成本"等科目的记录分析填列。

5. 支付给职工以及为职工支付的现金

本项目反映企业实际支付给职工的现金以及为职工支付的现金，包括企业为获得职工提供的服务，本期实际给予各种形式的报酬以及其他相关支出，如支付给职工的工资、奖金、各种津贴和补贴等，以及为职工支付的其他费用，不包括支付给在建工程人员的工资。支付的在建工程人员的工资，在"购建固定资产、无形资产和其他长期资产所支付的现金"项目中反映。

企业为职工支付的医疗、养老、失业、工伤、生育等社会保险基金、补充养老保险、住房公积金，企业为职工交纳的商业保险金，因解除与职工劳动关系给予的补偿，现金结算的股份支付，以及企业支付给职工或为职工支付的其他福利费用等，应根据职工的工作性质和服务对象，分别在"购建固定资产、无形资产和其他长期资产所支付的现金"和"支付给职工以及为职工支付的现金"项目中反映。

本项目可以根据"库存现金""银行存款""应付职工薪酬"等科目的记录分析填列。

6. 支付的各项税费

本项目反映企业按规定支付的各项税费,包括本期发生并支付的税费,以及本期支付以前各期发生的税费和预交的税金,如支付的教育费附加、印花税、房产税、土地增值税、车船使用税、增值税、所得税等,不包括本期退回的增值税、所得税。本期退回的增值税、所得税等,在"收到的税费返还"项目中反映。本项目可以根据"应交税费""库存现金""银行存款"等科目分析填列。

7. 支付其他与经营活动有关的现金

本项目反映企业除上述各项目外,支付的其他与经营活动有关的现金,如罚款支出、支付的差旅费、业务招待费、保险费、经营租赁支付的现金等。其他与经营活动有关的现金,如果金额较大的,应单列项目反映。本项目可以根据有关科目的记录分析填列。

(三)案例解析

1. 销售商品、提供劳务收到的现金

【例30-1】甲企业本期销售一批商品,开出的增值税专用发票上注明的销售价款为2 500 000元,增值税销项税额为325 000元,以银行存款收讫;应收票据期初余额为300 000元,期末余额为40 000元;应收账款期初余额为800 000元,期末余额为400 000元;年度内核销的坏账损失为5 000元。另外,本期因商品质量问题发生退货,支付银行存款50 000元,货款已通过银行转账支付。

分析:本期销售商品、提供劳务收到的现金计算如下。

本期销售商品收到的现金		2 850 000
加:本期收到前期的应收票据	(300 000-40 000)	260 000
本期收到前期的应收账款	(800 000-400 000-5 000)	395 000
减:本期因销售退回支付的现金		50 000
本期销售商品、提供劳务收到的现金		3 455 000

2. 收到的税费返还

【例30-2】甲企业前期出口商品一批,已交纳增值税,按规定应退增值税6 800元,前期未退,本期以转账方式收讫;本期收到的教育费附加返还款33 000元,款项已存入银行。

分析:本期收到的税费返还计算如下。

本期收到的出口退增值税税额	6 800
加:收到的退教育费附加返还额	33 000
本期收到的税费返还	55 800

3. 购买商品、接受劳务支付的现金

【例30-3】甲公司本期购买原材料,收到的增值税专用发票上注明的材料价款为180 000元,增值税进项税额为23 400元,款项已通过银行转账支付;本期支付应付票据

160 000元；购买工程用物资130 000元，货款已通过银行转账支付。

分析：本期购买商品、接受劳务支付的现金计算如下。

本期购买原材料支付的价款	180 000
加：本期购买原材料支付的增值税进项税额	23 400
本期支付的应付票据	160 000
本期购买商品、接受劳务支付的现金	363 400

4. 支付给职工以及为职工支付的现金

【例30-4】甲企业本期实际支付工资500 000元，其中经营人员工资300 000元，在建工程人员工资200 000元。

分析：本期支付给职工以及为职工支付的现金为300 000元。

5. 支付的各项税费

【例30-5】甲企业本期向税务机关交纳增值税68 000元；本期发生的所得税3 300 000元已全部交纳；企业期初未交所得税为310 000元，期末未交所得税为180 000元。

分析：本期支付的各项税费计算如下。

本期支付的增值税税额	68 000
加：本期发生并交纳的所得税税额	3 300 000
前期发生本期交纳的所得税税额	（310 000-180 000）130 000
本期支付的各项税费	3 498 000

30.2.2 投资活动产生的现金流量有关项目的编制

（一）业务概述

投资活动是指企业长期资产的购建和不包括在现金等价物范围内的投资及其处置活动。这里所讲的投资活动，既包括实物资产投资，也包括金融资产投资。这里之所以将"包括在现金等价物范围内的投资"排除在外，是因为已经将包括在现金等价物范围内的投资视同现金。

（二）会计处理

1. 收回投资收到的现金

本项目反映企业出售、转让或到期收回除现金等价物以外的交易性金融资产、债权投资、股权投资等收到的现金。不包括债权性投资收回的利息、收回的非现金资产，以及处置子公司及其他营业单位收到的现金净额。债权性投资收回的本金，在本项目反映，债权性投资收回的利息，不在本项目中反映，而在"取得投资收益收到的现金"项目中反映。处置子公司及其他营业单位收到的现金净额单设项目反映。本项目可以根据"交易性金融资产""债权投资""其他债权投资/其他权益工具投资""长期股权投资""投资性房地产""库存现金""银行存款"等科目的记录分析填列。

2. 取得投资收益收到的现金

本项目反映企业因股权性投资而分得的现金股利，从子公司、联营企业或合营企业分回利润而收到的现金，因债权性投资而取得的现金利息收入。股票股利不在本项目中反映，包括在现金等价物范围内的债券性投资，其利息收入在本项目中反映。本项目可以根据"应收股利""应收利息""投资收益""库存现金""银行存款"等科目的记录分析填列。

3. 处置固定资产、无形资产和其他长期资产收回的现金净额

本项目反映企业出售固定资产、无形资产和其他长期资产所取得的现金，减去为处置这些资产而支付的有关费用后的净额。处置固定资产、无形资产和其他长期资产所收到的现金，与处置活动支付的现金，两者在时间上比较接近，以净额反映更能准确反映处置活动对现金流量的影响。由于自然灾害等原因所造成的固定资产等长期资产报废、毁损而收到的保险赔偿收入，在本项目中反映。如处置固定资产、无形资产和其他长期资产所收回的现金净额为负数，则应作为投资活动产生的现金流量，在"支付其他与投资活动有关的现金"项目中反映。本项目可以根据"固定资产清理""库存现金""银行存款"等科目的记录分析填列。

4. 处置子公司及其他营业单位收到的现金净额

本项目反映企业处置子公司及其他营业单位所取得的现金减去子公司或其他营业单位持有的现金和现金等价物以及相关处置费用后的净额。本项目可以根据有关科目的记录分析填列。

整体处置一个单位，其结算方式是多种多样的。企业处置子公司及其他营业单位是整体交易，子公司和其他营业单位可能持有现金和现金等价物。这样，整体处置子公司或其他营业单位的现金流量，就应以处置价款中收到现金的部分，减去子公司或其他营业单位持有的现金和现金等价物以及相关处置费用后的净额反映。

《企业会计准则第31号——现金流量表》要求企业在附注中以总额披露当期取得或处置子公司及其他营业单位的下列信息：

（1）取得或处置价格；
（2）取得或处置价格中以现金支付的部分；
（3）取得或处置子公司及其他营业单位所取得的现金；
（4）取得或处置子公司及其他营业单位按主要类别分类的非现金资产和负债。

处置子公司及其他营业单位收到的现金净额如为负数，则将该金额填列至"支付其他与投资活动有关的现金"项目中。

5. 收到其他与投资活动有关的现金

本项目反映企业除上述各项目外，收到的其他与投资活动有关的现金。其他与投资活动有关的现金，如果价值较大的，应单列项目反映。本项目可以根据有关科目的记录分析填列。

6. 购建固定资产、无形资产和其他长期资产支付的现金

本项目反映企业购买、建造固定资产，取得无形资产和其他长期资产支付的现金，包括

购买机器设备所支付的现金及增值税款、建造工程支付的现金、支付在建工程人员的工资等现金支出，不包括为购建固定资产、无形资产和其他长期资产而发生的借款利息资本化部分，以及融资租入固定资产所支付的租赁费。为购建固定资产、无形资产和其他长期资产而发生的借款利息资本化部分，在"分配股利、利润或偿付利息支付的现金"项目中反映；融资租入固定资产所支付的租赁费，在"支付其他与筹资活动有关的现金"项目中反映，不在本项目中反映。本项目可以根据"固定资产""在建工程""工程物资""无形资产""库存现金""银行存款"等科目的记录分析填列。

7. 投资支付的现金

本项目反映企业进行权益性投资和债权性投资所支付的现金，包括企业取得的除现金等价物以外的交易性金融资产、债权投资、股权投资而支付的现金，以及支付的佣金、手续费等交易费用。企业购买债券的价款中含有债券利息的，以及溢价或折价购入的，均按实际支付的金额反映。

企业购买股票和债券时，实际支付的价款中包含的已宣告但尚未领取的现金股利或已到付息期但尚未领取的债券利息，应在"支付其他与投资活动有关的现金"项目中反映；收回购买股票和债券时支付的已宣告但尚未领取的现金股利或已到付息期但尚未领取的债券利息，应在"收到其他与投资活动有关的现金"项目中反映。

本项目可以根据"交易性金融资产""债权投资""其他债权投资/其他权益工具投资""投资性房地产""长期股权投资""库存现金""银行存款"等科目的记录分析填列。

8. 取得子公司及其他营业单位支付的现金净额

本项目反映企业取得子公司及其他营业单位购买出价中以现金支付的部分，减去子公司或其他营业单位持有的现金和现金等价物后的净额。本项目可以根据有关科目的记录分析填列。

整体购买一个单位，其结算方式是多种多样的，如购买方全部以现金支付或一部分以现金支付而另一部分以实物清偿。同时，企业购买子公司及其他营业单位是整体交易，子公司和其他营业单位除有固定资产和存货外，还可能持有现金和现金等价物。这样，整体购买子公司或其他营业单位的现金流量，就应以购买出价中以现金支付的部分减去子公司或其他营业单位持有的现金和现金等价物后的净额反映，如为负数，应在"收到其他与投资活动有关的现金"项目中反映。

9. 支付其他与投资活动有关的现金

本项目反映企业除上述各项目外，支付的其他与投资活动有关的现金。其他与投资活动有关的现金，如果价值较大的，应单列项目反映。本项目可以根据有关科目的记录分析填列。

(三)案例解析

1. 收回投资收到的现金

【例30-6】甲企业出售某项长期股权投资,收回的全部投资金额为510 000元;出售某项长期债权性投资,收回的全部投资金额为270 000元,其中,20 000元是债券利息。

分析:本期收回投资收到的现金计算如下。

收回长期股权投资金额		510 000
加:收回长期债权性投资本金	(270 000-20 000)	250 000
本期收回投资收到的现金		760 000

2. 取得投资收益收到的现金

【例30-7】甲企业期初长期股权投资余额2 400 000元,其中1 600 000元投资于联营企业A企业,占其股本的25%,采用权益法核算,另外300 000元和500 000元分别投资于B企业和C企业,各占接受投资企业总股本的5%和10%,采用成本法核算;当年A企业盈利2 500 000元,分配现金股利900 000元,B企业亏损没有分配股利,C企业盈利500 000元,分配现金股利100 000元。甲企业已如数收到现金股利。

分析:本期取得投资收益收到的现金计算如下。

取得A企业实际分回的投资收益	(900 000×25%)	225 000
加:取得B企业实际分回的投资收益		0
取得C企业实际分回的投资收益	(100 000×10%)	10 000
本期取得投资收益收到的现金		235 000

3. 处置固定资产、无形资产和其他长期资产收回的现金净额

【例30-8】乙公司出售一台不需用设备,收到价款36 000元,该设备原价为45 000元,已提折旧15 000元。支付该项设备拆卸费用300元,运输费用75元,设备已由购入单位运走。

分析:本期处置固定资产、无形资产和其他长期资产收回的现金净额计算如下。

本期出售固定资产收到的现金	36 000
减:支付出售固定资产的清理费用	375

本期处置固定资产、无形资产和其他长期资产收回的现金净额为35 625元。

4. 购建固定资产、无形资产和其他长期资产支付的现金

【例30-9】乙公司购入房屋一幢,价款为1 650 000元,通过银行转账1 500 000元,其他价款用公司产品抵偿。为在建厂房购进建筑材料一批,价值为200 000元,价款已通过银行转账支付。

分析:本期购建固定资产、无形资产和其他长期资产支付的现金计算如下。

购买房屋支付的现金	1 500 000
加:为在建工程购买材料支付的现金	200 000

| 本期购建固定资产、无形资产和其他长期资产支付的现金 | 1 700 000 |

5. 投资支付的现金

【例30-10】甲企业以银行存款2 500 000元投资于A企业的股票。此外，购买中国光大银行发行的金融债券，面值总额为150 000元，票面利率为7%，实际支付金额为160 500元。

分析：本期投资所支付的现金计算如下。

投资于A企业的现金总额	2 500 000
投资于中国光大银行金融债券的现金总额	160 500
本期投资所支付的现金	2 660 500

6. 取得子公司及其他营业单位支付的现金净额

【例30-11】甲企业购买丙企业的一子公司，出价170 000元，全部以银行存款转账支付。该子公司的有关资料如下：该子公司有23 000元的现金及银行存款，没有现金等价物。

分析：购买子公司支付的现金净额的计算如下。

购买子公司出价	170 000
减：子公司持有的现金和现金等价物	23 000
购买子公司支付的现金净额	147 000

30.2.3 筹资活动产生的现金流量有关项目的编制

（一）业务概述

筹资活动是指导致企业资本及债务规模和构成发生变化的活动。这里所说的资本，既包括实收资本（股本），也包括资本溢价（股本溢价）；这里所说的债务，指对外举债，包括向银行借款、发行债券以及偿还债务等。通常情况下，应付账款、应付票据等商业应付款等属于经营活动，不属于筹资活动。

（二）会计处理

1. 吸收投资收到的现金

本项目反映企业以发行股票、债券等方式筹集资金实际收到的款项净额（发行收入减去支付的佣金等发行费用后的净额）。以发行股票等方式筹集资金而由企业直接支付的审计、咨询等费用，不在本项目中反映，而在"支付其他与筹资活动有关的现金"项目中反映；由金融企业直接支付的手续费、宣传费、咨询费、印刷费等费用，从发行股票、债券取得的现金收入中扣除，以净额列示。本项目可以根据"实收资本（或股本）""资本公积""库存现金""银行存款"等科目的记录分析填列。

2. 取得借款收到的现金

本项目反映企业举借各种短期、长期借款而收到的现金。本项目可以根据"短期借款""长期借款""交易性金融负债""应付债券""库存现金""银行存款"等科目的记录分析填列。

3. 收到其他与筹资活动有关的现金

本项目反映企业除上述各项目外，收到的其他与筹资活动有关的现金。其他与筹资活动有关的现金，如果价值较大的，应单列项目反映。本项目可根据有关科目的记录分析填列。

4. 偿还债务支付的现金

本项目反映企业以现金偿还债务的本金，包括归还金融企业的借款本金、偿付企业到期的债券本金等。企业偿还的借款利息、债券利息，在"分配股利、利润或偿付利息支付的现金"项目中反映，不在本项目中反映。本项目可以根据"短期借款""长期借款""交易性金融负债""应付债券""库存现金""银行存款"等科目的记录分析填列。

5. 分配股利、利润或偿付利息支付的现金

本项目反映企业实际支付的现金股利、支付给其他投资单位的利润或用现金支付的借款利息、债券利息。不同用途的借款，其利息的开支渠道不一样，如在建工程、财务费用等，均在本项目中反映。本项目可以根据"应付股利""应付利息""利润分配""财务费用""在建工程""制造费用""研发支出""库存现金""银行存款"等科目的记录分析填列。

6. 支付其他与筹资活动有关的现金

本项目反映企业除上述各项目外，支付的其他与筹资活动有关的现金，如以发行股票、债券等方式筹集资金而由企业直接支付的审计、咨询等费用，融资租赁所支付的现金、以分期付款方式构建固定资产以后各期支付的现金等。其他与筹资活动有关的现金，如果价值较大的，应单列项目反映。本项目可以根据有关科目的记录分析填列。

（三）案例解析

1. 吸收投资收到的现金

【例30-12】甲企业对外公开募集股份 1 000 000 股，每股 1 元，发行价为每股 1.1 元，代理发行的证券公司为其支付的各种费用共计 17 000 元。此外，甲企业为建设一新项目，批准发行 1 800 000 元的长期债券。与证券公司签署的协议规定：该批长期债券委托证券公司代理发行，发行手续费为发行总额的 3.5%，宣传及印刷费由证券公司代为支付，并从发行总额中扣除。该企业至委托协议签署为止，已支付咨询费、公证费等 6 300 元。证券公司按面值发行，价款全部收到，支付宣传及印刷费等各种费用 14 070 元。按协议将发行款划至企业在银行的存款账户上。

分析：本期吸收投资收到的现金计算如下。

发行股票取得的现金	1 083 000
其中：发行总额	（1 000 000×1.1）1 100 000
发行费用	17 000
发行债券取得的现金	1 737 000
其中：发行总额	1 800 000
发行手续费	（1 800 000×3.5%）63 000

| 本期吸收投资收到的现金 | 2 820 000 |

本例中，已支付的咨询费、公证费等 6 300 元，应在"支付其他与筹资活动有关的现金"项目中反映。

2. 分配股利、利润或偿付利息支付的现金

【例 30-13】甲企业期初应付现金股利为 14 000 元，本期宣布并发放现金股利 37 000 元，期末应付现金股利 8 000 元。

分析：本期分配股利、利润或偿付利息支付的现金计算如下。

本期宣布并发放的现金股利		37 000
加：本期支付的前期应付股利	（14 000-8 000）	6 000
本期分配股利、利润或偿付利息支付的现金		43 000

30.2.4 汇率变动对现金及现金等价物的影响

（一）业务概述

汇率变动对现金及现金等价物的影响，指企业外币现金流量及境外子公司的现金流量折算成记账本位币时，所采用的是现金流量发生日的汇率或按照系统合理的方法确定的、与现金流量发生日即期汇率近似的汇率，而现金流量表"现金及现金等价物净增加额"项目中外币现金净增加额是按资产负债表日的即期汇率折算的。这两者的差额即为汇率变动对现金及现金等价物的影响。

（二）会计处理

汇率变动对现金及现金等价物的影响额应当作为调节项目，在现金流量表中单独列报。现金流量表"现金及现金等价物净增加额"项目数额与现金流量表补充资料中"现金及现金等价物净增加额"数额相等，应当核对相符。在编制现金流量表时，对当期发生的外币业务，也可不必逐笔计算汇率变动对现金的影响，可以通过现金流量表补充资料中"现金及现金等价物净增加额"数额与现金流量表中"经营活动产生的现金流量净额""投资活动产生的现金流量净额""筹资活动产生的现金流量净额"三项之和比较，其差额即为"汇率变动对现金及现金等价物的影响额"。

（三）案例解析

【例 30-14】甲企业当期出口商品一批，售价 8 000 美元。假设销售实现时的汇率为美元：人民币 =1:7.87，收汇当日汇率为美元：人民币 =1:7.85；当期进口货物一批，价值 6 000 美元，结汇当日汇率为美元：人民币 =1:7.88，资产负债表日的即期汇率为美元：人民币 =1:7.89；当期没有其他业务发生。

分析：汇率变动对现金的影响的计算如下。

| 经营活动流入的现金 | | 8 000（美元） |
| 汇率变动 | （7.89-7.85） | 0.04 |

汇率变动对现金流入的影响额	320（人民币元）
经营活动流出的现金	6 000（美元）
汇率变动	（7.89－7.88）0.01
汇率变动对现金流出的影响额	60（人民币元）
汇率变动对现金的影响额	260（人民币元）

现金流量表中应列示下列项目。

经营活动流入的现金	62 800
经营活动流出的现金	47 280
经营活动产生的现金流量净额	15 520
汇率变动对现金的影响额	260
现金及现金等价物净增加额	15 780

现金流量表补充资料中应列示下列项目。

现金及现金等价物净增加情况：

银行存款的期末余额	（2 000×7.89）15 780
银行存款的期初余额	0
现金及现金等价物净增加额	15 780

30.3 现金流量表附注

30.3.1 业务概述

企业应当采用间接法在附注中披露将净利润调节为经营活动现金流量的信息。现金流量表补充资料包括将净利润调节为经营活动现金流量、不涉及现金收支的重大投资和筹资活动、现金及现金等价物净变动情况等项目。

30.3.2 会计处理

1. 将净利润调节为经营活动现金流量的编制

（1）资产减值准备。

这里所指的资产减值准备包括坏账准备、存货跌价准备、投资性房地产减值准备、长期股权投资减值准备、持有至到期投资减值准备、固定资产减值准备、在建工程减值准备、工程物资减值准备、生物性资产减值准备、无形资产减值准备、商誉减值准备等。企业计提的各项资产减值准备，包括在利润表中，属于利润的减除项目，但没有发生现金流出。所以，在将净利润调节为经营活动现金流量时，需要加回。本项目可根据"资产减值损失"科目的记录分析填列。

（2）固定资产折旧、油气资产折耗、生产性生物资产折旧。

企业计提的固定资产折旧，有的包括在管理费用中，有的包括在制造费用中。计入管理费用中的部分，作为期间费用在计算净利润时从中扣除，但没有发生现金流出，在将净利润调节为经营活动现金流量时，需要予以加回。计入制造费用中的已经变现的部分，在计算净利润时通过销售成本予以扣除，但没有发生现金流出；计入制造费用中的没有变现的部分，既不涉及现金收支，也不影响企业当期净利润。由于在调节存货时，已经从中扣除，在此处将净利润调节为经营活动现金流量时，需要予以加回。同理，企业计提的油气资产折耗、生产性生物资产折旧，也需要予以加回。本项目可根据"累计折旧""累计折耗""生产性生物资产折旧"科目的贷方发生额分析填列。

（3）无形资产摊销和长期待摊费用摊销。

企业对使用寿命有限的无形资产计提摊销时，计入管理费用或制造费用。长期待摊费用摊销时，有的计入管理费用，有的计入销售费用，有的计入制造费用。计入管理费用等期间费用和计入制造费用中的已变现的部分，在计算净利润时已从中扣除，但没有发生现金流出；计入制造费用中的没有变现的部分，在调节存货时已经从中扣除，但不涉及现金收支。所以，在此处将净利润调节为经营活动现金流量时，需要予以加回。这个项目可根据"累计摊销""长期待摊费用"科目的贷方发生额分析填列。

（4）处置固定资产、无形资产和其他长期资产的损失（减：收益）。

企业处置固定资产、无形资产和其他长期资产发生的损益，属于投资活动产生的损益，不属于经营活动产生的损益，所以，在将净利润调节为经营活动现金流量时，需要予以剔除。如为损失，在将净利润调节为经营活动现金流量时，应当加回；如为收益，在将净利润调节为经营活动现金流量时，应当扣除。本项目可根据"营业外收入""营业外支出"等科目所属有关明细科目的记录分析填列；如为净收益，以"—"号填列。

（5）固定资产报废损失。

企业发生的固定资产报废损益，属于投资活动产生的损益，不属于经营活动产生的损益，所以，在将净利润调节为经营活动现金流量时，需要予以剔除。同样，投资性房地产发生报废、毁损而产生的损失，也需要予以剔除。如为净损失，在将净利润调节为经营活动现金流量时，应当加回；如为净收益，在将净利润调节为经营活动现金流量时，应当扣除。本项目可根据"营业外支出""营业外收入"等科目所属有关明细科目的记录分析填列。

（6）公允价值变动损失。

公允价值变动损失反映企业在初始确认时划分为以公允价值计量且其变动计入当期损益的交易性金融资产或金融负债、衍生工具、套期等业务中公允价值变动形成的应计入当期损益的利得或损失。企业发生的公允价值变动损益，通常与企业的投资活动或筹资活动有关，而且并不影响企业当期的现金流量。因此，应当将其从净利润中剔除。本项目可以根据"公允价值变动损益"科目的发生额分析填列。如为持有损失，在将净利润调节为经营活动现金流量时，应当加回；如为持有利得，在将净利润调节为经营活动现金流量时，应当扣除。

（7）财务费用。

企业发生的财务费用中不属于经营活动的部分，应当将其从净利润中剔除。本项目可根据"财务费用"科目的本期借方发生额分析填列；如为收益，以"—"号填列。

在实务中，企业的"财务费用"明细账一般是按费用项目设置的，为了编制现金流量表，企业可在此基础上，再按"经营活动""筹资活动""投资活动"分设明细账。每一笔财务费用发生时,即将其归入"经营活动""筹资活动"或"投资活动"中。

(8)投资损失(减:收益)。

企业发生的投资损益,属于投资活动产生的损益,不属于经营活动产生的损益,所以,在将净利润调节为经营活动现金流量时,需要予以剔除。如为净损失,在将净利润调节为经营活动现金流量时,应当加回;如为净收益,在将净利润调节为经营活动现金流量时,应当扣除。本项目可根据利润表中"投资收益"项目的数字填列;如为投资收益,以"一"号填列。

(9)递延所得税资产减少(减:增加)。

如果递延所得税资产减少使计入所得税费用的金额大于当期应交的所得税金额,其差额没有发生现金流出,但在计算净利润时已经扣除,在将净利润调节为经营活动现金流量时,应当加回。如果递延所得税资产增加使计入所得税费用的金额小于当期应交的所得税金额,二者之间的差额并没有发生现金流入,但在计算净利润时已经包括在内,在将净利润调节为经营活动现金流量时,应当扣除。本项目可以根据资产负债表"递延所得税资产"项目期初、期末余额分析填列。

(10)递延所得税负债增加(减:减少)

如果递延所得税负债增加使计入所得税费用的金额大于当期应交的所得税金额,其差额没有发生现金流出,但在计算净利润时已经扣除,在将净利润调节为经营活动现金流量时,应当加回。如果递延所得税负债减少使计入当期所得税费用的金额小于当期应交的所得税金额,其差额并没有发生现金流入,但在计算净利润时已经包括在内,在将净利润调节为经营活动现金流量时,应当扣除。本项目可以根据资产负债表"递延所得税负债"项目期初、期末余额分析填列。

(11)存货的减少(减:增加)。

期末存货比期初存货减少,说明本期生产经营过程耗用的存货有一部分是期初的存货,耗用这部分存货并没有发生现金流出,但在计算净利润时已经扣除,所以,在将净利润调节为经营活动现金流量时,应当加回。期末存货比期初存货增加,说明当期购入的存货除耗用外,还剩余了一部分,这部分存货也发生了现金流出,但在计算净利润时没有包括在内,所以,在将净利润调节为经营活动现金流量时,需要扣除。当然,存货的增减变化过程还涉及应付项目,这一因素在"经营性应付项目的增加(减:减少)"中考虑。本项目可根据资产负债表中"存货"项目的期初数、期末数之间的差额填列;期末数大于期初数的差额,以"-"号填列。如果存货的增减变化过程属于投资活动,如在建工程领用存货,应当将这一因素剔除。

(12)经营性应收项目的减少(减:增加)。

经营性应收项目包括应收票据、应收账款、预付账款、长期应收款和其他应收款中与经营活动有关的部分,以及应收的增值税销项税额等。经营性应收项目期末余额小于经营性应收项目期初余额,说明本期收回的现金大于利润表中所确认的销售收入,所以,在将净利润调节为经营活动现金流量时,需要加回。经营性应收项目期末余额大于经营性应收项目期初余额,说明本期销售收入中有一部分没有收回现金,但是,在计算净利润时这部分销售收入已包括在内，所以，在将净利润调节为经营活动现金流量时，需要扣除。本项目应当根据有关科目的期初、期末余额分析填列；如为增加，以"—"号填列。

（13）经营性应付项目的增加（减：减少）。

经营性应付项目包括应付票据、应付账款、预收账款、应付职工薪酬、应交税费、应付利息、长期应付款、其他应付款中与经营活动有关的部分，以及应付的增值税进项税额等。经营性应付项目期末余额大于经营性应付项目期初余额，说明本期购入的存货中有一部分没有支付现金，但是，在计算净利润时却通过销售成本包括在内，在将净利润调节为经营活动现金流量时，需要加回；经营性应付项目期末余额小于经营性应付项目期初余额，说明本期支付的现金大于利润表中所确认的销售成本，在将净利润调节为经营活动产生的现金流量时，需要扣除。本项目应当根据有关科目的期初、期末余额分析填列；如为减少，以"—"号填列。

2. 不涉及现金收支的重大投资和筹资活动的披露

不涉及现金收支的重大投资和筹资活动，反映企业一定期间内影响资产或负债但不形成该期现金收支的所有投资和筹资活动的信息。这些投资和筹资活动虽然不涉及当期现金收支，但对以后各期的现金流量有重大影响。例如，企业融资租入设备，将形成的负债计入"长期应付款"账户，当期并不支付设备款及租金，但以后各期必须为此支付现金，从而在一定期间内形成了一项固定的现金支出。

因此，《企业会计准则第31号——现金流量表》规定，企业应当在附注中披露不涉及当期现金收支，但影响企业财务状况或在未来可能影响企业现金流量的重大投资和筹资活动，主要包括：（1）债务转为资本，反映企业本期转为资本的债务金额；（2）一年内到期的可转换公司债券，反映企业一年内到期的可转换公司债券的本息；（3）融资租入固定资产，反映企业本期融资租入的固定资产。

3. 现金及现金等价物净变动情况的披露

"现金及现金等价物净变动情况的披露"是现金流量表附注中的最后部分，该数据可以直接从资产负债表或总账取得。其中，现金及现金等价物净增加额是指在现金流量表的经营活动、投资活动、筹资活动三大活动中的广义现金的增加额。其计算公式：

现金及现金等价物的净增加额＝现金的期末余额－现金的期初余额

通过计算公式可知：如果现金期末余额小于期初余额，就会使现金及现金等价物净增加额出现负数。如果计算没有错误，出现负数也是正常的，表明企业经营的现金及现金等价物减少了。

30.3.3 案例解析

【例30-15】丙公司相关资料如下。

（1）2×19年度丙公司利润表有关项目的资料如表30-1所示。

表 30-1　利润表

编制单位：丙公司　　　　　　　　　　　2×19 年度　　　　　　　　　　会企 02 表
　　　　　　　　　　　　　　　　　　　　　　　　　　　　　　　　　　单位：元

项目	本期金额	上期金额
一、营业收入	2 470 000	
减：营业成本	732 000	
税金及附加	20 000	
销售费用	180 000	
管理费用	153 100	
研发费用		
财务费用	40 500	
其中：利息费用		
利息收入		
加：其他收益		
投资收益（损失以"—"号填列）	95 000	
其中：对联营企业和合营企业的投资收益	0	
以摊余成本计量的金融资产终止确认收益（损失以"—"号填列）		
净敞口套期收益（损失以"—"号填列）		
公允价值变动收益（损失以"—"号填列）	0	
信用减值损失（损失以"—"号填列）		
资产减值损失（损失以"—"号填列）	−30 800	
资产处置收益（损失以"—"号填列）		
二、营业利润（亏损以"—"号填列）	1 408 600	
加：营业外收入	150 000	
减：营业外支出	18 500	
三、利润总额（亏损总额以"—"号填列）	1 540 100	
减：所得税费用	205 000	
四、净利润（净亏损以"—"号填列）	133 510	
（一）持续经营净利润（净损失以"—"号填列）		
（二）终止经营净利润（净损失以"—"号填列）		
五、其他综合收益的税后净额：		
（一）不能重分类进损益的其他综合收益		
1. 重新计量设定受益计划变动额		
2. 权益法下不能转损益的其他综合收益		
3. 其他权益工具投资公允价值变动		
4. 企业自身信用风险公允价值变动		
……		

(续表)

项目	本期金额	上期金额
(二)将重分类进损益的其他综合收益		
1. 权益法下可转损益的其他综合收益		
2. 其他债权投资公允价值变动		
3. 金融资产重分类计入其他综合收益的金额		
4. 其他债权投资信用减值准备		
5. 现金流量套期储备		
6. 外币财务报表折算差额		
……		
六、综合收益总额		
七、每股收益		
(一)基本每股收益		
(二)稀释每股收益		

① 管理费用的组成:职工薪酬 80 000 元,无形资产摊销 30 000 元,折旧费 20 000 元,其他费用 23 100 元。

② 财务费用的组成:计提借款利息 10 500 元,支付应收票据(银行承兑汇票)贴现利息 30 000 元。

③ 资产减值损失的组成:计提坏账准备 800 元,计提固定资产减值准备 30 000 元。上年年末坏账准备余额为 800 元。

④ 投资收益的组成:收到股息收入 90 500 元,与本金一起收回的交易性股票投资收益 500 元,自公允价值变动损益结转投资收益 4 000 元。

⑤ 营业外收入的组成:处置固定资产净收益 150 000 元(其所处置固定资产原价为 400 000 元,累计折旧为 250 000 元,收到处置收入 300 000 元)。假定不考虑与固定资产处置有关的税费。

⑥ 营业外支出的组成:报废固定资产净损失 18 500 元(其所报废固定资产原价为 200 000 元,累计折旧为 180 000 元,支付清理费用 300 元,收到残值收入 1 800 元)。

⑦ 所得税费用的组成:当期所得税费用 212 500 元,递延所得税收益 7 500 元。

除上述项目外,利润表中的销售费用 180 000 元至期末已经支付。

(2) 2×19 年度丙公司资产负债表有关项目的资料如表 30-2 所示。

表 30-2 资产负债表

编制单位:丙公司　　　　　　　日期:2×19 年 12 月 31 日　　　　　　　会企 01 表
单位:元

资产	期末余额	上年年末余额	负债和所有者权益(或股东权益)	期末余额	上年年末余额
流动资产:			流动负债:		
货币资金	712 200	1 406 300	短期借款	50 000	300 000

（续表）

资产	期末余额	上年年末余额	负债和所有者权益（或股东权益）	期末余额	上年年末余额
交易性金融资产	0	15 000	交易性金融负债	0	0
衍生金融资产	0	0	衍生金融负债	0	0
应收票据	46 000	246 000	应付票据	100 000	200 000
应收账款	598 500	299 100	应付账款	603 800	953 800
应收款项融资	0	0	预收款项	350 000	500 000
预付款项	100 000	100 000	合同负债	0	0
其他应收款	5 000	5 000	应付职工薪酬	180 000	110 000
存货	2 574 700	2 580 000	应交税费	100 000	36 600
合同资产	0	0	其他应付项	150 000	50 000
持有待售资产	0	0	持有待售负债	0	0
一年内到期的非流动资产	0	0	一年内到期的非流动负债	0	501 000
其他流动资产	7 125	100 000	其他流动负债	0	0
流动资产合计	4 043 525	4 751 400	流动负债合计	1 533 800	2 651 400
非流动资产：			非流动负债：		
债权投资	0	0	长期借款	1 160 000	600 000
其他债权投资	0	0	应付债券	0	0
长期应收款	0	0	其中：优先股	0	0
长期股权投资	250 000	250 000	永续债	0	0
其他权益工具投资	0	0	租赁负债	0	0
其他非流动金融资产	0	0	长期应付款	0	0
投资性房地产	0	0	预计负债	0	0
固定资产	2 231 000	1 100 000	递延收益	0	0
在建工程	703 933.2	1 500 000	递延所得税负债	0	0
生产性生物资产	0	0	其他非流动负债	0	0
油气资产	0	0	非流动负债合计	1 160 000	600 000
使用权资产	0	0	负债合计	2 693 800	3 251 400
无形资产	570 000	600 000	所有者权益（或股东权益）：		
开发支出	0	0	实收资本（或股本）	5 000 000	5 000 000
商誉	0	0	其他权益工具	0	0
长期待摊费用	0	0	其中：优先股	0	0
递延所得税资产	7 500	0	永续债	0	0

（续表）

资产	期末余额	上年年末余额	负债和所有者权益（或股东权益）	期末余额	上年年末余额
其他非流动资产	162 500	200 000	资本公积	0	0
非流动资产合计	392 4933.2	3 650 000	减：库存股	0	0
			其他综合收益	0	0
			专项储备	0	0
			盈余公积	166 621.1	100 000
			未分配利润	108 037.1	50 000
			所有者权益（或股东权益）合计	5 274 658.2	5 150 000
资产总计	7 968 458.2	8 401 400	负债和股东权益（或股东权益）总计	7 968 458.2	8 401 400

① 本期收回交易性股票投资本金 15 000 元、公允价值变动 4 000 元，同时实现投资收益 500 元。

② 存货中生产成本、制造费用的组成：职工薪酬 353 800 元，折旧费 90 000 元。

③ 应交税费的组成：本期增值税进项税额 165 512 元，增值税销项税额 207 536 元，已交增值税 10 000 元；应交所得税期末余额为 21 376 元，应交所得税期初余额为 0；应交税费期末数中应由在建工程负担的部分为 100 000 元。

④ 应付职工薪酬的期初数无应付在建工程人员的部分，本期支付在建工程人员职工薪酬 200 000 元。应付职工薪酬的期末数中应付在建工程人员的部分为 25 000 元。

⑤ 应付利息均为短期借款利息，其中本期计提利息 10 500 元，支付利息 10 500 元。

⑥ 本期用现金购买固定资产 1 200 000 元，工程物资 100 000 元。

⑦ 本期用现金偿还短期借款 250 000 元，偿还一年内到期的长期借款 501 000 元，借入长期借款 560 000 元。

分析：根据以上资料，采用分析填列的方法，编制丙公司 2×19 年度的现金流量表。

（1）丙公司 2×19 年度现金流量表各项目金额，分析确定如下。

① 销售商品、提供劳务收到的现金 = 主营业务收入 + 应交税费（应交增值税——销项税额）+（应收账款年初余额 − 应收账款期末余额）+（应收票据年初余额 − 应收票据期末余额）− 当期计提的坏账准备 − 票据贴现的利息 +（预收账款期末余额 − 预收账款年初余额）= 2 470 000 + 207 536 +（299 100 − 598 500）+（246 000 − 46 000）− 800 − 30 000 +（350 000 − 500 000）= 2 397 336（元）。

② 购买商品、接受劳务支付的现金 = 主营业务成本 + 应交税费（应交增值税——进项税额）−（存货年初余额 − 存货期末余额）+（应付账款年初余额 − 应付账款期末余额）+（应付票据年初余额 − 应付票据期末余额）+（预付账款期末余额 − 预付账款年初余额）− 当期列入生产成本、制造费用的职工薪酬 − 当期列入生产成本、制造费用的折旧费和固定资产修理费 = 732 000 + 165 512 −（2 580 000 − 2 574 700）+（953 800 − 603 800）+（200 000 − 100 000）

+（100 000-100 000）-353 800-90 000=898 412（元）。

③ 支付给职工以及为职工支付的现金=生产成本、制造费用、管理费用中职工薪酬+（应付职工薪酬年初余额-应付职工薪酬期末余额）-[应付职工薪酬（在建工程）年初余额-应付职工薪酬（在建工程）期末余额]=353 800+80 000+（110 000-180 000）-（0-25 000）=388 800（元）。

④ 支付的各项税费=当期所得税费用+税金及附加+应交税费（应交增值税——已交税金）-（应交所得税期末余额-应交所得税期初余额）=212 500+20 000+100 000-（21 376-0）=311 124（元）。

⑤ 支付其他与经营活动有关的现金=其他管理费用+销售费用=23 100+180 000=203 100（元）。

⑥ 收回投资收到的现金=交易性金融资产贷方发生额+与交易性金融资产一起收回的投资收益=（15 000+4 000）+500=19 500（元）。

⑦ 取得投资收益所收到的现金=收到的股息收入=90 500（元）。

⑧ 处置固定资产收回的现金净额=300 000+（1 800-300）=301 500（元）。

⑨ 购建固定资产支付的现金=用现金购买的固定资产、工程物资+支付给在建工程人员的薪酬=1 200 000+100 000+200 000=1 500 000（元）。

⑩ 取得借款所收到的现金=560 000（元）。

⑪ 偿还债务支付的现金=250 000+501 000=751 000（元）。

⑫ 偿还利息支付的现金=10 500（元）。

（2）根据上述数据，编制现金流量表（见表30-3）。

表30-3　现金流量表

编制单位：公司　　　　　　　　2×19年　　　　　　　　会企03表
　　　　　　　　　　　　　　　　　　　　　　　　　　　单位：元

项目	本期金额	上期金额
一、经营活动产生的现金流量		略
销售商品、提供劳务收到的现金	2 397 336	
收到的税费返还	0	
收到其他与经营活动有关的现金	0	
经营活动现金流入小计	2 397 336	
购买商品、接受劳务支付的现金	898 412	
支付给职工以及为职工支付的现金	388 800	
支付的各项税费	311 124	
支付其他与经营活动有关的现金	203 100	
经营活动现金流出小计	1 801 436	
经营活动产生的现金流量净额	595 900	
二、投资活动产生的现金流量		
收回投资收到的现金	19 500	

(续表)

项目	本期金额	上期金额
取得投资收益收到的现金	90 500	
处置固定资产、无形资产和其他长期资产收回的现金净额	301 500	
处置子公司及其他营业单位收到的现金净额	0	
收到其他与投资活动有关的现金	0	
投资活动现金流入小计	411 500	
购建固定资产、无形资产和其他长期资产支付的现金	1 500 000	
投资支付的现金	0	
取得子公司及其他营业单位支付的现金净额	0	
支付其他与投资活动有关的现金	0	
投资活动现金流出小计	1 500 000	
投资活动产生的现金流量净额	−1 088 500	
三、筹资活动产生的现金流量		
吸收投资收到的现金	0	
取得借款收到的现金	560 000	
收到其他与筹资活动有关的现金	0	
筹资活动现金流入小计	560 000	
偿还债务支付的现金	751 000	
分配股利、利润或偿付利息支付的现金	10 500	
支付其他与筹资活动有关的现金	0	
筹资活动现金流出小计	761 500	
筹资活动产生的现金流量净额	−201 500	
四、汇率变动对现金及现金等价物的影响	0	
五、现金及现金等价物净增加额	−694 100	
加：期初现金及现金等价物余额	1 406 300	
六、期末现金及现金等价物余额	712 200	

第 31 章
中期财务报告

31.1 中期财务报告概述

31.1.1 中期财务报告的定义

中期财务报告,是指以中期为基础编制的财务报告。"中期",是指短于一个完整的会计年度(自公历 1 月 1 日起至 12 月 31 日止)的报告期间,它可以是一个月、一个季度或者半年,也可以是其他短于一个会计年度的期间,如 1 月 1 日至 9 月 30 日的期间等。因此,中期财务报告包括月度财务报告、季度财务报告、半年度财务报告,也包括年初至本中期末的财务报告。

31.1.2 中期财务报告的构成

中期财务报告至少应当包括以下部分:(1)资产负债表;(2)利润表;(3)现金流量表;(4)附注。其中:

(1)资产负债表、利润表、现金流量表和附注是中期财务报告至少应当编制的法定内容,对其他财务报表或者相关信息,如所有者权益(或股东权益)变动表等,企业可以根据需要自行决定。

(2)中期资产负债表、利润表和现金流量表的格式和内容,应当与上年度财务报表相一致。但如果当年新施行的会计准则对财务报表格式和内容作了修改的,中期财务报表应当按照修改后的报表格式和内容编制,与此同时,在中期财务报告中提供的上年度比较财务报表的格式和内容也应当作相应的调整。

(3)中期财务报告中的附注相对于年度财务报告中的附注而言,是适当简化的。中期财务报告附注的编制应当遵循重要性原则。如果某项信息没有在中期财务报告附注中披露,会影响到投资者等信息使用者对企业财务状况、经营成果和现金流量判断的正确性,那么就认为这一信息是重要的。但企业至少应当在中期财务报告附注中披露《企业会计准则第 32 号——中期财务报告》中期财务报告规定的信息。

31.2 确认和计量

31.2.1 确认和计量的基本原则

(1)中期财务报告中各会计要素的确认和计量原则应当与年度财务报表所采用的原则相

一致。即企业在中期根据所发生交易或者事项,对资产、负债、所有者权益(股东权益)、收入、费用和利润等各会计要素进行确认和计量时,应当符合相应会计要素定义和确认、计量标准,不能因为财务报告期间的缩短(相对于会计年度而言)而改变。

(2)在编制中期财务报告时,中期会计计量应当以年初至本中期末为基础,财务报告的频率不应当影响年度结果的计量。也就是说,无论企业中期财务报告的频率是月度、季度还是半年度,企业中期会计计量的结果最终应当与年度财务报表中的会计计量结果相一致。为此,企业中期财务报表的计量应当以年初至本中期末为基础,即企业在中期应当以年初至本中期末作为中期会计计量的期间基础,而不应当以本中期作为会计计量的期间基础。

(3)企业在中期不得随意变更会计政策,应当采用与年度财务报表相一致的会计政策。如果上年度资产负债表日之后按规定变更了会计政策,且该变更后的会计政策将在本年度财务报表中采用,中期财务报表应当采用该变更后的会计政策。

对于会计估计变更,在同一会计年度内,以前中期财务报表项目在以后中期发生了会计估计变更的,以后中期财务报表应当反映该会计估计变更后的金额,但对以前中期财务报表项目金额不作调整。

31.2.2 季节性、周期性或者偶然性取得的收入的确认和计量

(一)业务概述

企业取得季节性、周期性或者偶然性收入,应当在发生时予以确认和计量,不应当在中期财务报表中预计或者递延,但会计年度末允许预计或者递延的除外。

(二)会计处理

企业经营的季节性特征,是指企业营业收入的取得或者营业成本的发生主要集中在全年度的某一季节或者某段期间内。例如,供暖企业的营业收入主要来自冬季,冷饮企业的营业收入主要来自夏季。

企业经营的周期性特征,是指企业每隔一个周期就会稳定地取得一定的收入或者发生一定的成本的情况。例如,某房地产开发企业开发房地产通常需要一个周期,如需要2至3年才能完成开发,而该企业又不同时开发多个项目,这样在房地产开发完成并出售之前,企业不能确认收入,所发生的相关成本费用则作为房地产的开发成本,企业通常只有在将所开发完成的房地产对外出售之后才能确认收入。

通常情况下,企业各项收入一般是在一个会计年度的各个中期内均匀发生的,各中期之间实现的收入差异不会很大。但是,因季节性、周期性或者偶然性取得的收入,往往集中在会计年度的个别中期内。对于这些收入,中期财务报告准则规定企业应当在发生时予以确认和计量,不应当在中期财务报告中予以预计或者递延,也就是说,企业应当在这些收入取得并实现时及时予以确认和计量,不应当为了平衡各中期的收益而将这些收入在会计年度的各个中期之间进行分摊。同时,中期财务报告准则还规定,季节性、周期性或者偶然性取得的收入在会计年度末允许预计或者递延的,则在中期财务报表中也允许预计或者递延。

（三）案例解析

【例 31-1】HF 公司为一家房地产开发公司，采取滚动开发房地产的方式，即每开发完成一个房地产项目后，再开发下一个房地产项目。该公司于 20×7 年 1 月 1 日开始开发一住宅小区，小区建成完工需 2 年。公司采取边开发边销售楼盘的策略。假定该公司在 20×7 年各季度分别收到楼盘销售款 1 000 万元、3 000 万元、2 500 万元和 2 000 万元；为小区建设分别发生开发成本 2 000 万元、1 500 万元、2 200 万元和 1 800 万元；在 20×8 年各季度分别收到楼盘销售款 2 500 万元、3 000 万元、3 000 万元和 1 000 万元；为小区建设分别发生开发成本 1 000 万元、1 700 万元、500 万元和 300 万元。小区所有商品房于 20×8 年 11 月完工，12 月全部交付给购房者，并办理完有关产权手续。

分析：本例中，HF 公司的经营业务具有明显的周期性特征，公司只有在每隔一个周期待房地产开发完成并实现对外销售后，才能确认收入，即公司只有在 20×8 年 12 月所建商品房完工后，与商品房有关的风险和报酬已经转移给了购房者，符合收入确认标准后，才能确认收入。这一收入就属于周期性取得的收入，在 20×8 年 12 月之前的各中期都不能预计收入，也不能将已经收到的楼盘销售款直接确认为收入，企业应当在收到这些款项时将其作为预收款处理。对于开发小区所发生的成本也应当首先归集在"开发成本"中，待到确认收入时，再结转相应的成本。另外，该公司对于其经营的周期性特征，则应当根据中期财务报告准则的要求在各有关中期财务报告附注中予以披露。

31.2.3 会计年度中不均匀发生的费用的确认与计量

（一）业务概述

企业在会计年度中不均匀发生的费用，应当在发生时予以确认和计量，不应在中期财务报表中预提或者待摊，但会计年度末允许预提或者待摊的除外。

（二）会计处理

通常情况下，与企业生产经营和管理活动有关的费用往往是在一个会计年度的各个中期内均匀发生的，各中期之间发生的费用不会有较大差异。但是，对于一些费用，如员工培训费等，往往集中在会计年度的个别中期内。对于这些会计年度中不均匀发生的费用，企业应当在发生时予以确认和计量，不应当在中期财务报表中予以预提或者待摊。也就是说，企业不应当为了使各中期之间收益的平滑而将这些费用在会计年度的各个中期之间进行分摊。如果会计年度内不均匀发生的费用在会计年度末允许预提或者待摊，则在中期末也允许预提或者待摊。

（三）案例解析

【例 31-2】ABC 公司根据年度培训计划，在 20×7 年 6 月对员工进行了专业技能和管理知识方面的集中培训，共发生培训费用 30 万元。

分析：本例中，对于该项培训费用，公司应当直接计入 6 月损益，不能在 6 月之前预提，也不能在 6 月之后待摊。

31.3 中期合并财务报表和母公司财务报表

31.3.1 业务概述

企业上年度编制合并财务报表的，中期期末应当编制合并财务报表。上年度财务报告除了合并财务报表，还包括母公司财务报表的，中期财务报告也应当包括母公司财务报表。

31.3.2 事项处理

具体而言，有以下 4 点注意事项。

（1）上年度编报合并财务报表的企业，其中期财务报告也应当编制合并财务报表，而且合并财务报表的合并范围、合并原则、编制方法和合并财务报表的格式与内容等也应当与上年度合并财务报表相一致。但当年新企业会计准则有新规定的除外。

（2）上年度财务报告包括了合并财务报表，但报告中期内处置了所有应纳入合并范围的子公司的，中期财务报告应包括当年子公司处置前的相关财务信息。

（3）企业在报告中期内新增子公司的，在中期末就应当将该子公司财务报表纳入合并财务报表的合并范围。

（4）应当编制合并财务报表的企业，如果在上年度财务报告中除了提供合并财务报表之外，还提供了母公司财务报表，那么在其中期财务报告中除了应当提供合并财务报表之外，也应当提供母公司财务报表。

31.3.3 案例解析

【例 31-3】XYZ 公司成立于 20×7 年年初，公司成立之初没有一家子公司，因此公司在 20×7 年第一季度财务报告中只需要提供公司本身财务报表。在 20×7 年第二季度，公司购并一家 LLQ 公司，获得了该公司 80% 的股份，从而使得该公司成为 XYZ 公司的控股子公司。这样，在 20×7 年第二季度财务报告中，XYZ 公司就需要同时提供合并财务报表和母公司财务报表。第三季度财务报告和 20×7 年年度财务报告也是如此。假定在 20×8 年第一季度，公司又将 LLQ 子公司对外出售，这样，XYZ 公司在 20×8 年又没有了子公司，所以，尽管 XYZ 公司在上年度财务报告中编制了合并财务报表，但是在 20×8 年第一季度财务报告中，公司无需编制合并财务报表。而且由于在上年度第一季度财务报告中公司也没有编制合并财务报表，所以，在提供上年度比较财务报表时，除了上年度末的资产负债表仍然应当包括合并财务报表和母公司财务报表之外，其他比较财务报表（包括利润表和现金流量表）都不必提供合并财务报表。在 20×8 年第二季度，公司仍然没有需要纳入合并财务报表合并范围的子公司，因此仍然不必编制合并财务报表，但是，在提供上年度比较财务报表时，则应当同时提供合并财务报表和母公司财务报表。

31.4 比较财务报表

31.4.1 比较财务报表概述

（一）业务概述

为了提高财务报表信息的可比性、相关性和有用性，企业在中期末除了编制中期末资产负债表、中期利润表和现金流量表之外，还应当提供前期比较财务报表。

（二）事项处理

中期财务报告应当按照下列规定提供比较财务报表。

（1）本中期末的资产负债表和上年度末的资产负债表。

（2）本中期的利润表、年初至本中期末的利润表以及上年度可比期间的利润表。其中，上年度可比期间的利润表包括上年度可比中期的利润表和上年度年初至上年可比中期末的利润表。

（3）年初至本中期末的现金流量表和上年度年初至上年可比中期末的现金流量表。

（三）案例解析

【例31-4】某企业按要求需要提供半年度中期财务报告，则该企业在截至20×7年6月30日的上半年财务报告中应当提供的财务报表如表31-1所示。

表31-1 上半年应提供报表

报表类别	本年度中期财务报表时间（或者期间）	上年度比较财务报表时间（或者期间）
资产负债表	20×7年6月30日	20×6年12月31日
利润表	20×7年1月1日至6月30日	20×6年1月1日至6月30日
现金流量表	20×7年1月1日至6月30日	20×6年1月1日至6月30日

31.4.2 编制比较财务报表注意事项

企业在中期财务报告中提供比较财务报表时，应当注意以下几个方面。

（1）企业在中期内按新准则规定，对财务报表项目进行了调整，则上年度比较财务报表项目及其金额应当按照本年度中期财务报表的要求进行重新分类，以确保其与本年度中期财务报表的相应信息相互可比。

同时，企业还应当在附注中说明财务报表项目重新分类的原因及内容。如果企业因原始数据收集、整理或者记录等方面的原因，无法对比较财务报表中的有关项目及其金额进行重新分类，应当在附注中说明不能进行重新分类的原因。

（2）企业在中期内发生了会计政策变更的，其累积影响数能够合理确定，且涉及本会计年度以前中期财务报表净损益和其他相关项目数字的，应当予以追溯调整，视同该会计政策在整个会计年度一贯采用；对于比较财务报表可比期间以前的会计政策变更的累积影响数，应当根据规定调整比较财务报表最早期间的期初留存收益，财务报表其他相关项目的数字也应当一并调整。同时，在附注中说明会计政策变更的性质、内容、原因及其影响数；无法追溯调整的，应当说明原因。

（3）对于在本年度中期内发生的调整以前年度损益事项，企业应当调整本年度财务报表相关项目的年初数，同时，中期财务报告中相应的比较财务报表也应当为已经调整以前年度损益后的报表。

31.5 中期财务报告附注

31.5.1 中期财务报告附注编制的基本要求

（一）业务概述

中期财务报告附注是对中期资产负债表、利润表、现金流量表等报表中列示项目的文字描述或明细阐述，以及对未能在这些报表中列示项目的说明等，其目的是使财务报告信息对会计信息使用者的决策更加相关、有用，但同时又要考虑成本效益原则。

（二）事项处理

（1）中期财务报告附注应当以年初至本中期末为基础披露。

编制中期财务报告的目的是向报告使用者提供自上年度资产负债表日之后所发生的重要交易或者事项，因此，中期财务报告中的附注应当以"年初至本中期末"为基础进行编制，而不应当仅仅披露本中期所发生的重要交易或者事项。

（2）中期财务报告附注应当对自上年度资产负债表日之后发生的重要的交易或者事项进行披露。

中期财务报告中的附注应当以年初至本中期末为基础编制，披露自上年度资产负债表日之后发生的，有助于理解企业财务状况、经营成果和现金流量变化情况的重要交易或者事项。此外，对于理解本中期财务状况、经营成果和现金流量有关的重要交易或者事项，也应当在附注中作相应披露。

（三）案例解析

【例31-5】KK公司需要编制季度财务报告，该公司在20×7年3月5日对外进行重大投资，设立一家子公司。

分析：本例中，对于这一事项，KK公司不仅应当在20×7年第一季度财务报告附注中予以披露，而且在20×7年第二季度财务报告和第三季度财务报告附注中也应当予以披露。

【例31-6】ABC公司在20×7年1月1日至6月30日累计实现净利润2 500万元，其中，第二季度实现净利润80万元，公司在第二季度转回前期计提的坏账准备100万元，第二季度末应收账款余额为800万元。

分析：本例中，尽管该公司第二季度转回的坏账准备仅仅占ABC公司1至6月净利润总额的4%（100÷2 500），可能并不重要，但是该项转回金额占第二季度净利润的125%

（100÷80），占第二季度末应收账款余额的12.5%，对于理解第二季度（4至6月）经营成果和第二季度末财务状况而言，属于重要事项。所以，ABC公司应当在第二季度财务报告附注中披露该事项。在实务工作中，企业还应当综合考虑资产规模、经营特征等因素，以对重要性作出较为合理的判断。

31.5.2 中期财务报告附注至少应当包括的内容

（1）中期财务报表所采用的会计政策与上年度财务报表相一致的声明。企业在中期会计政策发生变更的，应当说明会计政策变更的性质、内容、原因及其影响数；无法进行追溯调整的，应当说明原因。

（2）会计估计变更的内容、原因及其影响数；影响数不能确定的，应当说明原因。

（3）前期差错的性质及其更正金额；无法进行追溯重述的，应当说明原因。

（4）企业经营的季节性或者周期性特征。

（5）存在控制关系的关联方发生变化的情况；关联方之间发生交易的，应当披露关联方关系的性质、交易类型和交易要素。

（6）合并财务报表的合并范围发生变化的情况。

（7）对性质特别或者金额异常的财务报表项目的说明。

（8）证券发行、回购和偿还情况。

（9）向所有者分配利润的情况，包括在中期内实施的利润分配和已提出或者已批准但尚未实施的利润分配情况。

（10）根据《企业会计准则第35号——分部报告》规定披露分部报告信息的，应当披露经营分部的分部收入与分部利润（亏损）。

（11）中期资产负债表日至中期财务报告批准报出日之间发生的非调整事项。

（12）上年度资产负债表日以后所发生的或有负债和或有资产的变化情况。

（13）企业结构变化情况，包括如企业合并，对被投资单位具有重大影响、共同控制或者控制的长期股权投资的购买或者处置，终止经营等。

（14）其他重大交易或者事项，包括重大的长期资产转让及其出售情况、重大的固定资产和无形资产取得情况、重大的研究和开发支出、重大的资产减值损失等。

企业在提供上述第5项和第10项有关关联方交易、分部收入与分部利润（亏损）信息时，应当同时提供本中期（或者本中期末）和本年度年初至本中期末的数据，以及上年度可比中期（或者可比期末）和上年度年初至上年可比中期末的比较数据。

31.6 中期会计政策变更的处理

（一）业务概述

企业在中期发生了会计政策变更的，应当按照《企业会计准则第28号——会计政策、会计估计变更和差错更正》规定处理，并在财务报表附注中作相应披露。会计政策变更的累积影响数能够合理确定，且涉及本会计年度以前中期财务报表相关项目数字的，应当予以追溯调整，视同该会计政策在整个会计年度一贯采用；同时，上年度可比财务报表也应当作相应调整。

（二）事项处理

除非国家规定了相关的会计处理方法，一般情况下，中期会计政策变更时，企业应当根据中期财务报告准则的要求，对以前年度比较财务报表最早期间的期初留存收益和比较财务报表其他相关项目的数字进行追溯调整；同时，涉及本会计年度内会计政策变更以前各中期财务报表相关项目数字的，也应当予以追溯调整，视同该会计政策在整个会计年度和可比财务报表期间一贯采用。反之，会计政策变更的累积影响数不能合理确定，以及不涉及本会计年度以前中期财务报表相关项目数字的，应当采用未来适用法。同时，在财务报表附注中说明会计政策变更的性质、内容、原因及其影响数，如果累积影响数不能合理确定的，也应当说明理由。

（1）会计政策变更发生在会计年度内第一季度的处理。企业的会计政策变更发生在会计年度的第一季度，则企业除了计算会计政策变更的累积影响数并进行相应的会计处理之外，在财务报表的列报方面，只需要根据变更后的会计政策编制第一季度和当年度以后季度财务报表，并对根据中期财务报告准则要求提供的以前年度比较财务报表最早期间的期初留存收益和比较财务报表的其他相关项目数字进行相应调整。

在财务报表附注的披露方面，应当披露会计政策变更对以前年度的累积影响数（包括对比较财务报表最早期间期初留存收益的影响数和以前年度可比中期损益的影响数）和对第一季度损益的影响数，在当年度第一季度之后的其他季度财务报表附注中，则应当披露第一季度发生的会计政策变更对当季度损益的影响数和年初至本季度末损益的影响数。

（2）会计政策变更发生在会计年度内第一季度之外的其他季度的处理。企业的会计政策变更发生在会计年度内第一季度之外的其他季度，如第二季度、第三季度等，其会计处理相对于会计政策变更发生在第一季度而言要复杂一些。企业除了应当计算会计政策变更的累积影响数并进行相应的会计处理之外，在财务报表的列报方面，还需要调整以前年度比较财务报表最早期间的期初留存收益和比较财务报表其他相关项目的数字，以及在会计政策变更季度财务报告中或者变更以后季度财务报告中所涉及的本会计年度内发生会计政策变更之前季度财务报表相关项目的数字。

在附注披露方面，企业需要披露会计政策变更对以前年度的累积影响数，主要有：（1）对比较财务报表最早期间期初留存收益的影响数；（2）以前年度可比中期损益的影响数，包括可比季度损益的影响数和可比年初至季度末损益的影响数；（3）对当年度变更季度、年初至变更季度末损益的影响数；（4）当年度会计政策变更前各季度损益的影响数。此外，在发生会计政策变更以后季度财务报表附注中也需要进行相应披露。

第 32 章
合并财务报表

32.1 合并财务报表基础

32.1.1 合并财务报表的编制原则

合并财务报表作为财务报表，必须符合财务报表编制的一般原则和基本要求。这些基本要求包括真实可靠、内容完整。此外，编制合并财务报表还应当遵循以下原则和要求。

（1）以个别财务报表为基础编制。合并财务报表并不是直接根据母公司和子公司的账簿编制，而是利用母公司和子公司编制的反映各自财务状况和经营成果的财务报表提供的数据，通过合并财务报表的特有方法进行编制。以纳入合并范围的个别财务报表为基础，可以说是客观性原则在合并财务报表编制时的具体体现。

（2）一体性原则。合并财务报表反映的是企业集团的财务状况和经营成果，反映的是由多个法人企业组成的一个会计主体的财务情况，在编制合并财务报表时应当将母公司和所有子公司作为整体来看待，视为一个会计主体，母公司和子公司发生的经营活动都应当从企业集团这一整体的角度进行考虑。因此，在编制合并财务报表时，对于母公司与子公司、子公司相互之间发生的经济业务，应当视同同一会计主体内部业务处理，视同同一会计主体之下的不同核算单位的内部业务。

（3）重要性原则。与个别财务报表相比，合并财务报表涉及多个法人主体，涉及的经营活动的范围很广，母公司与子公司经营活动往往跨越不同行业界限，有时母公司与子公司经营活动甚至相差很大。这样，合并财务报表要综合反映这样的会计主体的财务情况，必然要涉及重要性的判断问题。特别是在拥有众多子公司的情况下，更是如此。在编制合并财务报表时，特别强调重要性原则的运用。例如，一些项目对企业集团中的某一企业具有重要性，但对于整个企业集团则不一定具有重要性，在这种情况下应根据重要性的原则对财务报表项目进行取舍。

32.1.2 合并财务报表的构成

合并财务报表至少包括合并资产负债表、合并利润表、合并所有者权益变动表（或合并股东权益变动表）、合并现金流量表和附注，它们分别从不同的方面反映企业集团财务状况、经营成果及其现金流量情况，构成一个完整的合并财务报表体系。

（1）合并资产负债表。合并资产负债表是反映母公司和子公司所形成的企业集团某一特定日期财务状况的报表。

（2）合并利润表。合并利润表是反映母公司和子公司所形成的企业集团整体在一定期间内经营成果的报表。

（3）合并所有者权益变动表（或合并股东权益变动表）。合并所有者权益变动表（或合并股东权益变动表）是反映母公司在一定期间内，包括经营成果分配在内的所有者（或股东）权益增减变动情况的报表。它是从母公司的角度，站在母公司所有者的立场反映企业所有者（或股东）在母公司中的权益增减变动情况的报表。

（4）合并现金流量表。合并现金流量表是反映母公司和子公司所形成的企业集团在一定期间现金流入、流出量以及现金净增减变动情况的报表。

（5）附注。附注是对在合并资产负债表、合并利润表、合并现金流量表和合并所有者权益变动表（或合并股东权益变动表）等报表中列示项目的文字描述或明细资料，以及对未能在这些报表中列示项目的说明等。

32.1.3　编制合并财务报表的前期准备事项

合并财务报表的编制涉及多个子公司，有的合并财务报表的合并范围甚至包括数百个子公司。为了使编制的合并财务报表准确、全面反映企业集团的真实情况，必须做好一系列的前期准备事项。这些前期准备事项主要有以下 4 个方面。

（一）统一母子公司的会计政策

会计政策是编制财务报表的基础。统一母公司和子公司的会计政策是保证母子公司财务报表各项目反映内容一致的基础。只有在财务报表各项目反映的内容一致的情况下，才能对其进行加总，编制合并财务报表。因此，在编制合并财务报表前，应统一要求子公司所采用的会计政策与母公司保持一致。对一些境外子公司，由于所在国或地区法律、会计政策等方面因素，确实无法使其采用的会计政策与母公司所采用的会计政策保持一致，则应当要求其按照母公司所采用的会计政策，重新编报财务报表，也可以由母公司根据自身所采用的会计政策对境外子公司报送的财务报表进行调整，以重编或调整编制的境外子公司的财务报表，作为编制合并财务报表的基础。

需要注意的是，中国境内企业设在境外的子公司在境外发生的交易或事项，因受法律法规限制等境内不存在或交易不常见，企业会计准则未作出规范的，可以将境外子公司已经进行的会计处理结果，在符合基本准则的原则下，按照国际财务报告准则进行调整后，并入境内母公司合并财务报表的相关项目。

（二）统一母子公司的资产负债表日及会计期间

母公司和子公司的个别财务报表只有在反映财务状况的日期和反映经营成果的会计期间都一致的情况下，才能进行合并。为了编制合并财务报表，必须统一企业集团内母公司和所有子公司的资产负债表日和会计期间，使子公司的资产负债表日和会计期间与母公司的资产负债表日和会计期间保持一致，以便于子公司提供相同资产负债表日和会计期间的财务报表。

对于境外子公司，由于当地法律限制确实不能与母公司财务报表决算日和会计期间一致的，母公司应当按照自身的资产负债表日和会计期间对子公司的财务报表进行调整，以调整后的子公司财务报表为基础编制合并财务报表，也可以要求子公司按照母公司的资产负债表日和会计期间另行编制报送其个别财务报表。

（三）对子公司以外币表示的财务报表进行折算

对母公司和子公司的财务报表进行合并，其前提必须是母子公司个别财务报表所采用的货币计量单位一致。外币业务比较多的企业应该遵循《企业会计准则第19号——外币折算》有关选择记账本位币的相关规定，在符合准则规定的基础上，确定是否采用某一种外币作为记账本位币。在将境外经营纳入合并范围时，应该按照《企业会计准则第19号——外币折算》的相关规定进行处理。

（四）收集编制合并财务报表的相关资料

合并财务报表以母公司和其子公司的财务报表以及其他有关资料为依据，由母公司合并有关项目的数额编制。为编制合并财务报表，母公司应当要求子公司及时提供下列有关资料：

（1）子公司相应期间的财务报表；

（2）采用的与母公司不一致的会计政策及其影响金额；

（3）与母公司不一致的会计期间的说明；

（4）与母公司及与其他子公司之间发生的所有内部交易的相关资料，包括但不限于内部购销交易、债权债务、投资及其产生的现金流量和未实现内部销售损益的期初、期末余额及变动情况等资料；

（5）子公司所有者权益变动和利润分配的有关资料；

（6）编制合并财务报表所需要的其他资料。

32.1.4 合并财务报表的编制程序

合并财务报表编制的一般程序如下。

（一）设置合并工作底稿

合并工作底稿的作用是为合并财务报表的编制提供基础。在合并工作底稿中，对母公司和纳入合并范围的子公司的个别财务报表各项目的数据进行汇总、调整和抵销处理，最终计算得出合并财务报表各项目的合并数。

（二）将个别财务报表的数据过入合并工作底稿

将母公司和纳入合并范围的子公司的个别资产负债表、个别利润表、个别现金流量表及个别所有者权益变动表各项目的数据过入合并工作底稿，并在合并工作底稿中对母公司和子公司个别财务报表各项目的数据进行加总，计算得出个别资产负债表、个别利润表、个别现金流量表及个别所有者权益变动表各项目合计数额。

（三）编制调整分录和抵销分录

根据《企业会计准则第33号——合并财务报表》第三十条、第三十四条、第四十一条和

第四十五条等编制调整分录与抵销分录，进行调整抵销处理是合并财务报表编制的关键和主要内容，其目的在于将因会计政策及计量基础的差异对个别财务报表的影响进行调整，以及将个别财务报表各项目的加总数据中重复的因素等予以抵销或调整等。

（四）计算合并财务报表各项目的合并金额

在母公司和纳入合并范围的子公司个别财务报表项目加总金额的基础上，分别计算合并财务报表中各资产项目、负债项目、所有者权益项目、收入项目和费用项目等的合并金额。其计算方法如下。

（1）资产类项目，其合并金额根据该项目加总的金额，加上该项目调整分录与抵销分录有关的借方发生额，减去该项目调整分录与抵销分录有关的贷方发生额计算确定。

（2）负债类和所有者权益类项目，其合并金额根据该项目加总的金额，减去该项目调整分录与抵销分录有关的借方发生额，加上该项目调整分录与抵销分录有关的贷方发生额计算确定。

（3）有关收入、收益、利得类项目，其合并金额根据该项目加总的金额，减去该项目调整分录与抵销分录的借方发生额，加上该项目调整分录与抵销分录的贷方发生额计算确定。

（4）有关成本费用、损失类项目和有关利润分配的项目，其合并金额根据该项目加总的金额，加上该项目调整分录与抵销分录的借方发生额，减去该项目调整分录与抵销分录的贷方发生额计算确定。

（5）"专项储备"和"一般风险准备"项目由于既不属于实收资本（或股本）、资本公积，也与留存收益、未分配利润不同，在长期股权投资与子公司所有者权益相互抵销后，应当按归属于母公司所有者的份额予以恢复。

（五）填列合并财务报表

根据合并工作底稿中计算出的资产、负债、所有者权益、收入、成本费用类以及现金流量表中各项目的合并金额，填列生成正式的合并财务报表。

合并所有者权益变动表也可以根据合并资产负债表和合并利润表进行编制。

32.2 合并日财务报表的编制

32.2.1 同一控制下取得子公司合并日合并财务报表的编制

（一）业务概述

根据现行企业会计准则，母公司在合并日可以编制合并日的合并资产负债表、合并利润表、合并现金流量表等合并财务报表。母公司在将购买取得子公司股权登记入账后，在编制合并日合并资产负债表时，只需将对子公司长期股权投资与子公司所有者权益中母公司所拥有的份额相抵销。

（二）案例解析

【例32-1】 甲公司20×9年1月1日以28 600万元的价格取得A公司80%的股权。A公司净资产的公允价值为35 000万元。甲公司在购买A公司过程中发生审计、法律服务等相关费用120万元。上述价款均以银行存款支付。甲公司与A公司均为同一控制下的企业，且均为非金融企业。A公司采用的会计政策与甲公司一致。A公司20×9年1月1日的资产负债表中的相关数据见表32-1。

由于A公司与甲公司均为同一控制下的企业，按同一控制下企业合并的规定进行处理。根据A公司资产负债表，A公司股东权益总额为32 000万元，其中，股本为20 000万元，资本公积为8 000万元，盈余公积为1 200万元，未分配利润为2 800万元。合并后，甲公司在A公司股东权益中所拥有的份额为25 600万元。甲公司对A公司长期股权投资的初始投资成本为25 600万元。至于购买该股权过程中发生的审计、估值等相关费用，则直接计入当期损益，即计入当期管理费用。

分析：在本例中，对于甲公司为购买A公司所发生的审计等费用实际上已支付给会计师事务所等中介机构，不属于甲公司与A公司所构成的企业集团内部交易，不涉及抵销处理的问题。编制合并日合并资产负债表时，假定不考虑留存收益恢复因素，甲公司应当进行如下抵销处理。

借：股本　　　　　　　　　　　　　　　　　　　　　　20 000
　　资本公积　　　　　　　　　　　　　　　　　　　　　8 000
　　盈余公积　　　　　　　　　　　　　　　　　　　　　1 200
　　未分配利润　　　　　　　　　　　　　　　　　　　　2 800
　贷：长期股权投资　　　　　　　　　　　　　　　　　　25 600
　　　少数股东权益　　　　　　　　　　　　　　　　　　6 400

根据上述抵销分录，编制合并工作底稿如表32-1所示。

表32-1　合并工作底稿

单位：万元

项目	甲公司	A公司	合计数	抵销分录		少数股东权益	合并数
				借方	贷方		
流动资产：							
货币资金	9 000	4 200	13 200				13 200
交易性金额资产	4 000	1 800	5 800				5 800
衍生金融资产							
应收票据及应收账款	10 500	6 920	17 420				17 420
预付款项	2 000	880	2 880				2 880
其他应收款	4 200	0	4 200				4 200
存货	31 000	20 000	51 000				51 000
持有待售资产							

(续表)

项目	甲公司	A公司	合计数	抵销分录 借方	抵销分录 贷方	少数股东权益	合并数
一年内到期的非流动资产							
其他流动资产	1 300	1 200	2 500				2 500
流动资产合计	62 000	35 000	97 000				97 000
非流动资产:							
债权投资	11 400	0	11 400				11 400
其他债权投资	10 000	0	10 000				10 000
长期应收款							
长期股权投资	25 600	0	25 600	25 600			0
其他权益工具投资							
其他非流动金融资产							
投资性房地产							
固定资产	21 000	18 000	39 000				39 000
在建工程	20 000	3 400	23 400				23 400
生产性生物资产							
油气资产							
无形资产	4 000	1 600	5 600				5 600
开发支出							
商誉	2 000	0	2 000				2 000
长期待摊费用							
递延所得税资产							
其他非流动资产	0	0	0				0
非流动资产合计	94 000	23 000	117 000	25 600			91 400
资产总计	156 000	58 000	214 000	25 600			188 400
流动负债:							
短期借款	12 000	5 000	17 000				17 000
交易性金融负债	3 800	0	3 800				3 800
衍生金融负债							
应付票据及应付账款	28 000	7 200	35 200				35 200
预收款项	3 000	1 300	4 300				4 300
应付职工薪酬	6 000	1 600	7 600				7 600
应交税费	2 000	1 200	3 200				3 200
其他应付款	4 000	4 000	8 000				8 000

（续表）

项目	甲公司	A公司	合计数	抵销分录 借方	抵销分录 贷方	少数股东权益	合并数
合同负债							
持有待售负债							
一年内到期的非流动负债							
其他流动负债	1 200	700	1 900				1 900
流动负债合计	60 000	21 000	81 000				81 000
非流动负债：							
长期借款	4 000	3 000	7 000				7 000
应付债券	20 000	2 000	22 000				22 000
其中：优先股							
永续债							
长期应付款	2 000	0	2 000				2 000
预计负债							
递延收益							
递延所得税负债							
其他非流动负债	0	0	0				0
非流动负债合计	26 000	5 000	31 000				31 000
负债合计	86 000	26 000	112 000				112 000
股东权益：							
股本	40 000	20 000	60 000	20 000			40 000
其他权益工具							
其中：优先股							
永续债							
资本公积	10 000	8 000	18 000	8 000			10 000
减：库存股							
其他综合收益							
盈余公积	11 000	1 200	12 200	1 200			11 000
未分配利润	9 000	2 800	11 800	2 800			9 000
股东权益合计	70 000	32 000	102 000	32 000			70 000
少数股东权益						6 400	6 400
负债和股东权益总计	156 000	58 000	214 000	32 000		6 400	188 400

32.2.2 非同一控制下取得子公司购买日合并财务报表的编制

(一) 业务概述

根据现行企业会计准则,非同一控制下取得子公司,母公司编制购买日的合并资产负债表时,因企业合并取得的子公司各项可辨认资产、负债及或有负债应当以公允价值在合并财务报表中列示。母公司合并成本大于取得的子公司可辨认净资产公允价值份额的差额,作为合并商誉在合并资产负债表中列示。

(二) 会计处理

1. 按公允价值对非同一控制下取得子公司的财务报表进行调整

在非同一控制下取得子公司的情况下,母公司为进行企业合并要对子公司的资产负债进行估值,然而子公司作为持续经营的主体,一般情况下,即一般不将该估值而产生的资产、负债公允价值的变动登记入账,其对外提供的财务报表仍然是以各项资产和负债原来的账面价值为基础编制的,其提供的购买日财务报表一般也是以各项资产和负债原账面价值为基础编制的。

2. 母公司长期股权投资与子公司所有者权益抵销处理

在编制购买日的合并资产负债表时,需要将母公司对子公司长期股权投资与子公司所有者权益中所拥有的份额予以抵销。母公司对非同一控制下取得的子公司长期股权投资进行会计处理时,母公司是按子公司资产、负债的公允价值确定其在子公司所有者权益中所拥有的份额,合并成本超过这一金额的差额则作为合并商誉处理。经过上述按公允价值对子公司财务报表调整处理后,在编制合并财务报表时则可以将长期股权投资与子公司所有者权益所拥有的份额相抵销。在非全资子公司的情况下,不属于母公司所拥有的份额在抵销处理时则结转为少数股东权益。

3. 编制合并工作底稿并编制合并财务报表

在按公允价值对子公司财务报表项目进行调整,并编制合并抵销分录,将母公司对子公司长期股权投资与子公司所有者权益中母公司所持有的份额进行抵销处理后,则可以编制购买日合并工作底稿。

(三) 案例解析

【例32-2】M股份有限公司(以下简称"M公司")是一家从事新能源产业开发的上市公司。2×13年1月1日,M公司以定向增发普通股股票的方式,从非关联方处购买取得了N股份有限公司(以下简称"N公司")70%的股权,于同日通过产权交易所完成了该项股权转让程序,并完成了工商变更登记。M公司定向增发普通股股票5 000万股,每股面值为1元,每股市场价格为2.95元。M公司与N公司属于非同一控制下的企业。

N公司2×13年1月1日(购买日)资产负债表有关项目信息列示如下。

(1) 股东权益总额为16 000万元。其中:股本为10 000万元,资本公积为4 000万元,盈余公积为600万元,未分配利润为1 400万元。

（2）应收账款账面价值为1 960万元，经评估的公允价值为1 560万元；存货的账面价值为10 000万元，经评估的公允价值为11 000万元；固定资产账面价值为1 000万元，经评估的公允价值为4 000万元，固定资产评估增值为公司办公楼增值，该办公楼采用年限平均法计提折旧，该办公楼的剩余折旧年限为15年。

M公司取得N公司可辨认资产、负债和所有者权益在购买日的公允价值备查簿见表32-2；2×13年1月1日，M公司资产负债表、N公司资产负债表及资产负债公允价值见表32-3。

假定M公司、N公司均是中国境内公司，M公司计划长期持有对N公司的股权，不考虑上述合并事项中所发生的审计、评估、股票发行以及法律服务等相关费用，N公司的会计政策和会计期间与M公司一致。购买日，N公司资产和负债的公允价值与其计税基础之间形成的暂时性差异均符合确认递延所得税资产或递延所得税负债的条件，不考虑M公司、N公司除企业合并和编制合并财务报表之外的其他税费，两家公司适用的所得税税率均为25%。除非有特别说明，本案例中的资产和负债的账面价值与计税基础相同。（本案例的会计分录以万元表示）

分析：

M公司购买N公司股权形成了非同一控制下的企业合并，按照企业合并准则的规定，非同一控制下的企业合并，母公司应当编制购买日的合并资产负债表，因企业合并取得的被购买方各项可辨认资产、负债应当以公允价值列示，母公司应当设置备查簿，记录企业合并中取得的子公司各项可辨认资产、负债在购买日的公允价值。

合并日调整项目如下。

1. 对母子公司个别资产负债表的调整

（1）调整母公司长期股权投资的入账价值。M公司将购买取得N公司70%的股权作为长期股权投资入账的会计处理如下。

借：长期股权投资——N公司　　　　　　　（2.95×5 000）14 750　（1）
　　贷：股本　　　　　　　　　　　　　　　5 000
　　　　资本公积　　　　　　　　　　　　　9 750

（2）调整子公司资产和负债的公允价值。

编制购买日的合并资产负债表时，根据M公司购买N公司设置的股权备查簿中登记的信息，将N公司资产和负债的评估增值或减值分别调增或调减相关资产和负债项目的金额。

根据税法规定，在购买日子公司N公司的资产和负债的计税基础还是其原来的账面价值。购买日子公司资产和负债的公允价值与其计税基础之间的差异，形成暂时性差异。在符合有关原则和确认条件的情况下，编制购买日合并财务报表时，需要对该暂时性差异确认相应的递延所得税资产或递延所得税负债。

本例中，N公司应收账款的公允价值低于其计税基础的金额为400（1 960-1 560）万元，形成可抵扣暂时性差异，应当对其确认递延所得税资产100（400×25%）万元；存货的公允价值高于其计税基础的金额为1 000（11 000-10 000）万元，形成应纳税暂时性差异，应当对其确认递延所得税负债250（1 000×25%）万元；固定资产中的办公楼的公允价值高于其计税基础的金额为3 000（4 000-1 000）万元，形成应纳税暂时性差异，应当对其确认递延所得税负债750（3 000×25%）万元。在合并工作底稿中的调整分录如下。

借：存货 1 000 （2）
　　固定资产 3 000
　　递延所得税资产 100
　贷：应收账款 400
　　　递延所得税负债 （250+750） 1 000
　　　资本公积 2 700

2．母公司长期股权投资与子公司所有者权益的抵销处理

经过对N公司资产和负债的公允价值调整后，N公司所有者权益总额＝16 000+2 700=18 700（万元），M公司对N公司所有者权益中拥有的份额为13 090（18 700×70%）万元，M公司对N公司长期股权投资的金额为14 750万元，因此合并商誉为1 660（14 750－13 090）万元。M公司购买N公司股权所形成的商誉，在M公司个别财务报表中表示对N公司长期股权投资的一部分，在编制合并财务报表时，将长期股权投资与在子公司所有者权益中所拥有的份额相抵销，其抵销差额在合并资产负债表中则表现为商誉。

M公司长期股权投资与其在N公司所有者权益中拥有份额的抵销分录如下。

借：股本 10 000 （3）
　　资本公积 6 700
　　盈余公积 600
　　未分配利润 1 400
　　商誉 1 660
　贷：长期股权投资——N公司 14 750
　　　少数股东权益 5 610

M公司购买股权备查簿——N公司，如表32-2所示。

表32-2　M公司购买股权备查簿——N公司

单位：万元

购买日：2×13年1月1日　　　购买价：14 750万元　　　本次交易后累计持股：70%

项目	购买日账面价值	购买日公允价值	公允价值与账面价值的差额	合并报表调整	公允价值增加额计提折旧或摊销后余额	备注
流动资产	17 500	18 100	600			
其中：应收账款	1 960	1 560	-400			
存货	10 000	11 000	1 000			
非流动资产	11 500	14 500	3 000			
其中：固定资产——N办公楼	1 000	4 000	3 000			

（续表）

项目	购买日账面价值	购买日公允价值	公允价值与账面价值的差额	合并报表调整	公允价值增加额计提折旧或摊销后余额	备注
资产总计	29 000	32 600	3 600			
流动负债	10 500	10 500	0			
非流动负债	2 500	2 500	0			
负债合计	13 000	13 000				
股本	10 000	10 000	0			
资本公积	4 000	7 000				
盈余公积	600	600	0			
未分配利润	1 400	1 400	0			
股东权益合计	16 000	19 000	3 600			
负债和股东权益总计	29 000	32 600	3 600			

M公司、N公司资产负债表（简表），如表32-3所示。

表32-3　M公司、N公司资产负债表（简表）

编制单位：M公司　　　　　　　　　　2×13年1月1日　　　　　　　　　　单位：万元

资产	M公司	N公司		负债和所有者权益（或股东权益）	M公司	N公司	
		账面价值	公允价值			账面价值	公允价值
流动资产：				流动负债：			
货币资金	4 500	2 100	2 100	短期借款	6 000	2 500	2 500
交易性金融资产	2 000	900	900	交易性金融负债	1 900	0	0
应收票据	2 350	1 500	1 500	应付票据	5 000	1 500	1 500
应收账款	2 900	1 960	1 560	应付账款	9 000	2 100	2 100
预付账款	1 000	440	440	预收账款	1 500	650	650
应收利息	0	0	0	应付职工薪酬	3 000	800	800
应收股利	2 100	0	0	应交税费	1 000	600	600
其他应收款	0	0	0	应付利息	0	0	0
存货	15 500	10 000	11 000	应付股利	2 000	2 000	2 000
其他流动资产	650	600	600	其他应付款	0	0	0
流动资产合计	31 000	17 500	18 100	其他流动负债	600	350	350
非流动资产：				流动负债合计	30 000	10 500	10 500
债权投资	3 000	700	700	非流动负债：			
其他债权投资	5 500	0	0	长期借款	2 000	1 500	1 500
长期应收款	0	0	0	应付债券	10 000	1 000	1 000
长期股权投资	16 000	0	0	长期应付款	1 000	0	0

(续表)

资产	M公司	N公司		负债和所有者权益（或股东权益）	M公司	N公司	
		账面价值	公允价值			账面价值	公允价值
固定资产	10 500	9 000	12 000	递延所得税负债	0	0	0
在建工程	10 000	1 000	1 000	其他非流动负债	0	0	0
无形资产	2 000	800	800	非流动负债合计	13 000	2 500	2 500
商誉	0	0	0	负债合计	43 000	13 000	13 000
长期待摊费用	0	0	0	所有者权益（或股东权益）：			
递延所得税资产	0	0	0	实收资本（或股本）	20 000	10 000	10 000
其他非流动资产	0	0	0	资本公积	5 000	4 000	7 600
非流动资产合计	47 000	11 500	14 500	减：库存股	0	0	0
				其他综合收益	0	0	0
				盈余公积	5 500	600	600
				未分配利润	4 500	1 400	1 400
				所有者权益合计	35 000	16 000	19 600
资产合计	78 000	29 000	32 600	负债和所有者权益合计	78 000	29 000	32 600

根据上述调整分录和抵销分录，M公司编制购买日合并资产负债表工作底稿（简表），如表32-4所示。

表32-4 合并资产负债表工作底稿（简表）

编制单位：M公司　　　　　　　　　　2×13年1月1日　　　　　　　　　　单位：万元

项目	M公司	N公司	合计金额	调整分录		抵销分录		合并金额
				借方	贷方	借方	贷方	
流动资产：								
货币资金	4 500	2 100	6 600					6 600
交易性金融资产	2 000	900	2 900					2 900
应收票据	2 350	1 500	3 850					3 850
应收账款	2 900	1 960	4 860		（2）400			4 460
预付账款	1 000	440	1 440					1 440
应收利息	0	0	0					0
应收股利	2 100	0	2 100					2 100
其他应收款	0	0	0					0
存货	15 500	10 000	25 500	（2）1 000				26 500
其他流动资产	650	600	1 250					1 250
流动资产合计	31 000	17 500	48 500	1 000	400	0	0	49 100
非流动资产：								

（续表）

项目	M公司	N公司	合计金额	调整分录 借方	调整分录 贷方	抵销分录 借方	抵销分录 贷方	合并金额
债权投资	3 000	700	3 700					3 700
其他债权投资	5 500	0	5 500					5 500
长期应收款	0	0	0					0
长期股权投资	16 000		16 000	（1）14 750			（3）14 750	16 000
固定资产	10 500	9 000	19 500	（2）3 000				22 500
在建工程	10 000	1 000	11 000					11 000
无形资产	2 000	800	2 800					2 800
商誉	0	0	0			（3）1 600		1 600
递延所得税资产	0	0	0	（2）100				100
其他非流动资产	0	0	0					0
非流动资产合计	47 000	11 500	58 500	17 850	0	1 660	14 750	63 260
资产合计	78 000	29 000	107 000	18 850	400	1 660	14 750	112 360
流动负债：								
短期借款	6 000	2 500	8 500					8 500
交易性金融负债	1 900	0	1 900					1 900
应付票据	5 000	1 500	6 500					6 500
应付账款	9 000	2 100	11 100					11 100
预收账款	1 500	650	2 150					2 150
应付职工薪酬	3 000	800	3 800					3 800
应交税费	1 000	600	1 600					1 600
应付利息	0	0	0					0
应付股利	2 000	2 000	4 000					4 000
其他应付款	0	0	0					0
其他流动负债	600	350	950					950
流动负债合计	30 000	10 500	40 500					40 500
非流动负债：								
长期借款	2 000	1 500	3 500					3 500
应付债券	10 000	1 000	11 000					11 000
长期应付款	1 000	0	1 000					1 000
递延所得税负债	0	0	0		（2）1 000			1 000
其他非流动负债	0	0	0					0
非流动负债合计	13 000	2 500	15 500		1 000			16 500
负债合计	43 000	13 000	56 000		1 000			57 000
所有者权益（或股东权益）：								

(续表)

项目	M公司	N公司	合计金额	调整分录 借方	调整分录 贷方	抵销分录 借方	抵销分录 贷方	合并金额
实收资本（或股本）	20 000	10 000	30 000		(1) 5 000	(3) 10 000		25 000
资本公积	5 000	4 000	9 000		(1) 9 750 (2) 2 700	(3) 6 700		14 750
其他综合收益	0	0	0					0
盈余公积	5 500	600	6 100			(3) 600		5 500
未分配利润	4 500	1 400	5 900			(3) 1 400		4 500
归属于母公司所有者权益合计	35 000	16 000	51 000	0	17 450	18 700	0	49 750
少数股东权益							(3) 5 610	5 610
所有者权益合计	35 000	16 000	51 000		17 450	18 700	5 610	55 360
负债和所有者权益合计	78 000	29 000	107 000	0	18 450	18 700	5 610	112 360

32.3 购买日后合并财务报表的编制

32.3.1 合并资产负债表

（一）业务概述

合并资产负债表应当以母公司和子公司的资产负债表为基础，在抵销母公司与子公司、子公司相互之间发生的内部交易对合并资产负债表的影响后，由母公司合并编制。

（二）会计处理

（1）母公司对子公司的长期股权投资与母公司在子公司所有者权益中所享有的份额应当相互抵销，同时抵销相应的长期股权投资减值准备。

子公司持有母公司的长期股权投资，应当视为企业集团的库存股，作为所有者权益的减项，在合并资产负债表中所有者权益项目下以"减：库存股"项目列示。

子公司相互之间持有的长期股权投资，应当比照母公司对子公司的股权投资的抵销方法，将长期股权投资与其对应的子公司所有者权益中所享有的份额相互抵销。

（2）母公司与子公司、子公司相互之间的债权与债务项目应当相互抵销，同时抵销相应的减值准备。

（3）母公司与子公司、子公司相互之间销售商品（或提供劳务，下同）或其他方式形成的存货、固定资产、工程物资、在建工程、无形资产等所包含的未实现内部销售损益应当抵销。

对存货、固定资产、工程物资、在建工程和无形资产等计提的跌价准备或减值准备与未实现内部销售损益相关的部分应当抵销。

(4)母公司与子公司、子公司相互之间发生的其他内部交易对合并资产负债表的影响应当抵销。

(5)因抵销未实现内部销售损益导致合并资产负债表中资产、负债的账面价值与其在所属纳税主体的计税基础之间产生暂时性差异的,在合并资产负债表中应当确认递延所得税资产或递延所得税负债,同时调整合并利润表中的所得税费用,但与直接计入所有者权益的交易或事项及企业合并相关的递延所得税除外。

(三)案例解析

【例32-3】沿用【例32-2】,N公司2×13年12月31日资产负债表有关项目信息列示如下。

(1)股东权益总额为19 150万元。其中:股本为10 000万元,资本公积为4 000万元、其他综合收益为150万元(其他权益工具投资公允价值变动的利得),盈余公积为1 600万元,未分配利润为3 400万元。

(2)2×13年全年实现净利润5 250万元,当年提取盈余公积1 000万元,年末向股东宣告分配现金股利2 250万元,现金股利款项尚未支付。

(3)截至2×13年12月31日,应收账款按购买日评估确认的金额收回,评估确认的坏账已核销;购买日发生评估增值的存货当年已全部实现对外销售。

2×13年,M公司和N公司内部交易和往来事项列示如下。

(1)截至2×13年12月31日,M公司个别资产负债表应收账款中有480万元为应收N公司账款,该应收账款账面余额为500万元,M公司当年计提坏账准备20万元。N公司个别资产负债表中应付账款中列示有应付M公司账款500万元。

(2)2×13年5月1日,M公司向N公司销售商品1 000万元,商品销售成本为700万元,N公司以支票支付商品价款500万元,其余价款待商品售出后支付。N公司购进的该商品本期全部未实现对外销售而形成年末存货。2×13年年末,N公司对存货进行检查时,发现该商品已经部分陈旧,其可变现净值已降至980万元。为此,N公司2×13年年末对该存货计提存货跌价准备20万元,并在其个别财务报表中列示。

2×13年6月1日,N公司向M公司销售商品1 200万元,商品销售成本为800万元,M公司以支票支付全款。M公司购进该商品本期40%未实现对外销售。年末,M公司对剩余存货进行检查,并未发生存货跌价损失。

(3)2×13年6月20日,M公司将其资产原值为1 000万元,账面价值为600万元的某厂房,以1 200万元的价格变卖给N公司作为厂房使用,N公司以支票支付全款。该厂房预计剩余使用年限为15年,M公司和N公司均采用直线法对其计提折旧。

M公司和N公司2×13年12月31日资产负债表(简表),如表32-5所示。

表 32-5 资产负债表（简表）

编制单位：M 公司 /N 公司　　　　　　2×13 年 12 月 31 日　　　　　　会企 01 表　单位：万元

资产	M 公司	N 公司	负债和所有者权益（或股东权益）	M 公司	N 公司
流动资产：			流动负债：		
货币资金	2 850	3 250	短期借款	5 000	2 400
交易性金融资产	1 500	2 500	交易性金融负债	2 000	1 200
应收票据	3 600	1 800	应付票据	6 500	1 800
应收账款	4 250	2 550	应付账款	9 000	2 600
预付账款	750	1 250	预收账款	2 000	1 950
应收利息	0	0	应付职工薪酬	2 500	800
应收股利	2 400	0	应交税费	1 350	700
其他应收款	250	650	应付利息	0	0
存货	18 500	9 000	应付股利	0	2 250
其他流动资产	900	500	其他应付款	2 650	200
流动资产合计	35 000	21 500	其他流动负债	1 000	450
非流动资产：			流动负债合计	32 000	14 350
债权投资	4 500	900	非流动负债：		
其他债权投资	7 000	2 000	长期借款	2 000	2 400
长期应收款	0	0	应付债券	10 000	3 500
长期股权投资	34 750	0	长期应付款	3 000	0
固定资产	14 000	13 000	递延所得税负债	0	100
在建工程	6 500	1 200	其他非流动负债	0	0
无形资产	3 000	900	非流动负债合计	15 000	6 000
商誉	0	0	负债合计	47 000	20 350
长期待摊费用	0	0	所有者权益（或股东权益）：		
递延所得税资产	0	0	实收资本（或股本）	25 000	10 000
其他非流动资产	0	0	资本公积	14 750	4 000
非流动资产合计	69 750	18 000	减：库存股	0	0
			其他综合收益	0	150
			盈余公积	9 000	1 600
			未分配利润	9 000	3 400
			所有者权益合计	57 750	19 150
资产合计	104 750	39 500	负债和所有者权益合计	104 750	39 500

M公司和N公司2×13年利润表（简表），如表32-6所示。

表32-6 利润表（简表）

会企02表

编制单位：M公司/N公司　　　　　　　　2×13年度　　　　　　　　单位：万元

项目	M公司	N公司
一、营业收入	75 000	47 400
减：营业成本	48 000	36 500
税金及附加	900	500
销售费用	2 600	1 700
管理费用	3 000	1 950
研发费用	—	—
财务费用	600	400
其中：利息费用	—	—
利息收入	—	—
加：其他收益		
投资收益（损失以"－"号填列）		
其中：对联营企业和合营企业的投资收益		
以摊余成本计量的金融资产终止确认收益（损失以"－"号填列）		
净敞口套期收益（损失以"－"号填列）		
公允价值变动收益（损失以"－"号填列）	4 900	100
信用减值损失		
资产减值损失	300	150
资产处置收益（损失以"－"号填列）		
二、营业利润（亏损以"－"号填列）	24 500	6 300
加：营业外收入	800	1 200
减：营业外支出	1 300	500
三、利润总额（亏损总额以"－"号填列）	24 000	7 000
减：所得税费用	6 000	1 750
四、净利润（净亏损以"－"号填列）	18 000	5 250
（一）持续经营净利润（净亏损以"－"号填列）	18 000	5 250
（二）终止经营净利润（净亏损以"－"号填列）		
五、其他综合收益的税后净额		150
（一）不能重分类进损益的其他综合收益		

（续表）

项目	M公司	N公司
1. 重新计量设定受益计划变动额		
2. 权益法下不能转损益的其他综合收益		
3. 其他权益工具投资公允价值变动		
4. 企业自身信用风险公允价值变动		
……		
（二）将重分类进损益的其他综合收益		150
1. 权益法下可转损益的其他综合收益		
2. 其他债权投资公允价值变动		150
3. 金融资产重分类计入其他综合收益的金额		
4. 其他债权投资信用减值准备		
5. 现金流量套期储备		
6. 外币财务报表折算差额		
……		
六、综合收益总额	18 000	5 400
七、每股收益		
（一）基本每股收益		
（二）稀释每股收益		

M公司和N公司2×13年现金流量表（简表），如表32-7所示。

表32-7 现金流量表（简表）

编制单位：M公司/N公司　　　　　2×13年度　　　　　会企03表　　单位：万元

项目	M公司	N公司
一、经营活动产生的现金流量		
销售商品、提供劳务收到的现金	53 000	45 000
收到其他与经营活动有关的现金		
经营活动现金流入小计	53 000	45 000
购买商品、接受劳务支付的现金	42 400	36 600
支付给职工以及为职工支付的现金	6 000	4 500
支付的各项税费	4 495	1 775

(续表)

项目	M公司	N公司
支付其他与经营活动有关的现金		
经营活动现金流出小计	52 895	42 875
经营活动产生的现金流量净额	105	2 125
二、投资活动产生的现金流量		
取得投资收益收到的现金	125	
处置固定资产、无形资产和其他长期资产收回的现金净额	100	
收到其他与投资活动有关的现金		
投资活动现金流入小计	225	
购建固定资产、无形资产和其他长期资产支付的现金净额	1 030	225
投资支付的现金		
支付其他与投资活动有关的现金		
投资活动现金流出小计	1 030	225
投资活动产生的现金流量净额	−805	−225
三、筹资活动产生的现金流量		
吸收投资收到的现金		
收到其他与筹资活动有关的现金		
筹资活动现金流入小计		
偿还债务支付的现金	950	750
支付其他与筹资活动有关的现金		
筹资活动现金流出小计	950	750
筹资活动产生的现金流量净额	−950	−750
四、汇率变动对现金的影响		
五、现金及现金等价物净增加额	−1 650	1 150
加：期初现金及现金等价物余额	4 500	2 100
六、期末现金及现金等价物余额	2 850	3 250

M公司和N公司2×13年所有者权益变动表如表32-8所示。

表 32-8 所有者权益变动表

编制单位：M公司/N公司　　2×13年度　　会企04表　单位：万元

M公司本年金额

项目	实收资本（或股本）	其他权益工具 优先股	其他权益工具 永续债	其他权益工具 其他	资本公积	减：库存股	其他综合收益	专项储备	盈余公积	未分配利润	所有者权益合计
一、上年年末余额	20 000				5 000		0		5 500	4 500	35 000
加：会计政策变更											
前期差错更正											
其他											
二、本年年初余额	20 000				5 000		0		5 500	4 500	35 000
三、本年增减变动金额（减少以"—"号填列）											
（一）综合收益总额										18 000	18 000
（二）所有者投入和减少资本	5 000				9 750						14 750
1. 所有者投入的普通股	5 000				9 750						14 750
2. 其他权益工具持有者投入资本											
3. 股份支付计入所有者权益的金额											
4. 其他											

N公司本年金额

实收资本（或股本）	其他权益工具 优先股	其他权益工具 永续债	其他权益工具 其他	资本公积	减：库存股	其他综合收益	专项储备	盈余公积	未分配利润	所有者权益合计
4 000				4 000		0		600	1 400	16 000
4 000				4 000		0		600	1 400	16 000
						150			5 250	5 400

(续表)

项目	M公司本年金额											N公司本年金额										
	实收资本(或股本)	其他权益工具			资本公积	减:库存股	其他综合收益	专项储备	盈余公积	未分配利润	所有者权益合计	实收资本(或股本)	其他权益工具			资本公积	减:库存股	其他综合收益	专项储备	盈余公积	未分配利润	所有者权益合计
		优先股	永续债	其他									优先股	永续债	其他							
(三)利润分配																						
1.提取盈余公积									3 500	-3 500	0									1 000	-1 000	0
2.对所有者(或股东)的分配										-10 000	-10 000										-2 250	-2 250
3.其他																						
(四)所有者权益内部结转																						
1.资本公积转增资本(或股本)																						
2.盈余公积转增资本(或股本)																						
3.盈余公积弥补亏损																						
4.设定受益计划变动额结转留存收益																						
5.其他综合收益结转留存收益																						
6.其他																						
四、本年年末余额	25 000				14 750				9 000	9 000	57 750	10 000				4 000		150		1 600	3 400	19 150

分析：相关会计处理如下。（单位：万元）

1．对母子公司个别财务报表的调整处理

（1）调整子公司资产和负债的公允价值。根据M公司购买N公司设置的股权备查簿中登记的信息，将N公司资产和负债的评估增值或减值分别调增或调减相关资产和负债项目的金额。在合并工作底稿中的调整分录如下。

借：存货　　　　　　　　　　　　　　　　　　　　　　　　1 000（1）
　　固定资产　　　　　　　　　　　　　　　　　　　　　　3 000
　　递延所得税资产　　　　　　　　　　　　　　　　　　　　100
　　贷：应付账款　　　　　　　　　　　　　　　　　　　　　　　400
　　　　递延所得税负债　　　　　　　　　　　　　　　（250+750）1 000
　　　　资本公积　　　　　　　　　　　　　　　　　　　　　　　2 700

（2）根据子公司已实现的公允价值调整当期净利润。本例中，合并财务报表要求以子公司资产、负债的公允价值为基础进行确认，而子公司个别财务报表是按其资产、负债的原账面价值为基础编制的，其当期计算的净利润也是以其资产、负债的原账面价值为基础计算的结果。因此，上述公允价值与原账面价值存在差额的资产或负债项目，在经营过程中因资产的折旧、摊销和减值等对子公司当期净利润的影响，需要在净利润计算中予以反映。在合并财务报表工作底稿中的调整分录如下。

借：营业成本　　　　　　　　　　　　　　　　　　　　　　1 000（2）
　　管理费用　　　　　　　　　　　　　　　　　　　　　　　200
　　应收账款　　　　　　　　　　　　　　　　　　　　　　　400
　　贷：存货　　　　　　　　　　　　　　　　　　　　　　　　　1 000
　　　　固定资产　　　　　　　　　　　　　　　　　　　　　　　　200
　　　　资产减值损失　　　　　　　　　　　　　　　　　　　　　　400

因此，已经实现公允价值调整后的N公司2×13年度净利润=5 250+400（因购买日应收账款公允价值减值的实现而调减资产减值损失）-1 000（因购买日存货公允价值增值的实现而调增营业成本）-200（因固定资产公允价值增值计算的折旧而调增管理费用）=4 450（万元）。

（3）递延所得税资产或递延所得税负债的暂时性差异的转回。

由于N公司应收账款按购买日评估确认的金额已收回，评估确认的坏账已核销，因递延所得税资产的转回而增加当期所得税费用100（400×25%）万元；由于N公司购买日发生评估增值的存货当年已全部实现对外销售，因递延所得税负债的转回而减少当期所得税费用250（1 000×25%）万元；由于N公司购买日发生增值的办公楼2×13年年末应纳税暂时性差异为2 800（3 000-200）万元，应确认的递延所得税负债为700（2 800×25%）万元，因递延所得税负债的转回而减少当期所得税费用50（750-700）万元。在合并财务报表工作底稿中的调整分录如下。

借：递延所得税负债　　　　　　　　　　　　　　　　（250+50）300（3）
　　贷：递延所得税资产　　　　　　　　　　　　　　　　　　　　　100

　　　　所得税费用　　　　　　　　　　　　　　　　　　　　　　　　200

　　因此，考虑递延所得税后N公司当年净利润为4 650（4 450+200）万元。

　　（4）按照权益法调整母公司财务报表项目。编制合并财务报表时，按照权益法对母公司个别财务报表进行调整。本例中，应当调整M公司2×13年投资N公司取得的投资收益3 255（4 650×70%）万元，已确认取得的N公司已宣告分派的现金股利1 575（2 250×70%）万元，以及N公司本期其他综合收益150万元中归属于M公司的份额105（150×70%）万元。在合并财务报表工作底稿中的调整分录如下。

　　借：长期股权投资　　　　　　　　　　　　　（3 255+105）3 360（4）
　　　　　投资收益　　　　　　　　　　　　　　　　　　　　　　　　1 575
　　　　贷：投资收益　　　　　　　　　　　　　　　　　　　　　　　3 255
　　　　　　长期股权投资　　　　　　　　　　　　　　　　　　　　　1 575
　　　　　　其他综合收益　　　　　　　　　　　　　　　　　　　　　　105

　2. 抵销合并财务报表相关项目

　　（1）抵销长期股权投资与所有者权益项目。

　　将M公司对N公司的长期股权投资与其在N公司股东权益中拥有的份额予以抵销。N公司2×13年年末经调整后的未分配利润=1 400（年初）+4 650（经已实现公允价值和递延所得税调整后的本年净利润）-1 000（提取盈余公积）-2 250（分派股利）=2 800（万元）；公司本期由于债权投资公允价值变动增加其他综合收益150万元，其中归属于M公司的份额为105（150×70%）万元，归属于少数股东的份额为45（150-105）万元；M公司2×13年年末对N公司长期股权投资为16 535（14 750+3 255-2 250×70%+105）万元；少数股东权益为6 375[5 610（2×13年1月1日少数股东投入资本）+1 395（4 650×30%，本年少数股东损益）+45（归属于少数股东的其他综合收益）-675（2 250×30%，本年对少数股东的利润分配）]。在合并财务报表工作底稿中的抵销分录如下。

　　借：股本　　　　　　　　　　　　　　　　　　　　　　　　　　10 000（5）
　　　　资本公积　　　　　　　　　　　　　　　　　　　　　　　　　6 700
　　　　其他综合收益　　　　　　　　　　　　　　　　　　　　　　　　150
　　　　盈余公积　　　　　　　　　　　　　　　　　　　　　　　　　1 600
　　　　未分配利润——年末　　　　　　　　　　　　　　　　　　　　2 800
　　　　商誉　　　　　　　　　　　　　　　　　　　　　　　　　　　1 660
　　　　贷：长期股权投资　　　　　　　　　　　　　　　　　　　　　16 535
　　　　　　少数股东权益　　　　　　　　　　　　　　　　　　　　　　6 375

　　（2）抵销投资收益与子公司利润分配等项目。

　　将M公司对N公司的投资收益与N公司本年利润分配有关项目的金额予以抵销。N公司年末向股东宣告分配现金股利2 250万元，其中，归属于少数股东的现金股利为675（2 250-1 575）万元。在合并财务报表工作底稿中的抵销分录如下。

　　借：投资收益　　　　　　　　　　　　　　　（4 650×70%）3 255（6）
　　　　少数股东损益　　　　　　　　　　　　　（4 650×30%）1 395

　　　　　未分配利润——年初　　　　　　　　　　　　　　　　1 400
　　　　贷：未分配利润——本年提取盈余公积　　　　　　　　1 000
　　　　　　　　　　——本年利润分配　　　　　　　　　　　2 250
　　　　　　　　　　——年末　　　　　　　　　　　　　　　2 800

（3）抵销应收账款与应付账款项目。

在合并财务报表工作底稿中的抵销分录如下。

　　借：应付账款　　　　　　　　　　　　　　　　　　　　500（7）
　　　贷：应收账款　　　　　　　　　　　　　　　　　　　　　500

（4）抵销坏账准备与资产减值损失项目。M公司将与N公司往来的内部应收账款与应付账款相互抵销的同时，还应将内部应收账款计提的坏账准备予以抵销。在合并财务报表工作底稿中的抵销分录如下。

　　借：应收账款　　　　　　　　　　　　　　　　　　　　 20（8）
　　　贷：资产减值损失　　　　　　　　　　　　　　　　　　　20

需要注意的是，在连续编制合并财务报表时，对于内部应收款项及其坏账准备，应当按照如下程序进行合并处理：首先，将内部应收款项与应付款项予以抵销，按照内部应付款项的数额，借记"应付账款""应付票据"等项目，贷记"应收账款""应收票据"等项目；其次，应将上期资产减值损失中抵销的各内部应收款项计提的相应坏账准备对本期期初未分配利润的影响予以抵销，按照上期资产减值损失项目中抵销的各内部应收款项计提的相应坏账准备的数额，借记"应收账款"等项目，贷记"未分配利润——期初"项目；最后，对于本期各内部应收款项在个别财务报表中补提或者冲销的相应坏账准备的数额也应予以抵销，按照本期期末内部应收款项在个别资产负债表中补提（或冲销）的坏账准备的数额，借记（或贷记）"应收账款"等项目，贷记（或借记）"资产减值损失"项目。

（5）抵销因抵销坏账准备与资产减值损失产生的所得税影响。

在合并财务报表工作底稿中的抵销分录如下。

　　借：所得税费用　　　　　　　　　　　　　　　　（20×25%）5（9）
　　　贷：递延所得税资产　　　　　　　　　　　　　　　　　　5

（6）抵销应收股利与应付股利项目。

M公司根据N公司宣告分派现金股利的公告，按照其所享有的金额已确认应收股利，并在其资产负债表中计列应收股利1 575万元。在合并财务报表工作底稿中的抵销分录如下。

　　借：应付股利　　　　　　　　　　　　　　　　　　　1 575（10）
　　　贷：应收股利　　　　　　　　　　　　　　　　　　　　1 575

3.抵销内部顺流交易的存货

（1）抵销内部销售收入、成本和内部销售形成的存货价值中包含的未实现内部销售损益。在合并财务报表工作底稿中的抵销分录如下。

　　借：营业收入　　　　　　　　　　　　　　　　　　　1 000（11）
　　　贷：营业成本　　　　　　　　　　　　　　　　　　　　　700
　　　　　存货　　　　　　　　　　　　　　　　　　　　　　　300

需要注意的是,在连续编制合并财务报表时,对于内部销售存货,应当按照如下程序进行合并处理:首先,将上期抵销的存货价值中包含的未实现内部损益对本期期初未分配利润的影响进行抵销,按照上期内部购入存货价值中包含的未实现内部销售损益的数额,借记"未分配利润——期初"项目,贷记"营业成本"项目;其次,对于本期发生的内部销售存货,将内部销售收入、内部销售成本及内部购入存货中未实现内部销售损益予以抵销,按照销售企业内部销售收入的数额,借记"营业收入"项目,贷记"营业成本"项目;最后,将期末内部购入存货价值中包含的未实现内部销售损益予以抵销,对于期末内部销售形成的存货(包括上期结转形成的本期存货),应当按照购买企业期末内部购入存货价值中包含的未实现内部销售损益的数额,借记"营业成本"项目,贷记"存货"项目。

(2)抵销 N 公司本期计提的存货跌价准备。在合并财务报表工作底稿中的抵销分录如下。

借:存货　　　　　　　　　　　　　　　　　　　　　　20（12）
　　贷:资产减值损失　　　　　　　　　　　　　　　　　　　　20

需要注意的是,在连续编制合并财务报表时,对于内部销售存货的存货跌价准备,应当按照如下程序进行合并处理:首先,将上期资产减值损失中抵销的存货跌价准备对本期期初未分配利润的影响予以抵销,按照上期资产减值损失项目中抵销的存货跌价准备的数额,借记"存货"项目,贷记"未分配利润——期初"项目;其次,对于本期对内部购入存货在个别财务报表中补提(或冲销)的存货跌价准备的数额也应予以抵销,按照本期对内部购入存货在个别财务报表中补提(或冲销)的存货跌价准备的数额,借记(或贷记)"存货"项目,贷记(或借记)"资产减值损失"项目。

对于抵销存货跌价准备的数额,应当分别下列不同情况进行处理:当本期内部购入存货的可变现净值低于持有该存货企业的取得成本但高于抵销未实现内部销售损益后的取得成本(即销售企业对该存货的取得成本)时,其抵销的存货跌价准备的金额为本期存货跌价准备的增加额;当本期内部购入存货的可变现净值低于抵销未实现内部销售损益后的取得成本(即销售企业对该存货的取得成本)时,其抵销的存货跌价准备的金额为相对于购买企业该存货的取得成本高于销售企业取得成本的差额部分计提的跌价准备的数额扣除期初内部购入存货计提的存货跌价准备的金额后的余额,即本期期末存货中包含的未实现内部销售损益的金额减去期初内部购入存货计提的存货跌价准备的金额后的余额。

(3)抵销内部顺流存货交易的所得税影响。在合并财务报表工作底稿中的抵销分录如下。

借:递延所得税资产　　　　　　　　[(300-20)×25%] 70（13）
　　贷:所得税费用　　　　　　　　　　　　　　　　　　　　70

(4)抵销顺流存货交易中内部存货交易的现金流量。在合并财务报表工作底稿中的抵销分录如下。

借:购买商品、接受劳务支付的现金　　　　　　　1 000（14）
　　贷:销售商品、提供劳务收到的现金　　　　　　　　　1 000

4.抵销内部逆流交易的存货

（1）抵销内部销售收入、成本和内部销售形成的存货中包含的未实现内部销售损益。存货中包含的未实现内部销售损益为160 [（1 200-800）×40%]万元。在合并财务报表工作底稿中的抵销分录如下。

借：营业收入　　　　　　　　　　　　　　　　　　　1 200（15）
　　贷：营业成本　　　　　　　　　　　　　　　　　　　　　1 040
　　　　存货　　　　　　　　　　　　　　　　　　　　　　　　160

（2）将内部销售形成的存货中包含的未实现内部销售损益进行分摊。在存货中包含的未实现内部销售损益中，归属于少数股东的未实现内部销售损益分摊金额为48（160×30%）万元。在合并财务报表工作底稿中的抵销分录如下。

借：少数股东权益　　　　　　　　　　　　　　　　　　48（16）
　　贷：少数股东损益　　　　　　　　　　　　　　　　　　　　48

（3）抵销因逆流存货交易的所得税影响。在合并财务报表工作底稿中的抵销分录如下。

借：递延所得税资产　　　　　　　　　　　　（160×25%）40（17）
　　贷：所得税费用　　　　　　　　　　　　　　　　　　　　　40

（4）抵销因抵销逆流存货交易发生的递延所得税对少数股东权益的份额。在合并财务报表工作底稿中的抵销分录如下。

借：少数股东损益　　　　　　　　　　　　　（40×30%）12（18）
　　贷：少数股东权益　　　　　　　　　　　　　　　　　　　　12

（5）抵销逆流存货交易中内部存货交易的现金流量。在合并财务报表工作底稿中的抵销分录如下。

借：购买商品、接受劳务支付的现金　　　　　　　　　1 200（19）
　　贷：销售商品、提供劳务收到的现金　　　　　　　　　　　1 200

5. 抵销内部固定资产购销交易

（1）抵销内部固定资产购销交易。在合并财务报表工作底稿中的抵销分录如下。

借：营业外收入　　　　　　　　　　　　　（1 200-600）600（20）
　　贷：固定资产——从M公司购入×厂房　　　　　　　　　　600

（2）抵销内部固定资产交易计提折旧中包含的未实现内部销售损益。在合并财务报表工作底稿中的抵销分录如下。

借：固定资产——从M公司购入×厂房　　（600÷15×1÷2）20（21）
　　贷：管理费用　　　　　　　　　　　　　　　　　　　　　20

需要注意的是，在连续编制合并财务报表时，对于内部销售固定资产，应当按照如下程序进行合并处理：首先，将内部交易固定资产中包含的未实现内部销售损益抵销，并调整期初未分配利润，按照内部交易固定资产中包含的未实现内部销售损益数额，借记"未分配利润——期初"项目，贷记"固定资产"项目；其次，将以前会计期间内部交易固定资产多计提的累计折旧抵销，并调整期初未分配利润，按照以前会计期间抵销该内部交易固定资产因包含未实现内部销售损益而多计提（或少计提）的累计折旧额，借记（或贷记）"固定资产"项目，贷记（或借记）"未分配利润——期初"项目；最后，将当期由于该内部交易固定资产因包含未实现内部销售损益而多计提的折旧费用予以抵销，并调整本期计提的累计折旧额，按照本期该内部交易的固定资产多计提的折旧额，借记"固定资产"项目，贷记"管理费用"等费用项目。

（3）抵销内部固定资产交易对所得税的影响。在合并财务报表工作底稿中的抵销分录如下。

借：递延所得税资产　　　　　　　　　　　[（600-20）×25%] 145（22）
　　　贷：所得税费用　　　　　　　　　　　　　　　　　　　　　　145

（4）抵销内部固定资产交易的现金流量。在合并财务报表工作底稿中的抵销分录如下。

借：购建固定资产、无形资产和其他长期资产支付的现金　　1 200（23）
　　　贷：处置固定资产、无形资产和其他长期资产收回的现金净额　1 200

根据上述资料及有关调整、抵销分录，编制合并财务报表工作底稿如表32-9所示。

根据合并财务报表工作底稿，编制该集团2×13年合并资产负债表（简表）、合并利润表、合并现金流量表及合并所有者权益变动表，分别如表32-10、表32-11、表32-12、表32-13所示。

表32-9　合并财务报表工作底稿

编制单位：M公司　　　　　　　　　2×13年12月31日　　　　　　　　　单位：万元

项目	M公司	N公司	合计金额	调整、抵销分录 借方	调整、抵销分录 贷方	少数股东权益	合并金额
一、营业收入	75 000	47 400	122 400	（11）1 000 （15）1 200			120 200
减：营业成本	48 000	36 500	84 500	（2）1 000	（11）700 （15）1 040		83 760
税金及附加	900	500	1 400				1 400
销售费用	2 600	1 700	4 300				4 300
管理费用	3 000	1 950	4 950	（2）200	（21）20		5 130
财务费用	600	400	1 000				1 000
资产减值损失	300	150	450		（2）400 （8）20 （12）20		10
加：公允价值变动损益（损失以"—"号填列）							
投资收益（损失以"—"号填列）	4 900	100	5 000	（4）1 575 （6）3 255	（4）3 255		3 425
二、营业利润（亏损以"—"号填列）	24 500	6 300	30 800	8 230	5 455		28 025
加：营业外收入	800	1 200	2 000	（20）600			1 400
减：营业外支出	1 300	500	1 800				1 800
三、利润总额（亏损总额以"—"号填列）	24 000	7 000	31 000	8 830	5 455		27 625

（续表）

项目	M公司	N公司	合计金额	调整、抵销分录 借方	调整、抵销分录 贷方	少数股东权益	合并金额
减：所得税费用	6 000	1 750	7 750	（9）5	（3）200 （13）70 （17）40 （22）145		7 300
四、净利润（净亏损以"—"号填列）	18 000	5 250	23 250	8 835	5 910		20 325
少数股东损益				（6）1 395 （18）12	（16）48	1 359	1 359
归属于母公司股东的净利润	18 000	5 250	23 250	10 242	5 958		18 966
五、其他综合收益的税后净额		150	150	150	105	45	150
（一）以后不能重分类进损益的其他综合收益							
（二）以后将重分类进损益的其他综合收益		150	150	150	105		105
其中：权益法核算的在被投资单位以后将重分类进损益的其他综合收益中所享有的份额					（4）105		105
其他债权投资公允价值变动的利得或损失		150	150	（5）150		（5）45	45
六、综合收益总额	18 000	5 400	23 400	8 985	6 015	45	20 475
归属于母公司所有者的综合收益总额							19 071
归属于少数股东的综合收益总额						1 404	1 404
（所有者权益变动表项目）							
一、未分配利润——年初	4 500	1 400	5 900	（6）1 400			4 500
未分配利润——本期	4 500	2 000	6 500				6 500
其中：归属于母公司股东的净利润	18 000	5 250	23 250	10 242	5 985		18 993
提取盈余公积	-3 500	-2 250	-5 750		（6）1 000		-4 750
对所有者（或股东）的分配	-10 000	-2 250	-12 250		（6）2 250		-10 000
二、未分配利润——期末	9 000	3 400	12 400	（5）2 800 14 442	（6）2 800 12 008		15 243
（资产负债表项目）							
流动资产：							
货币资金	2 850	3 250	6 100				6 100
交易性金融资产	1 500	2 500	4 000				4 000
应收票据	3 600	1 800	5 400				5 400

(续表)

项目	M公司	N公司	合计金额	调整、抵销分录 借方	调整、抵销分录 贷方	少数股东权益	合并金额
应收账款	4 250	2 550	6 800	（2）400 （8）20	（1）400 （7）500		6 320
预付账款	750	1 250	2 000				2 000
应收股利	2 400		2 400		（10）1 575		825
其他应收款	250	650	900				900
存货	18 500	9 000	27 500	（1）1 000 （12）20	（2）1 000 （11）300 （15）160		27 060
其他流动资产	900	500	1 400				1 400
流动资产合计	35 000	21 500	56 500	1 440	3 935		54 005
非流动资产：							
债权投资	4 500	900	5 400				5 400
其他债权投资	7 000	2 000	9 000				9 000
长期股权投资	34 750		34 750	（4）3 360	（4）1 575 （5）16 535		20 000
固定资产	14 000	13 000	27 000	（1）3 000 （21）20	（2）200 （22）600		29 220
在建工程	6 500	1 200	7 700				7 700
无形资产	3 000	900	3 900				3 900
商誉				（5）1 660			1 660
递延所得税资产				（1）100 （13）70 （17）40 （22）145	（3）100 （9）5		250
非流动资产合计	69 750	18 000	87 750	8 395	19 015		77 130
资产合计	104 750	39 500	144 250	9 835	22 950		131 135
流动负债：							
短期借款	5 000	2 400	7 400				7 400
交易性金融负债	2 000	1 200	3 200				3 200
应付票据	6 500	1 800	8 300				8 300
应付账款	9 000	2 600	11 600	（7）500			11 100
预收账款	2 000	1 950	3 950				3 950
应付职工薪酬	2 500	800	3 300				3 300
应交税费	1 350	700	2 050				2 050
应付股利		2 250	2 250	（10）1 575			675
其他应付款	2 650	200	2 850				2 850

（续表）

项目	M公司	N公司	合计金额	调整、抵销分录 借方	调整、抵销分录 贷方	少数股东权益	合并金额
其他流动负债	1 000	450	1 450				1 450
流动负债合计	32 000	14 350	46 350	2 075			44 275
非流动负债：							
长期借款	2 000	2 400	4 400				4 400
应付债券	10 000	3 500	13 500				13 500
长期应付款	3 000		3 000				3 000
递延所得税负债		100	100	（3）300	（1）1 000		800
其他非流动负债合计	15 000	6 000	21 000	300	1 000		21 700
负债合计	47 000	20 350	67 350	2 375	1 000		65 975
所有者权益（或股东权益）：							
实收资本（或股本）	25 000	10 000	35 000	（5）10 000			25 000
资本公积	14 750	4 000	18 750	（5）6 700	（1）2 700		14 750
其他综合收益		150	150			45	105
盈余公积	9 000	1 600	10 600	（5）1 600			9 000
未分配利润	9 000	3 400	12 400	14 442	12 008		9 966
归属于母公司所有者权益合计							58 821
少数股东权益			0	（16）48	（5）6 330 （18）12		6 339
所有者权益合计	57 750	19 150	76 900	32 940	21 200		65 160
负债和所有者权益合计	104 750	39 500	144 250	35 315	22 200		131 135
（现金流量表项目）							
一、经营活动产生的现金流量							
销售商品、提供劳务收到的现金	53 000	45 000	98 000		（14）1 000 （19）1 200		95 800
经营活动现金流入小计	53 000	45 000	98 000		1 200		95 800
购买商品、接受劳务支付的现金	42 400	36 600	79 000	（14）1 000 （19）1 200			
支付给职工以及为职工支付的现金	6 000	4 500	10 500				10 500
支付的各项税费	4 495	1 775	6 270				6 270
支付其他与经营活动有关的现金	52 895	42 875	95 770		2 200		93 570
经营活动现金流出小计	105	2 125	2 230	2 200	2 200		2 230
经营活动产生的现金流量净额							
二、投资活动产生的现金流量							
取得投资收益收到的现金	125	0	125				125

（续表）

项目	M公司	N公司	合计金额	调整、抵销分录 借方	调整、抵销分录 贷方	少数股东权益	合并金额
处置固定资产、无形资产和其他长期资产收回的现金净额	100	0	100		（23）1 200		-1 100
投资活动现金流入小计	225	0	225	0	1 200		-975
购建固定资产、无形资产和其他长期资产支付的现金净额	1 030	225	1 255	（23）1 200			55
投资活动现金流出小计	1 030	225	1 255	1 200	0		55
投资活动产生的现金流量净额	-805	-225	-1 030	1 200	1 200		-1 030
三、筹资活动产生的现金流量							
吸收投资收到的现金	0	0					0
取得借款收到的现金	0	0					0
筹资活动现金流入小计	0	0					0
分配股利、利润或偿付利息支付的现金	950	750					1 700
筹资活动现金流出小计	950	750					1 700
筹资活动产生的现金流量净额	-950	-750					-1 700
四、现金及现金等价物净增加额	-1 650	1150					-500
加：期初现金及现金等价物余额	4 500	2 100					6 600
五、期末现金及现金等价物余额	2 850	3 250					6 100

表32-10 合并资产负债表（简表）

编制单位：M公司　　　　　　　　2×13年12月31日　　　　　　　　单位：万元

资产	期末余额	期初余额	负债和所有者权益（或股东权益）	期末余额	期初余额
流动资产：			流动负债：		
货币资金	6 100		短期借款	7 400	
交易性金融资产	4 000		交易性金融负债	3 200	
应收票据	5 400		应付票据	8 300	
应收账款	6 320		应付账款	11 100	
预付账款	2 000		预收账款	3 950	
应收利息	0		应付职工薪酬	3 300	
应收股利	825		应交税费	2 050	
其他应收款	900		应付利息	0	
存货	27 060		应付股利	675	
其他流动资产	1 400		其他应付款	2 850	
流动资产合计	54 005		其他流动负债	1 450	
非流动资产：			流动负债合计	44 275	

（续表）

资产	期末余额	期初余额	负债和所有者权益（或股东权益）	期末余额	期初余额
债权投资	5 400		非流动负债：		
其他债权投资	9 000		长期借款	4 400	
长期应收款	0		应付债券	13 500	
长期股权投资	20 000		长期应付款	3 000	
固定资产	29 220		递延所得税负债	800	
在建工程	7 700		其他非流动负债	0	
无形资产	3 900		非流动负债合计	21 700	
商誉	1 660		负债合计	65 975	
长期待摊费用	0		所有者权益（或股东权益）：		
递延所得税资产	250		实收资本（或股本）	25 000	
其他非流动资产			资本公积	14 750	
非流动资产合计	77 130		减：库存股		
			其他综合收益	105	
			盈余公积	9 000	
			未分配利润	9 966	
			归属于母公司所有者权益合计	58 821	
			少数股东权益	6 339	
			所有者权益合计	65 160	
资产合计	131 135		负债和所有者权益合计	131 135	

32.3.2 合并利润表

（一）业务概述

合并利润表应当以母公司和子公司的利润表为基础，在抵销母公司与子公司、子公司相互之间发生的内部交易对合并利润表的影响后，由母公司合并编制。

（二）会计处理

（1）母公司与子公司、子公司相互之间销售商品所产生的营业收入和营业成本应当抵销。

母公司与子公司、子公司相互之间销售商品，期末全部实现对外销售的，应当将购买方的营业成本与销售方的营业收入相互抵销。

母公司与子公司、子公司相互之间销售商品，期末未实现对外销售而形成存货、固定资产、工程物资、在建工程、无形资产等资产的，在抵销销售商品的营业成本和营业收入的同时，应当将各项资产所包含的未实现内部销售损益予以抵销。

（2）在对母公司与子公司、子公司相互之间销售商品形成的固定资产或无形资产所包含的未实现内部销售损益进行抵销的同时，也应当对固定资产的折旧额或无形资产的摊销额与未实现内部销售损益相关的部分进行抵销。

（3）母公司与子公司、子公司相互之间持有对方债券所产生的投资收益、利息收入及其他综合收益等，应当与其相对应的发行方利息费用相互抵销。

（4）母公司对子公司、子公司相互之间持有对方长期股权投资的投资收益应当抵销。

（5）母公司与子公司、子公司相互之间发生的其他内部交易对合并利润表的影响应当抵销。

子公司当期净损益中属于少数股东权益的份额，应当在合并利润表中净利润项目下以"少数股东损益"项目列示。子公司当期综合收益中属于少数股东权益的份额，应当在合并利润表中综合收益总额项目下以"归属于少数股东的综合收益总额"项目列示。

母公司向子公司出售资产所发生的未实现内部交易损益，应当全额抵销"归属于母公司所有者的净利润"。子公司向母公司出售资产所发生的未实现内部交易损益，应当按照母公司对该子公司的分配比例在"归属于母公司所有者的净利润"和"少数股东损益"之间分配抵销。子公司之间出售资产所发生的未实现内部交易损益，应当按照母公司对出售方子公司的分配比例在"归属于母公司所有者的净利润"和"少数股东损益"之间分配抵销。子公司少数股东分担的当期亏损超过了少数股东在该子公司期初所有者权益中所享有的份额的，其余额仍应当冲减少数股东权益。

（三）案例解析

【例32-4】沿用【例32-3】，编制2×13年合并利润表。

分析：2×13年合并利润表，如表32-11所示。

表32-11 合并利润表

编制单位：M公司　　　　　　　　　　　2×13年度　　　　　　　　　　　单位：万元

项目	期末余额	期初余额
一、营业收入	120 200	
减：营业成本	83 760	
税金及附加	1 400	
销售费用	4 300	
管理费用	5 130	
财务费用	1 000	
资产减值损失	10	
加：公允价值变动损益（损失以"—"号填列）	3 425	
投资收益（损失以"—"号填列）	0	
二、营业利润（亏损以"—"号填列）	28 025	
加：营业外收入	1 400	
减：营业外支出	1 800	
三、利润总额（亏损总额以"—"号填列）	27 625	
减：所得税费用	7 300	

（续表）

项目	期末余额	期初余额
四、净利润（净亏损以"—"号填列）	20 325	
少数股东权益	1 359	
归属于母公司股东的净利润	18 966	
五、其他综合收益的税后净额	150	
归属于母公司所有者的其他综合收益的税后净额	105	
以后将重分类进损益的其他综合收益	105	
其中：权益法核算的在被投资单位以后将重分类进损益的其他综合收益中所享有的份额	105	
归属于少数股东的其他综合收益的税后净额	45	
六、综合收益总额	20 475	
归属于母公司所有者的综合收益总额	19 071	
归属于少数股东的综合收益总额	1 404	

32.3.3　合并现金流量表

（一）业务概述

合并现金流量表应当以母公司和子公司的现金流量表为基础，在抵销母公司与子公司、子公司相互之间发生的内部交易对合并现金流量表的影响后，由母公司合并编制。

（二）会计处理

编制合并现金流量表应当符合下列要求。

（1）母公司与子公司、子公司相互之间当期以现金投资或收购股权增加的投资所产生的现金流量应当抵销。

（2）母公司与子公司、子公司相互之间当期取得投资收益、利息收入收到的现金，应当与分配股利、利润或偿付利息支付的现金相互抵销。

（3）母公司与子公司、子公司相互之间以现金结算债权与债务所产生的现金流量应当抵销。

（4）母公司与子公司、子公司相互之间当期销售商品所产生的现金流量应当抵销。

（5）母公司与子公司、子公司相互之间处置固定资产、无形资产和其他长期资产收回的现金净额，应当与购建固定资产、无形资产和其他长期资产支付的现金相互抵销。

（6）母公司与子公司、子公司相互之间当期发生的其他内部交易所产生的现金流量应当抵销。

母公司在报告期内因同一控制下企业合并增加的子公司以及业务，应当将该子公司以及业务合并当期期初至报告期末的现金流量纳入合并现金流量表，同时应当对比较报表的相关项目进行调整，视同合并后的报告主体自最终控制方开始控制时点起一直存在。因非同一控制下企业合并增加的子公司以及业务，应当将该子公司购买日至报告期末的现金流量纳入合并现金流量表。

（三）案例解析

【例 32-5】沿用【例 32-3】，编制 2×13 年合并现金流量表。

分析：2×13 年合并现金流量表，如表 32-12 所示。

表 32-12　合并现金流量表

编制单位：M 公司　　　　　　　　　　　2×13 年度　　　　　　　　　　　　单位：万元

项目	期末余额	期初余额
一、经营活动产生的现金流量		
销售商品、提供劳务收到的现金	95 800	
收到其他与经营活动有关的现金	0	
经营活动现金流入小计	95 800	
购买商品、接受劳务支付的现金	76 800	
支付给职工以及为职工支付的现金	10 500	
支付的各项税费	6 270	
支付其他与经营活动有关的现金	0	
经营活动现金流出小计	93 570	
经营活动产生的现金流量净额	2 230	
二、投资活动产生的现金流量		
收回投资收到的现金	0	
取得投资收益收到的现金	−975	
处置固定资产、无形资产和其他长期资产收回的现金净额	55	
收到其他与投资活动有关的现金	0	
投资活动现金流入小计	−920	
购建固定资产、无形资产和其他长期资产支付的现金净额	−1 100	
投资支付的现金	0	
支付其他与投资活动有关的现金	0	
投资活动现金流出小计	−1 100	
投资活动产生的现金流量净额	180	
三、筹资活动产生的现金流量		
吸收投资收到的现金	0	
收到其他与筹资活动有关的现金	0	
筹资活动现金流入小计	0	
偿还债务支付的现金	1 700	
支付其他与筹资活动有关的现金	0	
筹资活动现金流出小计	1 700	
筹资活动产生的现金流量净额	−1 700	
四、汇率变动对现金及现金等价物的影响	0	
五、现金及现金等价物净增加额	−500	

（续表）

项目	期末余额	期初余额
加：期初现金及现金等价物余额	6 600	
六、期末现金及现金等价物余额	6 100	

32.3.4 合并所有者权益变动表

（一）业务概述

合并所有者权益变动表应当以母公司和子公司的所有者权益变动表为基础，在抵销母公司与子公司、子公司相互之间发生的内部交易对合并所有者权益变动表的影响后，由母公司合并编制。

（二）会计处理

（1）母公司对子公司的长期股权投资应当与母公司在子公司所有者权益中所享有的份额相互抵销。

子公司持有母公司的长期股权投资以及子公司相互之间持有的长期股权投资，应当按照《企业会计准则第33号——合并财务报表》第三十条规定处理。

（2）母公司对子公司、子公司相互之间持有对方长期股权投资的投资收益应当抵销。

（3）母公司与子公司、子公司相互之间发生的其他内部交易对所有者权益变动的影响应当抵销。

合并所有者权益变动表也可以根据合并资产负债表和合并利润表进行编制。

有少数股东的，应当在合并所有者权益变动表中增加"少数股东权益"栏目，反映少数股东权益变动的情况。

（三）案例解析

【例32-6】沿用【例32-3】，编制2×13年合并所有者权益变动表。

分析：2×13年合并所有者权益变动表，如表32-13所示。

表 32-13 合并所有者权益变动表

编制单位：M公司　　　　　2×13年度　　　　　单位：万元

项目	本年金额							上年金额						
	归属于母公司所有者权益						少数股东权益	所有者权益合计	归属于母公司所有者权益						少数股东权益	所有者权益合计
	实收资本（或股本）	资本公积	其他综合收益	盈余公积	未分配利润	小计			实收资本（或股本）	资本公积	其他综合收益	盈余公积	未分配利润	小计		
一、上年末余额	20 000	5 000	0	5 500	4 500	35 000	0	35 000								
加：会计政策变更																
前期差错更正																
二、本年年初余额	20 000	5 000	0	5 500	4 500	35 000	0	35 000								
三、本年增减变动金额（减少以"—"号填列）																
（一）综合收益总额			105		18 966	19 071	1 404	20 475								
（二）所有者投入和减少资本		9 750				14 750	5 610	20 360								
1. 所有者投入资本	5 000															
2. 股份支付计入所有者权益的金额																
3. 其他																

（续表）

项目	本年金额 归属于母公司所有者权益 实收资本（或股本）	资本公积	其他综合收益	盈余公积	未分配利润	小计	少数股东权益	所有者权益合计	上年金额 归属于母公司所有者权益 实收资本（或股本）	资本公积	其他综合收益	盈余公积	未分配利润	小计	少数股东权益	所有者权益合计
（三）利润分配																
1. 提取盈余公积				3 500	−3 500	0										
2. 对所有者（或股东）的分配					−10 000	−10 000	−675	−10 675								
3. 其他																
（四）所有者权益内部结转																
四、本年年末余额	25 000	14 750	105	9 000	9 966	58 821	6 339	65 160								

32.4 特殊交易的会计处理

32.4.1 追加投资的会计处理

（一）业务概述

追加投资既包括母公司购买少数股东拥有的子公司股权的情况，也包括企业因追加投资等原因能够对非同一控制下的被投资方实施控制的情况。追加投资的会计处理应分别个别财务报表和合并财务报表进行会计处理。

（二）会计处理

个别财务报表的会计处理，参见《企业会计准则第2号——长期股权投资》（以下简称"长期股权投资准则"）的相关内容，合并财务报表中的会计处理应当分别以下情况。

（1）母公司购买子公司少数股东拥有的子公司股权的，因购买少数股权新取得的长期股权投资与按照新增持股比例计算应享有子公司自购买日（或合并日）开始持续计算的净资产份额之间的差额，应当调整资本公积（资本溢价或股本溢价），资本公积不足冲减的，调整留存收益。

（2）企业因追加投资等原因能够对非同一控制下的被投资方实施控制的，对于购买日之前持有的被购买方的股权，应当按照该股权在购买日的公允价值进行重新计量，公允价值与其账面价值之间的差额计入当期投资收益；购买日之前持有的被购买方的股权涉及权益法核算下的其他综合收益以及除净损益、其他综合收益和利润分配外的其他所有者权益变动（以下简称"其他所有者权益变动"）的，与其相关的其他综合收益、其他所有者权益变动应当转为购买日所属当期收益，由于被投资方重新计量设定受益计划净负债或净资产变动而产生的其他综合收益除外。

企业通过多次交易分步实现非同一控制下企业合并的，在合并财务报表上，首先，应结合分步交易的各个步骤的协议条款，以及各个步骤中所分别取得的股权比例、取得对象、取得方式、取得时点及取得对价等信息来判断分步交易是否属于"一揽子交易"。《企业会计准则第33号——合并财务报表》第五十一条规定，各项交易的条款、条件以及经济影响符合以下一种或多种情况的，通常应将多次交易事项作为"一揽子交易"进行会计处理：① 这些交易是同时或者在考虑了彼此影响的情况下订立的；② 这些交易整体才能达成一项完整的商业结果；③ 一项交易的发生取决于至少一项其他交易的发生；④ 一项交易单独看是不经济的，但是和其他交易一并考虑时是经济的。

如果分步取得对子公司股权投资直至取得控制权的各项交易属于"一揽子交易"，应当将各项交易作为一项取得子公司控制权的交易，并区分企业合并的类型分别进行会计处理。

如果不属于"一揽子交易"，在合并财务报表中，还应区分企业合并的类型分别进行会计处理。对于分步实现的非同一控制下企业合并，购买日之前持有的被购买方的股权，应当按照该股权在购买日的公允价值进行重新计量，公允价值与其账面价值的差额计入当期投资收益；购买日之前持有的被购买方的股权涉及权益法核算下的其他综合收益、其他所有者权益变动的，应当转为购买日所属当期收益，由于被投资方重新计量设定受益计划净负债或净资产变动而产生的其他综合收益除外。

（3）通过多次交易分步实现的同一控制下企业合并对于分步实现的同一控制下企业合并，根据《企业会计准则第20号——企业合并》，同一控制下企业合并在编制合并财务报表时，应视同参与合并的各方在最终控制方开始控制时即以目前的状态存在进行调整，在编制比较报表时，以不早于合并方和被合并方同处于最终控制方的控制之下的时点为限，将被合并方的有关资产、负债并入合并方合并财务报表的比较报表中，并将因合并而增加的净资产在比较报表中调整所有者权益项下的相关项目。

32.4.2 因子公司的少数股东增资而稀释母公司拥有的股权比例

（一）业务概述

有时，子公司的其他股东对子公司进行增资，由此稀释了母公司对子公司的股权比例。

（二）会计处理

在这种情况下，应当按照增资前的母公司股权比例计算其在增资前子公司账面净资产中的份额，该份额与增资后按母公司持股比例计算的在增资后子公司账面净资产份额之间的差额计入资本公积，资本公积不足冲减的，调整留存收益。

（三）案例解析

【例32-7】A公司原持有B公司100%的股权并控制B公司。2×11年1月1日，第三方C公司向B公司增资100万元，增资前B公司净资产账面价值为900万元，增资后B公司净资产账面价值和公允价值均为1 000万元。增资后C公司占B公司10%的股权，A公司仍控制B公司（不考虑所得税等影响）。

分析：本例中，由于第三方C公司增资导致A公司持股比例下降。A公司按原持股比例享有的子公司净资产账面价值的份额900（900×100%）万元和按新持股比例享有的子公司净资产账面价值900（1 000×90%）万元份额之间的差额为0，因此对归属母公司股东的权益不产生影响。

【例32-8】2×11年，A公司和B公司分别出资750万元和250万元设立C公司，A公司、B公司的持股比例分别为75%和25%。C公司为A公司的子公司。

2×12年B公司对C公司增资500万元，增资后占C公司股权比例为35%。交易完成后，A公司仍控制C公司。C公司自成立日至增资前实现净利润1 000万元，除此以外，不存在其他影响C公司净资产变动的事项（不考虑所得税等影响）。

分析：本例中，在A公司合并财务报表中，B公司对C公司增资的会计处理如下。

A公司持股比例原为75%，由于少数股东增资而变为65%。增资前，A公司按照75%的持股比例享有的C公司净资产账面价值为1 500（2 000×75%）万元；增资后，A公司按照65%持股比例享有的净资产账面价值为1 625（2 500×65%）万元，两者之间的差额125万元，在A公司合并资产负债表中应调增资本公积。

第 33 章
每股收益

为了规范每股收益的计算方法及其列报，根据《企业会计准则——基本准则》，制定《企业会计准则第 34 号——每股收益》（下文简称"本准则"）。

本准则适用于普通股或潜在普通股已公开交易的企业，以及正处于公开发行普通股或潜在普通股过程中的企业。

潜在普通股，是指赋予其持有者在报告期或以后期间享有取得普通股权利的一种金融工具或其他合同，包括可转换公司债券、认股权证、股份期权等。

合并财务报表中，企业应当以合并财务报表为基础计算和列报每股收益。

33.1 与基本每股收益有关的事项处理

33.1.1 业务概述

企业应当按照归属于普通股股东的当期净利润，除以发行在外普通股的加权平均数计算基本每股收益。

33.1.2 事项处理

计算基本每股收益时，归属于普通股股东的当期净利润，即企业当期实现的可供普通股股东分配的净利润或应由普通股股东分担的净亏损金额。发生亏损的企业，每股收益以负数列示。以合并财务报表为基础计算的每股收益，分子应当是归属于母公司普通股股东的当期合并净利润，即扣减少数股东损益后的余额。与合并财务报表一同提供的母公司财务报表中企业自行选择列报每股收益的，以母公司个别财务报表为基础计算的每股收益，分子应当是归属于母公司全部普通股股东的当期净利润。

发行在外普通股加权平均数按下列公式计算：

发行在外普通股加权平均数 = 期初发行在外普通股股数 + 当期新发行普通股股数 × 已发行时间 ÷ 报告期时间 − 当期回购普通股股数 × 已回购时间 ÷ 报告期时间

已发行时间、报告期时间和已回购时间一般按照天数计算；在不影响计算结果合理性的前提下，也可以采用简化的计算方法。

新发行普通股股数，应当根据发行合同的具体条款，从应收对价之日（一般为股票发行日）起计算确定。通常包括下列情况。

（1）为收取现金而发行的普通股股数，从应收现金之日起计算。

（2）因债务转资本而发行的普通股股数，从停计债务利息之日或结算日起计算。

（3）非同一控制下的企业合并，作为对价发行的普通股股数，从购买日起计算；同一控制下的企业合并，作为对价发行的普通股股数，应当计入各列报期间普通股的加权平均数。

（4）为收购非现金资产而发行的普通股股数，从确认收购之日起计算。

33.1.3 案例解析

【例33-1】某公司2×17年期初发行在外的普通股为30 000万股；5月1日新发行普通股16 200万股；12月1日回购普通股7 200万股，以备将来奖励职工之用。该公司当年度实现净利润16 250万元。假定该公司按月数计算每股收益的时间权重。

分析：2×17年度基本每股收益计算如下。

发行在外普通股加权平均数为：

30 000×12÷12+16 200×8÷12−7 200×1÷12=40 200（万股）

或者30 000×4÷12+46 200×7÷12+39 000×1÷12=40 200（万股）

基本每股收益=16 250÷40 200=0.4（元/股）

33.2 与稀释每股收益有关的事项处理

33.2.1 业务概述

企业存在稀释性潜在普通股的，应当分别调整归属于普通股股东的当期净利润和发行在外普通股的加权平均数，并据以计算稀释每股收益。稀释性潜在普通股，是指假设当期转换为普通股会减少每股收益的潜在普通股。

33.2.2 事项处理

计算稀释每股收益时，应当根据下列事项对归属于普通股股东的当期净利润进行调整：（1）当期已确认为费用的稀释性潜在普通股的利息。（2）稀释性潜在普通股转换将产生的收益或费用。上述调整应当考虑相关的所得税影响。对于包含负债和权益成分的金融工具，仅需调整属于金融负债部分的相关利息、利得或损失。

计算稀释每股收益时，当期发行在外普通股的加权平均数应当为计算基本每股收益时普通股的加权平均数与假定稀释性潜在普通股转换为已发行普通股而增加的普通股股数的加权平均数之和。

假定稀释性潜在普通股转换为已发行普通股而增加的普通股股数，应当根据潜在普通股的条件确定。当存在不止一种转换基础时，应当假定会采取从潜在普通股持有者角度看最有利的转换率或执行价格。

假定稀释性潜在普通股转换为已发行普通股而增加的普通股股数，应当按照其发行在外时间进行加权平均。以前期间发行的稀释性潜在普通股，应当假设在当期期初转换为普通股；当期发行的稀释性潜在普通股，应当假设在发行日转换为普通股；当期被注销或终止的稀释性潜在普通股，应当按照当期发行在外的时间加权平均计入稀释每股收益；当期被转换或行权的稀释性潜在普通股，应当从当期期初至转换日（或行权日）计入稀释每股收益中，从转换日（或行权日）起所转换的普通股则计入基本每股收益中。

根据本准则第七条规定，企业存在稀释性潜在普通股的，应当计算稀释每股收益。稀释性潜在普通股主要包括可转换公司债券，认股权证和股份期权，限制性股票，企业承诺将回购其股份的合同，子公司、合营企业或联营企业发行的潜在普通股，多项潜在普通股等。

（一）可转换公司债券

对于可转换公司债券，计算稀释每股收益时，分子的调整项目为可转换公司债券当期已确认为费用的利息等的税后影响额；分母的调整项目为假定可转换公司债券当期期初或发行日转换为普通股的股数加权平均数。

（二）认股权证和股份期权

根据本准则第十条规定，认股权证和股份期权等的行权价格低于当期普通股平均市场价格时，应当考虑其稀释性。

计算稀释每股收益时，作为分子的净利润金额一般不变；分母的调整项目为按照本准则第十条中规定的公式所计算的增加的普通股股数，同时还应考虑时间权数。

公式中的行权价格和拟行权时转换的普通股股数，按照有关认股权证合同和股份期权合约确定。公式中的当期普通股平均市场价格，通常按照每周或每月具有代表性的股票交易价格进行简单算术平均计算。在股票价格比较平稳的情况下，可以采用每周或每月股票的收盘价作为代表性价格；在股票价格波动较大的情况下，可以采用每周或每月股票最高价与最低价的平均值作为代表性价格。无论采用何种方法计算平均市场价格，一经确定，不得随意变更，除非有确凿证据表明原计算方法不再适用。当期发行认股权证或股份期权的，普通股平均市场价格应当自认股权证或股份期权的发行日起计算。

（三）限制性股票

上市公司采取授予限制性股票的方式进行股权激励的，在其等待期内应当按照以下原则计算每股收益。

基本每股收益仅考虑发行在外的普通股，按照归属于普通股股东的当期净利润除以发行在外普通股的加权平均数计算。限制性股票由于未来可能被回购，性质上属于或有可发行股票，因此在计算基本每股收益时不应当包括在内。上市公司在等待期内基本每股收益的计算，应视其发放的现金股利是否可撤销采取不同的方法。

（1）现金股利可撤销，即未达到解锁条件，被回购限制性股票的持有者将无法获得（或需要退回）其在等待期内应收（或已收）的现金股利。等待期内计算基本每股收益时，分子应扣除当期分配给预计未来可解锁限制性股票持有者的现金股利；分母不应包含限制性股票的股数。

（2）现金股利不可撤销，即不论是否达到解锁条件，限制性股票持有者仍有权获得（或不得被要求退回）其在等待期内应收（或已收）的现金股利。对于现金股利不可撤销的限制性股票，即便未来没有解锁，已分配的现金股利也无需退回，表明在分配利润时这些股票享有了与普通股相同的权利，因此，属于同普通股股东一起参加剩余利润分配的其他权益工具。等待期内计算基本每股收益时，分子应扣除归属于预计未来可解锁限制性股票的净利润；分母不应包含限制性股票的股数。

上市公司在等待期内计算稀释每股收益时，应视解锁条件不同采取不同的方法。

（1）解锁条件仅为服务期限条件的，公司应假设资产负债表日尚未解锁的限制性股票已于当期期初（或晚于期初的授予日）全部解锁，并参照本章中股份期权的有关规定考虑限制性股票的稀释性。行权价格低于公司当期普通股平均市场价格时，应当当考虑其稀释性，计算稀释每股收益。其中，行权价格为限制性股票的发行价格加上资产负债表日尚未取得的职工服务按《企业会计准则第11号——股份支付》有关规定计算确定的公允价值。锁定期内计算稀释每股收益时，分子应加回计算基本每股收益分子时已扣除的当期分配给预计未来可解锁限制性股票持有者的现金股利或归属于预计未来可解锁限制性股票的净利润。

行权价格＝限制性股票的发行价格＋资产负债表日尚未取得的职工服务的公允价值

稀释每股收益＝当期净利润÷（普通股加权平均数＋调整增加的普通股加权平均数）

＝当期净利润÷[普通股加权平均数＋（限制性股票股数－行权价格×限制性股票股数÷当期普通股平均市场价格）]

限制性股票若为当期发行的，则还需考虑时间权重计算加权平均数。

（2）解锁条件包含业绩条件的，公司应假设资产负债表日即为解锁日并据以判断资产负债表日的实际业绩情况是否满足解锁要求的业绩条件。若满足业绩条件的，应当参照上述解锁条件仅为服务期限条件的有关规定计算稀释性每股收益；若不满足业绩条件的，计算稀释性每股收益时不必考虑此限制性股票的影响。

（四）企业承诺将回购其股份的合同

企业承诺将回购其股份的合同中规定的回购价格高于当期普通股平均市场价格时，应当考虑其稀释性。计算稀释每股收益时的思路与前面认股权证和股份期权的计算思路恰好相反，具体步骤如下。

（1）假设企业于期初按照当期普通股平均市场价格发行普通股，以募集足够的资金来履行回购合同；合同日晚于期初的，则假设企业于合同日按照自合同日至期末的普通股平均市场价格发行足量的普通股。该假设前提下，由于是按照市价发行普通股，导致企业经济资源流入与普通股股数同比例增加，每股收益金额不变。

（2）假设回购合同已于当期期初（或合同日）履行，按照约定的行权价格回购本企业股票。

（3）比较假设发行的普通股股数与假设回购的普通股股数，差额部分作为净增加的发行在外普通股股数，再乘以相应的时间权重，据此调整计算稀释每股收益的分母数。

增加的普通股股数＝回购价格×承诺回购的普通股股数÷当期普通股平均市场价格－承诺回购的普通股股数

（五）子公司、合营企业或联营企业发行的潜在普通股

子公司、合营企业或联营企业发行能够转换成其普通股的稀释性潜在普通股，不仅应当

包括在其稀释每股收益计算中，而且还应当包括在合并稀释每股收益以及投资者稀释每股收益的计算中。

（六）多项潜在普通股

根据本准则第十二条规定，稀释性潜在普通股应当按照其稀释程度从大到小的顺序计入稀释每股收益，直至稀释每股收益达到最小值。其中"稀释程度"，根据不同潜在普通股转换的增量股的每股收益大小进行衡量，即：假定稀释性潜在普通股转换为普通股时，将增加的归属于普通股股东的当期净利润除以增加的普通股股数加权平均数所确定的金额。

在确定计入稀释每股收益的顺序时，通常应首先考虑股份期权和认股权证的影响。

每次发行的潜在普通股应当视为不同的潜在普通股，分别判断其稀释性，而不能将其作为一个总体考虑。

对外发行多项潜在普通股的企业应当按照下列步骤计算稀释每股收益。

（1）列出企业在外发行的各潜在普通股。

（2）假设各潜在普通股已于当期期初或发行日转换为普通股，确定其对归属于普通股股东当期净利润的影响金额。可转换公司债券的假设转换一般会增加当期净利润金额；股份期权和认股权证的假设行权一般不影响当期净利润。

（3）确定各潜在普通股假设转换后将增加的普通股股数。值得注意的是，稀释性股份期权和认股权证假设行权后，计算增加的普通股股数不是发行的全部普通股股数，而应当是其中无对价发行部分的普通股股数。

（4）计算各潜在普通股的增量股每股收益，判断其稀释性。增量股每股收益越小的潜在普通股稀释程度越大。

（5）按照潜在普通股稀释程度从大到小的顺序，将各稀释性潜在普通股分别计入稀释每股收益中。分步计算过程中，如果下一步得出的每股收益小于上一步得出的每股收益，表明新计入的潜在普通股具有稀释作用，应当计入稀释每股收益中；反之，则表明具有反稀释作用，不计入稀释每股收益中。

（6）最后得出的最小每股收益金额即为稀释每股收益。

33.2.3 案例解析

【例33-2】 某公司2×18年度归属于普通股股东的净利润为5 625万元，发行在外普通股加权平均数为18 750万股。年初已发行在外的潜在普通股有：（1）认股权证7 200万份，每份认股权证可以在行权日以8元的价格认购1股本公司新发股票。（2）按面值发行的5年期可转换公司债券75 000万元，债券每张面值为100元，票面年利率为2.6%，转股价格为每股12.5元，即每100元债券可转换为8股面值为1元的普通股。（3）按面值发行的3年期可转换公司债券150 000万元，债券每张面值为100元，票面年利率为1.4%，转股价格为每股10元，即每100元债券可转换为10股面值为1元的普通股。当期普通股平均市场价格为12元，年度内没有认股权证被行权，也没有可转换公司债券被转换或赎回，所得税税率为25%。假设不考虑可转换公司债券在负债和权益成分的分拆，且债券票面利率等于实际利率。

分析：2×18 年度每股收益计算如下。

基本每股收益 =5 625÷18 750=0.3（元）

计算稀释每股收益如下。

（1）假设潜在普通股转换为普通股，计算增量股每股收益并排序，如表 33-1 所示。

表 33-1 增量股每股收益的计算

项目	净利润增加（万元）	股数增加（万股）	增量股的每股收益（元）	顺 序
认股权证		2 400①		1
2.6% 债券	1 462.5②	6 000③	0.24	3
1.4% 债券	1 575④	15 000⑤	0.11	2

① 7 200-7 200×8÷12=2 400（万股）

② 75 000×2.6%×（1-25%）=1 462.5（万元）

③ 75 000÷12.5=6 000（万股）

④ 150 000×1.4%×（1-25%）=1 575（万元）

⑤ 150 000÷10=15 000（万股）

由此可见，认股权证的稀释性最大，2.6% 利率可转债的稀释性最小。

（2）稀释每股收益的计算如表 33-2 所示。

表 33-2 稀释每股收益的计算

项目	净利润（万元）	股数（万股）	每股收益（元）	稀释性
基本每股收益	5 625	18 750	0.3	
认股权证	0	2 400		
	5 625	21 150	0.27	稀释
1.4% 债券	1 575	15 000		
	7 200	36 150	0.20	稀释
2.6% 债券	1 462.5	6 000		
	8 662.5	42 150	0.21	反稀释

因此，稀释每股收益为 0.20 元。

【例 33-3】甲公司为上市公司，采用授予职工限制性股票的形式实施股权激励计划。2×18 年 1 月 1 日，公司以非公开发行的方式向 600 名管理人员每人授予 100 股自身股票（每股面值为 1 元），授予价格为每股 8 元。当日，600 名管理人员出资认购了相关股票，总认购款为 480 000 元，甲公司履行了相关增资手续。甲公司估计该限制性股票股权激励在授予日的公允价值为每股 15 元、

该股权激励计划规定，这些管理人员自 2×18 年 1 月 1 日起在甲公司连续服务 3 年的，所授予股票将于 2×21 年 1 月 1 日全部解锁；其间离职的，甲公司将按照原授予价格每股 8 元回购相关股票。2×18 年 1 月 1 日至 2×21 年 1 月 1 日期间，所授予股票不得上市流通或转让；激励对象因获授限制性股票取得的现金股利由公司代管，作为应付股利在解锁时向

激励对象支付；对于未能解锁的限制性股票，公司在回购股票时应扣除激励对象已享有的该部分现金分红。

2×18年度，甲公司实现净利润500万元，发行在外普通股（不含限制性股票）加权平均数为200万股，宣告发放现金股利每股1元；甲公司估计三年中离职的管理人员合计为80人，当年年末有30名管理人员离职。假定甲公司2×18年度当期普通股平均市场价格为每股35元。

分析：相关计算如下。

基本每股收益=[5 000 000−1×（600−80）×100]÷2 000 000=2.47（元）

行权价格=8+15×2÷3=18（元）

由于行权价格低于当期普通股平均市场价格，因此应当考虑限制性股票的稀释性。

发行在外的限制性股份在2×18年的加权平均数=600×100×（364÷365）+（600−30）×100×（1÷365）=59 991.78（股）

稀释每股收益=5 000 000÷[2 000 000+（59 991.78−18×59 991.78÷35）]

=5 000 000÷2 029 139

=2.46（元）

【例33-4】甲公司2×17年度归属于普通股股东的净利润为72 000万元（不包括子公司乙公司利润或乙公司支付的股利），发行在外普通股加权平均数为60 000万股，持有乙公司70%的普通股股权。乙公司2×17年度归属于普通股股东的净利润为32 400万元，发行在外普通股加权平均数为13 500万股，该普通股当年平均市场价格为8元。年初，乙公司对外发行900万份可用于购买其普通股的认股权证，行权价格为4元，甲公司持有18万份认股权证，当年无认股权证被行权。假设除股利外，母子公司之间没有其他需抵销的内部交易；甲公司取得对乙公司投资时，乙公司各项可辨认资产等的公允价值与其账面价值一致。

分析：2×17年度每股收益计算如下。

（1）子公司每股收益。

① 基本每股收益=32 400÷13 500=2.4（元）

② 调整增加的普通股股数=900−900×4÷8=450（万股）

稀释每股收益=32 400÷（13 500+450）=2.32（元）

（2）合并每股收益。

① 归属于母公司普通股股东的母公司净利润=72 000（万元）

包括在合并基本每股收益计算中的子公司净利润部分=2.4×13 500×70%=22 680（万元）

基本每股收益=（72 000+22 680）÷60 000=1.58（元）

② 子公司净利润中归属于普通股且由母公司享有的部分=2.32×13 500×70%=21 924（万元）

子公司净利润中归属于认股权证且由母公司享有的部分=2.32×450×18÷900=20.88（万元）

稀释每股收益=（72 000+21 924+20.88）÷60 000=1.57（元）

【例33-5】某公司2×17年度归属于普通股股东的净利润为400万元，发行在外普通股加权平均数为1 000万股。2×17年3月2日，该公司与股东签订一份远期回购合同，承诺一年后以每股5.5元的价格回购其发行在外的240万股普通股。假设，该普通股2×17年3月至12月平均市场价格为5元。

分析：2×17年度每股收益计算如下。

基本每股收益=400÷1 000=0.4（元）

调整增加的普通股股数=240×5.5÷5-240=24（万股）

稀释每股收益=400÷（1 000+24×10÷12）=0.39（元）

33.3　计算每股收益时应考虑的其他调整因素

33.3.1　计算每股收益时应考虑的其他调整因素概述

（1）企业派发股票股利、公积金转增资本、拆股或并股等，会增加或减少其发行在外普通股或潜在普通股的数量，并不影响所有者权益金额，也不改变企业的盈利能力。但是，为了保持会计指标的前后期可比性，应当按调整后的股数重新计算各列报期间的每股收益。上述变化发生于资产负债表日至财务报告批准报出日之间的，应当以调整后的股数重新计算各列报期间的每股收益。这种调整应当以相关报批手续全部完成为前提。

（2）配股在计算每股收益时比较特殊，因为配股是向全部现有股东以低于当前股票市价的价格发行普通股，实际上可以理解为按市价发行股票和无对价送股的混合体。也就是说，配股中包含的送股因素导致了发行在外普通股股数的增加，却没有相应的经济资源的流入。计算基本每股收益时，应当考虑这部分送股因素，据以调整各列报期间发行在外普通股的加权平均数。计算公式如下：

每股理论除权价格=（行权前发行在外普通股的公允价值+配股收到的款项）÷行权后发行在外的普通股股数

调整系数=行权前每股公允价值÷每股理论除权价格

因配股重新计算的上年度基本每股收益=上年度基本每股收益÷调整系数

本年度基本每股收益=归属于普通股股东的当期净利润÷（配股前发行在外普通股股数×调整系数×配股前普通股发行在外的时间权重+配股后发行在外普通股加权平均数）

33.3.2　案例解析

【例33-6】某企业2×17年和2×18年归属于普通股股东的净利润分别为1 596万元和1 848万元，2×17年1月1日发行在外的普通股为800万股，2×17年4月1日按市价新发行普通股160万股，2×18年7月1日分派股票股利，以2×17年12月31日总股本960万股为基数每10股送3股，假设不存在其他股数变动因素。

分析：2×18年度比较利润表中基本每股收益的计算如下。

2×18年度发行在外普通股加权平均数=（800+160+288）×12÷12=1 248（万股）

2×17年度发行在外普通股加权平均数 =800×1.3×12÷12+160×1.3×9÷12=1 196（万股）

2×18年度基本每股收益 =1 848÷1 248=1.48（元）

2×17年度基本每股收益 =1 596÷1 196=1.33（元）

【例33-7】某企业2×17年度归属于普通股股东的净利润为23 500万元，2×17年1月1日发行在外普通股股数为8 000万股，2×17年6月10日，该企业发布增资配股公告，向截至2×17年6月30日（股权登记日）所有登记在册的老股东配股，配股比例为每4股配1股，配股价格为每股6元，除权交易基准日为2×17年7月1日。假设行权前一日的市价为每股11元，2×16年度基本每股收益为2.64元。

分析：2×17年度比较利润表中基本每股收益的计算如下。

每股理论除权价格 =（11×8 000+6×2 000）÷（8 000+2 000）=10（元）

调整系数 =11÷10=1.1

因配股重新计算的2×16年度基本每股收益 =2.64÷1.1=2.4（元）

2×17年度基本每股收益 =23 500÷（8 000×1.1×6÷12+10 000×6÷12）=2.5（元）

第34章
分部报告

一般来说,企业在不同业务部门和不同地区的经营,会具有不同的利润率、发展机会、未来前景和风险。要评估企业整体的风险和报酬,必须借助企业在不同业务和不同地区经营的信息(分部信息)。企业存在多种经营或跨地区经营的,应当确定报告分部,披露分部信息。

34.1 经营分部

34.1.1 业务概述

企业应当以内部组织结构、管理要求、内部报告制度为依据确定经营分部。经济特征不相似的经营分部,应当分别确定为不同的经营分部。在实务中,并非所有的经营分部均作为独立的经营分部来考虑。在某些情况下,两个或两个以上的经营分部如果具有相似的经济特征,这些经营分部经常会表现出相似的长期财务业绩,如长期平均毛利率、资金回报率、未来现金流量等。此时,将它们合并披露可能更为恰当。

34.1.2 事项处理

(1)经营分部是指企业内同时满足下列条件的组成部分:
① 该组成部分能够在日常活动中产生收入、发生费用;
② 企业管理层能够定期评价该组成部分的经营成果,以决定向其配置资源、评价其业绩;
③ 企业能够取得该组成部分的财务状况、经营成果和现金流量等有关会计信息。
(2)具有相似经济特征的两个或多个经营分部同时满足下列条件的,可以合并为一个经营分部:
① 各单项产品或劳务的性质相同或相似;
② 生产过程的性质相同或相似;
③ 产品或劳务的客户类型相同或相似;
④ 销售产品或提供劳务的方式相同或相似。

34.1.3 案例解析

【例34-1】甲公司主要从事食品的生产和销售,业务范围包括饮料、奶制品及冰激凌,碗碟、炊具用品,巧克力、糖果及饼干,制药产品等。

分析:在确定经营分部时,甲公司应当分别将其作为不同的经营分部处理,而不能将碗碟、炊具用品与巧克力、糖果及饼干等作为一个经营分部。

【例 34-2】 甲公司是一家全球性公司，总部在美国，主要生产 A、B、C、D 四个品牌的皮箱、各种手提包、公文包、皮带等，并负责相关产品的运输、销售，每种产品均由独立的业务部门完成。其生产的产品主要销往中国、日本、欧洲各国、美国国内等地。甲公司各项业务 2×19 年 12 月 31 日有关资料如表 34-1 所示，不考虑其他因素。假定甲公司管理层定期评价各业务部门的经营成果，以配置资源、评价业务；各品牌皮箱的生产过程、客户类型、销售方式等类似；经预测，生产皮箱 4 个部门今后 5 年内平均销售毛利率与本年度差异不大。

表 34-1 甲公司有关业务资料

单位：万元

项目	品牌A	品牌B	品牌C	品牌D	手提包	公文包	皮带	销售公司	运输公司	合计
营业收入	106 000	130 000	100 000	95 000	260 000	230 000	69 000	270 000	50 000	1 310 000
其中：对外交易	100 000	120 000	80 000	90 000	180 000	150 000	50 000	270 000	50 000	1 090 000
分部间交易	6 000	10 000	20 000	5 000	80 000	80 000	19 000	0	0	220 000
营业费用	74 200	92 300	69 000	66 500	156 000	142 600	55 200	220 000	30 000	905 800
其中：对外交易	60 000	78 300	57 000	62 000	149 000	132 000	47 200	205 000	30 000	820 500
分部间交易	14 200	14 000	12 000	4 500	7 000	10 600	8 000	15 000	0	85 300
营业利润	31 800	37 700	31 000	28 500	104 000	87 400	13 800	50 000	20 000	404 200
销售毛利率	30%	29%	31%	30%	40%	38%	20%	18.5%	40%	
资产总额	350 000	400 000	300 000	250 000	650 000	590 000	250 000	700 000	300 000	3 790 000
负债总额	150 000	170 000	130 000	100 000	300 000	200 000	150 000	300 000	180 000	1 680 000

分析：本例中，甲公司的各组成部分能够分别在日常生活中产生收入、发生费用，甲公司管理层定期评价各业务部门的经营成果以配置资源、评价业绩，甲公司能够取得各组成部分的财务状况、经营成果和现金流量等会计信息，因此，各组成部分满足经营分部的定义，可以分别确定为不同的经营分部。与此同时，甲公司生产 A、B、C、D 品牌皮箱的 4 个部门，其销售毛利率分别是 30%、29%、31%、30%，即具有相近的长期财务业绩；4 个品牌皮箱的生产过程、客户类型、销售方式等类似，具有相似的经济特征。因此，甲公司在确定经营分部时，可以将生产 A、B、C、D 品牌皮箱的 4 个部门予以合并，作为一个经营分部（皮箱分部）。合并后，皮箱经营分部的分部收入为 431 000 万元，分部费用为 302 000 万元，分部利润为 129 000 万元。

34.2 报告分部的确认

34.2.1 业务概述

报告分部是指符合经营分部定义，按规定应予披露的经营分部。

34.2.2 事项处理

报告分部的确定应当以经营分部为基础,而经营分部的划分通常是以不同的风险和报酬为基础,而不论其是否重要。存在多种产品经营或者跨多个地区经营的企业可能会拥有大量、规模较小、不是很重要的经营分部,而单独披露数量如此之多但规模较小的经营分部信息不仅会给财务报表使用者带来困惑,也会给财务报表编制者带来不必要的披露成本。因此,报告分部的确定应当考虑重要性原则,通常情况下,符合重要性标准的经营分部才能确定为报告分部。

(1)经营分部满足下列条件之一的,应当将其确定为报告分部。

①该经营分部的分部收入占所有分部收入合计的10%或者以上。

②该分部的分部利润(亏损)的绝对额,占所有盈利分部利润合计额或者所有亏损分部亏损合计额的绝对额两者中较大者的10%或者以上。

③该分部的分部资产占所有分部资产合计额的10%或者以上。

(2)低于10%重要性标准的选择。

经营分部未满足上述10%重要性标准的,可以按照下列规定确定报告分部。

①企业管理层如果认为披露该经营分部信息对会计信息使用者有用,那么可以将其确定为报告分部。在这种情况下,无论该经营分部是否满足10%的重要性标准,企业都可以直接将其指定为报告分部。

②将该经营分部与一个或一个以上具有相似经济特征、满足经营分部合并条件的其他经营分部合并,作为一个报告分部。对经营分部10%的重要性测试可能会导致企业拥有大量未满足10%数量临界线的经营分部,在这种情况下,如果企业没有直接将这些经营分部指定为报告分部,可以将一个或一个以上具有相似经济特征、满足经营分部合并条件的一个以上的经营分部合并成一个报告分部。

③不将该经营分部直接指定为报告分部,也不将该经营分部与其他未作为报告分部的经营分部合并为一个报告分部的,企业在披露分部信息时,应当将该经营分部的信息与其他组成部分的信息合并,作为其他项目单独披露。

(3)报告分部75%的标准。

企业的经营分部达到规定的10%重要性标准确认为报告分部后,确定为报告分部的经营分部的对外交易收入合计额占合并总收入或企业总收入的比重应当达到75%的比例。如果未达到75%的标准,企业必须增加报告分部的数量,将其他未作为报告分部的经营分部纳入报告分部的范围,直到该比重达到75%。此时,其他未作为报告分部的经营分部很可能未满足前述规定的10%的重要性标准,但为了使报告分部的对外交易收入合计额占合并总收入或企业总收入的总体比重能够达到75%的比例要求,也应当将其确定为报告分部。

(4)报告分部的数量。

根据前述的确定报告分部的原则,企业确定的报告分部数量可能超过10个,此时,企业提供的分部信息可能变得非常烦琐,不利于会计信息使用者理解和使用。因此,报告分部的数量通常不应当超过10个。如果报告分部的数量超过10个,企业应当考虑将具有相似经济特征、满足经营分部合并条件的报告分部进行合并,以使合并后的报告分部数量不超过10个。

(5) 未提供可比信息确定报告分部。

企业在确定报告分部时,除应当遵循相应的确定标准以外,还应当考虑不同会计期间分部信息的可比性和一致性。对于某一经营分部,在上期可能满足报告分部的确定条件从而确定为报告分部,但本期可能并不满足报告分部的确定条件。此时,如果企业认为该分部仍然重要,单独披露该分部的信息能够更有助于报表使用者了解企业的整体情况,则不需考虑经营分部确定为报告分部的条件,仍应当将该经营分部确定为本期的报告分部。

对于某一经营分部,在本期可能满足报告分部的确定条件从而确定为报告分部,但上期可能并不满足报告分部的确定条件从而未确定为报告分部。此时,出于比较目的提供的以前会计期间的分部信息应当予以重述,已将该经营分部反映为一个报告分部,即使其不满足确定为报告分部的条件也是如此。如果重述所需要的信息无法获得,或者不符合成本效益原则,则不需要重述以前会计期间的分部信息。不论是否对以前期间相应的报告分部信息进行重述,企业均应当在报表附注披露这一事实。

34.2.3 案例解析

【例 34-3】沿用【例 34-2】。

分析:生产 A、B、C、D 这 4 个品牌的皮箱分部合并后,分部收入合计为 431 000 万元,占所有分部收入合计的比例为 32.9%(431 000÷1 310 000×100%),满足了不低于 10% 的条件。因此,从这一条件判断,甲公司在确定报告分部时,应当将皮箱分部确定为报告分部。

【例 34-4】沿用【例 34-2】。

分析:皮带分部的利润为 13 800 万元,占所有盈利分部利润合计 404 200 万元的比例为 3.41%(13 800÷404 200×100%),低于 10% 的条件。因此,从这一条件判断,甲公司在确定报告分部时,不应当将皮带分部确定为报告分部。

销售公司分部的利润为 50 000 万元,占所有分部利润合计 404 200 万元的比例为 12.37%(50 000÷404 200×100%),满足了不低于 10% 的条件。因此,从这一条件判断,甲公司在确定报告分部时,应当将销售公司分部确定为报告分部。

【例 34-5】沿用【例 34-2】。

分析:运输公司分部的资产为 300 000 万元,占所有分部资产合计 3 790 000 万元的比例 7.92%(300 000÷3 790 000×100%),低于 10% 的条件。因此,从这一条件判断,甲公司在确定报告分部时,不应当将运输公司分部确定为报告分部。

公文包分部的资产为 590 000 万元,占所有分部资产合计 3 790 000 万元的比例为 15.57%(590 000÷3 790 000×100%),满足了不低于 10% 的条件。因此,从这一条件判断,甲公司在确定报告分部时,应当将公文包分部确定为报告分部。

【例 34-6】沿用【例 34-2】。

分析：根据报告分部的确定条件，符合条件已被确定为报告分部的分别是皮箱分部、手提包分部、公文包分部、销售公司分部，由于各报告分部的对外交易收入占企业总收入的比重分别为 35.78%、16.51%、13.76% 和 24.77%，合计为 90.82%，已达到 75% 的限制性标准，甲公司不需再增加报告分部的数量。符合条件已被确定为报告分部，具体计算如表 34-2 所示。

表 34-2　符合条件已被确定为报告分部

单位：万元

项目	皮箱	手提包	公文包	销售公司	小计	……	合计
营业收入	431 000	260 000	230 000	270 000	1 191 000	……	1 310 000
其中：对外交易	390 000	180 000	150 000	270 000	990 000	……	1 090 000
分部间交易	41 000	80 000	80 000			……	220 000
对外交易收入占企业总收入百分比	35.78%	16.51%	13.76%	24.77%	90.82%	……	100%

34.3　分部信息的披露

34.3.1　业务概述

企业披露的分部信息，应当有助于会计信息使用者评价企业所从事经营活动的性质和财务影响，以及经营所处的经济环境。企业应当以对外提供的财务报表为基础披露分部信息；对外提供合并财务报表的企业，应当以合并财务报表为基础披露分部信息。

34.3.2　事项处理

企业应当披露如下信息。

（1）描述性信息。

① 确定报告分部考虑的因素。

确定报告分部考虑的因素，通常包括企业管理层是否按照产品和服务、地理区域、监管环境差异或综合各种因素进行组织管理。

② 报告分部的产品和劳务的类型。

（2）每一报告分部的利润（亏损）总额、资产总额、负债总额信息。

① 每一报告分部的利润（亏损）总额信息。

② 每一报告分部的资产总额、负债总额信息。

（3）分部会计政策。

企业应当在附注中披露计量每一报告分部利润（亏损）的下列会计政策：① 分部间转移价格的确定基础；② 相关收入和费用分配给报告分部的基础；③ 确定报告分部利润（亏损）使用的计量方法发生变化的性质，以及这些变化产生的影响。企业应当在附注中披露计量每一报告分部资产、负债的下列会计政策：① 分部间转移价格的确定基础；② 相关资产或负债分配给报告分部的基础。

（4）报告分部信息与企业信息总额的衔接。

企业披露的分部信息，应当与合并财务报表或企业财务报表中的总额信息相衔接。

① 报告分部收入总额应当与企业收入总额相衔接。

② 报告分部利润（亏损）总额应当与企业利润（亏损）总额相衔接。

③ 分部资产总额应当与企业资产总额相衔接。

④ 报告分部负债总额应当与企业负债总额相衔接。

（5）报告分部的比较信息。

企业在披露分部信息时，为可比起见，应当提供前期的比较数据。对于某一经营分部，如果本期满足报告分部的确定条件确定为报告分部，即使前期没有满足报告分部的确定条件未确定为报告分部，也应当提供前期的比较数据。但是，重述信息不切实可行的除外。

企业内部组织结构改变导致报告分部组成发生变化的，应当提供前期比较数据。但是，提供比较数据不切实可行的除外。企业未提供前期比较数据的，应当在报告分部组成发生变化的当年，同时披露以新的报告分部和旧的报告分部为基础编制的分部信息。

（6）未作为报告分部信息组成部分进行披露的内容。

除已经作为报告分部信息组成部分的披露内容外，企业还应当披露下列信息：

① 每一产品和劳务或每一类似产品和劳务的对外交易收入。但是，披露相关信息不切实可行的除外。企业披露相关信息不切实可行的，应当披露这一事实。企业披露的每一产品和劳务或每一类似产品和劳务的对外交易收入金额，应当以用于编制企业财务报表的信息为基础。

② 企业取得的来自本国的对外交易收入总额，以及企业从其他国家或地区取得的对外交易收入总额。但是，披露相关信息不切实可行的除外。企业披露相关信息不切实可行的，应当披露这一事实。如果企业从某个国家或地区取得的对外交易收入金额重要，应当单独予以披露。

③ 企业取得的位于本国的非流动资产（不包括金融资产、独立账户资产、递延所得税资产）总额，以及企业位于其他国家或地区的非流动资产（不包括金融资产、独立账户资产、递延所得税资产）总额。但是，披露相关信息不切实可行的除外。企业披露相关信息不切实可行的，应当披露这一事实。如果企业从某个国家或地区取得的非流动资产金额重要，应当单独予以披露。

④ 企业对主要客户的依赖程度。企业与某一外部客户交易收入占合并总收入或企业总收入的10%或以上，应当披露这一事实，以及来自该外部客户的总收入和相关报告分部的特征。企业不需要报告主要客户的身份，每一报告分部也不需要报告来自该客户的收入。

34.3.3 案例解析

【例34-7】沿用【例34-2】。

分析：甲公司披露的确定报告分部考虑的因素如下。

本公司的报告分部都是提供不同产品或服务的业务单元。由于各种业务需要不同的技术和市场战略，所以，本公司分别独立管理各个报告分部的生产经营分部，分别评价其经营成果，以决定向其配置资源、评价其业绩。

【例34-8】沿用【例34-2】。

分析：甲公司披露的报告分部的产品和业务的类型如下。

本公司有4个报告分部，分别为皮箱分部、手提包分部、公文包分部和销售公司分部。皮箱分部负责生产皮箱；手提包分部负责生产手提包；公文包分部负责生产公文包；销售公司分部负责销售本公司各组成部分生产的各种产品。

【例34-9】沿用【例34-2】。假定甲公司总部资产总额为20 000万元，总部负债总额为12 000万元，其他资料如表34-3所示。

表34-3 其他资料

单位：万元

项目	品牌A	品牌B	品牌C	品牌D	手提包	公文包	皮带	销售公司	运输公司	合计
折旧费用	8 250	8 850	5 900	5 320	20 620	13 150	8 100	23 620	14 500	108 310
摊销费用	750	900	1 040	490	860	1 350	230	210	0	5 830
利润总额	31 000	28 000	32 050	37 950	104 000	87 400	17 000	50 000	16 800	404 200
所得税费用	7 750	7 000	8 012.5	9 487.5	26 000	21 850	4 250	12 500	4 200	101 050
净利润	23 250	21 000	24 037.5	28 462.5	78 000	65 550	12 750	37 500	12 600	303 150
资本性支出	20 000	15 000	50 000	8 500	35 000	7 600	0	850	400	137 350

分析：根据上述资料，甲公司编制的报告分部利润（亏损）、资产及负债信息如表34-4所示（注：前期比较数据略）。

表34-4 报告分部利润（亏损）、资产及负债信息

单位：万元

项目	皮箱分部	手提包分部	公文包分部	销售公司分部	其他	分部间抵销	合计
一、对外交易收入	390 000	180 000	150 000	270 000	100 000	—	1 090 000
二、分部间交易收入	41 000	80 000	80 000	—	19 000	（220 000）	220 000
三、对联营和合营企业的投资收益	—	—	—	—	—	—	—
四、资产减值损失	—	—	—	—	—	—	—
五、折旧费和摊销费	31 500	21 480	14 500	23 830	22 830	—	114 140
六、利润总额（亏损总额）	129 000	104 000	87 400	50 000	33 800	—	404 200

（续表）

项目	皮箱分部	手提包分部	公文包分部	销售公司分部	其他	分部间抵销	合计
七、所得税费用	32 250	26 000	21 850	12 500	8 450	—	101 050
八、净利润（净亏损）	96 750	78 000	65 550	37 500	25 350	—	303 150
九、资产总额	1 300 000	650 000	590 000	700 000	550 000	—	3 790 000
十、负债总额	550 000	300 000	200 000	300 000	330 000	—	1 680 000
十一、其他重要的非现金项目	—	—	—	—	—	—	—
折旧费和摊销费以外的其他非现金费用	93 500	35 000	7 600	850	400	—	137 350
对联营和合营企业的长期股权投资	—	—	—	—	—	—	—
长期股权投资以外的其他非流动资产增加额	—	—	—	—	—	—	—

第 35 章
关联方披露

35.1 关联方关系的认定

35.1.1 业务概述

关联方关系的存在是以控制、共同控制或重大影响为前提条件的。在判断是否存在关联方关系时，应当遵循实质重于形式的原则。

关联方关系认定的事项处理，如表 35-1 所示。

表 35-1 关联方关系认定的事项处理

经济业务	事项处理
存在关联关系的各方	（1）该企业的母公司 （2）该企业的子公司 （3）与该企业受同一母公司控制的其他企业 （4）对该企业实施共同控制的投资方 （5）对该企业施加重大影响的投资方 （6）该企业的合营企业 （7）该企业的联营企业 （8）该企业的主要投资者个人及与其关系密切的家庭成员 （9）该企业或其母公司的关键管理人员及与其关系密切的家庭成员 （10）该企业主要投资者个人、关键管理人员或与其关系密切的家庭成员控制、共同控制或施加重大影响的其他企业 （11）该企业关键管理人员提供服务的提供方与服务接受方
不构成关联方关系的情况	（1）与该企业发生日常往来的资金提供者、公用事业部门、政府部门和机构，以及因与该企业发生大量交易而存在经济依存关系的单个客户、供应商、特许商、经销商和代理商之间，不构成关联方关系 （2）与该企业共同控制合营企业的合营者之间，通常不构成关联方关系 （3）仅仅同受国家控制而不存在控制、共同控制或重大影响关系的企业，不构成关联方关系 （4）受同一方重大影响的企业之间不构成关联方关系

35.1.2 事项处理

（一）存在关联方关系的各方

从一个企业的角度出发，与其存在关联方关系的各方如下。

（1）该企业的母公司，不仅包括直接或间接地控制该企业的其他企业，也包括能够对该企业实施直接或间接控制的单位等。

①某一个企业直接控制一个或多个企业。例如，母公司控制一个或若干个子公司，则母

公司与子公司之间存在关联方关系。

②某一个企业通过一个或若干中间企业间接控制一个或多个企业。例如，母公司通过其子公司，间接控制子公司的子公司，表明母公司与其子公司的子公司存在关联方关系。

③一个企业直接地和通过一个或若干中间企业间接地控制一个或多个企业。例如，母公司对某一企业的投资虽然没有达到控股的程度，但由于其子公司也拥有该企业的股份或权益，如果母公司与其子公司对该企业的投资之和达到拥有该企业的控制权，则母公司直接和间接地控制该企业，表明母公司与该企业之间存在关联方关系。

（2）该企业的子公司。其包括直接或间接地被该企业控制的其他企业，也包括直接或间接地被该企业控制的企业、单位、基金等特殊目的实体。

（3）与该企业受同一母公司控制的其他企业。例如，A公司和B公司同受C公司控制，从而A公司和B公司之间构成关联方关系。

（4）对该企业实施共同控制的投资方。这里的共同控制包括直接的共同控制和间接的共同控制。对企业实施直接或间接共同控制的投资方与该企业之间是关联方关系，但这些投资方之间并不能仅仅因为共同控制了同一家企业而视为存在关联方关系。例如，A、B、C三个企业共同控制D企业，从而A和D、B和D，以及C和D成为关联方关系。如果不存在其他关联方关系，A和B、A和C以及B和C之间不构成关联方关系。

（5）对该企业施加重大影响的投资方。这里的重大影响包括直接的重大影响和间接的重大影响。对企业实施重大影响的投资方与该企业之间是关联方关系，但这些投资方之间并不能仅仅因为对同一家企业具有重大影响而视为存在关联方关系。

（6）该企业的合营企业。合营企业包括合营企业的子公司。合营企业是以共同控制为前提的，两方或多方共同控制某一企业时，该企业则为投资者的合营企业。例如，A、B、C、D企业各占F企业有表决权资本的25%，按照合同规定，投资各方按照出资比例控制F企业，由于出资比例相同，F企业由A、B、C、D企业共同控制，在这种情况下，A和F、B和F、C和F以及D和F之间构成关联方关系。

（7）该企业的联营企业。联营企业包括联营企业的子公司。联营企业和重大影响是相联系的，如果投资者能对被投资企业施加重大影响，则该被投资企业应被视为投资者的联营企业。

（8）该企业的主要投资者个人及与其关系密切的家庭成员。主要投资者个人，是指能够控制、共同控制一个企业或者对一个企业施加重大影响的个人投资者。

①某一企业与其主要投资者个人之间的关系。例如，张三是A企业的主要投资者，则A企业与张三构成关联方关系。

②某一企业与其主要投资者个人关系密切的家庭成员之间的关系。例如，A企业的主要投资者张三的儿子与A企业构成关联方关系。

（9）该企业或其母公司的关键管理人员及其关系密切的家庭成员。关键管理人员，是指有权力并负责计划、指挥和控制企业活动的人员。通常情况下，企业关键管理人员负责管理企业的日常经营活动，并且负责制定经营计划、战略目标、指挥调度生产经营活动等，主要包括董事长、董事、董事会秘书、总经理、总会计师、财务总监、主管各项事务的副总经理以及行使类似决策职能的人员等。

①某一企业与其关键管理人员之间的关系。例如，A企业的总经理与A企业构成关联方关系。

②某一企业与其关键管理人员关系密切的家庭成员之间的关系。例如，A企业的总经理张三的儿子张小三与A企业构成关联方关系。

（10）该企业主要投资者个人、关键管理人员或与其关系密切的家庭成员控制、共同控制的其他企业。与主要投资者个人、关键管理人员关系密切的家庭成员，是指在处理与企业的交易时可能影响该个人或受该个人影响的家庭成员。例如，父母、配偶、兄弟姐妹和子女等。对于这类关联方，应当根据主要投资者个人、关键管理人员或与其关系密切的家庭成员对两家企业的实际影响力具体分析判断。

①某一企业与受该企业主要投资者个人控制、共同控制的其他企业之间的关系。例如，A企业的主要投资者H拥有B企业60%的表决权资本，则A和B存在关联方关系。

②某一企业与受该企业主要投资者个人关系密切的家庭成员控制、共同控制的其他企业之间的关系。例如，A企业的主要投资者Y的妻子拥有B企业60%的表决权资本，则A和B存在关联方关系。

③某一企业与受该企业关键管理人员控制、共同控制的其他企业之间的关系。例如，A企业的关键管理人员H控制了B企业，则A和B存在关联方关系。

④某一企业与受该企业关键管理人员关系密切的家庭成员控制、共同控制的其他企业之间的关系。例如，A企业的财务总监Y的妻子是B企业的董事长，则A和B存在关联方关系。

（11）该企业关键管理人员提供服务的提供方与服务接受方。提供关键管理人员服务的主体（以下简称"服务提供方"）向接受该服务的主体（以下简称"服务接受方"）提供关键管理人员服务的，服务提供方和服务接受方之间是否构成关联方关系应当具体分析判断。

①服务接受方在编制财务报表时，应当将服务提供方作为关联方进行相关披露。服务接受方可以不披露服务提供方所支付或应支付给服务提供方有关员工的报酬，但应当披露其接受服务而应支付的金额。

②服务提供方在编制财务报表时，不应仅仅因为向服务接受方提供了关键管理人员服务就将其认定为关联方，而应当按照《企业会计准则第36号——关联方披露》判断双方是否构成关联方关系并进行相应的会计处理。

（二）不构成关联方关系的情况

（1）与该企业发生日常往来的资金提供者、公用事业部门、政府部门和机构，以及因与该企业发生大量交易而存在经济依存关系的单个客户、供应商、特许商、经销商和代理商之间，不构成关联方关系。

（2）与该企业共同控制合营企业的合营者之间，通常不构成关联方关系。

（3）仅仅同受国家控制而不存在控制、共同控制或重大影响关系的企业，不构成关联方关系。

（4）受同一方重大影响的企业之间不构成关联方关系。

35.2 关联方交易的认定

35.2.1 业务概述

关联方交易是指关联方之间发生转移资源或义务的事项，而不论是否收取价款。

35.2.2 事项处理

存在关联方关系的情况下，关联方之间发生的交易为关联方交易，关联方的交易类型主要如下。

（1）购买或销售商品。购买或销售商品是关联方交易较常见的交易事项，如企业集团成员企业之间互相购买或销售商品，形成关联方交易。

（2）购买或销售除商品以外的其他资产。例如，母公司出售给其子公司设备或建筑物等。

（3）提供或接受劳务。例如，A企业是B企业的联营企业，A企业专门从事设备维修服务，B企业的所有设备均由A企业负责维修，B企业每年支付设备维修费用300万元，该维修服务构成A企业与B企业的关联方交易。

（4）担保。担保包括在借贷、买卖、货物运输、加工承揽等经济活动中，为了保障其债权实现而实行的担保等。当存在关联方关系时，一方往往为另一方提供为取得借款、买卖等经济活动中所需要的担保。

（5）提供资金（贷款或股权投资）。例如，企业从其关联方取得资金，或权益性资金在关联方之间的增减变动等。

（6）租赁。租赁通常包括经营租赁和融资租赁等，关联方之间的租赁合同也是主要的交易事项。

（7）代理。代理主要是依据合同条款，一方可为另一方代理某些事务，如代理销售货物或代理签订合同等。

（8）研究与开发项目的转移。在存在关联方关系时，有时某一企业所研究与开发的项目会由于一方的要求而放弃或转移给其他企业。例如，B公司是A公司的子公司，A公司要求B公司停止对某一新产品的研究和试制，并将B公司研究的现有成果转给A公司最近购买的、研究与开发能力超过B公司的C公司继续研制，从而形成关联方交易。

（9）许可协议。当存在关联方关系时，关联方之间可能达成某项协议，允许一方使用另一方商标等，从而形成了关联方之间的交易。

（10）代表企业或由企业代表另一方进行债务结算。

（11）关键管理人员薪酬。企业支付给关键管理人员的报酬，也是一项主要的关联方交易。

关联方交易还包括就某特定事项在未来发生或不发生时所作出的采取相应行动的任何承诺，如（已确认及未确认的）待执行合同。

35.3 关联方披露

35.3.1 业务概述

企业财务报表中应当披露所有关联方关系及其交易的相关信息。对外提供合并财务报表的，对于已经包括在合并范围内各企业之间的交易不予披露，但应当披露与合并范围外各关联方的关系及其交易。

关联方披露的事项处理，如表 35-2 所示。

表 35-2 关联方披露的事项处理

经济业务	事项处理
企业无论是否发生关联方交易，均应当在附注中披露与该企业之间存在直接控制关系的母公司和所有子公司有关的信息	（1）母公司和子公司的名称 （母公司不是该企业最终控制方的，还应当披露最终控制方名称，母公司和最终控制方均不对外提供财务报表的，还应当披露母公司之上与其最相近的对外提供财务报表的母公司名称） （2）母公司和子公司的业务性质、注册地、注册资本（或实收资本、股本）及其变化 （3）母公司对该企业或者该企业对子公司的持股比例和表决权比例
企业与关联方发生关联方交易的，应当在附注中披露该关联方关系的性质、交易类型及交易要素	（1）交易的金额 （2）未结算项目的金额、条款和条件，以及有关提供或取得担保的信息 （3）未结算应收项目的坏账准备金额 （4）定价政策
对外提供合并财务报表的，对于已经包括在合并范围内各企业之间的交易不予披露	

35.3.2 事项处理

（1）企业无论是否发生关联方交易，均应当在附注中披露与该企业之间存在直接控制关系的母公司和所有子公司有关的信息。母公司不是该企业最终控制方的，还应当披露企业集团内对该企业享有最终控制权的企业（或主体）的名称。母公司和最终控制方均不对外提供财务报表的，还应当披露母公司之上与其最相近的对外提供财务报表的母公司名称。

（2）企业与关联方发生关联方交易的，应当在附注中披露该关联方关系的性质、交易类型及交易要素。关联方关系的性质，是指关联方与该企业的关系，即关联方是该企业的子公司、合营企业、联营企业等。交易类型通常包括购买或销售商品、购买或销售商品以外的其他资产、提供或接受劳务、担保、提供资金（贷款或股权投资）、租赁、代理、研究与开发项目的转移、许可协议、代表企业或由企业代表另一方进行债务结算、就某特定事项在未来发生或不发生时所作出的采取相应行动的任何承诺，包括（已确认及未确认的）待执行合同等。交易要素至少应当包括：交易的金额；未结算项目的金额、条款和条件（包括承诺），以及有关提供或取得担保的信息；未结算应收项目坏账准备金额；定价政策。关联方交易的金额应当披露相关比较数据。

（3）对外提供合并财务报表的，对于已经包括在合并范围内各企业之间的交易不予披露。合并财务报表是将集团作为一个整体来反映与其有关的财务信息,在合并财务报表中,企业集团作为一个整体看待,企业集团内的交易已不属于交易,并且已经在编制合并财务报表时予以抵销。因此,《企业会计准则第36号——关联方披露》规定,对外提供合并财务报表的,除了应按上述两项的要求进行披露外,对于已经包括在合并范围内并已抵销的各企业之间的交易不予披露。

35.3.3 案例解析

【例35-1】A公司为C公司的母公司,拥有C公司60%的表决权;B公司为对C公司施加重大影响的投资方,拥有C公司40%的表决权。2×18年度A公司向B公司采购原材料50万元,A公司向C公司采购原材料100万元,C公司向B公司采购原材料200万元。

针对本案例需探讨的问题:A公司、B公司与C公司之间是否存在关联方关系及其交易,如果存在,在A公司2×18年度的财务报表附注中应如何进行关联方披露?

对于本案例探讨的问题,业内通常存在以下三种观点。

观点一:A公司2×18年度财务报表附注中仅需披露C公司为A公司的子公司。2×18年度A公司向B公司采购原材料50万元,A公司向C公司采购原材料100万元,C公司向B公司采购原材料200万元,均无需在A公司2×18年度财务报表附注中作为关联方交易进行披露。

观点二:A公司2×18年度财务报表附注中需披露C公司为A公司的子公司,B公司为对A公司的子公司C可施加重大影响的少数股东。A公司向C公司采购原材料100万元,无需在A公司2×18年度财务报表附注中作为关联方交易进行披露;A公司向B公司采购原材料50万元,C公司向B公司采购原材料200万元,均需在A公司2×18年度财务报表附注中作为关联方交易进行披露。

观点三:A公司2×18年度财务报表附注中需披露C公司为A公司的子公司,B公司为对A公司的子公司C可施加重大影响的少数股东。A公司向B公司采购原材料50万元,A公司向C公司采购原材料100万元,均无需在A公司2×18年度财务报表附注中作为关联方交易进行披露;C公司向B公司采购原材料200万元,需在A公司2×18年度财务报表附注中作为关联方交易进行披露。

分析:观点三正确。

A公司需编制合并财务报表及其附注,C公司作为A公司的子公司在A公司的合并财务报表附注中作为关联方关系披露毋庸置疑,A公司与C公司之间存在的购销100万元的交易已在编制合并财务报表时抵销,因此A公司向C公司采购原材料100万元无需在A公司的合并财务报表附注中作为关联方交易披露。由于合并财务报表附注中的关联方披露是基于合并财务报表进行的,基于实体理论的观点,A公司的子公司C的少数股东B公司也是A公司合并集团的权益持有者,所以少数股东B公司(指对A公司所投资的子公司C具有重大影响的)与A公司合并集团之间应当是关联方,但在附注中披露关联方关系时应披露"对子公司C可施加重大影响的少数股东",并且在界定关联方交易时,仅需将该少数股东B公司与其能够施加重大影响的 C 公司（即 A 公司的子公司 C）之间的交易统计为关联方交易。因此 A 公司与 B 公司之间不存在关联方关系，A 公司向 B 公司采购原材料 50 万元无需在 A 公司 2×18 年度财务报表附注中作为关联方交易进行披露；仅需将 C 公司向 B 公司采购原材料 200 万元在 A 公司 2×18 年度财务报表附注中作为关联方交易进行披露。

【例 35-2】2×18 年度 1 至 7 月 A 公司为对 B 公司施加重大影响的投资方，拥有 B 公司 40% 的表决权；2×18 年度 8 月 1 日起 A 公司不拥有 B 公司的任何表决权，对 B 公司无任何影响。2×18 年度 A 公司向 B 公司采购原材料 200 万元，其中：2×18 年度 1 至 7 月 A 公司向 B 公司采购原材料 150 万元，2×18 年度 8 至 12 月 A 公司向 B 公司采购原材料 50 万元。

针对本案例需探讨的问题：A 公司与 B 公司之间是否存在关联方关系及其交易，如果存在，在 A 公司 2×18 年度的财务报表附注中应如何进行关联方披露？对于本案例探讨的问题，业内通常存在以下三种观点。

观点一：2×18 年度 A 公司与 B 公司之间不存在关联方关系并且无任何关联方交易，因此无需在 A 公司 2×18 年度财务报表附注中披露。

观点二：A 公司 2×18 年度财务报表附注中应披露 B 公司为 A 公司的联营企业，A 公司向 B 公司采购原材料 200 万元应作为关联方交易披露。

观点三：A 公司 2×18 年度财务报表附注中应披露 2×18 年度 1 至 7 月 B 公司为 A 公司的联营企业，2×18 年度 8 至 12 月 B 公司与 A 公司之间无任何关联方关系。2×18 年度 1 至 7 月 A 公司向 B 公司采购原材料 150 万元应作为关联方交易披露；2×18 年度 8 至 12 月 A 公司向 B 公司采购原材料 50 万元不作为关联方交易披露。

分析：观点三正确。

伴随着 2×18 年度中 A 公司对 B 公司的表决权发生变化，A 公司与 B 公司之间的关联方关系也在 2×18 年度中发生了变化。2×18 年度 A 公司财务报表附注的关联方披露中不能仅按年初时点或年末时点的 A 公司与 B 公司之间的关系进行披露。A 公司与 B 公司之间的关系在 2×18 年度中存在着动态的变化，应按不同的时段动态分析 A 公司与 B 公司之间是否存在关联方关系及其交易。2×18 年度 1 至 7 月 A 公司拥有 B 公司 40% 的表决权，该期限内 B 公司为 A 公司的联营企业；2×18 年度 8 月 1 日起 A 公司不拥有 B 公司的任何表决权，则 B 公司与 A 公司之间无任何关联方关系。因此 2×18 年度 A 公司财务报表附注中的关联方关系及其交易应披露：2×18 年度 1 至 7 月 B 公司为 A 公司的联营企业，在此期间内 A 公司向 B 公司采购原材料 150 万元为关联方交易；2×18 年度 8 至 12 月 B 公司与 A 公司之间无任何关联方关系，在此期间内 A 公司向 B 公司采购原材料 50 万元不作为关联方交易。

第36章
金融工具列报

金融工具列报，包括金融工具列示和金融工具披露。金融工具列报的信息，应当有助于财务报表使用者了解企业所发行金融工具的分类、计量和列报的情况，以及企业所持有的金融资产和承担的金融负债的情况，并就金融工具对企业财务状况和经营成果影响的重要程度、金融工具使企业在报告期间和期末所面临风险的性质和程度，以及企业如何管理这些风险作出合理评价。

《企业会计准则第37号——金融工具列报》（下文简称"本准则"）适用于所有企业各种类型的金融工具，但下列各项适用其他会计准则。

（1）由《企业会计准则第2号——长期股权投资》《企业会计准则第33号——合并财务报表》《企业会计准则第40号——合营安排》规范的对子公司、合营企业和联营企业的投资，其披露适用《企业会计准则第41号——在其他主体中权益的披露》。但企业持有的与在子公司、合营企业或联营企业中的权益相联系的衍生工具，适用本准则。

企业按照《企业会计准则第22号——金融工具确认和计量》相关规定对联营企业或合营企业的投资进行会计处理的，以及企业符合《企业会计准则第33号——合并财务报表》有关投资性主体定义，且根据该准则规定对子公司的投资以公允价值计量且其变动计入当期损益的，对上述合营企业、联营企业或子公司的相关投资适用本准则。

（2）由《企业会计准则第9号——职工薪酬》规范的职工薪酬相关计划形成的企业的权利和义务，适用《企业会计准则第9号——职工薪酬》。

（3）由《企业会计准则第11号——股份支付》规范的股份支付中涉及的金融工具以及其他合同和义务，适用《企业会计准则第11号——股份支付》。但是，股份支付中属于本准则范围的买入或卖出非金融项目的合同，以及与股份支付相关的企业发行、回购、出售或注销的库存股，适用本准则。

（4）由《企业会计准则第12号——债务重组》规范的债务重组，适用《企业会计准则第12号——债务重组》。但债务重组中涉及金融资产转移披露的，适用本准则。

（5）由《企业会计准则第14号——收入》规范的属于金融工具的合同权利和义务，适用《企业会计准则第14号——收入》。由《企业会计准则第14号——收入》要求在确认和计量相关合同权利的减值损失和利得时，应当按照《企业会计准则第22号——金融工具确认和计量》进行会计处理的合同权利，适用本准则有关信用风险披露的规定。

（6）由保险合同相关会计准则规范的保险合同所产生的权利和义务，适用保险合同相关会计准则。因具有相机分红特征而由保险合同相关会计准则规范的合同所产生的权利和义务，适用保险合同相关会计准则。但对于嵌入保险合同的衍生工具，该嵌入衍生工具本身不是保险合同的，适用本准则；该嵌入衍生工具本身为保险合同的，适用保险合同相关会计准则。

企业选择按照《企业会计准则第 22 号——金融工具确认和计量》进行会计处理的财务担保合同，适用本准则；企业选择按照保险合同相关会计准则进行会计处理的财务担保合同，适用保险合同相关会计准则。

（7）本准则适用于能够以现金或其他金融工具净额结算，或通过交换金融工具结算的买入或卖出非金融项目的合同。但企业按照预定的购买、销售或使用要求签订并持有，旨在收取或交付非金融项目的合同，适用其他相关会计准则，但是企业根据《企业会计准则第 22 号——金融工具确认和计量》的规定将该合同指定为以公允价值计量且其变动计入当期损益的金融资产或金融负债的，适用本准则。

36.1 金融工具区分

36.1.1 金融负债和权益工具

（一）业务概述

企业应当根据所发行金融工具的合同条款及其所反映的经济实质而非仅以法律形式，结合金融资产、金融负债和权益工具的定义，在初始确认时将金融工具或其组成部分分类为金融资产、金融负债或权益工具。

与金融负债和权益工具相关的主要内容，如表 36-1 所示。

表 36-1 与金融负债和权益工具相关的主要内容

金融负债和权益工具	（1）金融负债 （2）权益工具 （3）金融负债和权益工具的区分 （4）复合金融工具 （5）合并财务报表列报

（二）会计处理

1. 金融负债

金融负债，是指企业符合下列条件之一的负债。

（1）向其他方交付现金或其他金融资产的合同义务。

（2）在潜在不利条件下，与其他方交换金融资产或金融负债的合同义务。

（3）将来须用或可用企业自身权益工具进行结算的非衍生工具合同，且企业根据该合同将交付可变数量的自身权益工具。

（4）将来须用或可用企业自身权益工具进行结算的衍生工具合同，但以固定数量的自身权益工具交换固定金额的现金或其他金融资产的衍生工具合同除外。企业对全部现有同类别非衍生自身权益工具的持有方同比例发行配股权、期权或认股权证，使之有权按比例以固定金额的任何货币换取固定数量的该企业自身权益工具的，该类配股权、期权或认股权证应当分类为权益工具。其中，企业自身权益工具不包括应按照本准则分类为权益工具的金融工具,也不包括本身就要求在未来收取或交付企业自身权益工具的合同。

2. 权益工具

权益工具是指能证明拥有某个企业在扣除所有负债后的资产中的剩余权益的合同。企业发行的金融工具同时满足下列条件的,符合权益工具的定义,应当将该金融工具分类为权益工具。

(1) 该金融工具应当不包括交付现金或其他金融资产给其他方,或在潜在不利条件下与其他方交换金融资产或金融负债的合同义务。

(2) 将来须用或可用企业自身权益工具结算该金融工具。如为非衍生工具,该金融工具应当不包括交付可变数量的自身权益工具进行结算的合同义务;如为衍生工具,企业只能通过以固定数量的自身权益工具交换固定金额的现金或其他金融资产结算该金融工具。企业自身权益工具不包括应按照本准则分类为权益工具的金融工具,也不包括本身就要求在未来收取或交付企业自身权益工具的合同。

3. 金融负债和权益工具的区分

金融负债和权益工具的区分依据以下几点进行。

(1) 企业不能无条件地避免以交付现金或其他金融资产来履行一项合同义务的,该合同义务符合金融负债的定义。有些金融工具虽然没有明确地包含交付现金或其他金融资产义务的条款和条件,但有可能通过其他条款和条件间接地形成合同义务。

如果一项金融工具须用或可用企业自身权益工具进行结算,需要考虑用于结算该工具的企业自身权益工具,是作为现金或其他金融资产的替代品,还是为了使该工具持有方享有在发行方扣除所有负债后的资产中的剩余权益。如果是前者,该工具是发行方的金融负债;如果是后者,该工具是发行方的权益工具。在某些情况下,一项金融工具合同规定企业须用或可用自身权益工具结算该金融工具,其中合同权利或合同义务的金额等于可获取或需交付的自身权益工具的数量乘以其结算时的公允价值,则无论该合同权利或合同义务的金额是固定的,还是完全或部分地基于除企业自身权益工具的市场价格以外变量(如利率、某种商品的价格或某项金融工具的价格)的变动而变动的,该合同应当分类为金融负债。

(2) 除分类为权益工具的金融工具外,如果一项合同使发行方承担了以现金或其他金融资产回购自身权益工具的义务,即使发行方的回购义务取决于合同对手方是否行使回售权,发行方应当在初始确认时将该义务确认为一项金融负债,其金额等于回购所需支付金额的现值(如远期回购价格的现值、期权行权价格的现值或其他回售金额的现值)。如果最终发行方无需以现金或其他金融资产回购自身权益工具,应当在合同到期时将该项金融负债按照账面价值重分类为权益工具。

(3) 对于附有或有结算条款的金融工具,发行方不能无条件地避免交付现金、其他金融资产或以其他导致该工具成为金融负债的方式进行结算的,应当分类为金融负债。但是,满足下列条件之一的,发行方应当将其分类为权益工具。

① 要求以现金、其他金融资产或以其他导致该工具成为金融负债的方式进行结算的或有结算条款几乎不具有可能性,即相关情形极端罕见、显著异常且几乎不可能发生。

② 只有在发行方清算时，才需以现金、其他金融资产或以其他导致该工具成为金融负债的方式进行结算。

③ 按照本准则分类为权益工具的可回售工具。

附有或有结算条款的金融工具，指是否通过交付现金或其他金融资产进行结算，或者是否以其他导致该金融工具成为金融负债的方式进行结算，需要由发行方和持有方均不能控制的未来不确定事项（如股价指数、消费价格指数变动、利率或税法变动、发行方未来收入、净收益或债务权益比率等）的发生或不发生（或发行方和持有方均不能控制的未来不确定事项的结果）来确定的金融工具。

（4）对于存在结算选择权的衍生工具（如合同规定发行方或持有方能选择以现金净额或以发行股份交换现金等方式进行结算的衍生工具），发行方应当将其确认为金融资产或金融负债，但所有可供选择的结算方式均表明该衍生工具应当确认为权益工具的除外。

4. 复合金融工具

企业应对发行的非衍生工具进行评估，以确定所发行的工具是否为复合金融工具。企业所发行的非衍生工具可能同时包含金融负债成分和权益工具成分。对于复合金融工具，发行方应于初始确认时将各组成部分分别分类为金融负债、金融资产或权益工具。

企业发行的一项非衍生工具同时包含金融负债成分和权益工具成分的，应于初始计量时先确定金融负债成分的公允价值（包括其中可能包含的非权益性嵌入衍生工具的公允价值），再从复合金融工具公允价值中扣除负债成分的公允价值，作为权益工具成分的价值。复合金融工具中包含非权益性嵌入衍生工具的，非权益性嵌入衍生工具的公允价值应当包含在金融负债成分的公允价值中，并且按照《企业会计准则第 22 号——金融工具确认和计量》的规定对该金融负债成分进行会计处理。

5. 合并财务报表列报

在合并财务报表中对金融工具（或其组成部分）进行分类时，企业应当考虑企业集团成员和金融工具的持有方之间达成的所有条款和条件。企业集团作为一个整体，因该工具承担了交付现金、其他金融资产或以其他导致该工具成为金融负债的方式进行结算的义务的，该工具在企业集团合并财务报表中应当分类为金融负债。

36.1.2 特殊金融工具

（一）业务概述

与特殊金融工具相关的主要内容，如表 36-2 所示。

表 36-2　与特殊金融工具相关的主要内容

特殊金融工具	（1）可回售工具 （2）发行方仅在清算时才有义务向另一方按比例交付其净资产的金融工具 （3）金融负债与权益工具的重分类 （4）合并财务报表列报

（二）会计处理

1. 可回售工具

可回售工具是指根据合同约定，持有方有权将该工具回售给发行方以获取现金或其他金融资产的权利，或者在未来某一不确定事项发生或者持有方死亡或退休时，自动回售给发行方的金融工具。

符合金融负债定义，但同时具有下列特征的可回售工具，应当分类为权益工具。

（1）赋予持有方在企业清算时按比例份额获得该企业净资产的权利。这里所指企业净资产是扣除所有优先于该工具对企业资产要求权之后的剩余资产；这里所指按比例份额是清算时将企业的净资产分拆为金额相等的单位，并且将单位金额乘以持有方所持有的单位数量。

（2）该工具所属的类别次于其他所有工具类别，即该工具在归属于该类别前无须转换为另一种工具，且在清算时对企业资产没有优先于其他工具的要求权。

（3）该工具所属的类别中（该类别次于其他所有工具类别），所有工具具有相同的特征（如它们必须都具有可回售特征，并且用于计算回购或赎回价格的公式或其他方法都相同）。

（4）除了发行方应当以现金或其他金融资产回购或赎回该工具的合同义务外，该工具不满足本准则规定的金融负债定义中的任何其他特征。

（5）该工具在存续期内的预计现金流量总额，应当实质上基于该工具存续期内企业的损益、已确认净资产的变动、已确认和未确认净资产的公允价值变动（不包括该工具的任何影响）。

2. 发行方仅在清算时才有义务向另一方按比例交付其净资产的金融工具

符合金融负债定义，但同时具有下列特征的发行方仅在清算时才有义务向另一方按比例交付其净资产的金融工具，应当分类为权益工具：

（1）赋予持有方在企业清算时按比例份额获得该企业净资产的权利；

（2）该工具所属的类别次于其他所有工具类别；

（3）该工具所属的类别中（该类别次于其他所有工具类别），发行方对该类别中所有工具都应当在清算时承担按比例份额交付其净资产的同等合同义务。

产生上述合同义务的清算确定将会发生并且不受发行方的控制（如发行方本身是有限寿命主体），或者发生与否取决于该工具的持有方。

另外，分类为权益工具的可回售工具，或发行方仅在清算时才有义务向另一方按比例交付其净资产的金融工具，除应当具有本准则第十六条或第十七条所述特征外，其发行方应当没有同时具备下列特征的其他金融工具或合同：

（1）现金流量总额实质上基于企业的损益、已确认净资产的变动、已确认和未确认净资产的公允价值变动（不包括该工具或合同的任何影响）；

（2）实质上限制或固定了本准则第十六条或第十七条所述工具持有方所获得的剩余回报。

在运用上述条件时，对于发行方与本准则第十六条或第十七条所述工具持有方签订的非金融合同，如果其条款和条件与发行方和其他方之间可能订立的同等合同类似，不应考虑该非金融合同的影响。但如果不能做出此判断，则不得将该工具分类为权益工具。

3. 金融负债与权益工具的重分类

按照规定分类为权益工具的金融工具，自不再具有本准则第十六条或第十七条所述特征，或发行方不再满足"另外"部分条件之日起，发行方应当将其重分类为金融负债，以重分类日该工具的公允价值计量，并将重分类日权益工具的账面价值和金融负债的公允价值之间的差额确认为权益。

按照规定分类为金融负债的金融工具，自具有本准则第十六条或第十七条所述特征，且发行方满足"另外"部分条件之日起，发行方应当将其重分类为权益工具，以重分类日金融负债的账面价值计量。

4. 合并财务报表列报

企业发行的满足规定分类为权益工具的金融工具，在企业集团合并财务报表中对应的少数股东权益部分，应当分类为金融负债。

36.1.3 收益和库存股

（一）业务概述

与收益和库存股相关的主要内容，如表 36-3 所示。

表 36-3　与收益和库存股相关的主要内容

收益和库存股	（1）金融负债 （2）权益工具 （3）复合金融工具

（二）会计处理

1. 金融负债

金融工具或其组成部分属于金融负债的，相关利息、股利（或股息）、利得或损失，以及赎回或再融资产生的利得或损失等，应当计入当期损益。

发行方分类为金融负债的金融工具支付的股利，在利润表中应当确认为费用，与其他负债的利息费用合并列示，并在财务报表附注中单独披露。

2. 权益工具

（1）金融工具或其组成部分属于权益工具的，其发行（含再融资）、回购、出售或注销时，发行方应当作为权益的变动处理。发行方不应当确认权益工具的公允价值变动。

回购自身权益工具（库存股）支付的对价和交易费用，应当减少所有者权益，不得确认金融资产。库存股可由企业自身购回和持有，也可由企业集团合并财务报表范围内的其他成员购回和持有。

（2）发行方向权益工具持有方的分配应当作为其利润分配处理，发放的股票股利不影响发行方的所有者权益总额。

（3）企业发行或取得自身权益工具时发生的交易费用（如登记费，承销费，法律、会计、评估及其他专业服务费用，印刷成本和印花税等），可直接归属于权益性交易的，应当从权益中扣减。终止的未完成权益性交易所发生的交易费用应当计入当期损益。作为权益扣减项的交易费用，应当在财务报表附注中单独披露。

3. 复合金融工具

发行复合金融工具发生的交易费用，应当在金融负债成分和权益工具成分之间按照各自占总发行价款的比例进行分摊。与多项交易相关的共同交易费用，应当在合理的基础上，采用与其他类似交易一致的方法，在各项交易间进行分摊。

36.2 金融资产与金融负债的抵销

36.2.1 业务概述

金融资产与金融负债的抵销的会计处理考虑因素，如表 36-4 所示。

表 36-4 金融资产与金融负债的抵销的会计处理考虑因素

金融资产与金融负债的抵销	（1）金融资产与金融负债的抵销条件 （2）金融资产与金融负债不能相互抵销的情形 （3）特殊的可抵销情况 （4）抵销与终止确认的区分

36.2.2 会计处理

1. 金融资产与金融负债的抵销条件

金融资产和金融负债应当在资产负债表内分别列示，不得相互抵销。但同时满足下列条件的，应当以相互抵销后的净额在资产负债表内列示：

（1）企业具有抵销已确认金额的法定权利，且该种法定权利是当前可执行的；

（2）企业计划以净额结算，或同时变现该金融资产和清偿该金融负债。

不满足终止确认条件的金融资产转移，转出方不得将已转移的金融资产和相关负债进行抵销。

另外，如果企业同时结算金融资产和金融负债的，该结算方式相当于净额结算，则满足上述（2）中以净额结算的标准。这种结算方式必须在同一结算过程或周期内处理了相关应收和应付款项，最终消除或几乎消除了信用风险和流动性风险。如果某结算方式同时具备如下特征，可视为满足净额结算标准：

（1）符合抵销条件的金融资产和金融负债在同一时点提交处理；

（2）金融资产和金融负债一经提交处理，各方即承诺履行结算义务；

（3）金融资产和金融负债一经提交处理，除非处理失败，这些资产和负债产生的现金流量不可能发生变动；

（4）以证券作为担保物的金融资产和金融负债，通过证券结算系统或其他类似机制进行结算（如券款对付），即如果证券交付失败，则以证券作为抵押的应收款项或应付款项的处理也将失败，反之亦然；

（5）若发生上述（4）所述的失败交易，将重新进入处理程序，直至结算完成；

（6）由同一结算机构执行；

（7）有足够的日间信用额度，并且能够确保该日间信用额度一经申请提取即可履行，以支持各方能够在结算日进行支付处理。

2. 金融资产与金融负债不能相互抵销的情形

在下列情况下，通常认为不满足金融资产与金融负债的抵销条件，不得抵销相关金融资产和金融负债。

（1）使用多项不同金融工具来仿效单项金融工具的特征（即合成工具）。例如，利用浮动利率长期债券与收取浮动利息且支付固定利息的利率互换，合成一项固定利率长期负债。

（2）金融资产和金融负债虽然具有相同的主要风险敞口（如远期合同或其他衍生工具组合中的资产和负债），但涉及不同的交易对手方。

（3）无追索权金融负债与作为其担保物的金融资产或其他资产。

（4）债务人为解除某项负债而将一定的金融资产进行托管（如偿债基金或类似安排），但债权人尚未接受以这些资产清偿负债。

（5）因某些导致损失的事项而产生的义务预计可以通过保险合同向第三方索赔而得以补偿。

3. 特殊的可抵销情况

（1）抵销权是债务人根据合同或其他协议，以应收债权人的金额全部或部分抵销应付债权人的金额的法定权利。在某些情况下，如果债务人、债权人和第三方三者之间签署的协议明确表示债务人拥有该抵销权，并且不违反法律法规或其他相关规定，债务人可能拥有以应收第三方的金额抵销应付债权人的金额的法定权利。

（2）抵销权应当不取决于未来事项，而且在企业和所有交易对手方的正常经营过程中，或在出现违约、无力偿债或破产等各种情形下，企业均可执行该法定权利。

在确定抵销权是否可执行时，企业应当充分考虑法律法规或其他相关规定以及合同约定等各方面因素。

（3）当前可执行的抵销权不构成相互抵销的充分条件，企业既不打算行使抵销权（即净额结算），又无计划同时结算金融资产和金融负债的，该金融资产和金融负债不得抵销。

在没有法定权利的情况下，一方或双方即使有意向以净额为基础进行结算或同时结算相关金融资产和金融负债的，该金融资产和金融负债也不得抵销。

（4）企业与同一交易对手方进行多项金融工具交易时，可能与对手方签订总互抵协议。只有满足本准则第二十八条所列条件时，总互抵协议下的相关金融资产和金融负债才能抵销。

总互抵协议，是指协议所涵盖的所有金融工具中的任何一项合同在发生违约或终止时，就协议所涵盖的所有金融工具按单一净额进行结算。

4. 抵销与终止确认的区分

企业应当区分金融资产和金融负债的抵销与终止确认。抵销金融资产和金融负债并在资产负债表中以净额列示，不应当产生利得或损失；终止确认是从资产负债表列示的项目中移除相关金融资产或金融负债，有可能产生利得或损失。

36.3 金融工具对财务状况和经营成果影响的列报

36.3.1 一般性规定

（一）业务概述

金融工具对财务状况和经营成果影响列报的一般性规定，如表 36-5 所示。

表 36-5　一般性规定

一般性规定	（1）应当根据金融工具的特点及相关信息的性质对金融工具进行归类，并充分披露与金融工具相关的信息 （2）在确定金融工具的列报类型时，企业至少应当将本准则范围内的金融工具区分为以摊余成本计量和以公允价值计量的类型 （3）企业应当披露编制财务报表时对金融工具所采用的重要会计政策、计量基础和与理解财务报表相关的其他会计政策等信息

（二）会计处理

（1）企业在对金融工具各项目进行列报时，应当根据金融工具的特点及相关信息的性质对金融工具进行归类，并充分披露与金融工具相关的信息，使财务报表附注中的披露与财务报表列示的各项目相互对应。

（2）在确定金融工具的列报类型时，企业至少应当将本准则范围内的金融工具区分为以摊余成本计量和以公允价值计量的类型。

（3）企业应当披露编制财务报表时对金融工具所采用的重要会计政策、计量基础和与理解财务报表相关的其他会计政策等信息，主要包括以下信息。

① 对于指定为以公允价值计量且其变动计入当期损益的金融资产，企业应当披露下列信息：

a. 指定的金融资产的性质；

b. 企业如何满足运用指定的标准。企业应当披露该指定所针对的确认或计量不一致的描述性说明。

② 对于指定为以公允价值计量且其变动计入当期损益的金融负债，企业应当披露下列信息：

a. 指定的金融负债的性质；

b. 初始确认时对上述金融负债做出指定的标准；

c. 企业如何满足运用指定的标准。对于以消除或显著减少会计错配为目的的指定，企业应当披露该指定所针对的确认或计量不一致的描述性说明。对于以更好地反映组合的管理实质为目的的指定，企业应当披露该指定符合企业正式书面文件载明的风险管理或投资策略的描述性说明。对于整体指定为以公允价值计量且其变动计入当期损益的混合工具，企业应当披露运用指定标准的描述性说明。

③ 如何确定每类金融工具的利得或损失。

36.3.2 资产负债表中的列示及相关披露

（一）业务概述

金融工具对财务状况和经营成果影响在资产负债表中的列示及相关披露的内容，如表36-6所示。

表36-6 资产负债表中的列示及相关披露

资产负债表中的列示及相关披露	（1）金融资产或金融负债的账面价值 （2）本应按摊余成本或以公允价值计量且其变动计入其他综合收益计量的一项或一组金融资产指定为以公允价值计量且其变动计入当期损益的金融资产 （3）以公允价值计量且其变动计入当期损益的金融负债，且企业自身信用风险变动引起的该金融负债公允价值的变动金额计入其他综合收益 （4）以公允价值计量且其变动计入当期损益的金融负债，该金融负债的全部利得或损失计入当期损益 （5）将非交易性权益工具投资指定为以公允价值计量且其变动计入其他综合收益 （6）本期终止确认了指定为以公允价值计量且其变动计入其他综合收益的非交易性权益工具投资 （7）金融资产重分类 （8）符合抵销条件的已确认金融工具 （9）分类为权益工具的可回售工具 （10）特殊金融工具在金融负债和权益工具之间重分类 （11）作为金融资产或非金融资产的担保物 （12）以公允价值计量且其变动计入其他综合收益的金融资产损失准备 （13）复合金融工具 （14）除基于正常信用条款的短期贸易应付款项之外的金融负债

（二）会计处理

1. 金融资产或金融负债的账面价值

企业应当在资产负债表或相关附注中列报下列金融资产或金融负债的账面价值。

（1）以摊余成本计量的金融资产。

（2）以摊余成本计量的金融负债。

（3）以公允价值计量且其变动计入其他综合收益的金融资产，并分别反映：

① 根据《企业会计准则第22号——金融工具确认和计量》规定分类为以公允价值计量且其变动计入其他综合收益的金融资产；

② 根据《企业会计准则第22号——金融工具确认和计量》规定在初始确认时被指定为以公允价值计量且其变动计入其他综合收益的非交易性权益工具投资。

（4）以公允价值计量且其变动计入当期损益的金融资产，并分别反映：

① 根据《企业会计准则第22号——金融工具确认和计量》规定分类为以公允价值计量

且其变动计入当期损益的金融资产；

②根据《企业会计准则第22号——金融工具确认和计量》规定指定为以公允价值计量且其变动计入当期损益的金融资产；

③根据《企业会计准则第24号——套期会计》规定在初始确认或后续计量时指定为以公允价值计量且其变动计入当期损益的金融资产。

（5）以公允价值计量且其变动计入当期损益的金融负债，并分别反映：

①根据《企业会计准则第22号——金融工具确认和计量》规定分类为以公允价值计量且其变动计入当期损益的金融负债；

②根据《企业会计准则第22号——金融工具确认和计量》规定在初始确认时指定为以公允价值计量且其变动计入当期损益的金融负债；

③根据《企业会计准则第24号——套期会计》规定在初始确认和后续计量时指定为以公允价值计量且其变动计入当期损益的金融负债。

2. 本应按摊余成本或以公允价值计量且其变动计入其他综合收益计量的一项或一组金融资产指定为以公允价值计量且其变动计入当期损益的金融资产

企业将本应按摊余成本或以公允价值计量且其变动计入其他综合收益计量的一项或一组金融资产指定为以公允价值计量且其变动计入当期损益的金融资产的，应当披露下列信息：

（1）该金融资产在资产负债表日使企业面临的最大信用风险敞口；

（2）企业通过任何相关信用衍生工具或类似工具使得该最大信用风险敞口降低的金额；

（3）该金融资产因信用风险变动引起的公允价值本期变动额和累计变动额（还应当披露用于确定此金融资产因信用风险变动引起的公允价值变动额的估值方法）；

（4）相关信用衍生工具或类似工具自该金融资产被指定以来的公允价值本期变动额和累计变动额。

信用风险，是指金融工具的一方不履行义务，造成另一方发生财务损失的风险。

金融资产在资产负债表日的最大信用风险敞口，通常是金融工具账面余额减去减值损失准备后的金额（已减去根据本准则规定已抵销的金额）。

3. 以公允价值计量且其变动计入当期损益的金融负债，且企业自身信用风险变动引起的该金融负债公允价值的变动金额计入其他综合收益

企业将一项金融负债指定为以公允价值计量且其变动计入当期损益的金融负债，且企业自身信用风险变动引起的该金融负债公允价值的变动金额计入其他综合收益的，应当披露下列信息：

（1）该金融负债因自身信用风险变动引起的公允价值本期变动额和累计变动额（还应当披露金融负债因自身信用风险变动引起的公允价值变动额的估值方法，并说明选用该方法的原因）；

（2）该金融负债的账面价值与按合同约定到期应支付债权人金额之间的差额；

（3）该金融负债的累计利得或损失本期从其他综合收益转入留存收益的金额和原因。

4. 以公允价值计量且其变动计入当期损益的金融负债，且该金融负债的全部利得或损失计入当期损益

企业将一项金融负债指定为以公允价值计量且其变动计入当期损益的金融负债，且该金融负债（包括企业自身信用风险变动的影响）的全部利得或损失计入当期损益的，应当披露下列信息：

（1）该金融负债因自身信用风险变动引起的公允价值本期变动额和累计变动额；

（2）该金融负债的账面价值与按合同约定到期应支付债权人金额之间的差额（还应当披露金融负债因自身信用风险变动引起的公允价值变动额的估值方法，并说明选用该方法的原因）。

5. 将非交易性权益工具投资指定为以公允价值计量且其变动计入其他综合收益

企业将非交易性权益工具投资指定为以公允价值计量且其变动计入其他综合收益的，应当披露下列信息：

（1）企业每一项指定为以公允价值计量且其变动计入其他综合收益的权益工具投资；

（2）企业做出该指定的原因；

（3）企业每一项指定为以公允价值计量且其变动计入其他综合收益的权益工具投资的期末公允价值；

（4）本期确认的股利收入，其中对本期终止确认的权益工具投资相关的股利收入和资产负债表日仍持有的权益工具投资相关的股利收入应当分别单独披露；

（5）该权益工具投资的累计利得和损失本期从其他综合收益转入留存收益的金额及其原因。

6. 本期终止确认了指定为以公允价值计量且其变动计入其他综合收益的非交易性权益工具投资

企业本期终止确认了指定为以公允价值计量且其变动计入其他综合收益的非交易性权益工具投资的，应当披露下列信息：

（1）企业处置该权益工具投资的原因；

（2）该权益工具投资在终止确认时的公允价值；

（3）该权益工具投资在终止确认时的累计利得或损失。

7. 金融资产重分类

企业在当期或以前报告期间将金融资产进行重分类的，对于每一项重分类，应当披露重分类日、对业务模式变更的具体说明及其对财务报表影响的定性描述，以及该金融资产重分类前后的金额。

企业自上一年度报告日起将以公允价值计量且其变动计入其他综合收益的金融资产重分类为以摊余成本计量的金融资产的，或者将以公允价值计量且其变动计入当期损益的金融资产重分类为其他类别的，应当披露下列信息：

（1）该金融资产在资产负债表日的公允价值；

（2）如果未被重分类，该金融资产原来应在当期损益或其他综合收益中确认的公允价值利得或损失。

企业将以公允价值计量且其变动计入当期损益的金融资产重分类为其他类别的，自重分类日起到终止确认的每一个报告期间内，都应当披露该金融资产在重分类日确定的实际利率和当期已确认的利息收入。

8. 符合抵销条件的已确认金融工具

对于所有可执行的总互抵协议或类似协议下的已确认金融工具，以及符合抵销条件的已确认金融工具，企业应当在报告期末以表格形式（除非企业有更恰当的披露形式）分别按金融资产和金融负债披露下列定量信息：

（1）已确认金融资产和金融负债的总额。

（2）按本准则规定抵销的金额。

（3）在资产负债表中列示的净额。

（4）可执行的总互抵协议或类似协议确定的，未包含在上述（2）中的金额，包括：

① 不满足本准则抵销条件的已确认金融工具的金额；

② 与财务担保物（包括现金担保）相关的金额，以在资产负债表中列示的净额扣除上述（4）① 后的余额为限。

（5）资产负债表中列示的净额扣除上述（4）后的余额。企业应当披露上述（4）所述协议中抵销权的条款及其性质等信息，以及不同计量基础的金融工具适用本条时产生的计量差异。上述信息未在财务报表同一附注中披露的，企业应当提供不同附注之间的交叉索引。

9. 分类为权益工具的可回售工具

按照准则规定分类为权益工具的可回售工具，企业应当披露下列信息：

（1）可回售工具的汇总定量信息；

（2）对于按持有方要求承担的回购或赎回义务，企业的管理目标、政策和程序及其变化；

（3）回购或赎回可回售工具的预期现金流出金额以及确定方法。

10. 特殊金融工具在金融负债和权益工具之间重分类

企业将准则规定的特殊金融工具在金融负债和权益工具之间重分类的，应当分别披露重分类前后的公允价值或账面价值，以及重分类的时间和原因。

11. 作为金融资产或非金融资产的担保物

企业应当披露作为负债或或有负债担保物的金融资产的账面价值，以及与该项担保有关的条款和条件。根据《企业会计准则第 23 号——金融资产转移》的规定，企业（转出方）向金融资产转入方提供了非现金担保物（如债务工具或权益工具投资等），转入方按照合同或惯例有权出售该担保物或将其再作为担保物的，企业应当将该非现金担保物在财务报表中单独列报。

企业取得担保物（担保物为金融资产或非金融资产），在担保物所有人未违约时可将该担保物出售或再抵押的，应当披露该担保物的公允价值、企业已出售或再抵押担保物的公允价值，以及承担的返还义务和使用担保物的条款和条件。

12. 以公允价值计量且其变动计入其他综合收益的金融资产损失准备

对于按照《企业会计准则第 22 号——金融工具确认和计量》的规定分类为以公允价值计量且其变动计入其他综合收益的金融资产，企业应当在财务报表附注中披露其确认的损失准备，但不应在资产负债表中将损失准备作为金融资产账面金额的扣减项目单独列示。

13. 复合金融工具

对于企业发行的包含金融负债成分和权益工具成分的复合金融工具，嵌入了价值相互关联的多项衍生工具（如可赎回的可转换债务工具）的，应当披露相关特征。

14. 除基于正常信用条款的短期贸易应付款项之外的金融负债

对于除基于正常信用条款的短期贸易应付款项之外的金融负债，企业应当披露下列信息：

（1）本期发生违约的金融负债的本金、利息、偿债基金、赎回条款的详细情况；

（2）发生违约的金融负债的期末账面价值；

（3）在财务报告批准对外报出前，就违约事项已采取的补救措施、对债务条款的重新议定等情况。

企业本期发生其他违反合同的情况，且债权人有权在发生违约或其他违反合同情况时要求企业提前偿还的，企业应当按上述要求披露。如果在期末前违约或其他违反合同情况已得到补救或已重新议定债务条款，则无需披露。

36.3.3 利润表中的列示及相关披露

（一）业务概述

金融工具对财务状况和经营成果影响在利润表中的列示及相关披露的内容，如表 36-7 所示。

表 36-7 利润表中的列示及相关披露

利润表中的列示及相关披露	（1）与金融工具有关的收入、费用、利得或损失 （2）以摊余成本计量的金融资产

（二）会计处理

1. 与金融工具有关的收入、费用、利得或损失

企业应当披露与金融工具有关的下列收入、费用或损失。

（1）以公允价值计量且其变动计入当期损益的金融资产和金融负债所产生的利得或损失。其中，指定为以公允价值计量且其变动计入当期损益的金融资产和金融负债，以及根据《企业会计准则第 22 号——金融工具确认和计量》的规定必须分类为以公允价值计量且其变动计入当期损益的金融资产和根据《企业会计准则第 22 号——金融工具确认和计量》的规定必须分类为以公允价值计量且其变动计入当期损益的金融负债的净利得或净损失，应当分别披露。

（2）对于指定为以公允价值计量且其变动计入当期损益的金融负债，企业应当分别披露本期在其他综合收益中确认的和在当期损益中确认的利得或损失。

（3）对于根据《企业会计准则第 22 号——金融工具确认和计量》的规定分类为以公允价值计量且其变动计入其他综合收益的金融资产，企业应当分别披露当期在其他综合收益中确认的以及当期终止确认时从其他综合收益转入当期损益的利得或损失。

（4）对于根据《企业会计准则第 22 号——金融工具确认和计量》的规定指定为以公允价值计量且其变动计入其他综合收益的非交易性权益工具投资，企业应当分别披露在其他综合收益中确认的利得和损失以及在当期损益中确认的股利收入。

（5）除以公允价值计量且其变动计入当期损益的金融资产或金融负债外，按实际利率法计算的金融资产或金融负债产生的利息收入或利息费用总额，以及在确定实际利率时未予包括并直接计入当期损益的手续费收入或支出。

（6）企业通过信托和其他托管活动代他人持有资产或进行投资而形成的，直接计入当期损益的手续费收入或支出。

2. 以摊余成本计量的金融资产

企业应当分别披露以摊余成本计量的金融资产终止确认时在利润表中确认的利得和损失金额及其相关分析，包括终止确认金融资产的原因。

36.3.4　套期会计相关披露

（一）业务概述

金融工具对财务状况和经营成果影响的套期会计相关披露的内容，如表 36-8 所示。

表 36-8　套期会计相关披露

套期会计相关披露	（1）与套期会计相关的信息 （2）进行套期和运用套期会计的各类风险的风险敞口的风险管理策略 （3）某一特定的风险成分指定为被套期项目 （4）公允价值套期 （5）现金流量套期和境外经营净投资套期 （6）因使用信用衍生工具管理金融工具的信用风险敞口而将金融工具（或其一定比例）指定为以公允价值计量且其变动计入当期损益 （7）其他规定

（二）会计处理

1. 与套期会计相关的信息

企业应当披露与套期会计有关的下列信息：

（1）企业的风险管理策略以及如何应用该策略来管理风险；

（2）企业的套期活动可能对其未来现金流量金额、时间和不确定性的影响；

（3）套期会计对企业的资产负债表、利润表及所有者权益变动表的影响。企业在披露套期会计相关信息时，应当合理确定披露的详细程度、披露的重点、恰当的汇总或分解水平，以及财务报表使用者是否需要额外的说明以评估企业披露的定量信息。企业按照本准则要求所确定的信息披露汇总或分解水平应当和《企业会计准则第 39 号——公允价值计量》的披露要求所使用的汇总或分解水平相同。

在因套期工具和被套期项目频繁变更而导致企业频繁地重设（即终止及重新开始）套期关系的情况下，应当披露下列信息：

（1）企业基本风险管理策略与该套期关系相关的信息；
（2）企业如何通过运用套期会计以及指定特定的套期关系来反映其风险管理策略；
（3）企业重设套期关系的频率。

在因套期工具和被套期项目频繁变更而导致企业频繁地重设套期关系的情况下，如果资产负债表日的套期关系数量并不代表本期内的正常数量，企业应当披露这一情况以及该数量不具代表性的原因。

企业应当按照风险类型披露在套期关系存续期内预期将影响套期关系的套期无效部分的来源，如果在套期关系中出现导致套期无效部分的其他来源，也应当按照风险类型披露相关来源及导致套期无效的原因。还应当披露已运用套期会计但预计不再发生的预期交易的现金流量套期。

2. 进行套期和运用套期会计的各类风险的风险敞口的风险管理策略

企业应当披露其进行套期和运用套期会计的各类风险的风险敞口的风险管理策略相关信息，从而有助于财务报表使用者评价：每类风险是如何产生的、企业是如何管理各类风险的（包括企业是对某一项目整体的所有风险进行套期还是对某一项目的单个或多个风险成分进行套期及其理由），以及企业管理风险敞口的程度。与风险管理策略相关的信息应当包括：

（1）企业指定的套期工具；
（2）企业如何运用套期工具对被套期项目的特定风险敞口进行套期；
（3）企业如何确定被套期项目与套期工具的经济关系以评估套期有效性；
（4）套期比率的确定方法；
（5）套期无效部分的来源。

3. 某一特定的风险成分指定为被套期项目

企业将某一特定的风险成分指定为被套期项目的，除应当披露本准则第五十八条规定的相关信息外，还应当披露下列定性或定量信息：

（1）企业如何确定该风险成分，包括风险成分与项目整体之间关系性质的说明；
（2）风险成分与项目整体的关联程度（如被指定的风险成分以往平均涵盖项目整体公允价值变动的百分比）。

企业应当按照风险类型披露相关定量信息，从而有助于财务报表使用者评价套期工具的条款和条件及这些条款和条件如何影响企业未来现金流量的金额、时间和不确定性。这些要求披露的明细信息应当包括：

（1）套期工具名义金额的时间分布；
（2）套期工具的平均价格或利率（如适用）。

4. 公允价值套期

对于公允价值套期，企业应当以表格形式、按风险类型分别披露与被套期项目相关的下列金额：

（1）在资产负债表中确认的被套期项目的账面价值，其中资产和负债应当分别单独列示；

（2）资产负债表中已确认的被套期项目的账面价值、针对被套期项目的公允价值套期调整的累计金额，其中资产和负债应当分别单独列示；

（3）包含被套期项目的资产负债表列示项目；

（4）本期用作确认套期无效部分基础的被套期项目价值变动；

（5）被套期项目为以摊余成本计量的金融工具的，若已终止针对套期利得和损失进行调整，则应披露在资产负债表中保留的公允价值套期调整的累计金额。

企业可以按照表36-9披露此类信息。

表36-9　公允价值套期与被套期项目相关的披露

	被套期项目的账面价值		被套期项目公允价值套期调整的累计金额（计入被套期项目的账面价值）		包含被套期项目的资产负债表列示项目	2×18年用作确认套期无效部分基础的被套期项目公允价值变动	现金流量套期储备
	资产	负债	资产	负债			
公允价值套期							
利率风险							
——应付债券		××		××	应付债券	××	不适用
——终止的套期（应付债券）		××		××	应付债券	不适用	不适用
外汇风险							
——确定承诺	××	××	××	××	其他流动资产	××	不适用

企业还应当以表格形式、按风险类型分别披露与套期工具相关的下列金额：

（1）计入当期损益的套期无效部分；

（2）计入其他综合收益的套期无效部分；

（3）包含已确认的套期无效部分的利润表列示项目。

企业可以按照表36-10披露此类信息。

表36-10　公允价值套期与套期工具相关的披露

	套期工具的名义金额	套期工具的账面价值		包含套期工具的资产负债表列示项目	2×18年用作确认套期无效部分基础的套期工具公允价值变动
		资产	负债		
公允价值套期					
利率风险					
——利率互换合同	××	××	××	衍生金融资产/负债	××
外汇风险					
——外币贷款	××	××	××	衍生金融资产/负债	××

5. 现金流量套期和境外经营净投资套期

对于现金流量套期和境外经营净投资套期,企业应当以表格形式、按风险类型分别披露与被套期项目相关的下列金额:

(1)本期用作确认套期无效部分基础的被套期项目价值变动;

(2)根据《企业会计准则第24号——套期会计》的规定继续按照套期会计处理的现金流量套期储备的余额;

(3)根据《企业会计准则第24号——套期会计》的规定继续按照套期会计处理的境外经营净投资套期计入其他综合收益的余额;

(4)套期会计不再适用的套期关系所导致的现金流量套期储备和境外经营净投资套期中计入其他综合收益的得和损失的余额。

企业可以按照表36-11披露此类信息。

表36-11 现金流量套期与被套期项目相关的披露

	被套期项目的账面价值		被套期项目公允价值套期调整的累计金额(计入被套期项目的账面价值)		包含被套期项目的资产负债表列示项目	2×18年用作确认套期无效部分基础的被套期项目公允价值变动	现金流量套期储备
	资产	负债	资产	负债			
现金流量套期							
商品价格风险							
——预期销售	不适用	不适用	不适用	不适用	不适用	××	××
——终止的套期(预期销售)	不适用	不适用	不适用	不适用	不适用	不适用	××

企业还应当以表格形式、按风险类型分别披露与套期工具相关的下列金额:

(1)当期计入其他综合收益的套期利得或损失;

(2)计入当期损益的套期无效部分;

(3)包含已确认的套期无效部分的利润表列示项目;

(4)从现金流量套期储备或境外经营净投资套期计入其他综合收益的利得和损失重分类至当期损益的金额,并应区分之前已运用套期会计但因被套期项目的未来现金流量预计不再发生而转出的金额和因被套期项目影响当期损益而转出的金额;

(5)包含重分类调整的利润表列示项目;

(6)对于风险净敞口套期,计入利润表中单列项目的套期利得或损失。

企业可以按照表36-12披露此类信息。

表 36–12　现金流量套期与套期工具相关的披露

	套期工具的名义金额	套期工具的账面价值		包含套期工具的资产负债表列示项目	2×18 年用作确认套期无效部分基础的套期工具公允价值变动
		资产	负债		
现金流量套期					
商品价格风险——远期销售合同	××	××	××	衍生金融资产 / 负债	××

6. 因使用信用衍生工具管理金融工具的信用风险敞口而将金融工具（或其一定比例）指定为以公允价值计量且其变动计入当期损益

企业因使用信用衍生工具管理金融工具的信用风险敞口而将金融工具（或其一定比例）指定为以公允价值计量且其变动计入当期损益的，应当披露下列信息：

（1）对于用于管理根据《企业会计准则第 24 号——套期会计》的规定被指定为以公允价值计量且其变动计入当期损益的金融工具信用风险敞口的信用衍生工具，每一项名义金额与当期期初和期末公允价值的调节表；

（2）根据《企业会计准则第 24 号——套期会计》的规定将金融工具（或其一定比例）指定为以公允价值计量且其变动计入当期损益时，在损益中确认的利得或损失；

（3）当企业根据《企业会计准则第 24 号——套期会计》的规定对该金融工具（或其一定比例）终止以公允价值计量且其变动计入当期损益时，作为其新账面价值的该金融工具的公允价值和相关的名义金额或本金金额，企业在后续期间无须继续披露这一信息，除非根据《企业会计准则第 30 号——财务报表列报》的规定需要提供比较信息。

企业可以按照表 36–13 披露此类信息。

表 36–13　信用衍生工具相关的披露

单位：万元

信用衍生工具	名义金额	期初公允价值	本期公允价值变动	除公允价值变动外的影响		期末公允价值
				本期增加	本期减少	
信用衍生工具 A						
信用衍生工具 B						
……						

7. 其他规定

对于每类套期类型，企业应当以表格形式、按风险类型分别披露与套期工具相关的下列金额：

（1）套期工具的账面价值，其中金融资产和金融负债应当分别单独列示；

（2）包含套期工具的资产负债表列示项目；

（3）本期用作确认套期无效部分基础的套期工具的公允价值变动；

（4）套期工具的名义金额或数量。

36.3.5 公允价值披露

(一) 业务概述

企业应当披露每一类金融资产和金融负债的公允价值,并与账面价值进行比较。对于在资产负债表中相互抵销的金融资产和金融负债,其公允价值应当以抵销后的金额披露。公允价值披露的内容如表36-14所示。

表36-14 公允价值披露的内容

公允价值披露	(1) 金融资产或金融负债初始确认的公允价值与交易价格存在差异 (2) 不披露金融资产或金融负债的公允价值信息的情形

(二) 会计处理

1. 金融资产或金融负债初始确认的公允价值与交易价格存在差异

金融资产或金融负债初始确认的公允价值与交易价格存在差异时,如果其公允价值并非基于相同资产或负债在活跃市场中的报价确定的,也非基于仅使用可观察市场数据的估值技术确定的,企业在初始确认金融资产或金融负债时不应确认利得或损失。在此情况下,企业应当按金融资产或金融负债的类型披露下列信息:

(1) 企业在损益中确认交易价格与初始确认的公允价值之间差额时所采用的会计政策,以反映市场参与者对资产或负债进行定价时所考虑的因素(包括时间因素)的变动;

(2) 该项差异期初和期末尚未在损益中确认的总额和本期变动额的调节表;

(3) 企业如何认定交易价格并非公允价值的最佳证据,以及确定公允价值的证据。

2. 不披露金融资产或金融负债的公允价值信息的情形

企业可以不披露下列金融资产或金融负债的公允价值信息:

(1) 账面价值与公允价值差异很小的金融资产或金融负债(如短期应收账款或应付账款)。

(2) 包含相机分红特征且其公允价值无法可靠计量的合同(此情况下同时披露下列信息:① 对金融工具的描述及其账面价值,以及因公允价值无法可靠计量而未披露其公允价值的事实和说明;② 金融工具的相关市场信息;③ 企业是否有意图处置以及如何处置这些金融工具;④ 之前公允价值无法可靠计量的金融工具终止确认的,应当披露终止确认的事实,终止确认时该金融工具的账面价值和所确认的利得或损失金额)。

(3) 租赁负债。

(三) 案例解析

【例36-1】A企业在利润表中披露与金融工具有关的收入、费用、利得或损失,具体应如何披露?

分析:企业应当披露与金融工具有关的下列收入、费用、利得或损失。(1) 以公允价值计量且其变动计入当期损益的金融资产和金融负债所产生的利得或损失。其中,指定为以公允价值计量且其变动计入当期损益的金融资产和金融负债,以及分类为以公允价值计量且其变动计入当期损益的金融资产和分类为以公允价值计量且其变动计入当期损益的金融负债的净利得或净损失，应当分别披露。（2）对于指定为以公允价值计量且其变动计入当期损益的金融负债，企业应当分别披露本期在其他综合收益中确认的和在当期损益中确认的利得或损失。（3）分类为以公允价值计量且其变动计入其他综合收益的金融资产，企业应当分别披露当期在其他综合收益中确认的以及当期终止确认时从其他综合收益转入当期损益的利得或损失。（4）指定为以公允价值计量且其变动计入其他综合收益的非交易性权益工具投资，企业应当分别披露在其他综合收益中确认的利得和损失以及在当期损益中确认的股利收入。（5）除以公允价值计量且其变动计入当期损益的金融资产或金融负债外，按实际利率法计算的金融资产或金融负债产生的利息收入或利息费用总额，以及在确定实际利率时未予包括并直接计入当期损益的手续费收入或支出。（6）企业通过信托和其他托管活动代他人持有资产或进行投资而形成的，直接计入当期损益的手续费收入或支出。

36.4 与金融工具相关的风险披露

36.4.1 定性和定量信息

（一）业务概述

与金融工具相关风险披露的定性和定量信息，如表 36-15 所示。

表 36-15　定性和定量信息

定性信息	（1）风险敞口及其形成原因，以及在本期发生的变化 （2）风险管理目标、政策和程序以及计量风险的方法及其在本期发生的变化
定量信息	（1）期末风险敞口的汇总数据。该数据应当以向内部关键管理人员提供的相关信息为基础。企业运用多种方法管理风险的，披露的信息应当以最相关和可靠的方法为基础 （2）按照本准则第七十八条至第九十七条披露的信息 （3）期末风险集中度信息，包括管理层确定风险集中度的说明和参考因素，以及各风险集中度相关的风险敞口金额

（二）会计处理

企业应当披露与各类金融工具风险相关的定性和定量信息，以便财务报表使用者评估报告期末金融工具产生的风险的性质和程度，更好地评价企业所面临的风险敞口。相关风险包括信用风险、流动性风险、市场风险等。

对金融工具产生的各类风险，企业应当披露下列定性信息。

（1）风险敞口及其形成原因，以及在本期发生的变化。

（2）风险管理目标、政策和程序以及计量风险的方法及其在本期发生的变化。

对金融工具产生的各类风险，企业应当按类别披露下列定量信息：

（1）期末风险敞口的汇总数据。该数据应当以向内部关键管理人员提供的相关信息为基础。企业运用多种方法管理风险的，披露的信息应当以最相关和可靠的方法为基础。

（2）按照本准则第七十八条至第九十七条披露的信息。

（3）期末风险集中度信息，包括管理层确定风险集中度的说明和参考因素（包括交易对手方、地理区域、货币种类、市场类型等），以及各风险集中度相关的风险敞口金额。

上述期末定量信息不能代表企业本期风险敞口情况的，应当进一步提供相关信息。

36.4.2 信用风险披露

（一）业务概述

与金融工具相关的信用风险披露，如表 36-16 所示。

表 36-16 信用风险披露

信用风险披露	（1）金融工具减值 （2）应收款项、合同资产和租赁应收款减值损失准备 （3）租赁应收款

（二）会计处理

1. 金融工具减值

对于适用《企业会计准则第 22 号——金融工具确认和计量》金融工具减值规定的各类金融工具和相关合同权利，企业应当按照以下规定进行披露。

（1）信用风险信息已经在其他报告（如管理层讨论与分析）中予以披露并与财务报告交叉索引，且财务报告和其他报告可以同时同条件获得的，则信用风险信息无需重复列报。企业应当根据自身实际情况，合理确定相关披露的详细程度、汇总或分解水平以及是否需对所披露的定量信息作补充说明。

（2）与信用风险管理实务有关的下列信息。

① 企业评估信用风险自初始确认后是否已显著增加的方法，并披露下列信息：根据《企业会计准则第 22 号——金融资产确认和计量》的规定，在资产负债表日只具有较低的信用风险的金融工具及其确定依据（包括适用该情况的金融工具类别）；逾期超过 30 日，而信用风险自初始确认后未被认定为显著增加的金融资产及其确定依据。

② 企业对违约的界定及其原因。

③ 以组合为基础评估预期信用风险的金融工具的组合方法。

④ 确定金融资产已发生信用减值的依据。

⑤ 企业直接减记金融工具的政策，包括没有合理预期金融资产可以收回的迹象和已经直接减记但仍受执行活动影响的金融资产相关政策的信息。

⑥ 根据《企业会计准则第 22 号——金融工具确认和计量》的规定评估合同现金流量修改后金融资产的信用风险的，企业应当披露其信用风险的评估方法以及下列信息：对于损失准备相当于整个存续期预期信用损失的金融资产，在发生合同现金流修改时，评估信用风险是否已下降，从而企业可以按照相当于该金融资产未来 12 个月内预期信用损失的金额确认计量其损失准备；对于符合上句中所述的金融资产，企业应当披露其如何监控后续该金融资产的信用风险是否显著增加，从而按照相当于整个存续期预期信用损失的金额重新计量损失准备。

（3）有关金融工具减值所采用的输入值、假设和估值技术等相关信息，具体如下。

①用于确定下列各事项或数据的输入值、假设和估计技术：未来12个月内预期信用损失和整个存续期的预期信用损失的计量；金融工具的信用风险自初始确认后是否已显著增加；金融资产是否已发生信用减值。

②确定预期信用损失时如何考虑前瞻性信息，包括宏观经济信息的使用。

③报告期估计技术或重大假设的变更及其原因。

（4）企业应当以表格形式按金融工具的类别编制损失准备期初余额与期末余额的调节表，分别说明下列项目的变动情况。

①按相当于未来12个月预期信用损失的金额计量的损失准备。

②按相当于整个存续期预期信用损失的金额计量的下列各项的损失准备：自初始确认后信用风险已显著增加但并未发生信用减值的金融工具；对于资产负债表日已发生信用减值但并非购买或源生的已发生信用减值的金融资产；根据《企业会计准则第22号——金融工具确认和计量》的规定计量减值损失准备的应收账款、合同资产和租赁应收款。

③购买或源生的已发生信用减值的金融资产的变动。除调节表外，企业还应当披露本期初始确认的该类金融资产在初始确认时未折现的预期信用损失总额。

（5）为有助于财务报表使用者了解企业按照本准则第八十三条的规定披露的损失准备变动信息，企业应当对本期发生损失准备变动的金融工具账面余额显著变动情况作出说明，这些说明信息应当包括定性和定量信息，并应当对按照本准则第八十三条规定披露损失准备的各项目分别单独披露，具体可包括下列情况下发生损失准备变动的金融工具账面余额显著变动信息。

①本期因购买或源生的金融工具所导致的变动。

②未导致终止确认的金融资产的合同现金流量修改所导致的变动。

③本期终止确认的金融工具（包括直接减记的金融工具）所导致的变动。

对于当期已直接减记但仍受执行活动影响的金融资产，还应当披露尚未结算的合同金额。

④因按照相当于未来12个月预期信用损失或整个存续期内预期信用损失金额计量损失准备而导致的金融工具账面余额变动信息。

（6）为有助于财务报表使用者了解未导致终止确认的金融资产合同现金流量修改的性质和影响，及其对预期信用损失计量的影响，企业应当披露下列信息。

①企业在本期修改了金融资产合同现金流量，且修改前损失准备是按相当于整个存续期预期信用损失金额计量的，应当披露修改或重新议定合同前的摊余成本及修改合同现金流量的净利得或净损失。

②对于之前按照相当于整个存续期内预期信用损失的金额计量了损失准备的金融资产，而当期按照相当于未来12个月内预期信用损失的金额计量该金融资产的损失准备的，应当披露该金融资产在资产负债表日的账面余额。

（7）为有助于财务报表使用者了解担保物或其他信用增级对源自预期信用损失的金额的影响，企业应当按照金融工具的类别披露下列信息。

① 在不考虑可利用的担保物或其他信用增级的情况下，企业在资产负债表日的最大信用风险敞口。

② 作为抵押持有的担保物和其他信用增级的描述，包括：所持有担保物的性质和质量的描述；本期由于信用恶化或企业担保政策变更，导致担保物或信用增级的质量发生显著变化的说明；由于存在担保物而未确认损失准备的金融工具的信息。

③ 企业在资产负债表日持有的担保物和其他信用增级为已发生信用减值的金融资产作抵押的定量信息（如对担保物和其他信用增级降低信用风险程度的量化信息）。

（8）为有助于财务报表使用者评估企业的信用风险敞口并了解其重大信用风险集中度，企业应当按照信用风险等级披露相关金融资产的账面余额以及贷款承诺和财务担保合同的信用风险敞口（信用风险等级是指基于金融工具发生违约的风险对信用风险划分的等级）。这些信息应当按照下列各类金融工具分别披露。

① 按相当于未来12个月预期信用损失的金额计量损失准备的金融工具。

② 按相当于整个存续期预期信用损失的金额计量损失准备的下列金融工具：自初始确认后信用风险已显著增加的金融工具（但并非已发生信用减值的金融资产）；在资产负债表日已发生信用减值但并非所购买或源生的已发生信用减值的金融资产；根据《企业会计准则第22号——金融工具确认和计量》的规定计量减值损失准备的应收账款、合同资产或者租赁应收款。

③ 购买或源生的已发生信用减值的金融资产。

2. 应收款项、合同资产和租赁应收款减值损失准备

对于始终按照相当于整个存续期内预期信用损失的金额计量其减值损失准备的应收款项、合同资产和租赁应收款，在逾期超过30日后对合同现金流量作出修改的，为有助于财务报表使用者了解未导致终止确认的金融资产合同现金流量修改的性质和影响，及其对预期信用损失计量的影响，企业应当披露下列信息：企业在本期修改了金融资产合同现金流量，且修改前损失准备是按相当于整个存续期预期信用损失金额计量的，应当披露修改或重新议定合同前的摊余成本及修改合同现金流量的净利得或净损失。

3. 租赁应收款

租赁应收款除适用本部分所述规定外（不适用本准则第八十六条（二）的规定），企业还应当按照以下规定进行披露。

对于属于本准则范围，但不适用《企业会计准则第22号——金融工具确认和计量》金融工具减值规定的各类金融工具，企业应当披露与每类金融工具信用风险有关的下列信息。

（1）在不考虑可利用的担保物或其他信用增级的情况下，企业在资产负债表日的最大信用风险敞口。金融工具的账面价值能代表最大信用风险敞口的，不再要求披露此项信息。

（2）无论是否适用上述（1）中的披露要求，企业都应当披露可利用担保物或其他信用增级的信息及其对最大信用风险敞口的财务影响。

企业本期通过取得担保物或其他信用增级所确认的金融资产或非金融资产，应当披露下列信息：

（1）所确认资产的性质和账面价值；

（2）对于不易变现的资产，应当披露处置或拟将其用于日常经营的政策等。

36.4.3 流动性风险披露

（一）业务概述

与金融工具相关的流动性风险披露如表 36-17 所示。

表 36-17 流动性风险披露

流动性风险披露	（1）到期期限分析和管理流动性风险的方法 （2）流动性风险敞口汇总定量信息的确定方法

（二）会计处理

1. 到期期限分析和管理流动性风险的方法

企业应当披露金融负债按剩余到期期限进行的到期期限分析，以及管理这些金融负债流动性风险的方法。

（1）对于非衍生金融负债（包括财务担保合同），到期期限分析应当基于合同剩余到期期限。对于包含嵌入衍生工具的混合金融工具，应当将其整体视为非衍生金融负债进行披露。

（2）对于衍生金融负债，如果合同到期期限是理解现金流量时间分布的关键因素，到期期限分析应当基于合同剩余到期期限。

当企业将所持有的金融资产作为流动性风险管理的一部分，且披露金融资产的到期期限分析使财务报表使用者能够恰当地评估企业流动性风险的性质和范围时，企业应当披露金融资产的到期期限分析。其中流动性风险，是指企业在履行以交付现金或其他金融资产的方式结算的义务时发生资金短缺的风险。

企业在披露到期期限分析时，应当运用职业判断确定适当的时间段。列入各时间段内规定披露的金额，应当是未经折现的合同现金流量。企业可以但不限于按下列时间段进行到期期限分析：

（1）一个月以内（含一个月，下同）；

（2）一个月至三个月以内；

（3）三个月至一年以内；

（4）一年至五年以内；

（5）五年以上。

时间段的选择可以遵循以下原则。

（1）债权人可以选择收回债权时间的，债务人应当将相应的金融负债列入债权人可以要求收回债权的最早时间段内。

（2）债务人应付债务金额不固定的，应当根据资产负债表日的情况确定到期期限分析所披露的金额。如分期付款的，债务人应当把每期将支付的款项列入相应的最早时间段内。

（3）财务担保合同形成的金融负债，担保人应当将最大担保金额列入相关方可以要求支付的最早时间段内。

2. 流动性风险敞口汇总定量信息的确定方法

企业应当披露流动性风险敞口汇总定量信息的确定方法。此类汇总定量信息中的现金（或另一项金融资产）流出符合下列条件之一的，应当说明相关事实，并提供有助于评价该风险程度的额外定量信息。

（1）该现金的流出可能显著早于汇总定量信息中所列示的时间。

（2）该现金的流出可能与汇总定量信息中所列示的金额存在重大差异。

如果以上信息已包括在本准则第九十条规定的到期期限分析中，则无需披露上述额外定量信息。

36.4.4 市场风险披露

（一）业务概述

与金融工具相关的市场风险披露，如表36-18所示。

表36-18 市场风险披露

市场风险披露	对市场风险进行敏感性分析时的信息披露

（二）会计处理

金融工具的市场风险，是指金融工具的公允价值或未来现金流量因市场价格变动而发生波动的风险，包括汇率风险、利率风险和其他价格风险。

汇率风险，是指金融工具的公允价值或未来现金流量因外汇汇率变动而发生波动的风险。汇率风险可源于以记账本位币之外的外币进行计价的金融工具。

利率风险，是指金融工具的公允价值或未来现金流量因市场利率变动而发生波动的风险。利率风险可源于已确认的计息金融工具和未确认的金融工具（如某些贷款承诺）。

其他价格风险，是指金融工具的公允价值或未来现金流量因汇率风险和利率风险以外的市场价格变动而发生波动的风险，无论这些变动是由于与单项金融工具或其发行方有关的因素而引起的，还是由于与市场内交易的所有类似金融工具有关的因素而引起的。其他价格风险可源于商品价格或权益工具价格等的变化。

在对市场风险进行敏感性分析时，应当以整个企业为基础，披露下列信息。

（1）资产负债表日所面临的各类市场风险的敏感性分析。该项披露应当反映资产负债表日相关风险变量发生合理、可能的变动时，将对企业损益和所有者权益产生的影响。

对具有重大汇率风险敞口的每一种货币，应当分币种进行敏感性分析。

（2）本期敏感性分析所使用的方法和假设，以及本期发生的变化和原因。

企业采用风险价值法或类似方法进行敏感性分析能够反映金融风险变量之间（如利率和汇率之间等）的关联性，且企业已采用该种方法管理金融风险的，可不按照上述规定进行披露，但应当披露下列信息：

（1）用于该种敏感性分析的方法、选用的主要参数和假设；

（2）所用方法的目的，以及该方法提供的信息在反映相关资产和负债公允价值方面的局限性。

如果上述披露还不能反映金融工具市场风险的（如期末的风险敞口不能反映当期的风险状况），企业应当披露这一事实及其原因。

36.5 金融资产转移的披露

36.5.1 业务概述

金融资产转移的披露，如表 36-19 所示。

表 36-19　金融资产转移的披露

金融资产转移的披露	（1）金融资产转移情形 （2）已转移但未整体终止确认的金融资产 （3）已整体终止确认但转出方继续涉入已转移金融资产

36.5.2 会计处理

1. 金融资产转移情形

企业应当就资产负债表日存在的所有未终止确认的已转移金融资产，以及对已转移金融资产的继续涉入，按本准则要求单独披露。金融资产转移，包括下列两种情形：

（1）企业将收取金融资产现金流量的合同权利转移给另一方；

（2）企业保留了收取金融资产现金流量的合同权利，但承担了将收取的现金流量支付给一个或多个最终收款方的合同义务。

企业对于金融资产转移所披露的信息，应当有助于财务报表使用者了解未整体终止确认的已转移金融资产与相关负债之间的关系，评价企业继续涉入已终止确认金融资产的性质和相关风险。

上述的继续涉入，是指企业保留了已转移金融资产中内在的合同权利或义务，或者取得了与已转移金融资产相关的新合同权利或义务。转出方与转入方签订的转让协议或与第三方单独签订的与转让相关的协议，都有可能形成对已转移金融资产的继续涉入。如果企业对已转移金融资产的未来业绩不享有任何利益，也不承担与已转移金融资产相关的任何未来支付义务，则不形成继续涉入。下列情形不形成继续涉入：

（1）与转移的真实性以及合理、诚信和公平交易等原则有关的常规声明和保证，这些声明和保证可能因法律行为导致转移无效；

（2）以公允价值回购已转移金融资产的远期、期权和其他合同；

（3）使企业保留了收取金融资产现金流量的合同权利但承担了将收取的现金流量支付给一个或多个最终收款方的合同义务的安排，且这类安排满足《企业会计准则第 23 号——金融资产转移》中的三个条件。

2. 已转移但未整体终止确认的金融资产

对于已转移但未整体终止确认的金融资产，企业应当按照类别披露下列信息：

（1）已转移金融资产的性质；

（2）仍保留的与所有权有关的风险和报酬的性质；

（3）已转移金融资产与相关负债之间关系的性质，包括因转移引起的对企业使用已转移金融资产的限制；

（4）在转移金融资产形成的相关负债的交易对手方仅对已转移金融资产有追索权的情况下，应当以表格形式披露所转移金融资产和相关负债的公允价值以及净头寸，即已转移金融资产和相关负债公允价值之间的差额；

（5）继续确认已转移金融资产整体的，披露已转移金融资产和相关负债的账面价值；

（6）按继续涉入程度确认所转移金融资产的，披露转移前该金融资产整体的账面价值、按继续涉入程度确认的资产和相关负债的账面价值。

关于上述第 4 项和第 5 项的披露要求，企业可以参考表 36-20 进行披露。

表 36-20　已转移但未整体终止确认的金融资产的披露

单位：万元

	以公允价值计量且其变动计入当期损益的金融资产		以摊余成本计量的金融资产		以公允价值计量且其变动计入其他综合收益的金融资产
	交易性金融资产	衍生工具	抵押贷款	消费贷款	债权投资
已转移金融资产的账面价值	×	×	×	×	×
相关负债的账面价值	(×)	(×)	(×)	(×)	(×)
仅对已转移资产有追索权的交易					
已转移金融资产的公允价值	×	×	×	×	×
相关负债的公允价值	(×)	(×)	(×)	(×)	(×)
净头寸	×	×	×	×	×

3. 已整体终止确认但转出方继续涉入已转移金融资产

对于已整体终止确认但转出方继续涉入已转移金融资产的，企业应当至少按照类别披露下列信息。

（1）因继续涉入确认的资产和负债的账面价值和公允价值，以及在资产负债表中对应的项目。

（2）因继续涉入导致企业发生损失的最大风险敞口及确定方法。

（3）应当或可能回购已终止确认的金融资产需要支付的未折现现金流量（如期权协议中的行权价格）或其他应向转入方支付的款项，以及对这些现金流量或款项的到期期限分析。如果到期期限可能为一个区间，应当以企业必须或可能支付的最早日期为依据归入相应的时间段。到期期限分析应当分别反映企业应当支付的现金流量（如远期合同）、企业可能支付的现金流量（如签出看跌期权）以及企业可选择支付的现金流量（如购入看涨期权）。在现金流量不固定的情形下，上述金额应当基于每个资产负债表日的情况披露。

（4）对上述（1）至（3）定量信息的解释性说明，包括对已转移金融资产、继续涉入的性质和目的，以及企业所面临风险的描述等。其中，对企业所面临风险的描述包括下列各项：

① 企业对继续涉入已终止确认金融资产的风险进行管理的方法；

② 企业是否应先于其他方承担有关损失，以及先于本企业承担损失的其他方应承担损失的顺序及金额；

③ 企业向已转移金融资产提供财务支持或回购该金融资产的义务的触发条件。

（5）金融资产转移日确认的利得或损失，以及因继续涉入已终止确认金融资产当期和累计确认的收益或费用（如衍生工具的公允价值变动）。

（6）终止确认产生的收款总额在本期分布不均衡的（如大部分转移金额在临近报告期末发生），企业应当披露本期最大转移活动发生的时间段、该段期间所确认的金额（如相关利得或损失）和收款总额。

企业在披露上述所规定的信息时，应当按照其继续涉入面临的风险敞口类型分类汇总披露。例如，可按金融工具类别（如附担保或看涨期权继续涉入方式）或转让类型（如应收账款保理、证券化和融券）分类汇总披露。企业对某项终止确认的金融资产存在多种继续涉入方式的，可按其中一类汇总披露。

关于上述第 1 项和第 3 项的披露要求，企业可以参考表 36-21 与表 36-22 进行披露。

表 36-21　已整体终止确认但转出方继续涉入已转移金融资产的披露（一）

单位：万元

继续涉入的类型	因继续涉入确认的资产和负债的账面价值			因继续涉入确认的资产和负债的公允价值		损失的最大风险敞口	回购已转移（已终止确认）资产需要支付的未折现现金流量
	以公允价值计量且其变动计入当期损益的金融资产	以公允值计量且其变动计入其他综合收益的金融资产	以公允价值计量且其变动计入当期损益的金融负债	资产	负债		
签出的看跌期权			（×）		（×）	×	（×）
购入的看涨期权	×			×			（×）
融券业务			（×）	×	（×）		（×）
……							
合计	×		（×）	×	（×）	×	

表 36-22　已整体终止确认但转出方继续涉入已转移金融资产的披露（二）

单位：万元

回购已转移金融资产需要支付的未折现现金流量							
	继续涉入的到期期限						
继续涉入的类型	合计	1个月之内	1~3个月	3~6个月	6个月~1年	1~3年	3~5年	5年以上
签出的看跌期权	×		×	×	×	×		

(续表)

	回购已转移金融资产需要支付的未折现现金流量							
	继续涉入的到期期限							
购入的看涨期权	×			×	×	×		×
融券业务	×	×	×					

36.6 衔接规定

在境内外同时上市的企业以及在境外上市并采用国际财务报告准则或企业会计准则编制财务报告的企业，自2018年1月1日起施行本准则；其他境内上市企业自2019年1月1日起施行本准则；执行企业会计准则的非上市企业自2021年1月1日起施行本准则。同时，鼓励企业提前执行。执行本准则的企业，不再执行于2014年3月17日印发的《金融负债与权益工具的区分及相关会计处理规定》（财会〔2014〕13号）和2014年6月20日印发的《企业会计准则第36号——金融工具列报》（财会〔2014〕23号）。执行于2017年修订印发的《企业会计准则第22号——金融工具确认和计量》（财会〔2017〕7号）、《企业会计准则第23号——金融资产转移》（财会〔2017〕8号）、《企业会计准则第24号——套期会计》（财会〔2017〕9号）的企业，应同时执行本准则。

自本准则执行日起，企业应当按照本准则的规定列报金融工具相关信息。企业比较财务报表列报的信息与本准则规定不一致的，不需要按照本准则的规定进行调整。

第 37 章
首次执行企业会计准则

首次执行企业会计准则，是指企业第一次执行企业会计准则体系，包括基本准则、具体准则和会计准则应用指南。

37.1 与确认和计量有关的事项说明

37.1.1 业务概述

在首次执行日，企业应当对所有资产、负债和所有者权益按照企业会计准则的规定进行重新分类、确认和计量，并编制期初资产负债表。编制期初资产负债表时，除按照准则规定要求追溯调整的项目外，其他项目不应追溯调整。

37.1.2 事项处理

1. 长期股权投资

对于首次执行日的长期股权投资，应当分别下列情况处理。

（1）根据《企业会计准则第 20 号——企业合并》属于同一控制下企业合并产生的长期股权投资，尚未摊销完毕的股权投资差额应全额冲销，并调整留存收益，以冲销股权投资差额后的长期股权投资账面余额作为首次执行日的认定成本。

（2）除上述（1）以外的其他采用权益法核算的长期股权投资，存在股权投资贷方差额的，应冲销贷方差额，调整留存收益，并以冲销贷方差额后的长期股权投资账面余额作为首次执行日的认定成本；存在股权投资借方差额的，应当将长期股权投资的账面余额作为首次执行日的认定成本。

2. 投资性房地产

对于有确凿证据表明可以采用公允价值模式计量的投资性房地产，在首次执行日可以按照公允价值进行计量，并将账面价值与公允价值的差额调整留存收益。

3. 弃置费用

在首次执行日，对于满足预计负债确认条件且该日之前尚未计入资产成本的弃置费用，应当增加该项资产成本，并确认相应的负债；同时，将应补提的折旧（折耗）调整留存收益。

4. 职工薪酬

对于首次执行日存在的解除与职工的劳动关系计划，满足《企业会计准则第 9 号——职工薪酬》预计负债确认条件的，应当确认因解除与职工的劳动关系给予补偿而产生的负债，并调整留存收益。

对于企业年金基金在运营中所形成的投资，应当在首次执行日按照公允价值进行计量，并将账面价值与公允价值的差额调整留存收益。

5. 股份支付

对于可行权日在首次执行日或之后的股份支付，应当根据《企业会计准则第 11 号——股份支付》的规定，按照权益工具、其他方服务或承担的以权益工具为基础计算确定的负债的公允价值，将应计入首次执行日之前等待期的成本费用金额调整留存收益，相应增加所有者权益或负债。

首次执行日之前可行权的股份支付，不应追溯调整。

6. 或有事项

在首次执行日，企业应当按照《企业会计准则第 13 号——或有事项》的规定，将满足预计负债确认条件的重组义务，确认为负债，并调整留存收益。

7. 所得税

企业应当按照《企业会计准则第 18 号——所得税》的规定，在首次执行日对资产、负债的账面价值与计税基础不同形成的暂时性差异的所得税影响进行追溯调整，并将影响金额调整留存收益。

8. 企业合并

除下列项目外，对于首次执行日之前发生的企业合并不应追溯调整。

（1）按照《企业会计准则第 20 号——企业合并》属于同一控制下企业合并，原已确认商誉的摊余价值应当全额冲销，并调整留存收益。

按照该准则的规定属于非同一控制下企业合并的，应当将商誉在首次执行日的摊余价值作为认定成本，不再进行摊销。

（2）首次执行日之前发生的企业合并，合并合同或协议中约定根据未来事项的发生对合并成本进行调整的，如果首次执行日预计未来事项很可能发生并对合并成本的影响金额能够可靠计量的，应当按照该影响金额调整已确认商誉的账面价值。

（3）企业应当按照《企业会计准则第 8 号——资产减值》的规定，在首次执行日对商誉进行减值测试，发生减值的，应当以计提减值准备后的金额确认，并调整留存收益。

9. 金融工具

在首次执行日，企业应当将所持有的金融资产（不含《企业会计准则第 2 号——长期股权投资》规范的投资），划分为以摊余成本计量的金融资产、以公允价值计量且其变动计入其他综合收益的金融资产、以公允价值计量且其变动计入当期损益的金融资产。

（1）划分为以公允价值计量且其变动计入当期损益的金融资产或以公允价值计量且其变动计入其他综合收益的金融资产，应当在首次执行日按照公允价值计量，并将账面价值与公允价值的差额调整留存收益。

（2）划分为以摊余成本计量的金融资产、贷款和应收款项的，应当自首次执行日起改按实际利率法，在随后的会计期间采用摊余成本计量。

对于在首次执行日指定为以公允价值计量且其变动计入当期损益的金融负债，应当在首次执行日按照公允价值计量，并将账面价值与公允价值的差额调整留存收益。

对于未在资产负债表内确认，或已按成本计量的衍生金融工具（不包括套期工具），应当在首次执行日按照公允价值计量，同时调整留存收益。

对于嵌入衍生金融工具，按照《企业会计准则第22号——金融工具确认和计量》规定应从混合工具分拆的，应当在首次执行日将其从混合工具分拆并单独处理，但嵌入衍生金融工具的公允价值难以合理确定的除外。

对于企业发行的包含负债和权益成分的非衍生金融工具，应当按照《企业会计准则第37号——金融工具列报》的规定，在首次执行日将负债和权益成分分拆，但负债成分的公允价值难以合理确定的除外。

在首次执行日，对于不符合《企业会计准则第24号——套期保值》规定的套期会计方法运用条件的套期保值，应当终止采用原套期会计方法，并按照《企业会计准则第24号——套期保值》处理。

发生再保险分出业务的企业，应当在首次执行日按照《企业会计准则第26号——再保险合同》的规定，将应向再保险接受人摊回的相应准备金确认为资产，并调整各项准备金的账面价值。

10. 追溯调整法

（1）预计的资产弃置费用。

根据《企业会计准则第38号——首次执行企业会计准则》（下文简称"本准则"）规定，企业在预计首次执行日前尚未计入资产成本的弃置费用时，应当满足预计负债的确认条件，选择该项资产初始确认时适用的折现率，以该项预计负债折现后的金额增加资产成本，据此计算确认应补提的固定资产折旧（或油气资产折耗），同时调整期初留存收益。

折现率的选择应当考虑货币时间价值和相关期间通货膨胀等因素的影响。预计弃置费用的范围，适用《企业会计准则第4号——固定资产》《企业会计准则第27号——石油天然气开采》等限定的资产范围。

（2）可行权日在首次执行日或之后的股份支付。

根据本准则规定，授予职工以权益结算的股份支付，应当按照权益工具在授予日的公允价值调整期初留存收益，相应增加资本公积；授予日的公允价值不能可靠计量的，应当按照权益工具在首次执行日的公允价值计量。

授予职工以现金结算的股份支付，应当按照权益工具在等待期内首次执行日之前各资产负债表日的公允价值调整期初留存收益，相应增加应付职工薪酬。上述各资产负债表日的公允价值不能可靠计量的，应当按照权益工具在首次执行日的公允价值计量。

授予其他方的股份支付，在首次执行日比照授予职工的股份支付处理。

（3）所得税。

根据本准则规定，在首次执行日，企业应当停止采用应付税款法或原纳税影响会计法，改按《企业会计准则第 18 号——所得税》规定的资产负债表债务法对所得税进行处理。

原采用应付税款法核算所得税费用的，应当按照企业会计准则相关规定调整后的资产、负债账面价值与其计税基础进行比较，确定应纳税暂时性差异和可抵扣暂时性差异，采用适用的税率计算递延所得税负债和递延所得税资产的金额，相应调整期初留存收益。

原采用纳税影响会计法核算所得税费用的，应当根据《企业会计准则第 18 号——所得税》的相关规定，计算递延所得税负债和递延所得税资产的金额，同时冲销递延税款余额，根据上述两项金额之间的差额调整期初留存收益。

在首次执行日，企业对于能够结转以后年度的可抵扣亏损和税款抵减，应以很可能获得用来抵扣可抵扣亏损和税款抵减的未来应纳税所得额为限，确认相应的递延所得税资产，同时调整期初留存收益。

（4）金融工具的分拆。

根据本准则规定，对于嵌入衍生金融工具，按照《企业会计准则第 22 号——金融工具确认和计量》规定应从混合工具中分拆的，应当在首次执行日按其在该日的公允价值，将其从混合工具中分拆并单独处理。首次执行日嵌入衍生金融工具的公允价值难以合理确定的，应当将该混合工具整体指定为以公允价值计量且其变动计入当期损益的金融资产或金融负债。

企业发行的包含负债和权益成分的非衍生金融工具，在首次执行日按照《企业会计准则第 37 号——金融工具列报》进行分拆时，先按该项负债在首次执行日的公允价值作为其初始确认金额，再按该项金融工具的账面价值扣除负债公允价值后的金额，作为权益成分的初始确认金额。首次执行日负债成分的公允价值难以合理确定的，不应对该项金融工具进行分拆，仍然作为负债处理。

11. 未来适用法

根据本准则规定，除本准则规定要求追溯调整的项目外，其他项目不应追溯调整，应当自首次执行日起采用未来适用法。

（1）借款费用。

对于处于开发阶段的内部开发项目、处于生产过程中的需要经过相当长时间才能达到预定可销售状态的存货（如飞机和船舶），以及营造、繁殖需要经过相当长时间才能达到预定可使用或可销售状态的生物资产，首次执行日之前未予资本化的借款费用，不应追溯调整。上述尚未完成开发或尚未完工的各项资产，首次执行日及以后发生的借款费用，符合《企业会计准则第 17 号——借款费用》规定的资本化条件的部分，应当予以资本化。

（2）超过正常信用条件延期付款（或收款）、实质上具有融资性质的购销业务。

对于首次执行日处于收款过程中的采用递延收款方式、实质上具有融资性质的销售商品或提供劳务收入，如采用分期收款方式的销售，首次执行日之前已确认的收入和结转的成本不再追溯调整。首次执行日后的第一个会计期间，企业应当将尚未确认但符合收入确认条件的合同或协议剩余价款部分确认为长期应收款，按其公允价值确认为营业收入，两者的差额作为未实现融资收益，在剩余收款期限内采用实际利率法进行摊销。在确认收入的同时，应当相应地结转成本。

首次执行日之前购买的固定资产、无形资产在超过正常信用条件的期限内延期付款、实质上具有融资性质的，首次执行日之前已计提的折旧和摊销额，不再追溯调整。在首次执行日，企业应当以尚未支付的款项与其现值之间的差额，减少资产的账面价值，同时确认为未确认融资费用。首次执行日后，企业应当以调整后的资产账面价值作为认定成本并以此为基础计提折旧，未确认融资费用应当在剩余付款期限内采用实际利率法进行摊销。

（3）无形资产。

首次执行日处于开发阶段的内部开发项目，首次执行日之前已经费用化的开发支出，不应追溯调整；根据《企业会计准则第6号——无形资产》规定，首次执行日及以后发生的开发支出，符合无形资产确认条件的，应当予以资本化。

企业持有的无形资产，应当以首次执行日的摊余价值作为认定成本，对于使用寿命有限的无形资产，应当在剩余使用寿命内根据《企业会计准则第6号——无形资产》的规定进行摊销。对于使用寿命不确定的无形资产，在首次执行日后应当停止摊销，按照《企业会计准则第6号——无形资产》的规定处理。

首次执行日之前已计入在建工程和固定资产的土地使用权，符合《企业会计准则第6号——无形资产》的规定应当单独确认为无形资产的，首次执行日应当进行重分类，将归属于土地使用权的部分从原资产账面价值中分离，作为土地使用权的认定成本，按照《企业会计准则第6号——无形资产》的规定处理。

（4）开办费。

首次执行日企业的开办费余额，应当在首次执行日后第一个会计期间内全部确认为管理费用。

（5）职工福利费。

首次执行日企业的职工福利费余额，应当全部转入应付职工薪酬（职工福利）。首次执行日后第一个会计期间，按照《企业会计准则第9号——职工薪酬》规定，根据企业实际情况和职工福利计划确认应付职工薪酬（职工福利），该项金额与原转入的应付职工薪酬（职工福利）之间的差额调整管理费用。

37.1.3 案例解析

【例37-1】甲公司2×17年1月1日投资于乙公司（不属于企业合并形成的投资），投资成本为600 000元，持有乙公司30%的股份，对乙公司能够实施控制，甲公司投资时采用权益法核算。假设乙公司2×17年1月1日所有者权益总额为400 000元。股权投资差额按10年摊销，已经摊销6年。2×17年1月1日，甲公司执行新的会计准则。

分析：按照新准则的规定，甲公司应进行以下会计处理。

投资时股权投资差额=600 000-400 000×30%=480 000（元）

未摊销股权投资差额=480 000-（480 000÷10）×6=192 000（元）

甲公司2×17年1月1日长期股权投资账面余额=600 000-192 000=408 000（元）

【例37-2】甲公司2×14年12月建造一项大型资产项目，预计使用20年，预计弃置费用为6 000 000元。按照工业企业会计制度的规定，此项预计弃置费用不计入固定资产成本。该公司于2×17年1月1日执行新的会计准则体系，按照新准则的规定，预计弃置费用已满足预计负债的确认条件，应确认相应的负债并应增加该项资产的成本，同时补提折旧调整留存收益。假定预计弃置费用现值为4 600 000元，该资产采用使用年限法提取折旧。

分析：甲公司应进行如下会计处理。

（1）2×17年将预计弃置费用增加固定资产成本。

借：固定资产　　　　　　　　　　　　　　　　　　　　4 600 000
　　贷：预计负债　　　　　　　　　　　　　　　　　　　　4 600 000

（2）补提折旧调整留存收益。

借：利润分配——未分配利润　　　　　　　　　　　　　1 380 000
　　贷：累计折旧　　　　　　　　　　　　　　　　　　　　1 380 000

【例37-3】A公司、B公司同为甲公司的子公司。2×14年1月，A公司收购B公司的全部资产。收购日，B公司的资产账面价值总额为460 000 000元，负债账面价值总额为240 000 000元；资产评估价值总额为350 000 000元，负债评估价值总额为150 000 000元。经过多次谈判，最终A公司以270 000 000元的价格购入B公司。2×17年1月1日，A公司执行新的企业会计准则，根据新准则的规定，对同一控制下企业合并，原已经确认商誉的摊余价值应进行追溯调整。

分析：相关计算及会计处理如下。

A公司购入B公司商誉价值计算方法如下：

购入商誉 =270 000 000-（350 000 000-150 000 000）=70 000 000（元）

商誉摊余价值 =70 000 000-（70 000 000÷10）×3=49 000 000（元）

A公司的会计处理如下。

借：利润分配——未分配利润　　　　　　　　　　　　49 000 000
　　贷：无形资产——商誉　　　　　　　　　　　　　　49 000 000

如果按照新准则的规定，属于非同一控制下企业合并的，应当将商誉在首次执行日的摊余价值作为认定成本，不再进行摊销。

37.2　与列报有关的事项处理

37.2.1　业务概述

根据准则规定，企业应当按照《企业会计准则第30号——财务报表列报》《企业会计准则第31号——现金流量表》《企业会计准则第32号——中期财务报告》《企业会计准则第33号——合并财务报表》等列报准则及其应用指南的规定，编制首份中期财务报告和首份年度财务报表。

37.2.2 事项说明

1. 首份中期财务报告和首份年度财务报表

（1）首份中期财务报告至少应当包括资产负债表、利润表、现金流量表和附注，上年度可比中期的财务报表也应当按照企业会计准则列报。

（2）首份年度财务报表应当是一套完整的财务报表，至少包括资产负债表、利润表、现金流量表、所有者权益变动表和附注。在首份年度财务报表中，至少应当按照企业会计准则列报上年度全部比较信息。

按照企业会计准则列报全部比较信息的，首次执行日是在首份年度财务报表中按照企业会计准则列报全部比较信息最早期间的期初。

（3）母公司执行企业会计准则但子公司尚未执行企业会计准则的，母公司在编制合并财务报表时，应当按照企业会计准则的规定调整子公司的财务报表。

母公司尚未执行企业会计准则，而子公司已执行企业会计准则的，母公司在编制合并财务报表时，可以将子公司的财务报表按照母公司的会计政策进行调整后合并，也可以将子公司按照企业会计准则编制的财务报表直接合并。

2. 首份中期财务报告和首份年度财务报表附注

企业在首份中期财务报告和首份年度财务报表附注中，应当以列表形式详细披露下列数据的调节过程。

（1）按原会计制度或准则列报的比较报表最早期间的期初所有者权益，调整为按企业会计准则列报的所有者权益。

（2）按原会计制度或准则列报的最近年度年末所有者权益，调整为按照企业会计准则列报的所有者权益。

（3）按原会计制度或准则列报的最近年度损益，调整为按照企业会计准则列报的损益。

（4）比较中期期末按原会计制度或准则列报的所有者权益，调整为按企业会计准则列报的所有者权益。

（5）比较中期按原会计制度或准则列报的损益（可比中期和上年初至可比中期末累计数），调整为同一期间按企业会计准则列报的损益。

执行企业会计准则后首份季报（或首份半年报），需要披露上述第 1 项至第 5 项数据的调节过程，其他季度季报（或半年报）只需提供上述第 4 项、第 5 项数据的调节过程。首份年度财务报表中只需提供上述第 1 项至第 3 项数据的调节过程。

第 38 章
公允价值计量

公允价值,是指市场参与者在计量日发生的有序交易中,出售一项资产所能收到或者转移一项负债所需支付的价格。

按照现行会计准则规定,涉及公允价值计量的资产或负债包括投资性房地产准则中规范的以公允价值进行后续计量的投资性房地产、生物资产准则中规范的以公允价值进行后续计量的生物资产、资产减值准则中规范的使用公允价值确定可收回金额的资产、企业年金基金准则中规范的以公允价值计量的企业年金基金投资、政府补助准则中规范的以非货币性资产形式取得的政府补助、企业合并准则中规范的非同一控制下企业合并中取得的可辨认资产和负债以及作为合并对价发行的权益工具、金融工具确认和计量准则中规范的以公允价值计量且其变动计入当期损益的金融资产或金融负债以及以公允价值计量且其变动计入其他综合收益的金融资产等。

但是,存货准则中规范的可变现净值、资产减值准则中规范的预计未来现金流量现值等计量属性,与公允价值类似但并不遵循公允价值计量的有关规定,股份支付和租赁业务相关的计量也不遵循公允价值计量的有关规定。

38.1 公允价值计量的基本要求

为了更好地理解公允价值,应当从四个方面掌握公允价值计量的基本要求:一是以公允价值计量的相关资产或负债;二是应用于相关资产或负债公允价值计量的有序交易;三是有序交易发生的主要市场或最有利市场;四是主要市场或最有利市场中的市场参与者。

38.1.1 与相关资产或负债相关的事项说明

(一)业务概述

企业以公允价值计量相关资产或负债,应当考虑该资产或负债的特征。相关资产或负债的特征,是指市场参与者在计量日对该资产或负债进行定价时考虑的特征,包括资产状况及所在位置、对资产出售或者使用的限制等。

(二)事项处理

1. 资产状况和所在位置

市场参与者以公允价值计量一项非金融资产时,通常会考虑该资产的地理位置和环境、使用功能、结构、新旧程度、可使用状况等。因此,企业计量其公允价值时,也应考虑这些特征,对类似资产和可观察市场价格或其他交易信息进行调整,以确定该资产的公允价值。

2. 对资产出售或使用的限制

企业以公允价值计量相关资产，应当考虑出售或使用该资产所存在的限制因素。企业为合理确定相关资产的公允价值，应当区分该限制是针对资产持有者，还是针对该资产本身。如果该限制是针对相关资产本身的，则此类限制是该资产具有的一项特征，任何持有该资产的企业都会受到影响，市场参与者在计量日对该资产进行定价时会考虑这一特征，企业以公允价值计量该资产时也应当考虑该限制特征。如果该限制是针对资产持有者的，则此类限制并不是该资产的特征，只会影响当前持有该资产的企业，而其他企业可能不会受到该限制的影响，市场参与者在计量日对该资产进行定价时不会考虑该限制因素，企业以公允价值计量该资产时，也不会考虑针对该资产持有者的限制因素。

3. 计量单元

以公允价值计量的相关资产或负债可以是单项资产或负债（如一项金融工具、一项非金融资产等），也可以是资产组合、负债组合或者资产和负债的组合（如《企业会计准则第 8 号——资产减值》规范的资产组、《企业会计准则第 20 号——企业合并》规范的业务等）。企业是以单项还是以组合的方式对相关资产或负债进行公允价值计量，取决于该资产或负债的计量单元。

计量单元，是指相关资产或负债以单独或者组合方式进行计量的最小单位。相关资产或负债的计量单元应当由要求或者允许以公允价值计量的其他相关会计准则规定，但《企业会计准则第 39 号——公允价值计量》（下文简称"本准则"）第十章规范的市场风险或信用风险可抵销的金融资产和金融负债的公允价值计量除外。

（三）案例解析

【例 38-1】甲上市公司的限售股具有在指定期间内无法在公开市场上出售的特征。市场参与者在对甲公司限售股进行定价时会考虑该权益工具流动性受限的因素。

分析：甲公司以公允价值计量该权益工具时，应当对在公开市场上交易的同一发行人未受限制的相同权益工具的报价进行相应调整，即从报价中扣除市场参与者因承担指定期间内无法在公开市场上出售该权益工具的风险而要求获得补偿的金额。

【例 38-2】甲公司与乙商业银行签订一份借款合同。根据借款合同规定，甲公司将其持有的一块土地使用权作为抵押，在偿还该债务前，甲公司不能转让该土地使用权。

分析：在此例中，甲公司承诺在偿还该商业银行借款前不转让其持有的已抵押土地使用权，该承诺是针对甲公司的限制，而非针对甲公司所持有的土地使用权的限制，并不会转移给其他市场参与者。因此，甲公司在确定其持有的该土地使用权的公允价值时，不应考虑该限制。

38.1.2 与有序交易相关的事项说明

（一）业务概述

企业以公允价值计量相关资产或负债，应当假定市场参与者在计量日出售资产或者转移负债的交易，是在当前市场条件下的有序交易。有序交易，是指在计量日前一段时期内相关资产或负债具有惯常市场活动的交易。清算等被迫交易不属于有序交易。

（二）事项处理

（1）有序交易的确定。企业在确定一项交易是否为有序交易时，应当全面理解交易环境和有关事实。企业应当基于可获取的信息，如市场环境变化、交易规则和习惯、价格波动幅度、交易量波动幅度、交易发生的频率、交易对手信息、交易原因、交易场所和其他能够获得的信息，运用专业判断对交易行为和交易价格进行分析，以判断该交易是否为有序交易。为了确定一项交易是否为有序交易，企业应当考虑可合理获得的信息，在获得合理信息时应当考虑成本效益原则，不应花费过大成本。当企业成为交易一方时，通常假定该企业有充分的信息来判断该交易是否为有序交易。当存在下列情况时，相关资产或负债的交易活动通常不应作为有序交易。

① 在当前市场情况下，市场在计量日之前一段时间内不存在相关资产或负债的惯常市场交易活动。

② 在计量日之前，相关资产或负债存在惯常的市场交易，但资产出售方或负债转移方仅与单一的市场参与者进行交易。

③ 资产出售方或负债转移方处于或者接近于破产或托管状态，即资产出售方或负债转移方已陷入财务困境。

④ 资产出售方为满足法律或者监管规定而被要求出售资产，即被迫出售。

⑤ 与相同或类似资产或负债近期发生的其他交易相比，出售资产或转移负债的价格是一个异常值。

（2）有序交易价格的应用。企业判定相关资产或负债的交易是有序交易的，在以公允价值计量该资产或负债时，应当考虑该交易的价格，即以交易价格为基础确定该资产或负债的公允价值。企业在公允价值计量过程中赋予有序交易价格的权重时，应当考虑交易量、交易的可比性、交易日与计量日的临近程度等因素。企业判定相关资产或负债的交易不是有序交易的，在以公允价值计量该资产或负债时，不应考虑该交易的价格，或者赋予该交易价格较低权重。企业根据现有信息不足以判定该交易是否为有序交易的，在以公允价值计量该资产或负债时，应当考虑该交易的价格，但不应将该交易价格作为计量公允价值的唯一依据或者主要依据。相对于其他已知的有序交易价格，企业应赋予该交易较低权重。

38.1.3 与主要市场或最有利市场有关的事项说明

（一）业务概述

企业以公允价值计量相关资产或负债，应当假定出售资产或者转移负债的有序交易在相关资产或负债的主要市场进行。不存在主要市场的，企业应当假定该交易在相关资产或负债的最有利市场进行。

（二）事项处理

（1）主要市场，是指相关资产或负债交易量最大和交易活跃程度最高的市场。最有利市场，是指在考虑交易费用和运输费用后，能够以最高金额出售相关资产或者以最低金额转移相关负债的市场。

企业在识别主要市场（或最有利市场）时，应当考虑所有可合理取得的信息，但没有必要考察所有市场。通常情况下，企业正常进行资产出售或者负债转移的市场可以视为主要市场（或最有利市场）。

主要市场（或最有利市场）应当是企业在计量日能够进入的交易市场，但不要求企业于计量日在该市场上实际出售资产或者转移负债。由于不同企业可以进入的市场不同，对于不同企业，相同资产或负债可能具有不同的主要市场（或最有利市场）。

企业应当以主要市场的价格计量相关资产或负债的公允价值。不存在主要市场的，企业应当以最有利市场的价格计量相关资产或负债的公允价值。

（2）交易费用，是指在相关资产或负债的主要市场（或最有利市场）中，发生的可直接归属于资产出售或者负债转移的费用。交易费用是直接由交易引起的、交易所必需的、不出售资产或者不转移负债就不会发生的费用。运输费用，是指将资产从当前位置运抵主要市场（或最有利市场）发生的费用。

企业不应当因交易费用对该价格进行调整。交易费用不属于相关资产或负债的特征，只与特定交易有关。交易费用不包括运输费用。

相关资产所在的位置是该资产的特征，发生的运输费用能够使该资产从当前位置转移到主要市场（或最有利市场）的，企业应当根据使该资产从当前位置转移到主要市场（或最有利市场）的运输费用调整主要市场（或最有利市场）的价格。

当计量日不存在能够提供出售资产或者转移负债的相关价格信息的可观察市场时，企业应当从持有资产或者承担负债的市场参与者角度，假定计量日发生了出售资产或转移负债的交易，并以该假定交易的价格为基础计量相关资产或负债的公允价值。

（三）案例解析

【例38-3】甲公司委托某证券公司于2×15年12月1日购买乙上市公司100万股普通股股票，作为交易性金融资产持有，购买价格为每股10元，甲公司共支付1 002万元，其中2万元是支付给证券公司的手续费。

分析：甲公司在2×15年12月1日初始计量该交易性金融资产时，每股股票的公允价值应当是10元，而不是10.02元。

【例38-4】甲公司在非同一控制下的企业合并业务中获得500吨原材料，在合并日，甲公司以公允价值计量这批存货。甲公司分别在A市场和B市场两个活跃交易市场中交易过该原材料，交易量分别为3 000万吨和50万吨，交易价格分别为26万元/吨和28万元/吨。甲公司在A市场中出售企业合并中获得的该批原材料需要支付1 500万元相关税费，将该批原材料运抵A市场需要花费100万元的运输成本；甲公司在B市场中出售企业合并中获得的该批原材料需要支付 1 600 万元相关税费,将该批原材料运抵 B 市场需要花费 200 万元的运输成本。

分析:甲公司在估计这批存货的公允价值时,应当首先确定主要市场,由于 A 市场拥有最大交易量、交易活跃程度最高,判定 A 市场为甲公司销售该原材料的主要市场。该批存货的公允价值为 13 000 万元减去运输成本 100 万元,即 12 900 万元。

38.1.4 与市场参与者有关的事项说明

(一)业务概述

企业以公允价值计量相关资产或负债,应当采用市场参与者在对该资产或负债定价时为实现其经济利益最大化所使用的假设。

(二)事项处理

(1)市场参与者,是指在相关资产或负债的主要市场(或最有利市场)中,同时具备下列特征的买方和卖方:

① 市场参与者应当相互独立,不存在《企业会计准则第 36 号——关联方披露》所述的关联方关系;

② 市场参与者应当熟悉情况,能够根据可取得的信息对相关资产或负债以及交易具备合理认知;

③ 市场参与者应当有能力并自愿进行相关资产或负债的交易。

(2)企业在确定市场参与者时,应当考虑所计量的相关资产或负债、该资产或负债的主要市场(或最有利市场)以及在该市场上与企业进行交易的市场参与者等因素,从总体上识别市场参与者。企业在确定市场参与者时至少应当考虑以下因素。

① 所计量的相关资产或负债。例如,金融资产的市场参与者与非金融资产的市场参与者之间将存在较大差别。

② 该资产或负债的主要市场(或者在不存在主要市场情况下的最有利市场)。主要市场(或者在不存在主要市场情况下的最有利市场)是基于企业角度确定的,因此,与企业在同一行业的其他企业有可能是市场参与者。市场参与者也可能来自其他行业。例如,在计量制造业企业拥有的土地使用权的公允价值时,房地产开发企业也可能作为市场参与者。

③ 企业将在主要市场或最有利市场进行交易的市场参与者。企业以公允价值计量相关资产或负债,应当基于市场参与者之间的交易确定该资产或负债的公允价值。如果市场参与者在交易中考虑了相关资产或负债的特征以及相关风险等,并根据这些特征或风险对该资产或负债的交易价格进行了调整,那么企业也应当采用市场参与者在对该资产或负债定价时所使用的这些假设。企业应当从市场参与者角度计量相关资产或负债的公允价值,而不应考虑企业自身持有资产、清偿或者以其他方式履行负债的意图和能力。

(三)案例解析

【例 38-5】甲公司取得了竞争对手乙公司 100% 的股权。乙公司声誉良好,原有商标具有商业价值，但甲公司决定不再使用乙公司的商标。

分析：甲公司以公允价值计量该商标时，应当基于将该商标出售给熟悉情况、有意愿且有能力进行交易的其他市场参与者的价格，而不能因为自愿放弃使用该商标而将其公允价值确定为零。

38.2 公允价值计量要求

38.2.1 与公允价值初始计量相关的事项说明

（一）业务概述

企业应当根据交易性质和相关资产或负债的特征等，判断初始确认时的公允价值是否与其交易价格相等。

（二）事项处理

企业在取得资产或者承担负债的交易中，交易价格是取得该资产所支付或者承担该负债所收到的价格，即进入价格。而相关资产或负债的公允价值是脱手价格，即出售该资产所能收到的价格或者转移该负债所需支付的价格。在大多数情况下，相关资产或负债的进入价格等于其脱手价格。但企业未必以取得资产时所支付的价格出售该资产，同样，也未必以承担负债时所收取的价格转移该负债，也就是说，企业取得资产或承担负债的进入价格不一定等于该资产或负债的脱手价格。在下列情况下，企业以公允价值对相关资产或负债进行初始计量的，不应将取得资产或者承担负债的交易价格作为该资产或负债的公允价值。

（1）关联方之间的交易。但企业有证据表明，关联方之间的交易是按照市场条款进行的，该交易价格可作为确定其公允价值的基础。

（2）被迫进行的交易，或者资产出售方（或负债转移方）在交易中被迫接受价格的交易。例如，资产出售方或负债转移方为满足监管或法律要求而被迫出售资产或转移负债，或者资产出售方或负债转移方正陷于财务困境。

（3）交易价格所代表的计量单元不同于以公允价值计量的相关资产或负债的计量单元。例如，在企业合并交易中，以公允价值计量的相关资产或负债仅是交易中的一部分，而交易除该资产或负债外，还包括应单独计量但未确认的无形资产。

（4）进行交易的市场不是该资产或负债的主要市场（或者在不存在主要市场情况下的最有利市场）。例如，某商业银行是银行间债券市场的做市商，既可以与其他做市商在银行间债券市场进行交易，也可以与客户在交易所市场进行交易，但对于该银行而言，债券交易的主要市场（或者在不存在主要市场情况下的最有利市场）是与其他做市商进行交易的银行间债券市场，交易所市场上的交易价格有可能不同于银行间债券市场上的交易价格，交易所市场上的交易价格不应作为公允价值。

企业以公允价值对相关资产或负债进行初始计量，并且交易价格与公允价值不相等的，交易价格与公允价值的差额应当按照会计准则的要求进行处理。如果会计准则对此未作出明确规定，企业应当将该差额计入当期损益。

38.2.2 与估值技术相关的事项说明

（一）业务概述

企业以公允价值计量相关资产或负债，应当采用在当前情况下适用并且有足够可利用数据和其他信息支持的估值技术。企业使用估值技术，是为了估计在计量日当前市场条件下，市场参与者在有序交易中出售一项资产或者转移一项负债的价格。

（二）事项处理

企业以公允价值计量相关资产或负债，使用的估值技术主要包括市场法、收益法和成本法。企业应当使用与其中一种或多种估值技术相一致的方法计量公允价值。企业使用多种估值技术计量公允价值的，应当考虑各估值结果的合理性，选取在当前情况下最能代表公允价值的金额作为公允价值。

1. 市场法

市场法是利用相同或类似的资产、负债或资产和负债组合的价格以及其他相关市场交易信息进行估值的技术。企业应用市场法估计相关资产或负债公允价值的，可利用相同或类似的资产、负债或资产和负债的组合（例如，一项业务）的价格和其他相关市场交易信息进行估值。

企业在使用市场法时，应当以市场参与者在相同或类似资产出售中能够收到或者转移相同或类似负债需要支付的公开报价为基础。企业应当根据资产或负债的特征，如当前状况、地理位置、出售和使用的限制等，对相同或类似资产或负债的市场价格进行调整，以确定该资产或负债的公允价值。

企业在应用市场法时，除直接使用相同或类似资产或负债的公开报价外，还可以使用市场乘数法等估值方法。市场乘数法是一种使用可比企业市场数据估计公允价值的方法，包括上市公司比较法、交易安全比较法等。企业采用上市公司比较法时，可使用的市场乘数包括市盈率、市净率、企业价值/税息折旧及摊销前利润乘数等。企业应当进行职业判断，考虑与计量相关的定性和定量因素，选择恰当的市场乘数。

2. 收益法

收益法是企业将未来金额转换成单一现值的估值技术。企业使用收益法时，应当反映市场参与者在计量日对未来现金流量或者收入费用等金额的预期。企业使用的收益法包括现金流量折现法、期权定价模型等估值方法。

（1）现金流量折现法。现金流量折现法是企业在收益法中最常用到的估值方法，包括传统法（即折现率调整法）和期望现金流量法。企业运用折现率将未来金额与现在金额联系起来，取得现值。企业使用现金流量折现法估计相关资产或负债的公允价值时，需要在计量日从市场参与者角度考虑相关资产或负债的未来现金流量、现金流量金额和时间的可能变动、货币时间价值、因承受现金流量固有不确定性而要求的补偿（即风险溢价）、与负债相关的不履约风险（包括企业自身信用风险）、市场参与者在当前情况下可能考虑的其他因素等。

企业以现金流量折现法估计相关资产或负债的公允价值，应当避免重复计算或遗漏风险因素的影响，协调折现率与现金流量输入值的选择。例如，企业使用了合同现金流量的，应当采用能够反映预期违约风险的折现率；使用了概率加权现金流量的，应当采用无风险利率；使用了包含通货膨胀影响的现金流量的，应当采用名义利率；使用了排除通货膨胀影响的现金流量的，应当采用实际利率；使用税后现金流量的，应当采用税后折现率；使用税前现金流量的，应当采用税前折现率；使用人民币现金流量的，应当采用与人民币相关的利率等。

企业在现金流量折现法中所使用的现金流量是估计金额，而非确定的已知金额。当存在违约风险时，即使是合同约定的金额也不是确定的折现现金流量。例如，贷款承诺中虽约定贷款金额，但如果企业无法按期还款，该金额并不能作为确定的已知折现现金流量。所以，企业使用现金流量折现法时，将面临较多不确定性。企业在以公允价值计量该资产或负债时应当考虑风险溢价，即使存在较大困难，企业仍应当考虑相关风险调整因素。

根据对风险的调整方式和采用的现金流量类型，可以将现金流量折现法区分为传统法和期望现金流量法两种方法。

① 传统法。传统法是使用在估计金额范围内最有可能的现金流量和经风险调整的折现率的一种折现方法。企业在传统法中所使用的现金流量，包括合同现金流量、承诺现金流量或者最有可能的现金流量等。这些现金流量都以特定事项为前提条件。例如，债券中包含的合同现金流量或承诺现金流量是以债务人不发生违约为前提条件的。企业所使用的经风险调整的折现率，应当来自市场上交易的类似资产或负债的可观察回报率。当不存在可观察的市场回报率时，企业也可以使用估计的市场回报率。企业在确定资产或负债是否类似时，需要考虑现金流量的性质。例如，现金流量是合同现金流量还是非合同现金流量，现金流量是否会对经济条件的改变作出类似反应，还需要考虑信用状况、抵押品、期限、限制性合同和流动性等其他因素。

② 期望现金流量法。期望现金流量法是使用经风险调整的期望现金流量和无风险利率，或者使用未经风险调整的期望现金流量和包含市场参与者要求的风险溢价的折现率的一种折现方法。企业应当通过以概率为权重计算的期望现金流量反映未来所有可能的现金流量。企业在期望现金流量法中使用的现金流量是对所有可能的现金流量进行概率加权，最终得到的期望现金流量不再以特定事项为前提条件，这不同于企业在传统法中所使用的现金流量。

在期望现金流量法中，可以通过两种方法调整相关资产或负债期望现金流量的风险溢价。第一种方法是，企业从以概率为权重计算的期望现金流量中扣除风险溢价，得到确定等值现金流量，并按照无风险利率对确定等值现金流量折现，从而估计出相关资产或负债的公允价值。当市场参与者认为确定的现金流量和期望现金流量无差异时，该确定的现金流量即为确定等值现金流量。第二种方法是，企业在无风险利率之上增加风险溢价，得到期望回报率，并使用该期望回报率对以概率为权重计算的现金流量进行折现，从而估计出相关资产或负债的公允价值。使用期望现金流量法的上述两种方法得到的现金流量现值应当是相同的。因此，企业在使用期望现金流量法估计相关资产或负债的公允价值时，期望现金流量法的上述两种方法均可使用。企业对期望现金流量法第一种方法或第二种方法的选择，取决于被计量资产或负债的特征和环境因素，企业是否可获取足够多的数据，以及企业运用判断的程度等。

（2）期权定价模型。企业可以使用布莱克—斯科尔斯模型、二叉树模型、蒙特卡洛模拟法等期权定价模型估计期权的公允价值。其中，布莱克—斯科尔斯期权定价模型可以用于认股权证和具有转换特征的金融工具的简单估值。布莱克—斯科尔斯期权定价模型中的输入值包括即期价格、行权价格、合同期限、预计或内含波动率、无风险利率、期望股息率等。蒙特卡洛模拟法适用于包含可变行权价格或转换价格、对行权时间具有限制条款等复杂属性的认股权证或具有转换特征的金融工具。蒙特卡洛模拟法根据认股权证或具有转换特征的金融工具的条款、条件以及其他假设，随机生成数千甚至数百万的可能结果，计算每种可能情形的相关回报，这些回报用概率加权并折现以计算相关资产或负债的公允价值。

3. 成本法

成本法，是反映当前要求重置相关资产服务能力所需金额的估值技术，通常是指现行重置成本。在成本法下，企业应当根据折旧贬值情况，对市场参与者获得或构建具有相同服务能力的替代资产的成本进行调整。折旧贬值包括实体性损耗、功能性贬值以及经济性贬值。企业主要使用现行重置成本法估计与其他资产或其他资产和负债一起使用的有形资产的公允价值。

4. 估值技术的选择

企业在某些情况下使用单项估值技术是恰当的，如企业使用相同资产或负债在活跃市场上的公开报价计量该资产或负债的公允价值。但在有些情况下，企业可能需要使用多种估值技术，如企业采用市场法和收益法估计未上市企业股权投资的公允价值。企业应当运用更多职业判断，确定恰当的估值技术。企业至少应当考虑下列因素：

（1）根据企业可获得的市场数据和其他信息，其中一种估值技术是否比其他估值技术更恰当；

（2）其中一种估值技术所使用的输入值是否更容易在市场上观察到或者只需作更少的调整；

（3）其中一种估值技术得到的估值结果区间是否在其他估值技术的估值结果区间内；

（4）市场法和收益法结果存在较大差异的，进一步分析存在较大差异的原因。例如，其中一种估值技术可能使用不当，或者其中一种估值技术所使用的输入值可能不恰当等。

企业在公允价值后续计量中使用了估值技术，并且运用了不可观察输入值的，应当确保该估值技术反映了计量日可观察的市场数据。例如，类似资产或负债的最近交易价格等。企业以相关资产或负债的交易价格作为其初始确认时的公允价值，并在公允价值后续计量中使用了不可观察输入值的，应当校正后续计量中运用的估值技术，以使得用该估值技术确定的初始确认结果与初始确认时的交易价格相等。企业通过校准估值技术，能够确保估值技术反映当前市场情况，避免发生估值技术无法反映相关资产或负债的特征。

(三)案例解析

【例38-6】2×17年12月31日,甲商业银行从全国银行间债券市场购入乙公司发行的10万份中期票据,将其作为其他债权投资持有。该票据信用评级为AAA,乙公司的长期信用评级为AAA,期限为7年,自2×17年12月31日至2×24年12月31日止。该票据面值为人民币100元,票面利率为5%,付息日为每年的12月31日。2×18年12月31日,甲商业银行对该中期期票据投资进行公允价值计量。假定该票据没有活跃市场中的报价,甲商业银行能够通过中央国债登记结算有限责任公司公布的相关收益率曲线确定相同信用评级、相同期限债券的市场回报率为6%。

分析:本例中,甲商业银行可根据该中期票据约定的合同现金流量即利息和本金,运用回报率进行折现,得到该中期票据的公允价值1 001万元。公允价值计算过程如表38-1所示。

表38-1 公允价值计算过程

单位:万元

年份	2×18	2×19	2×20	2×21	2×22	2×23	2×24	合计
现金流量	50	50	50	50	50	50	1 050	
折现率(6%)	1	0.943 4	0.890 0	0.839 6	0.792 1	0.747 3	0.705 0	
现值	50	47.2	44.5	42	39.6	37.4	740.3	1 001

【例38-7】甲公司在2×18年12月31日购买了乙公司20万股普通股股票,占乙公司所有发行在外股份的5%。乙公司是一家非上市的股份公司,不存在活跃市场的公开报价。甲公司共支付720万元,假定该交易价格等于该投资在2×18年12月31日的公允价值。

分析:甲公司决定使用可比公司估值乘数技术计量这些股权的公允价值,并会在该估值技术中使用乙公司业绩衡量指标、流动性折价等不可观察输入值。因此,甲公司以720万元的交易价格对后续使用的估值模型进行校准,以使该估值模型计算取得的投资初始估计值等于交易价格,确保该估值模型已充分反映了该投资的所有特征。

假定乙公司2×18年12月31日的税息折旧及摊销前利润为1 600万元,流动性折价为10%,甲公司从市场上获得可比公司的企业价值/税息折旧及摊销前利润(EV/EBITDA)乘数为10倍。甲公司运用该乘数和乙公司税息折旧及摊销前利润估计得到乙公司在2×18年12月31日的价值为16 000万元,其持有的5%股权的价值为800万元,在考虑流动性折价后得到的股权估计价值为720万元。具体计算过程如表38-2所示。

表38-2 乙公司估计价值计算过程

单位:万元

项目	金额
(1)乙公司2×18年12月31日的税息折旧及摊销前利润	1 600
(2)企业价值/税息折旧及摊销前利润乘数(10倍)	
(3)乙公司价值=(1)×(2)	16 000

（续表）

项目	金额
（4）5%股权的价值=（3）×5%	800
（5）流动性折旧（10%）	
（6）流动性折价调整=（4）×10%	80
（7）2×18年12月31日的股权估计价值=（4）-（6）	720

38.2.3　与输入值相关的事项说明

（一）业务概述

企业以公允价值计量相关资产或负债，应当考虑市场参与者在对相关资产或负债进行定价时所使用的假设，包括有关风险的假设。市场参与者所使用的假设即为输入值，可分为可观察输入值和不可观察输入值。

（二）事项处理

企业使用估值技术时，应当优先使用可观察输入值，仅当相关可观察输入值无法取得或取得不切实可行时才使用不可观察输入值。企业通常可以从交易所市场、做市商市场、经纪人市场、直接交易市场获得可观察输入值。在交易所市场上，企业可直接获得相关资产或负债的收盘价。在做市商市场，做市商随时准备用自有资本买入或者卖出做市项目，以此提供流动性并形成市场，所以出价和要价比收盘价更容易获得。但在直接交易市场上，买卖双方独立协商，无中介参与，所以企业难以获得这些交易。

企业为估计相关资产或负债公允价值必须使用一些不可观察输入值的，如果市场参与者在对该资产或负债的公允价值计量会用到这些不可观察输入值，那么企业也应当使用这些不可观察输入值。无论企业在以公允价值计量相关资产或负债过程中是否使用不可观察输入值，其公允价值计量的目的仍是基于市场参与者角度确定在当前市场条件下计量日有序交易中该资产或负债的脱手价格。

（1）公允价值计量中相关的溢价和折价。

企业应当选择市场参与者在相关资产或负债交易中会考虑的、反映该资产或负债特征的输入值。如果企业能够获得相同或类似资产或负债在活跃市场中的报价且市场参与者将考虑与相关资产或负债的特征相关的溢价或折价时，企业应当根据这些溢价或折价，如控制权溢价、少数股东权益折价、流动性折价等，对相同或类似资产或负债的市场交易价格进行调整。

企业不应考虑与计量单元不一致的溢价或折价，如反映企业持有规模特征即"大宗持有因素"的溢价或折价。大宗持有因素是与交易相关的特定因素，因企业交易该资产的方式不同而有所不同。

（2）以出价和要价为基础的输入值。

当相关资产或负债具有出价和要价时，企业可以使用出价和要价价差中在当前市场情况下最能代表该资产或负债公允价值的价格计量该资产或负债。出价是经纪人或做市商购买一项资产或处置一项负债所愿意支付的价格,要价是经纪人或做市商出售一项资产或承担一项负债所愿意收取的价格。企业可使用出价计量资产头寸,使用要价计量负债头寸,也可使用市场参与者在实务中使用的在出价和要价之间的中间价或其他定价惯例计量相关资产或负债。无论如何,企业不应使用与公允价值计量假定不一致的方法,如对资产使用要价、对负债使用出价。

(三)案例解析

【例38-8】某企业持有一家上市公司15 000万股普通股。该上市公司在资本市场上一般平均日交易量约为12 000万股普通股。如果该企业全部出售其持有的上市公司股份将会造成流动性问题,该上市公司每股普通股股价将发生严重下跌。

分析:该因素与企业持有股份数量即持有规模有关,不是该资产即上市公司普通股的特征,在企业进行公允价值计量时不应予以考虑。

38.2.4 与公允价值层次相关的事项说明

(一)业务概述

企业应当将公允价值计量所使用的输入值划分为三个层次,并首先使用第一层次输入值,其次使用第二层次输入值,最后使用第三层次输入值。

(二)事项处理

(1)第一层次输入值是在计量日能够取得的相同资产或负债在活跃市场上未经调整的报价。活跃市场,是指相关资产或负债的交易量和交易频率足以持续提供定价信息的市场。

第一层次输入值为公允价值提供了最可靠的证据。在所有情况下,企业只要能够获得相同资产或负债在活跃市场上的报价,就应当将该报价不加调整地应用于该资产或负债的公允价值计量,但下列情况除外。

① 企业持有大量类似但不相同的以公允价值计量的资产或负债,这些资产或负债存在活跃市场报价,但难以获得每项资产或负债在计量日单独的定价信息。在这种情况下,企业可以采用不单纯依赖报价的其他估值模型。

② 活跃市场报价未能代表计量日的公允价值,如因发生影响公允价值计量的重大事件等导致活跃市场的报价未能代表计量日的公允价值。

③ 不存在相同或类似负债或企业自身权益工具可观察市场报价,但其他方将其作为资产持有的,企业应当在计量日从持有该资产的市场参与者角度,以该资产的公允价值为基础确定该负债或自身权益工具的公允价值。

企业因上述情况对相同资产或负债在活跃市场上的报价进行调整的,公允价值计量结果应当划分为较低层次。

(2)第二层次输入值是除第一层次输入值外相关资产或负债直接或间接可观察的输入值。

企业在使用第二层次输入值对相关资产或负债进行公允价值计量时,应当根据该资产或负债的特征，对第二层次输入值进行调整。这些特征包括资产状况或所在位置、输入值与类似资产或负债的相关程度、可观察输入值所在市场的交易量和活跃程度等。

对于具有合同期限等具体期限的相关资产或负债，第二层次输入值应当在几乎整个期限内是可观察的。

第二层次输入值包括：

① 活跃市场中类似资产或负债的报价；

② 非活跃市场中相同或类似资产或负债的报价；

③ 除报价以外的其他可观察输入值，包括在正常报价间隔期间可观察的利率和收益率曲线、隐含波动率和信用利差等；

④ 市场验证的输入值等。市场验证的输入值，是指通过相关性分析或其他手段获得的主要来源于可观察市场数据或者经过可观察市场数据验证的输入值。

（3）第三层次输入值是相关资产或负债的不可观察输入值。

企业只有在相关资产或负债不存在市场活动或者市场活动很少导致相关可观察输入值无法取得或取得不切实可行的情况下，才能使用第三层次输入值，即不可观察输入值。

不可观察输入值应当反映市场参与者对相关资产或负债定价时所使用的假设，包括有关风险的假设，如特定估值技术的固有风险和估值技术输入值的固有风险等。企业在确定不可观察输入值时，应当使用在当前情况下可合理取得的最佳信息，包括所有可合理取得的市场参与者假设。

企业可以使用内部数据作为不可观察输入值，但如果有证据表明其他市场参与者将使用不同于企业内部数据的其他数据，或者这些企业内部数据是企业特定数据、其他市场参与者不具备企业相关特征时，企业应当对其内部数据做出相应调整。

（4）公允价值计量结果所属的层次，由对公允价值计量整体而言具有重要意义的输入值所属的最低层次决定。企业应当在考虑相关资产或负债特征的基础上判断所使用的输入值是否重要。公允价值计量结果所属的层次，取决于估值技术的输入值，而不是估值技术本身。

当企业使用的所有输入值都属于同一层次时，如企业使用未经调整的活跃市场的报价计量公允价值，公允价值计量结果所属的层次就比较容易确定。但如果企业在公允价值计量中所使用的输入值属于不同层次，企业评价某一输入值对公允价值计量整体的重要性需要运用职业判断，考虑与相关资产或负债有关的特定因素。如果企业在公允价值计量中需要使用不可观察输入值对可观察输入值进行调整，并且该调整引起相关资产或负债公允价值计量结果显著增加或显著减少，则公允价值计量结果应当划入第三层次的公允价值计量。

（5）第三方报价机构的估值。

企业使用经纪人、做市商等第三方报价机构提供的出价或要价计量相关资产或负债公允价值的，应当确保该第三方报价机构提供的出价或要价遵循了公允价值计量的要求。企业应当综合考虑相关资产或负债所处市场的特点、交易是否活跃、是否有足够数量的报价方、报价方是否权威、报价是否持续等因素，对出价和要价的质量进行判断。

企业即使使用了第三方报价机构提供的估值，也不应简单将该公允价值计量结果划入第三层次输入值。企业应当了解估值服务中应用到的输入值，并根据该输入值的可观察性和重要性，确定相关资产或负债公允价值计量结果的层次。例如，第三方报价机构提供了相同资产或负债在活跃市场报价的，企业应当将该资产或负债的公允价值计量划入第一层次。如果相关资产或负债的交易量或交易活跃程度出现大幅下降，企业应当评估第三方报价机构在形成报价过程中是否使用了反映有序交易的当前信息或是反映市场参与者假定（包括有关风险的假定）的估值技术。

企业在权衡作为公允价值计量输入值的报价时，应当考虑报价的性质。例如，报价是参考价格还是具有约束性的要约，对第三方报价机构提供的具有约束性要约的报价应赋予更多权重，并对不能反映交易结果的报价赋予较少权重。

38.3 公允价值计量的具体应用

38.3.1 与非金融资产的公允价值计量相关的事项说明

（一）业务概述

企业以公允价值计量非金融资产，应当考虑市场参与者将该资产用于最佳用途产生经济利益的能力，或者将该资产出售给能够用于最佳用途的其他市场参与者产生经济利益的能力。

（二）事项处理

（1）最佳用途，是指市场参与者实现一项非金融资产或其所属的资产和负债组合的价值最大化时该非金融资产的用途。

企业确定非金融资产的最佳用途，应当考虑法律上是否允许、实物上是否可能以及财务上是否可行等因素。

① 企业判断非金融资产的用途在法律上是否允许，应当考虑市场参与者在对该资产定价时考虑的资产使用在法律上的限制。

② 企业判断非金融资产的用途在实物上是否可能，应当考虑市场参与者在对该资产定价时考虑的资产实物特征。

③ 企业判断非金融资产的用途在财务上是否可行，应当考虑在法律上允许且实物上可能的情况下，使用该资产能否产生足够的收益或现金流量，从而在补偿使资产用于该用途所发生的成本后，仍然能够满足市场参与者所要求的投资回报。

企业应当从市场参与者的角度确定非金融资产的最佳用途。

通常情况下，企业对非金融资产的现行用途可以视为最佳用途，除非市场因素或者其他因素表明市场参与者按照其他用途使用该资产可以实现价值最大化。

（2）企业以公允价值计量非金融资产，应当基于最佳用途确定下列估值前提。

① 市场参与者单独使用一项非金融资产产生最大价值的，该非金融资产的公允价值应当是将其出售给同样单独使用该资产的市场参与者的当前交易价格。

② 市场参与者将一项非金融资产与其他资产（或者其他资产或负债的组合）组合使用产生最大价值的，该非金融资产的公允价值应当是将其出售给以同样组合方式使用该资产的市

场参与者的当前交易价格，并且该市场参与者可以取得组合中的其他资产和负债。其中，负债包括企业为筹集营运资金产生的负债，但不包括企业为组合之外的资产筹集资金所产生的负债。最佳用途的假定应当一致地应用于组合中所有与最佳用途相关的资产。

企业应当从市场参与者的角度判断该资产的最佳用途是单独使用、与其他资产组合使用、还是与其他资产和负债组合使用，但在计量非金融资产的公允价值时，应当假定按照确定的计量单元出售该资产。

（三）案例解析

【例38-9】甲软件公司拥有一组资产，包括向客户收取许可证费用的收费软件资产和配套使用的数据库支持系统，这两项资产结合使用。2×18年，由于市场上出现新的可替代软件，甲公司需要对该资产组进行减值测试，确定该资产组公允价值减去处置费用后的净额。

由于没有证据表明这些资产的当前用途并非其最佳用途，甲公司确定这些资产的最佳用途是其当前用途，并且每一项资产将主要通过与其他资产结合使用来为市场参与者提供最大价值。假定市场参与者有两种类型，一种是甲公司的竞争对手等同行业企业，另一种是投资公司。同行业企业拥有与软件资产配套使用的其他资产，软件资产只会在有限的过渡期内使用，且在过渡期结束时无法单独出售。同行业企业对软件资产的估价为350万元。投资公司未拥有与软件资产配套使用的其他资产以及软件资产的替代资产，软件资产将在其整个剩余经济寿命内被使用。投资公司对软件资产的估价为340万元。假定两类买家对配套资产的定价相同，均为290万元。

分析：根据上述分析，同行业企业愿意为整个资产组合支付的价格高于投资公司的价格，因此软件资产和配套系统组合的公允价值应基于同行业企业对整个资产组合的使用来确定，即640（350+290）万元。

【例38-10】2×17年12月1日，甲公司在非同一控制下的吸收合并中取得一块土地使用权。该土地在合并前被作为工业用地，一直用于出租。甲公司取得该土地使用权后，仍将其用于出租。甲公司以公允价值计量其拥有的投资性房地产。2×18年3月31日，邻近的一块土地被开发作为建造高层公寓大楼的住宅用地使用。本地区区域规划自2×18年1月1日以来已经进行调整，甲公司确定，在履行相关手续后，可将该土地的用途从工业用地变更为住宅用地。

分析：市场参与者在对该土地进行定价时，将考虑该土地的最佳用途，并比较该土地仍用于工业用途即与厂房结合使用的价值和该土地用于建造住宅的价值。假定该土地目前用于工业用途的价值是600万元，用于建造住宅的价值是1 000万元，并需要发生拆除厂房成本及其他成本250万元。比较上述两项价值后可以确定，该土地使用权的公允价值为750万元。

【例38-11】2×18年10月16日，甲企业在非同一控制下的企业合并中获得一台可辨认的机器，需要估计该资产在合并日的公允价值。被合并方最初通过外购取得该机器，并对该机器进行了特定配置，以适用于自身经营。甲企业自取得该机器后将其用于生产经营。

该资产在安装调配后与其他资产结合使用，并提供最大价值，没有证据表明该机器的当前用途不是最佳用途。因此，该机器的最佳用途是与其他资产相结合的当前用途。假定甲企业可获得运用市场法和成本法计量公允价值的充分数据。运用市场法时，采用类似机器的报价并就差异进行调整，确定该机器公允价值为 60 万元。运用成本法时，估计当前建造具有类似用途并经过配置后的替代机器所需的金额，考虑机器的现状及其运行所处环境以及安装成本等，其中对机器现状的考虑应包括实体性损耗、功能性贬值、经济性贬值，确定该机器的公允价值为 65 万元。

分析：考虑到对市场法所使用的输入值仅进行了较少调整，甲企业认为市场法得出的估计值更能代表该机器的公允价值。因此，甲企业确定该机器在 2×18 年 10 月 16 日的公允价值为 60 万元。

38.3.2 与负债和企业自身权益工具的公允价值计量相关的事项说明

（一）业务概述

企业以公允价值计量负债，应当假定在计量日将该负债转移给市场参与者，而且该负债在转移后继续存在，由作为受让方的市场参与者履行相关义务。同样，企业以公允价值计量自身权益工具，应当假定在计量日将该自身权益工具转移给市场参与者，而且该自身权益工具在转移后继续存在，并由作为受让方的市场参与者取得与该工具相关的权利、承担相应的义务。

（二）事项处理

（1）企业以公允价值计量负债或自身权益工具，应当遵循下列原则。

① 存在相同或类似负债或企业自身权益工具可观察市场报价的，应当以该报价为基础确定该负债或企业自身权益工具的公允价值。

② 不存在相同或类似负债或企业自身权益工具可观察市场报价，但其他方将其作为资产持有的，企业应当在计量日从持有该资产的市场参与者角度，以该资产的公允价值为基础确定该负债或自身权益工具的公允价值。

当该资产的某些特征不适用于所计量的负债或企业自身权益工具时，企业应当根据该资产的公允价值进行调整，以调整后的价值确定负债或企业自身权益工具的公允价值。这些特征包括资产出售受到限制、资产与所计量负债或企业自身权益工具类似但不相同、资产的计量单元与负债或企业自身权益工具的计量单元不完全相同等。

③ 不存在相同或类似负债或企业自身权益工具可观察市场报价，并且其他方未将其作为资产持有的，企业应当从承担负债或者发行权益工具的市场参与者角度，采用估值技术确定该负债或企业自身权益工具的公允价值。

（2）企业以公允价值计量负债，应当考虑不履约风险，并假定不履约风险在负债转移前后保持不变。不履约风险，是指企业不履行义务的风险，包括但不限于企业自身信用风险。

（3）企业以公允价值计量负债或自身权益工具，并且该负债或自身权益工具存在限制转移因素的，如果公允价值计量的输入值中已经考虑了该因素，企业不应当再单独设置相关输入值，也不应当对其他输入值进行相关调整。

（4）企业以公允价值计量活期存款等具有可随时要求偿还特征的金融负债的，该金融负债的公允价值不应当低于债权人随时要求偿还时的应付金额，即从债权人可要求偿还的第一天起折现的现值。

（三）案例解析

【例38-12】 2×18年1月1日，甲企业通过非同一控制下的企业合并取得乙公司的控制权。乙公司为在东海海域开采石油，建立了一个钻井平台，并于2×15年1月1日投入使用。根据相关法律要求，乙公司在东海海域钻井平台寿命期结束后将其拆除，该平台的寿命期预计为10年。

甲企业使用期望现金流量法来计量该弃置义务的公允价值，所使用的重大假设如下。

（1）人工成本，依据当前市场条件下聘请承包商拆除海上钻井平台的薪酬水平确定，并就预期未来薪酬增长进行调整。甲企业估计未来人工成本流出的现金流为2亿元、2.5亿元、3.5亿元的概率分别为25%、50%、25%，概率评估是基于甲企业履行此类义务的经验及其对市场的了解而确定的，由此计算取得预计入工成本的期望现金流是2.625亿元。

（2）应分摊的间接费用和设备运行成本，甲企业采用人工成本的一定比率（80%）估计，这与市场参与者的成本结构相符。

（3）市场参与者实施相关活动及承担与拆除该资产相关的风险而要求的补偿如下。

① 第三方承包商通常对人工成本及分摊的内部成本进行加成以保证工程的利润率，所使用的利润率20%反映了业内承包商拆除海上钻井平台通常赚取的经营利润。

② 由于锁定10年后项目的当前价格存在固有不确定性，甲企业在考虑通货膨胀影响的基础上，确定溢价金额为期望现金流量的5%。

（4）甲企业根据可获得的市场数据，假设10年期间的通货膨胀率为4%。

（5）2×18年1月1日，10年期无风险利率为5%。甲企业为反映不履约风险，在无风险利率基础上增加3.5%。因此，用于计算现金流量现值的折现率为8.5%。

甲企业认为上述假设与市场参与者的假设是一致的。

分析：甲企业估计该弃置义务在2×18年1月1日的公允价值为38 977万元，如表38-3所示。

表38-3 甲企业估计弃置义务的公允价值

单位：万元

项目	金额
（1）预计入工成本	26 250
（2）分摊的间接费用和设备成本 =0.8×（1）	21 000
（3）承包商的利润加成 =0.2×[（1）+（2）]	9 450
（4）通货膨胀调整前的期望现金流量 =（1）+（2）+（3）	56 700
（5）10年期4%通货膨胀率的系数	1.408 2
（6）通货膨胀调整后的期望现金流量 =（4）×（5）	83 927

(续表)

项目	金额
(7) 市场风险溢价 =0.05×(6)	4 196
(8) 市场风险调整后的期望现金流量 =(6)+(7)	88 123
(9) 8.5% 折现率的系数	0.442 3
(10) 折现后的期望现值 =(8)×(9)	38 977

38.3.3　与市场风险或信用风险可抵销的金融资产和金融负债的公允价值计量相关的事项说明

（一）业务概述

企业以市场风险和信用风险的净敞口为基础管理金融资产和金融负债的，可以以计量日市场参与者在当前市场条件下有序交易中出售净多头（即资产）或者转移净空头（即负债）的价格为基础，计量该金融资产和金融负债组合的公允价值。

（二）事项处理

1. 企业以公允价值计量金融资产和金融负债组合

企业以公允价值计量金融资产和金融负债组合的，应当同时满足下列条件：

（1）企业风险管理或投资策略的正式书面文件已载明，企业以特定市场风险或特定对手信用风险的净敞口为基础，管理金融资产和金融负债的组合；

（2）企业以特定市场风险或特定对手信用风险的净敞口为基础，向企业关键管理人员报告金融资产和金融负债组合的信息；

（3）企业在每个资产负债表日以公允价值计量组合中的金融资产和金融负债。

2. 金融资产和金融负债的市场风险敞口

企业以公允价值计量基于特定市场风险的净敞口管理的金融资产和金融负债，金融资产和金融负债应当具有实质上相同的特定市场风险敞口和特定市场风险的期限，企业应当使用出价和要价价差内最能代表当前市场环境下公允价值的价格作为公允价值。因期限不同而导致在一段时期市场风险未被抵销的，企业应当分别计量其市场风险被抵销时期的市场风险净敞口，以及在市场风险未被抵销时期的市场风险总敞口。

3. 金融资产和金融负债的信用风险敞口

企业以公允价值计量相关资产或负债，如果已与交易对手达成了在出现违约情况下将考虑所有能够缓释信用风险敞口的安排。企业以公允价值计量相关资产或负债，应当反映市场参与者对这些安排在出现违约情况下能否依法强制执行的预期。

企业为管理一个或多个特定市场风险净敞口而进行组合管理的金融资产和金融负债，可以不同于企业为管理其特定交易对手信用风险净敞口而进行组合管理的金融资产和金融负债，因为企业所有合同不可能均与相同的交易对手订立。

（三）案例解析

【例 38-13】 企业使用 12 个月的期货合同对应 5 年期金融工具中与 12 个月利率风险敞口价值相关的现金流量，企业应如何计量该组合？

分析：对于由这些金融资产和金融负债组成的组合，企业以净额为基础计量 12 个月利率风险敞口的公允价值，以总额为基础计量剩余利率风险敞口，即第 2 年至第 5 年的公允价值。

38.4 公允价值披露

38.4.1 业务概述

企业应当根据相关资产或负债的性质、特征、风险以及公允价值计量的层次对该资产或负债进行恰当分组，并按照组别披露公允价值计量的相关信息。

38.4.2 事项处理

（1）为确定资产和负债的组别，企业通常应当对资产负债表列报项目做进一步分解。企业应当披露各组别与报表列报项目之间的调节信息。

其他相关会计准则明确规定了相关资产或负债组别且其分组原则符合本条规定的，企业可以直接使用该组别提供相关信息。

（2）企业应当区分持续的公允价值计量和非持续的公允价值计量。

持续的公允价值计量，是指其他相关会计准则要求或者允许企业在每个资产负债表日持续以公允价值进行的计量。

非持续的公允价值计量，是指其他相关会计准则要求或者允许企业在特定情况下的资产负债表中以公允价值进行的计量。

（3）在相关资产或负债初始确认后的每个资产负债表日，企业至少应当在附注中披露持续以公允价值计量的每组资产和负债的下列信息。

① 其他相关会计准则要求或者允许企业在资产负债表日持续以公允价值计量的项目和金额。

② 公允价值计量的层次。

③ 在各层次之间转换的金额和原因，以及确定各层次之间转换时点的政策。每一层次的转入与转出应当分别披露。

④ 对于第二层次的公允价值计量，企业应当披露使用的估值技术和输入值的描述性信息。当变更估值技术时，企业还应当披露这一变更以及变更的原因。

⑤ 对于第三层次的公允价值计量，企业应当披露使用的估值技术、输入值和估值流程的描述性信息。当变更估值技术时，企业还应当披露这一变更以及变更的原因。企业应当披露公允价值计量中使用的重要的、可合理取得的不可观察输入值的量化信息。

⑥ 对于第三层次的公允价值计量，企业应当披露期初余额与期末余额之间的调节信息，

包括计入当期损益的已实现利得或损失总额，以及确认这些利得或损失时的损益项目；计入当期损益的未实现利得或损失总额，以及确认这些未实现利得或损失时的损益项目（如相关资产或负债的公允价值变动损益等）；计入当期其他综合收益的利得或损失总额，以及确认这些利得或损失时的其他综合收益项目；分别披露相关资产或负债购买、出售、发行及结算情况。

⑦ 对于第三层次的公允价值计量，当改变不可观察输入值的金额可能导致公允价值显著变化时，企业应当披露有关敏感性分析的描述性信息。

这些输入值和使用的其他不可观察输入值之间具有相关关系的，企业应当描述这种相关关系及其影响，其中不可观察输入值至少包括上述 ⑤ 要求披露的不可观察输入值。

对于金融资产和金融负债，如果为反映合理、可能的其他假设而变更一个或多个不可观察输入值将导致公允价值的重大改变，企业还应当披露这一事实、变更的影响金额及其计算方法。

⑧ 当非金融资产的最佳用途与其当前用途不同时，企业应当披露这一事实及其原因。

（4）在相关资产或负债初始确认后的资产负债表中，企业至少应当在附注中披露非持续以公允价值计量的每组资产和负债的下列信息。

① 其他相关会计准则要求或者允许企业在特定情况下非持续以公允价值计量的项目和金额，以及以公允价值计量的原因。

② 公允价值计量的层次。

③ 对于第二层次的公允价值计量，企业应当披露使用的估值技术和输入值的描述性信息。当变更估值技术时，企业还应当披露这一变更以及变更的原因。

④ 对于第三层次的公允价值计量，企业应当披露使用的估值技术、输入值和估值流程的描述性信息，当变更估值技术时，企业还应当披露这一变更以及变更的原因。企业应当披露公允价值计量中使用的重要不可观察输入值的量化信息。

⑤ 当非金融资产的最佳用途与其当前用途不同时，企业应当披露这一事实及其原因。

（5）企业调整公允价值计量层次转换时点的相关会计政策应当在前后各会计期间保持一致，并按照前述规定进行披露。企业调整公允价值计量层次转换时点的相关会计政策应当一致地应用于转出的公允价值计量层次和转入的公允价值计量层次。

（6）对于以公允价值计量且在发行时附有不可分割的第三方信用增级的负债，发行人应当披露这一事实，并说明该信用增级是否已反映在该负债的公允价值计量中。

企业应当以表格形式披露本准则要求的量化信息，除非其他形式更适当。

第 39 章
合营安排

39.1 合营安排概念及认定

39.1.1 相关概念

合营安排,是指一项由两个或两个以上的参与方共同控制的安排。合营安排具有下列特征:

(1)各参与方均受到该安排的约束;

(2)两个或两个以上的参与方对该安排实施共同控制。任何一个参与方都不能够单独控制该安排,对该安排具有共同控制的任何一个参与方均能够阻止其他参与方或参与方组合单独控制该安排。

39.1.2 合营安排认定

共同控制,是指按照相关约定对某项安排所共有的控制,并且该安排的相关活动必须经过分享控制权的参与方一致同意后才能决策。相关活动,是指对某项安排的回报产生重大影响的活动。某项安排的相关活动应当根据具体情况进行判断,通常包括商品或劳务的销售和购买、金融资产的管理、资产的购买和处置、研究与开发活动以及融资活动等。

如果所有参与方或一组参与方必须一致行动才能决定某项安排的相关活动,则称所有参与方或一组参与方集体控制该安排。在判断是否存在共同控制时,应当首先判断所有参与方或参与方组合是否集体控制该安排,其次判断该安排相关活动的决策是否必须经过这些集体控制该安排的参与方一致同意。

如果存在两个或两个以上的参与方组合能够集体控制某项安排的,不构成共同控制。仅享有保护性权利的参与方不享有共同控制。

39.1.3 合营安排分类

合营安排分为共同经营和合营企业。共同经营,是指合营方享有该安排相关资产且承担该安排相关负债的合营安排。合营企业,是指合营方仅对该安排的净资产享有权利的合营安排。合营方应当根据其在合营安排中享有的权利和承担的义务确定合营安排的分类。对权利和义务进行评价时应当考虑该安排的结构、法律形式以及合同条款等因素。

(1)未通过单独主体达成的合营安排,应当划分为共同经营。单独主体,是指具有单独可辨认的财务架构的主体,包括单独的法人主体和不具备法人主体资格但法律认可的主体。

(2)通过单独主体达成的合营安排,通常应当划分为合营企业。但有确凿证据表明满足下列任一条件并且符合相关法律法规规定的合营安排应当划分为共同经营。

① 合营安排的法律形式表明，合营方对该安排中的相关资产和负债分别享有权利和承担义务。

② 合营安排的合同条款约定，合营方对该安排中的相关资产和负债分别享有权利和承担义务。

③ 其他相关事实和情况表明，合营方对该安排中的相关资产和负债分别享有权利和承担义务，如合营方享有与合营安排相关的几乎所有产出，并且该安排中负债的清偿持续依赖于合营方的支持。

共同经营和合营企业对比，如表 39-1 所示。

表 39-1 共同经营和合营企业对比

对比项目	共同经营	合营企业
合营安排的条款	参与方对合营安排的相关资产享有权利并对相关负债承担义务	参与方对与合营安排有关的净资产享有权利，即单独主体（而不是参与方）享有与安排相关资产的权利，并承担与安排相关负债的义务
对资产的权利	参与方按照约定的比例分享合营安排的相关资产的全部利益（例如，权利、权属或所有权等）	资产属于合营安排，参与方并不对资产享有权利
对负债的义务	参与方按照约定的比例分担合营安排的成本、费用、债务及义务。第三方对该安排提出的索赔要求，参与方作为义务人承担赔偿责任	合营安排对自身的债务或义务承担责任。参与方仅以其各自对该安排认缴的投资额为限对该安排承担相应的义务。合营安排的债权方无权就该安排的债务对参与方进行追索
收入、费用及损益	合营安排建立了各参与方按照约定的比例（例如，按照各自所耗用的产能比例）分配收入和费用的机制。某些情况下，参与方按约定的份额比例享有合营安排产生的净损益不会必然使其被分类为合营企业，仍应当分析参与方对该安排相关资产的权利以及对该安排相关负债的义务	各参与方按照约定的份额比例享有合营安排产生的净损益
担保	参与方为合营安排提供担保（或提供担保的承诺）的行为本身并不直接导致一项安排被分类为共同经营	—

39.2 共同经营的会计处理

39.2.1 业务概述

除合营方对持有合营企业投资应当采用权益法核算以外，其他合营安排中的合营方应当确认自身所承担的以及按比例享有或承担的合营安排中按照合同、协议等的规定归属于本企业的资产、负债、收入及费用。对共同经营不享有共同控制的参与方（非合营方），如果享有该共同经营相关资产且承担该共同经营相关负债的，比照合营方进行会计处理。

39.2.2 会计处理

1. 共同经营合营方利益份额的确定

合营方应当确认其与共同经营中利益份额相关的下列项目,并按照相关企业会计准则的规定进行会计处理:

(1)确认单独所持有的资产,以及按其份额确认共同持有的资产;

(2)确认单独所承担的负债,以及按其份额确认共同承担的负债;

(3)确认出售其享有的共同经营产出份额所产生的收入;

(4)按其份额确认共同经营因出售产出所产生的收入;

(5)确认单独所发生的费用,以及按其份额确认共同经营发生的费用。

2. 共同经营投出或出售资产损益的确认

合营方向共同经营投出或出售资产等(该资产构成业务的除外),在该资产等由共同经营出售给第三方之前,应当仅确认因该交易产生的损益中归属于共同经营其他参与方的部分。投出或出售的资产发生符合《企业会计准则第8号——资产减值》等规定的资产减值损失的,合营方应当全额确认该损失。

3. 共同经营购买资产损益中归属于共同经营其他参与方的部分确认

合营方自共同经营购买资产等(该资产构成业务的除外),在将该资产等出售给第三方之前,应当仅确认因该交易产生的损益中归属于共同经营其他参与方的部分。购入的资产发生符合《企业会计准则第8号——资产减值》等规定的资产减值损失的,合营方应当按其承担的份额确认该部分损失。

4. 对共同经营不享有共同控制的参与方损益的确认

对共同经营不享有共同控制的参与方,如果享有该共同经营相关资产且承担该共同经营相关负债的,应当按照《企业会计准则第40号——合营安排》第十五条至第十七条的规定进行会计处理;否则,应当按照相关企业会计准则的规定进行会计处理。

39.2.3 案例解析

【例39-1】2×19年1月1日,A公司和B公司共同出资购买一栋写字楼,各自拥有该写字楼50%的产权,用于出租收取租金。合同约定,该写字楼相关活动的决策需要A公司和B公司一致同意方可作出;A公司和B公司的出资比例、收入分享比例和费用分担比例均为各自50%。该写字楼购买价款为8 000万元,由A公司和B公司以银行存款支付,预计使用寿命为20年,预计净残值为320万元,采用年限平均法按月计提折旧。该写字楼的租赁合同约定,租赁期限为10年,每年租金为480万元,按月交付。该写字楼每月维修费为2万元。另外,A公司和B公司约定,该写字楼的后续维护和维修支出(包括再装修支出和任何其他的大修支出)以及与该写字楼相关的任何资金需求,均由A公司和B公司按比例承担。假设A公司和B公司均采用成本法对投资性房地产进行后续计量,不考虑税费等其他因素影响。

分析:本例中,由于关于该写字楼相关活动的决策需要A公司和B公司一致同意方可作出,所以A公司和B公司共同控制该写字楼,购买并出租该写字楼为一项合营安排。由于该合营安排并未通过一个单独主体来架构,并明确约定了A公司和B公司享有该安排中资产的权利、获得该安排相应收入的权利、承担相应费用的责任等,因此该合营安排是共同经营。A公司的相关会计处理如下。

(1) 出资购买写字楼。

借:投资性房地产　　　　　　　　　　　(80 000 000×50%) 40 000 000
　　贷:银行存款　　　　　　　　　　　　　　　　　　　　40 000 000

(2) 每月确认租金收入。

借:银行存款　　　　　　　　　　　　(4 800 000×50%÷12) 200 000
　　贷:其他业务收入　　　　　　　　　　　　　　　　　　　200 000

(3) 每月计提写字楼折旧。

借:其他业务成本　　　　　　　　　　　　　　　　　　　160 000
　　贷:投资性房地产累计折旧
　　　　　　　　　　　　[(80 000 000-3 200 000)÷20÷12×50%] 160 000

(4) 支付维修费。

借:其他业务成本　　　　　　　　　　　　　(20 000×50%) 10 000
　　贷:银行存款　　　　　　　　　　　　　　　　　　　　　10 000

【例39-2】甲、乙公司共同出资购买一台设备供共同经营,各自付出成本100万元。按照合营合同规定,甲、乙公司各享有共同经营收益的50%。某日,甲公司向共同经营体出售意向库存商品,售价为30万元,成本为20万元。

分析:甲、乙公司的相关会计处理如下。(单位:万元)

借:固定资产——共同控制资产　　　　　　　　　　　　　100
　　贷:银行存款等　　　　　　　　　　　　　　　　　　　　100
借:银行存款　　　　　　　　　　　　　　　　　　　　　　15
　　贷:主营业务收入　　　　　　　　　　　　　　　　　　　15
借:主营业务成本　　　　　　　　　　　　　　　　　　　　10
　　固定资产——共同控制资产　　　　　　　　　　　　　　10
　　贷:库存商品　　　　　　　　　　　　　　　　　　　　　20

39.3 合营企业参与方的会计处理

39.3.1 业务概述

合营企业,是指合营方仅对该安排的净资产享有权利的合营安排。参与方对与合营安排有关的净资产享有权利,即单独主体(而不是参与方)享有与安排相关资产的权利,并承担与安排相关负债的义务。

合营企业参与方的会计处理,如表39-2所示。

表 39-2 合营企业参与方的会计处理

经济业务	会计处理
对该合营企业具有重大影响的	应当按照《企业会计准则第 2 号——长期股权投资》的规定进行会计处理
对该合营企业不具有重大影响的	应当按照《企业会计准则第 22 号——金融工具确认和计量》的规定进行会计处理

39.3.2 会计处理

合营方应当按照《企业会计准则第 2 号——长期股权投资》的规定对合营企业的投资进行会计处理。对合营企业不享有共同控制的参与方应当根据其对该合营企业的影响程度进行会计处理。

（1）对该合营企业具有重大影响的，应当按照《企业会计准则第 2 号——长期股权投资》的规定进行会计处理。

（2）对该合营企业不具有重大影响的，应当按照《企业会计准则第 22 号——金融工具确认和计量》的规定进行会计处理。

第 40 章
在其他主体中权益的披露

披露的目标：企业披露的在其他主体中权益的信息，应当有助于财务报表使用者评估企业在其他主体中权益的性质和相关风险，以及该权益对企业财务状况、经营成果和现金流量的影响。

其中"其他主体中的权益"指通过合同或其他形式能够使企业参与其他主体的相关活动并因此享有可变回报的权益。参与方式包括持有其他主体的股权、债权，或向其他主体提供资金、流动性支持、信用增级和担保等。企业通过这些参与方式实现对其他主体的控制、共同控制或重大影响。其他主体包括企业的子公司、合营安排（包括共同经营和合营企业）、联营企业以及未纳入合并财务报表范围的结构化主体等。结构化主体，是指在确定其控制方时没有将表决权或类似权利作为决定因素而设计的主体。

《企业会计准则第 41 号——在其他主体中权益的披露》（下文简称"本准则"）适用于企业在子公司、合营安排、联营企业和未纳入合并财务报表范围的结构化主体中权益的披露。企业同时提供合并财务报表和母公司个别财务报表的，应当在合并财务报表附注中披露本准则要求的信息，不需要在母公司个别财务报表附注中重复披露相关信息。

另外，下列各项的披露适用其他相关会计准则。

（1）离职后福利计划或其他长期职工福利计划，适用《企业会计准则第 9 号——职工薪酬》。

（2）企业在其参与的但不享有共同控制的合营安排中的权益，适用《企业会计准则第 37 号——金融工具列报》。但是，企业对该合营安排具有重大影响或该合营安排是结构化主体的，适用本准则。

（3）企业持有的由《企业会计准则第 22 号——金融工具确认和计量》规范的在其他主体中的权益，适用《企业会计准则第 37 号——金融工具列报》。但是，企业在未纳入合并财务报表范围的结构化主体中的权益，以及根据其他相关会计准则以公允价值计量且其变动计入当期损益的在联营企业或合营企业中的权益，适用本准则。

40.1 重大判断和假设披露

40.1.1 对其他主体实施控制、共同控制或重大影响的主体

（一）业务概述

企业应当披露对其他主体实施控制、共同控制或重大影响的重大判断和假设，以及这些判断和假设变更的情况。

（二）事项处理

企业应当披露包括但不限于下列各项。

（1）企业持有其他主体半数或以下的表决权但仍控制该主体的判断和假设，或者持有其他主体半数以上的表决权但并不控制该主体的判断和假设。

（2）企业持有其他主体20%以下的表决权但对该主体具有重大影响的判断和假设，或者持有其他主体20%或以上的表决权但对该主体不具有重大影响的判断和假设。

（3）企业通过单独主体达成合营安排的，确定该合营安排是共同经营还是合营企业的判断和假设。

（4）确定企业是代理人还是委托人的判断和假设。

（三）案例解析

【例40-1】A集团持有Y公司17%的股份，但A集团认为其能够对Y公司实施重大影响。

分析：A集团在其2×18年年报的合并财务报表附注中做出如下披露。本公司持有Y公司17%的股权，对Y公司的表决权比例亦为17%。虽然该比例低于20%，但由于集团在Y公司董事会中派有代表并参与对Y公司财务和经营政策的决策，所以本集团能够对Y公司施加重大影响。在实务中，应在"对联营企业的投资"这项附注中披露。

40.1.2 投资性主体

（一）业务概述

企业应当披露按照《企业会计准则第33号——合并财务报表》被确定为投资性主体的重大判断和假设，以及虽然不符合《企业会计准则第33号——合并财务报表》有关投资性主体的一项或多项特征但仍被确定为投资性主体的原因。

（二）事项处理

企业（母公司）由非投资性主体转变为投资性主体的，应当披露该变化及其原因，并披露该变化对财务报表的影响，包括对变化当日不再纳入合并财务报表范围子公司的投资的公允价值、按照公允价值重新计量产生的利得或损失以及相应的列报项目。

企业（母公司）由投资性主体转变为非投资性主体的，应当披露该变化及其原因。

（三）案例解析

【例40-2】甲集团持有乙公司40%的股份，但甲集团认为其能够控制乙公司。

分析：甲集团在其2×18年年报的合并财务报表附注中做出如下披露。本集团持有乙公司40%的股权，对乙公司的表决权比例亦为40%。虽然本集团持有乙公司的表决权比例未达到半数以上，但是本集团能够控制乙公司，理由如下：

（1）乙公司其他股东的表决权比例均不超过1%，且没有迹象表明其他股东会集体表决；

（2）近5年来其他股东出席或通过代理人出席股东大会、行使表决权的比例未超过表决权的20%；

（3）本集团有权任免乙公司董事会中的多数成员；

（4）本集团有权主导乙公司的经营活动并享有可变的回报。

40.2 权益披露

40.2.1 子公司

（一）业务概述

企业应当在合并财务报表附注中披露企业集团的构成，包括子公司的名称、主要经营地及注册地、业务性质、企业的持股比例（或类似权益比例，下同）等。

（二）事项处理

1. 子公司少数股东持有的权益对企业集团重要

子公司少数股东持有的权益对企业集团重要的，企业还应当在合并财务报表附注中披露下列信息。

（1）子公司少数股东的持股比例。子公司少数股东的持股比例不同于其持有的表决权比例的，企业还应当披露该表决权比例。

（2）当期归属于子公司少数股东的损益以及向少数股东支付的股利。

（3）子公司在当期期末累计的少数股东权益余额。

（4）子公司的主要财务信息。

2. 使用企业集团资产和清偿企业集团债务存在重大限制

使用企业集团资产和清偿企业集团债务存在重大限制的，企业应当在合并财务报表附注中披露下列信息。

（1）该限制的内容，包括对母公司或其子公司与企业集团内其他主体相互转移现金或其他资产的限制，以及对企业集团内主体之间发放股利或进行利润分配、发放或收回贷款或垫款等的限制。

（2）子公司少数股东享有保护性权利、并且该保护性权利对企业使用企业集团资产或清偿企业集团负债的能力存在重大限制的，该限制的性质和程度。

（3）该限制涉及的资产和负债在合并财务报表中的金额。

3. 企业存在纳入合并财务报表范围的结构化主体

企业存在纳入合并财务报表范围的结构化主体的，应当在合并财务报表附注中披露下列信息。

（1）合同约定企业或其子公司向该结构化主体提供财务支持的，应当披露提供财务支持的合同条款，包括可能导致企业承担损失的事项或情况。

（2）在没有合同约定的情况下，企业或其子公司当期向该结构化主体提供了财务支持或其他支持，应当披露所提供支持的类型、金额及原因，包括帮助该结构化主体获得财务支持的情况。其中，企业或其子公司当期对以前未纳入合并财务报表范围的结构化主体提供了财务支持或其他支持并且该支持导致企业控制了该结构化主体的，还应当披露决定提供支持的相关因素。

（3）企业存在向该结构化主体提供财务支持或其他支持的意图的，应当披露该意图，包括帮助该结构化主体获得财务支持的意图。

4. 企业在其子公司所有者权益份额发生变化且该变化未导致企业丧失对子公司控制权

企业在其子公司所有者权益份额发生变化且该变化导致企业丧失对子公司控制权的，应当在合并财务报表附注中披露该变化对本企业所有者权益的影响。企业丧失对子公司控制权的，应当在合并财务报表附注中披露按照《企业会计准则第33号——合并财务报表》计算的下列信息。

（1）由于丧失控制权而产生的利得或损失以及相应的列报项目。

（2）剩余股权在丧失控制权日按照公允价值重新计量而产生的利得或损失。

5. 企业是投资性主体且存在未纳入合并财务报表范围的子公司、并对该子公司权益按照公允价值计量且其变动计入当期损益

企业是投资性主体且存在未纳入合并财务报表范围的子公司，并对该子公司权益按照公允价值计量且其变动计入当期损益的，应当在财务报表附注中对该情况予以说明。同时，对于未纳入合并财务报表范围的子公司，企业应当披露下列信息。

（1）子公司的名称、主要经营地及注册地。

（2）企业对子公司的持股比例。持股比例不同于企业持有的表决权比例的，企业还应当披露该表决权比例。

企业的子公司也是投资性主体且该子公司存在未纳入合并财务报表范围的下属子公司的，企业应当按照上述要求披露该下属子公司的相关信息。

6. 企业是投资性主体的，对其在未纳入合并财务报表范围的子公司中的权益

企业是投资性主体的，对其在未纳入合并财务报表范围的子公司中的权益，应当披露与该权益相关的风险信息。

（1）该未纳入合并财务报表范围的子公司以发放现金股利、归还贷款或垫款等形式向企业转移资金的能力存在重大限制的，企业应当披露该限制的性质和程度。

（2）企业存在向未纳入合并财务报表范围的子公司提供财务支持或其他支持的承诺或意图的，企业应当披露该承诺或意图，包括帮助该子公司获得财务支持的承诺或意图。在没有合同约定的情况下，企业或其子公司当期向未纳入合并财务报表范围的子公司提供财务支持或其他支持的，企业应当披露提供支持的类型、金额及原因。

（3）合同约定企业或其未纳入合并财务报表范围的子公司向未纳入合并财务报表范围，但受企业控制的结构化主体提供财务支持的，企业应当披露相关合同条款，以及可能导致企业承担损失的事项或情况。在没有合同约定的情况下，企业或其未纳入合并财务报表范围的子公司当期向原先不受企业控制且未纳入合并财务报表范围的结构化主体提供财务支持或其

他支持，并且所提供的支持导致企业控制该结构化主体的，企业应当披露决定提供上述支持的相关因素。

40.2.2 合营安排、联营企业

（一）业务概述

合营安排，是指一项由两个或两个以上的参与方共同控制的安排；联营企业是指两个及两个以上相同或不同所有制性质的企业法人或事业单位法人，按自愿、平等、互利的原则，共同投资组成的经济组织。企业应该披露与其相关的信息。

（二）事项处理

1. 存在重要的合营安排或联营企业

存在重要的合营安排或联营企业的，企业应当披露下列信息。

（1）合营安排或联营企业的名称、主要经营地及注册地。

（2）企业与合营安排或联营企业的关系的性质，包括合营安排或联营企业活动的性质，以及合营安排或联营企业对企业活动是否具有战略性等。

（3）企业的持股比例。持股比例不同于企业持有的表决权比例的，企业还应当披露该表决权比例。

2. 存在重要的合营企业或联营企业

对于重要的合营企业或联营企业，企业除了应当按照上述"1."披露相关信息外，还应当披露对合营企业或联营企业投资的会计处理方法，从合营企业或联营企业收到的股利，以及合营企业或联营企业在其自身财务报表中的主要财务信息。

企业对上述合营企业或联营企业投资采用权益法进行会计处理的，上述主要财务信息应当是按照权益法对合营企业或联营企业相关财务信息调整后的金额；同时，企业应当披露将上述主要财务信息按照权益法调整至企业对合营企业或联营企业投资账面价值的调节过程。

企业对上述合营企业或联营企业投资采用权益法进行会计处理但该投资存在公开报价的，还应当披露其公允价值。

3. 企业在单个合营企业或联营企业中的权益不重要

企业在单个合营企业或联营企业中的权益不重要的，应当分别就合营企业和联营企业两类披露下列信息。

（1）按照权益法进行会计处理的对合营企业或联营企业投资的账面价值合计数。

（2）对合营企业或联营企业的净利润、终止经营的净利润、其他综合收益、综合收益等项目，企业按照其持股比例计算的金额的合计数。

4. 其他有关披露

（1）合营企业或联营企业以发放现金股利、归还贷款或垫款等形式向企业转移资金的能力存在重大限制的，企业应当披露该限制的性质和程度。

（2）企业对合营企业或联营企业投资采用权益法进行会计处理，被投资方发生超额亏损

且投资方不再确认其应分担合营企业或联营企业损失份额的,应当披露未确认的合营企业或联营企业损失份额,包括当期份额和累积份额。

(3)企业应当单独披露与其对合营企业投资相关的未确认承诺,以及与其对合营企业或联营企业投资相关的或有负债。

(4)企业是投资性主体的,不需要披露上述"2.""3."规定的信息。

(三)案例解析

【例40-3】重要的合营企业/联营企业:主要财务信息举例(投资性主体豁免),如表40-1所示。

表40-1　2×18年度主要财务信息

项目	2×17年			2×18年		
	A企业	B企业	……	A企业	B企业	……
流动资产						
其中:现金和现金等价物						
非流动资产						
资产合计						
流动负债						
非流动负债						
负债合计						
净资产						
按持股比例计算的净资产份额						
取得投资时形成的商誉						
包括抵销未实现内部交易在内的其他调整事项						
对合营企业/联营企业权益投资的账面余额						
期末减值准备						
对合营企业/联营企业权益投资的账面价值						
存在公开报价的权益投资的公允价值						
营业收入						
财务费用						
所得税费用						
净利润						
其中:终止经营的净利润						
其他综合收益						
综合收益总额						
企业本期收到的来自合营企业/联营企业的股利						

【例 40-4】在单个合营企业/联营企业中权益不重要的：汇总财务信息举例（投资性主体豁免），如表 40-2 所示。

表 40-2　2×18 年汇总财务信息

项目	2×17 年	2×18 年
合营企业/联营企业：		
投资账面价值合计		
下列各项按持股比例计算的合计数		
净利润		
其中：终止经营的净利润		
其他综合收益		
综合收益总额		

40.2.3　未纳入合并财务报表范围的结构化主体

（一）业务概述

结构化主体是指在确定其控制方时没有将表决权或类似权力作为决定因素而设计的主体，企业应当披露未纳入合并财务报表范围的结构化主体的相关信息。

（二）事项处理

1. 未纳入合并财务报表范围的结构化主体

对于未纳入合并财务报表范围的结构化主体，企业应当披露下列信息。

（1）未纳入合并财务报表范围的结构化主体的性质、目的、规模、活动及融资方式。

（2）在财务报表中确认的与企业在未纳入合并财务报表范围的结构化主体中权益相关的资产和负债的账面价值及其在资产负债表中的列报项目。

（3）在未纳入合并财务报表范围的结构化主体中权益的最大损失敞口及其确定方法。企业不能量化最大损失敞口的，应当披露这一事实及其原因。

（4）在财务报表中确认的与企业在未纳入合并财务报表范围的结构化主体中权益相关的资产和负债的账面价值与其最大损失敞口的比较。

企业发起设立未纳入合并财务报表范围的结构化主体，但资产负债表日在该结构化主体中没有权益的，企业不需要披露上述第 2 项至第 4 项要求的信息，但应当披露企业作为该结构化主体发起人的认定依据，并分类披露企业当期从该结构化主体获得的收益、收益类型，以及转移至该结构化主体的所有资产在转移时的账面价值。

2. 其他有关披露

（1）企业应当披露其向未纳入合并财务报表范围的结构化主体提供财务支持或其他支持的意图，包括帮助该结构化主体获得财务支持的意图。在没有合同约定的情况下，企业当期向结构化主体（包括企业前期或当期持有权益的结构化主体）提供财务支持或其他支持的，还应当披露提供支持的类型、金额及原因，包括帮助该结构化主体获得财务支持的情况。

（2）企业是投资性主体的，对受其控制但未纳入合并财务报表范围的结构化主体，应当按照40.2.1中"5.""6."的规定进行披露，不需要按照本部分规定进行披露。

（三）案例解析

【例40-5】 A企业集团在其2×18年报中就未纳入合并财务报表范围的结构化主体的基础信息披露如下：2×18年12月31日，与A企业集团相关联，但未纳入A集团合并财务报表范围的结构化主体主要从事信贷资产证券化业务，其从A集团成员企业购买信贷资产，同时在资本市场发行资产支持证券（分级产品）融资。这些结构化主体2×18年12月31日的资产支持证券规模为5亿元，2×17年12月31日的资产支持证券规模为4.8亿元。（此例为披露未纳入合并财务报表范围的结构化主体的性质、目的、规模、活动及融资方式）

40.3 衔接规定

企业比较财务报表中披露的本准则施行日之前的信息与本准则要求不一致的，应当按照本准则的规定进行调整，但有关未纳入合并财务报表范围的结构化主体的披露要求除外。

第 41 章
持有待售的非流动资产、处置组和终止经营

41.1 划分为持有待售类别时的会计处理

41.1.1 业务概述

企业主要通过出售而非持续使用一项非流动资产或处置组收回其账面价值的,应当将其划分为持有待售类别。非流动资产或处置组划分为持有待售类别,应当同时满足两个条件:可立即出售和出售极可能发生。

划分为持有待售类别时的会计处理,如表 41-1 所示。

表 41-1 划分为持有待售类别时的会计处理

经济业务		会计处理
将企业原有非流动资产或处置组划分为持有待售类别	持有待售的非流动资产或处置组整体的账面价值低于其公允价值减去出售费用后的净额	借:持有待售资产 　　——现金 　　——库存商品 　　——固定资产 　　——无形资产(等) 　　存货跌价准备 　　固定资产减值准备 　　无形资产减值准备 　　累计折旧 　　累计摊销 　贷:持有待售资产减值准备 　　——存货跌价准备 　　现金 　　库存商品 　　固定资产 　　无形资产(等) 借:应付账款 　应付职工薪酬 　预计负债 　贷:持有待售负债 　　——应付账款 　　——应付职工薪酬 　　——预计负债
	持有待售的非流动资产或处置组整体的账面价值高于其公允价值减去出售费用后的净额	结转分录同上,另做如下处理 借:资产减值损失 　贷:持有待售资产减值准备 　　——固定资产 　　——无形资产 　　——商誉

(续表)

经济业务		会计处理
专为转售而取得的非流动资产或处置组	比较假定其不划分为持有待售类别情况下的初始计量金额和公允价值减去出售费用后的净额,以两者孰低计量	借:持有待售资产——长期股权投资 　　资产减值损失 　贷:银行存款等

41.1.2 会计处理

对于持有待售的非流动资产(包括处置组中的非流动资产)的计量,应当区分不同情况:(1)采用公允价值模式进行后续计量的投资性房地产,适用《企业会计准则第3号——投资性房地产》;(2)采用公允价值减去出售费用后的净额计量的生物资产,适用《企业会计准则第5号——生物资产》;(3)职工薪酬形成的资产,适用《企业会计准则第9号——职工薪酬》;(4)递延所得税资产,适用《企业会计准则第18号——所得税》;(5)由金融工具相关会计准则规范的金融资产,适用金融工具相关会计准则;(6)由保险合同相关会计准则规范的保险合同所产生的权利,适用保险合同相关会计准则;(7)除上述各项外的其他持有待售的非流动资产,按照下文所述的方法计量。

对于持有待售的处置组的计量,只要处置组中包含了上述第(7)项所述的非流动资产(以下简称"适用本章计量规定的非流动资产"),就应当采用下文所述的方法计量整个处置组。处置组中的流动资产、上述第(1)项至第(6)项所述的非流动资产(以下简称"适用其他准则计量规定的非流动资产")和所有负债的计量适用相关会计准则。

企业初始计量持有待售的非流动资产或处置组时,其账面价值高于公允价值减去出售费用后的净额的,应当将账面价值减记至公允价值减去出售费用后的净额,减记的金额确认为资产减值损失,计入当期损益,同时计提持有待售资产减值准备。对于取得日划分为持有待售类别的非流动资产或处置组,企业应当在初始计量时比较假定其不划分为持有待售类别情况下的初始计量金额和公允价值减去出售费用后的净额,以两者孰低计量。非同一控制下的企业合并中新取得的非流动资产或处置组划分为持有待售类别的,应当按照公允价值减去出售费用后的净额计量;同一控制下的企业合并中非流动资产或处置组划分为持有待售类别的,应当按照合并日在被合并方的账面价值与公允价值减去出售费用后的净额孰低计量。除企业合并中取得的非流动资产或处置组外,由以公允价值减去出售费用后的净额作为非流动资产或处置组初始计量金额而产生的差额,应当计入当期损益。具体会计处理如表41-1所示。

41.1.3 案例解析

【例41-1】企业A在×市区繁华地段拥有一栋办公大楼,企业的主要业务部门均在该大楼内办公。由于发展战略发生改变,企业A计划整体搬迁至Y市。企业A与企业H签订了办公大楼转让合同,附带约定条款。

分析:不同情形下的处理分别如下。

情形一：企业A将在腾空办公大楼后将其交付给企业H，且腾空办公大楼所需时间是正常且符合交易惯例的。

在出售建筑物前将其腾空属于出售此类资产的惯例，且腾空只占用常规所需时间，因此，即使企业A的办公大楼当前尚未腾空，也并不影响其满足在当前状况下即可立即出售的条件。

情形二：企业A将在Y市兴建的新办公大楼竣工前继续使用现有办公大楼，竣工后将×市办公大楼交付企业H。

"在Y市兴建的新办公大楼竣工前继续使用现有办公大楼"的条件不属于类似交易中出售此类资产的惯例，使得办公大楼在当前状况下不能立即出售，在新大楼竣工前企业A虽然已取得确定的购买承诺，办公大楼仍然不符合持有待售类别的划分条件。

【例41-2】由于企业B经营范围发生改变，企业计划将生产D产品的全套生产线出售，企业B尚有一批积压的未完成客户订单。

分析：不同情形下的处理分别如下。

情形一：企业B决定在出售生产线的同时，将尚未完成的客户订单一并移交给买方。

由于在出售日移交未完成客户订单不会影响对该生产线的转让时间，可以认为该生产线符合了在当前状况下即可立即出售的条件。

情形二：企业B决定在完成所积压的客户订单后再将生产线转让给买方。

由于生产线在完成积压订单后方可出售，在完成所有积压的客户订单前，该生产线在当前状态下不能立即出售，不符合划分为持有待售类别的条件。

【例41-3】企业C计划将整套钢铁生产厂房和设备出售给企业F，企业C和企业F不存在关联方关系，双方已于2×19年9月16日签订了转让合同。因该厂区的污水排放系统存在缺陷，对周边环境造成污染。

分析：不同情形下的处理分别如下。

情形一：企业C不知晓土地污染情况，2×19年11月6日，企业F在对生产厂房和设备进行检查过程中发现污染，并要求企业C进行补救。企业C立即着手采取措施，预计至2×20年10月底环境污染问题能够得到成功整治。

在签订转让合同前，买卖双方并不知晓影响交易进度的环境污染问题，属于符合延长一年期限的例外事项，在2×19年11月6日发现延期事项后，企业C预计将在一年内消除延期因素，因此仍然可以将处置组划分为持有待售类别。

情形二：企业C知晓土地污染情况，在转让合同中附带条款，承诺将自2×19年10月1日起开展污染清除工作，清除工作预计将持续8个月。

虽然买卖双方已经签订协议，但在污染得到整治前，该处置组在当前状态下不可立即出售，不符合划分为持有待售类别的条件。

情形三：企业C知晓土地污染情况，在协议中标明企业C不承担清除污染义务，并在确定转让价格时考虑了该污染因素，预计转让将于9个月内完成。

由于卖方不承担清除污染义务，转让价格已将污染因素考虑在内，该处置组于协议签署日即符合划分为持有待售类别的条件。

【例41-4】企业A拟将一栋原自用的写字楼转让，于2×07年11月6日与企业B签订了房产转让协议，预计将于10个月内完成转让，假定该写字楼于签订协议当日符合划分为持有待售类别的条件，由于全球金融危机，市场状况迅速恶化，房地产价格大跌，企业B认为原协议价格过高，决定放弃购买，并于2×08年8月21日按照协议约定缴纳了违约金。企业E决定在考虑市场状况变化的基础上降低写字楼售价，并积极开展市场营销，于2×08年11月1日与企业C重新签订了房产转让协议，预计将于9个月内完成转让，企业A和企业B不存在关联方关系。

分析：企业A与企业B之间的房产转让交易未能在一年内完成，原因是发生市场恶化、买方违约的罕见事件。在将写字楼划分为持有待售类别的最初一年内，企业A已经重新签署转让协议，并预计将在2×08年11月1日开始的一年内完成，使写字楼重新符合了持有待售类别的划分条件。因此，企业A仍然可以将该资产继续划分为持有待售类别。

【例41-5】假设在【例41-4】中，企业A尽管降低了写字楼售价并积极开展市场营销，但始终没有找到合适买家。

分析：写字楼不再符合持有待售类别的划分条件，企业A应当根据实际情况，重新将该写字楼作为固定资产或者投资性房地产处理。

【例41-6】企业集团G拟出售持有的部分长期股权投资，假设拟出售的股权符合持有待售类别的划分条件。

分析：不同情形下的处理分别如下。

情形一：企业集团G拥有子公司100%的股权，拟出售全部股权。

企业集团G应当在母公司个别财务报表中将拥有的子公司全部股权划分为持有待售类别，在合并财务报表中将子公司所有资产和负债划分为持有待售类别。

情形二：企业集团G拥有子公司100%的股权，拟出售55%的股权，出售后将丧失对子公司的控制权，但对其具有重大影响。

企业集团G应当在母公司个别财务报表中将拥有的子公司全部股权划分为持有待售类别，在合并财务报表中将子公司所有资产和负债划分为持有待售类别。

情形三：企业集团G拥有子公司100%的股权，拟出售25%的股权，仍然拥有对子公司的控制权。

由于企业集团G仍然拥有对子公司的控制权，该长期股权投资并不是"主要通过出售而非持续使用收回其账面价值"的，所以不应当将拟处置的部分股权划分为持有待售类别。

情形四：企业集团G拥有子公司55%的股权，拟出售6%的股权，出售后将丧失对子公司的控制权，但对其具有重大影响。

情形四与情形二类似，企业集团G应当在母公司个别财务报表中将拥有的子公司55%的股权划分为持有待售类别，在合并财务报表中将子公司所有资产和负债划分为持有待售类别。

情形五：企业集团G拥有联营企业35%的股权，拟出售30%的股权，企业集团G持有剩余的5%股权，且对被投资方不具有重大影响。

企业集团G应当将拟出售的30%股权划分为持有待售类别，不再按权益法核算，剩余5%的股权在前述30%的股权处置前，应当采用权益法进行会计处理，在前述30%的股权处置后，应当按照《企业会计准则第22号——金融工具确认和计量》有关规定进行会计处理。

情形六：企业集团G拥有合营企业50%的股权，拟出售35%的股权，企业集团G持有剩余的15%股权，且对被投资方不具有共同控制或重大影响。

情形六与情形五类似，企业集团G应当将拟出售的35%股权划分为持有待售类别，不再按权益法核算，剩余15%的股权在前述35%的股权处置前，应当采用权益法进行会计处理，在前述35%的股权处置后，应当按照《企业会计准则第22号——金融工具确认和计量》有关规定进行会计处理。

【例41-7】某纺织企业H拥有一条生产某类布料的生产线，由于市场需求变化，该类布料的销量锐减，企业H决定暂停该生产线的生产，但仍然对其进行定期维护，待市场转好时重启生产。

分析：由于生产线属于暂停使用，企业H不应当将其划分为持有待售类别。

【例41-8】（单选题）20×9年12月15日，甲公司与乙公司签订具有法律约束力的股权转让协议，将其持有子公司——丙公司70%股权转让给乙公司。甲公司原持有丙公司90%股权，转让完成后，甲公司将失去对丙公司的控制，但能够对丙公司实施重大影响。截至20×9年12月31日，上述股权转让的交易尚未完成。假定甲公司就出售的对丙公司投资满足持有待售类别的条件。不考虑其他因素，下列各项关于甲公司20×9年12月31日合并资产负债表列报的表述中，正确的是（　　）。

A.对丙公司全部资产和负债按其净额在持有待售资产或持有待售负债项目列报

B.将丙公司全部资产在持有待售资产项目列报，全部负债在持有待售负债项目列报

C.将拟出售的丙公司70%股权部分对应的净资产在持有待售资产或持有待售负债项目列报，其余丙公司20%股权部分对应的净资产在其他流动资产或其他流动负债项目列报

D.将丙公司全部资产和负债按照其在丙公司资产负债表中的列报形式在各个资产和负债项目分别列报

【答案】B

分析：母公司出售部分股权，丧失对子公司控制权，但仍能施加重大影响的，应当在母公司个别报表中将拥有的子公司股权整体划分为持有待售类别，在合并财务报表中将子公司的所有资产和负债划分为持有待售类别分别进行列报。

【例41-9】（多选题）甲企业集团拟出售持有的部分长期股权投资，假设拟出售的股权符合持有待售类别的划分条件。下列会计处理表述中，正确的有（　　）。

A.甲企业集团拥有乙公司100%的股权，拟出售60%的股权，出售后将丧失对乙公司的控制权，但对其具有重大影响，甲公司个别财务报表中将对乙公司投资整体划分为持有待售类别

B. 甲企业集团拥有丙公司100%的股权，拟出售20%的股权，仍然拥有对丙公司的控制权，甲公司个别财务报表中将对丙公司投资整体划分为持有待售类别

C. 甲企业集团拥有丁公司80%的股权，拟出售全部股权，甲公司个别财务报表中将对丁公司投资整体划分为持有待售类别

D. 甲企业集团拥有戊公司60%的股权，拟出售55%的股权，出售后对戊公司不具有重大影响，甲公司个别财务报表中将对戊公司投资整体划分为持有待售类别

【答案】ACD

分析：企业因出售对子公司的投资等原因导致其丧失对子公司的控制权，无论企业是否保留非控制的权益性投资，均应当在拟出售的对子公司投资满足持有待售类别划分条件时，在母公司个别财务报表中将对子公司投资整体划分为持有待售类别，而不是仅将拟处置的投资划分为持有待售类别，选项B，并未丧失控制权，不能整体划分为持有待售类别。

【例41-10】2×19年3月1日，公司H购入公司I全部股权，支付价款1 600万元。购入该股权之前，公司H的管理层已经作出决议，一旦购入公司I，将在一年内将其出售给公司J，公司I当前状况下即可立即出售。预计公司H还将为出售该子公司支付12万元的出售费用。公司H与公司J计划于2×19年3月31日签署股权转让合同。

分析：不同情形下的处理分别如下。

情形一：公司H与公司J初步议定股权转让价格为1 620万元。

公司I是专为转售而取得的子公司，其不划分为持有待售类别情况下的初始计量金额应当为1 600万元，当日公允价值减去出售费用后的净额为1 608万元，按照二者孰低计量。公司H 2×19年3月1日的会计处理如下。

借：持有待售资产——长期股权投资　　　　　　　　　　　　16 000 000
　　贷：银行存款　　　　　　　　　　　　　　　　　　　　　　16 000 000

情形二：公司H尚未与公司J议定转让价格，购买日股权公允价值与支付价款一致。

公司I是专为转售而取得的子公司，其不划分为持有待售类别情况下的初始计量金额为1 600万元，当日公允价值减去出售费用后的净额为1 588万元，按照二者孰低计量。公司H 2×19年3月1日的会计处理如下。

借：持有待售资产——长期股权投资　　　　　　　　　　　　15 880 000
　　资产减值损失　　　　　　　　　　　　　　　　　　　　　　 120 000
　　贷：银行存款　　　　　　　　　　　　　　　　　　　　　　16 000 000

【例41-11】企业K拥有一个销售门店，2×19年6月15日，该门店的部分科目余额表如表41-2所示。当日，企业K与企业L签订转让协议，将该门店整体转让，转让初定价格为1 900 000元。转让协议同时约定，对于门店2×19年6月10日购买的一项作为其他债权投资核算的债券投资，其转让价格以转让完成当日市场报价为准。假设该门店满足划分为持有待售类别的条件，但不符合终止经营的定义。

表41-2　2×19年6月15日该门店部分科目余额（考虑持有待售会计处理前）

单位：元

科目名称	借方余额	贷方余额
现金	310 000	
应收账款	260 000	
库存商品	300 000	
存货跌价准备		100 000
其他债权投资	380 000	
固定资产	1 100 000	
累计折旧		30 000
固定资产减值准备		15 000
无形资产	950 000	
累计摊销		14 000
无形资产减值准备		5 000
商誉	200 000	
应付账款		310 000
应付职工薪酬		560 000
预计负债		250 000

至2×19年6月15日，固定资产还应当计提折旧5 000元，无形资产还应当计提摊销1 000元，固定资产和无形资产均用于管理。2×19年6月15日，其他债权投资公允价值降至360 000元，固定资产可收回金额降至1 020 000元。2×19年6月15日，该门店的公允价值为1 900 000元，企业K预计为转让门店还需支付律师和注册会计师专业咨询费共计70 000元。假设企业K不存在其他持有待售的非流动资产或处置组，不考虑税收影响。

2×19年6月30日，该门店尚未完成转让，企业K作为其他债权投资核算的债券投资市场报价上升至370 000元，假设其他资产价值没有变化。企业L在对门店进行检查时发现一些资产轻微破损，企业K同意修理，预计修理费用为5 000元，企业K还将律师和注册会计师咨询费预计金额调整至40 000元。当日，门店处置组整体的公允价值为1 910 000元。

分析：

（1）2×19年6月15日，企业K首次将该处置组划分为持有待售类别前，应当按照适用的会计准则计量各项资产和负债的账面价值。其会计处理如下。

借：管理费用　　　　　　　　　　　　　　　　　　　　　　　　6 000
　　贷：累计折旧　　　　　　　　　　　　　　　　　　　　　　5 000
　　　　累计摊销　　　　　　　　　　　　　　　　　　　　　　1 000
借：其他综合收益　　　　　　　　　　　　　　（380 000-360 000）20 000
　　贷：其他债权投资　　　　　　　　　　　　　　　　　　　　20 000
借：资产减值损失　　　[（1 100 000-30 000-15 000-5 000）-1 020 000] 30 000
　　贷：固定资产减值准备　　　　　　　　　　　　　　　　　　30 000

经上述调整后,2×19年6月15日该门店各资产和负债的账面价值,如表41-3所示。

表41-3 2×19年6月15日该门店各资产和负债的账面价值

单位:元

项目	账面价值
持有待售资产:	
现金	310 000
应收账款	260 000
存货	200 000
其他债权投资	360 000
固定资产	1 020 000
无形资产	930 000
商誉	200 000
持有待售资产小计	3 280 000
持有待售负债:	
应付账款	(310 000)
应付职工薪酬	(560 000)
预计负债	(250 000)
持有待售负债小计	(1 120 000)
合计	2 160 000

(2)2×19年6月15日,企业K将该门店处置组划分为持有待售类别时,其会计处理如下。

借:持有待售资产——现金　　　　　　　　　　　　　　　　310 000
　　　　　　　——应收账款　　　　　　　　　　　　　　　 260 000
　　　　　　　——库存商品　　　　　　　　　　　　　　　 300 000
　　　　　　　——其他债权投资　　　　　　　　　　　　　 360 000
　　　　　　　——固定资产　　　　　　　　　　　　　　 1 020 000
　　　　　　　——无形资产　　　　　　　　　　　　　　　 930 000
　　　　　　　——商誉　　　　　　　　　　　　　　　　　 200 000
　　存货跌价准备　　　　　　　　　　　　　　　　　　　　 100 000
　　固定资产减值准备　　　　　　　　　　　(15 000+30 000)45 000
　　累计折旧　　　　　　　　　　　　　　　(30 000+5 000)35 000
　　累计摊销　　　　　　　　　　　　　　　(14 000+1 000)15 000
　　无形资产减值准备　　　　　　　　　　　　　　　　　　　5 000
　　贷:持有待售资产减值准备——存货跌价准备　　　　　　100 000
　　　　现金　　　　　　　　　　　　　　　　　　　　　　 310 000
　　　　应收账款　　　　　　　　　　　　　　　　　　　　 260 000

库存商品	300 000
其他债权投资	360 000
固定资产	1 100 000
无形资产	950 000
商誉	200 000
借：应付账款	310 000
应付职工薪酬	560 000
预计负债	250 000
贷：持有待售负债——应付账款	310 000
——应付职工薪酬	560 000
——预计负债	250 000

（3）2×19年6月15日，由于该处置组的账面价值2 160 000元高于公允价值减去出售费用后的净额=1 900 000-70 000=1 830 000（元），企业K应当以1 830 000元计量处置组，并计提持有待售资产减值准备，金额=2 160 000-1 830 000=330 000（元），计入当期损益。持有待售资产的减值损失应当先抵减处置组中商誉的账面价值200 000元，剩余金额130 000元再根据固定资产、无形资产账面价值所占比重，按比例抵减其账面价值。2×19年6月15日各项资产和负债抵减减值损失后的账面价值如表41-4所示。

表41-4　2×19年6月15日各项资产和负债抵减减值损失后的账面价值

单位：元

项目	2×19年6月15日抵减减值损失前账面价值	减值损失分摊	2×19年6月15日抵减减值损失后账面价值
现金	310 000	—	310 000
应收账款	260 000	—	260 000
存货	200 000	—	200 000
其他债权投资	360 000	—	360 000
固定资产	1 020 000	-68 000[*]	952 000
无形资产	930 000	-62 000[**]	868 000
商誉	200 000	-200 000	0
应付账款	-310 000	—	-310 000
应付职工薪酬	-560 000	—	-560 000
预计负债	-250 000	—	-250 000
合计	2 160 000	-330 000	1 830 000

[*] 68 000=130 000÷(1 020 000+930 000)×1 020 000

[**] 62 000=130 000÷(1 020 000+930 000)×930 000

企业K的会计处理如下。

借：资产减值损失　　　　　　　　　　　　　　　　　　　　　330 000

```
    贷：持有待售资产减值准备
        ——固定资产                                              68 000
        ——无形资产                                              62 000
        ——商誉                                                 200 000
```

41.2 划分为持有待售类别后的会计处理

41.2.1 持有待售非流动资产的后续会计处理

（一）业务概述

持有待售非流动资产的后续计量主要是对非流动资产价值的重新计量，包括计提减值和减值转回。

持有待售非流动资产后续计量的会计处理，如表 41-5 所示。

表 41-5 持有待售非流动资产后续计量的会计处理

经济业务	会计处理
账面价值高于公允价值减去出售费用后的净额	借：资产减值损失 贷：持有待售资产减值准备——长期股权投资、固定资产等
后续资产负债表日持有待售的非流动资产公允价值减去出售费用后的净额增加	借：持有待售资产减值准备——长期股权投资、固定资产等 贷：资产减值损失
持有待售的非流动资产不应计提折旧或摊销	

（二）会计处理

资产负债表日重新计量持有待售的非流动资产时，其账面价值高于公允价值减去出售费用后的净额的，应当将账面价值减记至公允价值减去出售费用后的净额，减记的金额确认为资产减值损失，计入当期损益，同时计提持有待售资产减值准备。

后续资产负债表日持有待售的非流动资产公允价值减去出售费用后的净额增加的，以前减记的金额应当予以恢复，并在划分为持有待售类别后确认的资产减值损失金额内转回，转回金额计入当期损益。划分为持有待售类别前确认的资产减值损失不得转回。

持有待售的非流动资产不应计提折旧或摊销。

（三）案例解析

【例 41-12】沿用【例 41-10】2×19 年 3 月 31 日，公司 H 与公司 J 签订合同，转让所持有公司 I 的全部股权，转让价格为 1 607 万元，公司 H 预计还将支付 8 万元的出售费用。

分析：不同情形下的会计处理如下。

情形一：2×19 年 3 月 31 日，公司 H 持有的公司 I 的股权公允价值减去出售费用后的净额为 1 599 万元，账面价值为 1 600 万元，以二者孰低计量，公司 H 2×19 年 3 月 31 日的会计处理如下：

| 借：资产减值损失 | 10 000 |
| 贷：持有待售资产减值准备——长期股权投资 | 10 000 |

情形二：2×19年3月31日，公司H持有的公司I的股权公允价值减去出售费用后的净额为1 599万元，账面价值为1 588万元，以二者孰低计量，公司H不需要进行会计处理。

41.2.2 持有待售处置组的后续会计处理

（一）业务概述

企业在资产负债表日重新计量持有待售的处置组时，应当首先按照相关会计准则规定计量处置组中的流动资产、适用其他准则计量规定的非流动资产和负债的账面价值。在进行上述计量后，企业应当比较持有待售的处置组整体账面价值与公允价值减去出售费用后的净额，进行后续处理。

持有待售处置组的后续会计处理，如表41-6所示。

表41-6 持有待售处置组的后续会计处理

经济业务	会计处理
后续资产负债表日持有待售处置组的账面价值高于其公允价值减去出售费用后的净额	借：资产减值损失 　　——固定资产 　　——无形资产 　　——商誉 贷：持有待售资产减值准备
后续资产负债表日持有待售处置组公允价值减去出售费用后的净额增加	借：持有待售资产减值准备——固定资产 　　　　　　　　　　　　——无形资产 贷：资产减值损失

（二）会计处理

如果持有待售处置组账面价值高于其公允价值减去出售费用后的净额，应当将账面价值减记至公允价值减去出售费用后的净额，减记的金额确认为资产减值损失，计入当期损益，同时计提持有待售资产减值准备。不应重复确认不适用《企业会计准则第42号——持有待售的非流动资产、处置组和终止经营》（下文简称"本准则"）计量规定的资产和负债按照相关准则规定已经确认的损失。

对于持有待售处置组确认的资产减值损失金额，如果该处置组包含商誉，应当先抵减商誉的账面价值，再根据处置组中适用本准则计量规定的各项非流动资产账面价值所占比重，按比例抵减其账面价值。确认的资产减值损失金额应当以处置组中包含的适用本准则计量规定的各项资产的账面价值为限，不应分摊至处置组中包含的流动资产或适用其他准则计量规定的非流动资产。

如果后续资产负债表日持有待售处置组公允价值减去出售费用后的净额增加，以前减记的金额应当予以恢复，并在划分为持有待售类别后适用本准则计量规定的非流动资产确认的资产减值损失金额内转回，转回金额计入当期损益，且不应当重复确认适用其他准则计量规定的非流动资产和负债按照相关准则规定已经确认的利得。已抵减的商誉账面价值，以及适用本准则计量规定的非流动资产在划分为持有待售类别前确认的资产减值损失不得转回。对于持有待售处置组确认的资产减值损失后续转回金额，应当根据处置组中除商誉外适用本准则计量规定的各项非流动资产账面价值所占比重，按比例增加其账面价值。

（三）案例分析

【例41-13】 沿用【例41-11】2×19年6月30日，企业K按照适用的会计准则计量其他权益工具投资。

分析：相关会计处理如下。

借：持有待售资产——其他债权投资　　　　　　　　　　　　10 000
　　贷：其他综合收益　　　　　　　　　　　　　　　　　　　　10 000

当日，该处置组的账面价值为1 840 000元（包含其他债权投资已经确认的利得10 000元），预计出售费用=5 000+40 000=45 000（元），公允价值减去出售费用后的净额=1 910 000-45 000=1 865 000（元），高于账面价值。

处置组的公允价值减去出售费用后的净额后续增加的，应当在原已确认的持有待售资产减值损失范围内转回，但已抵减的商誉账面价值200 000元和划分为持有待售类别前已计提的资产减值准备不得转回，因此，转回金额应当以68 000+62 000=130 000（元）为限。根据上述分析，企业K可转回已经确认的持有待售资产减值损失=1 865 000-1 840 000=25 000（元），根据固定资产、无形资产账面价值所占比重，按比例转回其账面价值。资产减值损失转回金额的分摊见表41-7。

表41-7　2×19年6月30日门店各资产和负债抵减减值损失转回后的账面价值

单位：元

报表项目	2×19年6月15日抵减减值后账面价值	2×19年6月30日按照其他适用准则重新计量	2×19年6月30日重新计量后的账面价值	减值损失转回的分摊	2×19年6月30日减值损失转回后账面价值
持有待售资产：					
现金	310 000		310 000		310 000
应收账款	260 000		260 000		260 000
存货	200 000		200 000		200 000
其他债权投资	360 000	10 000	370 000		370 000
固定资产	952 000		952 000	13 077*	965 077
无形资产	868 000		868 000	11 923**	879 923
商誉	0		0		0
持有待售资产小计	2 950 000				2 985 000
持有待售负债：					
应付账款	-310 000		-310 000		-310 000
应付职工薪酬	-560 000		-560 000		-560 000
预计负债	-250 000		-250 000		-250 000

(续表)

报表项目	2×19年6月15日抵减减值后账面价值	2×19年6月30日按照其他适用准则重新计量	2×19年6月30日重新计量后的账面价值	减值损失转回的分摊	2×19年6月30日减值损失转回后账面价值
持有待售负债小计	−1 120 000				−1 120 000
合计	1 830 000		1 840 000	25 000	1 865 000

*13 077=25 000÷（952 000+868 000）×952 000

**11 923=25 000÷（952 000+868 000）×868 000

　　借：持有待售资产减值准备——固定资产　　　　　　　　　　　13 077
　　　　　　　　　　　　　　　——无形资产　　　　　　　　　　　11 923
　　　贷：资产减值损失　　　　　　　　　　　　　　　　　　　　25 000

企业K在2×19年6月30日的资产负债表中应当分别以"持有待售资产"和"持有待售负债"列示2 985 000元和1 120 000元。由于处置组不符合终止经营定义，持有待售资产确认的资产减值损失应当在利润表中以持续经营损益列示。企业同时应当在附注中进一步披露持有待售处置组的相关信息。

持有待售处置组中的非流动资产不应计提折旧或摊销，持有待售处置组中的负债和适用其他准则计量规定的非流动资产的利息或租金收入、支出以及其他费用应当继续予以确认。

41.3　不再继续划分为持有待售类别时的相关会计处理

41.3.1　业务概述

非流动资产或处置组因不再满足持有待售类别的划分条件而不再继续划分为持有待售类别或非流动资产从持有待售的处置组中移除时，应当按照以下两者孰低计量：划分为持有待售类别前的账面价值和可收回金额。

不再继续划分为持有待售类别时的具体会计处理，如表41-8所示。

表41-8　不再继续划分为持有待售类别时的具体会计处理

经济业务	会计处理
按照以下两者孰低计量：（1）划分为持有待售类别前的账面价值，按照假定不划分为持有待售类别情况下本应确认的折旧、摊销或减值等进行调整后的金额；（2）可收回金额。差额计入当期损益，可以通过"资产减值损失"科目进行会计处理	借：固定资产、无形资产等 　　持有待售资产减值准备 　　资产减值损失 　　持有待售负债 　贷：持有待售资产 　　　资产减值损失 　　　应付账款等

41.3.2　会计处理

非流动资产或处置组因不再满足持有待售类别的划分条件而不再继续划分为持有待售类

别或非流动资产从持有待售的处置组中移除时，应当按照以下两者孰低计量：（1）划分为持有待售类别前的账面价值，按照假定不划分为持有待售类别情况下本应确认的折旧、摊销或减值等进行调整后的金额；（2）可收回金额。由此产生的差额计入当期损益，可以通过"资产减值损失"科目进行会计处理。这样处理的结果是，原来划分为持有待售的非流动资产或处置组在重新分类后的账面价值，与其从未划分为持有待售类别情况下的账面价值相一致。

企业将非流动资产或处置组由持有待售类别重分类为持有待分配给所有者类别，或者由持有待分配给所有者类别重分类为持有待售类别，原处置计划没有发生本质改变，不应当按照上述不再继续划分为持有待售类别的计量要求处理，而应当按照重分类后所属类别的计量要求处理。

41.4 终止确认时的相关会计处理

41.4.1 业务概述

持有待售的非流动资产或处置组在终止确认时，企业应当将尚未确认的利得或损失计入当期损益。

终止确认时的具体会计处理，如表41-9所示。

表41-9 终止确认时的具体会计处理

经济业务	会计处理
将尚未确认的利得或损失计入当期损益	借：持有待售资产减值准备 　　持有待售负债 　　银行存款等 　　投资收益（或贷记） 　　资产处置损益（借差，贷差记贷方） 贷：持有待售资产 　　应交税费
将与该境外经营相关的外币财务报表折算差额，自其他综合收益转入处置当期损益，部分处置境外经营的，应当按处置的比例计算处置部分的外币财务报表折算差额，转入处置当期损益	借：资产处置损益 贷：其他综合收益 或 借：其他综合收益 贷：资产处置损益

41.4.2 会计处理

企业终止确认持有待售的非流动资产或处置组时，应当将尚未确认的利得或损失计入当期损益，与该境外经营相关的外币财务报表折算差额，自其他综合收益转入处置当期损益，部分处置境外经营的，应当按处置的比例计算处置部分的外币财务报表折算差额，转入处置当期损益。

41.4.3 案例解析

【例41-14】沿用【例41-10】和【例41-12】，2×19年6月25日，公司H为转让公司I的股权支付律师费5万元。6月29日，公司H完成对公司I的股权转让，收到价款1 607万元。

分析：不同情形的相关会计处理如下。

情形一：公司H 2×19年6月25日支付出售费用。

借：投资收益	50 000
贷：银行存款	50 000

公司H 2×19年6月29日的会计处理如下。

借：持有待售资产减值准备——长期股权投资	10 000
银行存款	16 070 000
贷：持有待售资产——长期股权投资	16 000 000
投资收益	80 000

情形二：公司H 2×19年6月25日支付出售费用。

借：投资收益	50 000
贷：银行存款	50 000

公司H 2×19年6月29日的会计处理如下。

借：银行存款	16 070 000
贷：持有待售资产——长期股权投资	15 880 000
投资收益	190 000

【例41-15】沿用【例41-11】和【例41-13】，2×19年9月19日，该门店完成转让，企业K以银行存款分别支付维修费用5 000元和律师、注册会计师专业咨询费37 000元。当日企业K作为其他债权投资核算的债券投资市场报价为374 000元，企业L以银行存款支付所有转让价款1 914 000元。

分析：企业K的会计处理如下。

借：资产处置损益	5 000
贷：银行存款	5 000
借：资产处置损益	37 000
贷：银行存款	37 000
借：银行存款	1 914 000
持有待售资产减值准备——存货跌价准备	100 000
——固定资产	54 923
——无形资产	50 077
——商誉	200 000
持有待售负债——应付账款	310 000

——应付职工薪酬		560 000
——预计负债		250 000
贷：持有待售资产——现金		310 000
——应收账款		260 000
——库存商品		300 000
——其他债权投资		370 000
——固定资产		1 020 000
——无形资产		930 000
——商誉		200 000
资产处置损益		49 000
借：资产处置损益		10 000
贷：其他综合收益		10 000

41.5 终止经营

41.5.1 终止经营的定义

（一）业务概述

终止经营，是指企业满足下列条件之一的、能够单独区分的组成部分，且该组成部分已经处置或划分为持有待售类别：（1）该组成部分代表一项独立的主要业务或一个单独的主要经营地区；（2）该组成部分是拟对一项独立的主要业务或一个单独的主要经营地区进行处置的一项相关联计划的一部分；（3）该组成部分是专为转售而取得的子公司。

（二）事项处理

判断终止经营的要点：（1）能够单独区分，指经营活动和现金流量能够单独区分。（2）要有一定规模。（3）时点要求：处置（主要业务终止）或者划分为持有待售。

注意：

① 专为转售而取得的子公司也是企业的组成部分，但不要求具有一定规模，只要是单独区分的组成部分且满足时点要求，即构成终止经营；

② 并非所有处置组都符合终止经营的定义，企业需要运用职业判断确定终止经营；

③ 如果企业主要经营一项业务或主要在一个地理区域内开展经营，企业的一个主要产品或服务线也可能满足终止经营定义中的规模条件；

④ 有些专为转售而取得的重要的合营企业或联营企业，也可能因为符合有关组成部分的第（1）和（2）项条件而符合终止经营的定义。

（三）案例解析

【例 41-16】某快餐企业 A 在全国拥有 500 家零售门店，A 决定将其位于 Z 市的 8 家零售门店中的一家门店C出售，并于2×19年8月13日与企业B正式签订了转让协议，假设该门店C符合持有待售类别的划分条件。判断C是否构成A的终止经营。

分析：尽管门店C是一个处置组，也符合持有待售类别的划分条件，但由于它只是一个零售点，不能代表一项独立的主要业务或一个单独的主要经营地区，也不构成拟对一项独立的主要业务或一个单独的主要经营地区进行处置的一项相关联计划的一部分，因此该处置组并不构成企业A的终止经营。

【例41-17】企业C拥有一家经营药品批发业务的子公司H，药品批发构成C的一项独立的主要业务，且H在全国多个城布设立了营业网点。由于经营不善，C决定停止H的所有业务。至2×19年10月13日，C已处置了该子公司所有存货并辞退了所有员工，但仍有一些债权等待收回，部分营业网点门店的租约尚未到期，仍需支付租金费用。判断H是否构成C的终止经营。

分析：由于子公司H原药品批发业务已经停止，收回债权、处置租约等尚未结算的未来交易并不构成上述业务的延续，所以该子公司的经营已经终止，应当认为2×19年10月13日后该子公司符合终止经营的定义。

【例41-18】企业集团F决定出售其专门从事酒店管理的下属子公司R，酒店管理构成F的一项主要业务。子公司R管理一个酒店集团和一个连锁健身中心。为获取最大收益，F决定允许将酒店集团和连锁健身中心出售给不同买家，但酒店和健身中心的转让是相互关联的，即两者或者均出售，或者均不出售。F于2×19年12月6日与企业S就转让连锁健身中心正式签订了协议，假设此时连锁健身中心符合了持有待售类别的划分条件，但酒店集团尚不符合持有待售类别的划分条件。判断酒店集团和连锁健身中心是否构成F的终止经营。

分析：处置酒店集团和连锁健身中心构成一项相关联的计划，虽然酒店集团和连锁健身中心可能出售给不同买家，但分别属于对一项独立的主要业务进行处置的一项相关联计划的一部分，因此连锁健身中心符合终止经营的定义，酒店集团在未来符合持有待售类别划分条件时也符合终止经营的定义。

【例41-19】下列项目中，不属于终止经营的有（   ）。

A．甲公司在全国拥有500家规模相同的零售门店，甲公司决定将其位于某市的8家零售门店中的一家门店出售，并于2×19年10月27日与乙公司正式签订了转让协议

B．乙集团拥有一家经营药品批发业务的子公司A公司，药品批发构成乙集团的一项独立的主要业务，且A公司在全国多个城市设立了营业网点。由于经营不善，乙集团决定停止A公司的所有业务。至2×19年10月27日，已处置了A公司所有存货并辞退了所有员工，但仍有一些债权等待收回，部分营业网点门店的租约尚未到期，仍需支付租金费用

C．丙集团正在关闭其主要从事放贷业务的子公司B公司，自2×19年2月1日起，B公司不再贷出新的款项，但仍会继续收回未结贷款的本金和利息，直到原设定的贷款期结束

D．丁公司决定关闭从事工程承包业务的W分部，要求W分部在完成现有承包合同后不再承接新的承包合同

【答案】ACD

分析：选项 A，不代表一项独立的主要业务或一个单独的主要经营地区，不属于终止经营；选项 B，主要业务终止，属于终止经营；选项 C 和选项 D，业务未完结，不属于终止经营。

41.5.2 终止经营的列报

（一）业务概述

企业应当在利润表中分别列示持续经营损益和终止经营损益。终止经营的相关损益应当作为终止经营损益列报，列报的终止经营损益应当包含整个报告期间，而不仅包含认定为终止经营后的报告期间。

（二）事项处理

相关损益具体如下。

（1）终止经营的经营活动损益，如销售商品、提供服务的收入、相关成本和费用等。

（2）企业初始计量或在资产负债表日重新计量符合终止经营定义的持有待售的处置组时，因账面价值高于其公允价值减去出售费用后的净额而确认的资产减值损失。

（3）后续资产负债表日符合终止经营定义的持有待售处置组的公允价值减去出售费用后的净额增加，因恢复以前减记的金额而转回的资产减值损失。

（4）终止经营的处置损益。

（5）终止经营处置损益的调整金额。

可能引起调整的情形包括：最终确定处置条款，如与买方商定交易价格调整额和补偿金；清除与处置相关的不确定因素，如确定卖方保留的环保义务或产品质量保证义务；履行与处置相关的职工薪酬支付义务等。

企业在处置终止经营的过程中可能附带产生一些增量费用，如果不进行该项处置就不会产生这些费用，企业应当将这些增量费用作为终止经营损益列报。拟结束使用而非出售的处置组满足终止经营定义中有关组成部分的条件的，应当自停止使用日起作为终止经营列报。列报的终止经营损益应当包含整个报告期间，而不仅包含认定为终止经营后的报告期间。如果因出售对子公司的投资等原因导致企业丧失对子公司的控制权，且该子公司符合终止经营定义的，应当在合并利润表中列报相关终止经营损益。终止经营的减值损失和转回金额等经营损益及处置损益应当作为终止经营损益列报。

下列不符合终止经营定义的持有待售的非流动资产或处置组所产生的相关损益，应当在利润表中作为持续经营损益列报。

（1）企业初始计量或在资产负债表日重新计量持有待售的非流动资产或处置组时，因账面价值高于其公允价值减去出售费用后的净额而确认的资产减值损失。

（2）后续资产负债表日持有待售的非流动资产或处置组公允价值减去出售费用后的净额增加，因恢复以前减记的金额而转回的资产减值损失。

（3）持有待售的非流动资产或处置组的处置损益。

从财务报表可比性出发，对于当期列报的终止经营，企业应当在当期财务报表中将原来作为持续经营损益列报的信息重新作为可比会计期间的终止经营损益列报。这意味着对于可比会计期间的利润表，作为终止经营列报的不仅包括在可比会计期间即符合终止经营定义的处置组，还包括在当期首次符合终止经营定义的处置组。由于后者的存在，处置组在可比会计期间销售商品、提供劳务的收入和相关成本、费用，以及相关资产按照《企业会计准则第8号——资产减值》的规定确认的资产减值损失等也应当作为终止经营损益列报。企业还应当在附注中披露有关终止经营的相关信息。终止经营不再满足持有待售类别划分条件的，企业应当在当期财务报表中，将原来作为终止经营损益列报的信息重新作为可比会计期间的持续经营损益列报，并在附注中说明这一事实。

应当注意以下特殊事项的列报。

（1）企业专为转售而取得的持有待售子公司的列报。

① 如果企业专为转售而取得的子公司符合持有待售类别的划分条件，应当按照持有待售的处置组和终止经营的有关规定进行列报，但适当简化了其资产负债表列示和附注披露。

② 除非企业是投资性主体并将该子公司按照公允价值计量且其变动计入当期损益，否则应当按照《企业会计准则第33号——合并财务报表》的规定，将该子公司纳入合并范围。

③ 在合并资产负债表中，允许采用简便方法处理，将企业专为转售而取得的持有待售子公司的全部资产和负债分别作为持有待售资产和持有待售负债项目列示。

④ 在合并利润表中，企业专为转售而取得的持有待售子公司的列示要求与其他终止经营一致，即将该子公司净利润与其他终止经营净利润合并列示在"终止经营净利润"项目中。企业在附注中披露的信息也可以更为简化。

（2）不再继续划分为持有待售类别的列报。

① 对于非流动资产或处置组，如果其不再继续划分为持有待售类别或非流动资产从持有待售的处置组中移除，在资产负债表中，企业应当将原来分类为持有待售类别的非流动资产或处置组重新作为固定资产、无形资产等列报，并调整其账面价值。在当期利润表中，企业应当将账面价值调整金额作为持续经营损益列报。

② 对于企业的子公司、共同经营、合营企业、联营企业以及部分对合营企业或联营企业的投资，按照《企业会计准则第2号——长期股权投资》的规定：

a. 持有待售的对联营企业或合营企业的权益性投资不再符合持有待售类别划分条件的，应当自划分为持有待售类别日起采用权益法进行追溯调整；

b. 持有待售的对子公司、共同经营的权益性投资不再符合持有待售类别划分条件的，同样应当自划分为持有待售类别日起追溯调整，上述情况下，划分为持有待售类别期间的财务报表应当做相应调整。

（三）案例解析

【例41-20】企业集团A拥有子公司B，并为其专门租入一栋写字楼作为办公场所，现A决定将子公司B转让给企业F，转让完成后，B将整体搬迁至F的自有写字楼。由于B目前办公所在地的租期未满，A必须承担将办公楼低于原租金转租或者提前终止租赁合同的损失。假设子公司B符合持有待售类别的划分条件和终止经营的定义。

分析：尽管如果不出售子公司B，与租赁办公楼相关的损失就不会发生，但对于出售子公司B本身而言，该损失并不是必不可少的，不是与出租子公司B直接相关的增量成本。因此，在对子公司B以账面价值和公允价值减去出售费用后的净额孰低计量时，不应当将办公楼低于原租金转租或者提前终止租赁合同的损失作为出售费用处理，但应当在利润表中将其列示在"终止经营净利润"中，并在附注中作为终止经营费用的一部分披露。